初心

管新平 著

华南理工大学出版社
·广州·

图书在版编目（CIP）数据

初心 / 管新平著. —广州：华南理工大学出版社，2020.3
ISBN 978-7-5623-6128-2

Ⅰ.①初…　Ⅱ.①管…　Ⅲ.①管新平-自传　Ⅳ.①K825.46

中国版本图书馆CIP数据核字（2019）第220433号

Chuxin

初心

管新平　著

出 版 人：卢家明
出版发行：华南理工大学出版社
　　　　　（广州五山华南理工大学17号楼，邮编510640）
　　　　　http://www.scutpress.com.cn E-mail: scutc13@scut.edu.cn
　　　　　营销部电话：020-87113487　87111048（传真）
责任编辑：吴兆强
责任校对：李秋云　袁桂香
印 刷 者：虎彩印艺股份有限公司
开　　本：880mm×1230mm　1/32　印张：20.5　字数：493千
版　　次：2020年3月第1版　2020年3月第1次印刷
定　　价：98.00元

版权所有　盗版必究　印装差错　负责调换

格言摘抄

每个人的一生都是一部历史。
——莎士比亚

自传是一个人对自己过去的生活抱何种看法的故事。
——塞缪尔

生活在希望中的人,没有音乐照样跳舞。
——迪斯尼

人生布满荆棘,我所晓得的唯一办法是从那些荆棘上面迅速踏过。
——伏尔泰

一本好书是伟大心灵的宝贵的生命血液,经药物处理后,珍藏起来,传之后世。
——弥尔顿

书不只是书,是以往时代的生活、以往时代的核和心,是人们为什么活着、工作和死亡的原因,是他们生命的本质和精华。
——洛威尔

引 子

领取退休证那天,同事熊悠菊问:我下一个目标是什么?我一时语塞。多少年来,总是一步一个脚印往前走。上了小学盼中学,读完中学盼大学,大学毕业踌躇满志,渴望干一番事业。一晃几十年过去了,说退休就退休,一切都结束了。我于是回答同事说:等待死亡。同事哈哈大笑,说我太悲观了,我说不是悲观是事实。同事想了一会儿,感慨地说:人生真没意思!

同事离开后,我还在想:下一个目标是什么?看闲书、钓鱼、旅游、带孙子,然后身体每况愈下,行走不便,卧病在床,走向死亡。想来想去,我的回答没有错,越想越灰心。进了办公室,开始清理杂物,清出一大堆过时的书籍,尤其是看到那些年轻时从微薄的生活费中省俭出来购买的书籍一下成了废物,心中五味杂陈。一沓工作笔记本占了书架一大片,我拿在手里看,都是过去的会议记录和工作日志。已经退休了,还有什么用?我一本本地撕开,把撕碎的纸片扔进垃圾桶,仿佛要和过去决裂。

然而，翻到高中以来的日记时，我收住了手。这一看不得了，往事历历，仿佛回到了当年。我决定在销毁这些日记前做件事，把一笔一划写下的二十几本日记录入到电脑中。录入的过程激活了我的大脑，过往的事情复活了。当我把复活的生活碎片加进去，俨然成了一部回忆录。我索性循着回忆往前走，一直回溯到我生命的源头，努力回忆起生命旅途中的一个个瞬间。这样一口气写下去，仿佛重新走在人生路上。那就写吧！

管新平

2019年3月29日

广东深圳留仙洞

关于这本书

这是一部回忆录，如果你是老年读者，它会唤起你的共鸣。这是一部教科书，如果你是中年读者，它会引起你的深思。这是一部励志篇，如果你是青年读者，它会令你振奋。

这是亲身经历的第一手资料，也是我们共和国的鲜活信使；它将作为一笔宝贵的精神财富，传承给后来者。

（著名诗人祁念曾语）

笔者是新中国的同龄人，经历了国家从站起来到富起来到强起来的全过程。在这段波澜壮阔的历史长河中，我们共和国这艘巨轮在振兴中华的航道上破惊涛、逾骇浪、经坎坷、度沧桑，迎来了民族复兴的曙光。笔者生于贫困长于忧患，无论时代风云如何变幻，始终把将一穷二白的国家变得繁荣富强视为已任，用漫长的人生实践了当初的誓言，用个人的成长变化展示了国家的发展与复兴。

美国第一，预示着布雷顿森林体系风雨飘摇；"一带一路"倡议昭示着人类命运共同体曙光初露；中国改革开放40年的成功，验证了中国特色社会主义的强大生命力。成为全球第二大经济体的中国，民族复兴的最好时期与面对世界百年大变局的严峻挑战并存。本书通过讴歌新中国同龄人的奋斗史，激励年轻一代把个人的发展与这个伟大时代的发展结合起来，在实现中华民族伟大复兴的接力跑中，一棒一棒地传下去。

本书在华南理工大学出版社付梓之际，就被北京半径影视公司看中，决定将其改编成电视连续剧。湖北经济台2018年7月31日报道：近年来，湖北人物和湖北典型引领全国风尚，被楚文化和三国文化滋养的荆楚儿女，在各行各业引领风骚。改编自湖北本土巨著的电视连续剧《往事如风》，将挖掘他们波澜壮阔的人生故事，再现建国以来荆楚儿女风云变幻的奋斗史。荆州之声2018年7月30日报道：30集电视剧《往事如风》项目启动仪式暨新闻发布会在上海举行，这部电视剧是荆州历史上首部本土现实题材大型电视连续剧。荆州电视台荆州新闻栏目2018年7月30日报道：30集电视连续剧《往事如风》改编自荆州籍作家管新平的长篇半自传小说，讲述了像管教授一样出生于五十年代初，几乎与共和国同龄的一代荆州人，跨越几个时代，为把"一穷二白"的国家变得繁荣富强艰苦奋斗不忘初心的故事。故事以作者六十年来的亲身经历及所见所闻所思，展现了荆州的发展与变迁、国家的兴旺和富强，是描绘荆州风土人情的一幅浓浓画卷。

一部作品还未问世便同时得到出版社和影视公司的青睐，作者感到荣幸之至。为此，我要对《初心》的出版以及将其改编成电视剧付出了辛勤的劳动或予以热情支持的华南理工大学出版社编辑部主任庄严，华南理工大学出版社资深编辑吴兆强，荆州市政协副秘书长曹杜磊，北京半径影视有限公司董事长、导演胡浩波，湖北省荆州中学校友总会副会长、湖北玩哈客文化传媒股份有限公司执行董事、湖北凤之旅国际旅行社有限公司执行董事刘炜，中国内地女演员颜景瑶，荆州中学上海校友会会长、合合信息创始人兼首席执行官、人工智能与模式识别博士、全球顶尖人工智能与模式识别技术科学家镇立新，中国教育学会德育专业委员会会员、长江大学硕士生导师、湖北省荆州中学党委书记、校长朱胜祥，湖北省荆州市沙市第一中学校长曾伟，深圳经典文化研究院院长、原《深圳商报》新闻研究室主任、全国当代文学研究会常务理事、中国作家协会会员、著名诗人、教授祁念曾，中国职业技术教育学会副会长、全国民办职业技术教育分会会长、深圳职业技术学院创校校长、教授俞仲文，邓继新教育工作室主持人邓继新，民盟荆州市委副主委、原长江大学外语学院院长、教授陈胜，原深圳职业技术学院继续教育与培训学院院长付小平，深圳职业技术学院关心下一代工作委员会主任、原深圳职业技术学院副院长杨润辉为本书名题字，尤其是给予全力支持的我的夫人曹德胜，以及所有关心与支持《初心》的出版与《往事如风》电视连续剧问世的朋友们致以诚挚的谢意！

管新平

2019年3月18日

广东深圳南山西丽湖

序

执着的年代执着的人

俞仲文

打开新平同志这本镌刻着我们这代人激情与风骨、拼搏与历练的大作——《初心》，仿佛又让我回到那激情燃烧的岁月。本书详细记录了作者作为深圳职业技术学院最早一批创业者的令人感慨的故事和充满挑战的经历，从一个侧面真实地反映了深圳职业技术学院如何从改革的"襁褓"中诞生、从创新的"熔炉"里炼成，又如何在艰苦创业的环境中发展壮大的全过程。

作者于1994年加入深圳职业技术学院的行列，那年我47岁，他41岁，正值这所学校筹建和创建的第三年。他对深圳职业技术学院创业初期那段历史的描述，是那样的详尽细腻，又那么朴实无华，不是笔下生花，而是客观平实地娓娓道来那些平凡人的不平凡的事：客观中再现了那段用汗水和心血浇灌的我国高职教育的发展史，平静中充满着深圳职业技术学院创业者们对共和国的一片深情、对改革开放的一片激情和对坎坷曲折经历的人之常情。说到这里让我想起了十一年前，我在当年的《退休感言》中说过，"最可宝贵的是我们共同走过，不管过了多少年，历史将记住深圳职业技术学院这段光辉的创业史。"

读了新平同志《初心》中的这些章节，我的心情久久不能平静，因为深圳职业技术学院从诞生、发展到壮大的历史，实际上就是深圳这座城市奇迹般发展的缩影，也是这座年轻的城市贡献给中国高等教育和世界职业教育的一个成功案例。

1992年1月20日，小平同志发表了重要的南方谈话。过了25天，也就是1992年2月14日，深圳市委市政府决定创办一所不同于深圳大学的新型高校，名字就叫"深圳高等职业技术学院"（当年的校名）。可以说，深圳职业技术学院是小平同志南方谈话的直接产物。从那时起，深圳职业技术学院以极大的勇气进行了一系列的改革和创新，以崭新的办学理念和办学模式开创了我国高等职业教育的新局面，做出了许多载入史册的重大的奠基性贡献。同时，深职院人以服务深圳人民和服务深圳产业的赤忱，以干事创业、艰苦创业的动人事迹，赢得了各行各业和深圳人民的赞誉，成为凝结深圳人精神的一张靓丽的深圳名片，被各级领导称为高职领域的"北大清华"。

新平同志正是这支创业大军中做出了突出业绩的一员。他告别了故乡荆州，克服了种种困难，义无反顾地来到了才初创两年的深圳职业技术学院，开始了他在深圳特区的这段不平凡的经历。他作为最早的创始人之一，把深圳职业技术学院的外语系建设得独树一帜；他潜心设计的商务英语专业，为全国同类专业建设提供了范本；他担任国际交流中心主任期间，在全国首创了3+1或3+1.5高职学生出国深造的模式，通过中英间既分工又合作的模式，共同培养了深圳职业技术学院600余位学生；他在英国期间，既是深圳职业技术学院的全权代表，又是学院赴英留学生的管办主任，还是学院赴英进修教师的良师益友。正是由于他的出色工作，使深圳职业技术学院的国际化办学水平大为出彩。让我更为敬佩的是，他作为管理干部，尽管工作繁忙，业务水平始终得到业界的好评。2001年我应邀赴英国参加胡佛汉顿大学为我颁发管理学荣誉博士的盛大典礼并发表答谢辞，新平同志担任全程翻译。当他以地道的英式英语翻译了我下面那段话时，引起了全场英国学生和教职员工的经久不息的掌声："有一个英国人，他将英国的科学发现贡献给了人类，他就是牛顿，不仅英国人知道他，中国人也知道他；但是，还有一个英国人，他将中国历代的科学技术成就带给人类，编撰了15卷洋洋数百万字的《中国科学技术大全》，他就是李约瑟，中国人都知道，英国人不一定都知道。但是这是中英两国人民友好往来的范例。"

二战后，全球范围职业教育对人类社会进步和科学发展有过两次重大贡献：一次是德国人做出的，通过职业教育清除了战争垃圾，使德国一跃成为西方第二强国；另一次是中国人做出的，通过职业教育将巨大的人口包袱转变成优质的产业大军，从而支撑了中国40年的高速发展。深职院人无数动人的故事正是这一伟大历史进程的见证。我作为深圳职业技术学院的创校校长，期盼有更多的同事，像新平同志那样把那段刻骨铭心的经历写出来，作为组织的集体记忆留给后人，让后来者记住在那个执着的年代有这样一群执着的创业者。

2018年中秋于辽宁本溪

（作者系中国职业技术教育学会副会长、深圳职业技术学院创校校长）

回望历史铭记人生

祁念曾

有人说：童年是一幅画，少年是一曲歌，青年是一首诗，中年是一篇散文，老年是一部小说。读完管新平先生的长篇回忆录，让人感慨万千。管新平先生是中华人民共和国的同龄人，生在共和国，长在红旗下。他的命运和我们共和国的命运同沉浮共悲欢，他的人生回忆记录了我们共和国70年的沧桑变化，既有"日出江花红胜火，春来江水绿如蓝"的美好时光，也有"昨夜西风凋碧树""山雨欲来风满楼"的悲情伤痛，更有"忽报人间曾伏虎，泪飞顿作倾盆雨"的欣喜若狂，还有"雪消门外千山绿，花发江边二月晴"的时代新篇……

对于个体生命而言，生命是短暂而脆弱的。不论你是荣华富贵，还是贫穷潦倒，生命的起点和终点，不过是咫尺之间。有道是人生苦短，转眼就是百年，又有人说："神龟虽寿，犹有竟时。"生命的长短不过是一道简单的相对论命题。我欣赏大诗人泰戈尔的诗句："生如夏花之绚烂，死如秋叶之静美。"

管新平从一个湖北沙市的工人子弟，成长为一位译坛高手和大学教授，他的一生经历了多少坎坷曲折：艰辛童年的忍饥挨饿，"文化大革命"的痛苦磨难，江城武汉的奋力求学，东北长春的雪地冰天"农业学大寨"的田间耕耘，改革开放后对外谈判桌上的针锋相对，鹏城高校的创业开拓……都在他的人生中留下鲜明的轨迹。这个轨迹不仅是他个人的，更是我们国家和民族的。难能可贵的是他能忠实地把这些经历记录下来，作为一笔宝贵的精神财富，传承给后来者。这是亲身经历的第一手资料，也是我们共和国的鲜活信史。所以，这本书颇有价值，值得一读。

管新平先生喜欢写诗，在书中有许多他写的诗篇。海德格尔主张人要"诗意地栖居"，我也觉得人的一生要与诗歌同行。诗是对人类灵魂的呼唤，人要生存，就要呼吸新鲜空气，精神要充实活跃就要有诗的滋养。中国是诗的国度，从《诗经》到楚辞，从唐诗到宋词元曲，从新诗到流行歌曲，无不寄托着人们的悲欢离合，也同样是时代生活的真实反映。我希望管新平先生能把这些诗歌整理出来，出一本《人生六十年》的诗集，不也是一件很有意义的事吗？

在从南国到八百里秦川的漫长旅途中，我读完了管新平先生的这部书稿，深为他的执着追求和奋斗精神所感动。写下这点感想，也为朋友们祈福：人生的路就在脚下，只要你扎扎实实地前进攀登！

（本文作者系中国作家协会会员、深圳报业集团高级编辑、深圳经典文化研究院院长、教授）

作者有言

　　过去8年里，我沉浸在20多本日记、百万文字承载的往事中，仿佛重走一遭人生路。从童年到青年到中年再到老年，像电影一样再现了那些年那些事和那些人，甚至复活了已经离我而去的亲人友人。这种感觉太神奇、太珍贵，算是苍天对辛勤笔耕的回报吧！计划8年完成的作品到第五个年头时，为奉献母校湖北沙市第一中学80周年校庆，2016年以《路在脚下》（630千字）出版了。虽是一部未完成的作品，却得到了意外的收获：华南理工大学出版社认为该作"能唤起同代人的共鸣"，作为励志长篇精心打造；深圳职业技术学院慷慨资助，举办隆重的首发式；湖北沙市第一中学邀请我做专题报告，将我捐赠的200本书分发给所有班级阅读讨论；吉林大学把我所赠的25本书收藏在地学图书馆，提供给专家学者研究使用；不同时期的同学同事热血沸腾，刮起了一阵书评热潮（见《后记：读者感言》）。

　　一位后生读者说："您的经历太丰富啦！您不但写出了自己的人生，也写出了您们那一代人的生活。"一位花甲老翁读后说："难怪要看看野史啊！"本书以自身经历再现当年，复活那些真人真事真情，让同代人去回味，让后人去思索。

美国前国务卿基辛格感叹中国改革开放的成就时说：中国人具有的聪明、勤奋、爱国精神，没有哪个国家可比，中国的成就不可复制。这些品质在《初心》的主人公及其同代人身上得到了充分的体现。我们曾经生活的那个时代，造就了成千上万执着于把"一穷二白"的国家变得繁荣富强的吃苦耐劳的中国人。身无半文，心忧天下；一颗红心，多种准备，党叫干啥就干啥；笑洒满腔青春血，喜迎全球幸福来……这些铮铮誓言就是我们那一代进步青年的集体品质。作为全球第二大经济体的今日之中国不正是具有这种品质的一代人艰苦奋斗的结果吗？

网络上盛传美国《华尔街日报》的一篇文章《世界上曾经最勤奋的人已经老了》。文章说当年的中国到处是扬尘的碎石公路，"难民营"一样的火车站和汽车站、烟雾弥漫隆隆直响的破旧火车，城市里到处是成片旧房，到处是肮脏、臭气熏天的农贸市场。几十年来，这群中国人"晴天抢干，雨天巧干，白天大干，晚上加班"。当欧洲人每天工作5小时时，他们每天工作15个小时；当印度人躺在恒河边等下辈子时，他们心中只有"只争朝夕"；当美国人充当世界警察时，他们默念"发展才是硬道理"。迅速连通全中国的高速公路，迅速铺满全中国的高速铁路，不断扩大的飞机场，不断增加的飞行航线，现代化的飞机场和火车站，成千上万拔地而起的现代化大中小城市，看不完、玩不够的自然和文化旅游景点，数不清的现代感十足的购物城、购物中心，全世界最多的现代化工厂，这就是中国！中国人不知不觉，世界却惊奇不已，太快了！太不可思议了！于是都注意到这群勤奋的人。历史会记住他们，以这个历史悠久的国家的名义，以这个饱受苦难却毅然崛起的民族的名义，向这群人深深致敬！很遗憾，这些四〇、五〇、六〇后早已累弯了腰。他们老了，他们努力过，他们奋斗过。看到今天的中国，看到今天的世界，他们值了，他们对得起自己，对得起中国！世界上曾经最勤奋的人老了，请所有人都记住他们吧！

我们这代人的确经历了一个波澜壮阔的时代，更经历了那个时代涌出的滔天浊浪。大浪淘沙，浊流更能彰显人性的真善美丑。一叶知秋，谨以此作献给那个曾经属于我们却已经远去的年代，以及伴我走过那些年、已经老了的人们！活着的，逝去的。

管新平

2019年8月15日

广东深圳留仙洞

目 录
CONTENTS

1　楚都厚土　　　/ 1
2　萌芽抽枝　　　/ 16
3　少年自强　　　/ 27
4　大地风雷　　　/ 39
5　乱云飞渡　　　/ 50
6　备战备荒　　　/ 63
7　一泓清浅　　　/ 76
8　那年学霸　　　/ 90
9　青春血热　　　/ 103
10　峰回路转　　/ 116
11　众星捧月　　/ 125
12　梦圆武汉　　/ 134
13　解惑北京　　/ 146
14　薄雾浓云　　/ 155
15　泪洒淇河　　/ 166
16　党旗飘扬　　/ 174
17　留校对象　　/ 187
18　泛舟朝宗　　/ 197
19　雪映沃野　　/ 208
20　单家屯子　　/ 219
21　料峭春寒　　/ 229
22　黑土地沃　　/ 239
23　吞天坼地　　/ 251
24　举国哀痛　　/ 262
25　长白山高　　/ 272
26　极目苍穹　　/ 284
27　溅玉喷珠　　/ 294
28　地质宫中　　/ 307
29　暖风晴雨　　/ 320
30　惜别长春　　/ 332
31　石油学院　　/ 345
32　奇峰突起　　/ 352

33	江出山峡	/ 362
34	雨疏风骤	/ 372
35	驰骋译场	/ 381
36	忍辱负重	/ 397
37	多事之秋	/ 408
38	羁旅北美	/ 417
39	中国学者	/ 428
40	放马诸州	/ 439
41	梦想成真	/ 448
42	争奇斗妍	/ 461
43	商海弄潮	/ 473
44	鹏城呼唤	/ 489
45	西丽有湖	/ 496
46	负重奋蹄	/ 505
47	厚积薄发	/ 519
48	再展英姿	/ 532
49	国家名校	/ 543
50	合金铸剑	/ 554
51	衔命英伦	/ 568
52	力能浮舟	/ 582
53	椎轮大辂	/ 593
54	急流勇退	/ 609

后记：读者感言　　　　/ 621

1 楚都厚土

年年岁岁花相似，岁岁年年人不同。
——唐·刘希夷

万里长江，险在荆江。每到汛期，湖北沙市就会出现"人在江底走，船在屋顶行"的奇观。夜幕降临时，一边是低洼的万家灯火，一边是高悬的滚滚江流，使人顿生恐惧。难怪老人们说"荆州不怕刀兵动，就怕黄粱一梦冲"。著名水利专家林一山更是语出惊人：荆江一旦决堤，对国家造成的损失绝不亚于美国在日本投下的两颗原子弹。

1952年，国家在这里富有远见地建设了举世闻名的荆江分洪工程，一代伟人毛泽东题词：为广大人民的利益，争取荆江分洪工程的胜利！周恩来总理题词：要使江湖都对人民有利。从此，两位伟人的题词就镌刻在沙市标志性的建筑"荆江分洪工程纪念碑"上。1954年，长江出现百年罕见的流域性特大洪水，湖北枝城以下1800公里河段全线告急。国家启用刚刚竣工的荆江分洪工程，成功缓解了荆江大堤及江汉平原的水患危急，保卫了武汉、南京和京广铁路的安全。我的家里有幅玻璃镜框套着的奖状，那是父亲参加荆江分洪工程的纪念。

我家位于荆江大堤外侧宝塔河边的"狗头湾"，街尾有片方圆数里的沙洲，一条名叫"御河"的溪流在这里汇入长江，相传是蜀国大将关云长单刀赴会的渡口。沙洲对岸有片沼泽和芦苇塘，传说是当年"三气周瑜芦苇荡"的古战场。东头大堤上矗立着古老的"万寿宝塔"，塔下的"观音矶"挡住了

在这里转向的江流。相传，许多年前荆江一带暴雨连绵洪水持续上涨，章华寺的和尚带着信众和百姓聚集在江边呼天喊地，把牲畜家禽粮食瓜果菜蔬投入大江，没有感动龙王爷却感动了玉皇大帝，玉帝派出托塔天王将宝塔投入江中镇住了恶龙。宝塔北面不远处有座"马王庙"，庙前可以遥望荆州古城。

我随着母亲去马王庙，在碉堡战壕的残垣断壁中穿行。母亲说1949年7月15日这里发生过一场激战，解放军从北面进攻，国民党军凭借宝塔和古庙抵抗，子弹的呼啸声"像炒豆子一样从我们家的屋顶上飞过"。战斗从清晨持续到午后，母亲随着邻居去收拾战场，只见遍地躺着缺胳膊断腿的军人的尸体。母亲比划着说："南边躺着的都是国民党士兵，北边躺着的都是解放军战士。可怜啊，死的都是年轻人！"我常在这一带寻找弹壳弹头，联想到几户邻居家门楣上挂着的"光荣烈属"或"光荣军属"红牌，心中顿生敬畏。我们进了庙门，几位尼姑迎上来。母亲带着使命而来，她说："现在新社会了，政府提倡出家人还俗过正常人的日子。"数年后，有位还俗的姨妈留着一头短发，带着孩子来我家报喜。

狗头湾茅草屋连片，我家的木板房算得上是豪宅。外婆的卧室做过小卖店，堂屋出租做过理发店和裁缝店，开店的伯伯叔叔爱拿我开心。父母的卧室铺满地板，姐姐的闺房连着厨房，后门对着奔腾的长江。黑夜遥望大江南岸，荆江分洪工程的"北闸"方向发出一排微弱的灯光，闪闪烁烁犹如天边的星辰。屋顶的阁楼用来堆放杂物，还有几箱线装书。爷爷做过账房先生，外祖公人称"刘大笔"。外婆刘天玉出生在荆州北门十字街，跟开私塾的父亲学过一点文化，能读书识字，心算很好，打得一手好算盘。外婆说话斯文，爱带典故，常讲《三国演义》《杨门女将》，崇拜老佛爷慈禧太后。她时运不佳，丈夫吸食鸦片家道中落；中年丧偶，给人洗衣做针线活抚养一对儿女；再嫁狗头湾余家，母亲由李姓改为余姓。

父亲管德俊幼年父母双亡，和唯一的姐姐相依为命，靠四叔接济长大，在米行当过学徒。解放后积极工作，职业生涯中有过一段辉煌。国家副主席视察荆江分洪工程时，他以工会代表的身份随政府官员到码头迎接。组织上调他去洪湖工作，他舍不下家小脱离了组织，从此与仕途绝缘。后来沙市组建利民机械厂（即后来的沙市第二机床厂），他才重新入职。母亲余万清十三岁起在日本人开的纱厂做工，车间里弥漫着浓浓的纤维粉尘，吃饭也不准离开，落下了咳嗽病。父亲做上门女婿，第一个孩子和余家爷爷同生日取名双喜，此女早早夭折，姐姐接续了余家的香火。中华人民共和国成立后，母亲做起街道工作，还响应号召学文化。设在中山路"巡司巷"内工人俱乐部的识字夜校离家较远，无论盛夏还是隆冬，母亲坚持上夜校长达数年。

家里有张发黄的黑白照片，照生中母亲身着香云纱短衫，把我抱在怀里。父亲梳着一边倒发式，身边的小女孩娇嗔地偏着头。姐姐身穿背带裙，挨着父亲站着。父母三十出头，年轻俊俏，腕上都戴着手表。我还没有记忆时父亲身边的小女孩就已夭折，那时缺医少药，小孩病故时有发生。我有次高烧不退，郎中抓来三只蛤蟆放在注满凉水的木桶里，让蛤蟆轮流舔吸我滚烫的胸口。我捡回了一条小命，三只蛤蟆却奄奄一息。父亲周末回家，我就吵着要抱。父亲抱着我在门外踱步，我眼望星空，耳听《张果老砍柴》和《嫦娥奔月》。狗头湾的夜晚一片漆黑，外婆杂货店的煤油灯光与对门黄伯伯开的杂货店的煤油灯光交相辉映，是街坊邻居聚集的地方。母亲做

街道工作常在家开会,那时谁做主任就在谁家办公,门上挂个某某居委会的牌子。我家椿台上有对瓷器帽筒,方桌两边各置一把太师椅,沿着板壁摆放长条凳和靠背椅。开会时先来的坐着,后来的站着,有人甚至坐到房间里。屋子里闹哄哄的我总被吵醒,外婆就拿出饼干哄我。"小心火烛!平安无事哟!"更夫的呼喊声伴随着铜锣声由远及近,由近及远,消失在江水的涛声中。

斜对门的餐馆热气腾腾,人来人往,我在这里见到了留声机。机主衣冠楚楚,梳着分头。我问唱歌的人在哪,他指着留声机说在里面,我百思不得其解。西街茶馆的刘老板经常请来说书人,说书人长袍马褂神气十足,说到兴致处扬起惊堂木一敲,全场鸦雀无声。茶馆是一栋上下两层的过街楼,车马行人从楼下穿行。东头堤边过街楼下住着司机彭华登叔叔一家,都说彭叔叔见过毛主席。只要那辆解放牌大卡车往外一停,就有一群孩子围着看热闹。狗头湾上百户人家,不要说有第二个人会开车,连坐过车的人都难找到,因此街坊对彭家格外高看。我随母亲去彭家时很想打听他见毛主席的事,怎么也不敢开口。一天,姐姐急匆匆跑回家,拉着我就跑,说彭叔叔答应让我们坐车。到达彭家时,姐姐们已经在车上焦急地等着。彭叔叔开动卡车沿着大堤往前跑,我们坐在没有顶棚的车厢里,风猛烈地吹打在脸上,衣服发出呼啦啦的声响,两边的高压电线杆飞快地闪过。以后几天里我还沉浸在兴奋状态中,不断回味坐车的感觉,不停地给人讲述坐车的故事。

麦苗儿青来菜花儿黄,毛主席来到了咱农庄,千家万户齐欢笑呀,好像那春雷响四方。毛主席关心咱,又问吃来又问穿,家里地里全问遍呀,还问咱农校办没办,主席的话儿像钟响,说得咱心里亮堂堂。

姐姐和几个要好的同学戴着红领巾,唱着歌在公园里疯跑。我被姐姐们打扮成女孩模样,扎着小辫涂着胭脂,跟着她们进了照相馆。姐姐们要求彩照,照相师就用毛笔在照片上涂上色彩。回家时天下大雨,姐姐们牵着我拼命奔跑。到家时我脸上的胭脂被雨水冲成了大花脸,大家都成了落汤鸡。

社会主义好,社会主义好!社会主义国家人民地位高,反动派被打倒,帝国主义夹着尾巴逃跑了。全国人民大团结,掀起了社会主义建设高潮。

我东张西望,母亲叫我抬头,电线杆上挂着个大喇叭。我们沿着中山路前行,歌声不断传来。过了"老天宝",拐入"便河路",下坡处有段长长的铁栏杆,是沙市最繁华的地段,只见人头涌动。沿铁栏杆的高墙上有幅巨大的油画,一个中国小男孩驾驶着火箭,追赶洋大人驾驶的飞机。"火箭代表中国,飞机代表英国和美国,比喻超英赶美。"母亲说,"等你长大了国家就会富强起来,过上共产主义的生活。"我问什么是共产主义?母亲说:"楼上楼下,电灯电话,土豆烧牛肉。"

繁华的"九十铺"店铺连着店铺,有中药铺、绸缎铺、杂货铺、面点铺。我们走进一家铁匠铺,健壮的铁匠伯伯迎上来。明清以来九十铺成了繁华去处,有钱人争相在这里购置房产,幺爷在这里立起了管家牌坊。幺爷把这份房产送给父亲,出租给人开了铁匠铺,每月租金五元,在人均最低生活费六元的年代是笔可观的收入。

狗头湾也响起了《社会主义好》的歌声,彩旗飘扬,人声鼎沸。有人拉车送料,有人用筐挑土,有人抡锤碎石子;劳动的号子声,板车的轱辘声,铁锤的敲击声,震耳欲聋。这一带汛期常被洪水淹没,不宜铺设柏油路。晴天尘土飞扬,雨天

一片泥泞，大家响应居委会号召改造路面。茶馆那边有伙人在盖厕所，人们把葭芦扎成小捆，埋进土里做成篱笆，外面涂上拌有头发的黄泥。地面挖个大坑铺上木板，中间留出一排方孔。厕位之间没有遮挡，露出屁股觉得难堪，入厕的人不多。人们习惯在家使用马桶，新娘子的嫁妆中必有马桶。等到人们习惯了就排起长队，有时要等上个把小时。

　　为了保持路面清洁，居委会号召"各家自扫门前雪"。父亲很少回家，姐姐要上学。母亲经常扫了半截被人叫走，干脆在篾匠铺订制了两把小扫帚。我刚把门前打扫干净，一阵风刮来又脏了，我走到上风邻居家门前重扫。看见下风邻居的门前脏兮兮的不协调，索性顺着扫过去。有时兴之所至，挨家挨户几乎扫遍半条街，来往的路人发出啧啧称赞。一天，我家板壁上出现了一张写满字的大白纸。外婆说是表扬信，我申辩说："不对！红纸才是表扬信，白纸是大字报，大字报是坏话！"大白纸很快变成了大红纸，邻居肖爷爷赞扬我的扫地行为。街道年度表彰大会上，我被评为"小劳模"。原本安排我出席会议的，都想看看我这个不足五岁的小劳模，来不及通知就由母亲代劳了，奖品是件印有红色"奖"字的背心。

　　农村正在开展公社化运动，本属城市的沙市也把街道办事处改称"公社"。解放路派出所进门处竖着块木牌，上书毛主席题词：人民公社好！外婆多次说："以前啊，不是川军打过来，就是日本人打过来。自从来了毛主席共产党，才过上太平的日子。"从战乱中过来的人们由衷地拥护人民政府，公社化运动正在农村掀起，沙市开展了公共食堂运动。母亲召集街道干部开会筹划，我家右侧斜对面住着一户姓李的人家，以前做牲口买卖家大院大，经李家同意公共食堂就办在他家。入伙公共食堂采取自愿方式，参加者领取一种票证。"钵钵饭"是公共食堂的特色，把大米放进钵子里，加入适量的水，放进蒸笼。钵子有大有小，还为病号做稀饭或面条。大食堂里摆放着几张方桌，大家围坐在一起边吃边聊天就像一个大家庭。我喜欢那热气腾腾的气氛，喜欢闻那浓浓的"钵钵饭"香，以为共产主义就要到来了。

解放路第一小学报考大厅挤满了人，姐姐带着我排了好长时间才轮到。考官听说我不满六岁不想受理，我急得泪眼巴巴。考官看了看我，开始提问，我一一回答，考官的脸上露出了笑容。回家的路上我又蹦又跳，以为能当上小学生了。出榜那天却没有我的名字，就去找教导主任。他翻看了一下记录，和蔼地说："你考得不错，只是年龄不够，明年再来吧！"

常在一起玩的几个邻居小孩都被录取了，其中有好友陪江，我的情绪一下跌入低谷。陪江家从巴东迁入沙市是母亲操办的，一家人常来我家串门。陪江很会摔跤，是我们那伙的孩子王，大家叫他"总统"。他说我太老实，教我摔跤免得被人欺负，跟他学了一段时间后我就能摔倒不少同龄孩子了，大家开始叫我"二总统"。陪江常带我们在沙滩上挖壕沟，在房前屋后捉迷藏，沿着马路滚铁环。夜晚我们爱玩"打游击"，谁都不愿当白军，争着当红军，尤其是苏联红军。我们各执武器展开械斗，武器都是自制的木头刀枪。外婆卧室有副赵子龙持枪的年画，我照着做了一杆。枪杆是一截竹棍，枪尖用木头削成，把红布剪成细条缠在枪尖下酷似红缨。我用断锯条做这杆枪花了几天功夫，手上磨出了好几个血泡。

盼到周末去陪江家，他正趴在桌上。我问他在做什么，他说在写作业；我问什么是作业，他说是课后练习；我问什么是练习，他拿起课本读起来。我自觉惭愧，自卑感涌上心

头。每天早晨,我扶在门边巴望着上学的人流,觉得他们得意洋洋。他们三五成群高谈阔论,不时爆发出欢笑声,我心里酸溜溜的。街上安静下来后,我百无聊赖,随处溜达。街上喧嚣声再起时,我又扶在门边巴望着放学的人流。有人排成整齐的队伍,一边行进一边高唱:

向前!向前!向前!我们的队伍向太阳,脚踏祖国的大地,背负民族的希望,我们是一支不可战胜的力量……

邻居王阿姨小学毕业在家,居委会请她当教员开办识字班。大堤内侧"工艺坊"东头一户人家刚搬走,空出的屋子做了教室。墙上挂块黑板,一张条桌做讲台,几条长凳做课桌,我们坐在自备的小凳上。王阿姨要我们选班长,可能是我"小劳模"的名气吧,大家都选我。王阿姨从基本笔画教起,再教我们写名字。学习读数计数时,我们总是扳着手指数。阿姨还带我们在门前的桃树下做游戏,我们围成圈,有人拿着手绢在外圈跑,一齐高唱:

丢手巾,丢手巾,轻轻地放在小朋友的后面。大家不要告诉他,快点、快点、捉住他!

天高气爽的日子,阿姨带我们去宝塔下玩。那里有块大草坪,尽头立着观音矶,下面是滚滚的长江。我们玩累了就躺在草地上,眼望高天飘浮的云彩,耳听滔滔的江水声,蝴蝶在我们头上飞舞。好景不长,识字班很快关闭了。解放路新开一家粮店,招聘能写会算的职工,王阿姨应试录取了。我们这帮"失学"的孩子专门跑去看望,一窝蜂地冲进去高喊"王阿姨",又一窝蜂地跑出去,惹得大人们哈哈大笑。

工艺坊西头一栋豪华的旧宅里有个托儿所,占用了第一道天井四周的房间,几个奶奶辈的阿姨看护着一群小小孩。阿姨的职责就是维持秩序,管孩子们吃喝拉撒。我既不需要看护也不愿和小小孩玩耍,像观察员一样注视着周围。一会听到婴儿的啼哭,一会看见小孩把大便搞得满身都是,有时还给阿姨当助手。小小孩们的哭闹声又起,我厌烦之极,趁阿姨不注意溜了出去,顺着大堤方向走,一直走到宝塔下。白云依旧飘动,江水依旧滔滔,我却没有了往日的心情。我在宝塔下徘徊,挨到傍晚才回家。

第二机床厂位于沙市惠工街,一条古老的巷子,青石路面,宅院深深,工厂占据了一个街角。父亲带我上到二楼宿舍,楼下就是职工幼儿园。我们放好行李,走进幼儿园。阿姨把我介绍给大家,小朋友们拍手欢迎。小朋友们衣着整齐,阿姨文质彬彬。洁白的墙壁新漆的家具,条桌上摆放着各种玩具,我仿佛进入一个崭新的天地。阿姨变着法子带我们玩,只是不教我们识字,我心中有点遗憾。晚上,父亲有时带我去剧院或影院。周末回到狗头湾家中,倍觉团聚的甜蜜。

工厂召开迎新晚会,餐厅里搭起了高台,台前摆放着条凳,幼儿园小朋友坐在前排。节目一个接着一个,不断爆发出掌声和欢笑声。轮到话剧时,大家翘首以待。灯光亮起,一位驼背老头缓步走出,老头嘴上翘起长长的白胡须,我觉得眼熟就是想不起来。过了一会才认出老头的扮演者是爸爸,掌声从幼儿园的座位上响起来。文艺汇演结束后,我们随着嘈杂的人流往外走。昏暗的路灯下弥漫着一种神秘的气氛,天穹下的街道散发出清新的气息。

春节过后,地处鱼米之乡的江汉平原因为缺少大米,吃上了高粱、红薯、玉米。家里出现了各种票证,仅粮票就有全国粮票、湖北粮票和沙市粮票,收音机自行车手表属于高档商品,发行特殊证券。外婆的杂货店公私合营了,邻居的餐馆关闭了,职工幼儿园停办了。清晨,街上的脚步声渐行渐远,

我的心情越发寥寂。姐姐从门缝里瞅我,见我愁眉苦脸的样子,叫我跟她上学去。上课铃声一响我就趴在课桌下,姐姐坐在最后一排陪着我,前排的同学故意挡住我,还是被老师发现了。老师和蔼地说:"蹲在底下不舒服,坐起来吧!"

母亲不让我跟着姐姐去学校,我只好一人待在家中。我翻箱倒柜,翻出个手电筒,拿在手里拆了装,装了再拆。家里通电不久,我把电线的一头系在电筒上,另一头往插座里塞。一股强大的电流从手指传向手臂,我本能地把手松开。这种感觉好怪呀!我又试了一次,手指又像弹簧一样蹦了起来。意识到电的厉害,我像躲避瘟疫似地跑出家门。

街上不时有巡游艺人经过,有补碗补锅的修理雨伞的做泥人的耍皮影子戏的,有戏班子耍猴的磨剪子菜刀的。修理牙刷的伯伯挑副货郎担,边走边喊:"修牙刷哟!牙膏皮换钱哟!"牙膏皮是金属制品,我把换到的钱放进口袋,站在边上看他修理牙刷。牙刷的材料是兽骨兽毛,他用小锥去掉旧毛,把底板清洗干净露出洞孔,拿根细绳套住新毛,用锥子一股一股穿过洞孔,拉紧固定在底板上,牙刷就修理好了。

匆匆过客中还有携家逃难的人。粮食这么紧张,哪有余粮施舍?我听大人说:"再难也比人家好过!"日本人占领沙市时,外婆带着年少的母亲和舅舅逃往湖南投靠亲戚,一路兵荒马乱。经常断炊只得乞讨,外婆说:"上前线的军队士气高昂,安慰逃难的百姓不要怕,溃败下来的军队垂头丧气,说日本人怎么厉害。"为躲避兵荒,母亲装扮成男孩,脸上涂上锅灰。父亲没有离开沙市,留下做"良民"同样挨饿。日本人对粮食实行封锁,父亲趁黑夜到乡下找老乡换黑豆,被日本人抓住打了一顿。挨过饿的人同情饥饿中的人,家门外的乞讨者很少空手离去。

父亲的打骂声和着姐姐的哭喊声把我从睡梦中吵醒。家里饼干少了，父亲越想越气，叫醒熟睡中的姐姐。姐姐咬定没拿，父亲挥起巴掌就打。几天前午饭时，我饿得难受找吃的，见到柜顶上的饼干罐，搬来长凳爬上去，吃了两块，肚子还饿，又爬上去，惹出了祸事。饼干凭票供应，买回都要数一数，计算每天吃几块。粮食实行定量，做饭要看米下锅，免得断炊，吃饭不能由着肚子。二弟经常喊饿，大人训斥他是"饿牢里放出来的"。姐姐常带我去江边的沼泽地里找野菜，运气好时还能捡到野鸭蛋。找到野果时，姐姐总是先尝才让我吃，那时吃了有毒的植物中毒甚至死亡的事件时有发生。雨后草地上长出一种黑色的"地菌皮"，梧桐树上结出的果子，我们都拿来充饥。肉联厂的送料车经过宝塔下，车上有一种叫"豆饼"的猪饲料。受大家的蛊惑我跟着去抢，边跑边犯嘀咕觉得不光彩，被拉车人一把抓住。拉车人扬起拳头，我吓得哭起来。拉车人朝我看了看，抓起一把豆饼塞给我："娃儿，拿去吧！"街东头挤满了人，一匹老马倒在地上奄奄一息，马夫抽泣着。街坊大伯建议说："快把马杀了，各家买点肉，还能收点钱过日子！"我们家那天也吃到了马肉，不过吃饭时我心里很难受，老马的样子总在脑子里徘徊。

报名季节又到了，我在解放路第一小学通过了面试。这所学校建筑古雅，树木参天，我常梦见这所古老的书院。出榜那天还是榜上无名，原来我被录取到新建的青莲巷小学。我们一路打听拐弯抹角才找到，校门左边有间破旧的厕所，连着一片垃圾场，臭气熏天。三排砖墙结构的平房连着民房，左边有个教工食堂，后面一片水塘。学校招生名额不满，从解放路第一小学转来一批，我由此成为这所新建学校的第三届学生。

父亲用车把我送到学校，找到"一年级（3）班"的教

室。年轻的徐老师安排我坐在第二行第一排,一个高个同学把课本发给我。新书散发出独特的纸香味,我心里乐滋滋的。窗外飘来阵阵恶臭,我本能地往窗外瞅。老师提醒说:"同学们,不要东张西望!"教室的屋顶没有亮瓦,不见蓝天白云,也不见瓦松草,我觉得奇怪,不住往上瞅。老师说:"看屋顶的同学放学后留下!"放学时,同学们喧嚣着走出教室,我被老师叫住了,这才知道老师说的是我,鼻子一酸眼泪流了出来。老师换了口吻说:"从今天起你就是小学生了,上课要认真听讲,不要东张西望。"我天天盼上学,第一天就挨了批评,心里十分郁闷。

徐老师既是我们的班主任,又教我们语文。他讲课语调时高时低,表情不断变化,总把我们逗得乐呵呵的。我对所有的课程都感兴趣,做作业时总感到心情愉快。我家离学校较远,无论风吹雨打还是酷暑严寒从不迟到。沿途想起学校的高兴事,常常情不自禁地唱起:

我们是未来保卫祖国的战士,未来的农业家,未来的工程师。未来的国家我们来建设,未来的祖国我们来保卫。

我们每天起得早,起来就做早操。

隆冬,清晨起来屋子里像冰窟一样,毛巾结成了冰凌,大雪覆盖了门前的路。邻居大妈找到母亲,说雪太大孩子不能上学,请母亲顺道去学校请假。母亲叫我留在家里,我说:"学校有规定,不上学要先请假!"母亲拗不过我,只好带着我上学去。到了学校才知道学生干部正挨家挨户通知停课,只有少数像我一样执着的孩子到了学校。老师表扬我们不怕困难,我问什么叫"困难",老师就以大雪为例解释。老师一会领着我们跺脚,一会给我们讲故事,还带着我们"挤糯米"。学校不让"挤糯米",担心把墙壁挤垮。老师带着我们挤，大家格外高兴。都是娃娃不分男女，挤在一起只图暖和，一会就挤得浑身发热。

期末，靠全校师生的辛勤劳动，垃圾场的一角变成了运动场。炉渣铺成的路面发出"嘎吱嘎吱"的声响，在我的心里这种声音仿佛优美的音乐。运动场的中间搭起了高台，领导和老师坐在台上，学生坐在台下自带的小凳上。校长突然提到我的名字，我竖起耳朵，只听校长说："一年三班管兴平同学（作者原名）家住狗头湾，是我们学校住家最远的，可他从不迟到，下大雪也坚持上课。"校长宣读"三好学生"名单时，我又听到了自己的名字。成绩单上我各科成绩都是高分，等级一栏写着"甲"字，评语一栏中除"上课爱无故发笑"外全是优点。老师嘱咐我："下学期要继续努力，改正上课开小差的毛病，争取成为班上的第一批少先队员。"他还嘱咐说："再不要穿开档裤了，学生要有个学生的样子，回去跟你妈妈说买条制服裤。"

新学期到来时，徐老师参军了。我们班集体解散，转往解放路第二小学，唯独把我留下，安排到一年级（1）班。我突然感到"举目无亲"，整天心事重重。课外活动玩跳棋少了一颗棋子，都说是我丢的，老师把一盘棋交给我。我郁闷了几天才告诉姐姐，她帮我找了颗替代棋子。我忐忑不安地把一盒棋交给老师，老师一声不吭地收下，我才如释重负。在操场上看见一人的背影像徐老师，我追上去大声呼喊："徐老师！徐老师！"发现原来看错人了。我跑到解放路第二小学找老同学，一进校门就碰见杨抗抗。她高兴地迎上来，大声呼喊，从不同的角落跑出七八个人来。我们站在操场边的大树下，都说这所学校好，都要我转过去。我把想法告诉母亲，让她去学校说情。以后，我天天缠着母亲打听消息。

课外活动时,班长尹春荆见我的陀螺又小又难看,把他的一个机制陀螺给了我。我的陀螺是手工削的,底部是一颗洋钉,旋转起来不灵活,容易倒下。机制陀螺底部装有钢珠,旋转起来持久漂亮。一次踢足球,我和一位同学发生冲突被对方摔倒在地,一位大个同学帮我翻身把对方压在底下。对方爬起来扑向我,大个同学高喊:"不许欺负新同学!"我觉得班上不对劲,气氛比平时沉闷,原来有同学生病了。学校召开运动会,大家帮着拿衣服,为上场的运动员助威。我逐渐喜欢上了这个集体,不再打听转学的事了。

期末发展了一批少先队员,班长和副班长都在其中。两位班长学习好、表现好,还是革命干部的子女。副班长的父亲来学校做报告时,一身戎装给我留下了深刻印象。我们班以有两位革命干部子女为荣,两位班长成为首批少先队员我心悦诚服,然而看到红领巾飘扬在他们胸前时还是感到委屈。大队长高举队旗检阅,护旗手走在两边,鼓手敲打着队鼓紧跟其后,这种场面令人羡慕。我问班长:"我够不够格加入少先队?"他说大家对我印象不错,学习也不错,听说我家成分是工人,他说更没问题。在他的鼓励下,我递交了申请书。

没过多久,我收到学校一封信,拆开一看,信中写着:管兴平同学,祝贺你成为光荣的中国少年先锋队队员。布告栏的新队员光荣榜上果然有我的名字。儿童节那天,我上穿白色长袖衫,下穿蓝色制服裤,赶往中山公园内的烈士纪念碑前。大家都穿着短袖衫,有人笑我穿着长袖衫,我辩解说:"通知里这么写的嘛!"当老队员把鲜艳的红领巾系在我的脖子上时,我感到热血沸腾,觉得纪念碑更加巍峨、松柏更加挺拔、歌声更加嘹亮:

我们是共产主义的接班人,继承革命先辈的光荣传统。

爱国家，爱人民，鲜艳的红领巾飘扬在前胸。不怕困难，不怕牺牲，顽强学习，坚决斗争。为着理想勇敢前进，我们是共产主义的接班人。

歌声在纪念碑前回荡，激情在我胸中燃烧。我只恨来世太晚，没能为共和国的诞生搏杀疆场。我们唱着歌走过一片高岗，地上落满了树叶，踩在脚下软软绵绵的，密密麻麻的树叶挡住了烈日，感觉凉爽了许多。不知谁起了个头，大家跟着唱起来：

桃林像红云，草坪青又青，烈士墓前来了红领巾，举手来宣誓，拳头握得紧又紧。想起当年风雨夜，山岗铁镣响叮叮，不是你们洒鲜血，哪有今天的好光景。我们要踏着烈士的血迹，勇敢奋勇向前进。

我坚信红领巾就是红旗的一角，是用烈士的鲜血染成的。改选干部，我当上了小组长。怀揣一堆作业本，站在办公室门前喊"报告"，那种感觉好极了。我把同学的作业本弄丢了，省下买早餐的钱买了一本赔给他。打扫卫生时发现桌缝里夹着什么，倒出来一看正是丢失的作业本，我把练习本还给同学后才真正安心。有人拖交作业就得留下，耽误了回家的时间。昏暗的路灯下行人稀少，更感到肚中饥饿，心里却洋溢着一种得意，觉得自己在学校是个"人物"。母亲知道了我晚回家的原因，鼓励我说："同学选你当干部是对你的信任，说明大家看得起你，辛苦一点也值得！"加入少先队，当选小组长，增强了我的荣誉感和责任心。我经常情不自禁地唱起：

戴花要戴大红花，骑马要骑千里马。唱歌要唱革命歌，听话要听党的话。

2 萌芽抽枝

人间只道黄金贵，不问天公买少年！
　　　　　　——元·元遗山

仲夏，洪峰猛烈地冲击着荆江大堤，满江大水直逼警戒线，政府专员来到狗头湾动员撤离。人们扶老携幼，肩背沉重的包裹，手牵饲养的家畜。大人的呼喊声，小孩的哭闹声，猫狗的叫喊声，鸡鸭的奔跑声，一片凄凉景象。江水开始涌入我家，屋外有人高喊："快上堤呀！夜里还要涨水呀！屋里不能留人啦！"父亲用木盆把我们三兄弟一个一个地往外送，大水没过他的膝盖，他拉着木盆边缘探路前行。邻居也用木盆拉着小孩，我们觉得好玩，呼喊着打招呼。大堤上到处都是临时窝棚，我家的窝棚已经搭到宝塔下。

夜幕降临，狗头湾的居民都上了大堤。堤外是奔腾咆哮的滚滚江流，堤内是静静的万家灯火，"人在江底走，船在屋顶行"的奇观出现了。浪花狠狠地拍打着堤岸，我总担心被大浪卷走。清晨起来，狗头湾已淹没在江水中。大浪过后露出几处屋脊，我和邻居小孩一齐猜测屋脊属于谁家。鹭鸶在水上追鱼，江猪在水面横行。鹭鸶的脖子上系根细绳，抓到鱼就飞到船上吐出猎物。渔夫往鹭鸶嘴里塞进小鱼，鹭鸶再次扑向水面。江猪是白鳍豚的俗名，长江里的庞然大物，掀起的排浪能把小船搅翻。

天空下起雨来，有人说宝塔下的龙王爷兴风作浪啦。外婆重操旧业出售杂货，我蹲在木盆边玩纸船。雨水滴在纸船边，纸船原地挪动一下，雨水滴进纸船里，纸船下沉一点，直至沉入盆底。雨后闷热潮湿，大堤上蚊虫苍蝇乱飞，撒"666粉"都不管用，人们开始投亲靠友。舅舅把外婆接走了，母亲的好友赶马台居民委员会主任夏妈接走了姐姐和二弟，父母带着我和三弟去平安巷投奔幺爷。管家祖辈兄弟四人，老大经商老二挑码头，本家三爷做账房先生，我只见过幺爷管纯全。幺爷魁梧壮实，是管家拳的传人。幺奶奶面庞清秀、身材苗条、贵妇派头，是荆州城里的满族人。辛亥革命时，革命党在城门设置哨卡，要过往行人念"666"，谁说官话就抓起来。为躲避厄运，幺奶奶嫁往沙市管家。

　　管家一位先人清朝年间中了武举，从山东到荆州赴任。先祖孑然一身择路南行，到达汉口转水道过洪湖抵达沙市。行至三岔路口，遇到一帮泼皮索要买路钱，先祖好言相劝无果，一番拳脚把泼皮们打翻，从此在荆州扎下根。传到爷爷辈时，兄弟四人中老二、老四都会武术。排行老四的幺爷爷靠一把力气在码头混迹，从苦力做起，后来开磨坊，在平安巷置下房产。这栋豪宅高墙大瓦，门口一对石墩，宅内三道天井四重穿堂。后院开磨坊，有块习武练功的场院。幺爷的成分被划为资本家，除自家留用之外都交给了政府，叫作"房子改造"。幺爷早晚带着一班后生在后院舞刀耍枪，我想跟着学。幺爷说他就因会武术吃了苦头，宁可传外也不传内。旧时挑码头先发签子再派活，人多活少就发生械斗。一位独子难敌兄弟三人，幺爷爷帮了独子一把。被打的一方后来有人做了官，诬说幺爷是封建把头，一有政治运动幺爷就受一次惊吓。幺爷夫妇有个养子，收了个童养媳。忆苦思甜那阵，干部动员媳妇诉苦，媳妇说公公婆婆对她亲如女儿，干部反说媳妇觉悟低。我把管家媳妇叫大妈，大妈流产落下病不能生育，

把我姑妈的二女儿过继过去做女儿,还想过继一个儿子。我是母亲带去的,头几天还很高兴。表姐一放学就陪我玩,带我上街买吃的,陪我在"便河"边看行船。我不见父母来就天天哭,表姐只好把我送回家。二弟没去几天就闹着回家,编出理由说:"我家的鸡归我管!"三弟去时也是天天哭,表姐把他送回时,他抱着母亲一声喊:"我终于回来了!"兄弟三人一个也没过继成,幺爷爷一如既往善待我们。在幺爷家暂住的日子,三天一小宴,五天一大宴。

汛期过后,狗头湾一片狼藉,我家的房子严重受损无法居住,迁往堤内的"工艺坊"。父亲和他的工友们站在泥水中把可用的材料打捞出来,三排大梁尚好,于是决定平移到新址去。下堤有近百级石阶,工友们喊着"嗨哟嗨哟"的号子艰难前行。工艺坊是条古老的石板街,传说刘备招亲就是从这里去往江边的。楼房的高墙大瓦古色古香,有的门前蹲着石狮,有的后园种着果树,空气中飘荡着阵阵芳香。工友们的吆喝声引来好奇的目光,到达新址时,大家一阵欢呼。工友们在宅基地四角挖出圆圆的深坑,放进奠基石支起大梁。供销科副科长谭德忠叔叔吹起口琴,大家跟着哼唱起来:

团结就是力量,团结就是力量;这力量是铁,这力量是钢;比铁还硬,比钢还强。向着法西斯蒂开火,把一切不民主的制度灭亡。向着太阳,向着胜利,向着新中国,发出万丈光芒!

大堤从东南西三面环绕工艺坊,高处往下看犹如茶壶,有人戏称"夜壶子"。新居位于街东头,后门向着大堤,对街屋后有汪水塘叫"窝湖"。水塘东西长南北短,面不宽却很深,游鱼成群,水草茂盛。对岸是著名的国企沙市纱厂,后来改名为向阳纺织厂,厂门由荷枪实弹的警卫班守卫。新居东侧紧挨"金刚古塔",塔壁上刻有金刚经,经常有人来这里拓碑文。传说塔下压着恶龙的身子,白云桥边金龙寺的铁帷子压着龙尾,与镇压龙首的宝塔遥相呼应。石塔四周冬青环绕,附近生长着几棵大树。东头有条陡峭的土坡,通往大堤上的纱厂大门。团聚那天,一家人喜气洋洋,母亲清唱了一段京剧,父亲带头鼓掌。周末,一家人去中山公园内的灯光球场,为父亲参加篮球比赛喝彩。

我家的乔迁喜坏了隔壁的本家大奶奶。管家大爷生前做粮食生意,在工艺坊置下房产,外墙唐砖房顶汉瓦,内置木板隔层,楼上楼下,一重天井。大爷成分划为资本家,被改造的部分住着五户人家。大奶奶的房子外墙很高,我家利用了一扇墙。父母的卧室移到当街,外婆的卧室移到后面,楼上保留了阁楼,屋后盖了间厨房。大奶奶和我同一天生日,老人每逢生日都给我做碗长寿面。她的大儿子每月从重庆寄来十元钱,老人要我帮她写回信。她说一句我写一句,遇到不会的字只好把意思写出来,可老人不依,我只好写归写读归读。每次写完信她都奖励我一角钱,一顿早餐五分钱,是笔不小的收入。

邻居中企业职工居多,还有车间主任、厂长、书记。有的人家骄横傲气,这是在狗头湾居住时没有的事情,我有了家境不如人的压抑感,暗下决心:"长大了超过你们的孩子!"毕竟还是好人多,隔壁的陈奶奶家境殷实,还有电子管收音机,常邀请我们去收听,还拿出糖果瓜子招待。有个邻居叔叔回家探亲,一身水兵服,军帽上两条飘带。我们簇拥着水兵叔叔,提一些匪夷所思的问题,直闹到半夜才被叔叔的家人劝走。对门高伯伯出租小人书,看书人爱听高伯伯谈古论今。小人书开阔了我的视野,我喜欢上了岳飞、宋江、关云长。邻居伯伯对父亲说:"你这个儿子不简单,上知天文下知地理。"

妹妹出生后，我家人口达到八个。外婆有份工作单独过日子，父亲月薪37元，母亲月薪28元。当年最低生活标准人均6元，我们家刚过贫困线，日子过得很艰难。父母领取工资后先买米买煤，一家人很少添置新衣，好点的衣服逢年过节才穿。衣服洗得褪色发白，补丁加补丁，流行的说法是：一年新，二年旧，三年四年打补丁。衣服越旧越容易破，母亲总是缝补到半夜。母亲的咳嗽声不断把我吵醒，外婆总催促母亲抓紧看病。买鞋总要大几号，往鞋里塞进旧棉花。鞋子小了继续穿，直到后跟勒起血痕，走起路来一瘸一拐。

寒夜，北风在屋顶呼啸。被子的棉花结成坨，不保暖，就把脱下的上衣裤子盖在被子上。睡着了翻身时衣裤落到地下，就从梦中冻醒，第二天就感冒了。手脚长出冻疮奇痒难受，涂上厂医用猪油加辣椒粉配制的膏药，患部火辣辣的疼痛。每人只有一双棉鞋，遇上雨雪天鞋子湿了要烤干。家里只有一个火炉，有时鞋还没烤干炉子已灭了。第二天上学只好穿上大人的旧鞋，再塞进旧棉花。一位同学上厕所叫我等一下，我拿出课本消磨时间，刚把课本打开他就出来了。

我问："怎么这么快？"
他说："只拉了一半"。
我问："怎么不拉完？"
他说："拉完了，饿得快，又要吃！"

酷夏，母亲买回大手帕做成衬衫。路人把我叫住，在我身上观察衬衫的图案。母亲买回甜瓜，放在水缸里晾着。最热时捞出来切成片，兄妹每人一片。有时父亲从厂里带回绿豆汤，那是世间的美味佳肴。父亲派驻武汉，行前给每人一个纸袋。我们把父亲送到码头，汽笛一声长鸣，我们的心都碎了。我们看着轮船离去，直至消失在天水一处的远方。回到家中打开父亲留下的纸袋，里面装着几颗糖果几块饼干，我们欣喜若狂吃起来。我突然意识到好景不长，悄悄把自己的那份留下，放进一个瓶子里。

一天下午，兄弟三人在外玩耍，三弟突然蹲下叫肚子疼。我们赶紧回家，扶他坐在靠椅上，等待母亲下班。三弟一动不动，现出痛苦的神情，我把留下的糖果饼干给他，他才感到一丝慰藉。三弟脸色开始发白，捂着肚子喊疼，我跑出门外呼喊："有没有人啊！我弟弟病啦！"无人应答。想起隔壁的陈奶奶连忙跑去，陈奶奶放下厨房活赶到我家，叫我快去给母亲送信。我跟着母亲赶到医院时，三弟已经进了手术室，他的阑尾已快穿孔，幸亏来得及时。亲友们带着瓜果点心来医院探望，三弟高兴地说："我喜欢生病，生病就有好吃的！"他说得一点不假。上课时我一阵反胃，口吐酸水。医生说是急性胃病，开了"胃舒平"，嘱咐我不能饿肚子。以后我的衣袋里总放上几块饼干，难受时就吃一块。为了节约，后来我改为每次只吃半块。为了不影响同学，老师把我的座位调到最后一排。

炎炎夏日，我得了一场大病，一连两个星期辍学在家。班主任贺德凤来家访，惋惜地说："这学期有升留级考试，留级就太可惜了！"母亲无奈地说："孩子病成这样，留级也没办法呀！"老师嘱咐我："好好养病，争取参加期末考试。"一门功课不及格要补考，两门功课不及格就得留级。有人指着我的鼻子恶狠狠地说过："哩咯老子，这么小的个子，年年升级，老们这么大的个子，还留级！老子警告你，三下难得很，小心点！"所谓"三下"，就是三年级下学期。斜对门的邻居说我们家冲了他家的风水，幸灾乐祸地断言我

"肯定要留级啦"！

我病愈回校时已进入总复习阶段，班主任指定田辉耀帮助我。这位全班的顶尖学生给了我真诚的帮助，除耐心回答我的问题外，还把课堂笔记借给我。他的笔记字迹清秀内容齐全，几乎一字不漏地记录了课堂重点。我夜以继日地恶补，困了就用凉水冲头，凉水不管用了就揪眼皮。期末考试结束，除语文得87分外，其他功课都在90分以上。田辉耀友善地说："你怎么可能留级呢？"家人大喜过望，邻居对我刮目相看，连不友好的邻居也服气了。

父亲的工作单位迁往郊区南湖，赶上困难时期，建设规模压缩，留下大片空地。厂工会把空地划成小块分给困难职工，父亲分得三分地。以后，我的课余时间就忙在三分地上。从学校到南湖要经过白骨塔，以前放置无名尸体的地方，也叫"乱葬岗"。塔前有条大滑坡，一条宽阔的田埂路伸向远方，两边的高粱叶随风飘荡，总觉得高粱林中藏有坏人。厂前有段柏油路，骄阳下的路面腾起一股热浪恰似海市蜃楼。布鞋抵挡不住柏油的滚烫，总要情不自禁地蹦跳起来。到达地里时把鞋脱掉一看，脚底已经烫起了血泡。三分地里种植过红薯、蚕豆、大豆、棉花、芝麻、花生、土豆、辣椒、豆角，父亲是主力，我和姐姐做帮手。

傍晚，门外传来急促的脚步声，父亲的工友用木板抬着一人，我感到大祸临头。一阵风刮断了车间附近的高压电线，落到正在那里干活的父亲身上。工友经厂医抢救脱离了危险。母亲说："看看这群孩子，他要出了事，一家人怎么过呀！"为多挣几个钱养活我们，父亲经常加班。厂里把杂活留给困难职工，下班后或节假日做，叫作"加班"。

有份送氧气瓶的活途中要上荆江大堤，凭父亲一人之力十分困难，需要有人推车助力，我前去帮忙。母亲看着我心疼地说："他还是小学生呀！"父亲说："总比没人好啊！"从南湖出发前往洋码头，父亲在前拉，我在后面推，感觉还不错。到达荆江大堤时，歇了一会开始爬坡。一条土坡散落着大小不等的碎石残砖，爬到半坡时车轮被碎石颠了一下，氧气瓶顺势滚动起来压住我的手。我疼得一声大叫，父亲叫我坚持住。我咬紧牙关忍着疼痛，用力顶住氧气瓶直至爬上大堤。父亲把氧气瓶挪开一看，我的大拇指已经开裂，鲜血直涌。父亲用手绢包扎了一下，我们继续赶路。晚上，父亲对母亲说："听到后面一声叫，我的心都掉下来了！"

　　国庆节那天，我们一早赶到三分地里干活。母亲把午饭送到地里，一位工友说厂里晚上放电影《二度梅》。我们早早地收工，早早地吃晚饭，急匆匆赶到厂里。翻砂车间的外墙上挂着一块大银幕，职工家属随处坐地。夜幕降临，场地上一片祥和，人们边磕瓜子边看电影。平时吃瓜时把籽留下，洗净晒干，在锅里炒熟，家家如此。回家的路上，云朵不时遮住月亮，农舍里透出微弱的煤油灯光，我们打着手电走在"荆江大队"的田野间。沿途有许多大粪坑，不留意会掉进去。都说这一带有吊颈鬼，马王庙里有坛子鬼，廖子河里有水鬼，我担心鬼魂的出没。路过"十八庵"时，更有一种神秘感。一个男孩从宝塔上掉下摔死，都说是鬼在后面推了一把。外婆说："人有三分怕鬼，鬼有七分怕人，走夜路时摊开衣服大声说话唱歌，鬼就不敢靠近。"我每走夜路就如此行事，果然没遇到过鬼，就把这个办法介绍给同学，他们也说这办法灵验。有天晚上，一伙大男孩聚集起来，手拿棍子到马王庙去打鬼，我好奇地跟在后面。大家在黑暗中小心翼翼地前行，刚进庙门就听见前面有人惊呼："鬼来了！"传来一阵噼里啪啦的

棍子声,没等看见鬼前面的人已经拼命往回跑,高喊:"鬼来了!快跑啊!"有人摔倒在地,身边的人说摔倒的人被鬼抓去了,我吓得魂飞天外。

除夕早晨,睁眼闻到了浓郁的油香,我抓起一把"饭米子"往口里塞。沙市人把米饭放在太阳下晒干,再放在锅里用沙炒,可以干吃也可以泡汤。母亲叫我省着点,留着肚子吃团年饭。街上行人稀少,却飘溢着浓浓的香味。我来到高台子进了"狗仔"家。狗仔的父母没有固定职业,屋里没一件像样的家具。他们家也热气腾腾,我心里掠过一丝快意。狗仔娘塞给我一个馒头,我不客气地接在手里。一家人忙得不亦乐乎,我知趣地离开。跑了几家都如此,一圈下来我的口袋里塞满了黄豆、花生、红薯、土豆。

傍晚,餐桌四角点燃蜡烛,一盏马灯悬挂在屋梁上。全家人依次坐定,父亲点燃爆竹用木盆盖住,爆竹声噼里啪啦响起来。餐桌中间一碗莲藕排骨汤,四周有粉蒸肉、红烧肉、扣肉、藕丸加鱼糕。鱼糕上点撒着木耳和黄花,更是难得的美味佳肴。母亲不断上菜,有油炸花生米、凉拌青豆、凉拌萝卜、凉拌菜苔。有条鱼没人动,我犹犹豫豫伸出筷子,被外婆止住了,她说鱼要留着,表示"年年有余"。我问什么时候可以吃,外婆说明天就能吃。母亲生起一盆炭火,一家人围坐在火盆边守岁。北风呼啸,雪花不时从门缝飘进,母亲不断往火盆里加木炭。外婆讲起往事,日本人占领沙市时,她带着母亲和舅舅逃往湖南靠扎纸灯度日,说着就动手叠起来。夜深了,母亲拿出年糕放在火盆架上。一会就发出浓浓的香味,我们粘上红糖吃起来,外面不时传来噼里啪啦的爆竹声。我们家的座钟敲响十二下,父亲也点燃了爆竹,新年到来了。各家的钟快慢不一,爆竹声此起彼伏。

大年初一清晨，我奉母命站在外婆房门外高喊："奶奶，拜年啦！"外婆不喜欢被叫外婆，我们喊她奶奶。我伏在地上叩头说："恭喜奶奶越老越先进！"外婆送我一把可打炸药的木头枪。我们来到高台子的亲戚家，随着母亲的"拜年"声，一位五旬开外的妇人开了门。我高喊："给大姨妈拜年啦！"妇人连忙说："使不得，我和你同辈呀！""母亲说还是叫大姨妈好！"瞎子丈夫和瘫子女儿窝在床上打招呼，妇人端来红糖开水，水面飘着红枣。我接过玻璃杯就喝，吞下红枣嚼起来。母亲说枣子不能吃，妇人说孩子不晓得，吃了就吃啦！妇人拿出一角钱往我手里塞，被母亲挡住，我连忙缩回手，快步跑出去。第二家也是一人一杯红枣糖水，我只喝糖水留下红枣，主人夸我懂礼节。

吃过母亲做的糖炒汤圆，一家人出发去市区拜年。沙市还没有开通公交车，我们一路步行，先到中山路的舅舅家。舅妈给每人一碗小汤圆加鸡蛋，给我们兄妹每人一份压岁钱。人民电影院门前挤满了人，春节期间能看上几场电影是每个人的奢望。许多人晚上不睡觉，排在售票窗口等候。到了九十铺的姑爹家，每人一碗鸡蛋加白糖，自然也有压岁钱。姑爹中年丧偶，我没见过姑妈。平安巷幺爷家拜年的客人一拨接一拨，吃饭要摆好几桌，每桌都有火锅，熊熊燃烧的柴炭火驱走了隆冬的寒气，活络了管氏家族的感情。夜幕下的便河桥流光溢彩，河边的京剧院如梦如幻。我们一家走进剧院，一边吃瓜子一边看演出，感受佳节盛况。我喜欢打斗戏，台上的山山水水令我好奇，散场后非要绕到剧院后看个究竟。走到后面一看，既没有山也没有水，心里感到纳闷。

元宵节晚上，母亲带我们上街看灯，给弟弟的衣袋里放张纸条，写着门牌号码和父母的名字。人们想出这个办法，以

防小孩走丢人家好送回来。从大堤上遥望市内，一片灯火犹如满天繁星。下了大堤有了微弱的灯光，我总觉得鬼影在树影里晃动，屏住呼吸紧跟在大人身边。解放路沿街的门楼闪烁着霓虹灯光，鞭炮声和着锣鼓声此起彼伏。解放路与中山路交界的大湾人头涌动，彩龙船表演队迎面而来。彩龙船用篾竹扎成，蒙上一层画有龙的图案的布，船里"坐"着一位花枝招展的"新娘"。身着古装的"艄公"手扶船檐，高歌"彩龙船呐嘛哟嘿"。黑衣"艄婆"手拿蒲扇跟在后面，做出各种滑稽动作。吹鼓手把锣鼓敲打一遍，彩龙船原地走一圈。彩龙船转向我们的方向时，我认出艄公是爸爸，禁不住一声大喊。

春节过后，北京有个青年自愿到郊区当农民，受到国家领导人的接见，地方政府纷纷响应，动员当地城市青年到农村去。姐姐小学毕业在家，成了居委会动员的重点对象。母亲去乡下看了看，回来说那个地方还不错。街道干部准备给姐姐戴上大红花，把她的事迹登上《沙市晚报》。姐姐根本不愿去农村，天天躲在家里哭。出发的日子越来越近，姐姐的哭声越来越伤心。街道干部再次登门时，憋了一肚子气的外婆终于爆发了，她冲着动员下乡的干部说："谁敢把人带走，我就跟他拼了这条老命！"

不久以后，沙市毛巾厂招工，姐姐当上了工人。那时识字的人不多，姐姐参加工作后很受重用，做了厂宣传科的广播员，还经常借调到沙市工人文化宫做讲解员。每逢重大节庆日，沙市工人文化宫就要举办展览。学校组织我们去参观时，总能碰见姐姐在那里讲解。每到这时，同学就向我投来羡慕的目光，我则为有这样的姐姐感到骄傲。

3 少年自强

韶华不为少年留，恨悠悠，几时休？
——宋·秦观

雷锋，一位年轻的解放军战士，生前努力学习毛主席著作，做了大量好人好事，因公殉职。《中国少年报》登出了伟大领袖毛主席的题词：向雷锋同志学习！报上刊登有雷锋同志的格言：对待同志要像春天般的温暖，对待工作要像夏天般的火热，对待个人主义要像秋风扫落叶一样，对待敌人要像严冬一样残酷无情。这句格言很快成为我们的座右铭。学校的宣传橱窗里展出了雷锋同志的感人事迹，雷锋的事迹迅速传遍神州大地，鼓舞着亿万人民身体力行，同时掀起了学习毛主席著作的热潮。

学校布置学生抄写毛主席语录。我带着本组同学先到父母的单位抄，再到学校附近的单位抄。听说抄写毛主席语录，哪里都热情接待。有个单位的阿姨提醒说："你们去新华书店呀！"那里果然贴满了毛主席语录，我们连抄了几天，完成了任务。接着，"全民除四害"运动开始了，号召消灭苍蝇、老鼠、麻雀、跳蚤。学校的厕所边挤满了人，我带着本组同学赶到狗头湾。那里靠近郊区，街尾有几个大粪坑，苍蝇满天飞老鼠遍地跑。几天下来，我们每人消灭了几千只苍蝇和一大堆老鼠。我们把苍蝇装进火柴盒，用细绳把老鼠尾巴系起来，交给"四害回收处"，每人为此获得了一枚"灭蝇能手"的金属胸章。

周末，我带着两个弟弟在荆江大堤边抓蟋蟀，看见一位大妈吃力地拉着板车爬坡，我们一起冲上去帮忙。大妈回头一看是三个孩子，到了堤上把车停下，捧起一把红薯往我们手里塞。我们不肯要，大妈非要给。几天后大妈找到我家，拉着外婆的手激动地说："原来是余主任的孩子啊，就是不一样！"我向母亲学做针线活，从补尿片开始。多少年后，我的针线活受到了岳母的称赞。母亲把脏衣服放进木盆浸泡时，我就光着脚丫在木盆里踩。母亲到江边用棒槌击打清洗衣服时，我就站在旁边把衣服一件件递给她。

　　春节期间我用压岁钱买了副乒乓球拍，碰见同学想给他看，才发现两手空空。我转身冲向那家商店，钻进人堆挤到柜台前，从人缝里伸手一摸，球拍还在原处。国家乒乓球队在国际大赛中获奖，全国掀起乒乓球热。我一直使用木板削成的自制球拍，带胶面的球拍可谓高档商品，我用压岁钱购买的球拍失而复得不知有多高兴，茫茫人海中无人顺手牵羊。那年我收获颇丰，把手头的压岁钱拿出来缴学费，开学第一天就受到了表扬。诺大的青莲巷小学没有乒乓球室，只在教室间的空地上用砖头水泥砌了几个露天球台。这样的球台还接应不暇，我们采取打擂的方式，输了下台赢了登台。按国际标准计21分时间太长，于是改成计11分，后来又改成计6分。多数同学使用光板球拍，有的同学在光板上贴块海绵。有位同学在垃圾堆翻到一块巴掌大的海绵贴在球拍上，惹得大家哈哈大笑。

　　放学急匆匆回家，打扫屋子洗菜切菜，给蜂窝煤炉添煤。夏天，备好热水澡盆让二弟先洗，收拾碗筷后再给三弟洗澡。母亲给妹妹洗澡时，我把竹床支起来擦洗干净。吃水要到长江去挑，荆江大堤有几层楼高，上坡重力在后下坡重力在前，雨雪天稍不留意就会摔倒，往前栽倒会头破血流，仰天摔倒更加危险。几年下来我掌握了上下坡的诀窍，能行走自如。把水倒入缸中，力小了水顺着桶流出，力大了水就会溅起。买煤途中要走几里路，雪天容易滑到，夏日大汗淋漓。先排队验证付费再排队取煤，买一次煤就是半天功夫，我就带上一本书。粮店离家也是几里路，也是先排队验证缴费再排队取货，同样是带上一本书。无论买米买煤，全靠肩膀挑，中途要歇息几次。我总是咬紧牙关，默读毛主席语录：下定决心，不怕牺牲，排除万难，去争取胜利！

中午带着两个弟弟到公共食堂用餐，母亲按月把饭菜票交给我。我午餐四两，两个弟弟午餐三两，这是国家标准。吃菜每人五分钱，这是我家的标准。有次弟弟要吃鱼，三人的标准合起来只够买半份，就找师傅商量买半份。师傅要坚持原则，我说师傅"教条"，吵了一架还是没吃上鱼。我把旧作业本空页撕下，用针线缝起来使用。老师举起作业本气急败坏地说："这也叫作业本吗？"我大步流星走上讲台，夺过练习本当众撕碎。

邻居小孩聚在一起摔跤，有个富家子弟一把将二弟摔倒。我怒火中烧却心有余悸，这家伙比我壮实。"你来一跤怎么样？"没等我应答，他已伸出手来。见我处于劣势他越发猖狂，围观者皆为他喝彩。我眼前一片茫然，本能地想放弃。瞥见二弟一双忧郁的眼睛，心里一阵颤动，咬紧牙关挺住。我将两腿叉开，下蹲摆成马步式。对方继续猛摔，猛摔几次后他恼怒起来，脚步开始凌乱。我撩起右腿摆到他身后，来一招"拌跌子"。他失去了平衡，被我压到在地，围观者为我喝彩起来。我举起拳头冲着他说："再欺负我弟弟，小心老子揍死你！"

暑假，母亲为筹备冷饮厂，忙得不亦乐乎。舅姥姥带着

她女儿住在我家，日本人占领沙市时老人逃往湖南，刚刚回迁暂住我家，把洗衣做饭的事承担了下来。骄阳似火，我一手拎着饭篮一手打着纸伞，上大堤路过向阳餐馆。我经常拿着冷馒头在这家餐馆的火炉上烤，师傅拿起馒头扔进油锅，炸好后捞起来用荷叶包好给我。能吃上油炸馒头是很奢侈的享受，我把这事告诉了家人，父母前往致谢，我家和师傅就成了朋友，我只要经过这家餐馆总要叫声"伯伯好"。过了餐馆出现一段大滑坡，路边开放着鲜艳的野花，杂草丛生没过人头。坡下的廖子河茅草屋连成一条街，两边的屋后湖水荡漾。我常在这一带钓鱼，钓竿取自竹扫把，钓鱼线取自缝衣线，钓钩用缝衣针弯曲做成，浮标取自鸡毛鸭毛。荷花绽放，知了鸣唱，蜻蜓飞舞。我浑身冒汗，口干舌燥。过了廖子河出现一个大滑坡，坡顶的拉坡机隆隆地吼叫着，路面尘土飞扬。上了大滑坡到了赶马台，这是回民的集聚地，飘荡着浓烈的牛羊味。街尾有条岔路，往右下坡就到了目的地纯正街。

冷饮厂是个作坊，占地面积不大。我陪母亲住在厂里，夜里漆黑一片，上厕所总要打着手电筒。厕所又脏又臭，雨天污水横流，使人感到恶心难受。老师把我转到附近的课外学习小组，组长家的天井里长着一棵桑树，我们常在树下做作业。她父亲回家时就有人嚷着要听革命传统故事，革命干部伯伯一口大连话很难懂，但有句话大家都听懂了："昨天还在一起吃饭的战友，第二天就没了，天天如此，谁都不知道能不能活到明天！"

冷饮厂附近有人纺织麻绳，工具简单，竹条拼成四边长方形，中间穿根铁棍用于旋转。看见同龄的孩子能挣钱我动了心，母亲带我去拜访打麻能手童大妈。我跟着童大妈学了半个月，开始自立门户。我把打麻机绑在一张太师椅背上，清晨搬到胡同口，中午移到大树下，晚上搬到路灯下。麻坯浸泡软了才能撕开，把两股细条系在竹架上，另一头捏在手里，旋转手腕带动竹架将两股麻坯搅成一股。这是一种古老的手艺，靠心灵手巧，麻绳光滑毛刺少为优质，我纺出的麻绳总受到夸奖。几个月后我就能边旋转手腕边搓捻麻坯了，几个步骤连成一气。邻居小孩相继加入，走在工艺坊的石板街上，随处可见一台台打麻机。

我们相邀拉着板车去送货，工厂在荆州南门外。我们办理好交接手续，在护城河边吃干粮，看鱼儿在水中嬉戏。返回时口袋里装着薪酬，车上拉着领取的麻杆。一边是波涛滚滚的长江，一边是蜿蜒曲折的古城墙，大家兴高采烈。居委会总帮助困难家庭揽活，名目繁多。我接过砍莲子和织手套的活，只要能给家里挣钱我都做。干莲籽又小又硬，砍刀体小背厚，砍轻了不管用，重了把莲籽劈成两半，谁的手上都挨过几刀。生产劳动保护使用的手套，机器不能解决的问题就由人工解决，就是把五个手指与手掌部分连接起来，工具是根钩子针。赚得的钱一律交给母亲，自己的劳动能补贴家庭就是最大的乐趣。

家里养了几年的花猫突然不见了，二弟躲在一个墙角哭。我跑去问怎么回事，他说："女娃仔把我们家的猫扔进江里了！"他用铁丝套住猫的脖子，猫拼命地叫唤挣扎，落进江水前还叫了几声。我怒不可遏，跑回家抄起一条扁担，二弟想拉住我，被我一手推开。目击者告诉二弟前有个条件："不准告诉你哥！"我不管这一套，拎着扁担直扑他家，身后一群看热闹的人。女娃仔和我同岁，个头却比我高。他家大门紧闭，我一声大吼："女娃仔，给我出来！还我家猫的命来！"无人回应。我发疯地用扁担撞向大门，门开了不见人

影。床上的被子鼓鼓囊囊，我举起扁担打下去，被子里一声大叫。我一连几扁担打下去，他一阵嗷嗷叫唤。他母亲从身后拉住我求情。看热闹的人站了一大片，有人说女娃仔缺德，有人劝我算了。

家里的米缸又见底了，父亲出差在外，外婆催促母亲去借钱。母亲说上月借的钱还没还，外婆说母亲"活人被尿憋死"。外婆神秘地把我拉进她的房间，道出她的"锦囊妙计"。我带着两个弟弟和妹妹直奔父亲单位，在供销科见到了副科长谭叔叔。他拿出十元钱，说是工会给的补助。弟弟妹妹吵着要进城，我们一路步行走到东门，过吊桥进入张居正街，看见诸葛亮的"三管笔"（就是三根石柱）。二弟说城里没有沙市热闹，东门一带行人稀少，路人寥寥，行至花台才显出荆州城的繁华。走到十字街都说饿了，就在小摊上买了四个"锅块"。离西门不远了，都说该返回了。我们还是一路步行，妹妹走不动了，我背起她走走歇歇。夜幕已经降临，我怕家人担心，领着他们上了公共汽车。感觉一下就到家了，弟妹都说路不远，不该坐车。家里的堂屋里坐满了街坊邻居，见我们毫发无损地回来如释重负。原来我们兄妹四人一早离家，天黑不见人影，听说我们身上带着十元钱，更加重了大人们的忧虑。

第二天一早，孙伯来家打探消息，邻居去荆州机床厂找过他。孙伯是父亲的挚友，和父亲一起当过学徒，曾是沙市米业篮球协会的队友。孙伯新婚燕尔时朝鲜战争爆发，他应征参加了志愿军。弟弟说哥哥刚结婚，一去不知能否回，不能让嫂子做寡妇，要替哥哥去参军，首长同意了弟弟的要求。战争结束，志愿军一批接一批回国，始终没有弟弟的消息。孙爷爷到民政局要人："我把活生生的儿子交给你们，你们得有个交代呀！我活要见人，死要见尸！"每逢春节，孙爷爷就到民政局闹一场。年复一年，民政局领导换了一个又一个，工作人员换了一批又一批。孙爷爷临终前把任务交给长子，孙伯每次去民政局都要来我家找父亲诉苦。老伴故去后，孙伯去了武当山。父亲八十大寿那年，门外来了位游方道士。第二年，孙伯在道教圣地武当山驾鹤西行，到太虚寻找弟弟去了。

　　元旦刚过，气温陡降。连天大雪，江汉平原披上了银装，屋檐上倒挂着长长的冰棱。家里的水缸已经见底，天快黑下来。外婆说不能等大人了，叫表哥带着我去挑水。到处都是厚厚的积雪，天上雪花飞舞。表哥挑着桶在前我紧跟在后，一步一步走向江边。雾气迷漫，我猛然看见江面漂浮着一人在水中打转，我脱口而出："哥哥，你看！"表哥抬头一看，惊呼："啊！是人！一个女的！"一个身穿棉袄的女人，仰天漂浮在江面上，一头长发飘在脑后，我们异口同声大声呼喊："有人落水了！快来救人啊！"

　　北风呼号，雪花飞舞，我们稚嫩的喊声被淹没了。"你快到厂里去叫人！"表哥指着纱厂方向说。我拼命朝大堤上跑，边跑边喊："救人啊！有人落水啦！"大堤上不见人影，一直跑到厂门前才看见站岗的警卫班战士。警卫战士一声呼喊，厂房里冲出几个男子，顺着我手指的方向跑去。一位身穿紫色毛衣的男子跑在最前头，边跑边脱外衣，第一个跳入冰冷的江水中。我和表哥站在江边，看着叔叔们奋力往前游，渐渐接近了溺水的人，把溺水者救了起来。江风阵阵刮来，我冷得浑身哆嗦，不断拉紧棉袄。大家一阵忙乱，抬起溺水者朝着工厂方向跑。我回头看见岸边有件紫色的毛衣，高喊："谁的毛衣呀？"这一喊不打紧，大家停下来一点人数，少了一个。我突然想起那位男子边跑边脱毛衣的情景，大家听了我的叙述，齐声呼喊："老宋！你在哪里？宋鹤清！你在哪里？"

英雄舍己救人的事迹迅速传开，《歌唱英雄宋鹤清》在沙市的大街小巷传唱。我从《沙市晚报》得知，英雄时年26岁，武昌人，武汉钢铁厂职工，1965年抽派到沙市"四清"工作队。中共沙市市委追认他为革命烈士，将英雄的遗体安葬在烈士陵园。多少个日日夜夜，英雄边跑边脱毛衣的情景总在我脑中浮现。每年清明节，我久久地站在英雄的墓碑前默哀，感到深深的歉疚。假如那天我不去挑水，假如那天我没有看见落水者，假如我没有大声呼喊，宋鹤清叔叔一定还活在人间。这句话在我的心里不知重复了多少遍。

夏季，特大洪峰席卷而来，全市人民行动起来加固堤防。青莲巷小学高年级学生聚集在操场上接受动员，老师号召我们以实际行动悼念英雄，一种"长大成人"的自豪感在胸中涌动。人们对防汛习以为常，听说调动了部队才感到非同寻常。大堤再怎么坚固江水总能找到空隙，发现"管眼"就插上小白旗，稀疏的小白旗尚无大碍，遍布小白旗则不可掉以轻心。队伍在太师渊停下，池塘的水已经抽干，现出一个黑呼呼的大坑，黑压压的人头在塘底晃动。一拨人清理淤泥，一拨人把淤泥往上送，一拨人把淤泥运往远方，形成一股股巨大的人流。我们以小组为单位，挑着担子沿着泥泞的道路前行。拆迁路上一片狼藉，一条宽阔的"北京路"即将修建。便河桥已无影无踪，东段的河水已抽干，我们把挑来的淤泥倒入河底。工地上人山人海，一个紧跟一个。来回一趟几里路，几趟下来天就黑了，班主任站在高地上发出命令，才结束了劳动。一位女同学的脚跟破了，鲜血从鞋子里透出来，老师给她做了简单包扎以防破伤风。学校的食堂里还亮着灯光，师傅正等着我们。每人领取一份饭菜，狼吞虎咽地吃起来，都说学校的饭菜真好吃。

期末总结大会在操场举行，昔日的垃圾场变成了足球场，所有垃圾都是师生手拉肩挑运出去的，操场的建成浸透着我们的汗水。或许因这个原因，足球是我们的最爱，全市小学生足球联赛中我校荣获亚军。文艺演出开始，主持人是我们的班花，第一个节目是独唱《唱支山歌给党听》，表演者是六年级（1）班邓传珍，我们班掌声一片。几个节目后，换了主持人，中途换将必有原因。下一个节目是独舞《想起往日的苦》，表演者一上台，大家焕然大悟，鼓起掌来。高音喇叭里传来凄凉的歌声：

想起往日苦哎，两眼泪汪汪哎，家破那个人亡呐好凄凉，哎咳哟哎，哎咳穷人呐好心伤呐哎咳哟。

这场演出我们班出尽了风头，我们班是六年级（1）班，配备的老师都很优秀。四年级时的班主任谢玉琴兢兢业业，我们班没评上先进她带着女同学哭了一场。五年级时教导主任王冰洁亲自担任班主任，我们把"四好班"的锦旗夺了回来。眼下的班主任柯启文豪爽大气，我们班在各种活动中独领风骚。代数老师康继文一派学者风度，有句口头禅："你屄你屄你屄么斯？100分给你扣60！"谁还敢开小差！图画老师彭希富特立独行，练功打坐谁都别想撼动。原湖北省体操队员秦大陆，腾空一跃前后翻飞，操场上欢声雷动。政治老师樊天超有点老态，朗诵起《可爱的中国》仿佛响起方志敏脚下沉重的铁镣声。音乐老师陈先声年过半百，脸上的皱纹显出岁月的沧桑，领唱叶挺将军的《囚歌》时那浑厚的男低音犹如远方的闷雷。

我们班也不负众望，出了一批优秀学生。曹德圣的肩上

扛着三条杠,那是少先队"大干部"的标志,他还是沙市红领巾艺术团的成员。这位革命干部子女性格开朗乐于助人,没有半点傲慢与骄横。我有次忘了戴红领巾,急得不知如何是好。她带着我一路小跑赶到家,找出一条旧红领巾借给我,再一路小跑赶回学校,才避免了被通报批评的"厄运"。田辉耀一手好字,侯建安义字当先,皮继贵文采飞扬,许世才精明过人,严家明一腔豪气,新班长盛玉华办事干练,女高音邓传珍还是体育健将,素有"长腿子"美称。我是学校图画组的成员,作品经常出现在宣传橱窗里。我的一幅"抗美援越"的漫画获得老师的赞扬。我把美帝国主义画成一只老虎,把越南人民军画成一个猎人,猎人手举钢叉刺进老虎的胸膛。背景是侵略者建立的"战略村",越南军民正在抗击侵略者。老师评价:主题鲜明,人物众多,笔墨细腻。

我们踌躇满志憧憬着毕业时刻的到来,校园的气氛却变得异乎寻常。年青漂亮的音乐老师被开除,只因做课间操时弯腰露出了内衣。我们钟爱的政治课老师疯了,她的烈士父亲原来是"叛徒"。有位老师在家养了几只鸡,有人揭发她天天吃鸡蛋,而全国人民都在艰苦奋斗,她的家里为此贴满了大字报。原本生机勃勃的校园变得危机四伏。学生突然少了,许多教室总空着,今天说支农去了,明天说军训去了,后天说劳动去了。毕业班级位于最后一排,环境安静便于准备升学考试,可只有我们班在上课,上来上去只有语文和数学。严厉的班主任变得和蔼可亲,有同学给他来了个写生,他把画高高举起,还说画得不错。

我们班也停课了,到长江南岸支农。我和侯建安、皮继贵、严家明、许世才、孙厚之、姬忠敏分在一组,房东待我们很热情,用新米做饭款待我们。我们白天下地摘棉花,晚上在房东家睡地铺。漆黑的夜晚我们结伴在村里找鬼,遥望长江北岸一片灯火辉煌,觉得沙市很大很繁华,城里人的自豪感在胸中涌动。姬忠敏突然大哭,他手上起了血泡。我拿出缝衣针,在煤油灯上烧了一下,用手巾擦掉针头上的黑灰,穿破血泡挤出血水,再用纱布包好。我手上也起了血泡,没让大家知道,组长要起模范作用,不能显得软弱。

从乡下返回时,学校已经天翻地覆,到处贴满了大字报,批判"三家村",对象是吴晗、邓拓、廖沫沙。学校里没这几个老师呀!有人说是北京的文化人。批判北京人的大字报怎么贴到了学校?谁都说不清。从母亲口里得知政府大院里也贴满了批判"三家村"的大字报,我更糊涂了。学校召集毕业生开会,上级决定取消中考,所有学生按时毕业,统一发放毕业证。大家欣喜若狂,我可不高兴,失去了一次逞能的机会。每人领取一张申请表,想上哪个中学就填哪个中学。我本想填写一所重点中学,几个同学一商量觉得不能保证都被录取,就填写了离家最近的沙市第四中学。

我们怀着对小学生活的眷念组织了一次夏令营。我们以操场为战场设计长征路线,一角是革命摇篮瑞金,一角是革命圣地延安,中间密布着从瑞金到延安的雄关漫道。我们把课桌堆起来模拟成浮桥,在这里展开"湘江战役",在新建的学生活动中心召开"遵义会议",把竹扫把横七竖八地摆放在操场上,用石灰粉涂成山的图案模拟成"雪山草地"。"三军"会师后,我们高唱《红军不怕远征难》。"腊子口战役"后,我们向"革命圣地延安"挺进。到达"延安",全军"将士"集合接受"首长"检阅,开赴"抗日战场"。我们打着红旗出发,头上戴着用树枝编成的防空帽,带上炊具和做饭的材料。队伍进入南湖地界,道路越来越狭窄,人烟越来越稀

少。前面出现了一片桃林,那是一段高高的土岗。过了土岗进入荆州地界,荆州城是夏令营计划中的敌占区。队伍进入战斗状态,班长高喊一声冲啊,我们一边冲锋一边高唱:

大刀向鬼子们的头上砍去,全国武装的弟兄们,抗战的一天来到了。前面有英雄的义勇军,后面有全国的老百姓。我们一致抗战勇敢前进,要把那侵略者消灭干净。大刀向鬼子们的头上砍去,冲啊!杀!

我们一气冲上"土门头",扎下营盘建立抗日根据地。土门头是两座高高的土堆,蜀国大将张翼德带领军民修大堤,在此地歇息时箩筐里落下了两堆土,落下的土堆越长越高,年复一年形成两座高岗,故而取名"土门头"。两座土岗确实像座门户,将沙市与荆州分开,是连接两地的必经之路,正所谓战略要地。土门头下就是"马河",是荆州护城河最险峻的一段。据说河心有个无底洞,藏着一条蟒蛇,风大浪急的日子就出来伤人。这里经常有人溺水身亡,平添了传说的神秘。站在土门头顶遥望,古城尽收眼底,《三国演义》故事和那个时代的英雄仿佛出现在眼前。沙市人爱讲《三国演义》故事,崇拜《三国演义》英雄,老人爱效仿诸葛亮的大智慧,年轻人爱效仿关云长的大忠大勇。一位女同学的喊声打断了我们怀古的忧思,大家开始埋锅造饭。

4　大地风雷

九州生气恃风雷，万马齐喑究可哀。
　　　　　　——清·龚自珍

我们几位同学相邀来到解放路中段，手持录取通知书走进沙市第四中学，原来学校已经更名为沙市延安中学。当街一栋红砖三层楼，中间的过道就是校门。两排平房教室左右分列，中间一带绿地，构成校园的中心区。前方的运动场低凹下去，两条石阶通向"司令台"。右排教室后是学校的办公区，连着教工食堂，附近有个很大的公共厕所。我们拿出录取通知书在总务处注册，领取了学生证和当月的供应证券，有粮票、油票、副食票、布票、烟票、酒票、糖票、盐票。校门左侧教室后有道围墙，顺着围墙通往低凹的运动场。运动场左侧呈"工"字型分布着实验室和医务室，连接着又一排平房教室。"司令台"前有个标准足球场，更前方排列着两个篮球场，篮球场右边挨着校办工厂。"司令台"右侧有几排单双杠，一条石阶通向行政办公区。我们绕着学校走了一圈，没有见到老师模样的人，到处都是戴着红卫兵袖章的学长，到处张贴着标语口号和各色大字报。

一块"沙市市延安中学红卫兵指挥部"木牌吸引了我们，一个干部模样的学长告诉我们学校短期内不会上课。他说话慷慨激昂，三句不离"兵团"。什么是兵团？就是红卫兵组织的简称。我打听共青团组织，他说："共青团走的是修正主义路线，已经被打倒，进步青年应当向红卫兵组织靠拢，为捍

卫毛主席的无产阶级革命路线而战斗。"我们面面相觑,侯建安说:"我们先考虑一下。"大街上到处张贴着标语口号,不断有人散发传单,满街可见身穿军装、头戴军帽、胳膊系着红袖章的人流,高音喇叭不断传出震天的呐喊:

马克思主义的道理,归根结底就是一句话:造反有理!遵循这个道理,于是就反抗,就斗争,就干社会主义!

到达荆州城西南角时,大家开始爬城墙,我犹豫起来。有人叫我绕着城墙走,进城后再与他们汇合。我把心一横说声"上",前面的人上一步我跟一步。爬到城墙顶上时,我的内心生出一种豪迈感。在古城墙上,我们统一了思想,一起参加同一个红卫兵组织。我们的申请很快获得批准,有位同学出生"独立劳动者",不是纯粹的无产阶级,没被拒之门外,我们为之庆幸。总部发给我们盖有公章的红卫兵证,每人佩戴一条红袖章。红卫兵证手心大小,用黄色牛皮纸制作,封面印着毛主席戴军帽的头像。内页左侧印着毛主席语录:你们要关心国家大事,要把无产阶级文化大革命进行到底!下附林彪元帅的题词:大海航行靠舵手,干革命靠毛泽东思想!内页右侧贴着持证人的黑白照片,写着持证人的姓名和家庭出身。我们这个红卫兵组织有严格的分工,高大壮实的同学编在"战斗队",到各处演讲辩论,冲在"阶级斗争"最前沿。能歌善舞的同学编在"宣传队",到各处进行文艺宣传,唱革命歌曲,跳"忠字舞"。低年级同学编在"后勤组",负责刻钢板、印材料、散传单、贴大字报。组长侯建安指定我刻钢板,传单要一字一字地刻写在蜡纸上,使用一种特制的铁笔在钢板上刻写。重了会把蜡纸戳破,轻了印出的字迹模糊不清,手动油印机的油墨必须涂抹均匀。我是这伙人中的"秀才",组长知人善任。

上海工人造反派接管了市委、市政府，成立了"上海市革命委员会"，得到中国最高权力机构"中央文化大革命领导小组"的高度赞誉，史称"一月风暴"。这股风暴迅速刮到沙市，各级政府很快陷入瘫痪，到处张贴着"砸烂公检法！彻底闹革命！"的标语，到处开展着夺权斗争。初期的红卫兵组织讲家庭出身，以防"阶级异己分子"混入，头头大都是干部子女，流行的口号是"龙生龙，凤生凤"。工人造反派成立时换了一种说法：党的政策是有成份论，不唯成份论，重在政治表现。政治表现就是立场和观点，观点不同，夫妻反目，兄弟成仇。

　　朦胧的夜色下，我们后勤组跟在队伍后头沿着大街散发传单。走到"五一"路时，见到一幅大标语：×××是隐藏在伟大领袖毛主席身边的定时炸弹！×××是人民解放军的总司令，这么大的定时炸弹实在可怕！有人相信，有人怀疑。沙市报社门前人头涌动，道路堵塞，队伍的行进速度慢了下来。报社楼上的喇叭声震耳欲聋，空气中弥漫着紧张与恐怖。一位高大的学长拉住后勤组的组长耳语了几句，又冲到前头去了。组长把手一挥，我们立即围上去。他说前面已经打起来，我听得更加害怕，却没有逃跑的念头，为捍卫毛主席革命路线而战斗的时刻到了，我鼓励自己勇敢战斗。组长严肃地说："今晚的文斗已经成了武斗，为了减少不必要的牺牲，总部命令我们后勤组立即撤出！"

　　回到家里，我的心情久久不能平静，不知学长们怎样了。半夜，姐姐蓬头垢面地回来，衣服被撕得不成体统，母亲气得大骂。姐姐参加了那天晚上的行动。从母亲的询问和姐姐的回答中，我才知道那天晚上发生的事情。全市的红卫兵与造反派组织在沙市灯光球场召开千人大会，批斗沙市最大的走资本主义道路的当权派及其走狗。每个走资派都由一位红

卫兵看押，姐姐负责看押市委组织部长贺明女士。一伙人冲上台对走资派拳打脚踢，另一伙人冲上去保护走资派，两派之间打了起来。姐姐护着贺明女士往外跑，混乱中贺明女士把鞋丢了一只。她们在混乱的人群中左冲右突，被人撕破衣服才冲出会场。姐姐一直把贺明女士送到家，分手时贺明女士拉着姐姐的手说："得亏你呀，要不是你，今晚还不知怎样啦！"我听得心惊肉跳。母亲叮嘱姐姐千万不能让外人知道。我佩服姐姐，为贺明女士脱险庆幸，为兵团的学长们担忧。

后勤组的几个同学慌慌张张来到我家，武斗对方一人倒下再没起来，他们拔腿就跑。我家远离市区，有点"世外桃源"。我赶往现场打听消息，得知那人没死，大家才松了一口气。他们邀我一起去串联，沿途交通免费，毛主席几次在北京天安门城楼接见红卫兵，把大串联推向了高潮。我们手持总部开具的介绍信到民政局登记，每人领取六元。我们用津贴购置了军色挎包、军色水壶和军色解放鞋，定制了一面红旗，上书：沙市延安中学红卫兵宣传队。母亲坚决不让我去，我从小到大对母亲都很顺从，但在这件事上发生了争执，一种男子汉大丈夫的意识流露出来。母亲无奈地说："你怎么刚长大一点，就不听话啦！"母亲头上缠着毛巾，我望着卧病在床的母亲心软了。正好有位同学想去没申请，就把购买的行头和余下的津贴给了他。看着伙伴们打着旗帜出发，我内心灰溜溜的。没有参加大串联成为我终生的遗憾，但我没有怪罪母亲，大串联的路上的确发生过许多不该发生的事情。有位女同学要参加大串联，她母亲坚决反对说："你一个小孩子，懂得什么文化大革命！"

第二机床厂的造反派掌权后，把工会分配给困难职工耕作的土地没收了，指责"自留地"是"三自一包"修正主义路线的产物。学不能上，地不能种，我无所事事，整天往"人民电影院"门前跑。那里有各式各样的毛主席像章进行交换，小的比指甲还小，大的比手掌还大。像章背后都注明出处，越远越有价值。我捡到一枚人家丢失的毛主席像章，如获至宝。走路时有意观察地下，希望碰到好运，发现有人在找香烟头。香烟十分紧俏，便带着弟弟满街找。我们手里拿根绑有针头的筷子，见到烟头就用针尖扎起来，放进随身携带的杯子里。我们把烟头撕开，掏出烟丝集中起来用白纸一卷，再用浆糊粘贴。父母不主张做这件事，学校又无书可读，问我想不想当工人。恰在这时学校发生了一件怪事，我所在的红卫兵组织冲进荆州军分区抢枪械，兄弟两人抢了一支，弟弟走火把哥哥打死了，这件事促使我同意当工人。厂长把我打量了一番，问我"还想不想读书"，我不假思索地说出"想"字。厂长劝父亲不要只顾眼前，误了孩子的前途，只同意我做临工。

　　库房里摆放着一排排铁架，分类存放着各种材料和工具，材料架按英文字母编目，父亲用方言教我认识英文字母表。领料处有个小窗口，来人手持领料单，注明材料名称编号与数量。我很快胜任了工作，师傅们夸我很称职。午间休息，父亲带着我向食堂走去。一条林荫道把车间和食堂连接起来，工人们身着清一色工装，昂首阔步，欢声笑语。话语中不乏有对正在开展着的"文化大革命"的评论，有对红卫兵行为的冷嘲热讽。全厂都知道库房里的"小工人"是"红卫兵小将"，问我怎么开展"文化大革命"，我如实相告。师傅们哈哈大笑，幽默地说："成立兵团？要打仗啦？"我认真矫正说："不是打仗，是搞'文化大革命'，这是一场防止中国出修正主义的大革命。"我虽然离开了学校，对红卫兵学长们还是怀着深深的敬意，对他们的献身精神给予高度的认同。工厂

的生活使我认识了车铣刨钳，结交不少工人朋友。他们热爱自己的工作，爱惜他们的机床。我问哪个工种最好，师傅们说各有千秋。厂里杀猪把肉分给职工。供销科副科长指着桌上的一块猪肉说："那一块是分给你爸爸的肉！"每块肉上都写着领取者的名字。我把这一幕讲给家人听，外婆风趣地说："这头猪怎么和你爸叫一个名字呀！"

　　春节过后，厂长来领料了，还是"靠边站"了。我格外小心，怕引起他的误会，以为我把他当坏人。厂长伯伯看出了我的心事，和蔼地叫我"小鬼"，语气是那样的亲切，还是带着浓郁的官腔，我感到振奋和不解。有个技术员叫刘恒，父亲崇拜知识分子，带着我去拜访。刘叔叔上大学时被划为右派，从大上海发配到湖北农村喂猪。他把猪养得又肥又壮，看管人员说他表现好，摘掉了右派帽子，安排到父亲所在的工厂当技术员。厂里成立721大学①，请他当教员。他认真教书，很受学生欢迎。沙市成立职工大学，他出任首任校长，后来当选为沙市副市长。他有次到我工作的单位视察，离上次见面有十多年了，又是高高在上的大市长，我装出不认识的样子。他却主动招呼："小管，你不认识我啦？"我才走上去握住他的手。后来他升任国家纺织工业部副部长，再后来做了全国总工会副主席。那段日子，我常在电视里见他出席国家重要会议。沦落不消沉，得志不猖狂，刘叔叔这种豁达的人生观令我钦佩。工厂的这番经历，使我改变了对右派分子历史反革命走

---

① 1968年7月21日，毛泽东看了《从上海机床厂看培养工程技术人员的调查报告》后，做出"理工科大学还要办，要无产阶级政治挂帅，走上海机床厂从工人中培养技术人员，从工人农民当中选拔学生到学校学习几年，再回到生产实践中去"的指示。各单位根据这一指示精神，纷纷开办了721大学。

资本主义道路的当权派的认识，我不再把这些人当阶级敌人看待，钦佩他们，为他们抱不平。

"文化大革命"如火如荼，工厂相继停工，学生无法上课，没书读的学生，没活干的工人，无所事事的干部，比比皆是。这些人或不愿卷入运动，或被剥夺了参加运动的资格，便各行其道。有人种花养鸟，有人河边垂钓，有人趁火打劫。我所居住的工艺坊靠近郊区，刮起一阵养猪风。特别喜欢宠物的二弟跃跃欲试，父亲说养猪能改善生活，我因怕脏表示反对。既然如此，就由父亲和二弟负责养猪，这是母亲做出的决定。邻居中有人爱好无线电，屋顶竖起高高的天线，给人一种神秘的感觉，每次经过这些人家我就驻足不前。

父亲在大堤边盖起猪圈，买回两头猪仔，猪仔活蹦乱跳着实可爱。二弟乐此不疲，负责猪的吃喝拉撒。猪圈里很快积满了污垢，散发出恶心的臭气。即使周末在家，我也很少关顾。父亲修理猪圈需要搅拌黄泥，二弟还没起床就招呼我。我迟迟不动身，不断看弟弟起来没有。父亲生气地说："不要把自己的命看的太贵重！弟弟能做的事，你就不能做吗？"父亲很少用这种口气对我说话，我赌气式地脱掉鞋袜，光着脚在稀泥中猛踩。二弟见我加入了养猪的行列分外激动，邀我一起去打猪草。到了水塘边，他走进齐腰深的水中打捞，我在岸边接应。猪也有调皮的时候，和人家的猪打架。二弟一声吆喝，猪就闻声而来。小猪长大食料供应不上了，我家按照邻居的经验，卖掉一头，集中精力养一头。

周末晚上，正在"湖北沙市农业机械厂721大学"就读的表哥在家安装半导体收音机，我好奇地坐在边上观看，鼓起勇气问："我能学吗？"表哥说："像你这么聪明的人应当没问题！"他拿起一支笔在纸上画了幅线路画，图中连接着

电子元件。他指着线路图对我说:"你按照图纸把零件连接起来!如果能做好,就证明你能学!"我从器材堆里找出标示的元件,用电线连接起来,戴上耳机就听到了无线电波,随即传出播音员的声音。表哥接过耳机一听,高兴地说:"成功了!你已经安装了一部矿石收音机!"刘恒叔叔借给我一本《简易无线电收音机》,我如获至宝,一气读完还不解渴,把全书抄了下来。连封面和目录也不放过,一页一页顺着抄,不漏一字一图,标点保持原状。全书抄完后,我已经掌握了无线电的基本原理,熟悉了各种元件的名称和功能。无线电爱好者经常聚在一起交流,我跟着表哥走进这个圈子。爱好者中不乏青年才子,说话诙谐,玩世不恭,和红卫兵学长们形成鲜明对照。这些人被称为"逍遥派",说他们思想落后,不关心国家大事。

电烙铁几块钱一把舍不得花钱,自制了一把简易的土烙铁。把紫铜棒一端磨尖弯曲,用细铁丝绑在铅笔粗细的铁棍上缠紧,在铁棍上端缠上几层棉布用绝缘胶布加固。焊接元件时,把紫铜棒的尖头放入燃烧的蜂窝煤中,凭感觉控制温度,借助焊油和松香进行焊接。万用表更昂贵,根本没有考虑,全凭感觉调节基极和电容电阻。办法很简单,多准备一些元件,从大阻抗开始逐渐变小,一个一个试验,直至获得满意的收听效果。我采用这种原始的方法,从单管机开始安装,再到来复式,直至超外差式,居然一装就响,在无线电爱好者中传为美谈。我也击穿过一些三极管和电容器,是由于没有使用万用表付出的代价。邻居家有部"飞乐牌"电子管收音机,我照着画了张图纸,从父亲厂里的废料堆里找了几块包装木板,借来锯子和刨子加工成收音机盒。用有机玻璃做面板,粘上毛主席像章和一块汉语拼音金属牌,就有了商标的感觉。隔壁的管家奶奶听说家里有了收音机,感慨地说:"现在的孩子真聪明，连收话箱都会做。这收话箱也真怪，毛主席在北京讲话我们在家里就能听见，他的声音怎么跑到箱子里去了呢？"我常陶醉在邓丽君的歌声中，这所谓靡靡之音原来如此美妙。外界对我国的报道听得我毛骨悚然，我把音量调到最低。邻居中有个无线电爱好者，被父亲发现收听"敌台"，将收音机连同所有器材砸得粉碎。

  我安装收音机废寝忘食，从中获得无穷乐趣。酷暑天，在蜂窝煤炉边烧烙铁，大汗淋漓，蚊虫叮咬，全然不顾。隆冬夜，脚上长了冻疮都没察觉。所有的积蓄都花在电子元件上，上街必去无线电商店。收获成果固然欣喜，对安装过程更感兴趣，我总是装了拆，拆了又装。为验证"自激震荡"，我随意布线，让导线重叠。线路中果然发出细微的震荡，伴随着嘈杂难懂的播音声，扬声器的声音则非常微弱；再逐渐疏通线路，直至"自激震荡"消失。实验结果使我欣喜万分，无线电爱好者兄长们对我刮目相看。邻居的收音机出了毛病都来找我，母亲说："这是人家看得起你！"

  冬至，邻居开始杀猪。有关部门知道了就要上门收购，价格远低于市场标准。为躲避收购，人们想尽了办法。杀猪的头天晚上，我们把猪赶到隐蔽处，躲避有关部门的追铺。二弟在前我在后，母亲紧紧跟随。朦胧的月色下，我们像做贼一样狼狈前行。猪好像善解人意，顺从地一路跟随。清早折回家，杀猪人一进家门，猪就嚎啕大叫。杀猪人捆绑猪时，猪的眼睛直直地望着二弟。二弟抱住杀猪人的腿，平时对猪"敬而远之"的我也心里难受，仿佛送亲人上路一般。杀猪人看看二弟又看看我，流露出一种鄙视的目光。父亲拉开二弟，杀猪人手起刀落，猪一声嚎叫，鲜红的血喷涌而出，哗啦啦地流到木盆里，一头鲜活的大肥猪很快变成了一堆肉。吃饭时，我一点

口味都没有，想起一年来和猪朝夕相处的日子，从活蹦乱跳的小猪仔到膘肥体壮的大肥猪历历在目。晚饭后，我和二弟挨家挨户去送猪肉。一路上两人心情沉重，二弟不断重复："我们家的猪真听话！"返回家时，看见桌上的猪肉所剩无几，二弟又伤心地哭了。外婆为二弟抱不平，父亲解释说，平时买猪饲料的钱是亲戚们借的，亲戚们不要还钱，给点猪肉是应该的。外婆讽刺说："原来是在给人家喂猪呀！"

除夕，一位衣着体面的农民来敲门，手里提着一部收音机。农民来自长江南岸，春节来临收音机坏了，专程过江来修理。修理店都已关闭，农民急得满街找，有人把他带到我家。我打开收音机盒，沿着线路检查了一遍，发现有支三极管的基极脱了焊。我把脱落处点了一滴焊锡，接通电源，拧开开关，收音机里响起了电流声。一调旋钮，传出广播员的讲话声。农民喜笑颜开，问我多少钱，我说不要。他拿出一元钱，我不肯接收。他掏出两元钱，我还是不收，他激动地连说感谢。春节过后这位农民又来了，手里拎着一只老母鸡。此后不断有农民上门，我一律不收费，却得到了一些土特产，有鸡蛋、鸭蛋、还有蔬菜瓜果。我小小年纪能安装修理收音机，被街坊称为"神童"。有次上邻居家修理收音机，那家人住在一栋深宅的二楼上。客厅里几个大人正在聊天，见我进来连忙站起来争着让座。我说明来意，他们争先恐后给我指点上楼的路径。我走到楼梯中间时，一位当医生的邻居说："把他送到科学院研究研究，看他脑袋里装些什么？怎么这么聪明！"

傍晚，我正在家里安装收音机，突然听见猛烈的打门声。家里只有我一人，不觉感到害怕。开门一看，黑压压站着一伙气势汹汹学长年龄的人，我意识到来者不善。这伙人蜂拥而入，一人大喊："李兴盛在家吗？"我心里有了数，立即回答:"这不是他的家!"我把这伙人扫视了一遍,从昏暗的灯光中发现一张似曾相识的面孔,仿佛抓到了救命稻草。这伙人开始翻箱倒柜,有的已进了父母的卧室。我极力搜索记忆,想摆脱困境,很快想起来了,面熟的人是原国民党军医陈大夫的儿子,他父亲畏罪自杀后,我跟着父亲去他家看望过。我连忙招呼:"培文哥,我是管德俊的儿子,我爸爸认识你爸爸,我去过你们家,还见过你!"他愣了愣神,也认出了我,一声招呼:"走!把东西都放下!"

为防止类似事件,居委会把停学在家的学生组织起来,遇到极端情况好自卫。在居委会治保主任召开的会议上,大家推选我担任孩子队长。孩子队成立后,再没发生过类似事件,只是组织了几次"抗美援越"活动,还自编了一个小话剧《阿霞姑娘》。剧中的美国兵偷袭北越的村庄,老百姓躲进树林,派阿霞给游击队送信。途中,阿霞被美国兵抓住,她宁死不给美国兵带路。美国兵正要枪毙阿霞时,游击队赶到了。我是剧本的主编,还担任剧中的游击队长。演出后大家情绪高涨,组织了一次声援越南的游行。我走在孩子队伍的前头,打着旗帜一路高喊:"打倒美帝!越南万岁!"路上,我们不断高唱:

东风吹,战鼓擂,现在世界上究竟谁怕谁?不是人民怕美帝,而是美帝怕人民。得到多助,失道寡助,革命的洪流滚滚向前,全世界人民一定胜利!

5 乱云飞渡

世事纷纷一局棋，输赢未定两争持。
——明·冯梦龙

天下大乱达到天下大治，这是"文化大革命"时期的一句名言，成为造反派夺取政权的尚方宝剑。解放路街道党委书记范伯伯被造反派打得半死，逼成疯癫，畏罪自杀。范伯伯待人和蔼，我常在他家玩，他的死讯令我震惊。解放路派出所副所长尹叔叔被打残，造反派逼着他的妻子离婚。九十铺的"管家牌坊"被人砸了，父亲说比起厂里的"走资派"不算什么。造反派召开批斗大会，往厂长头上挂块大铁牌，还拧着厂长的胳膊"驾飞机"。一位会武术的职工说了句公道话，几个造反派冲过去就打，毕竟寡不敌众。父亲气愤地说："狗日的，他们真下得手啊！说打就打，都是熟人啊！"

社会在动荡，人群在分裂。乘凉时，邻居陈爷爷和女婿辩论起来。岳父说："群众自己教育自己，群众能教育自己吗？"女婿说："毛主席教导我们，要相信群众要相信党，这是两条根本的原理！"丁奶奶坚持支持造反派"怀疑一切打倒一切"，尤其支持"砸烂公检法"。她说公检法的人都不是好东西，批准她儿媳离婚，让她儿子打光棍，只有男人休女人，哪有女人休男人的道理。大街上总见两派登台辩论，开始还讲要文斗不要武斗，后来文斗演变成武斗，拳头替代了舌头，再往后拳头变成棍棒，棍棒变成枪炮。沙市最先武装起来的"红建工战斗队"，头戴安全帽，身着一色工装，肩上扛着粗木棍，加之体格健壮，真个是威风凛凛，杀气腾腾。

　　我正在看书，街上人声鼎沸。大堤上走下一支队伍，"造反有理"的大旗迎风招展。队伍停在对门的胡同口，红卫兵冲了进去。里面传出摔打器皿的声音，混杂着母女的哭喊。红卫兵头头拿着古董走出来，邻居大妈哭喊着追上来。红卫兵头头吼道："反革命家属老实点！"这家主人是民国时期的警官，眼下还在服刑。看热闹的人越围越多，红卫兵头头开始演讲：

　　这场史无前例的无产阶级文化大革命，是一场触及人们灵魂的大革命。一切革命者都应当行动起来，加入到这场轰轰烈烈的运动中来，用革命的行动反击资产阶级修正主义的进攻！伟大领袖毛主席说"不破不立"，只有砸碎旧世界，才能建立新世界。一切传统的东西都应当破除，要砸碎封资修的坛坛罐罐。

　　演讲者动员大家自觉革命，把属于封资修的东西拿出来。邻居们纷纷响应，把有封资修嫌疑的坛坛罐罐搬出来。我找出一个印有凸出图案的深褐色搪瓷缸，一个有蓝色花纹和白色底纹的瓷缸，一把印有二龙戏珠的深绿色瓷凳，搬出来放在家门口。想起阁楼上还有几箱线装书，我搬来梯子爬上去，把线装书堆在屋后付之一炬。外婆有对质地细腻的瓷器，是年轻时的嫁妆，她悄悄地藏在床下，把其他几件古董放在门口。红卫兵果然没有闯进来，外婆为她的"调虎离山计"沾沾自喜。

　　刚刚消停下来，又来了一队红卫兵，迎风飘扬的旗帜上几行大字，正是我所在的红卫兵组织。我戴好红袖章迎上去，学长批评我不该待在家里。经过通衢路时，铁匠铺前挤满了人。铁匠伯伯身着厚厚的皮大衣，胸前挂块大铁牌，站在桌

子上哆嗦着，我悄悄离去。进了一家理发店，横梁上悬挂着粗布做成的大风扇。一个大男孩扶着驱动装置的把手，用脚猛踩装置的踏板，踩一下风扇摆动一下，屋子里刮起一缕微风。理发师拍着我的肩头说理好了，我掏钱才发现差五分。理发师非要我交清才走人，旁边的理发师使了个眼色才让我离去。我加快脚步去找母亲，同事说她去了老天堡。

　　老天堡门口挤满了人，正在批斗红色资本家童家亮。温文尔雅的童先生身着西服，站在高高的台阶上，一头银发在阳光下闪烁。老天堡堪称沙市建筑之最，是五口通商时英国人修建的。街上人头涌动，高音喇叭声从塔楼上传出：四海翻腾云水怒，五洲振荡风雷急，要扫除一切害人虫，全无敌！传单从塔楼上飘落，传单上说童先生是"执行刘少奇修正主义路线的忠实走狗"。联想到几天前，母亲叫我把刘少奇的画像从墙上取下。刘少奇被永远开除出党！对着两位主席的画像，我觉得一头白发的刘主席好可怜。一阵高音喇叭打断了我的沉思，茫茫人海中哪里去找母亲。我打消了去学校的念头，找外婆要了钱赶到理发店。固执的理发师用惊异的目光看着我说："哎呀！现在还有好孩子呀！"使眼神的理发师问："你知道他是谁家的孩子？"固执的理发师听说后，拍着脑袋一声喊："你怎么不早说？我不该为难孩子呀！"

　　父亲很晚才回家，原来是供销科副科长谭叔叔出事了，他去给谭叔叔送衣被，顺便安慰谭母。工厂聚餐时，谭叔叔酒后失言，说完"敬祝毛主席万寿无疆"后，顺口说出"敬祝刘主席万寿无疆"。刘少奇被称为中国最大的走资本主义道路的当权派，有人指责他是现行反革命。谭叔叔一边打嘴巴一边说："我有罪！我罪该万死！"有人架起谭叔叔，送到工厂保卫科关了起来。听父亲说完，我才把对父亲的担心放下了。

几天前，一个刚刚接受批斗的伯伯可怜巴巴地向父亲诉苦，跺着脚说："管大哥呀！我们是一起长大的，我怎么会反党呢？"我警惕地四下张望，担心被人听见。

入夏，高温持续，人心躁动，社会动荡。枪声不断从屋顶上空掠过，一声呼啸消失在我家后院。我壮胆开门一看，厨房的外墙撞了个圆孔，墙角留下一粒滚烫的弹头。街北的水潭已经填平，变成了一片树林。弟弟把两头小猪系在树林里纳凉，工厂的围墙口出来几个人吆喝他离开。他跑回家告知父亲，父亲脸色突变。我们三人一起跑向树林，那些人想试验自制炸药的威力，向我们发出警告。我们根本不睬，冲到树下解开绳子，牵起两头猪就跑。那些人开着汽艇在长江上试验，炸死了一头大江猪①。

受武汉"7·20事件"②的影响，沙市与荆州两地的造反派打破地域界限，实现"革命的大联合"，形成两军对垒的态势。以第四物探大队与第五普查大队为首的造反派支持武汉的"百万雄狮"称为"新派"，以荆沙联合造反派为首的造反派支持"武汉钢工总"称为"钢派"，两派由争夺各级革命委员会的领导权演变成恶性武斗，动用火器展开了激烈的枪战。激战数日，"新派"节节败退，"钢派"步步紧逼，在荆州城的东门和南门展开激烈的攻防战。宝塔河段是通往荆州南门的要冲，宝塔居高临下形成天然屏障，"新派"在宝塔上架起机枪挡住了"钢派"的进攻。"钢派"在宝塔一箭之遥的泰山庙垒起工事向宝塔射击，沙市纱厂的"钢派"配合据守泰山庙的

---

① 白鳍豚的俗名。
② 1967年7月20日，数千辆卡车满载着工人、农民和解放军战士，挥舞着红旗排成四路纵队，后面跟着一眼望不到尾的机关干部和学生队伍，在武汉举行声势浩大的游行，要求中央重新派人来解决武汉问题。

"钢派"扼守着宝塔下的通道。

傍晚时分,一辆卡车从宝塔方向疾驶而来,车上站满全副武装的技校学生,一杆"新纺校"①大旗迎风飘扬。厂里冲出几个"钢派"队员,将几根粗大的圆木横在路面。卡车被迫停下,车上一人翻过护栏往下跳。一声清脆的枪声响起,跳车人应声倒下。我站在家里的床上,透过玻璃窗目睹了这一过程。中弹者失血过多,死在前往医院的路上。死者黄立泰,沙市纱厂"新派"的一号头头;弟弟黄立业,同厂"钢派"的二号头头。哥哥跳车要找弟弟谈判,却死在弟弟一方的枪口下。事件加剧了两派之间的仇恨,我家屋顶上空的枪声更加密集,一位女工上夜班中弹身亡。恐怖笼罩着工艺坊,不少人宁可扣工资也不上班了。姐姐犯了愁,不上班要被掌权的造反派扣上破坏"抓革命促生产"的帽子。父亲认为班还是要上,路上多加小心,外婆说命比天大,母亲左右为难。外婆一声吼:"走!上班去!我陪你!子弹来了我挡!"

那年汛期的洪峰格外猛烈,飞溅的浪花上了大堤,宝塔河段出现了大量"漏子",或许是是冤魂作祟吧!工艺坊的居民不得不迁往它处,一条历史悠久的古老街道消失了。我家迁往忠诚后街,父亲到新址勘察遭到两户人家的刁难。左边人家要求留出一条胡同,右边人家不准挡住窗子,两家种的树不准移动。留下的空间太小,用原来房子的板材搭了间临时窝棚,三排大梁寄放它处。看见新居是个窝棚我心中不快,父母才道出个中缘由,说把邻居关系搞好后再把三排大梁请回来。我带着弟弟开始搬家,母亲从居委会借来一辆板车。

---

① "新纺校"是"沙市向阳纺织厂技工学校"(该厂的"721大学")的学生造反派组织的简称。

我在前头拉，两个弟弟在后推，途中上下荆江大堤，上坡要一股作气，下坡要顶死车的前杆。跑了几趟逐渐掌握了上下坡的诀窍，敢在最后一段冲坡了。双臂猛压车杆，两脚离地身体腾空，车尾离开地面借助惯性加速，能冲出很长一段距离，既省力又省时间，风险也显而易见。那时我不满15岁，表哥参军去了。表哥应征体检过程中，我陪同他一步一步过关。事后家人都说我保密工作做得好，赞扬表哥能自作主张了。新兵开拔的头天晚上，部队允许一位亲人作陪，我陪同表哥度过了出征前在家乡的最后一夜。

迁入忠诚后街，蜗居在不足40平方米的房子里，天天盼着父母的许诺。好在这个家离学校很近，正好学校发出"复课闹革命"的通知，冲淡了郁闷的心绪。红卫兵学长们响应国家号召，注销户口"上山下乡"到农村插队去了，学校只剩下我们这届学生。沙市棉织厂派来的"工人宣传队"组成了最高权力机构，工宣队队长主宰一切。学校实行准军事化管理，班级一律称"排"，我编在一连第四排，排里还有几位老同学。许多人都改了名字，皮继贵改为陆永胜，造了母亲姓氏的反。孙厚之改名孙敬烈，富有革命色彩。我的名字管兴平学校误写成管新平，当地方言发音不分，便听之任之。在操场碰见小学同学曹德圣，名字改成了曹德胜，编在一连第二排。

我们排的教室是实验室改成的，黑板上方有行大红楷书：大海航行靠舵手，干革命靠的是毛泽东思想！一看便知是"文化大革命"的副统帅林彪元帅的题词。四壁墙上张贴着毛主席语录。窗外一堆砸碎的古董瓷器，像座小山盖住了窗户。班主任陈菊先正当中年，一头短发，说话掷地有声。她采取推荐加表决的方式产生排委。我当选为排长，副排长是刘启凤和曾兵，劳动委员叫雷光全，体育委员叫申建政，学习委员是老同学陆永胜。班主任召集当选的干部开会，对工作进行分工。我提出建设模范排，体育委员第一个表态支持。

上课铃声一响，我一声口令"立正"，全体起立。大家手捧红宝书①，齐声朗读毛主席语录。班主任既教语文又教英语，她上课不拘泥于课本，常常联系到古希腊古罗马伯恩斯坦考茨基。老师爱提问先考考我们再往下讲，大家怕提问自己，听得都很认真。只要提到我都能回答正确，引起了老师的关注，博得了同学的赏识。我自学无线电积累的知识大显身手，物理课成了我的强项。受我影响不少同学也爱上了无线电，父亲从武汉带回一本《怎样安装半导体收音机》，就把手抄本送给了同学。英语课学的是"无产阶级文化大革命万岁""千万不要忘记阶级斗争"之类的口号，又长又拗口。老师朗读时，我就在单词下标注汉字。有人根本不记单词，还调侃说：不学ABC，照样干革命！老师说我发音不错，要我起带头作用，我才意识到自己的英语还可以。我的作文经常受到表扬，经常作为范文在课堂上朗读。中国共产党第九次全国代表大会上，林彪元帅当选为毛主席的接班人。沙市的夜晚在喧嚣的锣鼓声中度过，我们学校参加了大游行，游行从子夜一直延续到次日中午，我们打着"连抢"②走遍了沙市的大街小巷。老师以《"九大"之夜》为题布置我们写作文，我的作文再次受到好评。老师说文章对事件的描述很细致，使用了大量的时

---

① 手掌大小的《毛主席语录》集，外套红色塑料封面，简称"红宝书"。
② 一根竹棍打了若干洞孔，每个孔上系几块形如铜钱的金属片。表演者以竹棍为道具手舞足蹈，用竹棍在两肩前胸后背腿前腿后循环敲打，"连抢"不断发出金属撞击的声音。这是荆州地区一种古老的民间艺术，舞蹈起来有点像北方"跳大神"。

间表述没有一次重复，像"子夜""拂晓""正午时分"都运用得很好。老师在家长会上赞誉我"出类拔萃"，说我门门功课都好。

祖国东北战端又起，"珍宝岛"一战激发了亿万人民对苏修的义愤和爱国热情。我排的刘启凤、雷光全、曹红和刘美琴奋笔疾书，向时任中央军委副主席国防部长林彪元帅写信，坚决要求从军报国。沙市军分区首长接见了四位女同学，对她们报效国家的决心表示了高度赞誉，劝说道："你们还小，不到参军的年龄，要好好读书。"

一位同学到乡下看望当知青的女友，在高粱地里越轨被人抓获。工宣队长指定我写批判稿，准备在全校大会上发言。我说这位同学平时表现很好，工宣队长板着面孔说："他是见人说人话，见鬼说鬼话！"我绞尽脑汁写出的批判稿工宣队长很不满意，批评我"小资产阶级情调太重"，要我联系这位同学一贯破坏复课闹革命的错误行为，深挖这位同学的资产阶级思想。我反复修改了几次，工宣队长还是不满意，干脆用红笔批注，让我照抄。几经修改总算通过了，笔下的同学成了一贯好逸恶劳经常无故旷课有意破坏"复课闹革命"混在革命队伍中的"大坏蛋"。我觉得不符合事实，不愿上台发言。工宣队长一次次动员我，我一次次拒绝。工宣队长恼羞成怒，不再找我了。

批斗会在学校操场举行，黑压压上千人把学校挤得水泄不通。盛夏时节，烈日火辣辣的，有人打着阳伞，有人戴着草帽，有人站在树下。我们排站在主席台正前方，我站在队伍前头把台上看得清清楚楚。那位同学站在主席台的桌子上，头发被剃得精光，脸上有些浮肿，汗水不断往下淌，胸前挂着一块木牌"流氓×××"。眼见自己的同学受到批判，心里很

沉重。工宣队长主持会议，会场气氛严肃。轮到学生代表发言时，一位女同学走上台，宣读我写的批判稿。有人窃窃私语，说文章写得有水平。我内心浮出丝丝悔意，这就叫"为他人做嫁衣裳"吧！抬头看到同学可怜的样子，内心很后悔。

学校的民主墙上出现了大字报，攻击复课是"执行刘少奇修正主义的教育路线"。大字报的影响立即在校园里发酵，许多学生不来上课了，刚刚恢复的教学秩序受到了严重的冲击。我采用"以其人之道还治其人之身"的做法，写出《让洪流来得更猛烈吧！》，副标题是《一评无政府主义》，粘贴在学校的民主墙上。文章在校园里产生了很大的反响，受到了工宣队的赞扬。中国共产党与前苏联共产党之间进行论战时连发九篇文章，史称"九评"，我如此冠名以增强文章的正统性和威慑力。我继而写出《二评无政府主义》和《三评无政府主义》。不少班级相继停课，居然冒出个什么"红卫兵总部"。隔壁班级几个同学要求来我班旁听，我让他们坐在后排。班主任说问题没有那么简单，说服他们回班上课。

果如老师所言，问题没那么简单。几个坚持上课的班级中，两位学生干部在回家的路上遭人暗算，有一位还住进了医院。校园的空气越发紧张，有人关照我"注意安全"，有人威胁我"小心点"。课间休息，一个壮实的男生来到教室，傲慢地把室内扫视一遍，大声问："谁是你们排长？"无人应答。他又一声大喊，我才做了回应。他把我打量了一下，命令式地说："放学后，请到我们总部去！"大家劝我不要去，老师也反对我去。我坚持要去，否则显得软弱。班主任说："如果去，不要一个人去！"

陆永胜和杨文春陪着我向所谓总部走去，到达"总部"

楼梯口时，我说："你们就守在这里，听见里面打起来，就去工宣队报告，千万不要进去！"我走进所谓总部，有人指着椅子叫我坐下。课桌堆成了两层，所谓总部的头头们高高在上。中间的一位问我是不是四排的排长，我回答是，他们交换了一下眼色不说话了。"总部"里一阵沉默，空气中弥漫着杀气，想起二排排长的遭遇，我心里顿生恐惧。我告诫自己沉住气，不能把内心的害怕流露出来。我们对视着，室内一阵死寂。既然无话，此时不走更待何时！三十六计走为上！我站起身来，从容地走出去。楼梯口的同学见我毫发无损地出来，又高兴又摸不着头脑，分析说他们今天要验明正身，提醒我多加小心。真正的勇敢要和慎重伴随，要将智者的勇敢与粗俗的鲁莽区别开来；多年后我读到这句格言时为自己当年践行了这一格言而欣慰。

我去看望侯建安，他住在一栋深宅大院。我走过第一重天井时，突然瞥见一张熟悉的脸，猛然想起就是所谓"总部"的头头，心里的谜团化解了。侯建安住在第二重天井的阁楼上，这里是我们的自由天地。"文革"时期天下大乱，斗殴事件天天发生。有人为了害人结成帮派，有人为了自卫结成团伙。我们一帮小兄弟聚集在一起，建立起了胜似兄弟的情谊。母亲曾感慨地说："文革这些年，我的五个孩子没一个出事，真是万幸！"就我而言，有这帮同学相伴才平安地度过了那段动乱的岁月。几个好友正高谈阔论，我把刚才见到的人说了出来。陆永胜吃惊道："原来是他！"侯建安说："回头我再跟他打个招呼。"大家聊到彭德怀元帅，有人说："彭德怀就是当代岳飞。"陆永胜吟诵起：

怒发冲冠，凭栏处，潇潇雨歇。抬望眼，仰天长啸，壮怀激烈。三十功名尘与土，八千里路云和月。莫等闲，白了少

年头,空悲切。

中国共产主义青年团恢复啦!这一消息令人振奋,它是青年政治生活中的一件大事,尤其我们这些经历了恐吓的学生干部,仿佛度过了政治生活中的严冬,嗅到了春天的气息。学校举办入团积极分子训练班,班主任把拟好的名单给我看,名单上我居首位,后面还有四位干部同学,我觉得这些同学都很优秀,没有提出异议。然而,工宣队的审查出人意料,提交的候选人惟我未获通过。班主任到工宣队办公室询问,工宣队长说我"在大是大非面前放弃原则"。我感到五雷轰顶,头脑嗡嗡作响,初次领略了政治斗争的冷酷。

一年一度的征兵开始了,我毅然报名,渴望成为解放军战士。征兵办设在团员培训班楼下,碰到那些春风得意的受训同学,心里就会冒出"白了少年头,空悲切"的惆怅。我顺利地通过了体格检查,大家预言我必被录取。工宣队长以复员军人特有的口吻鼓励我说:"到了部队好好干!再不要犯小资产阶级的毛病啦!你的文笔很好!可以跟首长当秘书!"别人的话我不在意,工宣队长的话我很在意。我崇拜英雄,解放军都是英雄,只有参军才能建功立业。沙市的生活太平庸,我的心向往着遥远的军营。美梦很快破灭了,查出我患有血吸虫病。我提出复查,工宣队长挺身而出替我说话,复查的结果没有改变。我的精神崩溃了,命运捉弄人啊!大夫叫我靠近显微镜,一条小小的虫子,头还在左右蠕动。大夫轻声说:"这就是幼尾,是你血管里的,趁年轻赶快治疗吧!"

送走入伍的同学,学校开始动员我们上山下乡。其实不需要动员,到农村去接受贫下中农的再教育,是伟大领袖毛主席的号召,学长们已做出了表率。按照当时的规定,独子可以不下乡,有病可以不下乡。有位同学的弟弟本来患有疾病,可他很革命的父亲说:"上山下乡是伟大领袖毛主席的指示,我的儿子怎么能不去呢?"上山下乡采取自愿编组的方式,我毕竟是一排之长,不少同学邀请我组队。都是好同学,我感到为难。沙市教育局突然决定挑选部分学生读高中,使我看到了新的希望。班主任召集会议传达文件,推荐候选人,还是我居榜首。送走上山下乡的同学,我再次去医院检查,又查出了一条幼尾。

寒假一到我就住进血吸虫病防治所,以迎接高中时代的到来。院方召集病人开会,介绍血吸虫病的病理知识和治疗方案。治疗分注射与服药,注射又分小剂量长周期与大剂量短周期。长周期疗程一个月,每天注射一小针,短周期疗程七天,每天注射两大针。短周期治疗风险大,很少有人选择,我选择了短周期。T剂是一种毒药,进入人体血管变脆,易导致血管破裂。院方反复交待保持心情愉快,切忌大喜大悲。入院的第四天,我浑身无力,严重恶心,上吐下泻,把胆汁都吐了出来。医生给我注射了葡萄糖,停针一天。第五天,不良反应缓解,恢复治疗。注射时有主治医师在场,护士全天监护,上厕所都有人陪护。医院的墙上贴着毛主席语录:救死扶伤,实行革命的人道主义。外婆拎着一篮鸡蛋和苹果来探视,接待人员按规定不让进,把鸡蛋和苹果收下,我把鸡蛋和苹果拿出来和"难友"们分享。病友中有个农药厂的工人,整天对着镜子梳头,都笑他有"小资产阶级情调"。联想到工宣队长对我的批评心里不服气,工人老大哥不是也有小资情调吗?

出院那天,医生用通俗的语言告诉我,由于治疗血吸虫病使用的是一种毒药,人的脏器就像经历了一场暴风雨般的袭击,需要较长的时间才能恢复,交待我回家后加强营养,少做或不做重体力活。回家后我遵照医嘱每天吃一个鸡蛋,把生鸡

蛋砸碎放在碗里，加入少量红糖和猪油，然后用开水冲服。这是当时风行的做法，据说营养价值很高。同学们听说我每天吃一个鸡蛋，戏说我"享受特殊待遇"。此话不假，一家人的鸡蛋供应配额都被我营养掉了。

6 备战备荒

愿得此身长报国,何须生入玉门关。
——唐·戴叔伦

湖北沙市第一中学,民国时期就以"新沙女子中学"著称。校门内一片开阔地,迎面一壁文化墙,一条林荫大道伸向校园深处。左侧碧波荡漾,一块大石上镌刻着"共青湖"套红凹字,湖心亭掩映水中。彼岸一栋"工"字楼,附近的男厕所设有小便池。大道右侧矗立着古朴典雅的行政大楼,楼前树木参天,一片苗圃,鲜花簇拥着文体活动室。行政楼后是露天舞台和中心广场,前方横列几间多功能教室,左侧连着食堂和运动场。右侧有排教工宿舍连接后门,门外是沙市体育场。革命委员会是学校的最高权力机构,向阳纺织厂派来的工人宣传队协助学校做些具体工作。学校也实行准军事化管理,也把班级称"排"。

我分在高中第一排,班主任由高中部"连长"兼任。同学中干部子女云集,有位同学的父亲参加过二万五千里长征,有位同学的父亲是市人民武装部部长,父亲是书记、厂长、局长的同学比比皆是。连长兼班主任吴济宜个子高挑,声如洪钟,办事麻利。开学第一天就成立了"排委会",我担任宣传委员。几天后我感冒一场,病愈回校时干部已经改选,我从一排之长成了普通一兵,心中有些失落。好在学校秩序井然,一批优秀教师以及他们的课程很快吸引了我。年过半百的数学老师严文慈学养深厚,是沙市教育界的泰斗。中年老师张

作沛文采飞扬，擅长唐诗宋词。印度归国华侨熊国常执教英语，是我们心中的"老外"，物理、化学、体育、音乐也配备了优秀教师。"文革"尚在进行，各级组织的权力已由"三结合"的革命委员会所取代，社会秩序明显好转。身逢乱世的园丁迎来朝气蓬勃的学子，愉悦之情不亚于学生。进了严文慈老师的家才知道什么叫书香门第，听老师侃侃而谈才知道什么叫知识渊博。老师总是客气地把我们送出大门，拱手鞠躬。张作沛老师独居教工宿舍，房间虽小却不失读书人的雅趣。

　　同学中人才济济，有的政治上成熟，有的有文体特长，有的擅长诗词文章书法绘画。人人有特长，个个有性格，诨名很快取代了真名。"大个子"杨福清最先发现这一现象，他惊呼："哎呀！我发现我们排人人都有诨名！"大家互相一看，还真如此。我反驳说："我就没有！"他把我瞅了瞅，提高嗓门说："怎么没有？夫子嘛！"排长王良珍叫我快把墙报办出来。她急得找过班主任："连长，墙报还没搞出来，怎么办啊？"老师不慌不忙地说："去找管新平啊！"我把"才子们"召集起来，陆永胜协助我审理稿件，彭国富负责画刊头，彭标杰、吴正超、张贤武、汤英、皮忠志抄写稿件，王良珍和刘启凤带着人粘贴稿件剪花边。吃饭的时候，两位干部同学从食堂买来饭菜，工作在欢声笑语中进行，直到半夜才把专栏办好。我们顺着文化走廊看了一遍，觉得我们排办得最好。这时，远处传来了钟声，半夜十二点啦，有人高喊："已经'五一'节啦！"

　　"五一"节后，我们到堤工局一带清理坟场，色彩斑斓的校旗迎风招展。我挖出一具骷髅，手扶工具盯着头盖骨出神。班主任问我怎么啦，我指着头盖骨说："这个人活着的时候跟我们一样，如今成了一堆骷髅！"老师默默走开。一会来了位学生干部，要我负责报道现场的好人好事，强调说："这是连长的决定！叫你不搞劳动啦！专门负责写稿！"我放下工具，去问连长还有什么要求，初中部几位学生干部正围着她。我准备转身离开，被连长叫住了。她得意地把我介绍给大家，学生干部的脸上露出惊讶的神情，一人拱手说："久闻大名！如雷贯耳！"拱手的学生叫彭毅，是位大名鼎鼎的校级学生干部。劳动后我又感冒了，发烧头晕，医生说是血吸虫病的后遗症。家人上班的上班，上学的上学，我独自一个人在家养病。开学不久不断生病，我恼火自己身体不争气。忽听有人敲门，开门一看，连长兼班主任带着干部同学站在门前。我家屋子小，来人多坐不下，有几个同学端把椅子坐在门外。大家嘱咐我好好休息，走时还留下一袋水果。我既不是预备团员，也不是学生干部，却受到如此礼遇，心情久久不能平静。

　　湖北省京剧团到学校挑选演员，音乐老师推荐我。考场设在行政楼二楼办公室，我唱了一段《红灯记》，考官要我再来一段。我一连唱了三段，通过了初试。省京剧团专门约见我和于华，要我们两人轮流唱，唱了一段又一段，最后挑中了于华。排里召开欢送会，于华如众星捧月，大家不断欢迎他来一段。他一连唱了好几段，不断赢得热烈的掌声。同学们以旁观者的身份参加轻松愉快，我以失败者的身份参加心中抑郁。我压根不想做演员，选中也不一定去，可大家为于华喝彩时还是感到郁闷。

　　暑假，教育局通知学校派人接受京剧培训。为普及革命样板戏，省京剧团派员进行辅导，地点设在沙市第五中学。于华去了省京剧团，我成了当然人选，派去的还有一位初中女生。我没有太大的兴趣，又不能违抗命令，每天去应付。培训剧目是《红灯记》，所有唱段我都会，很受教官的赏识。我的

短处是舞台表演,唱腔和动作不协调。小学六年级时,我代表班级上台独唱。看见台下黑压压的人头,感到头脑嗡嗡响,伴奏几次才勉强开口,嗓子怎么也放不开。我小声地勉强地断断续续地唱完,沮丧地走下舞台。失败的阴影长久地留在记忆中,使我对舞台充满畏惧。

"珍宝岛事件"爆发,昔日的"老大哥"沿中苏边界陈兵百万,扬言要动用原子弹。国家领导人断言"中苏必有一战",全国响应毛主席"备战备荒为人民"的号召进入战备状态。高中生入编基干民兵,参加军事训练。寒假第一天,全市高中生搞短程拉练,要求我们熟悉战地炊事运作。天色阴沉,乡间小路湿滑,不断有人摔倒。行进到一段旧堤时,队伍扎下营盘埋锅造饭。我和陆永胜奉命沿河张贴战备动员标语,我们找到一户农民借饭桌写标语,住户非常热情。午饭后,我们绕着草市镇跑了一圈,穿过318国道,经过塔尔桥,从中山公园穿过卫生学校。到达人民武装部时天空飘起了雪花,我们和卫生排坐在草地上听人民武装部领导做国防报告。现代战争有四种袭击方式——枪炮、原子弹、化学战和细菌战,报告人讲述了原子弹的原理与防护措施,强调冲击波和光辐射极其危害。敌人不会轻易使用原子弹,使用化学弹和细菌弹的可能性很大,美帝国主义在越南就是这么干的。报告人强调:决定战争胜负的主要因素是人而不是武器,用毛泽东思想武装起来的中国人民是不可战胜的!我们感觉战争一触即发,却没有丝毫的恐惧,有种跃跃欲试建功立业的激情。雪越下越大,气温陡降,报告匆匆结束。人民武装部同志带着我们参观炊事班,要我们在厨房外等候开饭。风越刮越猛,气温越来越低,我们感到饥寒交迫。草地上倒放着两根圆形水泥柱,我们分别钻进去躲避风雪,坐在里面讲起故事来,直到女同学叫喊吃饭。

家里开始办年货，我找邻居借了石磨在家磨糯米。大年初一吃汤圆，家家如此。有石磨的人家不多，互相借着使用。送走了石磨上街采购，每样东西都凭票，我带着弟弟到粮店到杂货店再到农贸市场。买猪肉的队伍排得很长，都等着买肥肉，而肥肉又不多，队伍走得很慢。后面的人发起牢骚来，怎么走得这么慢啊？前排有人说："不等肥肉的，可以上前来！"饥寒交迫，有人实在等不下去了，就走向前去。有人议论说："还不是为了炼点猪油！"一语道破天机。我几次想走上前去，一想到家里缺少食用油，耐着性子等下去。除夕上午，我带着弟弟到新华书店买来年画，用报纸把屋子裱糊一新，客厅换上新买的毛主席画像和对联，把几幅喜庆的年画贴在板壁上。奉母命去舅舅家给外婆送年货，舅舅给了我一瓶香油。学校要在寒假搞野营拉练，准备随时出发。团年饭后我抓紧时间缝补衣服，一直补到半夜两点。

大年初一，我带着妹妹去舅舅家拜年，邮递员送来表哥的信。舅妈前往山东出差，顺道前往表哥部队所在地新沂。沙市兵齐声高喊"妈妈"，舅妈热泪盈眶。我替舅舅写了回信，去么奶奶家拜年。么爷已过世，埋在洪家园一带。么奶奶听说我去拉练，给了我五块钱五斤湖北粮票。大年初二，我带着弟弟到狗头湾拜年。途中在书摊看了《鲁滨孙漂流记》，在书店买了本《实验万用电表》。大年初三家里请客，我协助母亲做家务，收听电影《地道战》。初四早晨，我们到江边搞义务劳动，把江边的石头挖出挑到大堤上垒起来，整整干了一天。初五和初六在家收听广播，湖北人民广播电台报道武汉医学院抢救小组的先进事迹。一位患者心脏停止跳动34分钟，在医护人员的抢救下起死回生，广播说这是毛泽东思想的伟大胜

利。中央人民广播电台回顾了抗美援朝的战况，美帝国主义发动侵朝战争的日子是1950年6月25日，占领我国领土台湾的日子是1950年6月27日，我把这两个日子写进日记。初七上午继续在宝塔河边搬运石块，下午在学校接受拉练动员。晚上学校文艺汇演，我们几个同学帮助拿道具。初八晚上在警备区礼堂公演，我校宣传队演出的大型芭蕾舞《红色娘子军》在社会上引起轰动。

正月初十，我们前往向阳纺织厂子弟学校参加野营拉练集训。荆州军分区的同志讲授行军知识，带领我们训练打行军包和打绑腿。每人发份行军物资清单：7.8斤棉被1床，半斤雨衣一件，备用解放鞋一双，军用水壶一个；毛巾、杯子、碗筷、换洗衣服、棉帽、手套和塑料布。计划行军20天，要求带人民币8元、湖北粮票25斤、湖北油票4两。我还带了手电筒、口罩、针线包、钢笔和日记本。

太阳从东方升起，全市十一支拉练队伍在不同地点集结。第六营在向阳纺织厂子弟学校接受营长的检阅，随着嘹亮的军号声浩浩荡荡地出发了。我们身着草绿色军装，头上扎着防空树枝，身上背着行军包，腿上打着绑腿。到达荆州北门外时，响起了第一次休息的号角，我们迫不及待随地躺倒。工人民兵看见了，立即帮我们纠正姿势，告诉我们怎样防止空袭。队伍随着军号声走走停停，中午在安家岔休息。下午过枣林铺过砖桥和郭店，在四方铺小学扎下营盘，首日行军31公里。再次当选干部的刘启凤带着炊事班埋锅造饭，我们到处找柴草。大家席地而坐，一天行军下来又累又饿，觉得饭菜特别香。刘启凤说锅里还有粥，不少同学应声过去。我没有动身，她拿把勺子在锅里捞了一下，放进我已经吃空的碗里。

第二天，队伍走过十里铺和建阳驿。经过杨集时天空下起毛毛雨，我们纷纷披上雨衣。到达五里铺，宿在一所中学。我们连挤在一间大教室里，用床把男女分开，有人开始挑脚上的血泡。解放军同志说过，长途行军关键看头两天。血吸虫病住院后我的身体一直虚弱，班主任允许我不参加拉练。我谢绝了老师的好意，踏上了拉练的征程。两天行军下来我感觉良好，而且脚上没打血泡。两天急行军确实很累，大家倒床便睡。半夜，有人把我推醒，交给我一块手表一支手电筒，一把小口径步枪。我绕着宿地巡逻，只见漫天星辰。

一轮红日从东方喷薄而出，营长决定休息半日，大家晾晒衣服鞋袜。午后继续北上，经阳集，过鸦雀铺，看见隐隐约约露出的层层山峰。第一次看见山峰，真想一步踏上山顶。走啊走啊，山峰的影子还是那么飘渺。队伍到达掇刀泉，宿在一座古庙里。周围一片静寂，空气格外新鲜。几个同学在庙里转悠，看见一个古老的泉眼，附近有个古旧的石马槽。老和尚说，三国时期关云长在此歇息，用大刀在马槽里轧草，才有了"掇刀泉"的地名。

队伍原地休整，大家抓紧时间洗衣服晒被子。在一所学校礼堂接受传统教育。大厅正中一条横幅"声讨控诉大会"，左联"化愤怒为力量痛击帝修反"，右联"阶级仇民族恨永世不能忘"。公社党委书记控诉日军用飞机轰炸中国人民的罪行，学生代表给书记赠送毛主席像章。书记带领我们参观日军机场遗址，残垣断壁中残留着当年的指挥塔。第二天以班为单位座谈，都说几天来收获不小，在思想上、身体上和"三大作风"上来了次大检验，切身体会了毛主席"野营拉练是个好办法"教导的伟大。我上街买了本《民兵三打三防》。晚上工人民兵演出《沙家浜》片段，我们不断挥拳高呼：向工人阶级学习！向工人阶级致敬！

　　火红的太阳从东方冉冉升起，万道霞光洒满大地，经过两天休整都觉得精神倍增。队伍一路北上，远方传来火车的轰鸣，一团蒸汽从山峰喷薄而出。我之前还没见过火车，好奇地抬头张望，火车没有从视线中出现，一条铁轨在起伏的山峦中蜿蜒曲折。大家兴奋不已，歌声不断。队伍翻过一座山，进入荆门县城，驻扎在一所中学里。学校依山而建，门前小溪流过，教学楼古色古香，楼前有个水池，水来自附近的山泉。我们拿出水壶灌满泉水，冲上附近的小山头，坐在山顶吃馒头、喝泉水。背后一声轰鸣，一列火车从山下经过，我们兴奋不已，居高临下瞪着大眼数车厢。军号响起，队伍继续北上。过了一段低洼地，出现一座铁路桥，一列火车停在那里。大家都想看火车怎么启动，行军速度慢了下来，后面的人不断催促，我们只好继续前行。刚走出不远，听到一声长鸣，火车开动了。傍晚到达牌楼，当地干部在路口迎接，带我们进了一所小学，地铺上的稻草铺得厚厚的。几个同学跑到丘陵下的溪边喝水，山脚下的水真甜，我们洗了一把脸，又把鞋子给洗了。晚上和当地贫下中农联欢，最精彩的节目是我校的独唱和向阳纺织厂子弟学校的独舞，还有工人表演的《沙家浜》选段。这一夜睡得很香，是拉练以来睡得最好的晚上。

　　大雾弥漫，队伍早早地出发了。我们沿着山路行进，翻过一座山梁，离开于陵县进入官坡道班。山路越来越陡峭，风景越来越迷人。行到一个拐弯处，老乡拉着一车稻谷艰难爬坡，我们跑上去帮了一把，老乡千恩万谢。翻过四、五座山，出现一座营房，解放军同志等候在路边，热情地送上茶水。我们驻扎在篮球场上，卫生兵背着药箱走过来，给生病的同学量体温、针灸、给药。我们脱下潮湿的鞋袜晒太阳，几个同学抓紧时间打篮球。饭后，队伍继续北上。过冷水街，山峦渐渐被抛在身后，我们不时回眸。傍晚时分到达汉水边，驻扎在塘港镇。离开长江数日，突然见到一条大江感到格外亲切。我和一个同学跑到镇上买了半斤金果条，花了3角2分钱1两粮票。回到宿地挨了批评，说我们擅自行动。

第八天，以连为单位帮当地农民干活，我们连在一片高地上平地。几天的长途行军使大家好像都长了力气，贫下中农啧啧称赞，没想到城里的孩子这么能干。几个农民挑来茶水，一再催我们休息。直到正午太阳高照，在贫下中农的催促下我们才离开田间。大家跑到汉水边洗衣服，女同学笑我们洗得不干净。下午听老贫农忆苦思甜。我们头顶烈日，坐在倒下的树干上。老人身穿粗布棉衣，留着一点点头发，看不出是曾经的地下工作者。老人赞扬了我们的劳动干劲，然后讲起塘港的历史。附近有座扁担山，山上盘踞着一帮土匪，经常下山祸害百姓。日本人曾在这里屠杀新四军，杀死后就把尸体扔进汉水。晚上，6891驻军放映电影《地下游击队》，大家坐在露天场地上看电影。天气很冷，但气氛热烈，大家还听部队首长宣读了慰问信。

第九天中午，队伍到达拉练行程的最北端——石牌，在一个村庄停下吃干粮。饭后，队伍转向南行，山峰再度出现。傍晚到达马良，队伍传下口令附近有个劳改农场，要大家提高警惕。休息时，一位工人在采药，我便和他攀谈起来。他见我充满好奇，便滔滔不绝讲起医道来：思伤胃，笑伤心，忧伤肺。我闻所未闻，三人行必有我师，何况一支千人的队伍！次日，队伍集合在马良山下，分四批抢占无名高地。我们分在第三批，随着冲锋号响，我们从前沿阵地发起冲锋。跑出不远就腿酸气短，速度慢了下来。经过一片乱石地，不少人干脆停止跑步。我感到体力不支，双手撑着大腿一步一步往上

爬。过了乱石地段，出现一片平坦的开阔地，山顶传来"加油"声。我使出浑身力气，迈开大步冲上山顶，一把将旗杆抱住。贾明同学第一个冲上山头，我排夺得桂冠，我们簇拥着旗杆合影留念。下午分散小结，我们班讲效率，很快把会开完了。我借机整理好在山上起草的《卜算子·登山》：

战旗迎风挥，杀声震九霄，无名高地健儿勇，疑似天兵到。

战士齐欢笑，帝修魂魄掉，今日练就硬本领，誓叫环宇娇。

清晨，队伍离开马良，路上风雨交加。我们翻山越岭，遇到十一营的先遣部队。听说有几支拉练队伍也在行进中，真正相遇还是第一次，彼此高兴地招手致意。傍晚到达沙洋，住宿在一所中学礼堂。翌日，我们在沙洋镇上一所会堂集中，上午听周学荣校长做拉练总结动员，下午听向阳纺织厂党委书记做形势报告，书记还带来了一批慰问品。晚上分班开会，我们聚在女生寝室围着火盆取暖。火盆边摆满了淋湿的鞋子，浓烈的橡胶味扑面而来，我不停地把鞋子拨开。女同学盘腿坐在大统铺上，床前摆满了鞋子。工宣队李队长也来了，大家争先恐后发言。推举陆永胜讲拉练经过，推选汤英代表本班发言。会议在《大海航行靠舵手》的歌声中结束。

队伍沿着汉水大堤南行，道路湿滑泥泞。早餐的肉菜有些咸，大家感到口渴，纷纷跑到河边喝水。我担心生水吃坏肚子，和葛建新跑到附近的食堂找茶水。刚刚装上水就听见集合的军号声，我们赶紧往回跑。前方又出现了一支队伍，走近才知是第四营的拉练队伍。这支队伍由农药厂和玻璃厂工人民兵组成，一路走过四杆红旗。我发现队伍里少了葛建新，就报告了队长曾庆兵。我随着队伍往前赶路，心里惦记着掉队的同学。队伍驻扎在漳湖垸农场大礼堂,当地干部安排人打好了地铺。传令兵说农场有劳改释放分子,要大家提高警惕。轮到我和汤英值班时,我们警惕地四处巡逻,黑暗中仿佛隐藏着杀机。队友的被子掉到地下,我轻轻地给他们盖好。旷野的夜分外静寂,呼吸声和梦话声交织在一起,演奏成一种独特的乐曲。巡逻来到炊事班窗外,看见同行的工人师傅在赶做明天的干粮,心中腾起一股感激之情。

又一个阴雨天,队伍经过"五七"油田,到处井架林立。经过广华寺,在石油工人的宿舍休息。用过干粮后继续行军,在周矶路过中国科学院"五七"干校,仰慕之情油然而生。抵达武汉空军干校时,部队已经把床铺准备好。我的鞋袜都已湿透,一到宿营地就抓紧烤,突然传来集合的号角声。我正为难,一位解放军同志接过我手中的鞋袜。我们集合在操场上,齐声高唱《军民团结如一人》走向食堂。这顿饭吃得真好,有米饭、稀饭、白菜、萝卜和泡菜。解放军同志来驻地看望,给病号治疗,还给我们几个人理了发。队伍继续赶路,天上下起了冻雨,这冻雨似雨非雨,似雪非雪,似冰非冰,从天上飘落时像雨又像雪,淋在身上就成了冰,很快就把外衣冻结成板块。傍晚到达一座部队营房,休息一天避雨,听首长做革命传统报告。我奉命代表拉练队伍给部队写感谢信,领导说"这一段写得特别好":从您们的身上,我们看到了毛泽东思想的光辉,这灿烂的光辉带给我们无限的温暖。我们仿佛回到了家乡。不!它比家乡更可爱!我们仿佛见到了亲人。不!你们比亲人更可亲。从你们身上,我们看到了无数英雄、千千万万个雷锋。不!你们正是人民的英雄,是活着的雷锋!

又是一天雨夹雪,队伍继续挺进。我们班负责收营,

解放军同志坚决不让，我们只好辞别而去。路上到处在修路，队伍迂回前行，下午五点多到达龙湾，驻扎在一所学校。大雨滂沱，雨水淋到被子上，幸好被子上蒙着塑料布。次日早晨，一轮红日升起来，我们高兴地唱起《牧工想念毛主席》。一路急行军，早早地到达宿营地，住在一所小学。大家累得躺下了，我打扫干净屋子后才去休息。夜里正熟睡着，被急促的哨子声吵醒，接着传来紧急集合的军号声。我们紧张地打好被包，排好队伍出发了。进入张金河街上时，营长突然出现在我们面前。原来营长要检验我们的战备观念，我们能迅速反应，他说我们通过了考试。

经过三湖农场和支普市到达江北农场，队伍驻扎下来搞总结，会场设在江北农场剧院。气氛庄严肃穆，舞台正中悬挂着伟大领袖毛主席的画像，鲜艳的五星红旗悬挂两边。副营长刘长科主持会议，军代表做总结报告。他报告了拉练以来取得的成绩，回顾走过的路线，表扬学生的腿越来越硬了。晚饭后，我们围坐在地铺上推荐"五好战士"。

早饭后，全体营员接受指挥部检阅，排长分配我和陆永胜写总结。下午分排开讲用会，我继续写总结。晚上开全营总结大会，四个连的代表做典型发言，营长做拉练总结报告，人民武装部部长做国际形势报告。回到宿营地已经很晚了，副排长愉快地对我说："明天就到家了！站好最后一班岗！"正好轮到我值夜班。他向我透露了一个好消息，白天推选"五好战士"，我虽不在场也被提名。进入高中以来我被视为"白专"，说我"只搞学习，不问政治"，居然有人为我说话，我从内心感激。

清晨，天空还在下着冻雨。我们完成了野营拉练的最后一次收营，赶上队伍向沙市挺进。屈指算来正好二十天，我们一路奔袭，走遍了荆州的山山水水。一过杨场，林立的烟囱出现了，沙市的轮廓隐隐可见，我们只觉脚下生风。正午十二点，队伍雄赳赳地开进沙市。我感到身上的包袱是装饰，脚上的绑腿是身份。到达学校时，班主任带着没有参加拉练的同学前来迎接，就像迎接凯旋的战士。我们就着全副武装，在校门口合影留念。我在心里发出誓言：只要祖国一声召唤，我将即刻奔赴战场。

7   一泓清浅

立锥莫笑无余地,万里江山笔下生。

——明·唐寅

春回大地,虫鸟鸣唱,共青湖碧波荡漾,开学典礼暨新团员宣誓仪式在中心广场隆重举行。"文革"以来发展的第一批团员非等闲之人,首批56名团员中我排就有8位。

教导主任宣布两条消息:原高一排和高二排合并组成高二(4)排,教育局将从本届学生中选拔人读"师训班"。合并后的班级108人,把实验室仓库改成教室,为此忙了四天,前两天把木条钉在天花板上,后两天把席子系在木条上。大家意识到学生时代的终结,都很珍惜最后的学习机会。不少同学在通读《毛泽东选集》,有人利用"天天读"朗诵起其中的片断:

> 现在二十多岁的青年,再过二三十年,正是四、五十岁的人,我们这一代将亲手把我们一穷二白的祖国建设成为伟大的社会主义强国,将亲手参加埋葬帝国主义的战斗。任重而道远,有志气、有抱负的青年,一定要为完成我们伟大的历史使命而奋斗终身,为了我们伟大的历史使命,我们这一代下定决心,一辈子艰苦奋斗。

我听得振奋不已。

纪念巴黎公社100周年大会上,学生工作负责人介绍巴黎公社起义的经过与失败的原因,深情地朗诵起马克思对巴黎公社的评价:工人的巴黎及其公社将永远作为新社会的光辉先驱受人敬仰，它的英烈永远铭记在工人阶级的伟大心坎里。

我从未接触过如此气势磅礴的话语，心灵受到了前所未有的震撼。回到家里，心情还不能平静，提笔写了第一份入团申请书，做了这样的表达：我从小就立志，要做无产阶级革命事业的接班人。至今，这种向往更如同烈火在我胸中燃烧，求进步的思想一直是我成长中最强烈的愿望。今天是巴黎公社一百周年纪念日，英烈们的斗争深深地感化了我。我要为真理而斗争，为共产主义事业而奋斗，等到那"鲜红的太阳照遍全球"，这就是我崇高的愿望。我愿集合在共青团的旗帜下，为共产主义事业而奋斗！

革命委员会主任梁树德要求我们对毛主席的著作"认真学，认真记，认真用"，号召"学邓继新的跟，学李玉兰的争，学王良珍的深"。曾庆兵把我叫到湖心亭，要我给他提意见。想起他的外号叫"唬雷"，就对他直爽的性格做了点评。他接着转入正题，受团组织委托找我谈话，肯定了我的长处，要我加强政治学习，对排里出现的问题要挺身而出，向英雄学习高标准要求自己，充分发挥笔杆子作用，带动大家一起前进。他说："像你这样有特长的同学，虽然排里有几个但也不多，要使自己像一团烈火发光发热！"我倾诉了憋在心中的委屈，他说："团组织的大门是敞开的，只要你朝着这个方向努力。"正值第九次全国党代表大会召开两周年，学校要办庆"九大"专栏，他约我写稿，我趴在湖心亭的桌子写出《革命奋斗》：

党的"九大"光万丈，祖国山河红烂漫。革命小将心向党，迎朝阳，朵朵葵花齐开放，心向共产党。"九大"行星环日转，革命小将激情荡。今日奋斗为革命，待从头，英姿飒爽赴疆场，埋葬帝修反。

老师布置我代表学校写份《悼词》，清明前往烈士陵园扫墓用。白天忙于上课，晚上要做作业，完稿时已经半夜。第二天我把稿子交给罗远默老师审查，他给我讲授悼词的写作结构与要点，我再按老师的指点修改，赶在出发前完成了任务。我们打着校旗浩浩荡荡地走进烈士陵园，到处拥挤着前来扫墓的人流。我们向英雄纪念碑敬献花圈，一位清秀的女生面对纪念碑深鞠一躬，高声朗读我写的《悼词》。她普通话标准，声音中含着激奋，我写的悼词经她抑扬顿挫的朗诵分外增色。这位同学叫陈国珍，是初中部的校级学生干部。

为迎接"七一"汇演，排里要创作《一生交给党安排》。有人表示怀疑："就凭我们排几个人，还想编剧本？"班主任曹国贵笑着说："没问题，管新平的水平可以写小说！"我带着编写组来到湖心亭，经过一番讨论达成一致，按"序曲""阶级教育""拉练途中""毕业前夕"和"尾声"编写剧本，用诗朗诵、歌舞和话剧交替的方式进行表演，用《我们这一代豪情满胸怀》为主题曲。回到家里已经很晚了，几位邻居姨妈正等着我，居委会搞《爱国公约》请我用毛笔字书写。我已经很累了，看着姨妈们期待的目光便答应了。有位姨妈对母亲说："你这儿子真好，在哪看见都是笑呵呵的！"

又一个静静的夜里，笔尖的沙沙声格外清脆，一股无以名状的激情在我心中涌动。学校召开批斗大会，数千学子单点我写批判稿，如此殊荣化解了我没有入团的抑郁。方老师认真向我传授演讲技巧：要带着无产阶级的义愤，不断高呼口号，不时观察台下。提醒我提高嗓门，说话有力，要对批斗对象产生震慑。批斗会那天，我谨遵老师的嘱咐，尽力提高嗓门，不断高呼口号，不时看看台下。方老师表扬我"发言有气势",同学夸我"词藻华丽"。

毛主席诗词《送瘟神》发表后,全市开展起轰轰烈烈的灭钉螺运动。我们一连干了三天,第一天在江汉电影院后面,第二天在工人文化宫后面,第三天在学校农场附近。沿途道路湿滑,刚从沔阳转来的同学小心地沿着路边的野草走。我突然感到惭愧,便跟着他避开路边的麦子。晚上我们赶往学校,排练的排练,编剧的编剧。又一批新团员宣誓,大家议论纷纷,认为我不比那些新团员差。支书曹光炎提醒我"以后多讲政治,主动配合干部工作"。副排长李玉兰提醒我"以后应当主动些"。排长王良珍要我画幅刊头画,提到入团问题她认真地说:"一个红红一点,大家红红一片!"

校办工厂的指导老师带领大家学习《青年运动的方向》,讲走"五七"道路的意义。指导老师介绍基本原理后我们开始上岗操作,部分同学分在化工车间,部分同学分在金工车间。我和王勤振跑到第二人民医院买回蒸馏水,他负责生炉子,我负责配置化学试剂。忽然传来火警声,学校对面的楼房着火了。我们冲向火场,奋力抢救,火势很快扑灭了。校办工厂邀请工宣队师傅做"学习毛主席哲学著作讲用报告"。工人师傅破除洋框框洋教条,采用水内冷却的方式,使1000V变压器产生1500V的变压效果,并将额定温升从58度降至40度,解决了压力不足的矛盾。指导老师说:这是工人阶级运用辩证法解决实际问题的范例,是毛泽东思想的伟大胜利。学校体工队要我写封《慰问信》,沙市即将举行运动员选拔赛,我校体工队代表要在会上宣读。如此信任没有回绝的理由,我便答应了。

经大名鼎鼎的校级学生干部邓继新同学的推荐,我被吸收为学校第四期"一对红"学习班成员,这件事有利于解决我

的入团问题。领导要求我们树立阶级斗争观念,帮助一个落后学生就是挽救一个迷途者,就是同阶级敌人争夺一个革命事业的接班人。学习班采用封闭式管理,吃住都在学校。我们在总指挥方老师的带领下出操,先练正步,再围着共青湖跑步,接着搞"天天读",学习毛主席的《老三篇》,要求后进学生以张思德、白求恩和愚公为榜样。上课时各回各的班级,下课又聚在一起。关吉孝说他的"一对红"对象是独子,父母无职业,打架抽烟玩女朋友。汤英说他的对象愿意接受帮助,又怕别人讽刺。学习班召开"忆苦思甜"大会,报告人不时大哭,他一哭我们就振臂高呼:幸福不忘共产党!翻身不忘毛主席!知识青年金训华离开大上海到北大荒插队,为抢救国家财产献出了生命。我到书店买了本《革命青春红似火》的短篇小说集,书中有金训华的名言:活着就要拼命干,一生献给毛主席!

学习班召开"一对红"恳谈会,邀请部分后进生家长参加。方老师传达中央关于军队办学习班的讲话精神:学习班首先要办自己的学习班,不办好自己的学习班,这个学习班也是办不好的。他要求把主要矛盾放在自己身上,首先要革自己的命。接着学习《湖南农民运动考察报告》,要求我们向毛主席那样开展调查研究。他提出"把反腐败斗争进行到底",对编组进行了调整。革委会主任亲自出席并讲话,家长们很受感动。家长代表和后进生代表也发了言。我没有时间参加《一生交给党安排》的排练了,把剧本的后续事项作了交待。我感慨地说:"正当《一生交给党安排》排练向纵深发展的时候,为了革命工作的需要,我要奔赴新的战场,接受新的任务。祝你们取得圆满成功!"

学习班请电池厂工人许昌秀师傅做"忆苦思甜"报告。

在电池厂学工期间，我分配在她的班组。她对我迅速掌握电池外壳的焊接技术表示惊讶，得知我会安装收音机才恍然大悟。此刻见面，她又是特邀嘉宾，彼此都很激动。学习班组织看电影《看不见的战线》，我觉得学习班也是一条看不见的战线，是一场与阶级敌人争夺青年阶级兄弟的特殊战场。学习《关于领导方法的若干问题》，其中"领导者要眼光向下，要以点带面，重点突破"的论述使我深受启发。我选择段紫荣同学为突破口，邀请他一起搞体育锻炼，登门家访。在学习班自我革命会上，他带头发言。我心里真高兴啊！挽救一个后进生，就为革命事业增加了一份力量。学习班分组讲用时，他做了典型发言。去荆州百货商店碰见一位大爷提着沉重的行李，他主动上前帮忙，从南门一直送到公安门。

学习班在红旗大楼工地参加义务劳动，我带领大家先学习《愚公移山》。大家干劲冲天，好像有使不完的劲。我想这就是精神的力量，政治统帅了生命，人就会朝气蓬勃。取煤渣的地点在二码头，来回拉了四趟夜已经深了。大家都说很累，提议凑钱买点吃的，有人表示反对。我认为对后进生也要关心爱护，同意了这一要求。后来我为此受到了领导的批评，有人告了我的状。这件事提醒我，害人之心不可有，防人之心不可无，尤其要善于识别身边的小人。我带着问题学习《矛盾论》，似乎得到了一些启发。学习班开始时我们以鼓励为主，从正面展开教育，彼此的关系还融洽。随着工作的展开，接触到实质问题矛盾就出现了。我对关吉孝同学谈了这些想法，他主动提到入团问题，断言"下次定能批准你"，还说许多同学都替我抱不平，方老师甚至说"可以在学习班解决"。

"反腐蚀"交流会上，我们组的后进生纷纷发言，讲他

们怎样被阶级敌人拉拢，怎样做坏事，又怎样拉拢别人，汇报了思想转化的过程。工宣队队长做总结说："只有用毛泽东思想教育人改造人，才能转化人。"有位校级学生干部夸我"会说话了"，问我是不是那次批斗会开始的。以前我的确不善在公开场合讲话，尤其不善在女同学面前讲话。初中毕业茶话会上，桌子对面全是女同学，我连头都不敢抬。班主任勉励我在高中加以解决。一次次全校大会发言练就了我的胆量，没完没了的批评与自我批评训练了即兴发言的能力。有几位后进同学进步显著，我提议给他们提前"毕业"，得到了领导的批准，还开了个欢送会。我感到从未有过的喜悦，送提前"毕业"的同学回家。家长见孩子转变了，高兴得合不拢嘴。我写了一段赠言送给这位同学，勉励他做无产阶级革命事业的接班人。

"七一"前夕，又一批同学加入了中国共产主义青年团。团支部会上，有人鼎力推荐我，列举我发挥的各种作用。有人说我两耳不闻窗外事，一心只读圣贤书，是典型的刘少奇修正主义教育路线的苗子，还总和一些反动学术权威混在一起。我接通知赶到学校开会，看见满座都是团员，一脸羞涩转身就走。支部书记曹光炎追上来邀请我列席，我愤然而尴尬地走出会场。独自一人走在漆黑的路上，苦苦思索，不知道自己错在哪里差在哪里。看了电影《红灯记》，李玉和一家为革命前赴后继的精神感染了我，这点委屈算什么！"天天读"时我谈了这一想法，我越说讲越来劲：我们生在新中国，长在红旗下，生活中留下了许多幸福的时光，值得写下来。会后有同学称我是"未来的作家"，说我的自传出版时一定要送他一本。

数学老师身体不好，让我给演出《红色娘子军》的同学补课，在老师的指导下我居然完成了任务。新团员廖云找我谈心，诚恳地说："我一直以为你很高傲，碰到你时心里都有点害怕。今天和你谈话才知道，你是个很好相处的人。"每次发展新团员我都靠边站，遇到大事总想到我，连补课这样的事也是舍我其谁，我还是想不明白。翻开《实践论》和《矛盾论》，突然生出一种崭新的意识：不要在意眼前的成败，要把目光投向未来。

我们站在共青湖边的大树下聊天，有人说我"文章写得好"，有人说我"戏也唱得好"，有人用"风流一时，正在风流，永远风流"形容我。这些大名鼎鼎的校级学生干部轮番使用赞美之词，我说只想做普通工人。有人连忙说："无产阶级需要更多的革命作家，如果都不做，谁来搞革命文艺？"正聊得热乎，我主编的《一生交给党安排》出场了。演员纷纷登场，主演梁盛华是学校《红色娘子军》剧组的红军连长，曹德胜和刘春玉扮演红军战士。《一生交给党安排》对她们来说是小菜一碟，为了"娘家"的荣誉，她们使出浑身解数，演出赢得阵阵掌声。主题曲《我们这一代豪情满胸怀》响起，把会场的气氛推向了高潮

我们这一代豪情满胸怀，走在大路上，东风迎面来，脚下踩着山和水，怀里揣着全世界。火红的年华，火红的时代，革命的重担挑在肩，昂首阔步朝前迈。

演出结束，我还呆望着舞台。班主任在招呼我，身边站着德高望重的语文老师王佳枚。我走近两位老师，班主任指着我说："这就是剧本的主编管新平！"王佳枚老师连声夸奖，班主任一脸得意。老师的器重滋润着我屈辱的心田，联想到一次次代表学校写稿，在排里办专刊一呼百应，几人能当此任？一种自豪感在胸中涌动，我坚信：天将降大任于斯人

也,必先苦其心志,劳其筋骨,空乏其身,行拂乱其所为,增益其所不能。

期末考试到了,我再次进入兴奋状态。作文实行开卷,我跑到湖心亭列好提纲,交给老师审查。老师说可当论文写作,指出最好一事一议。我对提纲做了修改,题目是《为复辟招魂的滥调——斥"西欧自由"论》。熄灯的哨子响了,执勤生要我们离开教室,我和执勤生争吵起来。他说不能违反学校的制度,拔掉了日光灯的继电器。"我要向毛主席献忠心,今天不写好不睡觉!"我一气之下把课桌挪到路灯下继续写。有人看见行政楼三楼亮着灯光,我跑到三楼一看,几个执勤生正谈笑风生,继电器就在办公桌上,我抓起继电器就走。第二天考试时,我把完成的文稿修改一遍再誊写在试卷上。这是一次高效的写作,从列提纲到打草稿只用了一个晚自习时间。又是一次令人反思的写作经历,成稿与提纲大相径庭。不能拘泥于提纲,写作过程中新思想会不断出现,朦胧的思路会变得清晰,绝妙的词句会意想不到地出现。拘泥于最初的提纲,会限制思路,束缚手脚,切断文章的脉络。

化学考试,时间过半我就交了卷。考前老师搞复习,我边抄题边解答。老师抄完我也答完,走上讲台给老师看。老师看后一声不吭,我回到座位从头检查。同学们找老师对答案,把讲台围得水泄不通,老师不耐烦地大喊:"去找你们的课代表管新平,他的答案都是对的!"同学立即把我围住,我才明白过来。这是一位不关心政治而热爱教书的老师,开学初就交待我帮她收作业本,现在又叫我"课代表"。我哪是什么课代表,也许她误认为我是课代表,也许她认为我应当是课代表。不管人家怎么看待我,她就喜欢我这样的学生。她叫黄国翠,说话言简意赅,讲课逻辑清晰,带着几分威严,即使调皮的学生也变得规矩。英语考试感觉也很好,考代数反而出了问题,太自信没有把握好时间,前松后紧,快下课时还有道题,脑子突然一片空白。考机电和政治时我吸取教训,再没有出现这种情况。

回到学习班宿舍,有一位后进生不愿交思想总结,王勤振和汤英正在对他进行教育。后进生不断顶嘴争辩,梁主任悄悄走过去,问那位同学:"我们办学习班是为了什么?"同学回答说:"还不是为我们好,把我们从资产阶级的泥坑里拉出来,成为无产阶级革命事业的接班人!"主任几句话就平息了争论。

明月爬上树梢,在云朵中穿行,照映在共青湖上,呈现出一幅美妙的图画。彭毅找我谈心,说学习班要结束了,很幸运能和我共同战斗。我们有着共同的优点,自幼安分守己,学习专心致志。我们又有着共同的缺点,因学习优秀沾沾自喜,有骄傲情绪。说到我的入团问题,他流露出对某些校级学生干部的看法,为我抱打不平。他虽比我小,我却从心底佩服这位学生"部长",他说话果敢风趣,话语中蕴含着哲理。正准备入睡,有人哭泣,一位后进生的脚肿了起来。关吉孝借来一元钱,汤英借来一辆自行车,我们用车推着这位同学赶往医院。大夫给他打了一针,进行了包扎。返回时,明月高高地挂在天上,清风在身边吹拂,共青湖清波荡漾,我感到心情格外舒畅,倒在床上就睡着了。"嘟!嘟!嘟!"一阵哨子响,我们从梦中醒来。大家从床上一跃而起,迅速站好队伍。队长周德元发出号令:"立正!向右看齐!齐步走!"我们绕着共青湖跑了几圈。回到原地时,队长一声"解散",学习班结束了。

学校指定一批高中生担任初中生的暑期辅导员,我和刘

启凤、宋贤玲、贾明负责二连三排,我担任组长。刘启凤是共青团员和学生干部,这种安排耐人寻味。班主任说选出的同学都是排里的优秀代表,要求我们既要大胆工作,又要注意方法。强调假期决不能放松阶级斗争这根弦,不要让同学在假期被阶级敌人拉过去!学生倒是来了不少,可是男生来得不多,辅导员也少了两位,贾明果然没有来。公布辅导员名单那天,贾明就说过不想做辅导员。我说不愿意不行,这是革命工作的需要。刘启凤开始发放成绩单,我坐在一边观察。张小华为语文得了"良"唠叨不休,喻明走进教室吵着要成绩单。干部都这样,这个班怎么好?我心里琢磨着。刘启凤强调必须完成家庭作业,提醒大家不要到长江游泳。我把干部叫到隔壁教室,问当干部为了什么?大家都不吭声,我讲了一通大道理。

为了放松一下,我看了一场电影《九号公路大捷》。越南人民军经过长途跋涉,在九号公路大败美国侵略者,全场掌声雷动。电影散场后到学校玩双杠,遇到两位暑期辅导员,都说工作不好做。我引体向上能连拉好多下,上杠能一跃而起,同学说我的双杠有了进步。体育是我的弱项,我为这一进步感到欣喜。回到家里又开始安装收音机,贾明来了,问辅导员工作开展得怎样。我把二连三排的干部情况说了,他说这个问题不是一朝一夕能解决的。贾明离去后我感到很内疚,感到不能轻易否定一个人。

接到紧急通知前往学校开会,参会的不是团员就是入团积极分子,会上传达美国总统尼克松即将访华的消息,以及中央对这一事件的分析。领导要求我们正确理解中央精神,要我们做家人的工作。家人想不通为什么让头号帝国主义的总统来访华,年轻人则另有一番见解:越南战争将很快结束,给可能爆发第三次世界大战的世界带来稳定，台湾不久会回到祖国怀抱。我们坐在荆江亭的石阶上，眼望滚滚江水口里滔滔不绝。侯建安拿着《前驱》，陆永胜拿着《铁道游击队》。气候闷热，没有一丝风，树叶好像泥塑一动不动。乌云密布，黑压压的，远处传来几声闷雷，我们赶快跑回家。雷声越来越近，只听"轰"的一声霹雳，雨水瓢泼般从天而降，干涸的大地上冒起了白烟，人行道边的水沟变成了奔腾的激流。

我拿出《前驱》看起来，北伐时期由共产党人组成的先遣团横扫千军，连长万先廷宁可违抗军令也不放过战机。部队受到批评时他挺身而出承担责任，得到上级嘉奖时他说："这是战士们的主意，要表扬就表扬战士们！"万先廷的机智勇敢和崇高品质令我钦佩，书中有段话我觉得对辅导员工作有指导意义便抄录下来：

诗人的责任，就是要让人们从心灵上懂得什么是美，什么是丑；唤起人们更深刻地热爱光明和美好，更坚定地向黑暗和丑恶斗争。

联想到《欧阳海之歌》和《钢铁是怎样炼成的》，英雄们都具有崇高的理想和可贵的品格，我把苏联英雄保尔·柯察金的名言抄写在日记本上：

人最宝贵的东西是生命。生命对于我们只有一次。一个人的生命应当这样度过：当他回首往事的时候，他不因虚度年华而悔恨，也不因碌碌无为而羞耻，在他临死的时候，他就能够说：我整个的生命和全部精力，都献给了世界上最壮丽的事业——为人类解放而斗争。

阵雨过后，酷热不减。我把竹床摆在门外，刚睡着就被人叫醒。刘启凤告诉我宋贤玲调到印刷厂劳动去了，二连三排想搞小拉练，问我同不同意？我分析说这个排情况不好，外出

拉练怕出问题,她表示同意。我一看表,夜里十一点多钟。望着她离去的背影我肃然起敬,不愧为共青团员啊!我身为组长,别人宁肯找她反映情况,可见她在同学中更有威信。

天空又下起雨来,我躲进一家书店。一声霹雳,大雨从天而降。一会儿,雨过天晴,阳光灿烂。真是六月六的怪天气呀!暴雨过后,空气凉爽起来,暑假领导小组召开碰头会。我说二连三排很伤脑筋,普遍自由散漫,无组织纪律,干部不负责任;访问几个学习组长时,问他们暑期的学习地点和内容,都说不上来!大家同意我的分析,我提议把干部集中起来学习,罗勇认为把干部和男同学一起组织起来学习更好。我采纳了这一建议,大家分头去通知。火热的太阳照在柏油路上,脚下滚烫,地下的尘土晒成了面粉状,风一刮就扑面而来。我们找到朱传兵家,他姐姐说他做小工去了。路过李豪家,他陪着我们去家访。三人在胜利街挨家挨户通知,有的家长热情,有的家长冷淡。有户人家两位干部都不肯进,一个年龄和我相仿的女孩开了门,答应给他弟弟转告。李豪说:"去年我很喜欢管,结果得罪人。"我说:"应该管,不要怕打击!"我讲起初中的经历,我们团结进步同学组成强大的堡垒,顶住了无政府主义的妖风,在全校停课的情况下坚持上课。

第二天继续家访,碰见朱晓平等几个同学,他们带我到机关幼儿园找到唐以林。从唐家出来碰到喻明,过了便河穿过柴园子,在一栋旧式洋楼里见到杨开明的母亲。她热情地把我迎进屋,杨的姐姐以为我是老师,热情地给我端茶倒水。离开杨家我边走边想,觉得真有意思。经过一家商店,玻璃橱窗里现出我的身影:下穿制服长裤,上穿条纹绸褂,右臂挂着军色挎包,斯斯文文。想起在杨家讲话时的慢条斯理,不把我当成老师才怪呢！我进了一家文具店，老店员听说我是高中生，热情地说："你这个年龄正是学的时候，毕业后要读大学啊！"我说："现在哪有大学上？"老者说："是啊！要上大学！学习好啊，不学习就没有本领！"

暑期活动总结会上，我提倡大家写日记。我以自己的体会告诉大家，写日记既能提高写作能力，又能提高思想觉悟，何乐而不为呢？同学们纷纷向我递交《决心书》，看到同学们的思想觉悟提高了，我由衷地高兴。高书林同学写道：通过这次暑假学习班，对我有很大的教育，我决心在暑假里表出自己的决心如下，高举毛泽东思想伟大红旗，突出无产阶级政治，活学活用毛主席著作，坚持天天读毛主席的书，参加学校里的一切政治活动，认真学习"老三篇"，向英雄人物学习，好好地读毛主席的书，听毛主席的话，做毛主席的好学生。

辅导员工作经验交流会上，都说政治思想工作不同于搞劳动打扫卫生，政治工作反复无常，有时好像有了进展，可能一下就付之东流。辅导员工作锻炼了我的工作能力，尤其是与人打交道的能力。我体会到人与人的区别太大了，人的工作不好做。我还有一大收获，不少团员对我这个"白专"生有了新的认识，我被评为"优秀红卫兵战士"。此时的红卫兵组织非彼时的红卫兵组织，是在学校团委领导下的群众组织，某种意义上就是团组织的后备军。我打开奖状一看，上面写着：管新平同学自1971年上学期以来，能高举毛泽东思想伟大红旗，突出无产阶级政治，在学校"创四，争五"运动中和红卫兵组织活动中起模范带头作用，取得了显著成绩，被评为全校优秀红卫兵战士。特发此奖，以资鼓励。

8 那年学霸

富贵必从勤苦得,男儿须读五车书。
——唐·杜甫

秋风送走了酷热,共青湖边热闹起来。教室里有人在挂毛主席画像,有人在抄写标语。吴正超说:"这份工作可能要落在你身上啦!这工作很伤脑筋,你要团结组织排里的同学把宣传工作搞好。"彭标杰写好了"深入开展革命大批判"的条幅,交给一位女同学去张贴。吴正超要我写"认真看书学习,弄懂马克思主义"。我觉得自己的毛笔字不好,就去找严文慈老师。途中碰到团支书,他叫住我:"这回可能宣传工作要落在你身上了,一定要把这个工作做好!"我问:"吴正超呢?"他说:"要调到学校去!"

上课铃响过,班主任表扬暑期好人好事,副排长李玉兰通报王勤振的先进事迹。公交车上一位乘客丢了钱包,内有人民币120元。那是几个月的工资啊!这位乘客急得嗷嗷叫。王勤振向乘客宣传毛泽东思想,讲阶级斗争的复杂性,在乘客的协助下搜出了丢失的钱包。韩永利在工厂劳动挖出一块砖头,随手扔进一个泥坑,工人师傅说:"一块砖头五分钱,仍在坑里可惜呀!"他挖出一条废弃的混泥土,觉得没用扔在一边,工人师傅说:"里面有钢筋啊!"他得出结论说:"平时口口声声说向工人阶级学习,关键时刻就是和工人阶级不同,说明我们的世界观改造得还不够。"

批斗造反派头头彭汉华的大会还在进行,班主任把我叫到办公室说:"经支部讨论,昨天同学提名,这学期你负责宣传工作。"我怕担当不起。班主任说:"首先要有热情,全心全意搞工作,联系群众。这三个条件具备了,工作就好办了。"老师问起我的家庭情况,又问我有什么要求。很快召开了新班子会议,还是曹光炎任团支书,李玉兰任副支书,委员有刘启凤、关吉孝和王良珍。王良珍要去校团委,李玉英接替排长。吴正超没有调往学校,继续担任宣传委员。陆永华和廖云保留原职,我担任学习委员,张贤武担任体育委员,邵科芝担任劳动委员。廖云说排里要编群口词《时刻听从党召唤》,要我做主编,要我提几个人选。我首先提到陆永胜,她说被拒绝了。我找到陆永胜,他抱怨没有任何参考材料。我把这一意见告诉廖云,她很快找来六本文艺杂志供我们参考。

天气晴朗,学校团委成立暨新团员宣誓大会隆重举行。工宣队长宣读中共沙市市委文件,任命学校革委会主任梁树德为团委书记,李辉同学为团委副书记,委员中还有我排的王良珍和张其芬。张其芬代表团委宣读新团员名单,我排有七人加入。我问陆永胜关于群口词的思路,他生气地说还没考虑。我说先用精炼的语言描述当前形势,在大好形势下我们即将毕业;笔锋一转回顾高中两年,在无政府主义弥漫时我们冲锋在教育革命前头;学生上讲台,参加义务劳动,到工厂锻炼,在校宣传队和体工队的作用,"一对红"学习班以及担任辅导员工作的事迹;毕业前夕,全体宣誓:一颗红心多种准备,党叫干啥就干啥!他表示完全赞同。晚上,我把家里的餐桌铺满报纸,换上一盏大灯泡。陆永胜自豪地说:"不是我说大话,排里再没人敢接这个任务!"我说:"凭着一股闯劲,在实践中锻炼吧!"陆永胜崇拜青年毛泽东志存高远,效仿青年毛泽东雪天赤身站在井边冲凉水。他在屋后的两棵树间绑根铁棍做单

杠，练得一身好肌肉。相比之下我弱不禁风，他总有微词。临走时，他认真地说："明天早上，你搞不搞锻炼？"

学校召开毕业动员大会，黑板上写着空心字：毛主席教导记心怀，一生交给党安排；笑洒满腔青春血，喜迎全球幸福来。据说应届高中毕业生要当"八大员"，有餐馆服务员、公交售票员、商场营业员和食堂炊事员什么的。会议在庄严的《东方红》歌声中开始，校领导说"八大员"只是传言，大家毕业后都会有革命工作。"只要党一声召唤，愿意奔赴祖国的四面八方。"石油工人的儿子说起话来就是不同凡响。邻居来学校说母亲病了，我连忙赶回家，几位街坊正守护在她身边。我打电话到父亲单位，厂里人说父亲走不开。我从居委会借来板车，把母亲送往医院。医院正在进行政治学习，我们只得挂急诊，姐姐扶着母亲进了急诊室，我在外面看车，拿出《科学实验》看起来。

晚上，父亲回来了，身后跟着一位军代表，一位掌权的造反派。军代表说话和气，造反派气势汹汹。我家屋顶漏雨，父亲在厂里找了几张废弃的油毛毡。科长交待父亲走厂里的后门，不要惹了那般"兔崽子"。真是越怕越出鬼，正巧碰上了巡逻的造反派，给父亲扣上一顶"盗窃国家财产"的帽子，关在厂保卫科办起了"学习班"。不知造反派使了什么花招，父亲一一做了"交待"，来到家里搜查"赃物"。弟弟妹妹吓得不敢出声，我怒斥造反派说："你看看我们这个家，看看我们家里的东西，哪有什么赃物！"母亲叫我住嘴，军代表从中打圆场。在父亲的说服下，我拿出一个废旧的工具箱、四个硬纸工具包装盒、几根废弃的钢锯条，还有父亲从废弃的木箱上取下的大小不等的铁钉。这些都是我平时安装收音机的工具，都是父亲从厂里的垃圾堆里挑出来的废弃材料。这些所谓"赃物"后来在厂里展出，以显示造反派管理工厂的"政绩"。造反派还要求经济赔偿，我家既没有积蓄，也没有值钱的东西，只有三排大梁。造反派硬是把三排大梁锯成木材，按斤计算折价，问题才算解决，却断了我们家重新盖房的念头。出于对党组织的忠诚，我入党以前向辅导员"交待"了这件事。辅导员告诉我，外调时父亲的档案中根本没有记录，也无人提及，叫我以后对谁都不要再提这件事。

学校召开"忆苦思甜大会"，正在接受思想改造的造反派头头彭汉华也参加了。报告人李正英是位老干部，"文革"初期遭受造反派迫害，身残志坚。即使在受迫害的日子，也坚信毛主席的革命路线一定胜利，要我们认识阶级斗争的残酷性和政权的重要性。初秋的天空下着蒙蒙细雨，我们感到格外凉爽，报告人却周身难受，造反派的迫害给她留下一身伤病。经报告人联系，我们去向阳纺织厂学工。校长周学容指出到工厂学工是贯彻中央关于教育革命的精神，要虚心向工人阶级学习，不能有知识分子的傲慢情绪。班主任曹国贵要求我们带上书包和笔记本，认真学习，开动脑筋，钻研技术，提高思想。我们按要求分成班组，每班两位干部。物理老师要我到交电商店买一批电子元件，路过家门正好午饭时间，我把学工的事告诉家人，说没有时间管家务了。母亲说两个弟弟最近都很勤快，姐姐提醒我再写份入团申请书。我在申请书中引用了邓继新赴师范欢送会上的话：笑洒满腔青春血，喜迎全球幸福来！末尾引用了毛主席的教导：你们这一代年青人，任重道远，有志气有抱负的青年，一定要为完成我们伟大的历史赋予的使命而奋斗终身。

外面飘着毛毛雨，我们在车间听机电班民兵连长讲厂史，接着听机床车间主任讲机床工作原理与操作事项，然后

分组学工。几位同学围着一台朝鲜式万能螺丝床,师傅一边操作一边讲解,我边观察边提问。几个同学坐着聊天,我几番劝说,他们给我白眼。只开了三台铣床,不少同学闲着,我就带着他们在砂轮上打毛坯。中午在车间的会议室写标语,见到了初中同学刘美琴,她告诉我下乡的同学已相继回城。吴正超鼓励我大胆工作,赠给我一本《用毛泽东思想建设共青团》,扉页上写着赠言:希望你认真读毛主席的书,虚心地向工人阶级学习。不断提高三大觉悟,争取早日从思想上加入自己的组织——共青团。下午,沈师傅让我操作铣床,我又激动又紧张,过了一会就好多了。沈师傅让我示范,他帮我上好工件,用千分尺计算好,我一连铣出几个漂亮的砂轮。最后,沈师傅对铣床的工作原理进行小结。干部留下通报情况,刘启凤把同学中存在的思想问题提了出来:怎样处理政治与学习的关系?下厂与攻克"物理关"有什么联系?我说:"下厂有助于攻下物理关,攻下物理关也是一项政治任务,都是为了培养又红又专的革命事业的接班人。"晚上,我应邀参加新团员推荐会。吴正超说我一直积极搞宣传工作,而且起着骨干作用。是啊!多少个星期天,多少个灯光下,我为集体写稿画刊头写文章编剧本。这样做不只是协助宣传委员,更是为了把排里的政治空气搞得浓浓的,为了宣传和捍卫毛泽东思想,大家肯定我"目标明确,思想稳定"。第三批团员公布时我就灰心了,第四批团员公布时我已没有了往日的焦虑。然而,当团组织的大门向我敞开时我还是激动不已。

"天天读"时,工人师傅讲矛盾的普遍性,我觉得颠三倒四。然后,分成四个班,带上电锯,扛着梯子,唱着歌,来到新盖好的职工宿舍,钻孔布线安装电门。师傅称赞我手脚麻利,能安装收音机的手把这点事视为小菜一碟。中午,我带着几个同学办学工专刊，戴眼镜的女技术员拿来毛笔纸墨和各色颜料，爽快地说："会画呀！厂里需要得很！"她要我去找领导。回到家里讲起这件事，母亲和姐姐高兴地说："能到向阳工作就太好了，那是国营工厂啊！"

车间大楼平台上，车间主任传达沙市战备防空报告。为准备核大战，防止敌人突然袭击，全国要挖防空洞。周恩来总理任人民防空组长，总参谋长黄永胜任副组长。北京上海等地的防空洞挖得很深，沙市准备把荆沙河抽干，修建地道主航道，连接各个街道各个单位形成地道网。报告结束后，工人师傅讲外线电路和半导体基本原理，介绍电流表和电度表的作用，然后分头干活。我给一位师傅当助手，师傅说："我国的工业在国际上还很落后，以后革新发展要靠你们。"原来我国的工业很落后，我听了心里不是滋味。

晚上在家写稿，姐姐带着几位工友来了，带给我一本《毛主席诗词注解》，我模仿着写了一首《满江红·迎国庆》：

四海欢腾，迎国庆，豪情激荡。数从头，二十二载，灿烂辉煌。锦绣江山无限美，祖国山河披新装。遍环宇万众齐歌唱，东方亮。

为革命，向前闯，搞教改，下厂房。理论与实践，紧紧相关。一轮红日照胸怀，教育革命谱新章。批"刘修"走定"五七"道，阔步闯。

午间，大家在平台上休息。我把手稿拿出来给汤英看，他看着看着，靠在墙壁上睡着了。旁边还睡着几位同学，我只好悄悄下楼。几个师傅在绕漆包线，告诉我这届高中生可能都要留城。几个同学在附近议论，排里有些人什么都不想，有些人入团当官有野心。我拍着这位同学的肩膀说："听了你的议

论,我觉得你是个思想家。你谈的东西我真没考虑过。"李玉兰来叫我:"赶快去,有紧急事!"我跟着她走上平台,上面站着好几个人。支书曹光炎说:"通过同学提名,支部讨论审查,同意你们加入组织,现将表发给你们。"我激动地在心里唱道:满腔的热血已经沸腾,要为真理而斗争……英特纳雄耐尔就一定要实现!关吉孝对我的思想和表现做了介绍,大家开始对我进行评议。王良珍指出我"对别人关心不够",刘天富说我有"小资产阶级知识分子气息"。我表示接受大家的批评。支书说:"今天的会开得很好,团员同学提意见很坦率,新团员认识很好,让我们以热烈的掌声表示通过!"

我们集中在木工房听沈军代表做战备动员。中央认为战争一定要打起来,全国要在三年内修好防空洞,防空洞必须能藏能战。军代表激愤地说:"等他们来吧!我们新仇旧恨一起算!"报告结束时,我们宣读了《感谢信》。下午,我们和机电车间工人联欢,举办了一场篮球友谊赛。工人师傅打得爽快,学生也不示弱。我们排着队伍走出车间,齐声高唱:我们的共产党,和共产党所领导的八路军和新四军,是革命的队伍……歌声响彻在厂房的上空。

宋美龄到了苏联,市里通知每户储备七天柴米油盐。我显得有些亢奋,战争影片中展现的英雄场面浮现在眼前,仿佛盼来了建功立业的机会。母亲对我的反应感到诧异,给我讲起一段往事。日本人进攻沙市,外婆带着母亲和舅舅逃往湖南,在一个渡口看见黑压压几百个学生,小的七、八岁,大的不过十五岁。那些孩子无精打采,没一张笑脸,没一个哭泣,躺在沙滩上等船只。船到岸边时,一个个抱着船往上爬,很听老师的话。母亲说:"他们也是父母的孩子呀!可能他们的父母已经不在世上了。"母亲的讲述激起我对帝国主义的仇恨，来吧！我们新账旧账一起算！"帝、修、反"一旦出现，我一定用手中的武器消灭他们！

　　学校停课挖防空洞，地道里散发着烂泥烂木的腐臭。人多工具不够，工地上显得忙乱。我一声号召："同学们，不管哪个班哪个地道口的，拉成一条线传递！"工地上很快变得井然有序。我和张贤武、皮忠志跳进地道，站在里面挖起来，个个干得满身大汗。排长李玉英催我写稿，我围着工地走了一遭，写出《战到全球红旗扬》：教育革命的先锋，还散发着机油的芳香。半月来学习到纱厂，革命教改当闯将。高大的形象啊，我们终身难忘。工厂的日日夜夜如电闪，它久久地在脑海回荡。我们飒爽英姿热血更旺，为了战备紧赴战场。在漆黑的地道里，战士们铁臂挥荡；一铲铲啊，对准帝修反。王勤振、周建华，干劲真不差；誓为战备挖地道，一轮红日心头照。哪怕满脸的灰尘，岂畏浑身汗淌，为了埋葬帝修反，我们拼命干。漆黑的地道，顿时亮堂。提高警惕，保卫祖国，主席教导记心上。全排的战士们，心红红似火，志坚坚如钢。为了保卫毛主席，战到全球红旗扬。

　　正干得火热时突然来电话，全体集合跑步前往东区。行人投来诧异的目光，我从人们的眼神中领悟到了"卑贱者最聪明，高贵者最愚蠢"[①]的道理。工人身上有机油，农民身上有牛屎，我们却是财富的创造者。我们身上很脏，可这是一支充满活力的队伍呀！东区一座旧厂房废墟上，我校同学正用粗绳拉烟囱，看见我们来了，爆发出一阵欢呼。拉绳尾的女同学让了出来，我们接替上去。大家用力过猛麻绳断了，都摔倒在地。一位同学爬上去把断绳连接起来，我们重新摆好架势，随

---

① 当年流行的毛主席语录。

着"轰隆"一声巨响,烟囱倒下了,大家齐声喝彩。我们跑过去把烟囱倒下后散在地上的耐火砖挑出来,装上车运往学校修地道。

刘启凤组织学习《为人民服务》,围绕毕业后做"八大员"展开讨论。我带头发言:听说毕业后要做营业员、炊事员、服务员什么的,心里不太高兴,觉得自己是大材小用。张思德同志是经过万里长征的老革命,是中央警卫团的战士,为了革命的需要去烧木炭。相比之下,我算什么呢?贾世军伸手向我要糖,小声说:"光荣榜都贴出去了!"我才省悟。教室里张灯结彩,有的办专刊,有的排练节目。班主任看了专刊非常满意,说是历来最好的一次。黑板上写着"迎国庆献忠心晚会",左边画着一棵青松,右边画着两个灯笼。课桌围成一圈,桌上蒙着花格布,放着一部收音机、一个水瓶、几只水杯、两份祝贺信。屋顶上悬挂着一个彩球,三支日光灯上挂着各色彩纸。文艺委员廖云做司仪,全体起立唱《东方红》和《国际歌》,学习毛主席语录。副书记李玉兰宣读新团员名单,工宣队长讲话,支书曹光炎致贺词,张绍君代表新团员发言。工人宣传队师傅领头合唱,每班出一个节目。有人拉二胡,有人拉小提琴,有人表演笛子,有人敲梆子,有人摇铃,四位女同学舞蹈起来,三位老师来了个小合唱。在大家的鼓噪下,我唱了《除夕夜》和《穷人的孩子早当家》。大家要班主任独唱,班主任几番推辞才唱了一首。晚会在《大海航行靠舵手》的歌声中结束。

国庆节,我在家阅读鲁迅全集,感叹《故乡》的写作手法,同情阿Q的命运。父亲托人从武汉带回《中国共产党内的两条路线斗争》,我一口气读下去。陆永胜带着几个同学来了,邓淑琴开口说:"你这次入团,我们给你买了一本书,希望你继续革命,不断前进!"我接过书一看,是《把"老三篇"①作为座右铭来学》。我说:"你们平时对我帮助就很大,现在又从政治上帮助我,希望给我提一下希望!"邓淑琴指着书说:"希望在这上面!"我翻开书的扉页,一行赠言映入眼帘:继续革命不停步,攀登高峰永向前。

　　天气晴朗,空气新鲜,干部聚集在足球场边的大树下,入团后第一次参加干部会议我的心情很不平静。排长李玉英主持会议,我领读《为人民服务》第三段,关于"正确对待批评与自我批评"。我结合自己的思想和体会,强调首先要树立"人民的利益高于一切"的观点,有了这一条才能够"坚持真理和改正错误"。班主任总结好人好事,公布下一步工作计划。我们走向工地,继续挖掘防空洞。方老师来找我,一位后进生犯事了,由遣送站送回学校,要我去通知家长。经过东风路口新华书店,门口公布了一批新书。我走进书店,找到了《哥达纲领批判》《反杜林论》《法兰西内战》《共产主义运动中的"左派"幼稚病》《唯物主义和经验批判主义》和《国家与革命》,觉得《增强党的观念接受党的领导》和《坚定地突出无产阶级政治》也需要。买下这批书花掉3.02元,相当于我半月的伙食费。晚上,一盏聚光灯高悬在学校行政大楼顶上,仿佛天上升起了一轮明月,我们继续挥汗挖掘防空洞。

　　我随着新团员队伍走上主席台,在毛主席像前宣誓:永远忠于毛主席,紧跟毛主席干革命!新团员代表发言,学校领导做总结。张绍君代表新团员买了《工农兵学哲学》和《一不

---

① 指毛主席的三篇文章《为人民服务》《愚公移山》和《纪念白求恩》。

怕苦、二不怕死的革命精神永放光芒》送给排里作纪念。我第一次缴纳团费,然后赶到东区新电厂参加劳动。我和汤英、龚德禄、佃为芳拉着板车送烟道灰,我一路奔跑,气喘吁吁,浑身大汗。跑了几趟两腿开始发酸,我不断鼓舞自己:下定决心,不怕牺牲,排除万难,去争取胜利!经过江汉电影院,女同学拿着茶水迎上来。经过内河大堤,夜幕已经降临。灯火中的市区一派繁华气象,我感到热血沸腾,对身边的同学说:"哪里有我们这样的干劲!哪个国家、哪个社会都没有!世界上唯有我们毛泽东时代的青年可以做到!"

胡建华同学患急性扁桃体炎,几个干部去看望。他是公认的"落后分子",从谈话中得知他也想进步,怕别人打击笑话。我觉得有责任帮助这样的同学,又觉得自己水平不够,便阅读起《政治经济学》和《哥达纲领批判》,想迅速提高自己的理论水平。书中没有现成的答案,许多论述似懂非懂,然而这些书籍有种巨大的魔力,让我爱不释手。情之所至,我写了一首《沁园春·沙市》:无限风光,锦绣原野,浩瀚长江。看绿杨影里,车如流水。林荫道上,人迎朝阳。自力更生,奋发图强。革命凯歌遍新宇,豪情壮。擎雄文四卷,慷慨激昂。校园书声朗朗,正灿烂之霞映东方。庆文化革命,辉煌成就。教育战线,展新气象。以学为主,兼学别样,"五七"道路意义长。心潮荡,祝毛主席,万寿无疆。

二弟还没起床,我很是气愤,想批评他几下。但清早给他来个批评不光彩,会影响一天的情绪,于是我什么都没说,拿起扁担去挑水,来回几趟才把水缸灌满。发现墨水不见了,三弟说拿到学校去,写完大字就不见了,我训了他几句,训过了又觉得过意不去。我就是这么个人,恼火时那股气可以把山推倒,可以把屋顶掀翻。糯米稀饭还没熟,上学时间已到。学校民兵活动日不能迟到，我只好饿着肚子上学去。学校请来战斗英雄王朝昌，解放战争时期老人所在部队被12万国民党军围住，他脚穿草鞋，背着军号，跟随部队突围，在湘河遭遇敌机。部队转入河南与湖北交接的八百里大别山打游击，吃的是山药野果青稞，穿的是打土豪分得的衣服。衣裳补了又补，冬天只穿三件单衣，外面一件破棉袄。大红山战役中敌人的据点久攻不下，首长命令"钢铁排"上。升为排长的王朝昌带着战友冲上去，三人一组，三组一班，三班一排，一连拿下两个村子，却牺牲了几个战友。进攻第三个村子时，敌人据守在庙里抵抗，一连发起五次冲锋，刺死了十几个敌人，又牺牲了三个战友。首长来电停止前进，用手榴弹和大炮轰击才冲了进去。双方刺刀相拼，眼睛都拼红了，才占领了周家湾。战斗结束清点人数，全排牺牲了十二个战友，抓俘虏五十四名，缴获一门大炮。全排荣获特等功，王朝昌荣获战斗英雄称号，老人还在首都大专院校讲过这段战斗故事。老人告诉我们，红色江山来之不易，是用烈士的鲜血和生命换来的，要我们随时准备用鲜血和生命保卫这红色的江山。

团支部召开思想交流会，我和李玉芬代表新团员讲思想进步的过程，王勤振和张明华代表入团积极分子发言。有人讲怎样防止骄傲继续革命，有人讲怎样为革命学英语，有人讲怎样帮助后进同学，有人介绍刻苦学习毛主席著作的经验。我意识到自己的角色变了，以前考虑如何向别人学习，现在要考虑如何帮助别人，带着问题学习《共产党员在民族战争中的模范作用》。我邀关吉孝到胡建华家继续做工作，他正在收听节目，一部五灯四波段收音机吸引了我这位无线电爱好者。一会，我们言归正传："我们很快就要毕业了，现在的社会是无产阶级和资产阶级两大阵营，我们是一条战线的战友。"我们轮番说服，他终于答应递交入团申请书。突然想到好友陆永胜还没入团，更有责任帮助他。我知道他的脾气，只能巧妙地激励，邀他拜访初中班主任。老师问我们入团没有，我抢着回答："快了！争取吧！"陆永胜说："他已经是的啦！"来了几个学生，老师忙着接待。学生走后，老师要我们学会抓思想工作，毕业后不管分到哪都会有思想工作。话题转到文化课，老师说："我们国家还是很需要知识分子的，对学习不要只看分数，要有远大的抱负。"老师鼓励我们学好外语："以后搞工作学习外国经验的时候，就要用到外语。"老师一直把我们送出校门，嘱咐我们："不管分配到什么地方、什么工作，都要乐意去，都是为人民服务！"

9 青春血热

仰天大笑出门去,我辈岂是蓬蒿人。
——唐·李白

大雾笼罩着天穹,院子里很朦胧。二弟种的红薯从根底伸出枝叶,不知名的草药开放着白花,沐浴着大雾落下的露珠。我洗漱完毕,疾步赶往学校。全排集合在共青湖边做操,然后列队跑步。晨风在耳边吹拂,林立的梧桐树像卫兵一样护送着我们。队伍跑出校园,跑过看守所,跑进体育场走正步,齐声高喊:加强体育锻炼,增强人民体质。返回的路上,我们高唱《三大纪律,八项注意》。早操结束,队伍解散。

第一节课"天天读",排长李玉英介绍"抓活动怎么办"的经验,回答"学了没取得成绩怎么办"。第二节课语文,老师把标题《清泉滴滴育青松》写在黑板上,叫我们一个接一个地朗读课文。老师接着提问,有的主动举手,有的等着点将。课间,我抱着一堆作业本,穿过泥泞的足球场向大楼跑去。回到教室已经在上数学课了,老师在黑板上画出平面图,大家跟着画。政治课讲《矛盾的特殊性》,涉及哲学问题,有人兴趣很浓,有人无精打采。

中午回家,扒开炉门烧水,淘米做饭。锅里升起蒸汽,泡沫外溢。用煤灰封住炉门,泡沫消失,香气扑鼻。我一边炒菜,二弟一边摆放碗筷。饭菜做好,兄妹四人围桌吃起来。我对二弟说:"现在我不能在家多留,家务事你多做些。"他点头答应。"你不是要学二胡,还差一块钱吗,我把积攒的钱给你一块。"上学路上进公共厕所,小便池塞满了尿液,我返身回家拿工具。算了吧!太脏了!被人看见多难堪!我心里寻思,但一转身,"革命工作到处有,就看自己做不做",张思德的话在耳边回响。我拿起火钳返回厕所,一捅下去,里面软绵绵的没反应。一位邻居说:"里面堵住了!"我再用力一捅,一阵"突!突!突!"尿液流走了,邻居朝我投来钦佩的微笑。

学校传达中央和省委关于教育改革的文件,根据毛主席"学制要缩短,教育要革命"的精神,小学缩短为五年,中学缩短为四年,提倡学生上讲台。为贯彻这一精神,学校组成"教育革命领导小组",各排成立"教育革命核心小组"。有人根据毛主席"官教兵,兵教官"的指示,提议学生上讲台给因公误课的同学补课。我采纳了这一建议,把"核心小组"的15个成员按科分组,肖国强和邓淑琴主动请缨负责化工课。正讨论着,老师召集全排紧急集合。学校附近出了起恶性交通事故,三岔路口两辆公交车对开,一位女乘客的长辫挂到迎面驶来的车窗上,酿成身首分离的惨剧。我们赶往出事地点,手拉手形成人墙保护现场。

第26届联合国大会,以多数票通过阿尔巴尼亚和阿尔及利亚等22国的提案,将台湾代表驱逐出联合国,恢复中华人民共和国在联合国的合法席位。广播说这是全世界人民大团结的伟大胜利!彻底粉碎了美国制造两个中国的阴谋。我们高唱《三大纪律,八项注意》,打着红旗去盐厂参观,受到这一喜讯的鼓舞我们的歌声格外嘹亮。天空阴沉似要下雨,生活委员担心干粮淋湿,号召每人拿两个自己保管。队伍正在行进中,没人注意,我带头拿起两个,拿到手里才知道是油炸馒头。男同学跟着抢拿油炸馒头，女同学动手时只有白面馒头了，我一开始以为全是油炸馒头。到达盐厂后，先听工人师傅上课，然后参观制盐流程，最后听两位上调知识青年做报告，讲世界观改造的过程。讨论时，女同学对男同学把油炸馒头抢光的做法提出批评，我成了罪魁祸首。平时总说"把方便让给他人"，关键时刻忘得一干二净，我告诫自己必须高度自觉，时时注意自己的言行。

荆州联合仓库工地上，又是一天辛苦的劳动。工人师傅称赞我们是一个模范集体，我则用劳动的汗水庆祝了十八岁生日。回到家感到浑身发热，头晕眼花，半夜发起烧来。我支撑着上学还是头晕目眩，校园里惯常的喧嚣仿佛机器在轰鸣。我迷迷瞪瞪地伏在课桌上，老师讲什么都听不进。挨到放学赶往医院，大夫说我在发烧，打了一针。第二天早晨照常赶到学校，学校农场做成十万块砖坯修防空洞，寒气袭人，似有大雪降临，必须赶紧上窑。我们一路高歌，赶往学校农场，沿途兄弟学校干得热火朝天，砖坯堆起来像一道道城墙。到达学校农场，我们排成长龙进行传递把砖坯送到窑上。有人故意捣乱影响了上窑的进度，我对他们进行了批评。干到下午，下面的同学熟练地将砖坯往上抛，上面的同学熟练地接住飞来的砖坯。晚上，我们到第二中学观看话剧《一块银元》。这是继我们学校演出《红色娘子军》和第三中学演出《白毛女》之后，第二中学推出的以忆苦思甜为题材的革命话剧。

我和三位女同学接受临时任务，用板车将废旧铸铁和焦炭拉到工厂加工。任务完成后本可以回家，我们还是赶往学校农场搬砖坯，砖窑的师傅看见了连声夸奖。砖窑垒到16层，大家又高兴又害怕，男同学把心一横鼓起勇气走上去，大胆的女同学也尝试着上了窑，其他女同学跃跃欲试。班主任看出了女同学的心事，鼓励她们都上去。女同学都上去后，砖窑上下发出一阵欢呼声。烧窑的木柴不够了，李辉带着几位同学赶往学校，把堆放在操场边的树锯成木材。我们没拉过大锯不得要领，一阵猛拉，个个腰酸背痛。我们还是拼命地拉，恨不得把所有的树木都锯成木材。我突然想起几天前的新团员推荐会，向关吉孝说了我的想法。王勤振同学各方面都不错，敢于对自由散漫行为进行抵制，就因个别干部不同意就给否定了，我觉得不合理。又劝王勤振说："意见有善意也有恶意，放松要求就伤了善意者的心，中了恶意者的计。"

学校要在毛主席生日那天搞文艺汇演，文艺委员把大家召集起来，提出编排《时刻听从党召唤》。大家热情很高，都表示要把毕业前的最后一个节目创作好。晚饭后，我和二弟去郊区找做战备砖的泥土。市里要求家家户户修防空洞，我学校家里两头忙。从郊区把土取回后立即赶到学校，编写组的同学正焦急地等着我。文艺委员提议还是由我担任主编，大家开始讨论，人人献计献策。大家的意见丰富了我的创作思路，从中体会到了"三个臭皮匠赛过诸葛亮"的道理，难怪毛主席说"群众是真正的英雄"。

窗外雪花飞舞，政治课从国际形势讲到毕业分配。说到大家不想当教师，老师调侃说："如果都不做教师，下一代当文盲吗？"课间休息，我们跑出去看飞雪，雪花挂在树枝上像棉桃。我打趣地说："我们要毕业了，这些雪棉花象征着我们——文化革命后的第一届高中毕业生，我们就是祖国的丰硕之果。"数学老师说下阶段集中精力讲授斜三角，学完就搞期末考试。老师最近犯胃病，他把要讲的课都备好了，如果病重不能上课，就由我带着大家复习。放学后我留在教室解数学题，为老师的安排做准备。晚上没有课也没有会议，教室却坐满了人，都在自觉复习功课。同学反映劳动占用了太多时间，影响了期中考试成绩，建议以期末考试为准。我向老师反映，老师们欣然同意。

气温陡降，我们穿着单衣练长跑。团支书鼓舞掉队的同学下定决心，我们加快脚步追上去，一气冲到城墙脚下。返回时走进学校附近的餐馆，一位老者说："天气这么冷，怎么满头大汗？"我说刚长跑回来，老者嘱咐说："汗湿的衣服要换掉，小心着凉！"老人关心我们年轻人，希望我们健康成长，我在心里祝福老人健康长寿。我召集《时刻听从党召唤》编写组，把剧本分发给大家修改。我和熊建强负责第一场，陆永胜和皮忠志负责第二场，曹德胜和张仁珍负责第三场。

我召集《时刻听从党召唤》编写组对剧本进行终审，然后到彭标杰家刻钢板。彭标杰负责第一场，熊建强负责第二场，我负责第三场，一直干到半夜两点才刻写完成。第二天我把油印好的剧本交给文艺委员，她说无论文字还是纸张都比上次《一生交给党安排》好。雷光全同学突然出现在我们面前，她在第三中学培训，顺便来校看望大家。我们围着叫"雷老师"，她笑着说："说白了，管新平才是当老师的料子！"排里召开毕业预备会，每人发给一张纸条填写志愿。我一直爱好无线电，便写上"希望从事无线电研究"。回家已经很晚了，家里却没人。我把炉子生起来，一边做作业一边等候。门外传来喧嚣声，母亲一行人从武汉回来了。

老师表扬大家思想觉悟高，填表时多数同学都表示"时刻听从党召唤，一生交给党安排"。想起我填写的志愿不现实，就找班主任解释。老师说："青年人应该有理想，理想使你为之奋斗。"化工课老师从武汉带回两条消息：荆州地区要培养1000多教师,明年湖北省要大学招生。我开始整理学过的数学命题,以实际行动向毛主席生日献礼。数学老师说过,这些数学命题都很有用,我为此进行过多种运算。老邻居找我取武汉带回的鞋,听说我可能当老师表示反对。他说读个初中做个工人最好,工人阶级多吃香啊!书读多了当干部,运动一来就挨整。我们几个同学在行政大楼里写运动员号码,为元旦长跑做准备,楼外不断传来欢呼声。当《毕业歌》传来时,我兴奋地说:"到了!我们的节目!快!"我们急速跑下楼,《时刻听从党召唤》开始了。我目不转睛地盯着台上,注意每个动作和说白。台上热热闹闹,台下赞不绝口。演出有半小时,这次是集体创作,只要发动群众没有办不成的事情,没有编过剧本的可以编写剧本,没有当过演员的可以上台演出,人的因素第一,政治统帅第一。

　　元旦前夕大扫除,我还是负责办专刊。我在专栏上方加彩色边框,在底部加波浪,中间画两对梅花。韩永利跑来,请我给学校宣传队的专刊也加上波浪。回到家里见到从武汉回家过元旦的父亲,给我带回《李白与杜甫》。姐姐要出嫁,我和弟弟到婆家去收拾新房。新房位于胜利街尾的一座深宅,我们用报纸加白纸裱糊墙壁,摆放家具。姐姐的公公知道我爱学习,送给我一副砚台带墨盒。我们准备离去,一位邻居对亲家人说:"您媳妇的弟弟真精神啊!"亲家人回应道:"你们还没见到她妹妹,一双眼睛像电灯泡!"我邀两位同学去严文慈老师家,老师说社会是复杂的,投入新生活后首先要脚踏实地工作,稳住阵脚,认清形势,看准人心,不要光凭热情盲干。老师分析了学校的一些情况,提醒我们引以为戒。从老师家出来,赶到中山路,看了一场阿尔巴尼亚电影《勇敢的人们》。

元旦过后，我接受任务给排里写总结，学校领导非常重视，要我们为学校留下一份精神遗产。班主任要我们抓紧照毕业登记像，每人准备四张，最好准备六张。学校开始找人谈话，推荐留校人选，我一下成了议论中心。邓继新问起分配问题，我说许多人不愿当老师。他说分配问题上必然有些想法，我们要把一生交给党安排，干什么都是革命需要，但要做到是不容易的，既要防止武断地用毛主席教导为自己的错误辩护，又要忠诚老实。我说："许多同学宁可下乡，不愿当老师！"他分析说："下乡的动机是什么？是快点调回来。老师还是有人当的，再说老师也不要很多，你不愿当，还不要你呢！"我说大家还是表示把一生交给党安排，他提醒说："要防止小资产阶级的狂热，不要过早说把一生交给党安排，思想变化是无常的，是怎么想就怎么说！"放学路上，几个同学一路用足球踢人，我不愿与他们为伍，拉开了距离，左腿肚挨了一球。我回头一看，引起一阵哄然大笑。我怀疑踢球的是我批评过的同学，赶上去朝他踢了一脚。他嬉笑着说："好大的报复心啊！"

毕业生小型座谈会在工宣队办公室召开，工宣队长李师傅宣读《关于重庆谈判》，摘下老花眼镜望着我们说："在座的都是高中四排的同学，在过去的两年里，你们在学校的工作、劳动、学习上都起着模范带头作用，哪里有困难你们就冲向哪里。现在你们就要毕业了，我们邀请你们谈一谈，你们有什么想法？"大家一个接着一个积极发言，都谈了不愿当老师到服从分配的认识过程。我说当老师不但自己要懂，还要使别人懂，这就难了。有些老师上课讲得白泡子流，同学还是听不懂，想到自己水平有限，恐不能承担重任。现有教师又这么缺乏，我们工人阶级的后代不承担起这副责任谁来承担！

班主任坐在教室外的长凳上找人谈话,学生在教室里分组写鉴定。小组对我进行鉴定时,大家七嘴八舌:努力学习马列毛主席著作,刻苦改造世界观,勇于批评;对工作认真负责,是称职的学习委员;学习刻苦钻研,有鲜明的正义感,谦虚谨慎,对己学而不厌,对人诲人不倦;热心关心集体,帮助同学,严格要求自己,以身作则,劳动踏实。轮到找我谈话时,老师问家里有几兄弟,家长对服兵役的态度,说毕业有两个面向,一是服兵役,一是当老师。我表示不管到了哪里都要拼命干,老师说:"你思想还稳定,遇事还沉着,工作有能力,将来到社会上是很能干出一番成绩来的!"

晚上在家修改总结报告,我把标题定为《全面落实毛主席的教育方针,以学为主,兼学别样》。报告分四个部分,第一部分侧重政治挂帅,以革命大批判开路,批判"读书无用论",反映我排从不重视文化课到努力学习文化课的认识过程。第二部分侧重为革命努力学习,写全排为革命学习的钻研精神和自觉性,包括走出去请进来开展教育革命的过程,强调"教育革命核心小组"的作用。第三部分侧重"以学为主,兼学别样",从工厂学工到校办工厂锻炼。第四部分侧重德、智、体全面发展,写我排在各项文体活动中取得的成绩,把野营拉练和几次创作演出也写了进去。

早锻炼后,我排到中山公园纪念碑前合影留念,请来照相馆的专业人员。大家提议把任课老师都叫来,有人说科任老师都喜欢我,要我代表全排去请。我遵命跑回学校,老师们都在忙于期末命题,经过我一番努力,加上我的强言硬拉,把科任老师、工宣队师傅和学校领导都请到了。大家听说是高中四排的毕业合影,都愉快地放下工作,跟着我赶往照相地点。

期末考试一帆风顺,轻松拿下语文、英语、政治、数学、四门主科。考试机电课时，交卷后发现错了一道题不免惋惜，转念一想只要掌握了这门知识分数并不重要。监考老师拿着试卷对周围的同学说，你们的学习委员不错呢！一位女同学接口说："他是傲啊！"老师说："你们的学习委员各科都行，既细心又认真，善于思考问题，以后从事科学研究是不错的，将来是国家的人才呀！"考化工时同学们还在埋头做，我已经做完了，胸有成竹地走向讲台。监考老师伸出手来，我猛然想起有道分子式没有画，把手缩了回来。因为太简单，想留到最后做，做到后头给忘了。"不行！你已经交卷了！"监考老师一声喊，有同学抬起头来。试卷还捏在我手中，听到监考老师出言不逊，我一把将试卷重重地仍在讲台上。这门课扣掉三分，成为唯一没在这道题上得分的学生，还是得到了全班最高分。老师拿着试卷对周围的老师说："这个学生将来搞研究工作好！"

毕业动员暨座谈会，两位校友介绍在农村接受贫下中农再教育的收获和体会。两位都是出席区县代表大会的先进人物，用他们的先进事迹激励我们热爱党，把一生交给党安排。工宣队长李师傅语重心长地说：两年来你们为学校做了大量好事，你们思想走在前，劳动干在前，哪里有困难有问题，只要你们一去就解决了，相信你们毕业后都能在各自的岗位上做出成绩来。接着，李队长传达上级决定，经学校推荐和政治审查，挑选31名品学兼优的学生到师范学习。大家挨个发言，有同学激动得说话都有点发颤，有同学表示要同家里的各种非无产阶级思想作不疲倦的斗争，也有人持保留意见还是服从分配。我发言说：关于当教师问题，有些同学说，一算算不到自己，我是一算就算到了自己，早就做好了思想准备。但是，今天听了传达，心情仍然很激动。可以用这样一句话概括

"回首往事,心潮澎湃,展望前程,豪情满怀"。是党哺育我成长,我要感谢党,我从小就决心努力学习,将来为祖国做出一点贡献。今天在这里,我向在座的老师和同学们说个真思想,我从前想把自己献身于祖国的科学事业,到后来就逐渐消失了。因为初中没读成,万幸中还读了高中,今天分配我当教师,我决心忠诚党的教育事业。

大家坐在教室里写决心书,班主任走过来,征求我对当老师的想法。我说总感觉有什么重要的事情等待我去完成,老师说这是由责任心造成的。刘天富问我有什么理想,我说还想什么呢,一心把教育事业搞好吧!韩永利说我的理想兴许可以实现,当老师还不一样搞研究?班主任接过话说,他有个同学在哈尔滨搞原子弹研究。我非常羡慕,盯着老师不做声。班主任补充说:"搞科研的并不是什么都懂,什么都搞,只是研究其中一点。"

毕业前的最后一个星期日,不少同学自觉来到学校修理围墙。我们想把任务完成,可是风雪交加导致进度很慢,直到天黑也没完成。我和陆永胜去拜访严文慈老师,老师的女儿听说我要去师范,兴奋地说她也要去那里。她是从乡下抽上来的,听说上届"师训班"没办好,劳动搞得太多,这次要抓紧一些。严老师也要调往师范担任数学教员,我听了非常高兴,决定选学数学。回到家里,见到从武汉返回的弟弟,带回一个收音机盒和几本书。收音机盒是父亲在武汉买的,《晶体管基本电路》和《古代散文选》是姐夫给的。姐姐前往青海大柴旦完婚,弟弟一路护送。由于我在学校太忙,弟弟承担了这项任务。

我接到紧急通知赶往学校,会场的气氛特别严肃。几位"大干部"同学不愿当老师,梁主任和袁主任先后讲话,对他们进行严肃批评和说服教育，几位干部同学才表示服从分配，领导趁势召开毕业生表决心大会。同学们热血沸腾，个个慷慨陈词。我带着几个同学把《表决心特刊》办了出去，张贴在学校文化走廊的橱窗里。接着举行新团员入团仪式，廖云悄悄对人说："刘凤翔幸亏管新平，差点入不成！"上次讨论团员发展涉及刘凤翔同学时，我和一位团员展开了辩论。刘凤翔不愿当老师，愿意接父辈的班当石油工人。有位团员认为她没有把一生交给党安排，不符合团员要求，我反对以一点否定一个人，两人为此争论起来。

教室黑板上写着"毕业典礼晚会"，革命委员会主任梁树德致开幕辞，他特别强调说："根据沙市革命形势的发展，需要培养急需的中小学教师。经过两年的教育，同学们都取得了很大进步，许多同学具备了做教师的品质。"教导主任袁厚斌宣读荆州地区教师培养文件，公布44名录取名单。录取通知书分两批发放，第一批去沙市师范，第二批去荆州师范，有的两年，有的一年，有的几个月。老师给大家颁发《毕业证书》和成绩单，还给每人发了一袋饼干和糖果。最后，师生合影留念。

我迎着漫天飞舞的雪花来到学校，文艺宣传队里燃烧着一盆炭火。团员同学在这里集中，排队走过大雪覆盖的体育场，来到中山公园照相馆合影。高中生活说结束就结束了，我们怀着深深的眷恋。我望着漫天的飞雪，想到自己的志向终结在沙市当教师，心里泛起一种莫名的惆怅。我边走边感慨，想起头天晚上去看望严文慈老师，我流露出当不好老师的忧虑。老师说："当老师没好大个难，学着搞就会了，主要是肚子里有货，再设法讲透就解决了。"

雪后的阳光格外温暖，我接到通知赶到学校。学校下发第一批录取通知书，17位同学录取到沙市师范。接到通知的同学都很高兴，读沙市师范意味着可以留在本市。荆州师范历史悠久，办学条件好，学制又长些，我宁可去那里。既然还没收到录取通知，这种希望是存在的。在共青湖边碰到杨纪，他录取到荆州剧团。"管新平！你留校吧！"他开口一句，"据可靠消息，你留校！"难道真要留校直接当老师吗？我的心情沉重起来。我的知识还不够，希望学的时间越长越好。就这样走上讲台，一生的发展将极其艰难。夜里梦见学校公布七位留校生的名单，第一个是李辉，第二个是裴光莹，我排在最后。我把梦讲给家人听，大家都很愿意我留校。经过一番说服，家人才改变了想法。陆永胜也同意我的想法，要我去学校找班主任，争取去荆州师范。走到班主任家门前，不知一股什么风把我刮走了。回到家里坐卧不安，漫不经心走到陆永胜家，约他去严文慈老师家。在老师家里东扯西拉，没有说到正题。跑到侯建安家，还是没有想好该怎么办。

彷徨数日有了点头绪，写了一份申请书向学校走去。在校门口碰见团支书曹光炎，他说："像你高水平的，不肖读！"这句话触及了我的痛处。不能用排里的水平来衡量，要用教师的标准来衡量呀！我们来到体育室打起乒乓球来，一会就败下阵来。正好来了位同学，我辞别而去。走出体育室碰见班主任手里提着一桶水，我连忙走过去。老师说："你们几个报上去了，等着上面批下来。"我连忙说："哎呀！这怎么行呢？我还不敢上场。知识还不牢，学生几个发问，我都答不了。"老师说："有的同学还想留，你还不愿意？"我把准备好的话说了出来，申请书装在衣袋里。不读初中就不会有高中，不读高中就不会有师范。读了师范，又将出现什么机会呢？我不敢断言，但不能放弃，总觉得沙市天地太小，不甘心一辈子圈在这里。

　　人们沉浸在春节的欢乐中，我没有一点兴致。首先去给班主任拜年，想得到进一步的消息。去给严文慈老师拜年，谈了不愿留校的想法。老师夸我考虑周到，鼓励我到中学干。到舅舅家拜年，外婆给我压岁钱，笑着说这是最后一次。在京剧院门口碰到朱传林，他给我一张节目票。我突然发现同学见面变得格外亲热，毕业把同学变成了朋友。大家异口同声，说我就是做老师的料子。我开始安装另一部收音机，为去师范做准备。表哥说他的职业没什么意思，教育还是很有作为的，鼓励我在文上搞出点名堂。路过余传寿同学的家门，他也说教师是个有所作为的职业，祝贺我将去师范学习。学校下发了第二批录取通知书，九人到荆州师范，五人到沙市师范，只剩下我等三人等候通知。

10　峰回路转

> 溪回谷转愁无路，忽有梅花一两枝。
> ——宋·杨万里

大学要招生了！我对突如其来的好消息心存疑虑，邀请陆永胜搭乘父亲单位的送货车前往武汉，在湖北电视台找到老友尹春荆。他拿出专门留下的《光明日报》，头版刊登着一篇报道：在清华和北大几所大专院校试点的基础上，将在全国招收有实践经验的工人农民和解放军战士"上大学、管大学、改造大学"。我们把报纸看了一遍又一遍，觉得希望渺茫。电视台灵通人士说"部分专业可能在应届高中毕业生中招生"，又使我看到了希望。

我们立即返回沙市，班主任说只要有可能一定推荐我，要我先去沙市师范。我说："如果大学招我们，我还是愿意去学习的！"老师说已向学校推荐了。我说："如果师范不放呢？"老师说："那应从国家利益出发嘛！应择优录取。"我拿着《录取通知书》随同廖云和李玉英出发，过东区商场，转入乡间小道，来到被田野包围的沙市师范学校。一排坐北朝南的砖瓦平房构成了校园的中轴线，教室前有个打谷场改成的篮球场，东侧有几间农民房改成的办公室和库房。教室背后是生活区，往左是学校食堂，往右是学生宿舍。我到后勤处领取了当月的生活费，购买了半月的饭票和菜票。

下午又赶往第一中学，班主任老师在上课，迎面碰见了彭毅，他热情地招呼我。我们绕着运动场往前走，边走边琢磨：旧生活旧集体的过去意味着新生活新集体的来临，新生活新集体的来临意味着旧生活旧集体的过去；旧生活旧集体过去时向往新生活新集体，新生活新集体到来时又怀念旧生活旧集体。我告别彭毅，茫然地走出校园，回到家里夹起一件棉袄，顺便走到陆永胜家。他说我白费心机，报纸上明明写着招收"工农兵学员"，我们根本不靠谱；即使推荐少数应届高中毕业生，我们这样的平常人家也是可望而不可及，除非太阳从西边出来。他给了我一张数学公式表，叫我安心在师范学习，一直把我送到车站。

一轮明月从窗子透进来，把寝室照得雪亮。我悄悄走出寝室，旷野的空气格外新鲜，我贪婪地呼吸着。回望寝室里熟睡的新同学，心里一阵翻腾：这里的同学太好了，我迟来几天大家总是照顾我，可我的心不在这里。同学们纷纷起床，校园又充满了生机。上午劳动，把去年挖好的防空洞拆掉填平，我埋头干活不和人搭话。下午到附近的第七中学开批判大会，大家坐在草坪上，"批判大会"四个字贴在教室的外墙上。太阳很大，我脱下棉袄顶在头上，满脑子装的都是上大学。代表纷纷上台发言，批判林彪、陈伯达集团的《571工程纪要》。返回的路上同学们兴高采烈，我也受到了感染，这些学员都是各校挑选出来的优秀学生，我成了又一个非凡集体的一员。回到寝室脱掉外衣躺在床上，外面传来欢快的人声。我连忙穿好衣服走出去，加入到挖坑栽树的行列中。教室和寝室四周出现了一排排高出人头的小树，校园环境一下改观了，劳动的汗水似乎荡去了我的苦闷，心情慢慢好了些。

周末傍晚，我赶到第一中学班主任家。另外两位同学也在，老师的眼光不时落在我的身上。学校最初抽三个同学读大学，被几个工人挤掉了，学校准备把这三人留下，教育局又把这三人要去，现在决定在高中毕业生中推荐，学校提出把这三

人要回来，局里却不肯放。我对老师说："我不愿到师范去啦！"老师说学校一直在反映，可上面不同意，问我认不认识上面的人。我默然地走出校园，展眼四望，自言自语地说："没想到我竟是这样的命运！"

我给在武汉等消息的尹春荆写了封回信，这是一封令人失望的信。接着，我给班主任写了一封信，把自己的愿望和不满作了表达，决定不再提及此事任由事态发展。校门外周德元领着一拨人在修理我们没修完的围墙，听说我要选数学不解地说："你肯定要教语文，罗老师、曹老师都说你水平高，可以写小说。"我只是作文写得好，就像农民种田种出了经验，从未学过语法，怎么教书呢？路上碰到一位和我闹过别扭的同学，他也愤愤不平地说："要抽应抽你们！"我提到选专业的事，他也说肯定要选语文。同学只要说到推荐上大学，都说我是最佳人选，都为我打抱不平。

清晨，我直奔第一中学工宣队办公室。来了几位陌生人，我真想和他们攀谈，可是没有勇气。陌生人走时我很想跟着出去，还是没有勇气。工宣队长李师傅同班主任口气一样，我只好作罢。班主任暗示我找找人，可我去哪里找人呢？我漫无目的地沿街往前走，碰到同学家就进去聊聊，解解心中的郁闷。同学都关心我，要我在分科问题上不动摇。我走进第四中学找到初中班主任，聊了一会得到了一些安慰。我去看望回家探亲的姐夫，他给了我几本数学、代数、物理和电影文学相关的图书，平时见到这么多好书不知有多高兴，此刻却驱散不了心中的愁云。

师范的同学都在教室搞政治学习，我心事重重，遥望窗外细雨朦胧的原野。一位女同学讲起听到的消息：学校里推荐人选时，大家都不做声，有人干脆说"够格的都在师范"，招生人员赶到教育局交涉要来师范选人。她鼓动我说："你到学校去找他们，向他们申请，保证可以去！"师范发电影票，我把票给了姐夫，赶到第一中学打听消息。老师们都说向学校推荐了我，数学老师推荐我读数学，化学老师推荐我研究化学，语文老师说我是搞文学的料子，物理老师说我适合搞物理研究。我从内心感谢老师们，好像又看到了希望。

晚上，全体学员聚集在附近第七中学礼堂，气氛格外严肃。徐校长主持会议，高校招生人员宣读国家招收工农兵学员的文件，讲话者正是我在沙市一中工宣队办公室见到的陌生人。经国务院批准，从应届高中毕业生中招收少量学员从事特殊专业学习。我们按原所在学校分组推荐，我校的候选人集中在我和一位女同学之间。关键时刻有人说我不安心总往外跑，刚刚闪现的希望之光暗淡了。很多同学继续向招生人员推荐我，招生人员表示再行讨论。省招生人员进驻师范，组织全体学生考试语文、数学、英语和物理、化学。学校邀请老贫农做忆苦思甜报告，报告人说："没吃过苦的人，也不知道什么叫甜。"我觉得很有道理，要是在过去还不是去给资本家卖命，哪想去当老师，上不了大学就当老师吧！

我们集合队伍向市区出发，这支二百多人的队伍步调一致，路人投来敬佩的目光。全市文教系统在江汉电影院召开批判大会，肃清林彪反革命集团的流毒。我头昏眼花，浑身发冷，感到胸闷，回家蒙着被子睡觉。张贤武和皮忠志来了，讲起第一中学推荐上大学的事。即使我去了师范，大家还是推荐我。他们鼓励我打主动仗，写份申请书直接交省招生人员。母亲带回几片ABC，我服药后出了一身大汗，感觉好了许多，于是采纳同学的建议写了一份申请书：请允许我——一个普通的共青团员、应届高中毕业生，怀着激动而又颇有意味的心情，向您们——代表着祖国召唤我们的使者，递交这份发自内心的申请书。"我们中华民族有同自己的敌人血战到底的气概，有在自力更生的基础上光复旧物的决心，有自立于世界民族之林的能力。"在为之奋斗的数十年的岁月中，我一直朝着共产主义的方向，追寻着生活的道路，幻想着幸福的未来。为了把祖国建设得繁荣富强，为了整个无产阶级的解放事业，我立志要做一个有所作为的人。革命事业的需要就是我们的志愿，在祖国召唤我们的时刻，我总希望奔赴更能为祖国做出贡献而又不是所有的人都能够做的事业。但是由于初中时期无政府主义思潮的冲击，高中时期林彪架空政治的流毒，没能使我们成为真正的高中毕业生，在我的心里，似乎还没有承认学生时代终了，我仍然渴望着学习，我总觉得我的知识远不够我所理想的事业。当然，理想不能超越客观现实，然而，我总希望在客观现实的范围内去寻找更理想的事业，更能为革命效力的工作。祖国在亲切地召唤，红心在激烈地跳动，为了党的事业，我愿四海为家，一生献给祖国。

我拿着申请书向学校走去，手上拿着新买的球鞋，口袋里装着刚买的尼龙袜，我要穿着新鞋新袜走上新路。吴正超同学到第一中学讲了师范推荐候选人的情况，老师们认为非我莫属。班主任说我全面发展是"不二人选"，还说选人不完全决定推荐，招生人员看中了谁跑都跑不掉！师范召集紧急会议，大家在食堂集中，要抽调部分学员直接工作。我担心自己被选上，宣布的40名学员中果然有我。同学们都很高兴，没有选上的还感到遗憾。我在心里说："师范啊！真像走马灯一样！"大家向我祝贺，我一点都不高兴，我真不想此刻就去当教师。新老同学为我祝贺，我拿出日记本，他们纷纷给我留言。生命真像风云雷电，命运的前头谁能知晓？昨天还是一中的学生，明天就是一中的老师了。

寝室的同学为我送行，我拿出日记本和一套塑料图片，大声说："同学们，在上面留下名字吧！来，我没有什么礼物，这几张图片给你们！"我把日记本给了一位同学，把图片分发给大家。我翻开同学的留言看，室友的集体赠言是：祝战友在新的工作岗位上不断革命，继续前进！曹光炎和刘天富的赠言是：满含热泪送战友，心潮澎湃豪情怀，革命需要为己愿，一生交给党安排。永远忠于党的教育事业，和管新平同学共勉。孙文俊的赠言是：让我们在不同的岗位上，为党为人民而努力工作，永远前进！左续义的赠言是：让我们在不同的岗位上，在社会主义革命和社会主义建设的大道上奋勇前进吧！张有华以《含泪送良友》为题，写下七绝一首：良师益友你可称，半月友情似海深。依依不舍恋良师，不知何时能会成。

我们赶到教育局会议室，省招生人员问："谁是管新平？"我连忙回答。他笑着说："你就是！是的，我在一中，老师也说过你！"知道学校在为我努力，我的心里掠过一丝快意。我径直赶往第一中学，工宣队长李师傅从身后叫我，一把手搭在我的肩上问："你们家在政治上发生过什么大事没有？"我说没听说过。我赶到班主任办公室，班主任拿出一份表格，高兴地说："费了好大的力气，才算把问题解决了！"这是政治审查表，学校的老师真好啊！班主任真是我的恩师。国家啊！人才是不会埋没的，我在心里说。李志希老师笑呵呵地说："听说你到大专院校去！大专院校到师范要人去了，我听招生的人在说你的名字。"严文慈老师迎面走来，笑呵呵地说："最好读一下大学，如不能，最好回一中！"老师说学校要留校几个学生，领导想要几个学生干部，老师们坚持

把我留下，直截了当地说："领导要人跟他们当助手，我们要人教书呀！"

教育局会议室，宣布一批分配名单。曹光炎去朝阳小学，吴正超去东方红小学，李玉英去第八中学。张仁珍说："你兴许会去读大学的！我问过毛连长：管新平有希望吧！毛连长说有希望！"局领导问谁是管新平，一位女同学指着我说："他就是！"局领导对我"嗯"了声，指着第六中学的一位男生说："你和习忠平暂回师范，等候通知！"韩永利和张仁珍分往母校第一中学，王良珍分往第四中学。我跑到招生办问毛老师："我回师范等什么呀？"老师说："地质学院正在给你搞政审，你暂回师范等候通知。"我担心体检重蹈服兵役的覆辙，赶到医院检查。外科大夫看着我的脚说："你这脚，有点平啊！"我急得连忙说："我这脚是有点平，但不能叫平脚，我见过平脚！"大夫还在看脚，我直截了当地说："可不能说我是平脚啊！否则，我就上不了大学啦！"

回到家里，我开始安装一部五管超外差式半导体收音机，母亲请假做了一桌菜为姐夫送行。姐夫毕业于北京石油学院，在青海大柴旦勘探处工作。他叮嘱我把专业基础打扎实，大学毕业就是专业人员了，专业人员靠真本事吃饭。张贤武、彭标杰和陆永胜来家祝贺，张贤武说从来就赏识我的钻研精神，赏识我各门成绩优秀。夜里，我很难入睡。半夜，雷电交加，下了一场大雨。

清晨，我打点行装回师范，雨下个不停。行李收拾停当时，雨变小了。我背起背包，挎上书包，夹着床垫，向车站走去。在江汉电影院下车，雨变得更小了。我转乘二路客车，在东区商场下车，太阳出来了。树上一只乌鸦对着我呱呱叫，给我祝贺吧！到了师范学校，同学们已经在上课了。我走进行政办公室再次报到，徐校长叼着烟袋，笑眯眯地望着我。唐师傅拉把椅子叫我坐，从一中调来的教导主任刘舒浩一脸得意。领导们围着我寒暄，说英语班教室挤要我先去数学班。体育班学员在篮球场上叠罗汉，招呼我加入。我说不行，有人宽慰我说："文武双全的人是少见的，搞文的这方面不行，长得五大三粗，脑子是空的。"另一位说："到了大学，还是要多锻炼身体！"说得我心里热乎乎的。唐师傅从身后叫我，通知我第二天早晨去教育局，有人带我们去医院体检，要我做好两种思想准备。

十几个年轻人，有学生有工人，跟着招生人员和毛老师来到第一人民医院。开始都有些紧张，医务人员口口声声称我们为"天之骄子"，我紧张的情绪慢慢缓解。一天体检下来我的各项指标都很好，只有点"色弱"，我高高兴兴地拿着《高等院校选拔学生登记表》跑回家。陆永胜和张贤武已在家等着，听说一切正常都替我高兴。推荐过程曲折复杂，能从人才济济的第一中学和师范学校的学生中脱颖而出，得益于老师和同学们的鼎力推荐，得益于招生人员为国家挑选人才的高度责任感，而各科成绩优异是我能够脱颖而出的根基。这个过程家人一概不知，看到《录取通知书》时才感到喜从天降。

北京地质学院的张保民老师带着两位省招生人员来家访，口口声声称我"同学"。国家出于备战需要，将一批高等院校迁出北京，地质学院就是其中一所，迁往哪儿还未确定，要我暂时在师范学习。这个消息有点意外，武汉大学的招生老师看出我的心事，笑呵呵地说："你去地院读的是绝密专业，将来是国家的大才呀！"望着三位招生人员的背影，我心潮澎湃。居委会主任告诉母亲，省招生人员对我们家进行了严格的政治审查，一直查到上辈五代。以后的日子，无论在师

范学校还是在第一中学,我犹如众星捧月。走在大街上举目望去,觉得自己是芸芸众生中的幸运儿。天高任鸟飞,海阔凭鱼跃;猪圈难养千里马,花盆难育万年松。这段诗句不断在脑中回响,美妙的前程展现在我的眼前。我对天发誓:有朝一日,一定好好报答哺育我成长的故乡!

11 众星捧月

十年窗下无人问，一举成名天下知。
　　　　　　　　——元·高明

人怕出名猪怕壮，客居师范的日子里我成了校园明星。食堂排队买饭，一位外地考生听见有人叫我，激动地握住我的手："我听说过，你是一中各科成绩最好的！"到办公室加钢笔水，来自省重点中学大名鼎鼎的郑老师笑呵呵地说："听说你很会办专刊、写东西啊！"我说自己不行。她接着说："现在像你这么全面发展的还是很少的！"周末回家突降大雪，我躲进一家书店，有人喊："管老师！"我扭头一看，是第一中学低年级的同学。

大雪纷飞，我在家安装收音机，几位高中同学邀我去看望班主任。老师给我们一人一本书，我们围坐在火盆边。时间不早了，我起身告辞。回到师范碰见负责后勤的胡老师，我问何时能去英语班，她说还没定下来。英语班的助教老师从教室赶出来问："你到底想在哪班上课？"我说肯定想在英语班，她拉着我去见校长。校长问："你究竟想学哪一科？"我说："以前想学数学，现在就应学英语了。"校长说："如果不能上大学，就要当外语老师了！"

我和习忠平接到通知赶往教育局，工作人员说通知书已经发了，领到通知的人还表了决心。我们赶到李玉兰家，她说通知书转到师范去了。我彻夜难眠，不但能上大学，还有两位同学相伴。早晨返回师范，刘启凤把《录取通知书》给了我们。师范团委成立大会即将召开，班长要我代表英语班起草发言稿，我接受了任务却心里空空，这些日子想的都是上大学的交情。夜里刮起了大风，醒来后再也睡不着了，脑子变得清晰起来，索性开灯起来，一气呵成把决心书写好了。丁文魁启程去武汉大学，室友召开欢送会，为未来的记者祝贺。他说在珞珈山下等着我们，还要带我们游览东湖。我拿出日记本请他留言，他提笔写道：什么是深厚的友谊，同志之间；什么是真诚的团结，批评与斗争；什么是有力的支援，互相鼓励；什么是内心的渴望，战斗！

我到第一中学感谢班主任，老师神秘地说："这次为什么这么严格！你们未来的工作是与联合国有关系的！"联合国在美国呀！无边的联想使我心花怒放。我连忙写好两封信，一封寄给常驻武汉的父亲，一封寄给远在青海的姐夫。我完成了"黄河牌"五管超外差式半导体收音机的安装，留给家人用。去舅舅家把上大学的事告诉外婆，她心情沉重地说："等你毕业了，干大事去了，晓得我还在不在呀？"

我应邀列席英语班干部会议，通报近来出现的违反纪律现象。我意识到自己最近有点忘乎所以，就做了自我批评。班长有策略地说："你从前肯定很严格要求自己，现在看来都还好，就是要广泛联系群众。共青团员要做打破男女界限的模范，使集体活跃起来！"班长说有人觉得我"高不可攀"，我意识到处在现阶段的我不能有半点傲慢。来自广州的彭英华英语流利，大家都很羡慕，我主动向她请教。我和习忠平几个同学到第七中学摘松树枝做花圈，我抢着挑担子，被习忠平夺了过去。他向我借了两角钱，还钱时我不要，他说："以后的日子长着呢！不要养成一种坏作风！"多好的同志啊！英语班办专刊要我写发刊词，我把初中的一篇文章《让洪流来得更猛烈吧》略作修改交给了班长。晚上放映《看不见的战线》，我留在教室给师范写清明扫墓的悼词。我想找人替我朗读，转念一想革命的征程多漫长，不知会有多少艰险，这点困难都害怕怎么行！成功，是成功的开端；失败，是成功之母。

学校传达"抓教育质量"的文件，系统分析"左右两条路线"对教育革命的干扰和破坏。我越听越气，尤其是"极左路线"断送了我们的中学时代，一个新型的教育制度即将诞生，庆幸自己还有学习的机会。回到教室继续刻钢板，段小庆老师高兴地说："你还是个人才呢！以后你走了我们还舍不得呢！可是你有个问题，同学们都觉得你总把自己放在客位，我们是没有把你当客的呀！"突然传来"救火呀"的呼喊，我们拿着脸盆直扑火场。农民的厨房着火了，幸亏我们赶得及时，否则后果不堪设想，还会危及我们学校。

天空挂着星辰，我们赶往田间抢收小麦。大家在繁忙的学习间隙来到田间收割庄稼，不断传出欢声笑语。从地里到麦场有几里路，全靠担子运送。人多工具少，我和习忠平一手夹一捆来回奔跑。我感觉自己像雄鹰展翅，似骤风呼啸。微风吹来，麦穗在星光下起伏荡漾，我禁不住吟出《夜半田间》：皓月跨天河，群星布宇间。天空辉煌灿烂，地下一片繁忙。隆隆的脱谷机，似大炮在轰鸣，似机枪哗哗响。啊！这幸福的夜晚，我们战斗在天地间，感到无比欢畅。啊！因为，用我们的汗水，喜获小麦大丰收。用我们的汗水，不断洗刷思想的尘埃。我们怎不高兴啊！从出青苗到起黄涛，多少个日日夜夜啊，经历了暴风雨的熏陶。看！它呈出丰盛的果实，献给共产主义，它发出了胜利的欢笑。

我和曾庆平给大家送茶水，没抬出多远他就喊胳膊受不住了，我却一点没感觉。掀开他的衣袖一看，胳膊细细的，我

的胳膊比他粗壮多了,经过单双杠运动已经长起了肌肉,我尝到了体育锻炼的甜头。个个干得浑身大汗,有人用水管冲一下接着洗衣服。我去附近的农场看望老同学,陆永胜给我讲解奶牛的生活习性,说他已会挤牛奶了。我们去严文慈老师家拜访,老师要我朗读一篇英语课文,帮我纠正发音,嘱咐我说:"多听!多说!多练!外语学习没有捷径。"从老师家出来,碰到从武汉参观回来的王良珍。她参加工作后第一次出差,兴致勃勃地讲起武汉见闻,问陆永胜在农场感觉怎样。听说大家都很好,她高兴地说:"我们排里的人到处都有,过几天你就要去北京啦!"

到第二中学听课,一位男教师的英语格外动听,我们都努力模仿,都说做老师就要做这样的老师。到第三中学观摩教学,主讲教师的举手投足给我们留下了深刻印象,都说教外语还是很有趣的。学校组织看电影《亚非乒坛盛开友谊花》,电影中有位乒乓球选手两年前还在沙市一中,我觉得他太幸福了。电影结束后,我们到中山公园参加游园,大家围坐在草地上。班长主持会议,我宣读新团员名单,然后开始表演节目。

英语班利用周末到田里拔燕麦。以前以为燕麦是什么好东西,其实是和麦子作对的东西,麦子在成长过程中还要同燕麦和毒麦作斗争。世界上没有什么是不经风险、曲折、斗争的,任何事物都是在与困难的斗争中成长的,人生更是如此。傍晚回家,看到地质学院的来信,我把信看了一遍又一遍,有段文字格外鼓舞人心:党和人民把你们送到高等学校,要把你们培养成为德、智、体全面发展又红又专的无产阶级革命事业的接班人。你们要积极锻炼身体,增强体质,以便有充沛的精力,完成党和人民交给你们的学习任务。

清风吹来，树枝发出哗哗的声响，我坐在寝室门口回想往事。一年前的此刻，我正在一中给后进生办学习班，那是一场同阶级敌人争夺接班人的战斗。来年此刻，我将坐在大学课堂里，多么理想多么美好啊！散步碰到廖云，她高兴地说："真好！我们排有了大学生，以后到北京可以去找你们，就怕那时你不认识我们啦！"我连忙说："一定热烈地欢迎你！"她接着说："在学校时都认为你将来是上大学的，可是你一到师范来，都认为你绝望了，没想到终于有这一天！"大批判开始了，英语班开展对资产阶级思想的斗争。"小广州"彭英华穿衣时髦，都说她资产阶级思想严重，批判会主要对着她。我也发了言，分析她与集体格格不入的原因。有人说我发言太重，我立即找彭英华谈心，她像大姐姐一样没有怪我。

"七一"党的生日快到了，英语班排练节目，提议由我写脚本。我手头好多事想推辞，大家还是坚持，老同学揭了我的底只好答应了。先完成板报的刊头画，接着给老师编写的语法讲义设计封面。正准备休息，又来了紧急任务，代表全班写首送别长诗。英语班助教兼班主任付丽君选派上短期大学，晚上为她开欢送会。我立即动笔，晚饭都是同学送来的。晚会在《国际歌》中开始，大家争先发言，会场气氛热烈，付老师不断抹去笑出的眼泪。英语班女同学多，文艺骨干多，加之秦祖林同学的小提琴伴奏，晚会高潮不断。我代表全班朗诵来不及修改的欢送长诗《师生情谊》：蓝天白云朵朵，大地万花争艳。窗外绿野披盛装，室内群情激昂。我们沙市师范英语班，为送别同志、战友——我们敬爱的老师，在这里欢聚一堂。一张张喜悦的脸，热情奔放；因为呀，有千言万语在胸腔激荡。师范啊！我们共同奋斗的课堂。朝阳下，带领我们书声琅琅；黑板上，那清秀的字迹，还闪烁着银光；皓月下，我们并肩奋战炼赤胆；多少次，你自觉革命，慷慨激昂；讲用会上，你畅谈感想，鼓舞我们扎根教育事业。你那豪放的歌声，久久地在我们耳边激扬。你那火红的心啊，给集体以永恒的温暖。在你曾经沥血的地方，是绿茂茂傲苍苍。啊！短暂的四个月，生命的一电闪。可是啊，革命的友谊，似水流长。看祖国——晴空万里，任雄鹰翱翔。为忠诚党的教育事业，让我们在不同的地方，向着一个目标前进，迈步不晃。

我的朗诵赢得一片掌声。付老师激动地站起来，高声朗诵一首《离别同学》：才闻稻香在荆州，又见花红于沙城。四海为家干革命，九州留在我歌声。满怀激情别战友，壮志未酬誓不休。战士立下豪言在，笑迎赤旗展全球。

随着一声军号响，游泳大军跳入奔腾的江水中，庆祝毛主席畅游长江六周年。文教系统和部队组成第一军团，黑压压一片人头涌向江心，如群龙戏水，气势磅礴。附近有同学说："老师对我们班管新平的评语写得最好，里面有一句：的确是个德、智、体全面发展的学生。"老师对我有这么高的评价，我决不能辜负老师对我的希望啊！回头看见班主任和周校长坐在身边，校长和老师见到我很高兴，问长问短。我问："这届毕业生情况如何？"老师看着校长说："没发现什么尖子，没发现什么德、智、体全面发展的！有的思想品质好成绩不行，有的成绩好思想不过硬。"老师一席话使我豁然开朗，学校就是培养人才和发现人才的地方，学校就是要把优秀学生送往高等院校。我望着奔腾的江水思忖：多少年来我总怀着一腔抱负，没有停止过对未来的幻想，我的理想究竟是什么？美术、地质、文学、写作、书法、科学，还是无线电？飘忽不定。党要我去做翻译，虽然我从来没有想过，但没有什么犹豫的！没有什么舍不得抛弃的！这就是革命事业赋予我的使命，这就是我理想的归属。我们国家还很落后，从国外吸取需要的东西难道不是为国贡献吗？这是幻想到理想的开端。为了这个实实在在的理想，我要奋起大无畏的革命精神，努力学习好外语。

我赶到师范收拾行李准备回家，发现很多同学留在学校。段小庆老师正在讲外语学习方法，她说英语不像数学那样有逻辑性。我有点藐视英语，又不愿死记硬背，经常犯低级错误，原来问题在这里。天气闷热，下课后几个同学硬拉我去游泳。大家跳进游泳池，争着给我示范。我奋力往前游，一会儿就游不动了，习忠平高喊：下定决心，不怕牺牲，排除万难，去争取胜利！我用力加把劲，终于游到了对面。

我搭着师范同学的自行车去沙市农场砖瓦厂看望高中同学，有人认为我应去华中师范学院，搞地质很艰苦。我的志向就是走遍祖国的山南海北，"苦"一点算什么，决不能让祖国永远"一穷二白"，没有我们这代人的苦，就没有下代人的甜。汤英用农场的西瓜招待我们，带着我们绕农场看了一圈。天空下起雨来，我们跑回宿舍。汤英身在农场不忘读书，床头摆满各种书籍。数学家华罗庚来沙市做"优选法"报告，我和几个同学前往旁听。报告厅挤满了人，麦克风质量不好听得不是很清楚，能见到华罗庚就心满意足，好像得到了不少灵气。

师范学校举办为期两周的义务"劳动周"，我也参加了，每天在地里劳动两小时。最后一天给红薯施肥，这是我在师范的最后一次劳动，也许是在家乡的最后一次劳动，我一担一担把粪水挑到田里，一瓢一瓢浇到青苗的根上。一场及时雨结束了劳动，大家回到寝室收拾行李。有人要回"鱼米之

乡"的洪湖，有人要返回"南方大厦"的广州。我跑遍寝室和同学一一握手告别，大家对我热爱劳动的精神表示钦佩，一起帮我收拾行装。我和习忠平真的要告别大家了，英语班聚集在草坪上为我们举办欢送会。秦祖林送给我一个笔记本，扉页上写着《赠送给管新平同学上大学留念诗一首》：

长江东流波浪浪，友谊之歌随琴唱。两月同学于师范，尤感友谊深之长。今日学友赴武汉，友似雄鹰高飞翔。韶华正茂奋力干，来日定能文域战。

秦祖林喜爱小提琴，天天都在田边练琴，诗中都能听到琴声。他来的时间比我还晚，同窗只有两月，我跟他学了一段小提琴。他朗诵后，我也随即和诗一首《答友人》：

银涛飞腾扬子江，春华谊情永流长。弦乐浩歌随双月，并肩力奋写华章。应招我欲赴新宇，贵友赠言未能忘。相隔千里不算遥，天雀为我架金桥。

我去告别高中班主任，老师叮嘱我："不要学杂了，要学精，你的任务是外语，就要把它学好。"我不住点头。老师继续嘱咐："每天的课要消化，千万不可恶性循环，千万不可在遇到困难的时候着急，这一急最坏事。到了大学对人要和气，要学会同人打交道。遇事敏感，反应要快。这些东西都是在大学决定的，大学是一个人形成的时候，以后就不会有很大的变化了。"我已出了老师的家门，老师还一字一句地嘱咐："要钻研，独立钻，那里的条件是好的。要加强锻炼身体，这是非常重要的一环。"我真的感到"师恩如父"，不住地点头。

侯建安邀了一帮小学同学搞了个"送战友上大学"聚会。做厨师的同学问我："真的还愿意读书？读了有什么用呢？只要搞一个工作有钱就行了。"在财政局工作的同学说："你反正切菜，要什么文化！"有人说中国在联合国的轿车总是跑在后面，著名物理学家杨振宁说清华的学生"不是一知半解，而是一窍不通"；这些非议震撼着我的心灵，促使我为民族自尊为祖国富强而发奋读书。

　　二弟告诉我李玉兰同学来过，随她小姨单位的车先去武汉看望她姐姐，在武汉等着我们一起去报到。我的心按捺不住了，赶到习忠平家一商量，决定乘轮船前往武汉。经过平安巷，给幺奶奶一家告别，正好姑父也在那里。他呵呵笑着说："这还看得出来呀！"他说早就看出我是"读书的料子"。夜幕已经降临，北京路上灯火辉煌，红旗大楼倒映在波平如镜的便河水面，构成一副美妙的图画。故乡多美啊！却锁不住我狂野的心。有同学听说我要上地质学院，担心回不了沙市。我一点不以为然，家鸡看到的只是自家的院子，雄鹰才能翱翔在无垠的蓝天，走出去会有更美妙的世界，我情不自禁地吟诵起《离别》：

　　荆江翻着浪，风华岁岁苍。极目楚天舒，任我高飞翔。

12　梦圆武汉

青山缭绕疑无路,忽见千帆隐映来。
——宋·王安石

荆江分洪工程纪念碑下的江边停靠着东方红38号轮船,这是一代伟人毛泽东乘坐过的轮船。我肩背军用挎包,二弟、表哥和彭标杰帮我拿着行李。侯建安、许世才、杨文春、熊利川、曾兵陆续赶来,母亲带着还在读小学的妹妹也来了。送习忠平的人流也到了,两股人流汇合一处热情地攀谈起来。轮船一声长鸣,初中班主任语重心长地说:"可不能辜负我们对你的希望啊!"母亲嘱咐我:"到了外面与人相处,宁可自己吃亏,也不要占人家的便宜!"轮船又一声长鸣,我和习忠平走上甲板,向送行的人们挥手。轮船再一声长鸣,呼啸着驶离码头。岸上的景物越来越模糊,我们转身找到铺位。放好行李,洗完澡,从船头走到船尾,从第一层爬到第四层。餐厅坐满了人,好不容易才找到座位。夜幕降临,感觉航行在茫茫大海上,轮机的轰鸣和着汹涌的涛声冲击着我的思绪,我扶在床头写下《夜行》:

离别故园暮色间,波涛化作耳中言。一瞬破浪千万项,乘巨轮勇往直前。

夜幕还笼罩着江面我就醒了,兴致勃勃地欣赏两岸的景致。一会儿,朝霞映红了东方,江南群山连绵,江北满目绿洲。祖国啊!可爱的祖国!党啊!敬爱的党!正把你的儿女送向前方,我提笔写下《朝行》:

天空飞舞着灿烂的朝霞,江面争放着绮丽的金花。北岸绿洲连不断，南山奇峰多壮观。一只帆船迎面来，艄公欲问吾：子急行驶向何方？直至武汉。隆隆的轮机舱，不如我心房的跳荡。奔腾的长江水，没有我激情高昂。疾驰的航船，远不如我的理想。一望无际啊！只是我眼前的一闪。文化革命的洗礼，祖国更辉煌。我乘着时代的航船，告别了亲友，离别了故乡。历史的重托啊，人民的希望，鼓舞着我前进，迈步不晃。武汉啊！我将发奋的地方。那里的一页，将更加辉煌。

  太阳一会浮现在船头，一会转到两侧，一会跑到船尾。前方地平线上出现了武汉长江大桥。一桥飞架南北，天堑变通途。轮船在武汉关靠岸，我们背着行李随着人流走上江堤。对街有一条横幅"湖北地质学院新生接待站"，我们放下行李，赶往民生旅社，父亲和李玉兰正等着。我们把李玉兰的行李搬到接待站，正好校车到了。我们和几位报到的同学上了校车，穿越汉口的大街小巷，驶进绿树成荫的航空路，到达一座幽静的校园。正门上铸有"武汉地质学校"，边门上挂着"湖北地质学院"的木牌。校车沿着林荫道前行，过了操场过礼堂，在一栋红砖楼前停下来，一条横幅映入眼帘：欢迎你，无产阶级革命事业的接班人！

  基础部主任叶俊林主持开学典礼，军代表讲话，新生代表发言。英语专业30名学员来自荆州、宜昌和襄樊，地质力学专业60名学员来自全国各地。根据毛主席"学制要缩短，教育要革命"的精神，我们的学制为三年。有人发言担心基础差，感到压力大。我说基础差不能怪我们，我们要发奋学习，把耽误的时间夺回来！今天，我们来到一起，就要互相关心互相帮助，为了一个共同的目标走下去！父亲来电话，我和习忠平赶到民生旅社，跟父亲进了海员电影院，开始领略成为武汉人的感觉。

入学教育，基础部主任叶俊林介绍北京地质学院的历史，党委副书记朱健香做革命传统报告。朱老曾跟随毛主席坚持井冈山斗争，参加过二万五千里长征。教研室主任张汝康介绍教学计划，课程有政治、英语、语文、地质和体育。政治涉及哲学、党史、政治经济学和国际共产主义运动，英语是重中之重。第一年培养听说能力，掌握语音、音素、语调、拼法、造句，能围绕日常生活与政治问题会话。第二年提高听说能力，扩大词汇量，接触地质词汇，具备初步写作的能力，能准确流畅地阅读，听懂新华社对外广播，进行一般交谈，写简单的文章。第三年提高五种基础能力，着重翻译技能。毕业时能阅读一般资料，口笔译一般文章。讲授世界概论，了解英语国家政治经济历史自然状况和生活习惯。掌握速记和打字以适应翻译工作，开展体育文娱活动以适应战备和艰苦的生活，培养爱国主义精神以适应外交工作。我听得热血沸腾，心花怒放。领导宣布班委会名单，班长何大顺，副班长习忠平，文艺委员张建，我负责宣传。有两位同学高中就入了党，我斗胆提交了入党申请书，表达要求入党的愿望：

是党把我从一个不懂事的娃娃送进了学校，是党教导我懂得了爱什么恨什么，是党和毛主席的教导，使我初步懂得了作为一个革命青年，应该怎样生活、战斗，使我初步懂得了生命的意义、生活的目的。"我们的国家还是一个很穷的国家"，毛主席的这一教导一直激荡着我的心，一种强烈的民族自尊心激励着我奋斗，要为民族争光的豪情鞭策着我为革命而努力学习，不断进步。"我们这一代年轻人，任重而道远，有志气有抱负的中国青年，一定要为我们伟大历史赋予的使命而奋斗终身。"为了祖国繁荣，为了无产阶级的事业，为共产主义而奋斗，把一生献给党！

还在读初中的二弟来信，我离开沙市那天，他望着远去的轮船哭了，几个夜晚睡不着，称"自己很糊涂，现在要积极要求进步"了，我为弟弟的进步感到欣慰。王良珍同学把入党的喜讯告诉我，陆永胜的信中夹着一首诗《牧场晨曲》：四周绿林作屏障，纵横干柴水流忙。正当红日东升时，雄鹰展翅飞云端。他寄来一张四管收音机线路图，要我帮他设计安装图。寝室经过整理大为改观，课桌连成一片很适合搞设计。我忙碌了一个下午就把任务完成了，将设计图纸放进信封。去邮电局的路上顺便去武汉商场买了条长裤，我每月有18元助学金，不再靠父母养活了。只见两行大树之间露出一线蓝天，我不禁吟出《航空路上》：

白带一条凌云展，绿叶两行铺天蓝。轻捷迈步向闹市，航空路上歌声昂。

英语专业30人分两个小班上英语课，四位老师都曾任职武汉市华侨补习学校，尹春荆的父亲曾经是他们的上司，这种巧合令我欣慰。学校给英语班配置了一部台式录放机，两盘磁带循环滚动，酷似电影放映机。学校召开紧急会议，通报日本首相即将访华。我们觉得不可思议，也有人说是好事，说明历史潮流不可抗拒，是我国外交事业的又一次胜利。去邮局的路上下起雨来，我跑进武汉商场躲雨，用供应证券买了几块港式月饼。

我带着几位同学在学校库房找了块黑板，办了一期黑板报，放在广播室门前。广播室两侧分布着我班的寝室和教室，楼下是库房和传达室兼小卖部，大楼前面就是食堂。学院从北京调来几位师傅，做的咸菜和馒头十分可口。我把用餐标准定为每天三角，省下钱购买书籍文具及日用品。我的津贴远远超过家里的人均水平，不能再花父母的钱了。校园内杂草丛生，我们搞了一次大扫除。我恨不得把杂草除尽，一会儿就浑身发热，先脱掉外衣后脱掉内衣，最后只穿着背心。后勤工作跟不上，教室厕所无人打扫，班委会决定轮流值班把问题解决了。

迎国庆办墙报，严协成同学主动请缨画刊头，高秀平、葛亚非、郭凡民负责审稿，张建挥毫抄写。我找了几块砖头和一个破旧的铝锅，在操场的跑道上搭起"炉灶"，抓把干草点燃，把和好的面粉放在铝锅里煮，一会就把浆糊熬好了，郭凡民夸我"真能干"。大家齐心协力把墙报办好了，来往的师生员工赞不绝口，夸奖英语班人才济济。

阳光明媚，秋风送爽。我和习忠平从学校出发，经航空路到武胜路。从中山大道拐进三民路，瞻仰孙中山先生铜像。从六渡桥走到红旗大楼，横穿马路插入中山大道，在汉口火车站附近吃午餐。再回到解放大道，去武汉市少年宫看排球赛。天空下起雨来，我们匆匆赶往学校，正好尹春荆邀我去他家吃晚饭。尹伯伯是当年的八路军，做过荆州地区林业局局长。迁来武汉一别九年，都感到了对方的变化。漂亮的林妈妈人到中年，两个黄毛丫头妹妹成了大姑娘。变化最大的还是尹伯伯，英武伟岸的身板荡然无存，不用问就知道"文革"中遭受过磨难。

国庆第二天，我和习忠平先到华中师范学院和湖北省京剧团看望老同学，再到武汉大学看望丁文魁。他的床头摆满了古典小说，还有几篇评论《水浒传》《三国演义》和《红楼梦》的文章。他履行诺言带着我们参观珞珈山上的图书馆，午饭后沿着东湖漫步。下午，尹春荆邀我去湖北医学院，见到了一帮沙市人。我们跟着老同学参观了医学院的人体标本陈列室，一位年轻女性的人体标本令我震撼。国庆第三天，丁文魁专程回访我和习忠平，我们带着他游览汉口的大街小巷。在武汉市少年宫看了一场乒乓球赛，然后回学校进餐。临别时，我们给他买了块大面包，他客气地说"又吃又带"，我们一直把他送到航空路口上车。

英语班第一次远行，大家兴致勃勃观赏沿途的风景。沙洋农场的大门外竖着一块标牌：北京地质学院留守处。我召集宣传组开会，要求每人每天收集两篇稿件向留守处广播站投稿。军代表带着身强力壮的同学去田间劳动，体弱瘦小的留在礼堂摘花生。吃饭时一斤红薯只收一两粮票一分钱，师傅们抓起一把往我们手里塞。我帮厨那天赶上杀鸭，人手不够增加了四个同学。我们边干边聊天，听说部分人员很快要返回北京。播音员老李待我们格外热情，我们班正提倡讲普通话，都感到很别扭。我借机向播音员学习，受到了老李的鼓励和夸奖。离开农场那天，班长何大顺突发阑尾炎，闫永林陪同他乘吉普车去沙洋医院。路上谁都不说话，天空阴沉沉的，飞舞着细细的雪花。

学校建了个图书室，著名地质学家李四光著的《天文地质古生物》吸引了我，这本书是专门给中央领导撰写的，图文并茂，内部发行，我买了一本。张汝康主任主持"评教评学"会议，说这个图书室来之不易，要我们充分利用。刘达明老师提醒我们"时刻想想三年后能不能胜任党交给的任务"，三年是可以学到不少东西的，三年过去又是很快的，一定要抓紧时间努力学习。林秀华老师表扬我、刘双柱、危鸣辉三人，说我们的录音测试"读得不错"，说我的读音"有点洋味"。尹春荆约我去看电影，我把自己的录音放给他听，他说林阿姨去他家说我"读得很清爽"。

转入语法学习，每天只有两节课，我把学习计划作了修改。清晨听一会录音，然后到户外朗读背单词。第三节课抄写新课文、新单词、做作业，第四节课听录音练朗读，中午看课外读物，下午复习课堂用语，晚自习整理语法。刘达明老师提醒我不要钻进语法里，我们不同于师范，主要注意口语，提醒我要午休，不要把身体搞垮了。例行体格检查时，高秀平同学查出肺结核需要休学治疗，离开学校那天我们都去送行。他动情地嘱咐我们："要注意锻炼身体！我就是不注意才吃了亏。"望着慢慢离去的吉普车，我在心里默默祝他早日痊愈。

团支部增加两名委员，经推荐表决我和班长何大顺当选。王道忠和朱德玉两位党员同学分别担任团支部正、副书记，张建担任宣传委员，何大顺兼任生活委员，我担任组织委员。上大学时间不长便取得了同学们的信任，我告诫自己不能辜负大家的希望。星期天去父亲办事处把当选的事告诉他，他买了当天最贵的几样菜以资奖励。我把收音机给了父亲，自己准备再装一部。饭后父亲午睡，我坐在床前靠椅上看《中国通史》。唐太宗懂得依靠人民，善于识人用人。君臣好比船，人民好比水；用好人别的好人都来了，用坏人别的坏人也来了。我把这些警句抄写下来。人民，只有人民，才是创造世界历史的动力；不是上帝，不是圣贤，也不是英雄；人民是历史的推动者，是他们的辛勤劳动创造了世界，是他们的智慧创造了灿烂的文化科学，是他们的力量推动着人类社会不断前进。这些论断似曾相识，我也抄录下来。元旦要办专刊，我伏在父亲的办公桌上写下《红太阳颂》：

东方升起了一轮朝阳，迎着朝阳我放声歌唱；是什么云霞这般美丽，神州好风光。是什么扬波翻银浪，奔腾的扬子江。是什么沃野遍海内，万里祖国疆。沃野开不败万翠千枝，江水流不尽幸福洪源。万江翻腾荡五洲，千山举臂震宇环。啊！祖国，你日新月异，你骄傲无比。是因为韶山升起的太阳，光辉照大地。

寒假第一天，有校车去沙市，荆州地区的同学搭上顺风车。天空飞扬着细细的雪花，江汉平原一片迷蒙，我们谈笑风生欣赏沿途的雪景。经沔阳过潜江不断有同学下车，司机师傅没有半点怨言，挥手向下车的同学告别。校车开到沙市的武德路，进了地质学院的留守处，我们对司机师傅连声道谢。回到家里母亲还没下班，我把从武汉带回的糕点往桌上一放，弟弟妹妹围在一起高兴地吃起来。

离开故乡半年，团聚的气氛格外温馨，有太多的故人要访，有太多的话要说。说得最多的是大学半年的见闻和体会，听得最多的是鼓励我努力学习的话语。拜访初中班主任，她拿出一本英语课本，翻到最后几篇要我朗读。我居然不遇一个生词，还朗读得很流畅，老师说我大学半年收获很大。给高中班主任汇报时，老师一直笑呵呵地看着我。一帮小学同学挨家挨户拜年，来到革命干部子女同学家，碰到一帮小学女同学，屋子里一下挤满了人。侯建安故意问她奶奶认不认识我们，老人居然把我们的名字一一说了出来，在我的名字前还加了"大学生"。有位女同学惊呼："你还在读书啊！我好像人生过了一半！"她已是两个孩子的妈妈，这种感受很自然。有人建议去宝塔河边照相，立即有人赞成。冬日的江面显得平静，涛声有节奏地拍打着江堤，我们感悟着"大江东去，浪淘尽，千古风流人物"的诗情画意。

返回武汉，大街上出现了示威的人群，江汉路水塔下的民主墙上贴满大字报。地质学院也受到波及，有人贴出大字报指责我们是"冒牌的工农兵学员"，认为招收高中毕业生就是执行刘少奇的修正主义教育路线。后勤服务出现问题，停电停水时有发生，食堂师傅闹着要回北京搞一次罢工。有人鼓动我们返回北京，有人提议上街游行。张保民老师从北京来信，要荆州地区的同学集中精力学习，不要受社会上的干扰，不要辜负人民的希望。有人说来信不突出政治，就应当投身到火热的阶级斗争中去。这一动向很快传到北京，我们又收到张保民老师的来信，申明要我们集中精力学习绝非恶意，不反对同学们关心国家大事。我找陈忠华商量立即回信，说明只是个别人的议论。我坚决反对上街，对一些非议置之不理。学校提出加强电化教学，指定我负责语音设施的安装。我带着曹亚军、郭凡民和孔繁津忙了几天，给教室和寝室装上小喇叭，通过有线电路在寝室收听英语节目。不少同学在学习上感到有压力，老师只好放慢进度。我在图书室找了本《大学英语》课本，弥补进度放慢的缺憾。随手翻开一本杂志，有篇通讯介绍庄则栋：三连冠世界乒乓球冠军不是靠天才的聪明而是靠勤奋，他把成功总结为"千板万板为一板"，我为什么不能"千句万句为一句"呢？任凭风吹浪打，胜似闲庭信步，我用毛主席的这段诗句鼓舞自己面对眼下的时局。躲进小楼成一统，管他春夏与秋冬——鲁迅的"硬骨头"精神正好派上了用场。

　　老同学陆永胜、彭标杰和严家明来武汉，新同学热情地腾出床铺。我带着老同学去汉阳文化宫，瞻仰伯牙抚琴的故地，领略高山流水的雅趣。坐在当年伯牙抚琴的凉亭里，陆永胜讲起第一次下地耕田的故事。一位农民交代说："脚步要站稳，犁把要扶正，左右高低都要照顾到。"陆永胜是体育健将，浑身都有劲，不把农民的交待当回事，一手扶犁，一手抖动牛鼻子的绳子。牛不紧不慢地往前走起来，他得意忘形，耕了几个来回。农民评论说："不错！能耕成这样就不错啦！但是，这田我还要再耕一次。"农民叫他仔细看看，耕过的地忽高忽低，忽宽忽窄。农民说："田是糊弄不得的，你不把田弄好，它是不会给你产粮的。"这位农民是队里的耕田能手，耕出的地沟笔直，深浅统一。更令陆永胜震惊的是，这位农民的成分是地主。教科书上总说地主富农不劳而获，对集体恨之入骨。在他的印象中这位农民勤勤恳恳，对集体生产百分之百认真，他的传统思想被颠覆了。我说："难怪伟大领袖毛主席说知识青年到农村去很有必要，你下乡几年，思想上有如此飞跃，我自愧不如啊！"

传达室送来一份急电，通知陆永胜去沙市轧钢厂报到。这是一条大好的消息，老同学立即赶往沙市。尹春荆邀我去看望林阿姨，林老师见我和尹春荆一起来非常高兴。老师提醒我不要把精力放在语法上，要放在读、听、说上，强调多用英语对话。老师说力学班就要出发去北京了，我连忙赶去送行。校车已经缓缓启动，我们相互挥手。汽车驶出一段距离，突然传来一声高喊："北京见"！简短的三个字道出了我们心中的渴望。传达室又送来一份电报，发报人是姐姐的公公，电文是：你姐姐生了个女孩。

学校请来军首长做传统报告，要求我们把艰苦奋斗的作风传下去。鼓励我们克服困难，坚守武汉，争取北京。朱副院长安慰我们说："实习的事，一定要去的，只是时间问题。"他说："前途是光明的，你们这个班是国家科教组委托地质学院培养的。只要你们好好学习，还要跟着外交使团出国工作，或到驻外大使馆去。"领导在这种场合说出真是令人鼓舞，我暗下决心更加刻苦地学习，迎接这一天的到来。

金色的霞光洒满大地，我们沿着东湖漫步，爱国诗人屈原的雕塑立在行吟阁。附近有个餐厅，我准备吃碗牛肉面。杨堂荣同学向我借钱，他是班上最勤俭的同学，每月从助学金中省出钱寄回家，不到万不得已不会借钱。我借给他五角钱，自己改吃馒头。餐后坐小木船去湖心亭，一眼望见珞珈山上的武汉大学，琉璃瓦在阳光下闪闪发光，东湖岸边到处都是欢快的游人，我哼出一首《东湖水歌》：

湖水碧绿，天空蔚蓝，我和同学们——，亲爱的大学同窗，乘坐一只小木船。像秋雁一样摆成一、二、三，兴致勃勃在湖心荡漾。我看见闪闪的琉璃瓦，在阳光下烁烁发光。那是雅致的校园，矗立在珞珈山上。看这边风景区内，到处是欢乐的人群，遍地彩旗飘扬。小船拐了一下身子，不由我直摇晃。嗨！你生长在湖水的故乡，却不敢在湖中扬帆；长在长江北岸，不能在波上翱翔。以致在这平静的湖面上，也不敢坐在小船的边旁。只能做一个圆心点，同学围坐在周上。船尾的艄公，船头的小汉，兄弟俩真算是水上蛟龙，挥桨劈浪。我从心里佩服，向他们投出赞许的目光。艄公告诉我们，他们都是中学生，利用假日来湖上帮忙；使南来北往的人们，游玩得更加欢畅。是啊！乘着小船在湖心荡漾，我们高兴地用英语歌唱。尽情地唱吧，歌唱这壮丽的河山。湖水你狂欢吧，我们沉浸在幸福的海洋。

忽然我的脑中闪出一个念头，第一个十五年我未迈出门槛，第二个十五年我要展翅高飞翔。到了，小船拐了弯，我们跳上岸，这就是湖心亭，诱人的地方。

团支部召开"斗私批修"会，有的同学言辞激烈，批评某干部工作作风，对我的组织工作表示不满。我感到责任重大，如何开展工作真没有底。副书记朱德玉理解组织工作的困难，认为学校应当派专职辅导员。孔繁津说既然许多同学要求入党，抓住这一点就能调动大家的积极性。陈哲玉建议提高团费，把组织生活开展得活跃些。这位同学堪称班上的"活雷锋"，开学时教室被人打扫干净了，大家一定会想到他。夜里刮风，他一定会起来关好寝室教室的门窗。哪个同学需要找人帮忙，首先想到的一定是他。女同学把脚崴了，也会叫他扶着去医务室。我有次感冒发烧，他帮我打来开水，还给我倒上一杯逼着我喝。

  英语测试，我只得了三分，这一结果出人意料。老师批评我把基础好当成包袱，说我的学习方法有问题。老师的分析一针见血，我做翻译就不爱套句型，认为套句型是"抄袭"行为，非要编出一些所谓"新句式"。老师气得用红笔打出大大的红叉，批评我"用数学方法学习外语"。

13　解惑北京

> 横看成岭侧成峰，远近高低各不同。
> ——宋·苏轼

　　微风在头顶吹拂，我们唱着《地质队员之歌》驶出校园。经过长江大桥时，傍晚的武汉三镇如梦如幻。校车在新落成的武昌南站前停下，我们列队登上北上的列车。平生第一次坐火车，心情格外激动。上大学以来同学之间第一次如此亲密地接触，第一次真正打破了男女界限，挤坐在一起畅谈音乐、小说、理想。随着车轮的隆隆声，一个个相继睡着。我不时摸摸用针线缝住的内衣口袋，父亲给的十元钱加上手头的积蓄都缝在内衣口袋里。不知过了多久，墨黑的天空透出了微亮，辽阔的冀中平原展现在眼前。隔窗眺望这片似曾相识的大地心潮起伏，抗日战争的烽火年代这里发生过无数可歌可泣的故事，一部部激动人心的电影使我早就熟悉了这块英雄的土地。

　　火车到达丰台站，三位老师已在等候。我们乘上校车在公路上奔驰，过了卢沟桥到达仰慕已久的北京地质学院周口店实习站。国际地质科学联合会于1878年在巴黎成立，1980年将在巴黎召开百年庆典。组织下设六个委员会，八个专题委员会，十三个协会，总共27个机构。老师说："你们班29人一人去一个机构，还剩两个去主席团！"大家开心地笑起来。我组织大家学习毛主席关于《接班人的五条标准》，强调地质翻译到了国外还要同帝、修、反斗，在国际舞台上做一个坚强的地质外交战士；现在的环境确实给我们带来了不少困难，而这正是锻炼人的时候。我对自己的学习方法进行了反思，的确存在注重寻找语言的理性答案、忽略了基本句型的情况，老师批评我"用学习数学的方法对待外语"一针见血。我开始改变方式，重视模仿，反而感觉轻松了许多。我选择《灵格风》教程跟读，果然有收效。地质英语课没有录音，我就先读《灵格风》教程，再读地质英语，起到了潜移默化的作用。地质力学班的老夏夸我"读英语就像外国人"，要我帮助他校正发音。

连续两天在周口店公社南韩大队参加麦收，我们为在猿人洞附近的田间劳动而兴奋。猿人洞隐藏在群山环抱中，陈列室里琳琅满目。刘双柱拿出照相机，给我们一个接一个地拍照。山顶洞有几层楼房那么高，洞里仿佛地宫一般，残留着有人居住过的痕迹，我们在洞口集体合影。这一带到处都是风化石，有的如巨大的石榴，有的似巨大的苹果。我攀到一块大石头上，手举铁锤指向北京。到达赖巴山时，我们席地而坐，掰开馒头夹咸菜，吃几口馒头喝点水。老师交待过地质工作者千万不要把随身携带的水喝干，定要留下一口"救命水"。我拿出日记本，就着地质包来了个实地写生《地质课堂》：

头戴草帽，手握铁锤，肩挂水壶地质包。这是英雄的地质队员，来观风化壳。华北的阳光这样绚丽，祖先的故乡独具风光。这迎客峰区，到处是怪山奇石，谁把你雕塑成这个模样。江汉平原的健儿，从荆楚大地来到祖国北疆，多少新奇的事啊，吸引着他，激荡着他的心房。一会狂奔，向另一高峰宣战。一会攀越，脚踩巨石头顶天蓝，举目望北疆。啊！犹如那矫健的雄鹰，展翅飞云端。

我们穿越在群山之间，观察流水地质作用。前有胡老师引路，后有乔秀夫老师压阵，我们是一支真正的地质队伍。到达猫耳山顶，胡家杰老师兴奋地讲起故事：八路军与日本人在这里进行过激战，八路军非常勇敢，日本人也很勇敢！我们面面相觑，互相做着鬼脸。老师没发现口误，继续滔滔不绝。我被眼前的景色迷住了，做了一首《观河曲》：

太阳还未冒出山脊，我们已经离了宿地。怀着满心喜悦，开始了一课欣慰的学习。沉睡了一夜的群峰，披着朦胧的面纱向我们致意。哗哗的山边流水，奏响着进行曲。越过几座山头，来到长沟浴。这河床、阶梯、河谷为啥这个样？我们提出一个又一个问题。啊！这样，是这样，一桩一桩铭记在心里。沿着沟谷前进，踏上了一个石阶——通向天上的梯。正值红日当空舞，山顶化为脚下泥。俯瞰走过的沟，弯弯扭扭——，谓河曲。群山连绵，齐举臂。到了什么地方啊？手托罗盘定分明，正位首都的南西。返航！胜利的歌儿从心底升起，《地质队员之歌》，回荡在千山万壁。

临时辅导员李玉和老师找我了解干部之间不团结的原因，我答不上来。他听说有的干部独断专行，有的干部没做到艰苦朴素，我不吭声。张建家境好手头宽裕，床头有个饼干盒。他很慷慨，谁去都给吃，我也吃过，不好背后说人。团支部开会讨论阶级斗争在我班的表现，有人提到干部的骄傲问题，生活朴素问题，还有纪律问题，干部同学听得心里灰溜溜的。我找班长谈心，交换思想，相互鼓舞，随即写下《同志之间》：

树梢上一轮骄阳，绿荫下双椅齐并，我和班长把心谈。你一语我一言，语重心长。你一阵我一番，慷慨激昂。静静地倾听，句句说在心坎上。那锐利的批评，似温泉流入胸膛。工作中要大胆；学习上不能停止不前，落掉先进行列！学习问题和思想问题有联系，是不是有过骄傲情绪的滋长。又是干部,成绩又不错,要找根源,方能力追上。班长:你做了大量的工作,成绩是主要的,同学和老师看得了然。错误和缺点是难免的,决不能当成包袱,挂在心上。要同错误决裂,振奋革命精神,把集体引向远方。不断改正工作中的缺点,是党对我们的教导,人民寄予我们的希望。班长:以后我们要多交谈。组织委员:你应多抓干部的思想。是啊!要经常互相帮助,为把我们塑造成无产阶级的先进分子,共同努力,前进在毛主席的革命路线上。

老师组织我们学习关于反骄破满发扬艰苦朴素革命传统的文件,支部委员做自我检查。班长何大顺检查"骄"的问题,宣传委员张建检查"艰苦朴素"的问题,我检查了"阶级斗争意志薄弱"的问题。同学们纷纷评论,有的指出政治学习问题,有的指出文化学习问题,有的指出劳动观念问题,火力越来越猛。大家对支部工作很不满意,我作为组织委员感到内疚,怎样搞好工作又感到困难重重。没有政治辅导员,一切靠自己,我们也是学生,同样担负着繁重的学习任务。有人指出我有依赖思想,批评人不直率。

嘎斯车沿164号山头绕行,便于我们观察褶曲和断面。班里有同学丢了钱,我们班有这样不干净的人吗?我对团支部副书朱德玉说出这一看法,她说一定是自己搞错了。她告诉我:"有同学提议改选干部,说我们班领导机构太庞大。"我说:"我和何大顺是后补的,就把我们减掉吧!"我找副班长习忠平交换意见,他认为班里乱的根源在干部,同意改选干部。

英语测试得了五分。这一结果老师满意,我也松了一口气。我把课桌搬到寝室前的大树下,把刚装好的收音机放在上面,调动旋钮传出了播音员的声音,居然是英语讲座。张保民老师突然站在我们面前,我们喜出望外。沙市一别周口店重逢,彼此都很兴奋。老师说我们几个都不错,为他争了气。

我们搭乘顺风车进了房山县,徒步游览县城。县城不大,很快走到了尽头。有人提议走山路返回,老师提醒我们注意安全。六个男同学离开队伍走进山里,望见山顶上有座庙。我们加速前行,登上山顶庙。庙前有个大水库,库水清澈见底。过了水坝又见一个水库,又见一道山梁。经过一片果树林,我们停下歇息。虽感饥渴,却无一人去摘树上的果实,地下落有不少杏子,每人捡了几颗。穿过一片松树林,翻过一座山梁,到达一座山顶。朝前一看脚下就是周口店,我们发出胜利的欢呼声。

厨房师傅做了很多菜为我们饯行,地质力学班的老夏买了几瓶啤酒,感谢我帮他学外语。我们写了封感谢信贴在厨房外墙上,师傅们兴致勃勃地赶来,看到落款处"湖北地质学院英语班"大发脾气,将感谢信撕掉,生气地说:"不给你们加餐了!"我们重写感谢信,落款改为"北京地质学院英语班"。师傅们高兴地说:"这才对嘛!我们就是北京地质学院!"原来教职员工对迁出北京有抵触情绪。英语班出发的时候到了,其他班的老师同学前来送行,厨房师傅也来了。"北京地质学院实习站"的标牌在阳光下闪烁出道道金光,周口店的群山开始移动,两旁的大树奔跑起来。校车在卢沟桥头停住,我们在"卢沟晓月"石雕前合影。两侧有三百多尊动物雕塑,我们只在校车附近看了看,立即上车向北京驶去。

校车经过首都体育馆、中国人民大学、中央民族学院、清华大学、北京大学、北京钢铁学院,开进朝思暮想的北京地质学院。一尊巨幅毛主席雕像昂首向我们挥手,一条林荫大道伸向校园深处。校车停在僻静的教学大楼前,我们背着行李走进空荡荡的大楼,男女生各住一间大教室。我们放下行李赶往学校游泳池，工作人员加班为我们开放。王道忠和徐学敏坐在泳池边聊天，我陪着他们坐下。游泳的同学穿好衣服后，我们排成队伍来到食堂。饭后我随几个同学散步到巨幅毛主席塑像前，回头一看街对面的北京钢铁学院也矗立着一尊巨幅毛主席塑像。到钢铁学院转了一圈，人头涌动，生机勃勃，不像地质学院那样凋敝。返回地质学院时瞥见一张熟悉的面孔，正是沙市一中的同学。他一年前随父亲回北京，听说英语班来北京，专门来看望我。一块巨大的岩石标本吸引了我们，附近的新闻橱窗里陈列着"工业学大庆"图片展，居然有报道沙市工业成就的照片，我感到作为沙市人的自豪。

清晨，我小心翼翼地起床，去户外朗读英语。上铺同学醒来后惊讶地说："管新平起床动作真轻，我以为他在睡觉呢！"二十几位同学挤在一间教室，大家和睦相处亲如兄弟。听说八达岭长城以后要收门票，学校组织我们前往。天空下着大雨，我们仍然兴致勃勃。校车过了点将台，来到八达岭长城脚下，天气晴朗起来。我们在附近的商店买好干粮，一口气登上几座烽火台。高天蔚蓝，满目青山。老师拿出照相机，给我们轮流拍照。从烽火台下来时碰见几个外国人，我们用英语招呼。老外兴奋地说："你们会说英语！"刘思经回答："会！我们只是初学者。"老外笑着说："你们的英语讲得很好，不像初学者。"第一次用英语和老外交流都异常兴奋，我们不断回味和老外的邂逅，沉浸在能用英语和外国人交流的喜悦中。

太阳从东方冉冉升起，霞光把天地映得通红。望着中南海的大门，觉得毛主席近在咫尺，真希望他老人家走出来。校车驶过天安门，驶过长安街，停在永定门车站前。我们登上火车到达雁翅，这一带与周口店一带的地质年代相衔接，组成完

整的地质年谱。我们沿途仔细观察,把见到的剖面画在《地质手册》上。中午,大家坐在永定河边吃干粮,突然传来雷声,乌云滚滚而来。不远处有个南山涯,我们拼命跑过去,刚钻进洞穴,大雨从天而降。返回的火车上,对面坐着位北京青年,听说我们是北京地质学院的学生,热情地和我们交谈,听说我们都是湖北人,夸奖我们普通话讲得不错。走出永定门车站,一眼看见校车。经过天安门广场时,夜幕已经降临,一片灯火阑珊。我说:"我们今天很荣幸,天安门的晨光和夜景都见到了。要不是实习,谁会这么早跑来,又这么晚回去?"

清早,我们赶到人民英雄纪念碑前拍照,大家笑我太严肃,我认真地说:"这是严肃的时刻!"在天安门城楼前拍照时,大家又笑我太庄严,我认真地说:"这是庄严的时刻!"在人民大会堂前拍照时,任由大家怎么说我都不吭声。午饭后,我们前往位于西市的地质博物馆。高老先生给我们介绍中国地质工作史,带领我们参观陈列室。我邀几个同学步行返回,在西市的无线电商店买了个收音机盒、一块电路板和几件元件。行至五道口天色已晚,我们走进路边的餐馆,每人要了个馒头和两个油饼。

天气晴朗,校车向黑龙潭进发,满山遍野林木葱茏。这一带抗日战争时期就是解放区,不时见到残破的战壕。我们的任务是观察地质地貌,这里分布着从奥陶纪到侏罗纪的地质剖面。翻过几座山梁,出现一个幽静的公园,很多同学叫起累来。我说:"来时就说过,这次既是实习也是一次锻炼,要累一累!"周围的同学都笑了。一块巨石上镌刻着"樱桃沟公园",内有一条泉水形成的溪流,水边有块大砾石,几个同学跑过去坐在砾石上。

卧佛寺的门楣上写着"得大自在",巨大的卧佛令人感叹。前往香山的路上树木参天，香山寺前一片残垣断壁。我们驻足沉思，八国联军火烧圆明园的情景仿佛就在眼前，我从心里恨得咬牙切齿。昌平龙山，林木茂盛，很难找到露头。山壁陡峭，风光无限。为了找到露头，我和孔繁津远远地落在后头。大家已经停下来，我们还差两个山头，只好草草收场，完成当天的地质剖面填图。

经过两天的总复习，开始地质测验。我发现自己的地质学习太单调，应该多看些书广泛涉猎。张汝康老师领着教务组的三位老师来了，征求我们对学校的意见。我提到学习环境和加强师资两个问题，老师说已经打了报告，争取教授上课，希望把我们留在北京。老师接着召集干部开会，筹备一次团组织生活会，指定由我主持。为了主持好这次会议，我把准备讲的话都写在日记本上。

几位领导来看望我们，要我们提改进教学的意见。由于前几天主持过会议，而且效果不错，我自以为是地带头发言。我有些激动，长篇大论，火药味浓。领导走后，有同学提醒我在领导面前要注意，搞得又像给领导作报告又像教训领导，这样会在领导思想上造成不好的印象。有同学说我废话太多，总是开头讲几句会后讲几句，把会议时间拉得很长，荆州人好像喜欢抒情。主观上的努力适得其反，我又一番冥思苦想。

学期结束，我随习忠平、陈忠华、张建前往市内观光，在前门地铁处碰见朱德玉和刘建新。我们兵合一处坐地铁到故宫，游览太和殿，观赏珍宝馆。两位女同学的加盟，加上张建的风趣，欢声笑声伴随着我们的行程。走进前门一家餐馆，又碰见了几位同学。张建买了几瓶啤酒慰劳大家，天气炎热，冰镇啤酒下肚确实很受用。

大家陆续启程，我和习忠平到车站送行，每送走一批都

觉得郁闷，能坐同一班车多好啊！送走最后一批同学，我们仿佛履行了一项应该完成的任务，才去前门大街逛商店。天坛令人神往，我们排队照相，给照相师傅留下地址。最后赶往王府井大街，买了一些糖果点心。我和习忠平专程拜访了几位老师，顺便交换思想。临时辅导员指出班里的问题主要是干部不团结，他主张改选干部，要我们多注意班里的情况。教研室主任张汝康指出："教要严，要造成压力；要多做练习，练习要有目的。"单词要抓重点，重点单词要造句，要掌握几种主要用途。学英语"说"要占大部分时间，有些练习要口头做，培养口译的能力。说到班上的两个主要干部，老师希望我们"不要向着一边，要从中和解"，要我们班继续保持好作风，不要卷入地区的政治潮流。第二天清晨，张老师把我们送上校车。师傅一直把我们送到前门，我们乘坐地铁前往北京车站。火车开动了，身边只有习忠平，想起来时的情景感到一阵凄凉，我的心还沉浸在北京两个月的学习生活中。

　　回到沙市，发现我家和左右邻居的关系改善了，屋顶上的大树锯掉了，两侧的胡同让了出来，有了像样的后院。二弟在后院挖了口井，种上不少鲜花。加盖了一间厨房，室内多出一个房间，外婆搬了回来。后院对着农业机械厂的青工宿舍，里面住着几位马来西亚归国华侨，听见我在收听《美国之音》的英语节目，打开窗子用英语招呼我，我无意中有了用英语和"外国人"交流的机会。我的行为引起了居委会姨妈们的警惕，不时有人朝家里的后院观望。我把收音机频道调到中国对外广播电台，让整点播放的《东方红》乐曲解除人们对我收听敌台的疑虑。

14 薄雾浓云

世事多因忙里错,好人半自苦中来。
　　　　　　——清·曾国藩

地质力学班去北京就没回来,武汉只剩下英语班,辅导员迟迟没来,焦虑的情绪在同学中蔓延。我们要求回北京,朱副院长不高兴地说:"难道湖北就是监狱?"张保民老师来信说大学不同于中学,要学会自学,抓紧时间多看书,多看短篇小说,既增长知识又节省时间,不要过于强调辅导员的作用。来信针对全班,却写给我和陈忠华,可见老师对我们的信任与关爱。我把来信看了一遍又一遍,受到来信的启发,开始阅读英文版《中国日报》,尝试用英语写日记。

英语班搞朗读与演讲训练,我选《灵格风教程》中的一篇课文为朗读材料,以《学习与生活的关系》为题进行演讲。老师对演讲给了很高的评价,夸我朗读模仿得惟妙惟肖。我还摸索出"倒译学习法",把学过的课文译成中文,看着中文说英语。一旦动笔翻译什么问题都暴露了,以为掌握了的东西其实并不牢固,促使我反复"温故知新"。我认识到正确的翻译存在于准确的理解之中,准确的理解存在于对疑难的破解之中,疑难正是学习重点;英汉两种语言很难字字对应,只能在理解的基础上再现原文,再现原文的基础在于掌握大量的惯用语;举一反三,用至少三种方式表达任何一句话,是外语工作者的看家本领。我不再拘泥于孤立地背诵记忆,把注意力投放到篇章。清晨找到一处安静的角落,不再简

单地背课文记单词,而是看着英语课文说中文,看着中文译稿说英语。清洁工阿姨注意到了,兴奋地说:"你这个伢真行!我以为你在读书咧!原来你在搞翻译呀!"

学校的状况越来越糟,师傅不好好做饭,有时吃上夹生饭,团费无处上缴,大家的情绪都很低落。朱副院长领着后勤处长召开座谈会,征求大家的意见,讨论"英语班向何处去"。处长抗日时期参加革命,戎马生涯,有副铁板身材,人称"黑格将军"。他的大名如雷贯耳,大家有顾虑不做声,我只好打破沉寂,其他同学才跟着发言。发言者情绪激昂,有时引起一片喧哗。有位同学气愤地说:"要么回北京!要么转到其他院校!要么回老家去!"有人提出打报告到地质部或国家计委,领导答应把意见反映到北京去。有的同学热情高昂,盼着北京的来信;有的同学事不关己,坐等其成;有人或者赞扬或者讽刺我们有"反潮流精神"。我们绝无念头赶时髦,只是关心英语班的前途,班干部应当对大家负责,王道忠和朱德玉同意我的意见。为了稳定大家的情绪,在我的提议下召开了团组织生活会,号召按照《新党章》严格要求自己,迎接新局面的到来。"青年饱经忧患,老来不怕风霜",这句格言像一道金光闪过我的眼前。"没有意志的人一切都感到困难,没有头脑的人一切都感到简单""没有一雪彻骨寒,哪得梅花扑鼻香",我把这两句格言也抄录下来。政治课涉及哲学、辩证法、唯心唯物史观,我先后阅读了《哥达纲领批判》《劳动在从猿到人转变过程中的作用》《欧洲哲学史》和《古代社会》,常常陶醉在精辟的论述中:无产阶级的历史地位决定它能够认识和掌握世界发展的规律,艰巨而复杂的斗争任务也要求无产阶级必须用关于社会发展的规律的革命理论作为自己的行动指南。读到诸如此类的论述，我就记录在日记中，再写上自己的体会或评论。

我们在武汉医学院礼堂，收听中山大学杨荣国教授"批林批孔"的广播报告。从春秋战国开始，中国的哲学就分为儒家与法家之争，一派以孔子为代表，一派以少正卯为代表。法家要改革奴隶制度，儒家要维护奴隶制。孔子之后，孟子、董仲舒、韩愈、朱熹继承孔子衣钵，少正卯之后，荀子、王充、李斯、韩非子，再后来是谭嗣同和孙中山继承法家。中国几千年的历史就是儒法斗争的历史，历史上的反动派都是尊孔派，历史上的革命派都是反孔派。刘少奇搞资本主义复辟，林彪搞修正主义倒退，也是抬出孔孟之道。只有把孔孟之道批倒，才能从思想上肃清几千年的封建余毒。我们听得似懂非懂，回到学校向政治课老师请教，老师说他也不懂。老师长着一副欧洲人面孔，人称"阿尔巴尼亚朋友"。阿国被誉为"欧洲的一盏伟大的社会主义明灯"，《人民日报》社论说"谁敢动阿尔巴尼亚一根毫毛，中国人民就要同他周旋到底"。老师正在讲《欧洲哲学史》，我们觉得老师知识渊博，经常提些匪夷所思的问题，只要涉及现实问题老师就显得没学问了。

学校组织去黄陂参观伞兵实战演习，部队首长安排我们坐在指挥台上。蓝天白云下，伞兵从天而降，枪炮声四处齐鸣，大地上尘土飞扬。逼真的战争场面令我们兴奋不已，我们暂时忘却了当下的时局和学校面临的困境。

北京还没有消息，干部决定采取行动，由我起草寄给北京地质学院基础部的报告，张建起草寄给地质部的报告。几天后的干部会上，我的报告通过了，张建的报告需要修改。我去图书室借书，年过五旬一头白发满口京腔的管理员讲了一番大

学之道：大学，大学，就是大家来学；图书馆对大学生至关重要，学生必须了解所在学校图书馆的藏书，订出阅读计划，定期总结收获。他建议我做读书笔记，写一遍强过读两遍。学生要知道学校有多少教师？有哪些著名学者？哪些是自己专业的著名学者？利用可能的机会接近他们。一席话听得我茅塞顿开，我的眼前展现出一片无边无际的知识海洋。

政治学习时间到了，有人通知支部书记去开会。支书把文件递给我，要我组织学习。书记走了，我还在发愣，大家望着我，只好宣布开会。几位同学姗姗来迟，我不客气地点名批评。学习正要结束时支书回来了，告诉大家两条消息：学校很快要从北京派来辅导员！很快要在我们班发展党员！周明琛老师接踵而来，大家蜂拥而上，七嘴八舌请教。老师说阅读一篇文章就要搞懂文章的每一句话，每一个词，以及每一个冠词；要大量阅读小说、文章、报纸，读得越多越好；一个单词有多种意义，只有通过大量阅读才能真正认识，就像我们认识一个人，要观察他的面孔，他的身高，不能只看他穿的衣服，否则，他一换衣服就不认识了。有人问口语训练关键在哪，老师说发音清晰最重要，不要单纯讲速度。他以前有位女同事发音很标准，可是语速太快，外国人听不懂。另一位同事发音很糟糕，讲得又很慢，可外国人能懂。相比之下，清楚比流畅更重要。

几天后，辅导员张锦高从北京来到武汉。张老师是江苏人，正当中年，高大英俊。他召集入党积极分子开会，给每人发了一张表，列着四种入党动机要我们做简略回答。辅导员开始找人谈话，我把大学以来班里发生的事说了一遍，从下午两点谈到四点半钟。辅导员说："我们应抓住大事，抓班里的教育！"碰见丁振国和杨堂荣，我把辅导员的意见告诉他们，杨堂荣坦率地说:"你要有反潮流的精神,敢于坚持真理,不要怕打击。邪不压正,群众的眼睛是雪亮的!"在党的第十次全国代表大会上,上海工人造反派头头王洪文,因具有"反潮流"的革命精神,当选为党中央副主席,成为毛主席的接班人。从此,"反潮流"成了流行的政治术语。体育课搞体能测试,我单杠引体向上14下,手榴弹投出35米,5分钟跑完1500米,15.6秒跑完100米,达到了大学生国家标准。班长何大顺哪项指标都优秀,徐学敏手榴弹像箭一样飞出去。我暗下决心向他们学习,加强体育锻炼,以适应未来的艰苦工作。父亲调回沙市我去告别,把体能测试的结果告知,他听了非常高兴。父亲回沙市了,以后在武汉我没地方去了,我的心里有点凄楚,家里人则盼着父亲。我不在家,弟弟妹妹的家务负担加重了,父亲回去真是家里的一大喜事。这样一想,心情就好起来了。

　　我正在宿舍楼下的水池边洗衣服,朱罗琳老师热情地招呼我。朱老师也是刚从北京来的,负责给我们讲授地质英语。她曾就读教会学校,"文革"前给地质部外籍专家做翻译,一口流畅的美式英语令人钦佩。我停下手里的活请教,老师爽快地说:"你的语音语调很好!比其他同学都好!"我说遇到长句就不行了,她说读句子或文章时开始要慢要清,然后再加快。听到老师的赞扬,我很受鼓舞。一会,郭凡民也来洗衣服。我向他征求组织工作的意见,他指出我的缺点后诚恳地说:"如果自己是正确的,就一定要坚持,不要因别人的一点申辩,就放弃自己的主张。"

　　放假回家,我马不停蹄地拜访故友,征求老同学对我的意见。高中团支书曹光炎说:"真高兴,你还没有变!"韩永利夸我政治上进步大,上了大学没有忘记老同学。小学同学相邀去中山公园，侯建安带着照相机拍照。大家找块干净草坪围成一圈席地而坐，互相拉起歌来。女同学比男同学大方，我只得代表男同学唱了一支。侯建安说我变化真大，敢在众人面前唱歌了。大家都希望得到一套合影照片，这需要一笔不小的费用，一位女同学自告奋勇承担下来。侯建安把冲好的胶卷交给我，我再转给这位女同学。她已经是一所学校的英语教师，我们自然有更多的共同语言。离开沙市那天，我去她家还词典，顺便同她交换思想，征求她对我的看法。她说我书生气太浓，有点学者味道，女同学怕接近我，怕我瞧不起她们。

新学期伊始，学校召开誓师大会，成立批林批孔领导小组。经同学推荐，我成为学校批林批孔领导小组的成员。辅导员宣读毛主席有关干部问题的教导，改选团支部和班委会。推荐过程十分热烈，对候选人进行评议时，对我意见最大的居然是位老同学。她激愤地说："上大学以来你变了，尤其当了干部以后，瞧不起成绩比你差的同学！"尽管前面说了许多好话，这句话分量太重，出乎所有人的预料。经过无记名投票，王道忠、朱德玉和丁振国入选团支部委员，何大顺、习忠平、杨堂荣入选班委。孔繁津不平地说："像管新平这样有热情的同志，不能因组织工作没搞好，就不要人家干了！在我们这种特殊情况下，组织工作确实不好开展，何况其他几位干部有谁又很有能力呢！"习忠平瞪大眼睛愤愤地说："有些人妒忌你！"陈忠华劝我说："当个学生干部有什么了不起！不干更好，省下心来搞学习。"传达室送来一封信，二弟说学校成立初中团支部，他担任了政宣委员。我刚从组织委员的位置上下来，弟弟却当上了宣传委员，我在心里为他祝贺。

新老班子开会，我首先表态：今天通过了新的团支部和班委会，我感到非常高兴，同学们选出了自己相信的人，我们支部我们班的工作一定会很好地开展起来。从今天起我不是干部了，但我要更严格地要求自己，努力改正工作中的缺点和错误，同时我希望辅导员、新老支委、班委也要严格要求我、帮助我，我一定积极协助干部搞好工作，服从领导。大家都表态后，我又补充说：我不能因为不是干部了，就放弃思想改造，同学给我提出的问题，一个是工作不大胆，一个是缺乏斗争性，我仍然要努力改正。辅导员把我留下，笑着问："李玉兰今天怎么啦？对你有这么大的意见？"我说："我也不知道！"可能在学习上没帮助她吧？在学习上她一直崇拜我，希望我多帮助她。可是她在二班我在一班不是很方便，她是女生我是男生又有些顾虑。我说："看来就是这个问题，我的确忽略了，而我知道她在学习上是有压力的。"老师笑着说："那就赶快找她谈谈吧，让她消除误会。该帮助的时候还是要帮助，不要有太多顾虑，男同学帮助女同学也很正常！"

夜色苍茫，没有星星，张建找我谈心。我们走到操场上，找到一条长凳坐下来，一起寻找失败的教训，都感到辜负了老师和同学们的希望。不过，我确实有种轻松的感觉，担子终于卸下了，可以一心一意地学习了。回寝室的路上碰见李玉兰，我带她回到刚才和张建谈心的地方。我把对辅导员讲的话说了一遍，表示只要她有困难可以随时找我，黑暗中听见了她的笑声。她说："我的发言有点过火，你不要放在心上。"

支部书记还是王道忠，朱德玉任组织委员，丁振国任宣传委员兼生活委员。班长还是何大顺，习忠平和杨堂荣担任两个小班的学习委员。选举团小组长的结果，杨堂荣兼任第一团小组组长，曹亚军担任第二团小组组长，何大顺兼任第三团小组组长，我担任第四团小组组长。支部组织去武汉剧院看电影

《火红的年华》，要求以团小组为单位集体前往。我带着本组同学排成一字形向解放军那样阔步前进，开始还走得很整齐，出校门就不行了，有人故意离开队伍。解放大道上车水马龙，队伍有点不伦不类，我不再强调队伍就散了。电影已经开始，不少座位已被人占领。有位同学还没找到座位，我让出自己的座位。她硬是不肯，我们僵持起来，朱德玉从另一边才拉住了她。

我们在教室写批判文章，这是学校批林批孔领导小组布置的任务。辅导员找我谈心，我说真地挑不起组织委员这副担子，继续做组织委员对集体没有好处。老师说："你是要求入党很强烈的同学，党是相信你的，希望你能经受考验。"改选对我还是有触动的，我究竟缺乏什么？长期身居校园，不善于观察社会，我心中的社会大诗情画意。我缺乏敏锐的政治嗅觉，缺乏洞察阶级斗争动向的能力。"没有敌人的人也不会有朋友"，我总是避着风浪走，宁可自己委屈也不伤害他人，便成了他人心中"既无才能又无力量也没有能量的庸人"。这两句格言好像都是对我说的，我不在乎当不当干部，但我在乎别人把我看成这样的人。

第四团小组要出专刊，严协成听说办刊就不去洗澡了，承担起画刊头的任务，尹惠玲路过也加入了进来。大家主动配合我支持我，我的内心非常感动。陆永胜来信寄来一张沙市轧钢厂批林批孔大会的照片，老友正站在台上发言，我把照片出示给大家看。辅导员通知去开会，参加的人不多，学校批准发展丁振国为中共党员，向我们征求意见。几天后丁振国举起右拳宣誓，我也很激动，从他的身上看到了自己的希望。我代表入党积极分子发言，丁振国是农民的儿子，我是工人的后代，我们都出身普通人家。家庭没带给我们飞黄腾达的根基，一切全靠自己。我们的家庭把劳动人民的朴素感情传给了我们，使我们从小就热爱劳动人民，热爱劳动，热爱朴素。因为家庭的普通，我们从小就养成了强烈的责任感，发誓为劳动人民争气，为家庭争气。我们没有后盾、没有后台，要说有那就是党。辅导员宣读了我和赵华芳的思想汇报，赵华芳是革命干部的女儿，在汇报中谈了克服特权思想的问题，我的汇报谈怎样严格要求自己。辅导员号召大家向我们学习，自觉加强世界观改造。会后，我找赵华芳谈心，她诚恳地说："女同学感觉你难以接近，不敢接近，怕接近。有一种说不出的味道，像夫子，书生气十足。"家乡的女同学这么说，大学的女同学也这么说，我感到了问题的严重。

党支部召集入党积极分子开会，学习毛主席关于阶级与阶级斗争的论述，围绕武汉地区的形势展开讨论。有人提出应当走进社会，支部采纳这一建议，组织大家上街。江汉路一带是武汉地区的运动中心，街上拥挤着喧嚣的人流，不断有满载造反派的大卡车到来，不断有人高喊口号，民主墙上贴满了各种颜色的大字报。我请政治课老师曾繁治给第四团小组讲学院文革史，讲入党动机问题。老师说共产主义不是空中楼阁，是世界的未来，要用斗争去迎接。马克思、列宁、毛主席领着无产阶级在奔向共产主义的大道上前进，造旧社会的反。还有无数的共产主义战士，他们敢于斗争，善于斗争，才斗出了今天这样的大好形势。誓为共产主义事业奋斗的青年，就要敢于斗争，善于斗争。学校不是在社会之外，同样是阶级斗争的场所，同样反映着两个阶级、两条路线的斗争，就看我们善不善于观察，能不能认识。老师还透露了一个秘密，说学校领导看好我们班，至少一半同学可以入党。

班里召开"评教评学"会，大家对教改提不出什么，转到教学时就热闹起来，对朱罗琳老师的意见提得最多最尖锐。有人说她长期给外国专家当翻译，养成了浓厚的资产阶级习气，言谈举止总使人感到小资产阶级的情调，思想改造还不彻底。看到朱老师沮丧的样子，我申辩说：思想改造是个艰难的过程，不是一朝一夕可以解决的，关键看有没有改造的决心。朱老师长期与外国专家打交道，粘上资产阶级的习气是很自然的。自从给我们上课以来，她经常利用课余时间给我们辅导，在生活上关心我们。朱老师能做到这样已经很不容易了，同她自己的过去比已经有了很大的变化，我觉得朱老师还是很注意改造的。当然，我们希望朱老师继续革命，成为无产阶级的革命老师。一阵沉默，既无人赞成也无人反对。没想到这番发言得到了学术权威周明琛老师的称赞，会后他笑呵呵地说："没想到管新平还是位哲学家，能辩证地看问题。"我本来是冒着风险发的言，却获得到了老师的赞扬，给了我极大的启示：人生活在世界上就得学会在矛盾中信步，越是这样越能自立；避着风浪走，少争少吵，别人就以为你是个缺少担当的人，有谁会信赖你依靠你呢？

我给刘达明老师提的意见是："您上课时，字怎么越写越轻，有时我都看不见。"老师说他的黑板字从来没有变化，我的视力一定出了问题。孔繁津遇到同样的问题，我们一起到武汉医学院第二附属医院检查。令我大吃一惊，右眼0.6，左眼0.5，孔繁津也差不多。一直以视力好而骄傲的我仅仅两年就成了近视眼，内心的打击十分沉重。晚上睡觉时，闭上眼睛就感到火辣辣的，却没有引起重视。同学说我太用功，老师把我的座位调到第一排。

班上贴出一张《谈笑》的大字报，文中引用一段话"你们女生别的不行，笑还可以"，由此引申我班男同学有"重男轻女的封建思想"。这顶帽子不小！我一句玩笑被女同学认真了。我找这几位同学谈心，她们异口同声说我头脑中有封建思想，平时就不爱接触女同学，女同学也不敢接近我。晚饭时辅导员问起这事，我把经过说了一遍，老师说我处理得很好。

团支部改选，我被提名再次落选，说明做"老好人"是没有出路的。丁振国当选为支部书记，杨堂荣和李玉兰当选为支部委员。丁振国代表党支部，杨堂荣代表入党积极分子，李玉兰代表女同学，组成新的支部班子。李玉兰说压力很大，尤其是学习上的压力，希望我多帮助她。我的收音机坏了，尹春荆从湖北电视台借来一把电烙铁。收音机修好后，发现电池没电了。赵华芳有部半导体收音机，我就去借，她慷慨地给了我四节5号电池。此事使我认识到只有通过批评与自我批评，才能实现真正的团结，几天前她们贴出大字报，的确是为了帮助我。我把此事和想法告诉孔繁津，他说："很佩服你在日常处事中的沉着和忍耐。"

为纪念青年节55周年，《人民日报》发表社论说，只要还存在阶级斗争，还存在资本主义复辟的危险，还存在两条路线的斗争，反孔和尊孔的斗争就不会结束。社论还说，不批孔，批林就不能彻底，反修就不能彻底，防修就没有保证。什么是孔孟之道？社会生活中很多东西都属孔孟之道。我其实很崇拜孔孟，信奉温、良、恭、俭、让，难道不对吗？同学称我"夫子"，十几年的校园生活，确实使我染上了小资产阶级的习气。难道我真的和工农群众格格不入吗？我们很快要到地质队实习锻炼，地质队一定会派出优秀的工人师傅给我们再教育，我一定虚心向他们学习，借此机会改掉自己的书生气。

15　泪洒淇河

一去紫台连朔漠，独留青冢向黄昏。
——唐·杜甫

我们列队走出安阳火车站，坐上地质局的大客车。沿途高楼林立却脏兮兮的，马路宽阔却尘土飞扬，不时见到要饭的男男女女。大客车经过汤阴，我们想看看民族英雄岳飞的故居，辅导员当即同意。故居很破旧，满足了我们的好奇心。我们走进一家餐馆，每人要了一碗面。有人说："河南人真实在，这么大一碗啊！"又有人说："这面条真难吃！"

一路风尘，到达杨邑，地质队员走出帐篷迎接，门口有一块木牌：河南省地质局第十三地质大队三分队。我们进入一间木板厨房，每人一碗苞米粥，四个窝窝头，两个黄色两个黑色，我们把黄的叫"黄金塔"，把黑的叫"黑铁塔"。领导来看望我们，介绍鹤壁市和地质队。一号领导说：你们为什么来这里？不仅仅为了找矿，更主要的是改造世界观。二号领导说，矿产对国防、工业、医疗以及各行各业都很重要，而我国每年只能生产3%。为了加快社会主义建设，必须找到更多的矿藏。一号领导说党中央和毛主席非常重视找矿工作，国家计委制订了一个宏伟目标，20世纪末把我国建设成富强的国家，没有丰富的矿藏就不能实现这一目标。

在基地学习三天，获得不少找矿知识。实验室有对工程师夫妇毕业于北京地质学院，见到我们这帮小校友格外亲切。大腹便便的中年妇女与伟岸英俊的先生站在一起不太协调，先生似乎看透了我们，笑呵呵地说："我老婆年轻时又苗条又漂亮，现在不知怎么搞的，长得这么胖了！"我们按地质队要求兵分两路，部分同学去淇河，部分同学去安阳。考虑到两处劳动的不同强度，把女同学和体弱的编在淇河组。党支部召集入党积极分子开会，根据未来工作的需要，希望我们尽快成长为具有无产阶级先进分子思想觉悟的同志；党委决定为英语班和地质力学班成立临时党总支，加快新党员发展速度。送走淇河组同学，我们跑到镇上去。镇子不大但有不少商铺，剧院正在演出《杜鹃山》。我们买好票走进剧院，里面已经坐满了人，常香玉巡演来到鹤壁。我们都看过京剧《杜鹃山》，只想看看著名艺术家。看完这场豫剧改变了我对河南话的印象，以前总觉得河南话难听，从演员口里说出来就不一样，从著名艺术家口里说出来是那样柔和动听。

辅导员召集开会，学习革命导师列宁的教导——"只有在劳动中同工农打成一片，才能成为真正的共产主义者"。他强调实习对每个人都是一场考验，入党积极分子更应接受这场考验。安阳组14位同学分成两个临时团小组，我担任第二团小组组长。辅导员交代说："要努力工作，不要有临时思想。要用路线斗争的观点分析问题，争取早日参加组织。"我们乘坐地质队的嘎斯车开进大山，越往上山路越狭窄。大家紧紧抓住车厢挡板，我和班长站在靠山下一侧，屏住呼吸注视着外侧车轮。我望了一眼班长，他的眼神中也带着几分恐惧。没有危险就没有幸福，我心里这样想。要是不上大学，既不会经历这样的风险，也看不到这如画的景致。要做革命者，难道还怕危险吗？

翻过一座高山，到达地质队的工地，大家跳下车欢呼起来，仿佛大难不死。山上有金伯利岩，岩土中含有昂贵的天然

金刚石。工地道路狭窄，嘎斯车到不了，我们把岩土装进麻袋，背在肩上步行几里路送到嘎斯车上。太阳高高地挂在山顶，没有一丝风，大伙脱得只剩短裤背心。班长脱得只剩下一条裤衩，光着膀子在阳光下奔跑。没有女同学，大家纷纷效仿，出现了一条赤膊长龙。汗水和着泥水，感觉很不舒服，我只得像大伙一样脱掉背心。大家见我也脱得赤条条的，对我发出赞叹。停工休息，我们拿出窝窝头咸菜，靠在树下啃起来。天气炎热，酷暑难熬，吃完就睡着了。一阵口哨声，我们又干起活来。

夕阳西沉，我们收工返回。山坳里出现一个小村庄，村民们在房前屋后乘凉，男女老少都裸露着上身。有人惊呼起来，我朝村庄方向望去，一眼望见女人们的乳房，有的干瘪、有的丰满。我感到很不自在扭过头来。我们每天乘坐嘎斯车沿着崎岖险峻的山路来回工地，总能看见成群的大人带着孩子在地里干活。河南人民是勤劳的，他们头顶烈日，在坚硬的石山上开拓梯田，修筑渠道，可谓战天斗地。嘎斯车在山路上缓缓而行，望着眼帘下运动着的人们，我在心里感叹：全中国全世界有多少人啊！男的、女的、老的、少的、活着的、死去的、未出生的。人的生命是有限的，生是暂时的，死是永恒的。大山、村民、农人，河南山区恶劣的生活环境驱使我胡思乱想。可能缺水吧，这里的人不太讲卫生，衣服脏兮兮的，人们无视漫天的灰尘。

返回营地，收到陆永胜的回信。他以自己农场的体验为例，对"接受工人阶级的再教育很有必要"提出质疑。究竟是我的生活面狭窄，还是我们之间有了思想分歧？噩耗从淇河传来，李玉兰同学溺水身亡。我们都把注意力放在安阳工地，担心嘎斯车坠入山崖，没想到淇河那边出了事。我们立即向地质队总部聚集，总部的帐篷里搭起了灵堂，李玉兰静静地躺在行军床上，四周都是冰块。女同学放声大哭，男同学默默流泪。我和她同学八年，她的身影容貌总在脑海浮现，闭上眼睛就看见她，我连续几天梦见她。

学校领导从武汉赶来，她的母亲和小姨从家乡赶来。李母看见我们班同学，捶胸跺脚放声大哭。老师叫我和习忠平去安慰，李母一把抓住我，抱着我的头哭喊："我的乖乖！我的儿啊！你们是一起来的呀！"追悼会上，辅导员评价李玉兰艰苦朴素，热心助人，总把方便让给他人；积极要求进步，渴望加入党组织。有人回忆她用缝纫机给同学补衣服，有人说她遇难那天还在帮工人师傅洗衣服。我代表团小组发言，含着眼泪朗诵《怀念：心中的悲歌》：

太阳又洒在中原大地上，歌声仍回荡在太行山南。可是啊，我们的玉兰，再也享受不了这儿的欢乐，沐浴不了这灿烂的阳光。曾记得，我们离开淇河的那个下午，你站在村口为我们送行，向我们远去的车招手，久久不离开。谁知噩耗传来，你不幸溺水身亡；这晴天霹雳，撞击着我的心房！我只觉大地起黄尘，乱云滚滚来天半。要破碎的心啊，恨不能填平淇河水，踏碎太行山。

会场哭声一片，我暂停下来。等到安静下来，我继续宣读，追述从高中到大学对老同学的怀念。大家都记得，来到地质队兵分两路后的第一个星期天，安阳组专程看望淇河组同学。分别时卡车已经出了村子，其他同学都走了，唯独李玉兰还站在村口，向我们挥手。辅导员呵呵笑了起来，大声喊道："李玉兰，回去吧！"谁知这一声呼喊竟成永别。李母一行要启程了，基础部主任拿出一个信封。李母打开信封一看，里面装着200元，怎么也不肯收。大家反复劝说才收下，她含着眼泪一字一顿地说："我不能用孩子的钱啊！回去后把它存起来做纪念。"李母只有一个要求，希望追认女儿为中国共产党党员。

地质队和学校领导总结发生事故的教训，认为安阳组上山风险大，司机同志说："我宁拉一车岩土，不愿拉一车学生！出了事我死无所谓，一车学生我担当不起呀！"领导决定不再上山，集中到庞村河边冲洗岩土。我们分散住在村民家，我的房东姓刘，三十刚出头已有三个孩子。一家人过得很艰苦，一日三餐都是红薯粥，粥中却很少有红薯，菜叶倒是很多。一家人过得很苦，却总是乐呵呵的。我几次把吃不完的窝窝头带给房东的小孩，房东总是千恩万谢。辅导员请地质队刘班长上党课。刘班长八岁开始给地主干活，后来当长工，经常挨打受骂。一九四九年参加解放军，一九五四年入党。刘班长说他没文化，只会拼命干活。他人高马大，干起活来干劲冲天。辅导员提了三个问题要我们思考：工人师傅的好思想和干劲几十年如一日从何而来？我们和工人师傅的差距在哪里？我们应怎样严格要求自己，争取早日从思想上入党？

庞村离工地很近，我们每天步行上下班。体弱有病的同学在帐篷搭起的车间里配合技术人员搞精选，其他同学跟着刘班长在河边冲洗岩土。我们采取流水作业，有人把岩土倒入水池中，有人用铁锹在水池边搅拌，有人把搅拌后的岩土倒入筛子中粗选。站在水池边搅拌很费力，班长何大顺干脆跳进水池中。我也跟着跳下去，的确利索了许多。有了在山上赤膊上阵的经验，谁也不再犹豫，一个个脱得只剩下裤衩，反正一身泥水，认不出谁是谁。河边不时有老乡来挑水洗衣服，把我们的干劲看在眼里记在心里，回村后到处传扬。附近的老乡都知道，地质队来了一帮干活不要命的大学生。

实习接近尾声，大家开始写总结。我拉肚子了，房东家的厕所就在屋后，我忍受着疼痛写。我有太多的体验和感受，不停地写啊写，最后写了十八页。地质队包饺子为我们饯行，学生都去帮厨。我向女同学杜桂芝学习包饺子，她夸我"学什么都学得快学得好"。师傅拿出香烟来，我才发现不少同学会抽烟了。我吸了一下呛得咳嗽起来，身边的同学哈哈大笑，师傅说："真不会，就算啦！"我把烟还给师傅，装了碗饺子给房东带回，房东又是千恩万谢。想起李玉兰同学悲从心起，走出户外绕着村子走，家乡的亲人、师长、同学，一定在盼着我，只说生命像风云雷电，可生命又是如此脆弱啊！

告别庞村回到地质队总部，参观选矿全过程，然后召开总结大会。老师表扬了一批同学，赵华芳积极主动同工人师傅接触，从看不惯到深深热爱工人师傅，思想感情发生了很大变化。刘双柱是革命干部的后代，在接受再教育的劳动中表现谦虚，生活朴素，和工人师傅打成一片。严协成在紧张劳动的间隙为同学、师傅、老乡义务理发，劳动中表现踏实。刘海荣通过劳动锻炼进步很快，为同学补衣服洗衣服。还有一位同学严格要求自己，有困难、有思想问题的时候，学习毛主席著作、从中吸取营养，和老师、同学、工人师傅交心谈心。

最后一课，到鹤壁参观煤矿。我们换上草绿色工作服，上胸有两个口袋，很像电影中的越南解放军战士。腰里系根皮带，挂着矿灯蓄电池，头上戴着矿灯安全帽。老师傅向我们点头微笑，青年工人投来羡慕的目光。有人议论说："都是大学生呢！"我们坐着皮带传动机，下到离地面300米的矿井里。井下阴暗潮湿，有的地方还有积水。有矿灯照明前行倒不困

难,没走出多远就发现工装已经弄脏了。这是一座新矿,设备都很先进。我们穿过长长的坑道,观察坑道里的设施和工作面,沿途的工人热情地给我们讲解。回到地面,我们列队到浴池洗澡,然后到食堂用餐。吃饭有荤有素,女同学嫌肉多纷纷给了身边的男同学。晚上地质队总部开欢送会,李玉兰同学遇难的阴影笼罩在大家的心头,晚会更具象征性。

学校已经放假,校园里空荡凋敝。习忠平的二姐押车送货来武汉,我们搭顺风车回到沙市。一进家门就看见李玉兰母亲单位的几个姨妈,听完我的叙述,姨妈们不断叹息,外婆心疼地说:"老天爷不睁眼啊!就让我这个老婆子替她去死吧!"高中的老师和同学也在等着,我把李玉兰遇难的经过又讲了一遍。家乡的人们都祈盼奇迹出现,听了我的叙述才确信无疑。高中同学不约而同聚集起来,在班主任的带领下看望李母。我们一眼望见床前五屉柜上摆放着李玉兰的骨灰盒,大家的心情越发沉重,不少同学悄悄抹泪。

新学期班里少了一人,她的笑貌还在脑海浮现,李母撕心裂肺的哭声还在耳边回荡。两家本来相识,子女同上一所大学关系亲密起来,都为家里出了大学生骄傲。我越想心里越难受,好长时间打不起精神。教研室主任劝我说:"人一生中要经受各种考验,要有勇气面对一切。"辅导员要我"振奋精神化悲痛为力量",拿出我历次入党申请书,鼓励我用党员五条标准要求自己。李玉兰生前学习困难很大我是知道的,却没有主动帮助她,悔恨没有尽到老同学的责任。学校举办整党学习班,辅导员让我以群众代表身份参加。大家发言激烈,会场一片喧嚣,我默默无语。

母亲从沙市来武汉,带来一块红花牌手表作为我的生日礼物,我突然意识到自己成年了。母亲问我怎么得罪了老邻居沛江，我说那是眼睛惹的祸。他给我打招呼我没看见，我给他打招呼他就不理我了。有了这次误会，我意识到不戴眼镜不行了。李玉兰的小姨、妹妹和侄女也到了武汉，来学校清理遗物。第二天李玉兰在武汉的姐姐、姐夫也来了，我发现她们姐妹俩长得特别像。我和习忠平想陪同一家人上街，找辅导员请假。老师表扬我们做得对，顺便告诉我："党支部决定王道忠做你的中介人，将来就是你的入党介绍人。"我就像一个寻找革命队伍的人，看见党旗飘扬着向我召唤。我们沿着大街一路前行，李家人的脸上总挂着忧伤。她的姐夫到底是男子汉，强打精神和我们交谈。到了武汉长江大桥，我们在桥头堡合影留念。以后几天，女同学相继陪同李家人游玩。

李家人启程那天，老师和同学来招待所送行，辅导员安排我和几位女同学陪同上车。到了长途客运站，我们簇拥着李家人依依不舍。司机一按喇叭，李玉兰的小姨，一位通情达理的中年妇女，抱着赵华芳失声痛哭。大客车驶出了车站，我们回到校车上。上大学那天正是乘坐这辆校车沿着这条大道前行的，我不觉悲从中来，默默做了一首《心潮难平》：

卿卿生命曾几何？一簇硝烟上青云。友谊深长，虽不情。七八个春秋云和月，驰华北、跨中原，并肩齐步行。我的好战友啊！至今三月已流逝，心潮到底不能平。怎能平？总在我的眼前浮现，你的笑貌，你的音容。我要哭啊，一颗极度悲痛的心。愿借长空唤雨泣，呼风悲唱歌一曲。

16 党旗飘扬

有梅无雪不精神,有雪无诗俗了人。

——宋·卢梅坡

翻开刚到手的《牛津大辞典》,扉页上写着"该词典是西方一批资产阶级学者编写的,读者要带着批判的眼光使用";还引用了毛主席的语录"取其精华,去其糟粕"。

支部书记找我谈话,说学校派人"外调"去了,很快要开个特别会,要我做好准备,有哪些优点存在哪些缺点。得知党组织在对我进行政治审查,我既兴奋又紧张。特别会议很快召开了,三位同学介绍了各自的家庭历史、社会关系、个人成长史。辅导员兴奋地说:"相信在不远的将来,我们班有一大批同学成为共产党员。"接着改选团支部和班委,意味着现有的团小组就要解散了,我多少有些不舍。刘双柱总是认真地完成每一项任务,赵华芳一次又一次指出我工作中的不足,闫永林总是大胆地提出各种主张,刘海荣以姐妹般的热情关怀我,严协成敢于解剖自己,丁振国身为共产党员和团支部书记没有半点架子。选举结果很快公布,丁振国、杨堂荣、葛亚非当选团支部委员,何大顺、习忠平、徐学敏当选班委委员。干部子女葛亚非平时低调,学习优秀,可谓英语班的黑马。

党支部扩大会议,分四组推荐入党发展对象。四个小组一致认为我对党忠诚,能上能下,严格要求自己,保持劳动人民的本色。亲爱的党啊!亲爱的同志啊!你们的眼睛是雪亮的,我确实一个心眼向着党啊!当脖子上系着红领巾时,就立志长大做革命者;无政府主义弥漫时,我痛恨那些不法行为；看到大批青年不走正道，我为祖国的前途担忧。我鞭策自己努力奋斗，做社会的中流砥柱。辅导员把我叫到寝室兼办公室，向我宣布："根据你的一贯表现和同学们的反映，组织准备吸收你。"支部对我的鉴定是：坚持学习马列毛主席著作，对工作热情认真，能在生活上艰苦朴素，在运动中表现积极。在同工农结合时态度正确，劳动中哪里脏累就冲在哪里。不足还是斗争性不强，不敢开展批评。辅导员说："有些问题，如团结问题，开始没认识，认识到了仍没改正，这是主要问题。其次是团结面要广，还包括女同学，再就是书生气要改。"

党支部会议转达对我等三人的鉴定，指定我们重点学习党章的哪些章节。有人不同意"斗争性不强，学生气要改"这个顺序，认为书生气是我的主要问题，说我有"小资产阶级的情调和思想"。辅导员说："有朴素的无产阶级感情是对的，但说话写文章总爱表现就不好，要好好学习毛主席《反对党八股》那篇文章。"入党介绍人、党员同志、积极分子代表先后发言，我的优点是长期坚持看书学习，写读书笔记；对党和毛主席有朴素的感情，能较严格地要求自己；积极参加各项活动，批林批孔；与工农相结合，和工人师傅交心谈心；对工作认真负责，能上能下，毫无怨言；生活上低标准，艰苦朴素；关心同志，帮助同学；学习刻苦。我的问题是学生气太浓，要特别改掉；斗争性不强，还有工作方法的问题。写东西就是把问题摆清楚，不是炫耀自己的文笔，这就是别人反感的缘故吧？毛主席说"共产党的哲学就是斗争的哲学"，阶级斗争是你死我活的，要在斗争中取胜就得有战斗的虎气。我表示虚心接受意见，以新的姿态开始新的生活。党员举手表决，何大顺、葛亚非和我三人都获得通过。

总支委员赵忠其同志找我们三人谈话，以个人名义向我们祝贺，带领我们学习党章，告诉我们入党只是意味着工作更艰巨、担子更重，要求我们迎难而上准备斗争，更快地提高自己以适应党的需要，要求我们为党的事业奋斗终生。总支书记朱健香亲自找我们谈话，通报总支已经批准我们三人正式入党。朱老已过六旬，几十年南征北战，江山红了人老了，我们有责任把红色的江山接过来。我光荣地站在党旗下举起右手宣誓，成为一名无产阶级专政下的先锋战士。

支部交给我一项任务，做徐学敏和刘海荣同学的入党中介人。在此之前我以团小组长名义找两位谈过话，只注意到徐学敏工作大胆，没有注意到他的工作作风问题，被刘海荣尖锐地提出来。团小组会上两人为此还争吵过，刘海荣敢于直言，很值得我学习。我注意到思想工作要因人而异，出身工人家庭来自城市的同学眼界大，但不等于胸怀大，要引导他们踏实做人；出身农民家庭来自农村的同学朴实，受农村习惯势力的影响容易狭隘，要提醒他们摆脱这种束缚。元旦来临，我为校刊写了首《红心向党》：

红太阳的光辉，照亮我前进的方向；毛泽东思想，哺育我茁壮成长。革命的激情，拨响我的心弦，批林批孔的战鼓，伴我凯歌高唱。伟大的党啊，敬爱的毛主席，生活在社会主义祖国，多么幸福；为巩固无产阶级专政战斗，无上荣光。每时每刻，我不忘阶级的重托；每分每秒，我牢记党的期望。做无产阶级革命事业的接班人，这就是我崇高的理想。伟大的党啊，敬爱的毛主席，祖国前进我前进。做无产阶级专政下的先锋战士，我懂得：任重道远、征途漫长，我要永远听党的话，奔驰在毛主席的革命路线上。

隔着车窗往外看，还想着刚才的一幕：校车在武昌南站停下,我们排着队伍走向候车厅。列车就要启动了,前面还隔着大队人流,都说赶不上了。辅导员带来车站工作人员,我们从专用通道进站。谁给了我们这种特权?凭什么享受这种待遇?我们是大学生?我们被视为国家的人才?我想将来一定要好好为人民服务,才对得起人民对得起党。列车隆隆前行,我思绪万千,窗外夜幕降临。

  清晨,火车到达长沙站。崭新的车站,崭新的"五一"大街。我们坐上湖南省地质局的大客车,驶进湖南省委第一招待所,旅客佩戴着会议代表证。我们办理好集体入住手续,和会议代表一起围桌用餐。我突然想起姐姐一行不知到了哪里,担心二弟一人从郑州返回的行程。姐姐带着女儿前往青海探亲途径武汉,顺便到学校看望我。我带着姐姐母女找女同学帮忙,女同学争着让出床铺,在赵华芳床上过了一夜。北方已是天寒地冻,我叫二弟把姐姐母女护送到郑州。看着火车驶出汉口站,心里沉甸甸的,姐姐带着刚满两岁的女儿前往青海,到了郑州还要转车,二弟也就17岁,第一次出远门,返回全靠自己。

  我们乘车前往湖南第一师范参观,在那"百年魔怪舞蹁跹"的年代,青年毛泽东壮志凌云心忧天下,我勉励自己应当像毛主席那样生活。来到久仰的韶山冲,大家怀着崇敬的心情,细心观看毛主席旧居的一草一木。参观清水潭时,看到"船山学社",想起当年的毛泽东那么年轻,就利用这个学社建立了中国共产党湖南区委,我们感叹不已。站在橘子洲头,耳边响起《沁园春·长沙》。我们排好队伍前往岳麓山,经过"爱望亭",登上"云峰岭",迎面来了一群湖南大学的学生,热情地向我们招手致意。

  我们登上北上的列车,窗外的树木、田野、群峰像电影一样闪过。我心潮起伏,祖国多美啊!人民如此众多!我真是沧海一粟!已经21岁了还没有为祖国做任何事情,就成为共产党员,同毛主席比太惭愧了。返回武汉,收到高中班主任入党的来信,高中同学张仁珍、鲁觉凤和李玉英也同期入党。想起韩永利的一句话:明年春节,我们班可以开一个党支部会议。加上已经入党的几位同学,我们班不但可以组成党支部,而且是个较大的党支部。我赶往民生旅社打听弟弟护送姐姐的消息,父亲说二弟一路顺利,已经返回沙市。我赶往江汉路眼镜商店,领取了两月前定制的近视眼镜,从此我换了一副面孔。回到寝室,拿起《毛泽东选集》,一张纸片从书里飘落。捡起来一看是我的入党誓词,我看了一遍钉在床头课桌上。我突然感觉头晕,难道疾病来袭?原来是戴上眼镜产生的生理反应。

　　团组织生活会,学习有关党的知识,然后进行讨论。小组团员都很配合,我突然有种上阵指挥战斗的感觉。担任团小组长也是一种政治责任,我总是先自学一遍,把讨论的问题思考一下。这样战战兢兢,渐渐提高了主持会议的能力。连续两个晚上收听第四届全国人民代表大会召开的广播,每当《东方红》乐曲奏响时心情就异常激动。周恩来总理在政府工作中提出:到1980年建立起独立的工业体系,20世纪末在工业、农业、科学等方面达到世界先进水平。那时我才46岁,赶上了这个红火的年代。国家领导人都处高龄还在为全国人民绘制蓝图,这个时代的年轻共产党员应当勇挑重担,真想写封信向毛主席和周总理吐露心曲。

　　期末考试总是我逞能的时刻,此时却有了不同以往的想法。不仅要学好专业课程,政治理论也要学好,共产党员既要有工作能力,又要有政治头脑。这种意识如此强烈,即使大考临近还是放不下一部部优秀作品。笛卡儿说：读好书，好像是在同往昔那些极其令人敬重的著者在交谈。《牛牤》的主人公对敌人刚毅无畏，《钢铁是怎样炼成的》的主人公对共产主义事业忠诚。我贪婪地从中吸取精神营养，决心做他们那样无所畏惧的人。我沿着操场漫步，回想小说中的精妙词句，同学给我打招呼也没注意，听到有人在笑，扭头一看是赵华芳，她一定说我"又在发神经"。看完了《马克思的青年时代》我受益匪浅，马克思一旦看透了社会的邪恶和神学的虚伪，就毫不留情地与传统决裂，投身到社会的漩涡中去探索真理。联想到武汉地区的政治气候，感到社会的漩涡依然汹涌澎湃，习惯势力仍然十分顽强，党内斗争也没有停止，社会矛盾还很尖锐。年轻的共产党员一尘不染还不行，还必须向错误无情开战，才能真正发挥共产党员的作用。

考试后搞了个小型晚会，张建表演了数来宝，韩永定表演了武术，郭凡民吹笛子，孔繁津拉京胡，危鸣辉表演了京剧。大家不放过我，我和刘思经来了一段《深山问苦》。男同学起哄要女同学舞蹈，女同学跳起了《毛主席和各族人民心连心》。这是我们班的保留节目，我们百看不厌。男女领唱分别是我和葛亚非，我们再次合作。女同学翩翩起舞，晚会在《国际歌》声中结束。

早晨起来收拾行李准备回沙市，课桌上还放着赵华芳的收音机。我拎着收音机走向女生寝室。她也在收拾行李，开口便问："你的收音机修好啦？还没有修好。你留着用吧！反正寒假我也没时间听！"这是一部"红灯牌"七管无线电收音机，远非我安装的可比，我连说谢谢。她说应当感谢我长期以来在政治上对她的帮助，很欣赏我坚持写日记的好习惯。听她如此说，我跑回寝室拿来日记本。她翻看了几页，拿起笔写起来：

日记是一个人一生中战斗的记录，她记载着你遇到了多少困难，在人生道路上取得了多少胜利。管新平同志，希望你努力奋斗，实现自己的誓言，为伟大的共产主义事业战斗到生命的最后一分钟。

放寒假了，孔繁津要去沙市看望李玉兰的母亲，我带着他和习忠平赶往民生路搭上顺风车。卡车沿着国道前行，原野上分布着星星点点的雪片。刚下过一场大雪，天气晴冷。经过五个多小时的行程到达沙市，三人一起前往看望李玉兰的母亲。第二天上午陪同孔繁津游览荆州古城，下午应邀在李母家做客，碰见前来看望李母的高中同学。饭后，我们前往看望李玉兰的小姨，小姨悲喜交集。我们一起前往殡仪馆安放骨灰盒，李家人见来了这么多同学，表现出难得的坚强，只是默默地流泪。

小学同学聚会是每次回家必须的事情，大家要我做一首诗。我要和小资产阶级情调决裂，既没有做诗也没有长篇大论，给大家来了个思想汇报：自己虽然是大学生又是共产党员，但还是个涉世不深的学生；你们已经是工人阶级的一部分了，在为国家创造财富了，我应当虚心向你们学习。大家夸我变化大，侯建安说："你总算把书读出来啦！读书是好事，就怕成为书呆子。"

寒假很快过去，我乘坐农业机械厂的货车返回武汉。一路上，思绪还停留在故乡的土地上，做了一首《家乡颂》：

巍巍宝塔耸入云端，滚滚长江奔腾在身旁，啊！这就是沙市——我可爱的故乡。迎着红火的朝阳，信步走在北京路上。清洁的街道，宽阔的马路，人人喜气洋洋。团结、安定，领袖的教导，似春风吹进江城，温暖着人们的心房。

走进了一家百货商店，把地方产品浏览。同志：这是荆江牌水瓶吗？是啊！它畅销五大洲四大洋。那是鹦鹉牌床单，运往亚洲、非洲，还有拉丁美洲。我知道那是石英玻璃，工人阶级有志气，砸碎苏修经济封锁的围墙，自己造出玻璃王。这些都是我们自己造的，怎不叫人吐气扬眉满心欢畅。就在这小小的江城里，蕴藏着勤劳人民的智慧，无穷宝藏。大年初一早晨，共青团员送肥下乡，这是团市委的号召，以革命精神破旧俗立新风，向习惯势力无情宣战。一车肥料一车粮哦，贫下中农喜心上。工农同把丰收美景绘呀，春耕的号角震天响。沙市"七二一"工业大学，以蓬勃生气成长，那些工人学员，来自工厂回到工厂。校园扎在工厂里，老师是富有实际经验的师傅，车间就是课堂。这些学员都是经过挑选的党员团员复员战士，个个斗志昂扬。走上海机床厂的道路，这是社会主义新型大学的方向。车轮在奔驰，尘土在飞扬。我离开了故园，又迎接新的一章。美好的回忆，久久地在脑海荡漾。啊！沙市——我可爱的故乡，每当我回到你的怀抱，胸中总激起幸福的波澜。因为呀，你天天在变，年年换装，犹如一颗明珠，镶在江汉平原绿洲上，把祖国的江山，装点得更加妖娆、好看！

我在武胜路下了车，躲进尹春荆家避雨。雨越下越大，我住了下来，一边看电视一边聊天，讲述沙市的人和事。清早起来雨停了，我告别春荆向学校走去。刚进航空路口，一人焦急地迎上来，说他出差来武汉钱包被人偷了，向我借一元钱发电报。我拿出一元钱来，他要我留下地址还钱用。我说自己还是学生没单位，他要把钱退还给我。我连忙跑开，他冲着我的背影连说谢谢。回到寝室，我立即写了一份思想汇报《生命的意义》。尹惠玲路过寝室，看见桌上放着《家乡颂》又是一阵称赞。来自沔阳的大个子女同学特别欣赏我的文采，她第一个

发现我爱写诗，第一个把我写的诗拿去传抄。

著名学者杨遵义教授到了武汉，用英语讲授外力地质作用与内力地质作用。杨教授还是国务院学部委员，是绝对权威，我们提不出任何难倒他的问题，只是涉及地质专业名词时，他常常问我们用汉语怎么表达。开始以为他在考我们，后来才知道他是真不知道。杨教授早年留学美国，专业术语是通过英语掌握的。他一口英语流利地道，令我们神往。他从不跟我们讲汉语，即使课外也讲英语。

学校组织学习中共中央《关于学习无产阶级专政理论》的文件，以及《人民日报》社论和姚文元①《论林彪反党集团的社会基础》。文章引用毛主席的最新指示：我正式劝同志们读一点书。接下来的日子，学校组织我们收听大庆油田先进事迹报告，一个铁人倒下去，千万个铁人站起来，我充满着对石油工人的崇敬。电影《创业》讴歌大庆人的艰苦创业精神，石油工人王进喜为了甩掉"贫油国"的帽子，发出"宁可少活二十年也要拿下大油田"的豪言。在设备不足的情况下，带领工友们跳进泥水池，顶着漫天飞雪用身体搅拌泥浆，被誉为"铁人精神"。大庆的经验千万条，归结起来就一条：干社会主义就是要大干！大干了还要大干！有条件要上！没有条件也要上！他们才是我们社会的中流砥柱。

姐姐带着女儿从青海返回，还是住在女生寝室，还是赵华芳帮的忙。因旅途疲乏的缘故吧，两岁半的侄女夜里尿了床。姐姐拿起床单去洗，赵华芳一把夺过不让姐姐洗。我把姐姐母女送到长途车站，姐姐神秘地问："小赵是你女朋友吧？

---

① 姚文元：男，浙江诸暨人，"四人帮"成员之一，林彪、江青反革命集团案主犯。

你们班的女同学真好！"我真没有考虑过这个问题，班上好像也没人考虑，戴眼镜的同学越来越多就是证明。辅导员发现了这一现象，强调加强体育锻炼。我们班从来雷厉风行，到点就走出教室搞体育锻炼。有的打篮球，有的打排球，有的打乒乓球，我偏爱乒乓球。学校收拾出一间教室，安放了一张球桌。我整理好当天的课堂笔记，赶到乒乓球室，几个女同学已经打了起来。我转身要走，一位同学叫住我说她累了，把球拍递给我。我接过球拍打起来，只听见乒乒乓乓的声音，才发现其他人都走了。想起姐姐的嘱咐，感到脸上火辣辣的。

巴黎公社成立100周年纪念那天，我读完了《政治经济学》，对政治的重要性有了新的认识。一个坚持无产阶级政治的人，一定要摆正政治与业务的关系，既要懂得政治对无产阶级的重要性，又不能放松业务工作。党支部会议对入党积极分子重新排队，决定把杨堂荣、刘思经和陈忠华列为重点培养对象。我向辅导员请教怎样考察入党积极分子，他拿出赵华芳的思想汇报给我看。她在汇报中谈到破除法权思想的问题，我带着请教的想法找她谈心。漫天星辰，远处的景物清晰可见，我们坐在操场边的长凳上，一起回顾走过的大学生活，一种难舍的情感涌上心头。

辅导员带领我们收听《论对资产阶级的全面专政》，文章充满了火药味，我们仿佛听到了战斗的号角。联想头天晚上的电影《列宁在一九一八》，我感到在中央层面无产阶级与资产阶级的斗争十分激烈。中央人民广播电台电告董必武同志逝世，我为失去一位党的创始人感到痛心。老同志相继去世意味着年轻一代共产党人的担子在加重，这就要求誓为共产主义事业奋斗的年青一代要迅速成长，把革命的红旗举下去。辅导员传达了全国恢复建立工会、共青团和妇联的会议精神，重点谈了恢复共青团的问题。会议说这是一项非常重大的问题，关系到千百万革命事业接班人的健康成长。团中央号召青年人晚婚晚育，辅导员结合我们班的实际，严肃指出已经有了不好的苗头。会议气氛严肃，通报了两位同学恋爱的事，有人提议对这种行为进行批判。辅导员征求党员同志的意见，大家面面相觑。辅导员要我表态，我还没有想好该怎么说又不得不说，只好把心里想的说了出来："这件事今天看起来好像是件很大的事，几年后再来看就是件很小的事，甚至不是什么事，我觉得进行一下批评就可以啦！"辅导员抬头望着大家，问其他几位党员怎么看这个问题，大家表示赞成我的意见。

政治学习，围绕对资产阶级实行全面专政的问题学习马、恩、列三十三条，讨论如何防止资本主义复辟。讨论过程严肃认真，有人预测中国革命可能会出现曲折，可能会发生战争，可能会出现更激烈的路线斗争，甚至出现资本主义复辟。大家认为只有经历了这些曲折，宏伟的目标才能实现。我们多么希望伟大领袖毛主席活上一百多岁啊！他老人家带领全国人民继续革命，才能保证我们党不变色、国不变修。我阅读了《马克思主义哲学原理》，对当前的一些社会现象有了新的认识。我越来越体会到革命理论的重要，共产党员不能仅有对革命事业的忠诚，还必须掌握马克思主义的思想方法，才能有清醒的头脑去识别非马克思主义。

杨遵义教授结束了地质英语课，给我们搞了一次学习总结，提出了许多具体要求。他也强调语音和语调训练——只有表达正确才能使人明了，提倡我们多说以提高表达的流利度，要我们注意语法和拼写，要我们多读原文。他提倡大家做英汉倒译训练，说这种方法"好处良多"。我把英文课堂笔记交给他批改时，他说我的课堂笔记起了"雪中送炭"的作用。我取回笔记本时，教授客气地说："对不起呀！没有征求你的意见，就引用了你的材料。"老师引用学生的材料还如此客气，我受益匪浅。教授提倡倒译训练，就是对我的做法的肯定。教授的意见具有权威性，教研室主任立即召开会议，把最后两个月的学习做了调整，强调把重点放在会话上。主任严肃地发问："为什么我们很努力而成效不大呢？"她认为脑子里没有词是主要原因，强调反复套用新句型直至熟记在心。积累多了就能随时应用，不能把反复套用视为死记硬背，批评我们总想创造新句型，养成了中国式英语坏毛病。主任明确提出：学习外语要老老实实地学，不能用学习物理或数学的方法。要我们在会话上加强训练，平时多说英语，用英语发言时要有发言稿。

宣传委员向我约稿，我写了一首《欲奔有感——献给一九七五年"五一"劳动节》：

红心啊，激烈地跳荡；热泪啊，欢快地流淌；欲展翅的雄鹰啊，在江城放歌高唱。千里江汉披金光，万里长江翻洪浪。天多高啊地多广，任鹰击长空展翅翱翔。多少年多少月啊，心底里珍藏着崇高的理想。四海为家干革命，为祖国的更加富强，贡献出我们的全部力量。今天啊，我们就要毕业了，终于迎来了幸福的时光。笑脸呀，飞上了脸膛；热泪呀，滴湿了衣裳。只待党一声召唤，我们即刻奔赴祖国的山南海北、四面八方。看！北国的风雪在向我们飞舞，大庆红旗哗哗响。听！南海的波涛在向我们激扬，西沙的波涛卷巨浪。欲登程的战士，心潮翻滚思绪长——。中国革命的伟大航船啊，在毛主席的指引下，闯过了一个个激流险滩。看继续革命的洪流奔腾向前，前面还有无数狂风恶浪。怎样保证我们党不改变颜色，要坚决铲除育修的土壤。造成资产阶级，既不能存

在，又不能再生长的条件，这个无比艰巨的重任，历史地落在了我们肩上。我们要搞清楚，为什么要对资产阶级专政，叱咤风云，杀向反复辟的战场。用共产主义精神统帅生命，用满腔的热血，迎接共产主义的曙光！

17 留校对象

莫言举世无谈者，解语何妨话片时。
——清·曹雪芹

夜幕降临，两辆吉普车在夜空下穿街过巷。学院指定四位学生配合专政机关执行一项特殊任务，我乘坐的车上还坐着湖北省公安厅老夏，地质学院政治部主任王良，工宣队老王和保卫科干事老任。吉普车停在武昌南站，我们登上北上的列车。北京地质学院四个红卫兵头头被羁押在秦城监狱，上级决定转送武汉。省厅老夏要求既要保持高度警惕又要以礼相待，可以跟护送对象适当说话，但要避免敏感话题；绝不允许逃跑，千万防止自杀，还要防止胡闹；火车行驶过程中要严密注视车窗，上厕所不能关门，到站下车要走成三角形；避免与无关人员接触，不接受任何人送的东西，尤其是吃的。老夏强调遇事要冷静，发挥主观能动性。一股激情在我胸中涌动，这就是我向往的风云雷电般的战斗生活。

吉普车沿着一条林荫道驶进秦城监狱，公安部门的同志带领我们走进会议室。内侧门里走出一位学长模样的年轻人。首长示意他坐下，语气平和地说："你来这里已经几年了，问题也交代得差不多了，现在决定放你出去。你们学院已经迁往湖北，你的同学从湖北来接你。出去后要配合学院继续交代，争取宽大处理！"年轻人朝我们四位同学看了看，顺从地跟着第一护送小组走了。侧门又开了，走出一位神色慌张的年轻人，听到宣布他出去，激动地挥拳高呼："毛主席万

岁！共产党万岁！我自由啦！"第二护送小组把他接走了。进来的第三位年轻人高大健硕，还未宣读完就怒吼道："你们这伙法西斯的暴徒！无缘无故把我关押了七八年！"有人敲打桌面要他住嘴，年轻人扬起手大声呵斥："你们这伙披着马列主义外衣的法西斯暴徒！"两位工作人员将毛巾塞进他的口里，拧起他的双臂架出会议室。第三护送小组跟着出去，首长示意我们小组也跟上，我们上了吉普车，一路尾随到前门火车站。

返回秦城监狱，去食堂经过一座人造假山，水柱不停地喷向天空。饭后回到会议室，内侧门里走出一位很有派头的年轻人，首长说什么他都点头。我迎上去自我介绍，他顺从地跟着我上了车，身后跟着政治部主任王良和工宣队的王师傅。吉普车启动了，他从包里翻出一本地质学书籍。北京站有人前来迎接，引领我们进到软卧包厢。我面朝前方靠窗坐着，面对着红卫兵头头，王良同志和王师傅分别坐在门边形成包围。乘警不时走过我们的包厢，更增添了行动的神秘感。红卫兵头头主动和我攀谈，打听学院搬迁的事。我们一路平安，顺利到达武汉。

这期间学院接受了071工程①的一批英文资料，英语班正在紧张地翻译。武汉钢铁厂从德国引进冷轧技术，一批工程资料急需翻译，省委发文把任务分解到武汉地区有关院校。这个工程是毛主席亲自批准的，我们怎能袖手旁观？学院把翻译这批资料作为英语班的毕业实习，任务早已分配完毕，赵华芳把她的资料给了我几页。第二批资料到来时，全班重新编组，我和赵华芳及习忠平分在一组。我同时参与监护工作，监护室设

---

① "071工程"是武汉钢铁厂从德国引进冷轧技术的代号。

在英语班寝室的楼下,除四个出差北京的同学外又增加了人手。我们小组看护的红卫兵头头是湖南株洲人,就是在秦城监狱发怒的那位。他要看马克思和列宁的著作,经领导同意后我到图书室帮他借书。我禁不住问:"都说你是反革命分子,我怎么觉得你不像?"他对我讲起他的身世、他的思想,一些道理闻所未闻,我逐渐改变了对他的看法,向他请教马克思主义的一些基本理论。我们越谈越投机,后来把监护当作一件愉快的事情。我把《论对资产阶级的全面专政》给他看,他边看边笑。我问笑什么,他说:"要警惕那些喊着革命口号的人!中央就有这样的人!"我问是哪些人,他笑而不答。我一再追问,他说:"过几年你就知道了,口号喊得越高的人越危险,事物往往就是这样的。"电影《新闻简报》播放毛主席会见朝鲜领导人,毛主席和金日成握手时眼睛半闭着,还张着嘴。我把这一幕讲给他听,他听得十分认真,却一言不发。

我们乘坐82次列车到达河南确山,部队首长亲自到车站迎接,用军车把我们接到822073炮团驻地。解放军同志热情地接过我们的行李,带着我们走进营房。我们所在的驻地属于第一营,全班同学分别编在三个连队。有位武汉人热情地称呼我们"老乡",我说要不是血吸虫病我可能早就是军人了。他说还是上大学好,如果想参军可以留下,至少可以当上排长。军营里不时响起军号声,我们身着军装出行。正是农忙时节,参加了几次田间劳动,战士们总把轻活留给我们,口口声声称我们"大学生同志,国家的人才"。

我们每人领取一杆自动步枪,卧在沙袋上训练射击,一扣枪机枪膛就猛烈抖动。"独眼龙"副团长亲自做教官,这位首长解放战争时期失去一只眼,仍然是全团第一神枪手。他叫每人找来一粒小石子放在枪管上,屏住呼吸训练扣枪机,谁练到稳住石子就奖一粒子弹。我十多分钟就掌握了要领，扳动枪机时只有"扑"的声音，小石子稳住了。安装收音机调节基极电流必须轻微移动手指，这一指尖技巧发挥了作用。我连试几次石子都没掉下，兴奋地举手示意。教官走近我蹲下检查，我连续扳动枪机几次石子都稳住了，教官奖给我一粒子弹。我把子弹推上膛，心"突突"跳起来，团长鼓励我稳住。我屏住呼吸，把握要领，"扑"的一声子弹飞出去，教官一声高喊："八环！"首长说："没想到你这个近视眼还不错！"实弹射击时，每人发九发子弹，我发发命中，得69环。教官夸奖说："如果不是近视眼，不戴眼镜，你的成绩一定更好！"

部队召开联欢会，我们班出了两个节目，一个舞蹈《毛主席和各族人民心连心》，一个革命样板戏《智取威虎山》中的《深山问苦》。表演集体舞时我和葛亚非进行男女二重唱，表演《深山问苦》时，刘思经扮演少剑波，我扮演李永奇。武汉老乡说我的一段京剧盖过了所有节目。我还代表全班朗诵我写的《史诗篇：为第一次试靶而作》：

嗵！八环；我手中的钢枪，射出了第一发子弹。枪声已在山谷消逝，心儿却仍在跳荡。望着手中的钢枪，心潮起伏思绪长——，我仿佛看见，解放战争硝烟弥漫，我们英雄的炮连，冲杀在各个战场。一发发复仇的子弹，呼啸出膛。敌人的尸体，躺遍了塔山阻击战场。天津的洋楼上，英雄连队的战旗迎风飘扬。我们的炮声响了，解放隆化的号角震天响。我看见那，炮连的队伍，英姿飒爽气昂昂，接受伟大统帅的检阅，驱策着战炮，驶过天安门广场。啊！英雄的连队，壮丽的篇章。生活在你们中间，紧握战士的钢枪，怎能不心潮激荡。我要努力练啊，练好本领保国疆。为了巩固无产阶级专政，时刻紧握手中枪。刺刀出鞘，子弹上膛，时刻准备，用生命的血,再谱英雄华章。

烈日当头,酷热难熬,站台上挤满了人。我们肩背行李,随着人流往上挤,出了一身大汗。隔着车窗往外看,部队首长还在向我们挥手。我只觉眼前发黑,头发晕,大汗淋漓,闭上眼睛伏在桌上。听见老乡扒着车窗叫卖,睁眼一看是甜瓜,赶紧买了一个。吃下甜瓜,难受的感觉就消失了。我把车上发生的不适描述给校医听,大夫说是中暑现象。学院已经更名为武汉地质学院,定址武昌南望山。破土动工那天,英语班全体学生参加了奠基仪式。说毕业就要毕业了,同学都说我是留校对象。不是说我们的培养目标是翻译吗?不是说还有出国工作的机会吗?辅导员果然征求我对留校的意见,我说不想留校。

"人家想留校还不行,你家在沙市,回家方便,父亲又在武汉,可以常见面。听说你在武汉有女朋友!"辅导员没有责备的意思,我说真没女朋友!

"有也没关系。"他话题一转,"你对自己要求严格,身上有很多优点,我给你写评语时都难找到缺点。你的政治水平高,很适合搞政治工作,留校后可以先做学生工作。"听到这里我不再犹豫,明确表态不愿留校。

"你有什么意向?"辅导员问。我说只要分出去就行,心里想的是北京地质部,朱罗琳老师说我很适合做翻译。

"到外面生活不习惯,水土不服怎么办?"

"只要是有人的地方,我就能活下去。"

"如到其他院校呢?"

"越远越好!"

我满腹心事地走进操场,不少同学躺在草地上聊天,都在猜测自己的去向。听说长春地质学院不错,我从地上爬起

来，跑到寝室打开地图，从武汉到长春跨越大半个中国，途经无数城市，我的心动了，加之天气酷热，渴望早日离开"火炉"①。分配方案很快出来了，政治部主任王良宣读国家计委地质局《关于武汉地质学院英语班的毕业分配方案》：六位同学去成都，六位同学去河北，四位同学去长春，十二位同学留武汉。已经公布了去向，还是要求每人填写志愿。我望着表格上的第一志愿栏，毫不犹豫地写上"长春地质学院"。表上有个留言栏，我写上：事业的需要就是我的自愿，党指向哪里就奔向哪里！

　　支部大会通过了刘思经和陈忠华的入党决议，却没有本组的赵华芳。我主动找她谈心，鼓励她毕业后继续努力。天气酷热，知了鸣叫不停，我们并肩坐在长凳上。她说大学几年来我对她的帮助很大，要我今后继续帮助她。我向她征求意见，她提醒我今后要注意的问题。说到上次谈心的事，她说后来想起来觉得态度不好，不过还是不应过早谈论这个事，肯定要影响学习的，到现在分配给组织上要照顾多不好。她说得在理，我连连点头。三年来还是建立了一些感情的，以后可以通信继续谈工作体会。

　　母亲回信说父亲长期在武汉工作，要是留校还可以做个伴。姐姐在信中说长春太远，生活、饮食南方人不适应。我觉得自己在南方生活了二十二年，再到北国不是更有乐趣吗？姐姐在信中说："你现在还年轻，有些东西还抱着幻想，你接触了社会就会后悔的。"家信搅起了我的思绪，难道我是个经不起曲折的人？以前的豪情壮志哪去啦？志在天涯只是一种虚幻吗？真是青年人的狂热？武汉的伏天酷暑难熬，身下的凉席

---

① 中国的重庆、武汉、南京夏季特别热，被称为"三大火炉"。

浸透着汗水。我辗转反侧难以入眠，赵华芳的影子在眼前浮现，她的话语在耳边回响。我努力回忆她的每一句话，像是诀别像是嘱咐。我从未对一个女同学这样推心置腹，也从未有哪位女同学这样真诚待我，一种难舍难离的情感涌上心头。

天亮了，我早早地起来收拾，蚊帐已经脏了，卸下来去洗。迎面碰见赵华芳，她一把夺过蚊帐走了。望着她的背影心里一阵难受，通信也许会加强我们之间的友谊，那必定是件痛苦的事。英语班全体会议，正式宣布省委下发的分配方案。刘达明老师为我没有留校愤愤不平，朱罗琳老师甚至直言："你的学习这么优秀，为什么不留校？我找领导说理去！"我告诉两位老师："不是学校不留我，是我不愿留。学校处在重建时期，留校也是荒废学业，不如去长春地质学院，一去就投入教学，对自己的发展更有好处。"两位老师恍然大悟，提醒我那里的生活很艰苦，要有思想准备。朱罗琳老师说："到时我给你寄挂面到长春去！"

回到寝室展开中国地图，沿着武汉看过去，有两条前往长春的路线，一条经北京，一条经上海。从武汉出发，沿着长江到达南京，再乘车去上海，顺便游览苏州杭州，从上海乘海轮去大连，从大连乘火车去长春。我的旅行计划一公布，长春成了大家向往的地方。刘双柱提出和我交换，方案是经省委宣传部批准的，辅导员说不能随意改变。我的乐观精神感染了同去的几位同学，都决定走上海路线。学校发放派遣费，大家开始收拾行装。我约赵华芳到校办工厂门边的大树下，找到一块阴凉的草坪席地而坐。她讲了些留校使她苦恼的事情，我嘱咐她要处理好对人的问题。她语重心长地说："我相信你将来会处理得好的。"地理将把我们分开，我拿出准备好的毕业照片给了她，她也拿出毕业照片给了我，相互表示保持通信联

系。毛主席在陕北公学成立大会的演讲中说：要造就一大批人，这些人是革命的先锋，这些人具有政治远见，这些人充满着斗争精神，这些人是襟怀坦白的、忠诚的、积极的、正直的。这些人不谋私利，唯一的为着民族与社会的解放。这些人不怕牺牲，在困难面前总是坚定的、勇敢向前的。这些人不是狂妄分子，也不是风头主义者，而是脚踏实地富于实际精神的人。中国要有一大群这样的先锋分子，中国革命的任务就能够顺利地完成。我把这段话抄下来送给她，鼓励她早日加入中国共产党。

毕业座谈会设在食堂，往常的餐桌铺上了白布，摆满了糖果水果。徐书记代表学校领导讲话，然后自由发言。留校的同学表示谦让，要分配出去的同学先讲。在大家的起哄下，我代表长春组发言。我说三年的大学生活给我留下难忘的记忆，我从同学们的身上学到了许多宝贵的东西，促进了自己的成长。会场气氛热烈却很嘈杂，我不断提高嗓门还是被嘈杂声掩盖。本想多说几句，不少同学已经喝起啤酒，就结束了发言，反而得到了大家的称赞，有同学说："这样发言才对！"其他几组的代表也做了简短的发言，他们的发言也不时被碰杯声和呼喊声打断。各路代表讲话后，我们走到操场的草坪上全体合影留念。

刚刚举起酒杯，来了两位特殊客人，一位来自长春，一位来自成都。两位老师是来湖北招生的，顺便赶来迎接我们。特殊客人的到来如同锦上添花，已经热烈的场面更加热闹。辅导员把长春的老师安排在我身边，老师举杯向我们表示祝贺和欢迎，然后滔滔不绝地讲起来。他说长春是个开放的城市，长春人的精神面貌很好，长春地质学院的主体建筑是一座巍峨的宫殿。外语教研室有23名教师，有位老师正在国外学习。得知我们四位同学要去,大家都在期盼着我们,已经把课程安排好了。教研室主任出身工人,思想觉悟很高,教研室有八位党员。老师坦诚长春气候严寒,生活比较艰苦,南方人可能不太适应,要我们有所准备。

分别的时刻到了,不知何日再相见,大家互相说着惜别的话,仿佛有万语千言。学校有辆大卡车前往沙市留守处,荆州地区的同学又赶上了顺风车。第一个学期放假赶上顺风车,最后一个学期又赶上顺风车,都说真是巧合。两次的感受却大相径庭,那一次刚刚步入大学,沉浸在成为大学生的亢奋中。此时毕业了,各奔东西,都带着无限的眷念。老天爷的心情和我们一样抑郁,飘着蒙蒙细雨,天地之间一片迷蒙。虽是夏日,敞篷卡车在风雨中疾驰,阵阵冷雨淋在身上还是凉飕飕的。身边的赵华芳紧紧地抱着两只胳膊,似乎抵御不了凉风冷雨。我脱下自己的外衣给她披上,她倔强地不肯接受。我把衣服强行披在她身上,拉住两只衣袖在她胸前打了个结。她还想挣脱,朱德玉大声说:"你就披上吧,小心着凉啦!"喊声在风雨中飘荡,我从内心感激,到底是我的入党介绍人。后来我才知道,那天赵华芳已经感冒了,回家就病了一场。校车经过仙桃,仙桃的同学下了车。校车经过潜江,潜江的同学下了车。一到沙市,我们立即赶往李玉兰母亲家。李母见到我们悲喜交集,留下两位女同学在家住下。

第二天一早,我和习忠平陪着两位女同学去看望李玉兰的小姨,小姨带着我们赶往殡仪馆。一见到李玉兰的骨灰盒,两位女同学发声大哭。出了殡仪馆,来到繁华的北京路,在沙市饭店前合影留念。母亲设家宴邀请两位女同学,习忠平作陪。母亲见到两位女同学高兴得合不拢嘴,悄悄问哪个是我的女朋友。姐姐小声说肯定是小赵,我说哪个都不是。姐

姐说我不懂,人家跑到来干什么?我说是来看李妈的,姐姐不信,悄悄往赵华芳手里塞东西。赵华芳不肯收,两人僵持了好一阵。我和习忠平把两位女同学送到长途客运站,李玉兰的小姨也赶来送行。司机按响了喇叭,小姨抱着赵华芳又哭了一场,两位女同学才和大家握手告别。我第一次和女同学握手,突然意识到自己不再是学生娃娃了。我们目送着大客车缓缓驶出车站,两位女同学隔着车窗向我们挥手。

18 泛舟朝宗

君不见黄河之水天上来,奔流到海不复回。

——唐·李白

东方红10号轮船从武汉港顺流直下,八月的扬子江白浪滔天,唤起三年前乘坐东方红38号轮船的回忆,觉得生命不是像风云雷电,它就是风云雷电。五等舱是大统舱,有人打扑克,有人下象棋,有人吞云吐雾。我们租借了两床凉席,铺在船板上吃起干粮来。夜幕降临,我们躺在凉席上仰望闪烁的星辰,耳听连绵的涛声,不知不觉睡着了。凉风把我们从梦中唤醒,才回到拥挤的舱房。清晨起来,轮船经过当涂,唐代大诗人李白长眠的地方。我拿出《李白与杜甫》,朝当涂岸边遥望,仿佛看见李太白的身影在天水之间浮现。

前方出现了雄伟的南京长江大桥,这是中国工人阶级自己建造的大桥,没有靠苏联专家,我们为之振奋。踏上久仰的六朝古都,找了几家旅馆均不是房价贵就是客满。天渐渐黑下来,路边有个浴室旅社,服务员非常热情。洗了个澡轻松了许多,我们找到一家饭馆一人吃了一碗面。我们沿着大街观赏南京夜色,高楼上霓虹灯闪烁。经过和平电影院,天完全黑了,看了一场《沂蒙颂》。习忠平兴奋地说:"除了你和我,谁知道我们在这里!"

早晨离开旅馆,乘公共汽车到达玄武门。前头没有了公交车,只得徒步前行。一路风景如画。太阳当顶,到达中山陵,我们浑身是汗,找到一个阴凉处休息。吃完随身携带的烧饼，继续前行，一步一个台阶走到中山陵最高峰。别了中山陵，先去灵谷寺，再去明孝陵。人烟稀少，四周寂静，偶遇游人，大家热情地互相招呼。晚上，我们乘坐305次列车离开南京。

凌晨到达苏州，条条别致的街道，栋栋古老的建筑，座座矗立的石塔，在朦胧夜色中如梦如幻。难怪人说：人生一场，不到苏杭，死了冤枉。城市慢慢喧嚣起来，街道上跑起了公交车。我们乘车向虎丘驶去，在终点站下车，进了一家餐馆。等待炸油条时，我伏在桌上睡着了。醒来时，习忠平说我睡了半小时。前头没有了公交车，我们又得步行前往。行有半小时，来到闻名遐迩的名胜虎丘。林木葱茏，古刹深深，我们站在云岩塔下感慨万千。

我们马不停蹄，有车坐车，无车步行。赶往怡红院，瞻仰抗金名将梁红玉故居。一尊塑像威风凛凛，果然巾帼不让须眉。狮子林里假山石千姿百态，到处拥挤着游人。许多人在排队照相，我们也来了个合影，留下邮寄地址：吉林省长春市西朝阳路长春地质学院基础部外语教研室。饭后，先是坐车坐了一程，后又一路步行，来到寒山寺。寺院破败凋敝，游人寥寥，只见古树，未见寒鸦。守园人说政府准备对寒山寺进行修缮，过几年就会大变，那时就要收门票了。出了寒山寺，一路步行，观看城市夜色。苏州太美了，哪里都是一片风光。

列车半夜到达上海，只见灯火辉煌，果真是不夜城。在车站旅社办理入住手续，躺在床上丝毫没有睡意，我索性走出旅店，发现还有公共汽车，于是上车兜圈子观赏上海夜色。清晨五点离开旅店，乘车前往北海路沙市驻沪办事处，把父亲委托的信件和土特产送给了两位沙市叔叔，然后乘车到南京路。高楼林立，人流如潮，男男女女衣着时尚。路边有卖油条的,我们赶过去排队,队伍很长却动得很快,原来上海人吃得少。走过无数城市,唯独上海有半两粮票。进了全国最大的百货商店——上海第一百货,我们不打算买东西,只是看热闹。一楼大厅有人排队测量体重,我们好奇地走过去。服务员叫我站上去,电子称翻出一片小纸条,印着我的体重,三条抛物线显示智力、情感和健康。上海大世界号称全国最高建筑,站在楼前往上看,脖子仰得高高的,有人说仰头往上看帽子就会掉下来。楼前草坪上许多人排着长队拍照,我们也凑了上去,又留下了长春收信的地址。下午住进延安路西安旅社,服务员看了派遣信,得知是大学毕业生,对我们格外热情,详细指点万字路。我们顺利地找到了中国共产党第一次全国代表大会旧址。坐在"一大"旧址会议室里,倾听录音解说,心情格外激动。作为伟大的党的一员,我应当怎样做才无愧于这一称号?西郊公园已经停止售票,我们一番说服售票员才放行,嘱咐我们按时出园。走马观花跑了一圈,看到了许多从未见过的飞禽猛兽。

晚上十点来到码头购买去大连的船票,大厅里人头涌动,工作人员要求旅客十人一组编号,我们派代表排队减少疲劳。前面已有七个组,我们加入到第八组。轮到我排队时,前面一位上海青年穿着被湖北人视为奇装异服的绑腿裤。我原不想搭理他,发现他谈吐不凡,便和他攀谈起来。听说我将成为大学教师,他伸出大拇指。我觉得时机成熟,道出了心中的困惑:"我从来就敬佩上海和上海人,可是你们怎么穿得像外国人一样?"青年甩了一下头发,提高嗓门说:"外国人有什么了不起!他们能穿我们就能穿,还要比他们穿得更好!"上海青年的表白令我愕然,我们鄙视上海人的生活方式中,原来他们却闪耀着爱国主义的光辉,我为自己的孤陋寡闻惭愧。正说着已经排到窗口，只剩下三等以上的舱位。去大连还有三天，我们赶往西藏路，买好去杭州的火车票。我躺在旅店的床上回想七天来的行程，闯南京，游苏州，逛上海，人是累一点，心情却很愉快。这次旅行是人生的新起点，身边没有父母，没有老师，我们还是有些忐忑，担心船票、火车票、住宿等问题。这些担忧一个个排除了，现在只剩大连到长春的车票没到手。因为缺少经验，我们旅途上也遇到过一些麻烦。这些天来遇到一些走南闯北的人，有的家在南方工作在北方，有的家在东北工作在广东。这些人心胸开阔，谈吐不凡，感染了我，坚定了我四海为家的信念。这些人阅历丰富，滔滔不绝，地北天南，令我钦佩，也为自己成为这类人而欣慰。

我们乘夜班车到达杭州，天亮赶到西子湖边。三潭印月附近有个茶市，一杆小旗随风飘动。我们要了茶叶蛋和龙井茶，坐在茶市里品尝起来。沿着苏堤前行，碧波荡漾，清风阵阵。过了苏堤，来到岳王坟，民族英雄岳飞的塑像威风凛凛，秦桧夫妇双双跪地，风波亭的冤屈再次刺痛我的心。灵隐寺里烟雾缭绕，香客多过游人，我们在大雄宝殿前合影留念，又一次留下长春的地址。一路走来，不知不觉有了长春人的意识，湖北的岁月成为记忆。中午时分，我们拿出饼干吃起来。前方叫"九溪十八涧"，路人说还很遥远，又没有公交车，劝说我们不必前往。我们兴致正浓，哪里听得进去。道路越来越狭窄，山峰越来越峭峭，烈日越来越毒。我走得浑身冒汗，脱下上衣顶在头上。山风不时吹来，习忠平提醒我小心着凉。沿途不见人影，只有满目青山，流水潺潺。眼前的景色似曾相识，怎么也想不起来。走过一座山坳，突然想起电影《野猪林》中林冲雪夜上梁山的景致。四周一看，空谷无人，心生恐惧。

傍晚，进了一家餐馆，一人要了一碗面，第一口下去就不想吃了，大有呕吐之势。我顺手把面条给了身边的客人，他说了声"谢谢"。赶到杭州火车站，喝了一杯热开水，加之上车人多拥挤，出了一身大汗。回到旅店抓紧洗澡，又出了一身大汗。早晨起床还在发汗头晕，习忠平见我这样，就待在旅馆休息。下了一场大雨，天气凉爽了许多，我们乘公交车赶往上海港，登上"长锦"轮。三等舱位房间较宽，床铺整整齐齐。我们找到轮船上的医务室，一量体温高达39摄氏度。医生给我注射开药，嘱咐我好好休息。回到舱房睡下，发了几次汗，舒服了许多。半夜里正昏昏欲睡，医生进来问我感觉怎样。一股暖流在我体内滚动，祖国处处有亲人！

次日醒来感觉好了许多，隔着窗子眺望大海，天水一色，碧波万顷。习忠平进进出出，把在轮船上见到的稀奇事讲给我听。太阳西沉，我感觉没事了，才走出舱房。甲板上站满了人，大家倚着栏杆观日落。火红的太阳徐徐下坠，映衬着一队队渔船。胶东半岛朦胧可见，真是诗情画意。经过两个夜晚一个白昼的航行，轮船抵达大连港。清晨的空气格外凉爽，我们把随身携带的毛衣穿上，随着人流走出码头，赶往火车站售票厅。厅里人不多，很快买好了前往长春的车票。大连真是一座美丽的城市，建筑非常洋气，仿佛置身外域。进了一家餐馆，一阵浓烈的膻味扑面而来，我们立即跑了出去。走了几家都有一股浓烈的膻味，我说是鱼腥味，习忠平说是大蒜味，餐馆里有，商店里有，公交车上也有。我们乘车赶往老虎滩公园，有条栩栩如生的老虎石雕，海滩上到处都是游人。晚上，我们登上了前往长春的列车。

清晨，我们随着人流走出长春火车站，宽阔的斯大林大街展现在眼前。我们乘有轨电车在西朝阳路下站，顺着售票员

指引的路线前行,前方出现了地质宫的一角,那种感觉就像朝圣者到了麦加。走进长春地质学院西门入口,门卫见了我们的派遣信,热情地要我们把行李留下,指点我们找到水工楼。早几天到达的两位同学高兴地跳了起来,老师们热情地握住我们的手表示欢迎。两位同学带着我们返回门卫处取行李,领着我们进了教工宿舍。来到三楼楼梯右手的第一个房间,危鸣辉掏出钥匙打开门,我把行李往左侧靠门的床上一放,习忠平把行李放在右边靠窗的床上,对着危鸣辉的床铺。我对面有两张课桌,上面摆放着几件炊具。我整理好床铺,把世界地图订在靠床的墙上。

我们走进地质宫报到,领取长春地质学院《工作证》和红色校徽。主任赵忠发领着我们到各科室走了一遍,所到之处我们均受到热烈欢迎。教研室为我们召开欢迎会,挪到一处的办公桌上铺着床单,我一看是沙市出产的鸳鸯牌,还有荆江牌热水瓶。桌上摆满糖果点心水果瓜子,还有几包香烟。欢迎会开始,大家一一自我介绍,主任赵忠发介绍教研室的情况,我们在武汉听到的故事又听了一遍。主任给我们交代工作,每人担任两个班的课程。教学秘书递给我一封信,是初中班主任寄来的,信里夹着一张合影照片。离开沙市前,初中同学为我送行。我把来信看了一遍又一遍,感到格外亲切,一股思乡情涌上心头,拿起笔写了一首《愁肠吟》:

昨日里,故乡还骄阳似火,夏日炎炎,今日里已秋风拂北国。十天来,跨越了多少山山水水,七省一市三海,万里遥遥,早已脚下过。故乡的亲友们,江城的老同学,此刻都在我眼帘映现。这深情厚谊啊,怎能为万水千山所破。

地质宫巍峨雄浑,霸气十足,是长春人的骄傲。原本为伪满洲政府设计的皇宫,皇宫还没起盖伪满洲政府就垮台了，于是原址上矗立起一座宫殿式的高等学府。门前的广场能容纳几十万人，站在观礼台眺望，一侧矗立着白求恩医科大学，一侧矗立着吉林大学。三所高校遥相呼应，气势恢宏。老同志带领我们参观地质陈列室，看见橱窗里陈列着武汉地质学院的图片，我感到格外亲切。见到成都地质学院和河北地质学院的介绍也有所感触，那里有我的同学。一日三餐杂粮多细粮少，每月定量30市斤，只有3斤大米5斤白面，杂粮占22斤。餐券分三种颜色，米票红色、面票黄色、杂粮票白色。高粱米坚硬难吃，窝头粗糙难咽。我咬一口嚼碎含在口里，喝上一口玉米粥冲吞下去。党委副书记来寝室看望，说我们是新鲜血液，问我们有什么困难，生活习不习惯，有对象没有。

长春的地图上标有一条伊通河，我跑去一看，大失所望，它就像荆州的护城河。在重庆路餐馆碰见危鸣辉和刘建新，两人正在热恋，我草草吃完饭自觉离去。宽阔的斯大林大街望不到头，中间的隔离带生长着夹竹桃，红艳艳的花朵恰似火龙伸向远方。走过几条横街，进了一座公园，情侣成双成对。赵华芳分来长春多好啊！我该不该去封信呢？我返回寝室提起笔，叙说武汉到长春的一路见闻。去邮局的路上碰见林振亚老师，他给了我四张《金姬和银姬的命运》的电影票。我们去林老师家表示感谢，他女儿望着我们不知道叫什么。林老师指着我说"叫管叔"，女孩叫了一声；林老师指着危鸣辉说"叫危叔"，女孩叫了一声；林老师指着习忠平说"叫习叔"，女儿又叫一声；林老师指着刘建新说"叫刘姐"，刘建新生气地说："林老师，您太不公平！把他们叫叔，把我叫姐！"

新生陆续到校，教研室安排王素玉老师做我们四人的指导老师。王老师毕业于北京外国语学院，是地质宫的英语权威。她安排我们听课，鼓励我们大胆上讲台；带着我们参观地质陈列室，要我们熟悉地质词汇的英文名称，到时协助她接待外宾。学校食堂准备冬储菜和战备粮，我们参加了"下红薯"的劳动。全国正在评《水浒》，我和刘建新参加了理论学习小组。长春市响应毛主席"深挖洞，广积粮"的号召挖防空洞，以防止苏联社会帝国主义的进攻。学校召开紧急会议，传达东三省联合查夜的文件，成立了一支30人的基干民兵队伍。

一轮明月高挂在天空，映照着巍峨的地质宫。巡逻队一会出现在地质宫周围，一会出现在体育馆房顶上，一会出现在鸽子楼前。这里是祖国的反修前哨，我感到夜巡任务的神圣，想起自己最近有些牢骚，觉得很不应该。我身背半自动步枪，洋洋得意地走在队伍的前头，沿着三宿舍、鸽子楼、车库、幼儿园、职工医院巡逻。子夜，第二小分队接班，我们赶往食堂吃夜宵。回到寝室，室友已进入梦乡，我躺在床上，心情激动，睡意全无，伏在桌上写下《暮步地质宫前》：

一轮明月出树梢，金辉映殿景更骄。独自漫步逍遥过，来时思故今方笑。虽是暮色迷蒙蒙，唐砖汉瓦生辉耀。驻足殿前望广场，激烈壮怀气荡浩。休言东北天气冷，愿听松涛林海啸。只怨密友不相随，常将照片瞧一瞧。湖北东北虽千里，春江两地有天桥。一日上得桥上去，便见江南和风飘。敢笑无志可怜虫，一闻东北心惊跳。志士已饮千江水，只待北国冰封到。

新生开学典礼，主席台正中悬挂着毛主席画像，两侧摆放着十面红旗，台前摆放着各色鲜花。基础课教学部是先进集体，开会人也到得整齐，会前大家谈笑风生，我为融入这个集体而欣慰。会后收到三封信，一封来自成都，一封来自宣化，一封来自武汉。看了来信心情久久不能平静，三张熟悉的面孔在眼前浮现。防空洞工程进展很快，开始灌水泥、搞地平。学院组成一支80人的突击队，我也报名参加了。下班后开始，八点收工，犒劳六两大米饭。我吃完饭就走，防空洞工程总指挥、长春地质学院革命委员会常委韩玉逵夺过我的碗，叫炊事员再上一碗米饭，交代师傅说："这位小同志刚从南方来，生活还不习惯，不容易呀！"

天上飘起了雪花，我们利用国庆节拜访老师，在支部书记张希顺和支部委员韩真镐的带领下走家串户。两位老同志说南湖风景区不错，我们一同前往，果然名不虚传。这里到处都是游人，到处飘荡着欢快的乐曲。有个地方挤满了人，原来正在表演"二人转"。书记提醒我们不能只搞业务，要不断学习马列毛主席的著作，在是非面前立场坚定，我意识到教研室不会像表面看来那么简单。书记说学院规定新教师两年内不能谈恋爱，我表示一定遵守这一规定。

我们的寝室靠着阴面，又处在楼梯口，加之墙壁上有条裂缝，比哪间寝室都冷。更有甚者，半夜常听见"咚咚"地击打声，总把我们吵醒。我们在教研室发牢骚，说有人老在深更半夜击打楼板，是不是有神经病？老同志笑着说："是剁肉的声音！"我说："那么早剁什么肉啊？也没有那么多肉天天剁呀！"周围的老同志哈哈大笑，有的笑得直不起腰来，我们几位年轻同志直发愣。财务室说我们来时不应绕道上海，不给我们报销，刘建新气得问我怎么办。离开武汉时辅导员说过，四人中我负责，遇到问题我出面协调。我们正为寝室的事恼火，气不打一处来，于是跟着她到财务室理论。财务人员理直气壮地说："这是财务制度，违反规定的事儿一分钱也不能报！"我回敬说："反正路费是武汉地院发的，我们回武汉去报！"走出财务室，看见小卖店拐角处的木床还在那里，借着一股怒气我和刘建新将其抬起就走。我睡的是张铁床,翻身就吱吱响,搞得经常失眠。一封家信缓解了我的怨气,父亲知道我一切均好非常高兴,告诉我三弟加入了共青团。

我去位于地质宫地下室的图书馆,被管理员叫住了:"同学,对不起!这是教师阅览室。""我是教师啊!""哪个部门的?"我回答后,管理员连忙说:"你就是刚从武汉分来的吧?"我点头,管理员才让我进去。《山西日报》的一条新闻吸引了我,中央到山西省昔阳县召开会议,在总结大寨经验的基础上提出五年内在全国基本实现农业机械化。《河南日报》报道一位党员干部在抗洪斗争中失去了三位亲人,仍然坚持指挥抗洪。联想来到东北的一个多月里,情绪时好时坏,抱怨生活艰苦,我提醒自己振作起来。我一下子收到四封信,同事开玩笑说我来了个书信大丰收。表哥在信中说我只顾个人前途,不顾家人的感受。陆永胜说他没考上大学,感到满腹悲哀。辅导员张锦高讲了母校的大好形势,并说武汉地质学院要派人来长春地质学院取经。刘达明老师来信求援,急需两百套长春地质学院外语教研室编写的英语教材。我立即找到教研室主任,主任满口答应。不久以后,叶俊林老师果然来了,给我带来了英语词典,里面夹着一封信。同事说我收到了情书,我申明只是同学关系。

东北的冬季来到了,气温降到零下好多好多度,那个冻才叫冻啊。东北同志叫我们把报纸糊在窗子外,室内果然暖和多了。东北三大怪,"窗纸糊在窗户外"就是其一。天上飞舞着大片的雪花,凛冽的寒风扑面吹来,我们走几步非得停下喘息一会。长春第五商店一楼柜台前挤满了人,服务员是伪满皇帝溥仪的妃子,我们也凑过去一览皇妃的尊容。我选了一顶绵羊皮帽,习忠平买了一顶狗皮帽,刘建新和危鸣辉买了两条围脖。我们在重庆路餐馆买馒头，服务员说必须配菜。一路风雪，步步难行，好不容易返回学校。我们把馒头装进塑料袋，系在夹层窗子中间。刘建新突然哭起来，说："把我们分到这个鬼地方！天气这么冷！又没有吃的！买几个馒头还非要配菜！"这里的天气真冷，生活真艰苦，女同学的哭声勾起了我的惆怅，我在心里说：愿以吾身泊四海，但勿定居在他乡。提起路费报销一事，刘建新又愤愤不已。从武汉到长春全程花62元，对于月薪41元的我们来说是一笔很大的开销，大家当然心焦。终于教学秘书说财务室叫我们去报销，取道上海是我的主意，问题得到了解决，解除了我的心病。

寝室走廊两边摆满了炉灶，有蜂窝煤炉有煤油炉，乌烟瘴气。我走进不分男女的公共洗手间，关掉小门，用手捏住鼻子。我很不习惯这样入厕，不知道隔间是男是女。洗漱完毕，走到地质宫前的观礼台上读书。一个女孩拖着大辫子，天天在这里吊嗓子，一个小伙子留着长发，天天在这里搞写生，我天天在这里读英语。读了一会，席地写出《信天游》：

我站在殿宇天台上，把春城景色观赏，好一派北国风光，倒映出江南的故乡。二十二年，阅不尽山川锦绣，陈岁月流年辉煌。生在长江畔，发奋扬子江。得志环中国，党唤来北疆。每当展开地图，我倍觉豪壮：从扬子江畔到松花江旁，天涯遥遥瞬间过，犹如骏马奔千里，恰似苍鹰万里翔。

19 雪映沃野

男儿志兮天下事，但有进兮不有止，言志已酬便无志。
——民国·梁启超

吉林省委要动员十万干部组成农业学大寨基本路线教育工作队，党委号召全体教职员工尤其共产党员积极响应省委号召。基础部先以党总支的名义召开会议，再以支部为单位进行讨论。外语支部的党员争着报名，年轻人说年轻人的长处，老同志说老同志的优势。我表示坚决参加，不批准就再申请。支部批准了我和危鸣辉的申请。有人对这一决定提出质疑，认为我们从湖北来到东北本来就不容易，一下冲到乡下去怕是受不了。我觉得此行对我思想的成熟政治上的进步社会经验的积累都十分必要，坚持要去。同事们忙碌起来，有的帮我们缝补衣服被子，有的给我们棉手套，支部书记得知我每月给家里寄10元，为我申请了15元补助添置冬衣。我体会到了革命大家庭的温暖，写下《勇敢前进》勉励自己：

勇敢地前进，在冬季里，向着东北的农村。我深信，坚强的意志，定能战胜寒冷。不畏艰险，向着一切神秘之境冲锋，才谓勇敢的人。

大雪覆盖了原野，好大的雪啊。我们四位同学身穿大棉衣，头戴皮帽，系着围巾，戴上手套，在地质宫前拍照。我和危鸣辉赶往省委礼堂观看电影《红雨》，工作队员潮水般地涌进礼堂，我感到热血沸腾。经过无产阶级文化大革命洗礼的青年，就应纵身到这滚滚的革命洪流中来，《国际歌》在我心中响起：这是最后的斗争，英特纳雄耐尔就一定要实现！集训期间，韩常委对大家说："管新平、危鸣辉两位小同志刚刚毕业，从湖北来到东北，就自愿报名参加工作队。我们要多多关心这样的同志。"我从图书馆借来长篇小说《暴风骤雨》，想尽快熟悉农村。刀在石上磨，人在世上练，一场新的考试开始了。

习忠平帮我拿着行李，刘建新帮她的未婚夫拿着行装，迎着漫天的飞雪走进地质宫。大殿里人声鼎沸，各单位来了不少送行的人。有人拍拍我们的行李，有人摸摸我们的棉衣，嘱咐我们千万注意身体。我们登上了大客车，送行的人们站在地质宫前向驶离的大车挥手，漫天的飞雪模糊了我的视线。大客车驶出长春城，眼前一片白茫茫，我觉得自己就是出征的战士，向着林海雪原挺进。

大客车到达农安县，当年大金国的黄龙府。县委书记带着一班人在招待所门口迎接，带着我们步入餐厅。八人围成桌，米饭、馒头、油条、玉米粥、酸菜肉、炸鱼、粉肠、大白菜、土豆，是我到长春后最丰盛的一顿。饭后继续赶路，天空雪花飞舞，旷野白雪皑皑。傍晚到达哈拉海公社，住进大车店，马厩客房餐厅连成一体，围成一个院落。我们放下背包，赶往公社食堂。餐后原路返回，一轮明月照耀着茫茫雪原，丝毫没有傍晚的感觉。一条国道穿过公社驻地，两边密集地排列着泥巴垒砌的民房。几家店铺里亮着灯光，给茫茫雪原中的小集镇增添了些许繁华。风越刮越猛，雪越飘越大，我棉袄套着棉大衣，解放鞋套着大棉鞋，还是抵御不了凛冽的严寒，催促大家快点走。进了大车店，土炕已经烧热，暖和了许多。大家抓紧时间洗脸洗脚，争先恐后地钻进被窝，长长的火炕上一个挨着一个，一律把头冲着炕沿。一天的颠簸大家都累了，很快进入梦乡。

早餐后，队伍化整为零，前往各自蹲点的大队。没有了公路，坐上前来迎接的马车各奔前程。我靠在行李上抬眼望着前方，两行树梢飞快往后倒下，马车始终行驶在两条树杈中间。车夫说冬天雪大，沟谷被大雪覆盖了，很难辨清路径，误入雪坑就会遭遇灭顶之灾，千万不要离开两条树杈。越往北雪片越大，风越凛冽，四周一片银色，有种眩晕的感觉，东北同志纷纷戴上墨镜以防雪盲。我和危鸣辉闭上眼睛，听着嗒嗒的马蹄声和着车夫的吆喝声在空中回荡。下午两点多到达哈拉海公社最北端的韩达营子，我和体育教师钟明辉分配到第六生产队。社员正在干活，我们加入进去，干到三点半钟收工。东北的冬天昼短夜长，老乡一日两餐，上工早收工早。

队长领我们进到一户社员家就转身离去，工作队员吃"百家饭"，按规定付钱付粮票。老乡热情地把我们迎进屋，老钟开始脱大衣我跟着脱大衣，老钟脱鞋我跟着脱鞋，老钟上炕我跟着上炕，老钟盘腿往炕上一坐，我也跟着盘腿坐下。老乡拿起一簸箕烟叶，我和老钟都摆手。女主人摆放碗筷，热情地寒暄，招呼我们趁热快吃。我指着女主人说："你怎么不吃？"男主人说家里来客女人不上桌。炕桌上的苞米大饼子烤得黄黄的，散发出扑鼻的香味。我挟起一块吃起来，好香！腿一盘肚子挤在一起，没吃几口就觉得饱了，硬撑才能吃下去。饭后赶往大队驻地，工作队员和大队干部见面。王宣同志说明工作队的来意，大队干部们如释重负，以为我们像"四清工作组"那样整人来了。王宣同志指出：吉林省组成农业学大寨工作队，就是帮助农村干部对社员进行社会主义路线教育，在提高思想认识的基础上，掀起农业学大寨的高潮，把吉林省的农业搞上去。

夜里，我被什么东西蛰醒了，蹭地从炕上坐起来。打开手电筒一看，肚皮上有只小虫子，小脑袋还在晃动。我感到恶心，一声惊叫，把老钟吵醒了。他看着我手上的虫子，哈哈大笑："一只虱子，值得大惊小怪！""什么！狮子！是跳蚤吧！"正说着，身上又蛰了一下，我又叫了一声。老钟一把捉住我背上的虱子，用指甲一掐。我再也睡不着了，感到身上哪儿都是痒痒的。刚睡着被老钟叫醒了，已经清晨四点多。我赶紧穿好衣服，跟着老钟走出去，用门口的雪粒擦了一把脸，大步向田间走去。狂风夹着雪花直往脖子里钻，天气冷得够呛。过去向往生命像风云雷电，而今我正在这种生活中。农安，大金国的黄龙府，曾经那么遥远，如今就在我的脚下。正在地里干活，来了两人找我们。上级决定把工作队员一分为二，部分同志前往南面的程家坨子大队，派我独立负责一个生产队。在韩达营子五天，老乡待我非常热情，轮到哪家吃饭他们都拿出最好的东西，说我一个南方人来到东北农村不容易。我舍不得离开这里的社员，也舍不得离开老钟，毕竟大树底下好乘凉。

到达程家坨子的第一天，我早早地起来赶到田间，开始独当一面了。参加劳动就是打开局面的最好办法，这就是在韩达营子取得的经验。社员们正在地里打土肥，用猜疑的目光打量着"细嫩的南方书生"。每人守着一垄地，见头不见尾仿佛延伸到天边。我找到一把锄头也守着一垄地，把土肥打碎。天大亮时，队长一声口哨，大家停下来休息。有个社员冲着我说："你可是真干啊！顶一个劳力啊！"社员们纷纷走向我，热情地和我攀谈起来。

工作队在大队部开会，王宣同志介绍程家坨子的情况，讨论如何开创局面。有同志认为穷则思变，韩达营子大队

穷，欢迎我们帮他们改变面貌，程家坨子大队富，不喜欢外人干预。接着召开程家坨子两极干部会，小队的民兵队长和妇女委员都来了。王宣同志传达全国农业学大寨的精神，讲省委工作队的目的，告诉农村干部一场轰轰烈烈的农业学大寨建成大寨县的运动正在全国开展，这场运动不仅要把生产搞上去，还要改变人们的精神面貌。希望干部要有清醒的头脑，站在运动的前头。王宣同志强调没有落后的群众，只有落后的干部，群众说得好：村看村，户看户，群众看的是干部，工作队的首要任务就是抓班子建设。会议结束时，王宣同志把我留下，再次调动我的工作。我心里有点不快，提出再不要调动了，否则老在熟悉情况没有真正开展工作。他说这个要求是合理的，不到万不得已不再调动我。

　　如果说这几天的经验是什么，那就是放下架子。有个社员家电灯坏了，我去修理好了，一下就取得了他们的信任。社员听说我是外语老师则更热情了，听说我要调走，有个社员说："管老师，像你这样的工作队员，能和我们打成一片。"短短的日子里我连续调动，不断适应新环境，不断学会与陌生人打交道。我突然感到自己比下乡前成熟了，有的老乡甚至叫我"老管"。又要走了心里有些留恋，我走到场院看了看，帮着干了一阵才回到房东家。收拾好行李，我翻开英文小说看起来。门外响起汽车的喇叭声，我朝窗外看去，学院的大客车带来了一批新同志。我拿起行李往外走，房东依依不舍地说："你是大家反映最好的，哪个工作队员都赶不上你。大家听说你要走，都舍不得呀！"

　　我在第二生产队下了车，又和钟明辉同志相逢了。老钟听说来了一批新同志，估计要调整人员就把我要来了，继续协助他开展工作。老钟说这个队的情况比较复杂，队干部不爱学习甚至不参加劳动，有机会就躲在队部喝酒吃肉。我认为这个班子需要整顿，先从思想上整顿，再从组织上整顿。老钟没有回答，我也不好往下说了。晚上学习，老钟主持会议，我宣读材料。工作队发了一大堆材料，我总是先学。社员不一定听得懂，需要不断解释。有几位老贫农听得很认真，我心里得到些许安慰。

　　一个星期过去了，我对队里的情况有了初步了解，对毛主席的指示"教育农民是一个严重的问题"有了新的认识。村干部只知干活，不懂政治，不知道国家大事。我认为工作的重点应当是提高干部的思想觉悟，包括公社、大队和小队三级干部。生产队召开社员大会，传达上级指示，派民工参加县里的农田基本建设。多数社员表示不愿去，队长只好采取抽签的方式。大家盘腿坐在炕上，脱掉上衣捉虱子。会场乱哄哄的，都强调困难，不断传来"我不愿去"的喊声。抽签结束后，抽中的找理由申辩要求重抽，没抽中的幸灾乐祸。面对这一情景，想起过去多年的校园生活，只要听说搞劳动大家总是争先恐后，这是多大的区别啊！毛主席说过"严重的问题是教育农民"，他真是太英明了，我感到责任重大，更感到组成基本路线教育工作队的正确。王宣同志来队里了解情况，我汇报情况后把话题一转："王主任，毛主席的指示都很英明，就是'知识青年到农村去，接受贫下中农的再教育'这一条我不太理解，我觉得应当由知识青年来教育农民。"王宣同志吃惊不小，他四下看看，前后无人，轻声对我说："小管啊！这句话说到这里为止，千万不要再对任何人讲啊！"或许为了安慰我，王宣同志补了一句："我也想不通啊！"

　　派饭轮到老贫农赵洪振家，他是开会时认真听讲的一位。说起派民工的事，老人叹息着说："我们这里复杂呀！

这队里的事情,你们城里不是这样吧?"老人的话说到我的心坎上,这农村的事真是复杂,家庭关系、家族关系、阶级关系、路线斗争,各种矛盾纠结在一起。消极势力占上风,领导班子无力,工作真难开展。像赵洪振这样的社员是贫下中农的精华,这人踏实肯干,对我们的工作热情支持。他虽然不懂文化,说出来的话却都在理,还爱引用不太完整的毛主席语录。我们协助村干部做了几天工作,才把派民工的问题解决了,由赵队长领队,先带着部分社员去工地,遗留问题我和老钟来解决。原来,生产队在二道沟有个农田基本建设工程,队里的马匹也需要留人喂养。得知这一情况后,我们决定留下部分人员负责队里的工程和养马工作,其他人员一律去县里的农田基本建设工地,再不用抽签了。旧的问题刚刚解决,新的问题又出现了。民兵队长不想去,上级要求必须由民兵队长带队。我一下火了,说这种人怎么配当民兵队长?我提议另选民兵队长,这一招把他给将住了,民兵队长领命去了。从这件事情上我悟出一个道理,一些人当干部不是为了工作,只为捞取个人利益,有些人撂挑子也是一样的问题。以前我把注意力放在群众的觉悟上,以后要把眼光放在班子成员上,好班子好干部就给予扶持,有问题的班子和干部就要整顿。

　　西边的天空布满了晚霞,一层一层地挂在高天,一片一片地光芒四射。有的云霞血红血红,有的云霞金光灿烂,晚霞的周围飘动着奇异的云彩,有淡蓝色的,有深蓝色的,有淡绿色的,五彩缤纷,哪位画家也绘不出如此绚丽的色彩。我坐在大车上,望着远方的高天。车夫不时吆喝一声,马儿就一阵狂奔。车上推着土造肥,向遥远的地里驶去。哈拉海地广人稀,生产队有大片的农田,连"亩"这样的丈量单位都不够用,一律用"晌"来表示。一晌等于多少亩?有人说等于十几亩，有人说等于几十亩。大车到了哈拉海镇上，我走进公社驻地参加集训。火炕上坐满了工作队员，一股亲情涌上心头。我兴奋地挥手招呼，也不管认识不认识。"小死管，乐什么呀？"说话的同志叫赵信，其实只比我大两岁。我应声坐到他旁边，他向周围的人大声说："这就是武汉来的管新平，教外语的！什么时候都是乐呵呵的，也不知乐些什么！"

集训期间，工作队又搞了一次人员调整，把我从老钟队里抽调出来，到第五队去独当一面。我住进了单大爷家，大爷是土改时期的贫协主任，在村里威望很高。大爷有两个儿子，大儿子和我同岁已经结婚，在大队学校教书，二儿子在北京部队当兵。进队的第一天，我就召集社员开会，学习《元旦社论》。队长指着炕上的社员说："小管，人到齐了，可以开始了！"我感觉不对劲，朝外望了望："不对呀，女社员还没来呀！"队长着急地说："没说通知她们呀？"我一问才知，这一带的"娘们"不下地干活也不参加大会，遇特殊情况需要她们参加时要专门通知。既然如此，那就开始吧。

第二天走访附近的集体户，看望下乡知识青年，顺便了解队里的情况。知青反映说这个队还不错，村干部也很关心他们，只是女知青爱想家。听说我是长春的大学教师，眼里流露出羡慕的目光，希望我常去集体户。回到房东家，炕桌上放着四封信。我首先拆开赵华芳的来信，信中谈了她近期的工作、生活、思想，抒发了对大自然的爱慕。她还在地质队实习，以为我还在长春，要我帮她买双抗冻的毛皮鞋。老钟开玩笑说我收到了情书，怎么解释他也不信。我叫危鸣辉作证，老同学说他做不了这个证。

气温降到零下32℃，我像往常一样天没亮就起床，穿好衣服走出户外感受一下，觉得还是很冷，就往腰里系了

根粗麻绳。我拎起一只水桶向水井走去,单大爷问:"你拿水桶做什么呀?"我说去打水。大爷呵呵大笑:"这天寒地冻的,井里哪还有水呀!"我哪里相信,走到井边一看,井里已经结了冰,深深的一个冰窟窿。我无奈地回到屋里,告诉单大爷:"我们家乡湖北,冬天水井不但不结冰,还冒着热气呢。"单大爷笑着说:"长这么大,第一次听说,你们那里可是福地呀!"我别了大爷,走出屋子,在地上抓起一把雪在脸上搓了几下,又紧了紧腰里的绳子,向队里的大粪堆走去,远远看见有人在粪堆底部放雷管。哈拉海一带地广人稀,缺少人粪尿,积肥主要靠牲畜和家禽,大量掺进草木灰和泥土。泥土分量大,粪堆呈固态,堆积起来远看像山丘。连续几个月的大雪,厚厚地覆盖在粪堆上,冻成一座小冰山。用镐扎下去火星直冒,民兵队长提议使用雷管。社员们站得远远的,等着民兵队长爆破。我找到一间露天茅房,完成每天最犯愁的大事。高寒下的茅坑已经结成冰窟,我小心翼翼地蹲下去,拉出一点就赶紧擦净,以免下体冻出病来。随着一声爆炸声,土块飞上了天,又从天空散落下来,变成大小不等的土疙瘩。我随手抓起一块闻了闻,根本没有臭味,也没有脏兮兮的感觉。社员把土疙瘩搬到大车上运到地里,隔几步放一堆形成一条垄沟。我也守着一垄地和社员们并肩前进,把土疙瘩般的肥料散在地垄上。

  天亮时,通信员急匆匆地来到工地,通知工作队员和村干部立即赶往公社。我们坐上队里的马车,向公社方向急驰而去。公社会议室里气氛凝重,所有人的脸上带着忧伤。会场没有像往常那样布置,也没有惯常的仪式。时间一到会议开始,全体起立,收听中央人民广播电台的讣告:中国人民敬爱的总理,伟大领袖毛主席最忠诚的战友周恩来同志和我们永别了。根据中央的精神各级领导都要坚守岗位，严防阶级敌人的破坏，我们原地返回。雪花漫天飞舞，狂风猛烈地呼啸，车上的人都保持着沉默，电台的哀乐声仿佛一直在耳边回荡，我默默地做了一首《悼总理》：

漫天飞雪卷寒流，屈指正三九。惊悉总理逝世，悲痛前未有。西风吼，电波哀，天地愁。反修业，失旗手。安息吧总理，一人倒下万人起，我们跟着统帅毛主席，反修到底不回头！

马儿不像往常那样矫健，车夫也不忍挥鞭。天色已经黑了，我们还在途中。房东大娘着急了，站在村口张望。过路的社员看见了，不解地问："单大娘！您在等谁呀？"大娘回答说："在等我们家的小管啊！一大早出去还没回来！上哪去了呢？"第二天社员把这一幕讲给我听时，我内心受到了震撼。新年伊始，我远离故乡远离亲人，寂寞之情不时袭上心头。原来我身边有户人家，不是亲人恰似亲人，我不该有思乡的情绪，不该有寂寞的感觉。

经过一段时间的调查，我基本摸清了队里的情况。政治队长身体不太好，仍坚持起早贪黑和社员一起干，工作有计划有安排，能压得住阵脚。一次家庭纠纷，队长找我去解决，双方居然听了我的话，把问题解决了。这件事对我启发很大，办事要从大处着手，不能感情用事，更不能书生气。农村的事说复杂也复杂，说简单也简单。有人反映情况时不可急于表态，先打个问号。对别人的热情不要表示过多的感激，有的是真热情，有的别有用心，特别注意热情过高的人。望着冉冉升起的红日，想想来到乡下的这些日子，觉得自己成熟了许多，心中腾起一股悠然的快感，觉得自己还是能独当一面的。

气温仍保持着零下29℃的高寒,我还是五点起床赶到田间。生活是艰苦的,劳动是繁重的,天气是严寒的,环境是陌生的,工作是忙碌的。每天只吃两顿饭,早起时肚子饿得咕咕叫,却要抡起大镐先干活,算得上"苦其心志,劳其筋骨"吧!我相信,眼下的"苦"会成为未来的财富,只有经风雨见世面才能百炼成钢。总理的逝世,中国失去了一位擎天巨人,主席已82岁高龄,严酷的斗争还在后头。眼望无垠的雪原,我的胸中泛起"路漫漫其修远兮"的惆怅,随即写出《雪耀原野》:

　　白雪皑皑,极目冰封千里。丹心一片为人民,楚燕远飞来金地。大雪纷飞覆盖大地,冷风嗖嗖刺痛脸皮。与天奋斗与地奋斗其乐无穷,喜出心底。不战东北"九天"寒,西伯利亚寒流怎能拒。

20　单家屯子

更无柳絮因风起，惟有葵花向日倾。
　　　　　——宋·司马光

　　春节来临，身处冰天雪地的东北农村，以往佳节将至的喜悦被无名的惆怅取代。同学的书信像雪片一样从各地飞来，字里行间浸透着深情厚谊：能承受东北冬天的严寒吗？是否已习惯了农村的生活？乡下的工作开展得怎样？有几封信还含蓄地表达了对我个人问题的关切。来信穿越时空，把我带到了老同学的身边，模糊了往事与当下的界限。

　　派饭轮到第二圈了，有户人家还没去过，我就去问队长。"这家特别埋汰，脏得走不进去！"队长这样说。这户人家也姓单，户主三十来岁，说话带点幽默，对我很友善。不去对不起人呀！队长答应给安排。收工时，单大哥兴奋地招呼我，故意喊得让别人都听见，走起路来腰杆挺得直直的。我们还没进院门，他就大声吆喝。一进家门，只见炕上炕下干干净净，一个小女孩穿着一身洁净的衣裳。都说这家人很脏，不是这样啊！我跟着单大哥上炕，单大嫂拿着碗筷从厨房出来，一身干净的衣裳，人也算利索。

　　"这就是我常跟你说起的小管。"单大哥对大嫂说。

　　"从来的干部都不来咱家吃饭，嫌俺们家埋汰！"大嫂笑嘻嘻地说。

　　"你们家很干净啊！"我笑着说。

　　"管工作队呀！你不嫌弃俺们！看得起俺们！从今儿个

起,俺家要讲卫生,绝不给你丢人!"大嫂激动地说。

工作队开会时,王宣同志表扬了我的做法。我趁领导高兴,把积压在心里的事说了出来。队里有的干部不称职,有个富农子弟谈吐不凡,干活又是把好手,我想把他搞进班子。领导沉默了一会说:"这事不那么简单,你继续了解情况,听听大家的意见。"我点了点头。领导继续说:"地主的子弟不要考虑,富农的子弟只要改造得好,还是可以考虑的,但要和其他干部商量,得到他们的同意才行!"我分别征求了队干部的意见,都觉得我提的人选不错。经过一番讨论,让这位富农子弟担任带工组长。富农子弟上任后没有辜负我的希望,干得很出色,我真想把他提到队长的位置上。

我们正忙于调整小队班子,突然接到上级通知:国家地震局预测,一场大地震可能在吉林一带发生。我们按照上面的部署,迅速把消息传到千家万户,在各种场合介绍地震原理和避难方法,要大家不能掉以轻心,也不要过分害怕。工作队蹲点的地方老乡的情绪还稳定,没有工作队的地方偷鸡摸狗的事情屡屡发生。有人说不知能不能活过这个冬天,在家杀鸡宰羊,花光积蓄。房东大爷提醒我"防止坏人狗急跳墙",土改时有位工作队干部上茅房被人用石头砸死,一直没有破案,嘱咐我上茅房时先看看周围动静。

工作队要回城过春节,我来长春不到一年不能享受探亲假。房东大爷知道了,留我在乡下过年,他"老儿子"春节从部队回乡探亲,让我们"哥俩"认识一下。我怕给他家添麻烦,大爷说高兴还来不及呢。他说着走了出去,一会回来说工作队领导同意了。消息一经传开,社员们纷纷来到房东家,要我春节期间一定"去家"。盛情难却,我一一答应。麻烦就来了,邀请的人家太多排不过来。单大爷拿出当年贫协主任的威风:"我们家小管哪儿也不去!就在我家过年!"大伙不依,单大爷说:"你们把好吃的留着,春节后派饭到家再说吧!"

驻公社工作队领导觉得我一人留下"多有不妥,利少弊多",要我"随大部队回城过年"。曲增芳大姐邀请我去天津,刘雅琴大姐邀请我去哈尔滨,我怕给人家添麻烦——谢绝了。队里出了事我差点走不了,车队长听了风言风语提出辞职,我怎么劝也不听,带着领导到他家,劝到天黑才把工作做通。我们趁热打铁讨论班子的其他人选,更换了民兵排长和带工组长。我从早到晚召开班子会议,找人谈话,做完这些事心里才踏实。晚饭后赶到大队部开会,宣布各生产队班子的调整结果。大家对新班子人选很满意,会议在热烈的气氛中结束。

"迎新春联欢晚会"在程家坨子大队部举行,土墙上挂着毛主席画像,两边新添了一副对联。火炕烧得暖哄哄的,炕桌上摆着葵瓜子、香烟、糖果。大家盘腿坐在火炕上各取所需,有人吃糖果,有人磕瓜子,有人抽烟。室内烟雾弥漫,气氛十分热烈。妇女队长独唱一首革命歌曲,第一炮打得响亮,赢得满场掌声。工作队员曲增芳一曲京韵大鼓让全场哗然。接下来冷场了,谁也不肯出头,互相揭发才把一个个"文艺人才"发掘出来。工作队员范秀荣一曲女高音,把屋顶都震动了。热闹一阵后,形成两军对垒,工作队用掌声挑战村干部,村干部用吆喝声向工作队进攻。毕竟村干部人多,工作队渐渐弹尽粮绝。工作队领导使出绝招,宣布晚会结束。村干部不依,非要工作队领导来个"压台戏"。王宣同志年过五十,不善表演,有点下不了台。我猛地从炕上站起,愿意代表领导独唱一曲。大家楞了一下才反应过来,拼命鼓掌,有人

吹起口哨。工作队员诧异地望着我，只有老同学危鸣辉挂着微笑。我清了清嗓子，唱起《毛主席和我们心连心》。这是大学时我们班的保留节目，每次表演都由我担任男声领唱。那天我的记忆特别好，三段歌词一个字也没遗忘，那天的嗓子也特争气，高音部也不觉吃力。歌声昂扬奔放，直冲屋顶，屋内轰动了，掌声持续了好长时间。有村干部高喊："盖了帽啦！"年过半百的老同志林丛激动地站起来，冲着村干部高声说："堂堂长春地质学院工作队，哪能没几个歌手！"

第二天清早，我正在收拾行李，几个知青来找我。集体户分了猪肉，知青们想把肉带回长春，县里规定不准私自携带国家统购物资，知青们犯了愁。这事非同小可，从乡下到长春沿途都有检查站。工作队领导预计到此类事情，开会时强调不要帮知青或老乡携带国家统购物资。不管知青们怎么求情，我一口咬定帮不了忙。单大爷帮着知青说："没人敢检查你们工作队的！"我说："万一检查出来麻烦就大了！"单大爷看我为难，带着知青另想办法去了。望着单大爷的背影我心里一阵难受，觉得辜负了老人，也辜负了知青。责任在身，命令难违。

回到长春，我赶到重庆路，在一家公共浴室洗澡，再回寝室洗衣服被子，然后到教研室看望同事们。大家见到我第一句话是"长黑了，长结实了"。我心里乐滋滋的，终于去掉了蕴涵小资产阶级意味的"白面书生"头衔。大家的第二句话是"听说你干得不错，为教研室争了气"。我更感到欣慰，知道我的工作得到了领导的好评。我一连看了四场电影，《金光大道》《在平凡的岗位上》《沙漠的春天》和《阿咏》。票是吉林省委组织部发的，慰问回城休假的工作队员，还都是甲座。银幕上出现江南风光时，我为自己生长在长江边而骄傲；出现北国风光时，我为战斗在东北大平原而自豪。从电影院出来，到商店购买年货，把发放的春节供应票证解决掉，还按照家里的习惯买了瓶葡萄酒。此时此刻，我意识到自己独立生活的时日开始了。

除夕上午，我和危鸣辉在寝室忙碌起来，各显身手做了一桌菜，两人对坐而饮。王宣同志来寝室邀请我和危鸣辉去他家吃年夜饭，老王同志既是学院基础部主任又是工作队大队领队，是我们的双重顶头上司，我们感激不尽。年夜饭的主食是饺子，北方人有"好吃不过饺子"的说法。我们和领导的儿女打扑克直到十一点。走在斯大林大街上，听到了此起彼伏的鞭炮声，新的一年到来了。大年初一，我早早地起床做起"烤饺子"。老家过年必有这个，做着才有过年的感觉，更有回家的感觉。我和好面粉擀成薄片，切成两个指甲大小的长形薄片；在薄片中间划一刀，把薄片一端翻过来穿过切开的口子，拉成麻花状放入油锅煎炸。危鸣辉尝了一个，连说好吃。邹先华老师来了，要我们去他家吃饺子。这位湖北老乡带来了一挂海带，要我们煮肉吃。在邹老师家吃饭时，说到我的个人问题。我说真没对象，危鸣辉说我"不老实"。饭后赶往学校职工医院，看望在那里住院的王丛老师。这位俄语权威患脑瘤住进了医院，凶多吉少。谁知这次看望竟成永别。

天上又飘起了雪花，我们继续去给教研室的老师们拜年。傍晚回寝室，邻居说韩常委专程来看望过。老韩既是学院领导，又是工作队驻公社的领队，我们无不感动又无不遗憾。正说着，教研室主任赵忠发和支部委员韩真镐来了，邻居正好给我们端来一碗热豆包，两位领导看在眼里喜上眉梢。主任是调干同志，语言不多，朴实忠厚。他嘱咐我进屋时不能用手抓门把，一定要戴着手套。高寒下的金属把手

凝结着一层薄薄的黏糊糊的雪霜，手抓上去就会粘住，容易伤及皮肉。两位老同志站在我的床前，看着我简单的行装，眼中似乎含着泪水。韩老师指着我床边墙上的世界地图，风趣地说："小管是睡在床上，胸怀世界啊！"两位领导离去后我心潮难平：祖国处处有亲人，同志就是亲人。同志们对我都这么好，可我还没下决心扎根长春，不觉感到愧疚。

我和危鸣辉在宋希林老师家做客时，宋老师说我们没提出探亲的要求出乎领导和同事的意外，领导说我们"还是觉悟高"。我感到莫大的宽慰，谁说"物离乡贵，人离乡贱"，只要工作做好了就会得到尊重。大年初三，队友李连哲在家宴请我和危鸣辉。小李是保卫科干事，不是外语教研室的，也请我们去家过年。他还是单身，请客的是他父母，更令我们感动。几天来天天做客，是领导的安排还是大家的自发行为？同志们的热情抵消了我远离故土的乡愁。我从图书馆借了本《林海雪原》，小学五年级就看过，那时的东北遥远而神秘，此刻我深入东北农村，就在《林海雪原》英雄们战斗过的地方。我仿佛觉得自己也是小分队的战士，想起乡下那些人那些事，热血就在胸中澎湃。

返回哈拉海，原野上还是白雪皑皑，气温还是处于高寒状态，每天清晨的早起还是一场考验。上级不强求工作队员每天出工，我觉得只有每天出工才能真正体验农村的生活，才能真正和社员打成一片，才有资格发号施令。太阳升起来了，队长宣布休息，大家离开地里回家吃饭。我随着社员向屯子走去，一位社员问我派饭到哪家了。我正要回答，另一位社员诡秘地说："小管，你可饱眼福啊！"我不解地望着他。一位年长的社员笑着说："人家小管没这个心眼！就你小子心眼多！"我这才明白那位社员的含义，撇了他一眼。哈拉海一带大姑娘小媳妇不下地干活，平时很少出门，地里见不到女人的影子，工作队吃"百家饭"，所以社员说我有眼福。一位社员突然问："小管，你用什么雪花膏啊？"我说没有用这种东西，他还不信，说我的皮肤长得比大姑娘还细。另一位说："人家南方人长得就是细嘛！"饭后，我接到通知，赶往大队驻地听中央文件。文件说一场无产阶级和资产阶级的殊死较量迫在眉睫，要求每个共产党员做好充分的思想准备，在大是大非面前要坚定不移，站在以毛主席为首的革命路线一边。我们感到山雨欲来，林丛同志分析说："看来中央的斗争十分激烈，大家要高度关注，注意'两报一刊①'的文章。"

晚上，一位女知青找我反映情况：社员聊天说到队长和女知青之间的事，恰巧被队长的女儿听见了，回家告诉了队长爸爸，这件事很快又传到女知青的耳中。女知青感到委屈，要我给她讨个清白。这事非同小可，我立即找有关人员了解情况，很快把问题解决了。处理好这件事给了我极大的信心，我居然能解决这类复杂的问题了。有人告诉我，程家坨子南部有个生产队情况复杂，急需派个得力的干部，工作队领导又想到了我。听到这个说法我心里很不是滋味，舍不得离开这个生产队，舍不得离开单大爷一家。想到可能要走，我立即把干部召集到知青点开会，把理论学习小组成立起来，指定妇女主任担任学习组长，组员包括三位队长、理论辅导员，还有三位知青。考虑到我要走，专门从中学请了位语文老师担任理论辅导员。安排这些事情的时候，我没有透露要调走的消息。散会后，我把形成的学习制度抄写出来，交给在一旁聊天的政治队

---

① 指《人民日报》《解放军报》和《红旗》杂志。

长和妇女队长。两位干部又说到春节期间的流言蜚语，我不免心里发愁，真是树欲静而风不止啊！人们对流言蜚语怎么这么感兴趣呢！

　　第二天，工作队赶到农安县委，集中传达中央重要文件。中央有人提出全面整顿，军队要整顿、工业要整顿、农业要整顿。文件说所谓全面整顿就是要全面否定毛主席发动的无产阶级文化大革命，要在全党"反击右倾翻案风"。材料发了一大堆，有批判性文章，有被批判的原始材料，可我们看材料时总觉得被批判的东西是对的。涉及教育改革的材料中，有关于招收"工农兵学员"的问题，认为招收部分应届高中毕业生是重走"十七年"修正主义教育路线的老路。看了这份材料我心里直咯噔，与其等着别人来批判不如抢先自我革命。我主动发言，承认自己不是名副其实的"工农兵学员"，与真正的"工农兵学员"存在很大的差距，表示要在参加工作队的实践中改造自己。李春祥老师说："我倒觉得你和小危挺不错的，甚至比真正的'工农兵学员'强。由此我倒觉得邓小平做得对呀！"这位中年同志平时敢做敢为，他的发言语惊四座，大家跟着附和。这下急坏了主持会议的林丛同志，他说："会风不能这么转啊！"他挥了挥手止住了大家，会议才"言归正传"。

　　回到大队继续集中学习，领会中央文件的精神。几位年轻队员聚在一起交头接耳，两位领导假装没听见，任由我们开怀畅谈。队部里热烘烘的，我们似乎忘记了早春的严寒。讨论大队班子时，大家认为这个班子还不错，就是不学马列毛主席著作，不抓阶级斗争。社员中的情况也是如此，连集体户的知青都受影响不搞政治学习。大家决定先把集体户的知青发动起来，由知青担任政治辅导员组织社员学习，既发挥了知青的作用又有利于知青接受贫下中农的再教育。接着，我们讨论共青团的作用问题。会议一直开到晚上九点多，我和小李没有回队，挤在大队部的炕上过了一夜。

一个晴朗的日子，我结束了程家坨子第五生产队的工作，前往最南端的第十三生产队。队里派了一驾马车为我送行，队长一直把我送到村口的大树下。两个月来我和队长朝夕相处，依依不舍，我认真地交代几件事：一是要挤时间学习看报，二是要带领班子学习，三要多关心集体户知青，四是对地主富农及其子女要区别对待。马车启动了，我突然想起一件事，叫车夫停一下。队长的弟弟和社员老李女儿的婚事，为彩礼正在闹别扭。我提醒队长要把这件事处理好，不要伤了两家的和气，也要给社员做个好样子。马车驶离了屯子，我留恋地回望，看见大榆树上的老鸭窝，忽然想起单大爷讲过的一段传奇。

许多年前，单家屯附近的山上聚集着一帮马匪，逢年过节下山纳贡。马匪的队伍绕屯子兜一圈，回到屯子口的大榆树下。纳贡满足后，马匪首领一声唿哨，带着贡品远走高飞。屯子与马匪"礼尚往来"相安无事，其他山头的土匪不敢染指单家屯，否则会遭到这帮马匪的血洗。屯子的首富单大财主良田千晌膝下无子，生得一个女儿视若掌上明珠。财主重金聘请高人教习，女儿练得一身好功夫，一手枪法百发百中。年关时节，马匪下山围住屯子，财主几番增加贡品，马匪们就是不走。惹怒了财主的千金小姐，披挂上马直奔大榆树。马匪们抬眼望去，一匹枣红马疾驰而来，马上之人大红披挂犹如一团烈火。马匪们看清来者是一位年轻貌美的女子，不觉仰天长笑。女子勒住马缰，看了看马匪们，扬起手中枪，指着大榆树顶端的老鸦窝。马匪们朝老鸦窝望去，女子一声吆喝，枣

红马迈开双蹄在雪地上奔跑起来,从马背上回身拔出手枪,随着一声枪响老鸦窝从天而降。马匪们一声唿哨,走了!几天后,马匪们浩浩荡荡地又来了,这次来的人更多,还带了几车山货。山大王看中了财主的千金小姐,礼聘小姐上山做压寨夫人。单大爷说财主的女儿"贼美",人称"蝴蝶迷"。我问是不是《林海雪原》中的蝴蝶迷,大爷说他不识字,哪看过什么《林海雪原》。

21 料峭春寒

不识庐山真面目，只缘身在此山中。
——宋·苏轼

马车行约半小时，眼前出现一片大甸子，一绺泥巴垒起的屋子依稀可见，白花花一片盐碱地，难怪都不愿意来这里，真不如程家坨子呀！马车进了屯子，队长迎了上来，带我走进一个大宅院，房东老头刘凤仁快步迎出来。我跟着房东走进屋子，进门是厨房，左右两个灶台，西厢房住着刘家大儿子夫妇，东厢房一铺大炕容得下七八个人。老刘头指着靠墙的一头说："你就睡这边。"晚上睡觉才知道，一炕睡五个人。刘家"老儿子"挨着我，老刘头挨着老儿子，大娘挨着她老头，刘家闺女挨着她娘。老儿子浓眉大眼高个很帅气，长得像他妈。闺女十七八圆乎乎，像爹不像妈。我靠墙根睡着，挨着两个男人一个老太婆，还有个大闺女，总觉得不自在，把头冲着墙。

一早醒来，赶到地里劳动。休息时，坐下找人聊天。政治队长姓许，生产队长姓孙，是两大宗族的代理人，看来安排我住在老刘家是两派斗争的产物。晚上，两位队长带我去队部，说人已到齐。我做自我介绍准备开会，一位史姓社员从炕上下来，自称是《水浒传》中史文彬的后人，冲着我说："累了一天，还要开会，不行！咱要回家睡觉！"说着就往外走。下乡以来没见过这么不讲理的人，同意了后果不堪设想，我便一把拉住他。"咋地！想打架！"他狠狠地摔开我的手,挥手诙谐地说,"摔一跤!我输了听你的,开会!我赢了,对不起,回家睡觉!"会场热闹起来,有人起哄,这阵势不摔还不行。再看对方,个头矮小,不一定是我对手。我头脑一热,回应说:"来就来吧!"响起一片掌声,社员们纷纷让开场地。一位年长的社员急切地喊道:"使不得啊!人家城里人,怎么摔得过你老社员呢?"老汉想阻止闹剧,又一阵起哄,盖过了老汉的声音。姓史的社员根本不理会,我也满腔怒火,两人扭打在一起。我紧紧抓住他的两臂,叉开两腿,身体下蹲。有人看我的架势觉得有门,为我喝彩起来。姓史的不懂摔跤,全靠蛮劲,摔了一会开始喘气。我突然发力,将右腿插到他身后,猛敲他后腿把他摔倒在地。有人鼓起掌来,有人大声吆喝。姓史的恼羞成怒,爬起来抱住我的后腰。有人高喊:"行了!已经输了!算了!不能来阴的!"我躲不过去,硬着头皮再战。他几次猛摔,我一只脚几次脱离地面。他又开始气喘吁吁,我抓住机会扭过身来。他发现不妙,口里乱喊。我用右臂夹住他脑袋一阵猛摔,再次把他摔倒在地。社员们又是一阵欢呼,姓史的这下老实了,一屁股坐到土炕上。从此,他对我特别恭敬,找机会就讨好我,经常协助我工作,自称是我的通信员。我干脆把他当通讯员使用,他总是乐呵呵地帮我跑腿,自诩"梁山好汉,不打不相识"。

  王宣和林丛两位领导来队里了解情况,我正在地里干活,两位领导跟着干了一阵。我汇报说:"这个队很复杂,两大姓氏形成各自的利益集团,遇事就闹,政治队长不得力,工作有难度。"王宣说:"先前来过一位朝鲜族同志,也说队里复杂,工作难开展,要求调走,才把你派来了。你一到队里就参加劳动这是对的。你年轻,多参加点劳动,和社员一起干活,有利于开展工作,其他事情慢慢来!"我随领导去哈拉海公社出席三级干部会议，听公社党委副书记传达中央文件。副书记是位"三结合"的年轻女干部，身着没有帽徽领章的绿军装，有点飒爽英姿。她说党内已经点名批判邓小平，然后公布哈拉海公社实现农业机械化的发展规划，指出这个发展规划就是对"右倾翻案风"的有力回击。

回到程家坨子召开两级干部会议，宣讲"两报一刊"社论《从资产阶级民主派到走资派》。社论指出：党内的右倾机会主义分子从来就不是无产阶级革命家，只不过是跑到无产阶级革命队伍里来的资产阶级和小资产阶级的民主派。他们从来就不是马克思主义者，只不过是党的同路人。他们在程度不同地接受党的最低纲领时，即新民主主义革命时，并没有把党的最高纲领，即社会主义和共产主义的纲领联系起来。他们不懂得也不准备去实践党的最高纲领。社论接着分析说：这种资产阶级世界观和立场又没有在长期的革命斗争中得到改造，当新民主主义革命向社会主义革命阶段转变时，他们的思想并没有随着时代的转变而转变，这就决定了他们对社会主义革命必然产生抵触甚至反对。社论尖锐地指出：民主革命胜利以后，要不要把革命继续推向前进，要不要搞社会主义革命，要不要实现共产主义，是马克思主义同修正主义的根本分歧。要把革命推向前进，就要限制资产阶级的法权。对社论进行反复学习讨论后，我们才逐渐转过弯来，对"右倾翻案风"的危害有了一定的认识，只要联系实际就感到茫然，总觉得被批判的东西没什么不对。林丛同志说："我们听中央的！"

气温迅速回升，到了换季的时节，工作队放假回长春。我们坐上马车去火车站，一路谈笑风生。车夫冲着我说："小管啊！你才二十多岁，就走南闯北，值得啊！"一团热气从他口里喷出，在空中升腾。车夫接着说："你才二十多

岁什么都知道，我今年四十多了，只知道老婆孩子，吃喝拉撒。"火车开动了，我还在琢磨车夫的话。在广袤的黑土地上，生活着成千上万像车夫这样的人，生活单调如同沉睡，一旦和城里人接触才意识到自己的愚昧。工作队就是要把沉睡的人们唤醒，我庆幸自己走上了一条有意义的人生路。

　　大家各自回家，我到教研室看望同事。韩老师见我一脸喜色，羡慕我正当年华，问我有没有女朋友，想给我介绍朝鲜族姑娘。湖北老乡邹老师坚决反对，说朝鲜族娶媳妇皆大欢喜，嫁姑娘就不高兴，以后亲友关系不好处。秘书给了我三封信，父亲在信中表示放心，二弟高中毕业准备到农村插队。老同学曹光炎听说我春节没回家，邀了几个同学去我家拜年。我躺在床上眼睛正好对着蚊帐，长春没有蚊子，挂着蚊帐感觉有个独立空间。这蚊帐还是赵华芳洗的，除家人外没哪个女子为我做过这么多事，一股苦涩在胸中涌动。

　　返回农村后，领导考虑到十三队的难度，派赵信同志协助我。我把情况如实相告，他说这个队是个懒班子，问我打算怎么办。我说还是先学习，提高班子的思想觉悟，再考虑改选，我强调这是大寨的经验。派饭吃到社员刘昌根家，夫妻生有两个儿子和一个女儿，一家五口住在简陋的屋子里，还养了条瘦骨嶙峋的狗。主妇端上一盘白面馒头催我们快吃，吃了几口才发现他家人只喝玉米粥。我心里一阵辛酸，我们来的目的就是改变农村的落后面貌，使他们过上好日子，我们什么都还没做，社员们就这样爱护我们。

　　哈拉海一带出现自由市场，上级认为自由市场就是复辟资本主义，是阶级斗争的新动向。工作队联合公社干部搞突击检查，现场抓住不少"投机倒把"分子，还有一个鸦片贩子。公社召开现场批判会，火红的鸦片花摆放在主席台上吸引着与会者的目光。会上对贩卖"园田地"土特产的社员进行了教育,没有没收他们的财产。突击检查过程中没有发现程家坨子的社员,我们工作队受到表扬。我们心里很清楚,要不是提前通风情况不会好多少。工作队利用这件事对"资产风"进行批判,领导把写批判文章的任务交给我。我坐在队部里写起来,同时写稿的还有附近小学的语文教师。我低着头不停地写,他不时东张西望。"你真行啊!不用想词啊!""我写到哪词就出来了!"他问我怎么头也不抬,我说脑子东西太多,笔头赶不上,哪有时间抬头呢!

  天上飘着雪花,旷野上披着银装。我和老赵一步一个脚印在雪地上走了几里路,赶到大队部交了批判稿,领导看了大加赞赏。我们继续学习批判邓小平的材料,继续进行讨论。刘雅琴不解地说:"文件中批判的这些事情,去年我们也学过,不是都经过毛主席同意的吗?"林丛无奈地说:"党中央怎么说,我们就怎么办!"刘雅琴调侃说:"谁知道是不是党中央说的,什么时候又冒出个邓小平呢?"有人打趣地说:"邓小平提出'三项指示为纲'时,全国不是都执行吗?"我接着说:"假如中央出了修正主义呢?"我的话说完就爆发了一场激烈的争论。几个年轻队员都开了口,都觉得邓小平做得没错,林丛同志脸上露出了难色。这位长春地质学院资深政工干部为人正直,理论水平高,我们都很尊敬他。然而,此时大家把矛头对准了他。为难之际,叶老师和徐老师一席话平息了大家的争论。两位大姐刚探亲回来,带回几条小道消息:中央任命华国锋同志为党中央第一副主席,撤销了邓小平党内外一切职务。这个消息令我们惊讶,又在我们的猜测之中。叶老师给我带来一封信,一看是赵华芳寄来的,心里一阵激动。

  散会后,我急匆匆回到房东家,一人蹲靠在炕上,小心翼翼地打开信，认真地看起来。信中写道：你好！来信收到，为你能参加工作队受到锻炼高兴，相信你在党组织的领导下，会出色地完成任务！关于鞋之事，如果不便就算了。严协成叫你帮他看看有没有关于裁衣服的书买（二本）。照片我没照，尽管赤壁风景秀丽，但我们去的那天阴雨绵绵，无法拍照。你的相片收到。我打算今天回宜昌，因家中有事，初五回来。我的伤口已愈合，谢谢你的关心！在地质队，我们从工人身上学到了不少优秀品质，艰苦的工作磨练了我们的革命意志。我和朱是机台上仅有的两名女钻工，大家总是处处照顾我们，很过意不去。我总这样想，为什么男同志能办到的，女同志就不能办到。刚上机台，有人瞧不起我们，说我们黄毛丫头，经不起风雨，不用说上班（夜班），连走路（夜路）都不敢。我们很生气，一再要求上机台，分在两个班。事实证明了毛主席的伟大教导无比正确：时代不同了，男女都一样。我们不是为个人争气，是为中国妇女们争气，为毛主席他老人家争气。这几天，心情十分沉痛，敬爱的周总理与我们永别了，全国人民痛苦的心情无法形容。看看未尽的业绩，不禁想起主席给总理的一首诗："父母忠贞为国酬，何曾怕断头，而今天下红遍，江山靠谁守？业未尽，鬓已秋，常驱倦，你我之辈，忍将夙志付东流。"这未尽的事业将由我们年轻一代来完成，任重而道远，主席的希望寄托在我们身上，我们要让主席放心，让已故的总理放心。大学时代的生活使我受益不小，在今后的漫长的道路上，学生时代的生活将永远值得怀念。尽管我没同意你的要求，但我总是认为我们之间的同志关系比任何一种关系都可贵。希望作为一个革命同志，共产党员，今后多多帮助我，也希望你真正做一名名副其实的共产党员！祝你春节愉快！

信是从湖北鄂城临江公社得胜二队转608信箱发出的，历经三个多月才到我手上。我反复看了几遍，找不到渴望的东西，随手把信仍在炕桌上，闭上眼睛，心里一片茫然。过了一会我把信拿起来，从头到尾又看了一遍。信的台头称呼我"同志"，信中明言"我们之间的同志关系"。望着窗外飞舞的雪花，感到胸口堵得慌，盼星星盼月亮，盼来的还是封同学之间的来信。都以为我有女朋友，老同学都这么认为，而我们又不是这种关系，保持通讯又有何益？我苍然地拿起笔，在回信的末尾加了一行字：请你以后再不要给我来信了！望着这行字，心里一阵酸楚，眼睛湿润了。一阵自行车铃声传来，邮差进了屯子。我赶紧用浆糊封好信口，赶出去把信交给了邮差。回到炕上呆坐着，又一阵铃声传来，邮差蹬着自行车经过门前。望着邮差离去的背影，心中突然矛盾起来，想冲出去把信要回来。我在犹豫着，雪花在飞舞着，狂风在吹刮着，邮差渐行渐远，消失在飞舞的雪花中。

中央人民广播电台公布了天安门事件的全过程，报道把天安门事件比作南斯拉夫的贝多芬事件，说邓小平是中国的纳吉。工作队分片学习，叶老师、徐老师来到我的住处。老赵已经调走，我又独当一面了。没有领导在场，大家没有顾虑，都说看不清眼下的形势，都觉得邓小平主持中央工作以来，社会秩序趋于稳定，各方面的工作逐渐走上正轨。开创这种局面的人却被打倒大家想不通，只好怀疑自己的政治觉悟和理论水平低。我接到通知赶到大队部开会，天下大雪，我所在的生产队又远离大队部，通知晚了一天。等我赶到时，会议已开了一天，领导当众批评了我。来到东北还是第一次挨批评，我心里不舒服不服气，却只能忍着。两位领导的脸色非常严肃，工作队员们低着头，不做任何评论。

终于开始断雪，哈拉海的春天到来了。队里开始犁地，大地上一片繁忙，一人扶一把犁，前头一马当先。茫茫大甸子上，田头不见田尾，全体社员都上阵还是稀稀拉拉。我看人手不够，向一位社员请教了一会，顶一个劳力干起来。我手扶犁把吆喝着马儿，沿着一垄地慢慢前行。开始有些别扭，干过一阵就好多了。社员走出老远，我想赶上去，把马鞭摔了几下，马儿奔跑起来，我不知所措，只得跟着猛跑。"小管，快扔掉犁把！小心！"一位社员高喊着。我扔掉犁把，社员飞跑过来勒住了缰绳，避免了一场犁耙伤人的事故。我才从惊慌中回过神来，重新扶起犁把，轻轻拉着缰绳，沿着石灰线继续翻地。

种子下到地里，天上下起雨来，老乡说工作队来了风调雨顺。哈拉海一带缺水，方圆几百里没有河流，全靠墒情和天雨。冬天雪下得大下得多墒情就好，遇上几场及时雨叫风调雨顺。雨一连下了几天，村子里一片泥泞。我没带雨鞋，高一脚低一脚，鞋上全是泥巴。随行的社员说："你要是在长春，就不会走这样糟糕的路啦！"是啊！如果在长春，就不会走这样糟糕的路。但我是一名共产党员，为了党的事业，愿走在这泥泞的路上，我走的是党指引的社会主义大道。回到房东炕头，借着兴致写了一首《一气哈出心里事》：

走在泥泞的路上，并不因离开了柏油路烦扰；嘴嚼着玉米大饼子，并不依恋大米的香飘；谷雨已过，人们还穿着棉衣，大地方才苏醒，并不依恋故乡已春色妖娆。是的！这里的一切都没有家乡好。我心里踏实，党指引我走上了北国道。年轻的共产党啊：你为党做了什么？是否对得起这一称号？艰苦的生活我不怕！繁忙的劳累我缺它！风俗异，气候寒，都没啥！工作力不从心使我焦躁。只有那新资产阶级舞弊迷嶂，最使我烦恼。看到众多的人们在沉睡,深感革命的道路万里遥。豁出命来干,硬着头皮闯,坚信马列志不移,准备重上井冈山。

天下大雨,工作队集中学习。材料上说中华人民共和国建立已经二十六年,天下仍不太平,拿枪的敌人从来没有停止挣扎,党内产生的新资产阶级总想复辟,两条路线的斗争仍然十分激烈,伟大领袖毛主席教导我们"千万不要忘记阶级斗争"。我接着组织队里的社员学习,把刚刚学到的理论讲给社员听。社员见我天天跟他们干活很听我的话,只要通知开会都纷纷赶来。有个社员对我说:"小管,不用学了,我们听不懂!你带着我们干就行了,我们听你的!"

邮递员送来一封信,地址是湖北鄂城临江公社得胜二队转608信箱。我心中一阵狂喜,以为有了转机,开信一看是刘双柱同学的来信,他深情地回忆起大学生活:尤其是夏日星河灿烂之际,校园的运动场上,你那踏踏实实、毫不漂浮的"蹄迹",伴随你那激烈跳动的心,深深地印在我的脑海里。大概以后夏夜来临,在操场纳凉,还会幸福地回忆起我那三年同窗的老友,亲爱的管新平同志。在教育革命的讨论会上,我记得你热情冲动的声音;在团小组会上,我听你侃侃而言、自信的声音。尤其在你入党和毕业分配这等重大场合,发自肺腑的充满着革命激情的铿锵之音,它和着时代的音符。每当我上进心不强时,便鼓舞我冲锋陷阵,无往而不胜;更令人难以忘怀的是你我促膝谈心,那娓娓动听的声音,简直使我顿开茅塞,重又振作起来。"你在正确处理个人与国家的关系上是我们的楷模。你走后,我们都有一个莫名的'空倘'感觉"。

老同学给予我如此高的评价,我感到莫大的宽慰。信

中还透出老同学对我的希望,我感到惭愧。这一夜我难以入眠,充满友情的来信把我带回到武汉,带回到大学时代,情不自禁地写了一首《献给我可爱的英语班》:

我们——年轻的共产党员,是无产阶级革命的先锋;要把青春献给共产主义事业,让生命的血把大地染得更红。不做河岸边的垂柳,要做暴风雪中的劲松;傲然挺拔,郁郁葱葱,迎着时代的疾风。谁说生活中没有雷锋、王杰,我们立志要做这样的英雄。默无声息,努力工作,顽强斗争,在平凡的岗位上,创建共产主义的奇功。

22　黑土地沃

身是菩提树，心如明镜台。

——唐·神秀

"五一"换季回到长春，教研室同事纷纷到寝室看望我和危鸣辉，气氛温馨，给了我们"回家"的感觉。长春市晚上放焰火，几个工作队员相邀到人民广场。人山人海，火树银花，乐曲喧嚣，冲天的焰火在夜空中绽放。长春多美啊！空军纪念碑前乐队演奏，我们驻足停留，欣赏著名电影制片厂乐队演奏的天籁之音。

回到乡下就有人告状，孙队长和会计吵了起来，许队长站在会计一边。我赶到孙队长家了解情况，他说划分"园田地"会计分配不均，许队长包庇本姓人家；会计和保管员经常不参加劳动，有许队长做后台，他孙队长使唤不了，要我把会计换掉。问题没那么简单，我没有表态。保管员公私不分，会计化公为私，还牵涉到大队干部。问题更复杂了，我更不敢表态。我找大队会计核实，会计说"园田地"划分时开队委会孙队长在场，孙队长存心撂倒他，往他脸上抹黑。我问为什么？许队长信任我，有事爱找我商量，孙队长就不高兴。各说各的理，难辨真伪，我就召集各方代表开会。双方争吵不休，阵线一目了然。我把意见整理成九个问题：园田地的真相？会计弄权？两袋面粉约340斤怎样用掉的？贪污碱土钱？会计、保管员不参加劳动？保管员收黄豆不记账？赵书记蹲点？无账目活动费200元？民夫费报账50元？

宗族矛盾搅和着是非，令我头疼，不管不行，管也不是。我想先要搞清问题是否真实，才能决定是否换人，换人或留用都要说服人。会计押车去大队送鸡蛋，我乘上顺风车。会计提到园田地的事，认为非得大队赵书记出面，最好派上大队会计。到了大队部，我把上述情况向王宣同志作了汇报。走出大队部，又赶上了顺风车，我问会计："队里的矛盾怎么这么深？"他骂骂咧咧地说："操他妈的！就是搞私人报复！让他们干就好，谁干也不行。你们在这儿待时间长了就知道啦！你看，凡是打架的事都有他们。去年当上会计以来，他们就不满意，诬蔑。你问问大队看我有什么错误？我都不愿讲。孙招成当队长那阵，我担任出纳，他一年多不干活，套车，拉脚，搞买卖，投机倒把。我揭发了，他坐了一年半监狱，我们这个队这么乱，搞不好啊！"马车进了屯子，我谢了会计回到房东家，脑子里乱哄哄的。想起毛主席的教导：政策和策略是党的生命，各级领导同志务必充分注意，万万不可粗心大意。不管情况多么复杂，我要按党的政策办。

老孙头带着几个社员上街买粪，大车经过房东的门前。我冲出去跟上马车，陪着去买粪，从另一个角度了解情况。去的路上我什么都不说，免得他们生疑。老孙头鬼得很，是孙姓家族的精神领袖。返回的路上，老孙头问我什么时候解决问题。

"解决什么问题？"我假装不知道。

"你来了几个月还没听说！"他生气了。

"听说不等于事实！我们得多方核对。"我解释。

"那我们不说了！"他大声吆喝牲口。

"你们不说了，我们更没法搞了。"我寸步不让。

"我们只说，你不解决，不是白说了吗？你们一走，我们又要倒霉。你不解决问题，就是白吃饭，以后上我家，不给你饭吃！"老孙头越说越生气。

"喝米汤！"我笑着说。

"米汤也不给！"他反唇相讥。

"喝水！"我接口说。

"水不给你打。你不解决问题不让你走。你没见昨晚的情况吗？我们也不是好惹的，不解决就打得你稀碎！"老孙头带着威胁的口气说。

老孙家族急于借助我把老许搞下去，我没那么傻，发出一阵大笑。老孙头愤愤地说："你笑，到时看你笑！"我耐心地说："老孙头，我们共产党的干部得讲政策，以理服人，对任何人提供的材料我们都得考虑、分析。你说别人不对我们就信你的，别人说你不对我们就信别人的，那你说究竟谁对呢？"老孙头语塞了，车上的小伙子笑了起来。

"我们一到这里，最先见到的人就是大队干部，他们就向我们介绍了各队的情况。当时，我们就只能听，不能信，您说呢？"老孙头接口说："那可不能听！听他们的，那就没我们的啦！"我接着说："我们一到你们队，先接触的是队委会，许队长向我们介绍了队里的情况，我们还是只能听，不能信。""对！对！不能信！那一信，我们就完了！"老孙头火气消了。

进了屯子，我说："今天你们反映了一些情况，有些我们已确信了，有些暂时还不能下结论。以后就是把问题摊开，也不能随便把人打倒。问题小经过教育帮助学习，思想有认识有提高，还得留用。问题严重，又不接受教育帮助，我们才能把他撂倒。"一位社员应声说："是的，小管他们会解决的。"哒！哒！哒！一阵马蹄声从后面传来，车上的人朝

后望去都不说话了。马车上坐着的正是左会计，孙家的冤家对头。车轮滚滚向前，扬起一阵灰尘。

　　太阳照耀着大地，蓝蓝的天空漂浮着朵朵白云，我在心中唱起"蓝蓝的天上白云飘，白云下边马儿跑"。一年前我和同学们睡在草坪上唱着这支歌，心中憧憬着毕业后的未来，多么浪漫又多么天真啊！而今，身上的担子如此沉重，生产队的是非摆在面前，表面的是非中包含着阶级斗争、思想斗争、家族矛盾。我朝刘凤鸣家走去，他正好从屋里出来，我一拍他肩膀说："上你家去！"老刘参加过中国人民解放军，在石家庄当过工人，一九五九年工业退缩，响应党的号召回农村。这番经历在他身上留下了痕迹，他身上有种不同其他社员的气质，他因身体不好做些磨面养猪之类的活计。他坐在炕沿上，开始卷叶子烟，一个十七八岁的女儿坐在另一头做针线。我脱掉鞋坐到炕边，心想是不是先"唠磕"呢？没有必要，这人精明，肯定猜到我的来意，我便开门见山地问："老刘！你对我们这个队有信心吗？"

　　"你说的是今年的生产？"他睁大眼睛问，手里不停地卷烟叶。我说是班子。

　　"这个班子各怀各的心，你想你的，我想我的。"他连连摇头。我问班子几个人是三条心，四条心，还是两条心。

　　"两条心，一个中间派。队长和会计一条心，老八个人一条心。"他回答。我追问谁比较公正一些。

　　"许队长这人也还行，主要是没主见，都听别人的，会计人鬼，老八小伙子年轻，干不多久，要照比呀，还得数他中干点。"他终于说出了看法。

　　"队里矛盾这样大，怎样解决才好呢？我们工作队来就是进行基本路线教育，主要还不是抓生产，若是抓生产，一是我们不懂,二是就一年抓上去也不顶用,主要还是搞班子。班子搞好了,以后一年一层楼。班子有问题要拿掉,只要大家揭发很容易,拿掉后谁上来呢?上来的人又怎样呢?"

"难啊!大队就是为这挠头,你们就更挠头,叫他干不行,不叫他干还没人干。"他说。

"不能叫刘少奇下了台又要林彪上来。"我打比方说。

"是呵!还是换汤不换药,谁上来都为自己,意见大的就是一个会计、一个保管,政治队长、保管员都是一家,又和会计搞在一块,那个东西怎么搞得清楚呢?在会计的眼里我就是个钉子,磨面都得通过我,他们就怕我说出去,总想把我从后勤挤出去。可我这个人不好挤出去,大队来人我都这样说。我是个废人,后勤这碗饭我吃定了,我这一家人要吃饭,我相信共产党。以前的会计倒没问题,就是拿不起,才提出换人。大队叫孙招夫上,他又不干,政治队长没法,把左会计拉了出来,大队也就同意了。现在这个班子啊,有事不商量,不经群众讨论,这个班子主要还在政治队长。"

老刘的观点还是偏向老孙家族,可能是老孙家族受压了吧!不过,老刘的意见还是比较中肯的,没有一般社员那样偏激。看来这个班子必须动,难的是新班子能不能比现班子好?今天换掉一个,我们在听我们的,可能比较公正地对待群众,我们走后呢?可能又要为自己的家族服务,下一次运动到来时,又更换一次班子,这有什么意义呢?

为迎接即将召开的工作队公社会议,我们聚在第一生产队房东家排练节目。危鸣辉朗诵起他的长诗《征途》,我陶醉在他充满激情的朗诵中。几个月的基本路线教育,在教育农民的过程中老同学也受到了教育,大学时从未见他这样豪情满怀,他身上正焕发着从未有过的东西,至少我从未见过。我们赶到大队集中，参加工作队自身建设交流会。会议开得很热闹，有人讲接受再教育、坚持参加劳动、同吃同住同劳动的体会，有人讲怎样认识毛主席关于知识分子评价的问题，有人讲在斗争中怎样不断提高路线斗争觉悟，有人讲抓路线斗争的做法体会。我认真地听着大家的发言，相比之下看到了自己的不足。我在同吃同住同劳动方面做得不错，但工作进展很慢。

我们赶往公社参加"学习小靳庄"文娱晚会，各大队的文艺骨干纷纷登场，节目有诗歌，有快板，有合唱。公社党委书记刘振节带着"五七连"几个年轻干部也参加了，还表演了节目。气氛非常热烈。工作队这支百多人的队伍朝气蓬勃，大家在阶级斗争中是战友，生产劳动是社员，此时又成了演员。领导和我们一起歌唱演出，看不出谁是"官"谁是"民"，是伟大的毛泽东思想哺育了一代新人。接下来的日子，工作队学习理论。长春地质学院政治部主任马千乐教授做辅导，解读马克思为批判拉萨尔写的《格达纲领批判》。马教授指出：马克思创立了无产阶级专政的理论，列宁在实践中发展了马克思主义，毛主席继承和捍卫了马克思主义，创立了在无产阶级专政条件下继续革命的理论。走资派还在走，资产阶级就在党内，这些理论就是对马克思主义的发展，是活的马克思主义。工作队党委书记焦书武指出：不能忘记我们是知识分子，要向工农学习，要注意发现他们身上本质的东西。个别同志只看阴暗面，这是一个严重的问题，要引起注意。

返回的路上我心里乐滋滋的，体验着一种战斗般生活的乐趣。我立即召开社员大会，传达公社会议的精神。到会的主要是老孙家族的，老许家族的一个没来。有人反映大队会计来队里调查过，而工作队并不知道，我立即向工作队领导汇报。领导召集全体队员开会，通报前段时间调查掌握的情况，讨论出一个行动方案，决定集中兵力抓重点：第一个重点是大队学校，第二个重点是我所在的生产队；把第九生产队作为好的典型来抓，在第一生产队搞评功记分实验，解决"出工不出力"的问题。夏天的哈拉海气候真怪，风一停就来雨，雨一停就刮风。这倒没什么，人心更复杂。我开始琢磨，依靠谁？谁正确？这里的人带有浓厚的宗族色彩，反映问题太具有报复性。我到邻近队里找老叶谈了想法，她说我考虑得很周到，问我给女友回信没有。我说不是女友，老叶说年轻人谈恋爱很正常，学院要求两年不恋爱没道理，不要有顾虑。我说不是那么回事，老叶就是不信。

　　小满到了，哈拉海才摆脱严寒，开始翻地播种。老叶和老徐来到我们队，三人一起到地里劳动，分头了解情况，广泛接近群众，一起分析研究。这是领导的决定，这个队太复杂，怕我应付不了。我没按孙派意见把人撂倒看来是稳妥的，许队长填写了入党申请书，通过了组织的鉴定，矛盾反而缓和了。我找孙队长谈话，他不再强调撂倒人了。我们采用"一帮、二带、三依靠"的工作经验，在公社召开的总结会上得到了肯定。我对许队长即将入党表示祝贺，他显得很激动。我把社员反映的意见转告给他，他表示愿意改正，把一碗水端平。我说根子还是思想觉悟不够，就把工作队的学习材料摆在炕桌上，挑出关于农业学大寨的材料给了他，要他带回去慢慢学习。他把材料翻了翻，说一定好好学习。

　　刘长江带着民夫上工地去了，她老婆端出一碗炒鸡蛋。我激动地说："嗨！炒鸡蛋干嘛呢？你们留着自己吃吧！"她笑呵呵地说："没什么吃的，就几个鹅蛋，吃吧！"东北农村正处在最艰苦的季节，储存的菜已经没有了，新菜又还没下地，吃鹅蛋时掺进咸菜之类的东西，给我炒的鹅蛋里什么都没有，真不忍心吃，我只吃了一半。我一边翻看同学的来信，同学被我信中描写的东北农村生活所吸引，为我的变化而振奋。有人在信中说我看准了人，但希望我们不要过早结婚以免拖累，看来同学真误会了。炽热的太阳高悬在天空，加之劲吹的风，带来了夏天的气息，来信把我带回到老同学中间。这种感觉稍纵即逝，很快就被眼前的复杂环境拉了回来。前段时间鞍前马后的孙队长居然背着我开会，问他还不承认，我一怒之下大声说："你们开班子会都不叫我！背着我！"话一出口就后悔了，冲动时说的话可能被人利用。果然不出所料，在田间干活时，几个社员别有用心地问："你参加了几次班子会？"

太阳高高地悬在天空，天气实在很热。开锄以来，我天天下地干活，一位社员关心地说："你何必呢？在家里多凉快！"我回答说："我来了就要体验体验你们的生活，要不，不是白来了吗？"一生是漫长的，谁知未来的风云变幻？为了将来的斗争，我要在可能的条件下学会各种本领。千万不可懒惰，要以苦为乐，有了这种品质，就会无往而不胜。铲地是庄稼人繁忙的季节，所有的劳力都动员出来了，人手还是不够。东北大平原上的地块太大了，一垄地看不到尽头。开锄的头几天，我只能这儿捣一下那儿忙一阵，还累得够呛。此刻，我居然顶了一个劳力，而且并不落后。庄稼人不得不佩服，到底是年轻人啊！是像八、九点钟的太阳！社员们累了，一个个渴得难受。我跑到大队的马场借了一对水桶，挑起一桶水向地里走来。谁说没有张思德、雷锋？要让他们看到毛主席的教导"毫不利己，专门利人"不是空话。社员喝过水继续干活，我把桶里剩下的水浇到青苗上。有人大声说："你们看小管，把剩下的水浇到地里，都像这样干啊，早就上去了！"又一个社员说："小管要带上五年，我们队一定能搞上去！"我挑着水桶向前走，社员的议论温暖着我。我们共产党人不图名利，图的就是人民的信任。快收工的时候，人人满头大汗，纷纷脱掉上衣系在腰里，我也照样。干活时大家没注意，收工时才发现，一个社员说："看来，你真是劳动人民出身的啊！"老金头问我累不累，我说不累。小石头问我热不热，我说不热。长江同志问我说乐不乐，我说："乐！劳动最光荣嘛！"社员们簇拥着我走进屯子，有人说端午节快到了，嚷着要好好招待我，争着派到他们家吃饭。

"你真不会喝酒吗？"一个社员问，我说真不会。

"我们这儿每人都得喝酒，不喝就要打！"一个社员抢着说。

"那我们一个对一个，我赢了就不喝，我输了就听你的。"我回敬了一句。

"我们一个一拳把你打蒙了，看你喝不喝！"又一个社员说。

"我说了一对一，加上你们的老婆，别人不行。"我笑着说。

"是文是武？"一个社员问。

"文武都行！"我回答。大家哈哈笑起来。

孙队长说端午节到了，队里杀了一头猪，要求我到队里去吃大锅饭！我说有派饭，不用麻烦大家。不行，许队长说了，怎么也要你去吃！我们怎么也不能让你一个人在一边吃！两位队长想到一块，我心里一阵高兴。我和他们一起干活，一起流汗，他们是真心的。考虑到下阶段的工作是整顿班子，还是不去好。怎么办呢？我心生一计，把附近小队的老叶叫来，让她和我一起下地干活。

"今天我们要每人敬你一杯！"休息时，一个社员悄悄告诉我。

"感谢你们的好意，我绝对不能参加！"我对社员说。

"不！怎么也不行！我们同甘共苦嘛！要有福同享！"社员说。

锄完一垄地，社员还在喘息。我又开始了一垄，一会就把后面的人拉开了。回头一看，社员们才迈出三五米，我趁机朝另一个方向走去，老叶已经在田边等着。

"你上哪去？"孙队长不解地问。"再起一垄！"我头也不回地答道。"嗨！"身后传来人们的议论。有人在赞美，有人在嘲笑。

"哪像东北人败类，只想自己，好人都出在关里，大人物都出在湖北、湖南。"孙招夫说。我回过头来说："你们怎么谈起这来啦！"孙招夫提高嗓门说："东北人是败类嘛！你看是不是大人物都出在湖北、湖南？"

几个月来我和社员们同吃同住同劳动，什么活都干，铲碱土，送粪，起羊圈，种地，犁地，铲地，天气热了我给社员送水，这一切已经留在社员们的心中。我的行为使他们意识到小农意识的"败类"性，意识到并非所有人只想着吃香喝辣。启迪人们重新认识生活重新认识人生，正是工作队希望达到的目标。我和老叶悄悄脱离人群，赶到她所在的小队吃派饭，然后返回。平时寡言的刘大爷忙不迭声地抱怨我："嗨！你上哪去啦？我回来找了你几次，队长也来了几次，找不到你！"我笑着回答说："我上四队了！吃过饭啦！知道在家里躲不过。"房东大娘开口说："你真傻！我想去还不能去呢！"

端午节是东北农村盛大的节日，为了避开麻烦，工作队到大队马场集训。我起得很早，迎着冉冉升起的朝阳打了一套民兵拳，然后读了半小时英语。在地质学院外语只是一门基础课，真正受重视的是专业，最有地位的是专业教师，最有成果的是专业科研。我就设定了一个目标，力争用英语讲授地质学，为此带来了普通地质学中英文教材，系统学习地质学基本原理，掌握英语的表达方式。房东老儿子不解地问："你肚子里有这么多学问，还需要这么用功吗？"是的，我必须用功，我的事业在长春地质学院，农村工作只是暂时的。午觉醒来，浑身酸疼，真正是"苦其心志，劳其筋骨"。还去不去田间？工作队员的每一个行动都在给党的名义带来影响，不是好的影响就是坏的影响。腰酸背疼算什么，正要从中锻炼自己的意志。一咬牙从炕上坐起来，穿好衣服向田间走去。干到傍晚有点吃不消了，一垄地远远落到后头。社员们躺在地上休息，我又干了一阵，完成了自己的一垄，像社员一样躺倒在地。

"谁挑点水来？"有人叫起渴来。看来还得我去！我笑着站起来，向最近的社员家走去，借了一担水桶，在他家井上打好了水，向田间走来。

"管先生！管先生！"社员们叫着说，"管先生真是人民的勤务员啊！"

"小管真朴素。"金学田一边喝着水一边望着我裤子上的补丁说。

"头发蓬乱了也不梳。"王凤友看着我的头发说。

"你看起来哪像大学老师，跟我们老社员一个样。"金学田喝完水说。

"看你累得，回去休息吧！明早不要来了，休息休息！"王凤友喝完水说。

"你这就不错了，我们都累，你冷丁干，和我们一样，起早贪黑，受不了啊！"

"干半天，休息半天，就可以啦！"

"我要像你，又不挣工分，才不干呢，就呆在家里。"

天色渐渐黑下来，我的确太累了，无奈地告别了社员。

"明儿个再见啊！"老赵头招手说。

"对不起啊！我今天当了逃兵。"

"当逃兵要斗，开你的批斗会！"社员给我开玩笑已成家常便饭，共同的劳动生活已经把我和社员融为一体。社员们真诚地信赖我，我已经在他们心中燃起了一簇火焰，一个真正的共产党员在他们心中形成。我也从这种信任中获得了无穷的乐趣，这是任何物质形态的乐趣无法超越的心灵享受，我从中感悟到了人生的超然价值。

23　吞天坼地

> 世界无穷愿无尽，海天辽阔立多时。
> ——民国·梁启超

天空灰蒙蒙，凉风冷飕飕，白桦林哗哗响。我警惕地四下张望，阶级敌人横了心，我也横了心，随时和你们搏斗。工作队联合公社"割资本主义的尾巴"，有人狗急跳墙，社员养的羊被人剪了毛，生产队的仓库被盗，大队养的马尾巴被铰。领导说这就是阶级斗争的表现，敌人暗地里向我们进攻了。我奉命到大队查看坏分子的材料，了解地主富农及其子女破坏生产的记录，想从中捕捉蛛丝马迹。路过老同学危鸣辉的小队，被他留住吃饭，饭后继续赶路。

队里急需20口大缸发酵积肥，想把各家的大缸借用一下。有人提议买缸，孙队长说队里资金有限，要不各家出十元八元，房东老刘头答应后就无人响应了。这些人太不明事理，大粪发酵追肥至关重要全然不顾。我心里更有数了，这个队的问题就是宗族斗争，几个队长都还不错，要求撂倒的人大都爱捣乱。我向社员宣讲全国学大寨的形势，强调普及大寨县是件非要完成不可的任务，批判"工分挂帅，物质刺激"的危害。我说工分挂帅物质刺激只能引导人看着工分！不能引导人们自觉地干社会主义。都不想把队里搞好，干活不认真，能有好日子过？老赵头说："听听多好哇！就是不识字，要是识字，自己看看比听好。"

接到通知去大队讨论叶慧文同志的入党问题。这位地质勘探系的中年教师工作上支持我，生活上关心我，虽然出身在剥削阶级的家庭，却很注意世界观的改造。我做了上述发言，同意她入党，也感到惭愧，忽略了在政治上关心她。返回的路上我向她道歉，她激动地说："我从来对你这个小同志就另眼相看，你有许多值得我学习的地方。"

天空雨蒙蒙，地头的土壤很湿润，青苗长得齐刷刷的。马占财在井上打水招呼我，我告别老叶进了马占财的家。他媳妇正把一堆苞米倒在炕上，两个淘气的小孩在炕上玩耍。你看谁来啦？女人问身边的女孩。认识我吗？我坐到炕沿上问。"叔！"小女孩冲着我喊，从炕上下来跑向我，抓住我的胳膊。不要上脸！女人冲着女孩说。马队长上任不久，是个不错的干部，脑袋里有政治该多好啊！马队长打水回来，一屁股坐在炕沿上。他媳妇把炕桌放在我们中间，给我倒上一杯开水。

"你当队长几个月了？"我似问非问地说，"你要准备长期干下去！"

"不干！他能干得了，到秋天拉倒！这个队还能好？"他媳妇抢着回答。

"你呀！就呆在家里，外面的事也不知道，你知道他干得不好？"我反问妇人。

"你看今年怎么样？"我问马队长。今年也没个好！妇人抢着说。

"就你知道不行？"马队长不同意媳妇的说法。

"今年的苗还出得挺好！看来年成不错！"我说。马队长"嗯"了一声"还行"。

"今年算完蛋了！"媳妇又嚷嚷起来，"茅葱地铲了，你看别人坨子里的土豆！"

我觉得需要做工作了。我们平时讲方向、道路，这就是方向、道路，不管你土豆来钱，大头菜来钱，茅葱来钱，都不对。为什么不对呢？园田地是给社员吃菜补助粮食的，都想从中来钱，人心都往园田地里使，都不考虑队里的事，这个队怎么搞得好？我讲到学校的事，平时学校抓政治学习，省里动员组成农业学大寨工作队，大家自愿报名争着来！

两口子齐声说："不要组织上派，自己要求来？自己要求来！"农业学大寨、普及大寨县，是场非搞不可的大运动，是党中央、毛主席提出来的，三年到五年全国普及大寨县。每个生产队都要成为大寨式的生产队，就看每个队自己有没有决心。

"非搞不可啊！"马队长笑着说。

"对，非搞不可。条件好的，比如我的家乡湖北，有的地区一年实现。"

"一年？"马队长似惊讶又似怀疑。

有的提出两年，我们省提出三年，落后地区三年不行，五年，五年不行，八年，总得实现，每个生产队都是毛主席领导的，还能都实现了就扔下你一个？那是啊！马队长回应。这次派工作队是全国范围的，是华国锋总理讲的，要派三年，一批一年，我们下来搞一年是华国锋总理定的。我们来的目的，就是把全国的这一形势告诉大家，要学大寨，我们走了以后，这个运动还得继续下去。

"直到都搞好了才停？"马队长问。我本想进一步解释党的基本路线是一个长期的任务，觉得他们目前的觉悟还不能要求太高，于是说："对！不搞好不结束。我们来就是帮助你们上路，搞上去还得靠你们自己。"

我把谈话回到现实上："我们队的问题在哪儿呢？"

马队长低头不语。我接着说:"我们队是有条件的,人强马壮,地多,地碱是一个原因,但主要原因还是人心。要讲条件差呀,大寨那个地方是最差的。"

"喔,大寨是最差的,他们够口粮吗?"他媳妇问。

"还够口粮,大寨好得很!"马队长告诉他媳妇。

大寨那个地方叫七沟八梁一面坡。"喔!就一面坡!"马队长惊讶地说。那儿是山区,地薄,既怕干旱又怕涝,气候也怪,不下雨就长时间不下,一下雨就下个不停。全大队都搞不好,就数陈永贵同志的那个小队还不错。老支书给陈永贵让位,陈永贵推辞了两年,第三年说什么也不行了。陈永贵当上书记后走遍全大队,检查每一块地,认为非修梯田不可。修梯田?马队长没听说过,急切地问。对!我用手比划着讲,把石头挖出来,在山坡上垒成墙,掏出石头缝的土填上,那是乱石地呀!还比不上这儿的盐碱地,这样干了两个冬。两个冬!马队长问。对!修成了梯田,到一九六二年夺得大丰收。

六二年丰收了!马队长笑嘻嘻地说。可是,六三年一场大雨下了七天七夜,把梯田全部冲垮了。哎呀!全毁了!马队长感慨地说。水把房屋冲垮了,大部分地被毁了。有人说大寨这下完了,有亲戚的投亲戚去吧!陈永贵赶到村口,把大家叫住开了个现场会,一定要重建家园。他们把梯田重新垒起来,把苗一株一株扶起来,到秋天取得了丰收。

大丰收了!马队长兴奋起来。大寨丰收了,一下轰动全县,都来参观学习,大寨的事迹上了报。主席看了材料,发出"农业学大寨"的号召。主席为什么号召学大寨呢?就是因为大寨的条件很差,学习才有说服力。我们家乡湖北单从打粮的收入比大寨还要好,本身自然条件好不能说服人,照大寨比呀华国锋总理都讲过,真正条件比大寨差的没几个,所以都能成为大寨。任何地方地变得人变，领导要有决心，领导有了决心，社员还不跟着干？我们强调思想教育，就是要选一个好班子。你是好干部，你不干还不行，你不是好干部，你要干也不行！几个月来，通过我的观察，你还是个好干部，对工作负责，所以要长期干下去，三年、五年、八年、十年、二十年，哪能年年换人！

她媳妇接过话头说："是啊！一年换一茬，谁上来干一阵就拉倒，谁也不负责。"

我低声问马队长："我们队的问题究竟在哪？"他没有回答。我望着他说："人心不齐，矛盾很大，是不是？"马队长用鼻子"嗯"了一下。

"等许队长回来，我们班子办个学习班，组织班子学习、讨论，再开社员大会，找原因，揭矛盾，把问题亮出来，提高思想，对有些问题要做作出规定，订一些规章制度。"我看了一下表说："班子要团结，有事讨论解决。我走了，你们休息吧！"

"不！就在这吃饭吧！"马队长拉住我。他媳妇摘菜刚回来，也不让我走。

"他很倔强的。"马队长对他媳妇说。

"正在下雨呢！"他媳妇看着外面说。

"没关系，我不怕浇雨。"我说着拉开门，走了出去。天空哗哗地下着雨，我步履艰难地迈开脚步走在泥泞的乡间路上，衣服一会就起了花。我开始思考怎么办好这个学习班？需要哪些学习材料？针对哪些问题开展学习？可能会出现哪些问题？

工作队在程家坨子大队部集中，长春地质学院人事处处长、工作队总支书记孙洪钟同志带着王春保同志也来了。曲增芳同志宣读申请书，介绍人林丛和刘雅琴发言，党员群众发言表决，林丛谈支部意见。曲增芳同志天津人，籍贯河北献县，是留校的"工农兵学员"。和她相处的日子留给我良好的印象，她积极工作，对人和蔼，还是文化革命的红卫兵，经过下乡锻炼，大学毕业留校任教，积极参加农村基本路线教育，我投了赞成票。学院的宋大夫给大家注射乙脑预防针，讲了几种不能注射的情况。我最近头晕、腹泻、厌食，犹豫能不能注射。宋大夫拿着注射器走向我，我犹豫着亮出胳膊。注射后就感到头晕眼花站不住脚，身边的同志把我扶上炕上躺下。宋大夫给我量血压数心跳，有人说我脸发白，我感到手心发凉，模模糊糊失去了知觉。

不知过了多久，感觉有人给我喂东西，睁眼一看是曲增芳大姐。她端着一杯红糖水送到我嘴边，我喝了几口。有人笑着宣布："追悼会不用开啦！"喝了碗苞米茬子粥后感觉好了许多，我在炕上躺了一会觉得没事了，谢绝领导的挽留回到房东家。正迷迷糊糊地睡着，耳边响起熟悉的女同志的声音，睁眼一看是叶慧文。她专程赶来，问我感觉怎样。房东大娘埋怨说："他休息少了，整天干活，中午还要写啊！看啊！"老叶叮嘱我："明天休息，不要干了！"

许队长从吉林回来，犯头痛在家休息。我邀他到房东家，坐在炕头交换意见。我说："因为限制了茅葱大蒜，引起许多社员的反感，地里干活时有人故意大呼小叫。"我提醒许队长不能让步。通信员送来紧急通知，要我一小时内赶到十几里外的火车站去县里开会。骄阳似火，我一路跑步赶到火车站和其他队友汇合，乘坐火车到达农安，住进县委招待所。我们提前一天到达，去电影院看《火车司机的儿子》。一群小学生的喧嚣声扰乱了场内的秩序，有人发出牢骚声。我不感到烦恼，看到可爱的孩子们心里暖洋洋的。

集训十天，每天伙食费六角，住宿费一元五角，由县委开支。一个普通工人的儿子受着这种待遇，只因我是工作队员，我感受到了工作队员的荣耀。陆书记来招待所看望我们，讲起学校的情况，又要招收八百多学生，教师显得更紧张了。他问身边的韩常委，这批工作队员十月份能不能回去，学校领导很重视这批人，回校后不只是承担业务工作，还要把学校的其他工作承担起来，比如在学校搞基本路线教育。领导之间的对话使我备受鼓舞，心想不能有半点松懈，要利用参加农村基本路线教育的机会提高自己，以适应回校以后的工作。陆书记说武汉地质学院建校速度太慢，长春这边压力很大。我不禁为母校未走上正轨忧虑，庆幸自己选择了长春地质学院。徐大姐见我拿着一本书，笑着说："小管，你真爱学习呀！"我说利用集训看看英文小说。她对身边的队友说："南方人就是比东北人聪明！"我不同意。她说："你就比我们聪明嘛！"徐大姐也是留校的"工农兵学员"，吉林德惠人。她带着我们上街看热闹，毕竟是县城，比乡下热闹多了。下乡快一年了，看见满街的人流心情格外兴奋。我们来到一个古井边，就是当年宋徽宗坐井口观天的地方。

东北进入夏季，工作队"换季"回到长春。危鸣辉对我的个人生活极为关心，我说真没那回事！他认真地说："你从来不讲真话！我在大学时就听说你们关系很好。"我不知如何回答，还是为他的真诚感动。

"你觉得我应该怎样处理这件事呢？"

"最好在长春找一个，如果想调回老家，就在家乡找一个。"

孔繁津来信中提醒我不应过早处理这类事情，应把精力

放在工作上。两位老同学以不同的方式化解我的心结,我在心里告诉老同学不用担心,此时的我非彼时的我。东北的严寒,乡下的生活,已经荡去了我身上哪些柔弱的东西,刚性的气质正在注入我的肌体。生产队里几百号社员,多少事压在心头,别的都能暂搁一边。这批工作队就要结束使命了,我憧憬着即将到来的全新的校园生活。从小就崇拜知识分子的我居然当上了大学教师,我为这个神圣的职业感到骄傲。

在图书馆看书耽误了时间,食堂已经关门,我拿着空碗站在食堂门口发愁,被下班回家的史家碧看见,拉着我去她家吃饭。史老师的丈夫是留美归国学者,地质宫里的知名教授,我诚惶诚恐地走进她家。一家四口住在和我寝室一样大小的房间里,只是布置得十分整齐,靠墙一排书架放满了书。家里有个老太婆,有个女儿和我年龄相当,出落得亭亭玉立。老同学刘建新曾经想成全好事,我担心搞不成不好相处,委婉地谢绝了。史老师说我在农村搞得不错,可不大注意和教研室领导保持联系,提醒我找支部书记汇报一下。

支部书记果然很在意我的汇报,要我回来后充分发挥作用。不过……,书记欲言又止。他吸了一口烟,弹掉烟头说:"有人反映你一边走路一边吃东西,有这回事吗?"我说有这回事,心里感到纳闷。这就不对了,作为人民教师,更要严格要求自己。在街上吃东西有什么错吗?我们老家每天早晨上班上学的时候,满街都是一边走路一边吃东西的人。哦!原来如此。难怪呢!我说呢!小管要求自己这么严格。那是你们家乡的习惯,入乡随俗,我们这里没这种习惯,以后注意。

"六月六"龙晒衣是哈拉海一带的习俗,家家户户都在洗衣服洗被子,队里杀了四只羊两头牛,每户一份,我也分了一份。我把分到的牛羊肉给了房东。收割时节抢农时人手不够，队长说以往的做法就是发动女社员，给双份工分，要我拿主意。事情要是发生在几个月前我一定要请示上级，此时我似乎有了更多的担待，农时不等人。队长立即宣布这一决定，要求社员回家做工作。我负责说服房东闺女，房东大娘满口答应，说绝不会拖我的后腿。

开工的铃声响起，房东的闺女正对着镜子打扮，换上一身漂亮的衣裳。喂！你干什么呀？我板着面孔问。你不是说今天下地干活吗？她回答。知道去地里干活，怎么打扮起来啦？我不解地问。那当然啦！去地里干活就要打扮嘛！她带着羞涩说。房东大娘哈哈大笑，把我给搞糊涂了。我们这地就这习惯，平时不出门，到地里干活都要打扮。你就由她去吧！一会打扮完了就会去的！我恍然大悟，才放心地走出家门。乡间路上，大姑娘小媳妇个个花枝招展，男人们喜气洋洋，屯子里洋溢着节日般的气氛。来到田间地头，花枝招展的姑娘们纷纷给我打招呼。我在每户人家都吃过派饭，她们给我打招呼一来表示礼貌，也是以打招呼的方式向我报到，表示支持我的工作。

小管真有艳福啊！男社员议论着，向我投来羡慕的目光。看到女社员都出工了，我脑子里突然冒出一个念头：天下无难事，只怕有心人。遇事不要畏难，办法总是有的，就看敢不敢决策。"小管！地里的甜瓜都熟了，有时间去一下，可甜啦！你来到这里就和我们一起干活，你去吃没人会说的！"一位社员告诉我。队长几天前就告诉过我，我一直没有去。下工回来看见房东家的炕前有筐甜瓜，大娘说："这是队里给你的，队长亲自送来的。"不行！给送回去！你们帮我送到队里去！这可使不得！队长说了，你一定要收下，一年来辛辛苦苦，什么好吃的都不要，大伙过意不去！你一定要收下！我把甜瓜分成几份，部分给了房东，部分给了邻近的工作队员，自己留一部分。

太阳高高地升上了天空，照得大地暖烘烘的，拔麻秆的人们累了，队长一声口哨，社员纷纷跑到空地上休息。一看手表，十点差五分，在地里已经干了五个多小时。小管，休息一会！一个社员喊道。我应了一声，放下手里的工具，穿过田野，找到一块空地，一屁股坐下去。小管呀！你说城里人快活，还是乡下人快活？乡下人快活！你看，乡下人吃甜瓜不用花钱，城里人不花钱吃不上甜瓜！你可不一样，你到地里去吃甜瓜，谁也不敢管你。那可不行！到我们队的地里去没问题！去可以，我要付钱！那怎么行！我们不能收你的钱！

通讯员送来一张纸条，领导交给我一项任务，为叶慧文同志入党替支部起草一份材料。老叶年过四十，工作积极，一直是组织的培养对象，因出身问题一直没有解决。她毅然抛下丈夫和两个女儿，自愿参加工作队。整理材料过程中，我才感受到出身不好的同志前进的道路更加艰难，这是我们工人阶级家庭出身的人所没有的烦恼。经过两个下午的努力，我把材料整理好了。刚放下笔，刘雅琴和曲增芳两位大姐来了。集体户知青搞联欢，邀请工作队去参加。我随着两位大姐前行，沿途又邀了老叶和老许。知青见到我们可高兴啦，我们既是代表工作队，又是他们的家乡人。这批知青大都来自长春，见到我们格外亲切。大家相聚在一起载歌载舞，热闹了半夜，直到很晚我们才离去。

走出集体户，外面一片漆黑。好在我们熟悉这一带，一路摸黑前行。告别了刘雅琴和曲增芳两位大姐，继续向我们的片区走去。我毕竟是小伙子，直至把老叶和老徐两位中年女同志送到住处，才朝自己的屯子走去。伸手不见五指，突然传来嗖嗖的响声，我警惕地回头，一条黑影朝我窜来。不知是狗还是狼，这一带是有狼出没的。老乡说遇到野兽不能跑，跑就是死路一条。我转过身来，黑影已窜到跟前。我取下挎包拽在手上，朝着黑影挥舞。黑影停下来，发出低沉的嗷嗷声。我挥舞着挎包护住身体，一步一步往后退。僵持了好一阵，黑影不见了。我仍不放心，继续挥舞挎包慢慢后退。过了一会，确信黑影已经消失，才转过身来，大踏步朝蹲点的屯子走去。

24　举国哀痛

疾风知劲草，板荡识诚臣。
　　　　　　——唐·李世民

一阵乌云飘过，天空暗了下来，大地仿佛披上了黑纱。马儿不停地奔跑着，车上的人沉默不语。风儿在耳边吹刮着，田间的向日葵耷拉着，世间的一切仿佛失去了生机。我接到紧急通知坐上马车急匆匆赶往大部队。毛主席呀！是您的光辉照亮了中国大地，是您培育了伟大的党，是您教养了英雄的人民，没有毛主席就没有我们的一切。大部队的墙上悬挂着"伟大领袖毛主席永垂不朽"的横幅，横幅下摆满了花圈。

王宣同志告诉我，领导正在考虑第二批工作队人选，准备从我们这批人中留下一批，作为下批的"种子选手"。很想把我留下，又担心大学三年，乡下两年，回学校后能否承担教学？想听听我的意见。

"你不同意就回校上课，让小习下来，你同意小习就不用下来了。"

"没问题，我愿意再干一年！"

我们乘坐大队的马车赶往哈拉海公社，公社礼堂的墙上悬挂着更大的"伟大领袖毛主席永垂不朽"的横幅，横幅下摆放着更多的花圈。长春地质学院全体工作队员陆续到达，人人的脸上挂着忧伤，大厅安静得令人窒息。领导传达上级指示，要我们化悲痛为力量，提高警惕防止阶级敌人的破坏。在沉痛的哀乐声中，十六个大队的代表依次发言。我代表程家坨

子工作队缓步走上前,用低沉的语调宣读《海枯石烂,红心永向毛主席》:

举国哀痛,四海抽泣,我们怀着极其沉痛的心情,同全中国全世界人民一起,悼念我们敬爱的伟大领袖、国际无产阶级和被压迫民族、被压迫人民的伟大导师毛泽东同志的逝世。我仰望东方。太阳啊!你又升起来了,可是我们无限崇敬、衷心爱戴的伟大领袖,我们心中的红太阳毛主席和我们永别了。

怎能忘啊,永远不能忘,一九七六年九月九日,这个世世代代难忘的日子。我正在场院,突然噩耗传来,止不住的泪水似奔腾的长江。我的脑子轰鸣起来,仿佛听见四海的波涛、五洲的江流在失声痛哭。望着夜幕降临的茫茫原野,仿佛看见黑纱倾天而降铺满大地,为敬爱的领袖致哀。葵花耷拉着脑袋,谷穗在夜风中摇摆,悲哀的乐曲撕裂我的心肺,世间的一切好像都失去了生机,庄严的《国际歌》才使我挺立起来。

眺望祖国辽阔的原野,不禁心中发问:祖国伟大,是谁使祖国成为东方的巨人?人民幸福,是谁把幸福的阳光洒遍中华?是您,我们敬爱的领袖和导师毛主席,您为人民谋幸福,您是人民的大救星。

在这沉痛的日子里,我想了很多很多。想到了苏联的演变,想到了社会帝国主义可能的突然袭击,想到了中国向何处去?想到一旦这些事件突然发生,我应当怎样为捍卫您的路线、为保卫您率领中国人民打下的红色江山而斗争,就是牺牲了我的生命也在所不惜。

纵观历史,无论是人类的历史,还是自然界的历史、社会的发展史、国际共产主义运动和中国共产党的历史,都充满了曲折，充满着斗争。而这一切的一切正是在斗争中发展起来的。世界只能向前，历史只能向前，这是宇宙发展的根本规律，也是历史发展的必然规律，这个规律是任何人都不能抗拒的。

我们是革命的现实主义者，我们充分估计到可能的曲折。历史也表明，当一个杰出人物离开了他的事业的时候，他的敌人都自以为时机成熟地跳出来，妄图摧毁这个事业，斯大林逝世后，发展和促进人类历史进程的国际共产主义运动历史性地落到了我们中国共产党的肩上。毛主席继承、捍卫和发展了马克思列宁主义，成功地领导了这一伟大的运动，成为了国际无产阶级革命的导师。今天，当您老人家离开了我们的时候，一切国际的、国内的遏制共产主义运动、维护资本主义制度的根本矛盾必然蜂拥而集，向我们党袭来，这些必然地要引起我们党内的斗争。在这场斗争面前，每一个共产党员及革命者都要表现出自己的立场。因此，面临着我们党和全国人民的将是一场严酷的斗争，将是一场严峻的考验。即使天空出现了乌云，我都要和千百万真心实意的共产党人和革命者一道，用我们团结一致的坚强意志和不屈的斗争去冲破复辟势力，去迎接更辉煌的胜利，把历史的车轮继续推向前进。

我们是革命的乐观主义者，这种乐观主义建立在科学基础之上。我们决不消极地等待历史规律的恩赐，要用我们的努力去减少可能的曲折。今天的中国不同于五十年前的苏联，毛主席发动的无产阶级文化大革命、批林批孔运动和反击右倾翻案风的伟大斗争，不仅从实践上给我们树立了怎样反修防修的光辉典范，而且使人民都知道党内还有路线斗争。资产阶级就在党内，走资派还在走，这是毛主席交给我们反修防修的又一大法宝。

在您逝世的这些日子里,我所听到的、我所见到的,使我倍感您的这一论断的科学、英明。这些天来,从广播中、报纸上、电视里传来了人民的呼声。使我看到,在中国,从东海之滨到天山山麓,从海南岛到黑龙江,到处都有您忠实的儿女,到处都有您不屈的战士。毛泽东思想已经深入人心,毛主席的革命路线已经深入人心,这是任何力量都不能战胜的浩荡大军。

"一定要继续毛主席的遗志,将革命进行到底,为共产主义事业奋斗终身!"人民的呼声震撼着中国,它是对还在走的走资派最有力的抨击和宣战。你要复辟吗?人民就要讨伐你!它也是向党中央的宣誓:率领我们干吧,毛主席虽然去世了,但毛泽东思想永存。我们一定要紧紧地团结在党中央的周围,把毛主席开创的事业进行到底!

作为毛泽东时代的一名党员,作为您的一名小兵,在这沉痛的日子里,我更感到肩负责任的重大。此刻,我就感到过去学习不够,实践得不够,进步得不够,成长得太慢,远远达不到您老人家对我们革命青年的期望和要求。今后,我一定要更加努力地学习马列和您的著作,争取做一个使您放心的头脑清醒的革命者、接班人。

我响应您的号召,来到农村快一年了,这段时间里,我的确在实际的斗争生活中从贫下中农身上学到了很多东西,但又深深感到适应斗争的不足。因此,我要求再干一年,以增长阶级斗争的才干,成为一名敢闯风浪的勇敢战士。有人说,我也曾想过:刚从南方到北方,生活气候不习惯,能受得了吗?毛主席呀毛主席,您从韶山到井冈山,从井冈山到延安,历经长征万般苦,您根本不曾想过习惯不习惯。有人说,我也曾想过:大学三年学外语,下乡两年会不会忘记?毛主席呀毛主席，是您送我上大学，要把我培养成为具有某种知识的无产阶级革命事业的接班人。固然，我要运用外语这种工具好好地为党工作，但是当党的事业需要我暂时放弃的时候，我就应当毫不犹豫地放弃它，而不能让它成为为党工作的障碍。否则，那就是辜负了党的培养，那就是知识私有。如果说，过去我在这个问题上还存在糊涂认识，今天我要把它扔到太平洋去。

毛主席呀毛主席，我向您宣誓：为了捍卫您的路线，我愿把一生交给党安排，您叫干啥就干啥，党指向哪里就冲向哪里。海可枯，石可烂，江河日下，忠于您的红心永不变。

我的生命可以抛弃，您的路线永存！

敬爱的领袖和导师毛主席永垂不朽！

庄严的《国际歌》再次唱响，歌声从每个人的口里发出，那样的雄浑，那样的悲壮。我们的热血在沸腾，我们的心儿在跳荡，我在心里发着誓言。音乐声停止了，散会了，队伍中不时发出此起彼伏的抽泣声。

"你看，小死管，这么年轻，文章写得多好啊！"说话的是天津人曲增芳大姐。

"是啊！他朗诵得也很好，虽然带着浓重的南方口音。"接话的是德惠人徐大姐。

"我觉得南方人的普通话更有味道，没有我们北方人的大舌头音。"说这话的是哈尔滨人刘雅琴大姐。

听着队友的议论，我意识到自己的发言获得了成功。公社工作队秘书索要我的发言稿，我看着秘书发愣。秘书说领导看中了我的发言，说很具代表性。一个星期后，我的发言稿经领导修改刊登在农安县报上，署名是"长春地质学院驻哈拉海公社工作队"。

我接到正式通知返回长春，参加第二批农业学大寨基本路线教育工作队集训。房东的宅院里挤满了前来送行的人，也有赶来看热闹的小孩。房东大娘泪眼巴巴地帮我收拾行李，好像自己的儿子要远行。我的行李很简单，一个手提木箱，一个棉被包袱。刚打好行装，孙队长出现了，带来一挂马车，车上放着一个麻袋，装着小米土豆大白菜。我坚决不要，孙队长说："大伙听说你要走，都舍不得。你一年来天天和我们一起干活，苦受了不少，吃的没捞着，这点东西是大家的一点心意，说什么也得收下。"我还在推辞，平时寡言的房东大娘开腔了："小管！你就收下吧！"送行的社员中有人说："小管！你就收下吧！"

马车出了屯子，老乡们还在向我挥手。一会儿功夫，四周安静下来，只听见马蹄的"哒哒"声，我的思绪和着马蹄声浮想联翩。十个月前我来到这片陌生的黑土地，此刻要离开还真舍不得。这里的老乡太好了，我还有许多事要做却不得不离开。我觉得自己是位战士，骑在马背上奔向新的战场。到达哈拉海公社驻地，工作队领导正站在院子里聊天，听见马蹄声扭头望过来，看见我坐在马车上，突然兴奋起来。焦书武同志，长春地质学院赴农安工作队的最高领导，动情地对周围的人说："你们记住，凡是用大车送来的，就说明他的工作做得好。这是最好的表扬，胜过多少文字。"

立场坚定，表里如一，学习认真，工作努力，待人热情，和社员同吃同住同劳动，敢于批评，勇于斗争，对毛主席有深厚的感情。

外语教研室党支部书记拿出工作队写的鉴定给我看，缺点一栏居然是空白。不管写多少优点都没觉得，工作队的同志都很优秀，谁的鉴定都不会差，缺点一栏是空白着实令我感动。我哪会没有缺点呢？是人就有缺点。我翻开工作队同志送给我的日记，只见扉页上写着：马列大旗永高擎，最高纲领记心中。永远继承主席志，誓为真理而斗争。

长春地质学院领导特批我回湖北探亲，说集训不用参加了，离家一年多了回家看看去吧！我喜出望外，上了南下的列车。到达北京站办理换签手续，像往常一样去寄存行李，服务员说毛主席逝世期间当日车票一律不寄存。我只好背着行李走向天安门，金水桥边尽是背着行李的人，人们面对毛主席遗像宣誓。我默默地走近城楼，放下随身行李，将右手变作拳头，慢慢地举起来，心中默念：时刻准备着，为继承您的遗志而战斗！

走出汉口站，街上人流如潮。男的，女的，老的，少的，有的面容忧伤，有的谈笑如常，我的心灵受到了震撼。对毛主席的去世，并非所有人都悲愤和忧伤。回到沙市，听到了更多不同的声音，看到了更多不同的面容。有人担忧国家的前途，有人预言一场政治风暴即将来临，有人喜形于色。在家没待上几天，收到来自长春的急电：

第二批工作队即将出发，迅速返回。长春地质学院党委已经决定你担任赴吉林省通化县三棵树公社依木树大队工作队副书记兼副队长。

能命令自己的人，很快就能命令别人；电报印证了这句名言。我乘大客车赶往武汉，买好火车票赶到武汉地质学院，见到了刘达明老师和刘双柱同学。在刘老师家吃饭后，老师和同学一直把我送上火车。到达北京，前往长春的当日车票已经售罄。车站附近的旅店已经客满，一直走到崇文门饭店才住下，倒床就睡着了。半夜被喧嚣的锣鼓声吵醒，旅客都显得异常兴奋，我看了一下表才夜里两点多。大家议论纷纷说一定发生了大事，究竟发生了什么不得而知。喧嚣声越来越大，打开旅店的窗子望出去，如潮的人流在大街上涌动。都以为是造反派上街武斗了，却没有听见武斗常有的谩骂声。我快步下楼走出旅店，人流越来越近，锣鼓声越来越大，游行队伍的前头高举着标语牌，王洪文、张春桥、江青、姚文元的名字上都打着叉。我怀疑自己在梦中，睁大眼睛盯着看。"打倒四人帮"的口号声震耳欲聋。瞬息的迷茫，突然意识到了什么。开展反击右倾翻案风时，工作队员就有过对中央左派的微词，有人私下替邓小平及其所谓民主派辩解，认为文革的动乱源自左派而不是右派。我意识到一个新的时代即将来临，顿时感到热血沸腾。我在心里说：欢呼吧！首都人民！革命就是节日，胜利就是节日，还有什么比这更振奋人心！在这个历史的转折关头，我来到了首都北京，目睹了历史的变故。这是一个多么难得的机遇呀！怎能置之度外！想到这里，我从一位学生手上要过一面小纸旗，加入了滚滚的游行队伍。

　　游行队伍经过天安门前，天色大亮。滚滚人流前的天安门城楼更加庄严雄伟，五星红旗迎风招展。我跟着首都人们高喊："打倒王洪文！打倒张春桥！打倒江青！打倒姚文元四人帮反党集团！紧密地团结在以华国锋同志为首的党中央周围！"口号声在长安街上空震响，锣鼓声和着鞭炮声。经过王府井大街时，一辆交通车上坐满外国人，几个外国小朋友手拿彩旗从窗口向外摇摆。我一看手表，时间不早了，依依不舍地离开了游行队伍。

　　火车上的人们还在议论首都的事件，有人兴奋，有人沉闷。旅途是个自由世界，人们大胆地表达对北京事件的看法。火车进入吉林地界，窗外已是白雪皑皑。我穿着背心从汉口站上车，穿着毛衣从北京站上车，此刻穿上了大棉袄。

走出长春火车站，习忠平已经等待多时。我随身带来了腊鱼腊肉大米面条，一部分是我的，一部分是他的。湖北吉林相隔千里，家人总想把什么都带上。到了长春地质学院，支部书记说第二批工作队打前站的队员已经前往通化，要我立即赶往那里承担更艰巨的任务。书记说我再不是工作队的普通队员，而是一个骨干队员，更确切地说是工作队的领导了，必须表现出更高的水平和工作能力。我把书记的话铭记在心，对过去一年的农村工作进行了总结，得出以下几条经验：

必须坚持劳动。这是取得群众信任打开局面的前提，也是得到第一手资料的好方法。我每天和社员一起干活，感情就建立起来了，爱和我谈心里话了，有些不愿当众说的话也跟我说。经过几个季节基本农活都学会了，他们佩服我，我说话他们愿意听。

必须严格要求自己。注意执行"三大纪律，八项注意"，以身作则给群众好的榜样。否则，群众就会说工作队是耍嘴皮子的。我坚持群众吃啥我吃啥，少讲生活问题。我坚持不喝酒，不搞特殊（如下不下地吃瓜），得到了群众的赞扬，不要怕脏，不要这也看不惯，那也不顺眼，不要摆城里人的阔气，不要摆大学教师的架子，这样群众就会把你当贴心人。

必须理论联系实际。知识分子有个毛病，爱先想出一个套套，按照套套开展工作，往往收不到好的效果。有的同志机械地套用理论，爱做结论，说这个队的问题是"人性论"，那个队的问题是"闹独立王国"。革命理论是工作指南，实际情况是工作基础，解决问题是工作目的。一定要注重实际情况，具体分析，专门解决。

必须得到真实情况。我们每到一地都急于掌握情况，就要找人了解，不正直的人说假情况以达到他们的目的，正直的人对我们不了解，不愿把真实情况讲出来。我们得到一些虚伪的情况，那些人还要你解决问题，摸你的底细，使你处于被动局面。不要主动摸情况，可作一些巧妙的引导，让他们自己非说不可。经过一段时间，将他们分成先进、中间与落后的政治面貌，再找那些正直的庄稼人。这样的人每个队都有，应当有目的地发现这样的人。

必须灵活开展工作。省委对整年的工作都做了全面安排，是我们工作的指导，最好遵守这个安排，却不能让它束缚手脚，要根据具体情况做些变动，甚至完全打破安排。比如我那个小队，群众要求开社员大会揭发问题，我们硬等到第四阶段，到那时队长自己撂下不干了。什么问题突出就解决什么问题，啥时矛盾尖锐啥时把盖子揭开。解决问题要干脆利索，抓住一个问题解决一个问题。

必须防止庸俗作风。时间长了感情建立了，要防止庸俗作风的发生。主要指政治思想，说话时不注意，办事失掉原则，就有损基本路线教育工作队的精神面貌。

最后一个问题，工作队内部必须形成民主作风。有意见敢讲，有错误敢改，有错误敢批，有分歧敢讨论。领导一定要尊重队员的意见。否则，时间一长都不发表意见了。

理出这些经验教训，我对自己充满了信心，相信能够带出一支过硬的队伍，一定能开创一个崭新的局面。好在我只是副领队，听说支部书记兼队长是水文工程系党总支书记，是位有丰富工作经验的老同志，我只是协助他开展工作，心里就更踏实了。

25 长白山高

> 会当凌绝顶,一览众山小。
>
> ——唐·杜甫

先遣队已出发多日,我必须立即前往。两位老同学帮我收拾行李,陈久好老师跟着书记张希顺来送行。叶慧文老师也来了,带着一脸怒气,劈头一句:"小管啊!你明明有女朋友,硬说没有!"我说真没有。"还嘴硬,这次去杭州开会见到武汉地院的老师,人家把什么都告诉我啦,你女朋友的名字我都知道!"她脱口而出。我脑子发懵,把那封信的事说了出来,她气急败坏地说:"你这是做得什么事啊!赶快写信去解释,跟人家好好道歉!"两位老同志从中解围,催促赶快出发。书记托着我的背包,陈老师托着我的箱子,老同学习忠平搭上我,沿着西朝阳路直奔火车站。

火车呼啸前行,我躺在卧铺上想着叶老师气急败坏的样子,把她的话过了一遍又一遍,有悔恨有无奈。一路迷迷瞪瞪,次日中午到达通化。我背着行李走出火车站,身上冷嗖嗖的,大雪似将来临。我挤上公交车,过了一座公路桥,到了长途客车站。山峰隐隐可见,大客车向长白山深处驶去,一座连着一座没有尽头。黄昏时分,大客车在大山深处的三棵榆树公社停了一下。有人出来迎接,帮我拿起一件行李,带我住进公社招待所,见到了情绪高昂的先遣队员。驻三棵榆树公社工作队一号首长是吉林省委组织部副部长朱洪斌,二号首长是长春地质学院党委副书记孟宪来,队员由省委组织部和长春地质学院两家组成。孟书记赞扬我去年搞得不错,正式通知我担任依木树大队工作队副书记兼副队长。

公社礼堂,传达通化县粮食与农田基本建设会议的精神,部署粮食收购任务。省委书记指示:手里有粮,心里不慌;在受灾减产的情况下,既要注意人民的生活,又要搞好粮食征收。县委阮泊生同志有段话耐人寻味:去年征购的60亿斤粮食中,浪费达10亿斤,收购100斤苞米只能出85斤碴籽,沙粒占到15%。公社党委书记李得胜提出:一要认清形势,二要以阶级斗争为纲,三要坚持政治挂帅,四要搞好粮食收购。他兴奋地说油料、甜菜、水果、土豆、蔬菜收成都还好,强调要深入"批邓",不能就粮食抓粮食,要坚持以阶级斗争为纲;还要坚持先国家后集体再个人的"三兼顾"原则,反对铺张浪费,提倡艰苦奋斗。吃进口粮就是修正主义或半修正主义,吃储备粮就是挖社会主义墙角。把农副产品卖给国家还是自由贸易卖高价,是农村阶级斗争的重要表现。一定要搞好粮食和农副产品的征购,收成好的社队要争取多交粮,争取对国家多作贡献。城乡需求发生冲突怎么办?城乡都需要的工业品先满足农村,城乡都需要的农产品先满足城市,这就是政治挂帅。李书记提出"割尽收尽打尽",号召在收割后的地里捡粮食,争取每亩捡回5~10斤,干部要到减产的队里蹲点,和社员同吃同住同劳动。朱副部长提出分配领域里修正主义路线的影响是什么?干部群众的思想问题是什么?各级领导执行路线上的问题是什么?要我们认真思考,开展调查研究,迎接大部队的到来。会议发了一大堆资料要我们先学,再带领干部社员学习。

我坐上手扶拖拉机向大山深处进发,一条泥土路两边连着农田,四周是连绵的大山。车夫说这里是杨靖宇将军当年打游击的地方，更增添了我对眼前的群山的敬意。一个多小时后到达依木树，大队长徐凤祥正当壮年，中等身材，身穿一套褪色军装，脸上有几颗不明显的麻点。大队部里有个大灶台，连着一排长长的土炕，兼做会议室和厨房。东边一间厢房是大队广播室，台前坐着位身穿军装的漂亮姑娘，正在广播工作队进驻的消息。播音员叫杨洁，是集体户的知青队长。保管员老宋头五十开外有点瘸，他帮我把行李放进里间的卧室。卧室很小却收拾得很干净，暖烘烘的。队部西边隔壁是卫生所，一位三十出头的男子笑呵呵地迎出来，身边站着位年轻的女护士。男子是卫生所的李所长，个子不高，身上的白大褂脏兮兮的像伙夫。护士的白大褂干净些，人看上去很利索。里面摆着两张办公桌，两张病床，一个药品架，有个病人正在输液。东头过马路是大队合作信用社，货架上摆满商品。经理高大魁梧穿戴齐整，五十岁上下，年轻漂亮的营业员正在应酬顾客。经理隔着柜台握住我的手，营业员向我投来微笑。

　　大队厨房做饭的大嫂四十开外，干瘦精明，是大队陈会计的媳妇。徐大队长边吃饭边介绍，全大队分布着六个自然屯，三个在山下以种植水稻为主，三个在山上以种植玉米为主，也经营山林副业生产人参。在我的要求下赶到第一生产队，社员们正在收玉米，我们加入进去干起来。大队党支部书记赶来了，他年近五旬，中等身材，苗条斯文，身穿整齐的中山装。两位领导带着我走访了山下的三个生产队，书记不停地介绍，队长不怎么说话。公社助理来了，书记要了辆手扶拖拉机。西行十多分钟到达山脚下，出现一条蜿蜒的羊肠小道，两边生长着浓密的灌木，山崖挡住了视线仿佛前头无路。拖拉机沿着羊肠小道缓慢前行，不断有山羊模样的动物跑过。书记说是一种酷似山羊的野生动物狍子，中国成语有狼狈为奸，所谓狈就是狍子，狼前腿长后腿短，狍子前腿短后退长，才有了"狼狈为奸"的说法。

拖拉机停在半山木屋前，一位三十出头清瘦干练的大嫂把我们迎进屋，火炕的灶里熊熊燃烧着木柴，里间的卧室热烘烘的。三人围着炕桌盘腿坐下，大嫂给每人奉上一杯热开水，说我们有口福，正好逮了只狍子。木屋外只见山地不见平地，社员在山坡上扒苞米，我们加入进去。天上飘起了雪花，山风呼啸着发出怒吼声。雪花借着风势越飘越大，只一会儿工夫我的鞋就被融雪湿透了。两位领导一再催促，我才停止劳动回到半山木屋。蘑菇炖袍子肉的香味飘满了屋子，书记从橱柜拿出几瓶酒。我说不会喝，他们也不强求。酒足饭饱后回到手扶拖拉机上，冒着风雪返回大队部。老宋头说公社来电话通知我赶往粮站开会。

我乘上大队送粮的顺风车赶往公社粮站，听工作队领导传达省委关于农村基本路线教育工作的情况通报，组织部马处长对下段工作进行了部署。晚上入住公社招待所，同住一室的几个小青年都说马处长口才好，农村工作经验丰富。正说着马处长来看我们，有人问："农村工作如何选择突破口？"马处长说：关键看最近几年的总产量、总收入和总支出，粮食产量提高，公共积累增加，社员收入提高，这是好的现象；粮食产量提高，公共积累不增加，社员收入提高，是顾一头的思想，是方向道路问题；粮食产量提高，公共积累增加，社员收入下降，问题就大了。他强调说："搞清楚这些情况，问题就显露出来了。"有人问："搞不清怎么办？"他说："还可从干部计酬入手，这也是本质的东西，抓路线就要从一些最本质的地方入手。"我们感到茅塞顿开。处长走后我们开始钻被窝，身边的同志捅了我一下，抬头一看个个脱得精光，把衣裤吊在横梁上。我调侃说:"难怪横梁上垂下几根绳子,我以为是供人上吊的!"他们哈哈大笑。我也照此办理,免得带走炕上的虱子。

这一带有野兽出没,前几年还有人见过老虎,我和负责环西岭大队的省委组织部科员小赵结伴而行。依木树和环西岭相邻,占据着各自的山头,一条羊肠小道连接着两座大山。我们并肩走在山道上,手里拿着树棍既防野兽也防人,想起老乡的提醒心生恐惧,问小赵:"假如前方出现一只老虎,怎么办?"小赵说只有死路一条。我说:"如果发现老虎我们就往路边跑,老虎一扑我们就往下跳,抓住山边的树枝。老虎沉重,一扑就掉到崖下去了,我们再从山边爬上来!"他兴奋地说:"嘿!是个办法!不过,我们得训练一下。"我们步行在山间道上,越木桥,过溪流,一路谈笑。望山山美,看树树欢,真是江山如画。

我重读毛主席《中国社会各阶级的分析》,拜访干部,走访社员,看望知青点。社员正在扬场,我拿起铁铲加入进去,把打下的大豆从脱粒机掏出来,一边和社员聊天,了解干部的劳动情况。社员说:"干部嘛!怎么叫干部呢!总和我们社员不一样,爱干就干,不爱干也无人管。干部也有勤有懒的,勤的总呆不着,懒的这走走那看看,指手画脚,比如像你从省里来搞工作的。"这些天来我忙于调查,不像哈拉海时那样天天和社员一起劳动,社员对我有看法了。我发现社员之间的亲属关系错综复杂,两个社员在父系族谱上是同辈,在母系族谱上成了上下辈,有的从父系看是爷爷,从母系看成了孙子,我怀疑全队是一家,就请知青队长杨洁帮我把全队亲属关系搞了次大普查,我再把调查结果画成《依木树大队社员关系图》。图谱清楚地证实了我的判断,全大队所有人都存在着某种亲属关系，许多人还存在着多重亲属关系，辈分完全乱了。我把《关系图》附在调查报告中上交给工作队领导，朱副部长拿着图说："每个人都像小管这样画幅联络图，什么关系都搞清楚了！"

长白山群峰巍峨，树木千姿百态，野花色彩斑斓。我爬到山顶极目远望，感到豁然开朗。一年来的农村工作助长了我乐于步入新宇的心态，平淡的生活有什么意义？我利用大队广播站宣传全国农业学大寨第二次会议的精神，希望用大宣传大学习调动社员的积极性，提高社员的社会主义觉悟，把依木树的革命生产搞上去。贫协主任史维会说工作队的住宿问题还没落实，我一听火了，跟着他赶到偏僻的第六生产队。队长抱怨老史不该"为这点事惊动工作队领导"，很快把问题解决了。我的气也就消了，不过我在心里说："一定派个能力强的同志来这里，才能镇住你们！"

孟副书记把依木树的队员名单给我看，队长兼书记曹玉清是长春地质学院水工系总支书记，此人在地院大名鼎鼎。体育老师李一同属基础课部，老同学刘建新也在名单上，她和危鸣辉两人可谓前赴后继。梁兆喜、刘成祥和姚大智三位都住教工宿舍，打过一些照面，唯独附中的老师完全陌生。我打电话通知依木树大队安排两驾马车赶往公社驻地，曹书记夸我考虑周到。两架马车直奔依木树，大小队干部已经恭候多时。曹书记向村干部说明工作队的来意，号召大家齐心协力，争取一年建成大寨队。老曹讲话风趣诙谐，把村干部逗得乐呵呵的，我讲话比较拘谨。曹书记是水工系总支书记，做他的副手心里有些发虚。曹书记召开工作队支委会进行分工，他坐镇大队抓全面，我上羊宝沟，分管组织建设和思想教育，支委梁兆喜分管山下的三个生产队。曹书记还要参与公社班子建设，他不在时我主持工作。我带着李一和刘承祥进驻羊宝沟，梁兆喜带着刘建新和姚大智住在山下。山下的第六生产队远离大队部，曹书记采纳我的建议把一位中年教师派往那里。

　　三人坐着手扶拖拉机上山，入住羊宝沟半山木屋。李一没有农村工作经验，我安排他在较好的第三生产队蹲点。刘成祥蹲点在问题多的第四生产队，他既是保卫科干部又是通化人。我蹲点在问题最多的第五生产队。依木树大队干部也做了分工，大队长兼大队党支部副书记徐凤祥分管羊宝沟片区，配合我在山上开展工作。这人踏实，话不多，群众反映也还好。他也认为五队问题多，抓好五队是关键。羊宝沟分布着三个自然屯，各占一个山坡，住宅连着农田，宅基地外找不到平坦地块。社员的日子比山下苦，"五保户"很多。从半山木屋望出去，三个自然屯尽收眼底。徐大队长回顾了过去一年学大寨的经验教训，谈得最多的是没有批资本主义倾向，没有批歪风邪气。有人反映五队班子不团结，班子里钻进了盗窃分子，徐大队长都未提及。有人检举干部强奸女社员，或许大队长真不知情。这些问题搁在心里沉甸甸的，不知从何下手。两个家伙盗窃队里的大豆被人发现，此人气焰嚣张死不认账，揭发的社员反而害怕起来。这不是对工作队的挑战吗？我立即组织人进行调查，情况属实，便召开了专门批斗会。会场群情激愤，几个社员大胆发言，揭发此人多次盗窃集体财产。有社员说就因无人敢管，致使盗窃成风，不打击不行。曹书记要出差，召开大小队两级干部紧急会议，传达有关农田基本建设的上级文件，要我讲讲当前运动的进展情况。运动还没有开展起来没什么可讲，只好硬着头皮讲。曹书记说我涉及面太多，没有说到点子上，生产是大队领导的事情，我们只负责抓基本路线教育。根据哈拉海的经验，我觉得工作队还是要抓生产。

我代表依木树工作队出席公社农田基本建设会议，学习中央下发的揭发"四人帮"的系列材料。党委书记插话说有人写控告信，工作队叫他反省是错误行为，理由是"偷点粮食属于人民内部矛盾"，惹得大家一阵哄笑。控告信是冲着我的，反映的是羊宝沟的事，我觉得滑稽可笑，还是带着问题学习了毛主席《关于正确处理人民内部矛盾的问题》：人民内部的矛盾，就是在人民利益根本一致的基础上的矛盾。盗窃集体财产就侵犯了社员的利益，还是人民内部矛盾吗？文章还说"专政的目的是为了保卫全体人民进行和平劳动"，更坚定了我和偷盗分子斗争到底的决心，觉得党委书记有问题。

研究农田基本建设时，公社提出两个方案：改造坡地学大寨修梯田，把大山脚下的一块湿地整理出来种水稻。依木树大队的干部都反对修梯田，羊宝沟处于大山深处，积肥困难，就靠多年累积的腐质层，一旦破坏非但不能增产还会减产。公社领导要各大队表态，没有一个响应。朱副部长点名叫我发言，我把不能修梯田的道理说了出来，赢得一阵躁动。公社党委书记一看这阵势着急了，冲着我说："我的管书记呀！这梯田不修是不行的！这是省里县里下达的指标啊！"我从土炕上站起来说："还不是你们向上级汇报修了多少梯田增了多少产！如实反映情况省里就不会下达这种指标啦！"有人为我鼓掌，被朱副部长止住了。朱副部长说梯田还是要修的，可以少修一些，说到这里望着李书记，李书记点了点头。经过一番讨论，压缩了修梯田的指标。李书记强调分配的指标一定要完成，号召打着红旗上山，届时有随行记者去采访。工作队员之间窃窃私语，朱副部长挥手止住了大家，提高嗓门说："我也参加检查，第一站就去依木树。小管，怎么样！"我大声说："没问题！欢迎！"

讨论湿地改造，有人提出反对意见，却没说出充分的理由，被李书记否决了。有人提议把拖拉机用上，李书记又表示反对。大家感到莫名其妙，朱副部长也觉得奇怪，问："为什么不用拖拉机？"李书记回答："朱部长，我们公社就这一台铁牛啊！"会场一阵哄笑，朱副部长也笑了。朱副部长笑着说："老李呀！你心疼拖拉机是对的，可拖拉机是干什么的？放着不用不是更浪费吗！"有人说这台拖拉机放在公社仓库几年了，像崭新的一样。

回到依木树大队传达公社会议精神，没有参加公社会议的干部议论纷纷。徐大队长站起来说："你们不要抱怨啦！管书记为这事和李书记都吵起来了！"他把公社会议的情况一说，大家安静了。我说出修梯田的方案，大家鼓起掌来。赶上冬至，队干部聚餐，厨房飘出的香味充满了屋子，陈大嫂和老宋头摆好炕桌。我不爱吃羊肉，急坏了大队领导，专门做不是搞特殊吗？硬着头皮吃起来。原来长白山的羊肉真好吃，我一连吃了两大碗。

雪花漫天飞舞，羊宝沟沸腾起来，社员们扛着工具浩浩荡荡上了山，队伍里飘扬着几面红旗。几个年轻腿快的社员站在山口，我站在山坡高处，死死盯着上山的路口。我把手里的红旗往下一摆，社员们原地休息。大约过了半小时，守在山口的社员向我挥舞着红旗，我连忙把手里的红旗在空中挥舞，社员们纷纷拿起工具干起来。检查组上山来了，我扛着锄头迎上去。公社党委书记一脸喜色，向正在修梯田的社员挥手致意。我朝四下一望，热火朝天，红旗飘扬，随来的记者正在拍摄这沸腾的场面。

从长春返回的曹书记听完我的汇报，脱口说出"复杂啊"，叫人找来徐大队长和工作队支委梁兆喜，专门研究羊宝沟的问题。五队的两位队长反映有干部强奸女社员，有人偷队里的土豆。这些人气焰嚣张，社员敢怒不敢言，有人替他捂盖子。曹书记问谁替他捂盖子？一位队长说出人来，徐大队长补充说："就是五队的保管员。"我说："保管员就有这么大的能耐？"徐大队长压着嗓子说："他是书记的小舅子！"我心里的疙瘩解套了。

羊宝沟揭批大会人声鼎沸，社员争先恐后揭发，有人要求把队里的账目查一查。夜深了，两位队友已经入睡，我伏在办公桌上看揭发材料。深山的夜格外宁静，屋外一片漆黑，只有星星在闪烁，我感到自己就是战地指挥员，带领着战友们为党的事业征战。主席、总理、总司令相继去世，革命并没有结束，新资产阶级还在，贪污偷窃分子还在，敌人还在咒骂我们工作队，贫下中农的生活还很艰苦，那些挂着共产党员称号的人正在变成新的剥削者。我们不斗争怎能把老一代革命家的遗志继承下去？我把群众揭发的问题汇集起来，写成综合报告提交上去，领导要求做进一步调查。我的担子更重了，调查、核实、审问，不经我手不放心。我代表依木树大队出席积肥现场会，见到几位哈拉海的队友，大家欣喜若狂。新队员说："一看就知道你们是种子队员，跟我们就是不一样。"新队员程新民操着浓重的湖北口音直呼我的名字，拉着我的手说："你可是大名鼎鼎啊！"他是湖北黄冈人，已在长春成家，老婆是长春人，听说我还是单身，说他小姨子很漂亮。

回到羊宝沟开了三天社员大会，群众揭发了更多问题。矛盾公开化了，各派斗争更尖锐了，有人带着匕首扬言要闹事。曹书记打电话提醒我注意安全，要我早晨打拳时故意让人看见。他在电话里说："这些老社员不懂，打打拳吓唬一下他们！"大学上体育课学了一套民兵拳，根本不是真功夫。我随

身带着本《武术入门》，有棍术一章，就找了根榆树木棍，训练时故意打得啪啪响。徐大队长笑呵呵地说："看不出，管书记还会武术啊！"这话很快在社员中传开，真起到了震慑坏人的作用。

曹书记从县里回来，我集中精力处理案件。首当其冲是强奸案，其次是干部的男女关系，还有大队会计和供销社经理的经济问题。支委会通报了上述情况，确定了工作重点和突破口。我带着梁兆喜向大队会计交代政策，分析利害关系启发他自觉革命。会计态度不错，协助我们查账。进账出账都有详细记载，笔记清晰，没有涂改。我们在羊宝沟分三处同时召开揭批会，每处都揭发了五队保管员的问题。我感到振奋，这才是真正的斗争，不是学生时代的空泛激情。书记要我写出报告，由上级决定下一步行动。收到来自武汉的信，那里的形势似乎很严峻，许多人有"重上井冈山"的准备，来信坚定了我同坏人坏事斗争的决心。

我把保管员叫到半山木屋，启发他交代问题，争取宽大处理。他一口咬定是诬陷，没问题可交待，更谈不上宽大处理。僵持到天黑，谁也不让步。李一问怎么办，我说让他媳妇送被子来。我们吃饭他吃饭，我们喝水他喝水，就是不让回家。老贫协主任边树生带着保管员的媳妇送被子来，老边头见没有过火行为，带着保管员的媳妇走了。三个工作队员轮流值班，督促保管员交代问题。夜里三点该换班了，两位队员睡得正香，我不忍心叫醒他们。保管员站在炕前撑不住了，承认有男女关系。我立即把队友叫醒，对保管员承认的东西进行笔录，签名后放行回家。揭发的女社员看了供词非常气愤，咬定就是强奸，指证三次被强奸的地点，叙述逼迫她就范的语言行为。我们把新供词写成材料，让她签字画押。

派饭吃到一家"五保户",这家人居住在村头山脚下,一间低矮的木屋,四壁涂着泥巴。户主老吕一瘸一拐地把我迎进屋,进屋就是厨房,里间是卧室,炕上只有一床棉被,屋子里冷飕飕的。户主四十有五,夫妻育有三个孩子,部队转业回村被社员推选为生产队长,上山伐木一棵大树倒下砸断了腿,从此成了残废。头几年队里还照顾,日子一长队长又换了几茬就没人管了,要不是为了老婆孩子都不想活啦。他说谁都不怪,只怪自己。临走时我多留了点伙食钱和粮票,他不肯收。我说这点钱解决不了问题,一点心意。我径直走到毕队长家,要队里以后多关照老吕一家。老吕是为队里残废的,又是复原专业军人,你们能帮的尽量帮帮!交代了这番话,才感到尽到了责任。

26 极目苍穹

> 海到尽头天作岸，山登绝顶我为峰。
> ——清·林则徐

春节回到家乡，老同学大都恋爱了，我坐在后院捧着书。微风吹来，犹如春回大地；江南多美呀！阳光这样灿烂，空气这样温暖。东北还是冰天雪地，家乡的冬日如梦如幻。不再属于这块土地才感到家乡冬日的温暖，才感到这块土地上人们的幸运。一想到还是白雪皑皑的长白深山，难以言说的郁闷在胸中如潮般涌动。

火车呼啸前行，我隔着车窗眺望荆楚大地。列车在奔驰，车窗像放电影一样把一幅幅画卷闪现在眼前：一忽儿出现中原大地，一忽儿出现华北平原，一忽儿出现万里长城。火车离故土越来越远，眷恋之情越来越浓，无限的留恋注满胸腔。回家谈得最多的是个人问题，亲友口气一致。我没有松口，四海为家的意志却已垮塌，随手写出《离乡惆怅》：越过山海关，跨过黄河浪；恍恍惚惚，回故乡。亲人重见，故友相逢，满目春光，心欢畅。一睁眼，窗外雪花又飞扬，心内凄凉凉，原来是梦里黄粱。想起外婆问我事：在外是否思故乡？称雄否真情，怎骗我愁肠。恋故乡，思亲友，离别犹断肠。

返回长白山，老同学刘建新问我是不是在家乡有了对象。我说还没有，对她吐了一番苦水。她劝我在长春找，免得两地分居，其他队员异口同声，鼓动我在长春成家。我不置可否，内心充满矛盾。保管员找上门要求平反，我一怒之下把他训了一顿。曹书记批评我不注意方法，应当以教育为主。老宋头给我一封来信，老同学孔繁津在南京给外籍专家做翻译。我为老同学感到高兴，惭愧自己不务正业。

曹书记带领工作队员和大队干部搞小整风，我和大队书记在许多问题上激烈交锋。曹书记讲话总用疑问句，把尖锐的问题摆出来让人思考。我赏识老曹的做法，却不愿改变自己的做派。箭在弦上不得不发，我的位置确定了这一角色。大队书记的表现令人失望，这位依木树的大人物仿佛也承担着某种责任，誓与我们抗衡到底。曹书记本想借整风提高认识达到教育的目的，他的反常表现激怒了曹书记，挑起了我的无穷斗志。既然掌握了大量材料，就把他挂起来。大队党支部书记在山里人的眼里是位大人物，我们的决定震惊了山里人，有人欢喜有人愁。徐大队长感慨地说："在党内这样开会还是第一次。"有人到处说工作队整人，矛头直接指向我。刘建新建议写本《沸腾的羊宝沟》，我的身心也沸腾了，连续几天味口不好，在公社卫生院查出肝功不正常，需要静脉注射。为了不影响工作，我在公社医院定期开药，拿回大队医务所注射。李医生亲自给我注射，可医术不怎么样，我的右胳膊肿了起来，坏死了一截原本粗壮的血管。曹书记不让我参加劳动，我借此机会熟悉山下的情况。在第一生产队旁听会议，队长叫我讲几句，我把依木树的运动形势作了介绍。两位党员生病，让家人到会请假，我对这件事进行了表扬。在第六生产队参加会议，贫协主任把我拉到僻静处，脸上露出难色。遇到什么难事？倒不是什么难事，就是不好开口。有什么说什么！他才支支吾吾地说了出来。我立即向曹书记汇报，书记眉头紧锁，点燃一支烟。

"老史说事情可能还没发展到那一步，只是苗头不对。"

"一个老婆不在身边的中年男子,一个年纪轻轻的寡妇,凑到一块能没事?"

曹书记当机立断,利用工作队回长春过"五一"节,把这位队员留在长春。看似复杂的问题就这么解决了,我佩服书记的老谋深算。我到省医院做了肝功检查,所有指标都正常,是农村医院误诊还是治疗及时,同事们做了不同的分析。

人事处派我去扶余县乡下搞外调。正午时分,肚中饥渴,进一家餐馆要了碗面条和羊杂碎。羊杂碎半生不熟带着血丝,我向几个正在用餐的蒙古族大哥招手,说自己吃不了还没动筷子,几位大哥爽快地接了过去。我找到县革命委员会招待所,出示介绍信办理入住手续,打听前往外调屯子的路线。服务员说那个屯子离县城很远,必须赶头班车才能在天黑前到达。我沿着马路逛大街,不见高楼,行人稀少,风尘滚滚。天色已晚,一家大餐馆里传出猜拳行令声。我进去要了碗牛肉饺子和一瓶啤酒,吃进嘴里才知道饺子里只有肉星子伴韭菜。

清晨赶上头班车,一路沙海茫茫,不见水源不见林木,零零散散的小树顽强地抵抗着滚滚沙尘。没有这些小树,真不知路在何方。客车的玻璃窗没有几扇完整,飞扬的沙尘飘落进来,口里尽是砂子。太阳偏西时下了车,道路很难辨别,同时下车的老乡热情地给我带路,一直把我送到村委会。村干部听说屯里的"秀才"要入党,说杨老师几代人都是庄稼人,没有任何历史问题,历次运动没犯什么错误。既然如此,我提仪去杨家看看。

我讲起杨老师在哈拉海工作队的事,一家人听得兴致勃勃。餐桌上摆得满满的,有蘑菇炖小鸡,酸菜炖白肉,凉拌黄瓜，咸鸭蛋。村干部来叫我，说住处安排好了，杨家人哪里肯放。次日清晨，杨家人把我送上客车，塞给我一包土特产。客车开出老远，一家人还站在原处向大客车挥手。回长春到人事处交差，处长带着浓重的湖南口音说："小管，来人事处工作吧！"我笑着回答："可以呀！"

我去通化县委出席经验交流会，看了几场电影，参观了水库。通化县又名"快大茂"，大家都说"快戴帽"，城区不怎么样，周围的群山却风景如画。告别晚餐特别丰盛，摆满了山珍美味，各种细粮应有尽有，最眼馋的是两盘水库鱼，一盘清蒸，一盘红烧。大家只是大口吃肉，我问怎么不吃鱼，都说怕刺。我说："把鱼都给我，我一块肉都不吃！"

回到三棵榆树公社查看档案，发现依木树大队书记的问题很多，真不明白是谁把这种人扶上台？有人说是公社党委书记，有人劝我大事化小小事化了。我坚决不同意，官越大越不能放过！整党整风会议在欢喜岭国营人参厂举行，工作队员和大队支委前来参加。欢喜岭隐藏在幽谷深处，真是一鸟不啼山更幽，给整风会议增添了些许神秘色彩。会议要求全体同志敢于思想交锋，自觉革命查找支部与个人在路线、方向、作风方面的问题。许多鲜为人知的问题揭了出来，我进一步看清了农村阶级斗争的激烈与残酷。好人臭，坏人香，资本主义猖狂。老党员史维会一身正气，战争年代负过伤，就是得不到党支部的信任。有位老干部生活腐化吃香喝辣，很多人跟着他大搞资本主义。老支书不分阶级不分是非只认亲属，包庇坏人，助长了资本主义歪风邪气。大队书记对这些熟视无睹，热衷于无原则的个人纠纷和家族矛盾。

参厂的一帮年轻人在打篮球，不分男女一起上。前方不远处是悬崖峭壁，对面山上也是一面悬崖，两个峭壁之间形成一道深谷,我欣赏着这如画的风景。打球的年轻人招呼我们加入,体育老师李一早就耐不住了,一马当先冲了进去,来个三步跨栏,赢得一片掌声。其他队员也跟着跑进去,孟副书记冲着我喊:"小管,你也去呀!"长春地质学院的党委副书记能叫出我的名字,我感到受宠若惊,连忙跑过去。又传来孟副书记的声音:"小管的姿势不像打篮球,倒像跳交谊舞!"一个小伙子冲着几位女工高喊:"上啊!这么多帅小伙,还是大学老师呢!看哪个合适找一个啊!"

为了缓解整党整风带来的紧张气氛,曹书记提议在依木树开个运动会。经由大队干部协商,运动会在依木树大队学校举行。我坐在主席台上举目望去,莽莽大山郁郁葱葱,运动场上大呼小叫。一人参加全家出动,看热闹助威的大人小孩踊跃前来。我宣布三棵榆树公社依木树大队体育运动会开始,全体起立唱《国歌》,运动员绕场一周。技术总监李一老师宣读比赛项目和竞赛规则,工作队员和山村教师组成的裁判员各就各位。运动会有序进行,高音喇叭播放着赛事的进程。一群小孩守着落弹区看热闹,只要落下一枚手榴弹,孩子们就跑过去抢夺。我抓住高音喇叭大声呼喊:"落弹区危险!不要靠近!请大人看住小孩!"没有人理睬我的呼喊,我从主席台上跳下去,冲向一群小孩。刚到落弹区,一枚手榴弹飞过来,我感到胸口一沉,眼前发黑。周围的人慌了手脚,把我抬上手扶拖拉机,急匆匆向公社卫生院赶去。我醒来时只觉得大地在颤动,马达声突突响,白云在头顶飘动,群山在缓缓移动。

"醒啦!醒啦!管书记活过来啦!"有人呼喊。

"上哪儿去呀?"我疑惑地问。

"去公社卫生院!刚才你可吓人啦!没气啦!"

"那几个小孩呢?"

"没事！今儿个要不是您啊，几个小孩就麻烦啦！家长都感谢您啦！舍己救人啊！"

想起刚才的一幕，才意识到后果的严重，母亲家人师长同学的面容一个个在脑子浮现，泪水悄悄滚落下来。手扶拖拉机沿着山路缓缓前行，几个小时后才到达公社卫生院，急坏了守在那里的领导们。事后听说已经为我安排了"后事"，写好了"悼词"。如果那天"遇难"，我的事迹很快就会在《吉林日报》头版登出，追认我为"革命烈士"。医务人员一阵手忙脚乱，领导们顾不上吃饭，焦急地等候着结果，有吉林省委组织部副部长朱洪斌，长春地质学院党委副书记孟宪来，三棵榆树公社党委书记李德胜。远在依木树的队友们更是心急如焚，跟着曹书记守候在大队部的电话机旁。经过一番检查没发现什么大问题，大夫指着我的胸口说："小伙子，你命大，手榴弹再偏一点就麻烦了！"我在卫生院观察了几天，只是左肋骨下持续地疼痛。我急于返回依木树，医生给我开了一包药，嘱咐我每周检查一次。

见到队友们格外亲切，就像久别重逢，又像死里逃生。曹书记说，那天你一倒地就不省人事，可把我们急坏啦！你的老同学刘建新当场就哭了！刘建新接着说，我怎么叫你，你都不吭声，是几个社员把你抬上拖拉机的！李一说，社员都在议论，那天幸亏管书记赶得及时，要是砸在哪个小孩头上，可能一下就给砸死了！梁兆喜说，邓书记说你舍己救人，不简单啊！队员们说我已经成了依木树的英雄，称赞我舍己救人。我感到胸口疼，躺在广播室的炕上听着大家夸奖，迷迷糊糊地睡着了。第二天醒来，老宋头说夜里几个领导来过电话，有省委组织部的老纪，有长春地质学院的老孟，老曹和小梁也从羊宝沟来电话询问。我心里热乎乎的，真是一个革命的大家庭啊！

过了一段日子，我能下炕走动了，就在队部附近散步。遛到了大队学校，仔细看了看出事现场。老师们纷纷过来和我握手，有的替孩子感谢我，有的替家长感谢我，热情地把我拉进办公室端茶倒水。听说我是英语教师大家来了劲，提议办个英语扫盲班。自己还没上过课，不仿在这里试验一下。刘建新很赞成我的想法，借此机会锻炼一下。她毕竟上过一年课，建议我教点日常口语和国际音标。她说不教国际音标不行，只教国际音标又很枯燥，用日常口语结合音标，就不会那么枯燥了。我每天下午去学校，教几句英语日常口语，结合训练国际音标，借此机会积累了最初的教学经验，也真正接近了山村教师。知青队长杨洁几个人准备高考，我答应他们一起听课，有什么问题找我解答。尝到了甜头的老师们希望我一直教下去，不再搞路线教育。责任所在，事情不能随我愿。

恢复健康后，小梁陪我回到羊宝沟。上山那天，派饭轮到社员丁兴长家。夫妻俩带着六个孩子日子过得很苦，却做了一大桌菜招待我们，夸奖我舍己救人。比起"大人物"面前的阿谀奉承，比起伪君子之间的互相吹捧，社员的热情是真诚的。我是一个工作队员、一个共产党员、一个大学教师，将来还会做什么呢？不管做什么，都不能忘记社会的基础——劳动人民。工作队接上级通知回长春休假，刘成祥是通化人要回家见女友，刘建新要见到未婚夫了喜上眉梢，曹书记等人要么家在长春要么女友在长春，我没有任何牵挂，不如留在山里。曹书记先不同意，经过说服才同意了。他看出我有心事，叫我住在里间小炕上。我们担负着工作队的正副领导，总是一个在山上一个在山下，很少在一起。

"老曹，您看我有什么缺点？工作中有什么错误？"我诚心诚意地问。"啥缺点？我们的同志都很不错！"老曹不假思索地回答。我接着说："从毕业至今一直在农村，总革别人的命没革自己的命，不知不觉放松了对自己的要求。"

"是这样的？"曹书记用他惯常的疑问句。我接着说："自己到长春地院不到两月就下乡了，对教研室同志不熟悉，以前还写思想汇报，没人回信，以后也不写了，我成了谁也不管的人。"他咯咯地笑。我接着说："毕业时，我们班有八个党员，现在除长春的外，那几个都在进步。有的同学毕业时还不是党员，现在当上支部书记啦。"

"是河北地院吗？"老曹问。河北、武汉、成都都有。同学们进步了我感到高兴，对比自己觉得很不是味。有的同学在业务上进步很大，有个同学参加地质总局在南京搞引进资料翻译，我这两年政治、业务进步都不大。前段时间工作出现挫折又闹出个肝炎，思想消极到了极点，从来没有这样消沉过。上县里学习那几天我反省了一下感到不对劲，回来参加整党整风又反省了一下觉得这些想法不对。应当说参加农村工作这两年也学到了不少东西。情绪好时这么想，情绪不好时就不这么想。老曹"哦"了一声，一会听到了他的鼾声。

清晨，我送走了队员们，站在队部门前眺望山景。大雾像层层薄纱在山间环绕，一丘一壑也风流啊！然而，我深深地体会到，世界上真正最美的东西是人一往无前的精神。人的意志消沉时，美景就变成了穷山恶水。只有心灵的美，才有世界的美，才有自然的美。我去学校继续给乡村教师上课，知青队长杨洁最认真，每次下课都有些问题。她的提问有一定的难度，反而激起了我的兴致。乡村教师倒提不出什么，有位教师说："管书记，只教日常口语就行啦！音标真难学！"我立即调整教法，教日常口语时引出词汇，领读词汇时注重发音，顺便训练国际音标。单词里遇到什么音标就练什么音标，句子里遇到什么单词就学什么单词。

　　学校领导请我上一次党课，我从未讲过党课有点犹豫。听课的都是入党积极分子，想起工作队的责任，这不是送上门的机会吗？大学时学生上台讲党史军史，我选择辽沈战役，看过很多资料，还记忆犹新。眼下找不到什么资料，讲别的还真不行。乡村教师们听得很认真，都说受益匪浅，夸我这么年轻知识就这么渊博，到底是大学教师。老师们吵着教几句英语口语，我抬头看见黑板的墙上贴着：好好学习！天天向上！这是毛主席的语录啊！就把这句话的英文写在黑板上，然后教了几句流行的政治口号：无产阶级文化大革命万岁！千万不要忘记阶级斗争！农业学大寨！工业学大庆！

　　屋外传来一片喧嚣，一条大汉正在门前骂街，挤满了围观的人，一看是大队供销社的经理。此人平时衣冠楚楚道貌岸然，今天怎么像泼妇一样？老宋头也觉得奇怪。经理摇摇晃晃走过来，我迎上去劝他。他冲着我骂骂咧咧，说些不明不白的话，口里喷出一股难闻的酒气。我摆出工作队领导的架势，训斥他不要无理取闹，他照样骂骂咧咧，说些不明不白的话。徐大队长带着几个人赶来，一起动手把他拉走了。

　　我回到炕上，怎么也睡不着，觉得事情蹊跷。思来想去一个念头出现了，经理在向社员群众示威，谁也别想整他，工作队不敢把他怎样！谁在幕后支持他呢？徐大队长？好像不是。大队书记？更不像，书记自身难保！突然，一种揪心的难受袭上心头，难道与此事有关？几天前的晚上，经理突然来到大队部。有群众揭发他又没真凭实据，他来找我做什么？我从炕上坐起，他拿把椅子坐在我对面，对我"舍己救人"表示了一番敬意，问我身体恢复得怎样，从包里抖出一张漂亮的袍子皮，小心翼翼地说："很早就听说您想买张袍子皮，我把这事一直放在心上，今日店里正好收购了一张，就给您带来啦！"东北的冬天太冷，我是个南方人真受不了，听说袍子皮保暖可以护腰，一直想买一张。他是怎么知道的呢？我想买下来。

"管书记呀！您为我们队操了那么多心，一张袍子皮算什么！说到您舍己救人，谁不佩服。就算代表全队社员表示一下心意，不行吗！"他振振有词。

一个要送礼，一个要付钱，相持了一会才答应收钱。我问多少钱一张，他说十元。我说够吗，他说都是这个价。我每月工资42元，十元也不是小数字就信了。我把这件事翻来覆去想了几遍，终于想明白了。这张袍子皮绝非十元，他夜送袍子皮为的是堵住我的嘴。此人太狡猾，他选择曹书记和大部队回长春之际出手，人不知鬼不觉。第二天上午，经理来到大队部道歉，说头天喝酒喝多了犯糊涂。我明知他的道歉是伪装的却无可奈何，告诫自己以后一定要引以为戒，只要天上掉馅饼就没好事情。

27　溅玉喷珠

> 昨夜西风凋碧树,独上高楼,望尽天涯路。
> ——宋·晏殊

吉林省组成农业学大寨考察团,通化县工作队分配五个名额,给了三棵榆树工作队两个。省委组织部副部长朱洪斌是上级指定的人选,朱副部长点到我。我在乡下干了两年,又有"舍己救人"的壮举,大家说非我莫属。我们赶往省委集中,考察团成员一百多人,多数是处级以上干部,级别最高年龄最大的是省委宣传部的宋部长,我级别最低,年龄最小。考察团乘火车经北京过太原到达昔阳,住进县委招待所。招待所食堂大厅里摆放着几十张餐桌,八人一桌,吃饭免费,迎接来自全国的考察团。

我们乘坐接待车前往李家庄的石坪大队。讲解员说通过整党整风对集体内部的资本主义进行批判,用三年时间修河造田修水渠修水池修涵洞,实现了涵下流水,涵上种地,打起仗来好战备。亩产量由160斤提到940斤,日分值由0.45元提到1.2元,口粮由260斤提到520斤,盖起了社员新村。实现了自来水供应和合作医疗,办起了九年制免费学校和农民夜校,成立了各种文艺宣传队,定期放映电影。

我看见宋部长步履艰难,快步上去扶着他走上虎头山。过去的大寨是"旱也怕,涝也怕,不旱不涝也不长庄稼"。合作化时把"三跑田"改造成"三保田",再改造成"海绵田"。用渡槽将杨家沟水库里的水引上虎头山,在半山腰建水池，通过钢管实现自流灌溉。建了一条公路运输线，春天运肥上山，秋天运粮下山。耕地整地机械化程度达到80%，场上作业完全机械化，大灾小减产，小灾不减产。争取1980年实现亩产1600斤，同时大力发展为农业服务的副业。房屋依地形而建，错落有致，称为"大寨楼"。每间房子分上下两层，下层为石屋，上层为瓦房，家家用上了自来水和电灯。讲解员说："这好那好社会主义最好！吃不愁，住不愁，只留下一个心眼干社会主义！"干部每年必须劳动300天，党支部书记郭凤莲感冒，病好后抓紧时间补上耽误的工时。不干不能当干部，不大干不是好干部！周恩来总理来大寨，郭凤莲安排总理坐车，总理说："我要用大寨精神学大寨！"坚持走上虎头山。华国锋同志对郭凤莲说："小郭，你们的庄稼长得这么好，毛主席、周总理一定很高兴！"

　　大寨是伟大领袖毛主席树立的一面红旗。大寨的道路，是在毛主席革命路线的指引下，亿万农民坚持无产阶级专政下继续革命的必由之路。二十多年来，大寨大队党支部带领社员群众，同修正主义斗，同资本主义斗，同一切旧意识形态斗，对资产阶级法权实行必要的限制，不断铲除产生资本主义的土壤，对小生产者进行耐心细致的教育改造，努力把社员培养成为具有共产主义觉悟的新农民。坚持革命，反对倒退，加强了无产阶级专政。自力更生，艰苦奋斗，巩固了社会主义集体经济。当前，大寨党支部正在带领社员群众贯彻华主席、党中央抓纲治国的战略决策，掀起深揭猛批"四人帮"的新高潮，决心为中国革命和世界革命做出更大的贡献。

　　展出的内容对开展农村基本路线教育是很好的教材，我把上述前言抄录下来。考察团一拨接着一拨，只能走马观花。午休时我跑回展览馆又看了一遍，做了更详细的笔记。第一部分《毛主席救了大寨人民》，第二部分《用马列主义毛泽东思想武装起来的党支部》，几句格言是："火车跑得快，全靠车头带；大寨步步高，全靠党领导。""不自私，不特殊，积极参加集体生产劳动；白天不开会不办公，劳动报酬不超过同等劳力的社员。"

第三部分《继续进行生产资料所有制方面的社会主义改造，限制资产阶级法权》，坚持政治挂帅思想领先的原则，批判"物质刺激"和"工分挂帅"的修正主义管理路线；依靠群众自己管理自己、自己改造自己，把"按劳分配"建立在"各尽所能"的基础上，真正体现社会主义的分配原则；便于干部参加集体生产劳动，深入细致地进行思想政治工作；表现在分配上，就是有差别悬殊不大，避免引起少数人过富、少数人年年欠债的两极分化；切合实际，简便易行，不搞繁琐哲学。这部分的豪言壮语是："不怕生产没潜力，只怕思想有阻力。只要思想不停滞，生产活力无止境。""什么是前途？革命就是前途！什么是幸福？斗争就是幸福！""苦不苦，想想长征二万五；累不累，比比革命老前辈。""一颗红心两只手，自力更生样样有。""集体是社员的靠山，社员是集体的主人。""困难大难不倒，灾情重压不倒，成绩大喜不倒，荣誉高夸不倒，歪风邪气吹不倒。""这制度灵，那制度灵，离开政治挂帅，什么制度都不灵。""当干部职务可以变，但参加劳动联系群众艰苦朴素这三条永远不能变。""天冷冷不了热心，地冻冻不了决心，寒风吹不倒信心。""干地里活，想天下事，眼望五洲三十亿。""斗敌人寸土不让，搞生产寸土必种，学理论分秒必争。""站在虎头山，眼望天安门，胸怀全世界。"社员赵小和说："只要我活着，就要拼命干，慢慢腾腾对不起毛主席！"社员贾根元说："俺们劳动不光为自己,也不光为一个大寨,虎头山连着亚非拉,我们是为中国革命和世界革命多做贡献。"

第四部分《发扬反潮流精神同修正主义斗》。第五部分《坚持意识形态领域的革命,打好四场持久战》,即打好反对剥削阶级人生观的持久战,打好反对自由化的持久战,打好反对旧思想的持久战,打好反对围歼传统私有制观念的持久战。最后三个部分的标题是《依靠群众大创业》《坚持政治挂帅大搞科学种田》和《继续革命向农业现代化进军》。

中国共产党第十一次全国代表大会在北京结束,昔阳县委召开庆祝大会,考察团应邀参加。会议在庄严的《东方红》乐曲声中开始,县委书记李起胜讲话,公社代表发言,最后上街游行。人声鼎沸,锣鼓喧天,场面激动人心,我仿佛看到了共产主义的曙光。

考察结束,队伍原地解散,我跟着朱副部长启程返回。途径北京,住进中央组织部招待所。在招待所食堂排队时,朱副部长指着一人的背影说:"你注意看看那位老头!"我顺着他手指的方向望去,一位个子不高身板挺直的老人。朱副部长悄悄对我说:"此人有水平啊!一旦出来就不得了啊!"

火车到达长春,朱副部长家住在人称的"高干区",清一色土黄色外墙。在一栋复式单体别墅前,一位身材娇小的中年妇女开了门,指着客厅的沙发要我坐,并端给我一杯热开水。客厅不大却很整齐,一个初中年龄的女孩趴在桌上写作业。朱副部长说火车票他负责,要我作好准备随时出发,到时给我电话。

地质宫里热火朝天,都在为恢复高考忙碌着。邻居带着孩子来敲门,拿着高考复习卷要我辅导。数理化语文外语都有,我居然不觉困难。我突然意识到恢复高考后的大学生必将成为社会的中坚,萌发了参加高考的念头。教研室主任说没必要再读四年,可以安排我进修甚至派往国外。我又接到朱副部长的电话,就把进修的事放到了一边,踏上了返回长白山的行程。到达通化火车站,有人前来迎接,用吉普车把我们送到三棵榆树公社。朱副部长留我住下,我拿出随身携带的英文版《北京周报》。朱副部长拿过去翻了翻,在封面上写下八个字:一尘不染,两袖清风。

"小伙子,想不想来省委组织部啊?"

"去那里做什么呢?我的专业是外语呀!"

"小伙子,大学可以学,不可以教。地院那么多教授讲师,熬到何年何月是个头啊!"他和蔼地说,"你来组织部工作,我保你三十岁前做到县委书记,四十岁前做到地委书记,四十岁以后呢,就看你的造化了。那时我退休了,管不着啦!"我始料未及,不知如何回答。

"小伙子,好好想想吧!想好了告诉我,把你从地院调出来。"我点了点头,继续看《北京周报》。

回到羊宝沟,刚放下行李,有人送来检举信,揭发第五生产队新任队长搞特权,害得全队社员没有豆腐吃。我立即进行核查,毕队长是运动以来提拔的青年干部,不得不认真对待。情况很快汇集到我面前,毕队长的弟弟从部队回乡完婚摆宴,把当天队里出的豆腐全包了。这算什么问题?借题发挥!我内心感到愤怒,外表保持着冷静,只是提醒毕队长处事要更加谨慎。又看到另一份材料:一个男人有两个老婆,一个女人有两个丈夫,这份材料引起我的注意。难怪这两家一直没有派饭,不入虎穴焉得虎子,我要求派饭。有两个老婆的男人年过花甲,属历史遗留问题。有两个丈夫的女人不过四旬,中等身材,几分精明,几分姿色,下地干活是把好手。我曾提议选她做妇女队长，干部都反对，就是不说原因。她家一进三间，两厢房各住一个男人。

"你们两家住一间屋子？"我明知故问。

"谁说是两家，我们是一家！"她立即回答。年长的丈夫姓杨，年轻的姓刘，生有六个孩子。几个孩子在屋子里打闹，女人不断吆喝走开。

"这几个孩子都是你的？"我胡乱发问。

"当然是啊！"她低声回答。

"哪个是老刘的？哪个是老杨的？你知道吗？"我几分挑逗。

"当然知道！"她羞涩地回答。这一羞涩，让我看到了她的另一面。我把这一情况向上级汇报，朱副部长说吉林省委早就发现了这一现象，曾打报告到中央，周总理说类似情况在我国偏僻山区普遍存在，任其自然吧！老边头告诉我，这个女人婚后看上了比她年轻的光棍，对丈夫说要么离婚要么一起过。老边头是土改时的贫协主任，为人正直，他的话我信。我准备告别老边头，他一把拉住我，带我去山里看人参。

夏天的长白山郁郁葱葱，各种名贵树木争奇斗艳，羊宝沟盛产木耳蘑菇人参。老边头以做羊宝沟人为荣，什么时候都乐呵呵的。我们谈笑着沿山路前行，越往山里走树木越葱茏空气越清新，我后悔没有早来看看这神仙般的地界。老边头指着一棵树说叫黄玻璃，指着另一棵树说叫水曲柳。行有半个时辰，出现一面陡峭的坡地。老边头指着坡地说："你仔细看，坡上长着什么？"我抬头望去，郁郁葱葱的绿地中生长着一片低矮的植物，既不像蔬菜也不像瓜果。那就是生产队种植的人参，人参分野参和家参，野参稀有很难得到，人工种植的叫家参。看人参关键看年轮，一年一道圈，越多越值钱。三年到五年就可收割了，不急于花钱最好长上五六年，十二年以上的人参可卖出高价钱。

　　一山之隔的朝鲜族大队放电影，社员问我去不去。我穿上长袖衣服，手里拿根木棍，跟着羊宝沟人出发了。山里蚊虫多要穿上长袖衣裤，拿根木棍以防野兽。有几处十分险峻，上下连成一线天，山民们前呼后拥扶着我通过一道道险隘。行有一个多小时，山下出现一条蜿蜒的公路。一到山下山民们就成鸟兽散，有几个社员始终不离我。朝鲜族人的房子造型别致，房前屋后都有园子，篱笆护院十分整洁。我们来到一户朝鲜族人家，主人弯腰鞠躬把我们迎进屋。屋子收拾得干干净净，主人端出饭菜。我吃了几块狗肉，尝了几块泡菜，谢过主人，走到打谷场上。《上甘岭》这部片子我看过多遍，此刻看起来别有一种感觉，影片中的高山深谷和眼前无异。社员说翻过山就是朝鲜，那边日子不好时都往这边跑。

　　返回的路上，天上一轮明月。这一带有野兽出没，人多势众，谈笑风生，野兽就不敢接近。山里人讲起羊宝沟的风流事，"大美人"跟某某干部有一腿，说她见到老爷子就上，何况有权有势的。此女身材高挑，皮肤白皙，就是到了长春城也会压倒群芳。山里人要我猜猜，谁是她的丈夫，我一连说出几个都不对。"大美人"做闺女时被人奸污嫁不出去，最后嫁了个又矮又丑的瘸子。曾经有望成为"大美人"丈夫的男子们，说一朵鲜花插到牛粪上，先是心生妒忌，后来争相沾花惹草。"大美人"来者不拒，成了大众情人。派出所把"大美人"抓起来，剪掉头发挂着破鞋游街，然后关了起来。结果跟看守搞到了一起，派出所只好把人放掉了。回到羊宝沟已是半夜，管理员把火炕烧得热哄哄的，我顾不上洗漱倒头就睡。

　　曹书记来电话叫我赶快下山，在大队广播室召开专案组紧急会议。检举的社员催促赶快定案，怕工作队走后遭受打击。被检举的人鸣冤叫屈，到处找人要翻案，会议决定由我和李一负责给案子定性。我们把检举揭发材料进行了复查，把群众反映问题最多的集中起来找当事人取证，以依木树大队工作组名义写出意见。朱副部长责成省公安厅侦查员老纪进驻依木树，我把案子作了详细汇报，老纪的细致超出我的想象。

"这里有问题，怎么会被强奸三次？"

"被害人说的，还指认过强奸地点。"

按照常理受害人被强奸后就会报案，第一次被强奸报案率最高，即使不报也会提高警惕，不至于再次被强奸，而且是同一个人。第一次可能是强奸，后两次可能半推半就，性质就变了，充其量只能算"顺奸"。那她为什么要报案呢？这个问题就复杂了！运动一来可能被人利用。老纪的分析不无道理，我第一次听说"顺奸"。

我们继续找当事人取证，先后找了十几个，一律单独谈话，整个过程中老纪像对学生一样指点我。有些问题涉及公社领导，老纪带着我赶往通化，通过县委找了几位老同志，包括一位曾经在依木树大队蹲点的原通化县贫协主任。这位领导住在县委大院，家具考究，装饰豪华，屋里烧着火炕，沙发前燃着一盆柴炭火。一年来见了太多的困难户，这间屋子过于奢华，我心中不快。老纪提问，他指东说西，我没法记录，怒气冲冲地质问他。他瞪大眼睛望着我，老纪朝我摆了摆手，我们不欢而散。

我们住进县委招待所，盘腿坐在火炕上梳理材料，老纪说问题很清楚可以结案了。我对老纪佩服得五体投地，觉得他的工作很刺激，这个人甚至很神秘。他听了哈哈大笑，说他的工作风险也大，还是做教授好。我说自己不是教授，他说那还

不是早晚的事。他给我讲了一段奇案：一位国字号首长在长春南湖宾馆下榻，对国家最高领导发牢骚，侦察员把录音记录向上级作了例行汇报，本是履行职责却遭来灭顶之灾。文革期间，国字号首长成为一人之下万人之上的副统帅，下令对这位侦察员执行枪决。正要执行时国字号首长出事了，案子搁了下来。王恩茂同志来吉林主持工作，从前省委书记抽屉里看到了这份死刑令，这位侦察员才得到释放。

我们以三颗榆树工作队的名义向县委提出处理意见，大队书记撤销职务，保管员开除党籍。我为给老百姓除了两害而欣慰，回到羊宝沟和社员同吃同住同劳动，像头年一样每天下地干活。孟副书记上山来了，我急匆匆赶到山口，山下传来嗒嗒的马达声。长春地质学院党委副书记、三颗榆树公社工作队二号首长，专程上山一定有要事。我边走边汇报，孟副书记不住点头。

"小管啊！来地院两年了吧？"书记问。我说有两年多了。

"有女朋友没有？"书记问。我说还没有。

"没有好，先把工作搞好，女朋友的问题好解决！小崔怎么样？"书记说。

"哪个小崔？"我问。书记说跟我交换《北京周报》的朝鲜族小同志。

"邮局搞错了，把小崔订的日文版《北京周报》给了我，我订的英文版给了她。朱部长发现了，才把两种版本换过来。"我告诉书记说。

"哦！是这么回事。过去我对你关心不够，去了省委组织部可不要忘记我啊！"

"谁说我去组织部？"

"你还不知道啊！朱部长要调你去省委组织部。"

省委大楼是当年日本关东军的司令部，土黄色的外墙给人一种威严，一想到自己可以入职这栋令人叹为观止的大楼，心里生出一种从未有过的冲动。脑子里又出现了巍峨的地质宫，自幼崇拜知识分子的我，感到人民教师这个职业更加神圣。我告诉书记不想去省委组织部，还是想回地质学院。

孟副书记从半山木屋走出去，略有所思地眺望山景。我陪同孟副书记坐上手扶拖拉机，回到依木树大队部。大家见到孟副书记格外高兴，告诉我们一个好消息：依木树大队要通大客车了！山里人像过年一样兴高采烈，携家带口挤在大路两边。远处传来喇叭声，一辆大客车驶过来了，山里人欢呼雀跃蜂拥而上，有人从车上下来，家人迎上去就像迎接凯旋归来的英雄。我坐过无数次大客车，坐过无数次火车，从来没有像此刻这样激动。我们吉林省驻三棵榆树公社工作队为山里人做了一件大好事，人民将记住我们。不由想起革命样板戏《智取威虎山》中火车开进夹皮沟的情景，我觉得自己也是《林海雪原》中小分队的一位指挥员。

吉林省农村基本路线教育工作队决定表彰先进，每个大队推荐一人。评选会在大队广播室举行，曹书记讲了评优的意义和推荐条件。刘成祥提我，书记叫大家表决，所有人都举起手来。李一正热恋着长春地质学院工会主席的女儿，主席说他女儿非党员不嫁，他为早日入党参加了工作队，这个先进对他入党或许有所帮助。一年来他鞍前马后像我的贴身保镖，我之所以大胆同坏人坏事作斗争没有遭遇暗算，与他的相伴不无关系。想到这里，我站起来说："感谢大家对我的信任！我是工作队副书记，做得好是应该的。大家都做得很好，人人都可以评先进，可名额有限，我提议这个名额留给大家，从你们中挑选一个！""管书记，你就别推让了，这个先进非你莫属！"刘成祥大声说。曹书记宣布散会，大家纷纷离开会议室。我继续说服曹书记，他说这事没商量，上面也有这个意思。我就把李一之事说了出来，曹书记点燃一支烟，长长吸了一口，轻轻吐出一股烟雾，看着屋顶一字一顿地说："这样吧！你也是领导，你决定吧！"我提起笔简述了李一的先进事迹，曹书记看了看，微微一笑慢慢说："就这样吧！小伙子讲义气！高风亮节！难怪他们都听你的！"

收购人参时，队里把大的挑出来卖给国家，小的分给社员。工作队员按国家的收购价格买了点，我买了两斤。曹书记开玩笑说，凭这两斤人参就可找到丈母娘。我捡最小的咬了一丁点，喉咙顿觉清凉，夜里不觉口渴，呼出的气息带着丝丝清香。第二天我多吃了一点，鼻子就流出血来。吉林省委下达紧急通知，担任要职的领导干部和干了两年的专业人员立即回城。老边头颠颠地赶到半山木屋，手里拎着一个玻璃瓶，心急火燎地说："你说走就走，给你啥都来不及了，这是我家做的蜂蜜，带回长春补补身子。"瓶子装得满满的，上面厚厚一层白色的东西。老边头告诉我："这是蜂蜡，是比蜂蜜还要好的东西！"

毕队长赶来为我送行，见我用被子包裹东西，生气地说："管书记呀！你也真是！我们这里遍地是木头，你早说一声，我们怎么也跟你打个像样的木箱啊！"他叫我等一下，撒腿就跑。我继续收拾行李，老边头给我打帮手。毕队长很快回来了，手里拎着一把木锯，胳膊里夹着几块木板。"也行！跟他钉个箱子，总比用被子捆着强！"老边头笑着说。一会功夫，毕队长钉好了一口木箱，动手打开我的被包，把我随身携带的零星物品装好，才会心地笑了。他笑得很可爱，带着孩子般的酒窝。毕队长叫来手扶拖拉机,派人送我下山。

　　大家听说我要走,一定要开个欢送会。曹书记担心乐极生悲,我毕竟是运动中处在风口浪尖的人物。村干部和社员说什么也不让步,一定要搞个"百鸡宴"。"管书记要走了,总该吃顿饭吧!"德高望重的土改老支书如是说。平时不怎么说话的老支书发挥了现任大队领导不可替代的作用。山区不宜养猪,山鸡倒是很多,加上通化出产的原汁人参红葡萄酒。大队部里热气腾腾,蘑菇炖山鸡的香味在空气中飘荡。我本不善饮酒,大家如此热情,哪有推辞之理,这原汁人参红葡萄酒口感真好,我一杯接着一杯接受村干部的轮番敬酒。

　　酒过三巡,人们开始有了醉意,我也喝得迷迷瞪瞪。邓书记举起酒杯,提议全体干部给我敬酒。这位土改时期的老支书,是"百鸡宴"的发起者,他借着酒劲大声说:"管书记啊!你舍己救人,了不起呀!这杯酒,我代表依木树全体社员向你表示敬意!喝!喝!喝!"我想推辞,邓书记一连三声喊着"喝",所有干部一起喝彩,说着赞美的话,说着感激的话,说着醉醺醺不明不白的话。盛情难却,我举杯一饮而尽。一阵掌声响起,碰杯声此起彼伏,把酒宴的气氛推向了高潮。

　　已有几分醉意的徐大队长出现了,他晃晃荡荡走到我的面前,一改平日的谨慎,大大咧咧地说:"管书记,你爱憎分明啊!知道我老徐没问题。我敬你一杯!"我举起酒杯,一饮而尽,周围一片掌声。徐大队长还有话说:"管书记啊!听说你不去省委组织部,愿意回去教书,其志可嘉呀!再敬你一杯!你就不用喝了,你酒量不行!"说完,他端起酒杯一饮而尽。我也不客气,看着他喝下去,自己呵呵地笑。徐大队长感慨地说:"不当官好啊!像我这样老了不值钱啊!再过几年就干不动啦,不下台也要让位啦!不像你科技人员,越老越值钱啊!"这句话说到我心里去了,我不愿去省委组织部,还有一个原因就是听了省委老纪的故事。那位公安同志蒙冤入狱差点丧命,政治斗争如此残酷。艾略特说过"人世间的烦恼都是由那些想成为重要人物的人们惹出来的",我选择回地质宫教书,只是隐隐有种安心的感觉,经徐大队长这么一点,真悟出了这一选择的玄机。吉林省委大楼的确威严壮观,我心中的地质宫更加雄浑巍峨。

1977年11月25日,刚满24岁的我要启程了,自愿赶到大队部送行的人们,组成了一道弧形的人墙。我激动不已,坐在手扶拖拉机上向拥挤在一起的人们挥手,告别了大山深处的依木树,前往三棵树公社集结。许多队员没有按时到达,朱副部长很恼火,抱怨未到的队员。直到傍晚人员才到齐,朱副部长拉着我坐在他身边。大客车亮着车灯,沿着山路蜿蜒前行,我再次感受到生命像风云雷电般变幻。同在蓝天下,道路千万条,两年的农村工作磨练和改变了我,一个不同的我将出现在地质宫中。

28 地质宫中

行遍天涯千万里，却从邻父学春耕。
——宋·陆游

回到长春地质学院，形势完全变了。扫地出门的教授学者纷纷从"牛棚"解放出来，意气风发地重返教学科研岗位，准备高考的学子夜以继日地补习，后勤基建热火朝天，校园呈现出百废待兴的气象。我意识到一个新时代的到来，预感到"工农兵学员"天之骄子时代的终结，被视为"假工农兵学员"的我从此将背负起真包袱。"小管！什么时候回来的？"我低头沉思，有人叫都没注意，肩膀被猛拍了一下，抬头一看，是哈拉海的队友叶慧文。"还走不走？""不走了！""这样好，大家都在忙教学，老在乡下把业务耽误了。"老叶叫我去她家坐一会，问我有女朋友没有。我说还不想考虑，把话题转到恢复高考上。她说这是大好的事情，本来就应当这样。我说好事归好事，对我来说不是好事，向她道出了我心中的忧虑。她说我太敏感，不要把问题想得太复杂。老叶向她先生介绍："这就是小管，外语教研室的管新平！"先生正在看英文期刊，有几处不太懂向我请教。

大学讲师向我请教，我已步入高级知识分子的行列啦？返回寝室的路上，想起刚才的一幕感到沾沾自喜。我对几个冗长的句子做了语法分析，但对地质专业知之甚少，迅速提高专业水平的欲望在脑子里萌发。我疾步回到寝室，想制订一份进修计划。外语教研室支部书记来看我，紧紧握住我的手对我回校表示欢迎。我开始汇报思想，书记打断我说："你的情况我都知道，在乡下干得不错，给外语支部争了光。"

"从现在起，你可以谈恋爱啦！来学院算起来有两年了吧？"

"暂时不想考虑，有太多的事要做。"

"这样也好，先过教学关。要是看中院里哪个大姑娘就告诉我，我出面做工作！"

我跟着书记去办公室，碰到基础部工会主席。她一把拉住我，第一句话夸我在乡下干得不错，第二句话为我打抱不平："都说你干得好，怎么评先进没有你，反而把李一评上了，曹玉清搞什么鬼！"工会主席是性情中人，说话不拐弯。外语教研室并排三间办公室，我进了主任室。主任握住我的手，说了和书记一样的话。教学秘书拿出一个小本让我签名，发给我一堆文具，带我进了教师备课室，指着靠窗的桌子说："那就是你的办公桌！"同事纷纷走过来跟我握手，问长问短。

同事们上课去了，办公室安静下来。我坐在办公桌前百感交集，胸中激荡着成为高等学府教师的荣耀感。窗外是长春人引以为豪的地质宫广场，对面是著名的白求恩医科大学，琉璃瓦屋顶在阳光下闪闪发光。我摊开信纸，纸头上印着"长春地质学院"套红大字。主任进来找我谈话，说学院领导对我两年的农村工作非常满意，就是担心业务受到影响；如果我愿意可以转到任何一个行政部门，有两个部门已经表态，一个是人事处，一个是团委；两个部门都不错，如果我愿意，他立即回话，机不可失，夜长梦多。我对两个部门的领导心存感激，却不甘心离开教学岗位，向主任表示哪儿都不去，就在外语教研室教书。主任看我态度坚决，答应适当时候给我排课，要我先休息几天。

我展开信纸，制订自修计划，写了几行不得要领，一连几次撕碎信纸。我心烦意乱，理不出头绪，索性放下笔，走出办公室，不知不觉进了地质宫地下室的阅览室。"同学，对不起！这是教师阅览室！"管理人员挡住我。"我是教师啊！"我指着胸前的红色校徽说。"哪个教研室的？外语教研室！""刚来的？""不！已经两年啦！""怎么没见过？"我做了一番解释，管理员才放我进去。我走向一排排书架，看到一份《外语教学与研究》，随手翻了翻，一篇文章吸引起了我。陈毅元帅去北京外国语学院与师生座谈，有青年教师问元帅：如何进一步提高外语水平？元帅笑着说：这个问题嘛！应当问你们的老师王佐良先生。外语泰斗王佐良提倡阅读100本原版小说，元帅表示赞成。座谈涉及如何提高外语水平，许多观点和做法给了我极大的启发。我返回办公室，一口气写出自修计划，包括口语、语法、阅读和地质科技。使用《灵格风教程》训练语音语调，模仿录音，力求练出一口洋腔洋调。把图书馆库存的语法书通读一遍，力求融会贯通。读遍图书馆库存的英文小说，管它100本还是200本。中英文地质学通论各选一本，了解地质科技原理，掌握中英文表达，力争数年后用英语讲授地质学。

每天清晨我在地质宫观礼台上朗读英语，上午去图书馆阅读书籍，晚上在办公室专攻语法。《英语口语语法》全面论述了语音、句型与语义三者的关联，处处都很精辟，索性把全书抄了下来。抄录迅速提高了我对语音语调的理解，为从事口语教学与即兴翻译奠定了理论基础。博览语法时发现，同样的语言现象可以从不同角度做出分析与解释，悟出了一些语言学基本原理：语言存在于生活之中，语法出自学者之手，不同流

派对语言现象做出了不同的解释。语法术语或语法名称并不重要，重要的是理清语言结构之间的关系以及各种结构的用途。看到十几本小说时，发现英语的许多常用词简直无所不能，语言高手们运用起来随心所欲。后来从事翻译时遇到生僻词就采用这种方法，很少出现卡壳现象。学院图书馆的原版英文小说几乎尽收眼底，找到没有读过的书已经很难，我只好到长春市新华书店去寻觅。

"老同志，请问有原版英文小说吗？"我直奔主题。

"小同志，你是哪个单位的？"五十开外的店员问。

"长春地质学院的！"我回答。

"工作单位不错嘛！为什么要看原版英文小说？"老店员问。

"想通过原版小说提高英语！"我认真解释。

"不要找理由啦！追求资产阶级的生活方式吧！"老店员板着面孔说。

我愣愣地看着他，心里感到委屈。"这里有许多翻译小说，都是优秀作品，照样可以提高外语水平！"老店员指着书架说。我朝他手指的方向看去，脑子一片茫然，真像做错了什么。他从书架上拿出一本，我接在手里一看，是《海岛女民兵》的翻译版。我机械地点了点头，付钱买下了。返回办公室看见刘建新，才知道工作队员全回城了，依木树的知青点也拆了。知青队长杨洁刚才来过，等了我好长时间刚刚离去。

"说不定还没走出地质宫呢，小管快去追人家呀，说不定还赶得上！"梁老师冲我说。我愣愣地看着这位漂亮的中年女教师，不知道说什么好。

"杨洁长得挺标致的，是你女朋友吧？"梁老师问。

"没那回事！"我明白了梁老师的意思。

"你没那回事，人家可能有那回事，怎么等你这么长时间呢？她说还要来的，非要见到管书记！"梁老师分析说。

刘建新问我去哪儿了，我把在书店买英文小说的事说了一遍，她告诉我元旦期间有批原版英语小说出售。主任来找我，有位老师有急事赶往天津，让我代几次课。终于要上讲台了，我感到振奋，认真写出教案，从开场白写到下课，在寝室里反复背诵，还是忐忑不安。即将面对的是高等学府的第一堂课呀！就拿着教案请教王素玉老师。她微笑着接过我的教案，从头到尾认真修改，给我解释修改的原因。她说："课堂时间非常宝贵，要集中精力于教学本身，与教学无直接关系的东西都不要出现。"

地质宫一楼北侧的教室见证了我教学生涯的开始，这节课格外漫长又格外短暂，我失去了对时间的知觉，不知道是怎么走出教室的，不知道学生满不满意，只感到从未有过的紧张，从未有过的兴奋。回到寝室我把教案往桌上一扔，倒头躺在床上，感觉好累好累。学生年龄和我差不多，我是老师站在台上，他们是学生坐在台下。我真的履行了教师的职责吗？我真的教给他们有用的知识吗？学生那样认真，我对得起他们吗？我从床上爬起来，找到王老师，把讲课过程说了一遍，把我的忧虑说了出来。王老师哈哈大笑，说我太认真了。我抓紧时间听其他老师的课，向老师们学习请教。同事们钦佩我不去省委组织部做官，不去学院行政部门混日子，硬是顶着压力上讲台，满腔热情地给我指点。我把他们说得每一句话记在心里，把他们讲课的每一个步骤记录下来，做了大量的听课笔记。这段时间还承担了一些临时任务，做得最多的是抄写中央文件。那时没有复印机，上级来了重要文件，学院只有一份，就通知各部门派人去抄，派去的人政治上必须可靠。我

正在备课，主任又要我去抄写文件。我一下火了，冲着主任说："我在乡下干了两年，业务都耽误了，让我安心搞业务吧，不要让我做这些杂事啦！"不管什么工作我从不推辞，今天的表现有点反常，主任无奈地说："好吧！这是最后一次，再有这样的事我就找别人去。"

我把主要精力花在听课上，几个星期下来听遍了教研室所有老师的所有课程，发现老师之间的水平有高有低，教学风格各有千秋，学生的欢迎程度也不一样。姚淑珍老师讲话声音很轻，慢条斯理，音量控制得恰如其分，既保养了自己又满足了学生。有的老师扯着嗓子声嘶力竭，学生却不买账。陈久好老师一口美式英语非常动听，学生对他流露出崇拜感。马耳他的进修经历使他的头上顶着一道光环，加之他雄浑的男中音嗓子，听他讲英语本身就是一种享受。相比王素玉老师严谨的教学步骤，陈久好老师的教学显得凌乱，可是学生服气，由此可见口语好对外语教师非常重要。学生服你怎么讲都行，学生不服你怎么讲都没用。我把三位令我最钦佩的教师作为标杆，锁定了一个目标——王素玉老师。王老师爱身穿浅灰色上衣，戴副透明边框近视眼镜，一派学者风度。我请她做指导老师，她会心一笑。

"我想请您一个星期后去听我的课，帮我指出教学中的问题；过段时间再请您去听课，再给我指出教学中的问题。"我提了几个具体的要求。

"好！就按你说的办，叫我什么时候去，我就什么时候去！"她哈哈笑着说。

我三次请她听课，她都欣然前往，坐在后排认真听，下课后进行点评和指导。我很快掌握了一些基本的教学法则，上课一定提前到达，开讲前一定讲几句日常英语，课堂上一定不断提问，下课一定布置作业，一定提示下次上课的内容。

元旦节那天，四位老同学赶往长春市新华书店购买原版英文小说，排着长长的队伍。有人前天夜里就来排队了，我们远远地排在后头。工作人员用喇叭筒喊话：鉴于首批外文原版小说数量有限，为确保广大读者都能买到，决定每人"限购三本"。我们排到中午十二点才挨到柜台边，我选购了《双城记》《王子与贫儿》和《呼啸山庄》。

我如饥似渴地读起来，有人进办公室都没察觉。同事轻轻地拍了拍我的肩膀，提醒我说："小管，放本《红旗杂志》在桌上，有人进来时把书挡住！"为什么呀？我不解地问。"小心有人说走白专道路！可不是开玩笑的！"我对同事的关切心存感激，却并不在意。午饭时候到了，我向食堂走去，广播里传出我的名字，停下脚步一听是学生投稿表扬我。基础部主任王宣正好经过，拍着我的肩膀说："小伙子，行啊！我们还担心你上不了课呢！哎！有些老同志不知咋搞的，教了几十年还不如这些小青年！怎么回事呢？"我感到很得意，超越部分老师的目标已经实现，下个目标就是超越更多的老师。

饭后返回办公室打开录音放音机，闭上眼睛边听边读，听不懂时才翻开书。有人敲门，基础部工会主席走进来，身后跟着个女学生。这位学生从广播中听到我的事迹，找到工会主席想跟我练口语。学生慕名而来，又是工会主席的老乡，我答应下来。以后，这位学生定期按时来到办公室跟我练口语。有同事们说："这位学生很不错，可以考虑考虑！"我说："人家还是学生，不能开这种玩笑。"

职工医院宋大夫带个女孩来找我，女孩立志考大学，想请个英语家教。女孩就读吉林师大附中，那是长春市最好的中

学。吉林师大把最好的学生留下充实附中,工资比同期留在大学本部的高出一级。女孩叫马鹿,一十六岁,个子高挑,留着大辫。女孩很聪明,英语很好,找我辅导意在锦上添花。女孩性格开朗,把家里的事都讲给我听。爸爸是长春市公安局干部,妈妈是俄罗斯人,姐姐也是"工农兵学员"。女孩夸她姐姐小巧玲珑,说她自己傻长个。此话不假,她的个子几乎超过了我。

周末结束辅导后,女孩邀请我去她家吃饭,是她父母的邀请。我总把他父亲和那位蒙冤的公安干部联系起来,潜意识中觉得是一人,就答应了。走过地质宫广场时晚霞挂在天际,迎面走来老同学刘建新,她朝我身边的女孩看了看,诡秘地冲着我笑。女孩家住的连排宿舍十分气派,虽然不如朱副部长居住的高干区,却远远好过地质宫附近的民宅。一家人热情地把我迎进屋,饭菜很快摆满餐桌。屋内装饰没有通化贫协主任家那么奢华,却有几分异国情调。想起老纪的故事,总觉得女孩的父亲就是那位含冤的公安同志。

"小管女友贼漂亮"的说法在同事中传开,我怎么解释也不管用,信的人就鼓励我"进攻"。我说人家还是高中生,那是不可能的。心里也想有个女友,谈何容易,日程安排得满满的,哪有时间顾及其他。平时要上班,只有星期天去书店或者邮局。星期天这些场所挤满了人,平时很容易解决的问题星期天要花很多时间。

"主任,我想提个要求。"

"你说吧!什么要求?"

"星期天上街人多,耽误时间,我想平时上一次街,其他时候都在办公室,包括星期天。"

"行!"主任提高嗓门说,"知道你时间抓得紧,都说你是办公室常驻代表！就对你特殊一下！"主任故意放大声音，免得大家都提出这一不合常理的要求。不少青年教师在备考研究生，要不是在乡下耽误两年我也会报考，为此常感到恼怒，有时发些无名火，同事都装着没听见，主任也怕惹我。

吉林大学党委书记陈锦波调任长春地质学院党委书记，他一到任就召开年度表彰大会，做"拨乱反正"动员报告。报告厅响起了欢乐的锣鼓声，年度先进人物身披大红彩带鱼贯而入，全场热烈鼓掌。我一眼看见李一，披着彩带走在队伍中，一种莫名的惆怅涌上心头，要不是自作主张披彩带的人应当是我呀！大会进入"平反昭雪"议程，党委书记宣讲平反冤假错案的伟大意义，对如何开展这项工作进行部署。有人发出唏嘘声，党委书记怒斥发唏嘘者："冷血动物！"党委书记初次见面大动干戈，措辞严厉，全场木然。一人从座位上站起，向会议主席递上一张纸条。会议主席接过纸条看了看，走到主席台边递给了党委书记。一连串动作像电影一样闪过，全场愕然。党委书记在看纸条，所有人朝着党委书记张望。我感到纳闷：什么人写了什么？党委书记从座椅上站起，把纸条举过头顶，诚恳地说："有同志批评我讲话不文明，我接受这位同志的批评，表示道歉！"党委书记弯下腰，深鞠一躬。有人突然鼓起掌来，全场响起一片掌声，我也跟着鼓起掌来。究竟是给写字条的人鼓掌，还是给党委书记鼓掌，谁都不清楚。我为这位延安时期参加革命的老同志的豁达所感动，不愧是长篇小说《回民支队》的作者，不愧是著名高等学府吉林大学的前任党委书记。

教研室来了位年轻女教师，大家除了表示欢迎，没有出现我们来时那种热闹场面。几天后这个谜团解开了，全院师生参加的"平反昭雪"大会上，这位女教师走上主席台，声泪俱下地控诉造反派对她父亲的迫害。她父亲早年留学美国，回国后在长春地质学院任教，"文革"时期被造反派诬陷为"里通外国"的间谍。他父亲宁死不屈，最终被迫害致死。说到这里，她痛哭流涕，会场一片默然。她接着讲造反派逼她母亲和父亲划清界限，为了养活几个孩子母亲只好与父亲离婚，才保留了一份扫地的工作。发言者又是一阵抽泣，会场又是一片默然。此类事情"文革"期间听得很多，发生在自己身边的同事身上还是第一次，对我的心理产生了巨大的冲击。她进办公室，办公室就没有了惯常的欢声笑语；同她讲话，我的脸上就没了笑容。

  同是青年女教师，赵晓萍是另一番景象，总是叽叽喳喳，给办公室带来热闹。她家离学校很近，家里有台彩色电视机，几次邀请我们去看电视剧。我怕耽误看书时间一次都没去，她对我颇有微词。周末到了，她又邀请我们去，我还是推说有事，她生气地说："不去就不去！不要找理由啦！谁不知你是办公室常驻代表！不过，小死管，有件事得请你帮忙！"她在给英语师资班上口语课，找我帮她录音。这说明她在业务上看得起我，我当即表示同意。搞录音需要安静的环境，我们总是等人家上课时关起寝室门，手捧英语课本对着录音机朗读。录一段播放一下，不理想再重来。反反复复，每次都花很长时间。

  "总算把小管拴住啦！"有人如是说。

  "小赵和小管不是一路人！"梁老师反驳说。

  "小赵不错呀！贼漂亮的！"那位老师说。

  "找对象可不能马虎啊！她今后跟你过日子的时间比你妈还长，找得不好会痛苦一辈子！"梁老师认真地提醒我。

  老乡程新民几次约我见他小姨子，还动员他老婆出面看了一场电影，让我和他小姨子见了面。女孩其实不错，可我不敢贸然行动，怕断了回家的路。"别在老家找！到时两地分居，还不是墙上的画，看得见，摸不着！"老乡以他的体验劝说我，"即使看不上我小姨子，也可在学院找个女教师。北方女孩蛮喜欢南方人，你还是南方的城里人，对她们还是蛮有吸引力的！"不是看不起他小姨子，是还没想好究竟在哪里成家。老乡说一旦决定在长春成家，好好考虑一下他小姨子，他真想和我成为一家人。"长春地质学院是不会放你的，孟书记对你印象特别好，肯定要提拔你的，就在这里干下去，你是很有前途的！"老乡如是说。

支部组织生活会议，要大家理解中央拨乱反正的决策。有人认为冤假错案应当平反，证据确凿的案子就不能翻，不能一刀切，不能好人坏人一律平反。大家议论纷纷，最后争了起来。我对地质学院"文革"期间发生的事不了解，没有发言权。从他们的辩论中，我察觉到派性因素还在发酵，我意识到了身上的责任。在纷乱的局面中需要有人旗帜鲜明，需要有人登高疾呼。我激动起来，决定表明态度"扎根长春干革命"。会场气氛太亢奋，几次开口都被更大的嗓音淹没，直到会议结束都没有发言的机会。

政治学习，继续讨论拨乱反正问题。老同志之间又争了起来，发展成互相辱骂，不是拍桌子就是挥拳头。乱象出乎我的意料，文质彬彬的学者们成了叫骂的泼妇，即使在农村也没见过这种场面。经过两年农村工作的锻炼，我的性格已然发生了变化，无法容忍这种乱象。他们也太无视我们年轻人的存在，我感到自尊心受到了侮辱，在农村工作队我多少也是位副书记，一跺脚也能震动一块天地。我忽地站起来，高喊："不要吵了，让我说几句！"我定了定神，换了口气从

容地说:"自从来到长地(长春地质学院),都说外语是个好集体。我下乡期间,你们都很关心我,我从内心感激大家,也很尊敬大家。可你们今天这么闹,哪像高级知识分子,叫我以后怎么尊敬你们!"一席话掷地有声,大家安静下来。支部书记接过我的话说了一通,宣布休会。赵晓萍不顾周围的老同志,拍着我的胳膊咯咯地笑。我问她笑什么,她说:"小死管!别看平时嘻嘻哈哈,开会发起言来,那个样子可严肃呢!把大伙都给镇住啦!"老同学刘建新对我的发言也表示欣赏,说我给年轻教师争了气,让他们看到"我们也不是好惹的"。

回到寝室,习忠平还没回来,无意中看见他床头有封信,收信人是沙市师范一位女同学。这一发现触动了我的神经,动摇了我扎根东北的信念。平时寡言的老同学扎得好深啊!他是不会扎根东北的!我庆幸那天没有发言,否则覆水难收。饭后去办公室,碰到正在找我的基础部工会主席,要我去职工医院见基础部总支书记白豪。白豪同志参加过两万五千里长征,担任过八路军总司令朱德的警卫员,是地质宫里级别最高的干部,因病住在职工医院。我们走进一个单人病房,一位白发老者躺在病榻上,伸出一只手拉着我,乐呵呵地看了好长时间,才放开手让我坐下。

"小伙子,在乡下干得不错!荣誉面前不伸手!好样的!"老书记笑容满面地说。

"今年多大了?"老书记问。"刚过二十四岁!"我回答。

"好哇!还不到二十五岁,年轻啊!好!好!好!是个好苗子!"他望着工会主席说。

他问我身体怎么样,回学校适不适应,有对象没有。

如果我在家乡有了对象，可以调到长春来，学院任何一个部门，只要拿得起都可以安排，一切包在他身上。老书记不停地说，我不停地点头，心中充满感激。老书记病成这样，专门把我叫来，我真想表白一番。可他病得厉害，不宜多说话，来时工会主席交代过。

"我们这些老同志，一个个不是老了，就是身体不好。你还年轻，要把班接过去！"老书记动情地说，眼里闪着泪花。他要我多了解学院的情况，给我分析基础部和外语教研室人员的思想状况，说各支部都有一些问题。他说多年形成的派性根深蒂固不易解决，希望年轻同志赶快成长。

"总支和支部要在近期改选，有人提议把你选进支部，我觉得还可以进总支。小伙子，要大胆工作，我们这些老同志在后面给你撑腰！"老书记握着我的手久久不放。面对老书记的信任和重托，我激动不已，随口说出："我一定好好工作，不辜负您的希望！"

告别了老书记，从职工医院出来，看着街上来去匆匆的路人，突然意识到自己成熟了，一种无往而不胜的精神在胸中涌动。敢于斗争，善于斗争，以前只是政治口号，如今已注入我的骨髓，这就是参加三大革命实践的成果，这就是两年农村工作赋予我的精神品质，我的耳边又响起了雄壮的《国际歌》：满腔的热血已经沸腾，要为真理而斗争，英特纳雄耐尔就一定要实现！

29 暖风晴雨

众里寻他千百度，蓦然回首，那人却在灯火阑珊处。
——宋·辛弃疾

春节临近，我和习忠平踏上了千里南行路，到长春三年还是第一次相伴返乡。老同学有未婚妻等着，喜悦之情挂在脸上。我还是孤身一人，反复思考着怎么应对父母的询问，该不该解决个人问题？三天的行程，茫茫雪原已经抛到脑后，车窗外的荆楚大地一片葱茏。家乡多美啊！扎根东北还是回到家乡？

我把通化山里带回的人参拿出来分配，母亲在边上不停地唠叨："不小了，该找对象了，最好在沙市找，在长春找也行，不能再拖了。"母亲的口气有点松动，我趁机把同事小姨子说了出来探探口气，母亲木然地看着我。我安慰母亲说："下次探亲一定带回一个。"我倾向扎根长春，调动谈何容易。老傅朝鲜战场转业到长春地质学院搞后勤，几十年两地分居，领导宁可调他老婆也不放他。老傅说到东北工作就像进监狱，进来容易出去难，搞后勤都这么难，搞教学就更难，劝我死了这份心。再说我已经喜欢上了长春，喜欢上了地质宫的工作环境，农村工作两年为我打下了坚实的事业基础。

"小伙子，前途无量啊！"体育老师钟明辉拍着我的肩膀说。

"小管啊，外语教研室的希望就寄托在你的身上喔！"教学秘书张艳林语重心长地说。

"我老了，不中用了，以后看你的啦！"我埋怨主任太软弱，主任带着沮丧的口气说。

母亲沉默了，毕竟多年接受党的教育，能体谅儿子，忠孝两难的抉择在煎熬着儿子也在煎熬着母亲。我带上人参串门，有人鼓励我在长春干下去，有人劝我赶快调回，年轻在哪都会有所作为。回家发现母亲情绪不对，外婆悄悄告诉我习忠平来过。老同学在家乡有了女友对母亲是巨大的心理冲击，儿行千里母担忧，有习忠平相伴给了母亲极大的安慰，老同学一旦调回我就成了孤雁。我草草地吃完饭，赶往习忠平家。

"听说你想在长春成家，你妈都哭了！"

"你知道我的情况，领导能放我吗？"

"我说了，你很受重用，可能要提干。

一进家门，母亲就问习忠平说了什么，我以实相告。母亲眼巴巴地看着我，期盼我的答复。我心里一堆乱麻，望着母亲渴望的眼睛，没想到母亲对我扎根东北的反应如此强烈，思前想后左右为难，于是轻轻地说："就在沙市找吧！"母亲的脸上露出了笑容。以后的日子母亲欢天喜地，每天下班都会带来一些消息，一帮姨妈正为我忙碌着。周末傍晚，母亲满心喜悦地从公文包里翻出个信封，抖出一堆年轻女子的照片。她一个个给我介绍，却没有一个令我动心。她从中挑出一张，我一看长得还算清秀就点了点头，她高兴地说女孩是某居委会主任还是共产党员。我把女孩的照片放进口袋，穿街过巷赶往侯建安家，几个老友正在阁楼上聊天。我拿出女孩的照片，许世才一眼认了出来，说人还不错就是有点瘦小。

"不怎么样，我说出一人，保你满意！"侯建安反对，说出一位女同学的名字。

"那有什么话说，就看人家愿不愿意！"我如实回答。

"你是大学教师,又是党员,在沙市教育界算得上佼佼者。"侯建安分析说。

"她好像有男朋友!有年春节,我在街上看见她和一位男同学走在一起。"

"前几天晚上,她从我们家门前走过,很晚了只一个人,要是有男朋友,肯定要送的!"

母亲说侯建安推荐的人不会错,姐姐非常满意这位女同学。几天后大家一碰头证实了侯建安的判断,大家商量出一个方案,由严家明陪我登门拜访,严家明的父母和这位女同学的母亲是同事。我们一进门,她外婆就认出了我们,问我什么时候回来的。女同学从里屋出来,给我们让座。我们一起聊起来,一会就聊到长春。她似乎很有兴致,我越说越激动,不知不觉聊了两个小时。第二天,这帮同学陪着我直奔她的单位。进门就碰见了熟人,她在行政楼二楼西头的一间办公室里低头批改作业。我们一声招呼,她有些诧异,搬来椅子让我们坐下。她的同事听说我在东北一所大学工作,围着我聊起来。上班时间不宜久留,我主动告辞。这一带以前是郊区,市区扩张农田被征收了,农民成了城市居民,子女进了这所学校,学生的文化基础较差却很尊敬老师。我们一边走她一边介绍,一直把我们送出校门。

在农村插队的二弟报名参军又参加了高考,两边同时录取,二弟举棋不定。我坐渡轮过长江,赶到他插队的地方。村干部和社员都热情地招呼他,可见他在乡下干得不错。他高中时是学生干部,下乡后担任知青队长。在生产队办公室,民兵连长拿出两份通知书,一份是武汉卫生学校的复试通知书,一份是部队的录取通知书,村干部催我们赶快决策。复试不通过就会两头落空,为保险起见我们选择了部队。回到家里才知道那帮同学天天跑到我家打听消息，抱怨我不该在关键时刻离开。我拿本《灵格风教程》直奔她家，她客气地推辞。我说还有一套在长春，这一套是专门给她的。我说这套教材很适合训练口语，把自己的训练方法告诉她。她提起我们去她单位的事，她的同事说我们一伙都蛮精神，像文工团的人。她告诉我刘启凤同学周末结婚，问我去不去闹洞房。正愁找不到约会的理由，再说新娘子也是我的老同学，哪有不去之理。

周末夜晚，天上飞扬着细细的雪花，我们相约前往。平时不修边幅的老同学刘启凤新婚之夜打扮一新，她从人群中看见我格外兴奋，把我当作贵客介绍给大家。我在千里之外的东北工作，突然出现，像天外来客，老同学们纷纷给我打招呼。闹房的人流一拨接着一拨，新房里越来越拥挤，气氛越来越热烈，驱散了冬日的寒意。这种气氛感染了我，调回家乡的念头开始萌发。来了一批初中同学，初中时我是班长，新娘子是副班长。毕业后多数同学下乡插队去了，我先上高中再去师范，又从师范去大学，大学毕业去东北教大学，成了初中同学心中的传奇人物，我被众星捧月了一番。只见人聚不见人散，新房更加拥挤。新娘子叫我们把凳子让出来，我们机械地听从安排，并肩坐在新婚床沿上。有人相继悄悄离开，我也想瞅机会走，可同学们围着我聊天走不开。正当我犹豫不决的时候，她从拥挤的人堆中挤过来，冲着我轻声说："我们走吧！"语气十分肯定，既不像邀请也不像商量。初中同学抬头望着我们，我机械地站起身来，和同学们告别，和新娘子告别，跟着她走出了新房，走进了雪花飞舞的夜空。即使洞房花烛夜，新娘子的头脑还是很清醒。我们一走，她神秘地对周围的同学说："你们发现没有，管新平和曹德胜一起来，又一起走了！一起来不奇怪，一起走也不奇怪，一起来又一起走，肯定有情况！"可惜这句话很久以后才传到我耳朵里，否则我会少走弯路。她主动提出带我参加婚礼，主动邀请我一起离开，给了我无穷的遐想，我体验着一种从未有过的温馨。

以后几天，我怀着满腔的热望去她家，却扑了空，刚刚燃起的希望之光暗淡了。启程的日子越来越近，这一走就是一年，一年不知有多少变故？我心急如焚，抱着一试的想法鼓起勇气再次登门。她还是不在家，又不便多问，只好留下一纸英文：

I will go back to Changchun soon. I hope to help you improve your English reading. Please come to my home when you see the note. I will wait for you at home at any time.

她父亲问纸条上写些什么，我不知如何回答。她外婆说："又不是给你写的，你问什么！姑娘会认识的！"老人为我解了围，我向两位长者告别。第二天我哪儿都没去，守候在家等着她的到来。上午悄悄地过去了，她没有出现，下午慢慢地过去了，她没有出现。我变得焦躁起来，没有了再次登门的勇气，把唯一的希望寄托在晚上。天黑了下来，她还没有出现，我几乎失望了。命里注定要在长春扎根吧！我的心中浮出这个念头。随着晚上七点钟声的消失，大门外响起了轻轻地叩击声。我的心跳突然加快，赶紧把门打开，她挂着笑容站在门前。我高兴地把她迎进里屋，让给她一把凳子，自己坐在床沿，打开录音机播放《灵格风教程》。我不时按暂停键让她朗读，帮她纠正发音。她夸我发音好，对我的指正虚心接受。九点半一到她起身要走，她父亲规定十点前必须到家。母亲要我送一下，我答应一声跟了出去。两家相距不远，一会就到了她家的街头，她说不用送了，我告别而去。母亲说这么快就回来了，我说她不要我送了，母亲说以后一定要把她送到家。往后的几天，她每晚如期到来，一起学习《灵格风教程》，时间一到就走，我按母亲的嘱咐一直把她送到家。

有天晚上她没有来，我以为事情有了变故，找到侯建安一帮同学分析。这帮老同学抱怨说："只会读书，哪有像你这样谈恋爱的！"在他们的鼓励下我鼓起勇气再次登门，才知道她去了乡下，为她弟弟回城的事忙去了，我只好又留下一张英文纸条。当晚七点她准时来到我家，进屋就解释前几天没来的原因。我像以前一样播放《灵格风教程》，帮助她纠正读音。母亲掀起门帘，端来热气腾腾的鸡蛋。姐夫来家认亲时也是一人一碗鸡蛋，我明白母亲的意图，赶紧接过母亲手里的碗，她也把碗接在手里。

时钟敲响八下，我关掉录音机站起身，告诉母亲去看望一位同学，带着她走出家门。路灯发出微弱的灯光，我们并肩而行默默无语。她问去哪个同学家，我说哪家都不去。她沉默了，我觉得时机成熟，说出经过准备的话："有点事想跟你谈谈，还记得上大学时找你谈过一次吗？"不记得了！她摇头说。我入党前那一次！哦！记起来了。我们是老同学了，从小学一直同到师范，彼此都比较了解。那次找你谈政治问题，今天想跟你谈生活问题。我说出事先准备好的第二句话，她抬头看了看我，眼神中流露出几分羞涩。前面出现了三岔路口，一边通向灯火通明的北京路，一边通向漆黑的体育场。

"我们走哪条路呀？"我说出准备好的第三句话。

"你想走哪条路就走哪条路！"她不假思索地回答。

我感到有了希望，向漆黑的方向走去。沿途没有路灯，月光下朦朦胧胧，体育场的跑道上不见人影。跑道的一角挨着沙市一中的后门，勾起了我对高中生活的回忆，引出了没有准备的话题。我们绕着体育场走了几圈，说些听起来不着边际的话，心里却盘算着怎么转入正题。想来想去觉得只有说实话，反正四周无人。这次回家遇到了一个难题，家里要给我找对象，拿来一堆照片。我觉得这样找对象没有意思，一点都不了解。过几天又要回长春了，刚认识就走，怎么加深了解？我鼓起勇气说出这番话，她没有吭声。长春很多人给我介绍对象，可家里希望我回来，我也不想一辈子在外，我该怎么办呢？

她说："你的经验应当比我丰富！"

我问："什么经验？"

她说："交女朋友的经验。"

我心里感到委屈，都以为我有女友，其实从未真正交过女朋友，哪里有什么经验。我做了一番解释，然后问："你是哪一年出生的？"她回答说："一九五二年！"说完扑哧一笑。从她的一说一笑中我感悟到了什么，认真地说："不对！你不是一九五二年的！"

她调侃似地反问："你认为我是哪一年呢？"我认真地说："不很清楚，我记得你不是一九五二年的！"她终于说："我是一九五三年的！"

"你现在怎么样？"我问了一句不明不白的话。

"怎么样！什么怎么样？"她反问。

"关于这件事，你有男朋友吗？"我这才说到点子上。

"没有！我还没有！"她回答得很从容。我心里一阵兴奋，不知如何往下说。短暂的沉默，我们并肩走着。她说出一个师范同学的名字，问我认不认识。我说早就认识，还有些交往。她说那个同学追求过她，可她一直没同意，家人也反对。讲完这段往事，她补充了一句："我信任你，才把真实情况告诉你，从没对任何人讲过。"我心里一阵高兴，想到沙市有那么多优秀的同学,问:"别的同学呢?沙市教育系统有这么多老同学。"她回答说:"没有!我没有打沙市教育界的米!"我在心里琢磨"没有打米"的意思,又是一阵沉默。我们沿着体育场的跑道继续往前走,暗处待长了眼睛变得明亮起来。我估计时间不早了,她该回家了,再不挑明就没机会了。

我从牙缝里挤出一句话:"你觉得我怎么样?"

她说:"我已经告诉过你呀!"

我说:"那是过去,你现在怎么看我?"

她轻轻地说:"蛮好啊!"

我又不知怎么接下去,默默地往前走。寂静的夜空下,我察觉她说话的嗓音有点变声。前面出现了射击场,再往前走就没路了,我下意识地停住脚步,她也停了下来。我不知所措地问:"我们俩怎样?"

党校方向发出一道灯光正好照在她脸上,我借着微弱的灯光朝她望去,她的情绪似乎有点激动,压着嗓子说:"可以呀!"没等我回应,又补了一句,"还要问我妈!"

快要走出体育场了,我停下脚步,她也停下脚步,我转过身来,她也转过身来,又回到跑道上,肩膀靠着肩膀往前走,肩膀间的距离比刚才缩小了。这一微妙的变化突然到来,我感到热血沸腾,心花怒放。

"你认为我有变化吗?"我打破沉默。

"不像以前那样书生气十足了,同学们都说你比以前健谈了。"她回答。

我告诉她自己的变化来源于社会实践,来源于东北农村工作的两年。农村工作的经历是我的骄傲,有了这个话题我滔滔不绝。我估计时间不早了,向体育场外走去,借着路灯一看手表已经过了九点钟,她该回家了。我们并肩前行,冬日的夜晚行人稀少,我一直把她送到家。临别时,她轻轻地说了声:"慢走啊!"我有女朋友啦!不再是单身汉啦!我在心里不断重复着这句话。

　　天空飘着毛毛雨,我们打着雨伞并肩而行,一种从未有过的温馨透过全身。还是那帮同学弄来的电影票,我觉得时机还不成熟,他们说我没有那么多时间讲究。我们进了电影院,在微弱的灯光下找到座位,她从提包里拿出糖果和我分享。本是多年的老同学,一旦建立起这种关系感觉完全不同。我有些得意忘形,说话声越来越大,她不断提醒我小声点。放映过程中,我平身第一次不在意电影的情节,心思全放在她的身上。

　　好事多磨,她母亲担心我不能调回,不愿女儿远走他乡,她带着我拜访一位七旬老人"九奶奶"。老人家气度不凡,在族人中说话很有分量。我和老人很投缘,从进到她家到离开她家,老人的脸上始终挂着笑容,直言不讳地说:"我就是喜欢知识分子。"日本人侵占沙市那天,老人的丈夫的腰里系着根皮带,被日本兵当场用刺刀捅死。那一年老人26岁,膝下一个女儿,母女俩相依为命。老人的姑子终身不嫁,陪着嫂子度过余生。这段辛酸的往事更增添了我对老人的敬意。未来岳母开始对我展开社会调查,她不辞劳苦,穿街过巷,走访她的老同事,也是我家的老邻居。"这孩子我是看着长大的,忠孝两全啊!"老邻居陈大妈如是说。"你要是不喜欢就给了我,不要把人家给退了啊!"初中同学的母亲如是说。我们家是沙市老户,亲戚朋友遍布全城,母亲又担任街道主任,这些消息很快传到我家,相识的不太相识的人们都在替我说话,我打内心表示感激。

侯建安以给我饯行为名宴请了两桌老同学，吃饭是假，"暴露"我们的关系是真。她欣然应邀，大家推搡着把我们安排在一条凳子上。以往聚餐都是清一色男生，此次有男有女分外不同。酒过三巡，借着酒劲说话少了顾忌，有人夸我们男才女貌，有人问谁是红娘。男同学非要给她敬酒，她提出用肥肉顶酒。一个吃肉一个喝酒，几杯下去男同学顶不住了，宣布服输。第二位男同学接着上，还是一杯酒对一块肥肉，几杯酒下肚也顶不住了。第三位男同学接着上，几杯下去也服输了。一碗扣肉被她吃光了，老班长盛玉华哈哈大笑，说她为女同学争了光。吃完饭都催我们先走，说我们在一起的时间宝贵，该上哪去哪。我们告别同学而去，穿过青莲巷，进入忠诚后街回了家。她要上一篇新课，叫我帮她纠正读音。文章中有"Love is blind"一行文字，我写在纸条上递给她。

"Blind等于瞎碰，你是不是瞎碰的？"她问。

"你呢？"我反问。

"我可不是瞎碰的！"她压低嗓子说。

"你是等着别人出现，是吗？"我问。

"是啊！"她轻声回答。

"等着我找你？是吗？"

"是啊！你觉得很有趣，是吗？"她回答。

我把纸条扔进火盆，一团火燃烧起来。听见有人敲门，我赶紧把门打开，二弟一身戎装出现了，正式成为光荣的中国人民解放军战士。我把二弟送到新兵营，嘱咐他说，身为男儿就要走出家门，人生在世，要么上大学，要么去部队，否则一辈子难有出息。我告诉二弟说，部队也是一所大学，无论大学还是部队，都会使人的精神升华，都会结交志同道合的朋友，会影响自己的一生。二弟同意我的看法，义无反顾地告别家人,高高兴兴地走进了军营。

阳光灿烂,我们相约在一个公交车站见面。"天气多好啊!"我望着天空说。"老天照应我们!"她回答。"那意味着我们两人的事上合天理,下合人情!"我感慨地说。她笑了,做了个鬼脸。来了一辆车,我们一起上车。公交车进了荆州东门,穿过一条一条街道,过了城内繁华的路段,行人稀少起来。公交车在十字街口停站,我们下了车,踩着石板街向北门楼走去,沿街的店铺旌旗招展。我们登上北门楼,回望走过的石板街,遥想当年关云长走麦城从这里出城的情景。我们沿着城墙往前走,找到一个阴凉安静的地方。她拿出带来的塑料布,我接过一角把塑料布铺在地下,并肩席地而坐。

太阳慢慢升起,微风在头顶吹过,树枝发出呼呼的声响,鸟儿在树丛中唧唧喳喳地鸣唱。我们一起聊天,直聊到太阳高高挂在天上。她从包里拿出面包,我心里一阵惭愧,约她出来没做任何准备。面包当午餐,把时间留在城墙上,留在这个幽静的地方。明天就要启程了,一分一秒弥足珍贵。她从包里拿出影集翻给我看,都是漂亮女孩。我从未看过女孩的影集,心里热乎乎的。我指着一张放大的头像说想带到长春去,她把照片从影集中拿下递给我。两只手触到了一块,我不想挪开,就找个理由:"让我看看你有几个膈吧?"她伸出手来,我先看左手再看右手,口里数着:"一、二、三、四!真巧,和我一样多!"她以为我说假话,喊着:"不信!我不信,让我看看!"她拉着我的手指数起来,惊呼:"啊!真的,也是四个!"她拿出一本革命歌曲,我们翻开唱了几首。她要我独唱,我只得遵命。她说:"你嗓子比我好!"我说:"你会跳舞,我不会。我唱歌,你跳舞吧!"她说:"你唱吧!我今天不能跳!"我接着唱了几首,放下歌本读起英语来。我们总在一起学习《灵格风教程》，教程促成了我们的姻缘，我对这套教程情有独钟。一看手表已经三点一刻，我们收拾好塑料布，向城墙下走去。经过荆州照相馆时，很想进去合影留念，正好来了辆公交车。

母亲做了一桌菜为我饯行，与以往不同的是，饭桌上多了一位尊贵的新人。女友出自名门——革命干部家庭，全家人感到蓬荜生辉。刚吃完饭，侯建安送来两张《刘三姐》剧演的入场券。天空飘着小雨，她撑开雨伞，让我挽住她的胳膊，一股暖流透过我的全身。我感到家乡的大街小巷散发出一种迷人的气息，剧院里里外外热闹非凡。不知是剧情和音乐融化了我，还是我融入到了剧情与音乐中，我沉浸在从未有过的甜蜜中，真希望时间驻留此刻。全剧结束，灯光亮起，突然发现侯建安一帮同学也在剧场，他们站起来冲着我们挥手欢笑。

我背上行装，踏上返回东北的行程，一位漂亮的女孩加入了送行的人流。客车已经驶出长途车站，她还站在送行的人群中向我挥手。我一反过去离家时的踌躇满志，留恋之情注满心头，从来没有像此刻这样对家乡难舍难离。离别宜增惦念，相逢加深爱慕。人的意志抵不过历史的车轮，再不情愿也得日夜兼程。傍晚时分，我已经坐在北上的列车里，在列车的呼啸声中，一个奇妙的图式在脑中浮现：我心中的中国地图又回归到以湖北为中心。在东北生活了几年，脑中的地图逐渐变成以吉林为中心，湖北变得越来越遥远。此次回家，心中的地图又复原了，又回归到以湖北为中心。这种心理变化如此神奇，我感到莫名其妙，又感到欣慰无比。

30 惜别长春

> 离恨恰如春草，更行更远还生。
> ——五代·李煜

返回长春，恢复高考后的第一届学生入学了，校园的气氛改变了，政治学习越来越少，教研活动越来越多。不少青年教师在备考研究生，我向领导提交了一份申请。领导承诺给我创造进修机会，已经把我列入派往国外学习的人员名单。学院团委筹办交谊舞学习班，把我列入学员名单。学员都是地质宫里的俊男靓女，有不少农村工作队员。"文革"时期把交际舞视为资产阶级生活方式，使我对交谊舞心存芥蒂，再说我已经有了女友，和别的女孩子抱在一起跳舞不好，便推说自己时间紧谢绝了团委的好意。

我躺在床上久久不能入睡，思念起远方的女友，此刻她在做什么？心乱如麻，理不出头绪，索性起来奋笔疾书：一九七八年的正月，在我的心中，在我们俩的心中，将留下美好的不可磨灭的记忆，正月的江流将永远在我们记忆的海洋中奔腾，正月的春风将永远温暖着我们的心。这次回到故乡，感到故乡的土地格外温暖，像磁石一样吸住了我铁的心房，是这样的依恋。因为呀，在这个早春的季节里，我们立下了终身的夙愿。数十载的同窗生活是我们友谊的桥梁，共同的理想把我们的心系在一块。用此刻的心情回首往事，过去的生活也染上了新的色彩，憧憬生活的未来，自然更辉煌。我们是无产阶级的后代，毛泽东思想的哺育给了我们崭新的世界观，我们懂得人活着应该怎样工作、学习和生活。我们已经选择了生活的道路,就要坚定地走下去,用唯物论、辩证法、阶级斗争铸就我们的灵魂。生活的道路往往坎坷不平,伟大的时代还有阶级斗争,处处都有矛盾,我们不应害怕畏缩,敢于斗争,善夺主动权。只要真理在握,有何忧愁,谈笑自若,胸怀宽阔。我们是唯物主义者,立足现实又不为现实沉溺。我们不出那自欺欺人的狂言,我们厌恶那颓废糜烂的生活观,用我们的恋爱生活再谱一曲青春之歌。我们不祈望早婚生活,要趁这青春活力努力奋斗,向着更光明的前程。我们是双双的骏马,奔驰在江南北国;我们是双飞的鸿雁,翱翔在万里蓝空;我们是一对鲜花,怒放在百花丛中。远隔千里,心心相印,更显出是志同道合的同志、伴侣。亲爱的,不要难过,为这短暂的分离。在生活的长河中,这只是短暂的一息。长江的波浪时刻在我心中奔腾,河岸、水边、大道、古城,为我们留下了幸福的回忆。再见吧!亲爱的朋友。再见吧!可爱的江城。趁着我们青春的时光,红专并进,为祖国的四个现代化,发奋努力,努力发奋!

  1978年3月14日,一个值得纪念的日子,国家恢复高考后的第一届学生开学了。我信心满满地走进教室,看到一张张似曾相识的面孔。本是同龄人,他们坐在台下当学生,我在站台上做老师。望着一张张饱经风霜的脸,那是艰苦的上山下乡生活留给他们的时代印记。他们闯过千军万马过了独木桥来到大学殿堂,多么不易啊!我用英语做完自我介绍,赢得学生一片掌声。我对学生的英语进行摸底,问题不少,悟性很好。学生听课都很认真,不凡的经历造就了不凡的品格,第一节课我就喜欢上了这班学生。教研室开会,我谈了对新生的看法,不少人都有同感,都说这批学生勤奋好学、尊敬老师。

"拨乱反正"以来，人事变动很大，党委决定对总支和支部进行改选。外语支部召开会议，宣读党委文件，号召大家选出优秀的同志组成新的党支部。朝鲜族同志韩真镐抢先发言，认为外语支部有许多优秀的年轻同志，提议把这样的年轻同志选进党支部。老同志频频点头，有人把目光投向我。把我选进支部是基础部总支的意图，大家早就议论纷纷，我也有心理准备。然而，一旦提干，调动更加困难，耳边响起老乡程新民的提醒，当上支部书记就别想调回湖北。我站起身来，大家把目光投向我。"我同意韩老师的意见，应当把年轻的同志选进支部！"我说出一位年轻党员的名字，韩老师目瞪口呆地望着我。

"你为什么不愿当干部？"身边一位老同志低声问。

"我对政治厌倦了！"我低声回答。

"那你在乡下怎么那么卖力？"他接着问。

"我就这么个人，干什么都会尽力。"我接着回答。

长白山传来消息，我处理的两个干部平反了。否定"文化大革命"就要否定那个时期所做的一切吗？联想到长春公安干部的冤案，我感到政治太不可琢磨，好与坏，是与非，随着政治气候的改变而改变，真理何在？一腔热血白费了，我有种被愚弄了的感觉。对政治的这种刻骨铭心的感悟，化解了我放弃支部书记的惆怅。曾几何时的总支书记和支部书记们，一经改选成了普通群众。政治地位如水中浮萍，学术权威才是香饽饽，哪怕"文革"期间关进牛棚，也改变不了学术权威的地位。我暗下决心，努力钻研技术，不再把精力花在政治上。党委请资深学者马千乐教授做邓小平同志复出的辅导报告，马教授说："打倒邓小平要我讲，复出邓小平又要我讲，我成什么人啦？卖狗皮膏药？"这一举动在教职员工中引起各种反响，有人说他不识抬举，有人说他不识时务，有人赞誉这种学者风范。这件事对我触动很大，坚定了我走专家之路的决心。

阅读地质科技文献时，我把地质学术语做成卡片，一面中文一面英文，有空就拿出来看。有位老同志欣赏我的做法，建议我编辑一部英汉地质学词典。机会真是为有准备的人准备的，联合国教科文一批地质专家到学院考察，指定四位青年教师协助王素玉老师承担翻译。我们突击背诵王素玉老师编写的《地质学词汇（英汉对照）》手册，许多词条和我的卡片重复。地质部派出的翻译年过半百，笔挺的西服，潇洒的风度，令我肃然起敬。"国家太缺翻译啦！你们年轻人要快上呀！"老翻译如是说。第一次迎接高级别外国代表团，第一次真刀真枪搞口头翻译，我既兴奋又紧张。考察团一行二十多人分两组，地质部翻译带着我和刘建新，王素玉老师带着危鸣辉和习忠平。外宾抓住谁就是谁，我们硬着头皮各自为阵。我感到身不由己，口不由己，脑子不由己。凭着对学院情况的熟悉，凭着自己的地质学知识，凭着熟记了大量的地质学词汇，居然能够应付。第二天接待前召开预备会，地质部翻译夸四位小同志干得不错。一批外宾进了地质宫，老翻译冲着我说："这位小同志！赶快过去！接待一下！"我快步朝那批人走去，外宾立即围住我，提出一个又一个问题。我及时给予回答，外宾不住点头，夸我英语漂亮，问我到国外去过没有。我才感到了《灵格风教程》的魅力，幸亏进行过系统的口语训练。这套教材分上中下三册，配有标准的伦敦发音唱片。我把第一册背诵了下来，把第二册读得滚瓜烂熟，正应了"只要功夫深，铁杵磨成针"的古训。

"文革"刚刚结束，校园里突然出现一批洋人，还是联合国教科文组织派出的地质专家,成为特大新闻在校园传播。三个帅小伙,一个小美女,外语教研室后继有人啊!地质宫里传出这样的议论。我走进教室上课,学生热烈鼓掌,就像欢迎凯旋归来的战士。学生对我能给外宾做翻译表现出极大的兴趣,黄大年同学问外国人的话好不好懂,彭仕奇同学问我紧张不紧张。两位班长找到我,要我帮他们训练口语。曾经的知识青年对知识如饥似渴,作为他们同龄的大学教师,已经成为他们的偶像,没有理由拒绝。清晨我赶到教室,教他们用英语做自我介绍、互相问候、谈论天气。他们的口语和朗读进步很快,一位女生说她在梦中都讲英语,一位男生调侃问:"你梦中讲英语,梦见管老师没有?"

教学秘书递给我一封信,一种从未有过的幸福感涌上心头。从邮戳上看,来信正好走了一个星期。我立即回信,一周后果然收到了她的第二封信。以后我们保持每周一信,周末成了回信的时刻,寂寞的周末不再寂寞。远隔千山万水,书信拉近了空间距离。她不断寄来香肠、鱼干、面条,摆在寝室桌上仿佛她就在身边。她在信中说:"不管别人说什么,不管你能否调回家乡,我对你的心都不会变。"我反复琢磨这行字里透出的信息,提起笔写了一首《思情——献给我亲爱的朋友》:雪已消融,大地回春。更怀念——那江南的艳阳天。一别驰千里,数日到长春,感情的激流似江水滔滔,还在我胸中翻腾。你占据了我的整个心房,我衷心地把你思念,尤其星期六星期天。翻开你的信札,那娓娓的话语,仿佛就在耳边。凝望你的照片,仿佛你就在眼前。那爽朗的笑声,震荡着周围的空间。笑声——把我带到你的身边。大道上,我们肩并肩;河岸边,我们手挽手,心相连;体温透过手臂身躯,传到彼此一边;我们披着江南的夜色,享受人生的快乐。古城楼上，我们交谈着，工作、学习、人生。灯光下书桌上，我们扭开电唱机，我们翻开书本，向知识的海洋探寻，不知疲倦，时间似箭。临别的夜晚，我们难舍难分。你对我一片丹心，我对你满腔真诚。江南的春色正娇艳，北国的飞雪催我出征。借着路灯的余辉，我隐隐看见——你的眼睛在闪光，悲情笼罩着面颊，莫非是泪花滚动在眼帘。"不要难过"，我这样劝着你，自己的心里已情悲欲绝。我和你啊，情深谊长，山盟海誓虽几月，姻缘可溯十八年。志同道合是同志，情投意合结良缘。同志加伴侣，革命存友谊。千日相随也觉短，一朝离别痛愁肠。长江，黄河，松花江，异地东流入海洋，同心何愁千江远，志坚终能聚一堂。

陈久好老师从马耳他进修回国时，听说教研室的老师都家宴过四位来自武汉的小同志，风趣地说"请客不分先后"，为我们安排了一次家宴。陈老师是地质宫第一批派往国外的访问学者，这种经历使他披上了神秘的光环，很受学生崇拜，我对他也有仰慕之情。他拿出马耳他进修时的照片，其中的异国风光吸引了我。

"您一口标准的美式英语是怎么练的？"我问。

"啥美国英语！瞎胡混！"陈老师回答。陈夫人也是地质学院的教师，说她丈夫是马大哈，做事没章法，不像我干什么都出色，要陈老师多多向我学习。

"我哪能跟陈老师比啊！陈老师要多多指教我！"我诚心诚意地说。

"说什么指教，你的口语真的不错。学生经常在广播里表扬你，我都听见啦！"他说。

学院成立了数学地质教研室，陈老师说："赫哲庆老师不在了，可惜呀！"赫老师被誉为地质宫里的陈景润，曾经用

数学挑战《资本论》，因身患癌症不久前去世。那时没有计算机，数学运算全靠一张纸一支笔，他的寝室门口总有个废纸篓，里面总是装得满满的。我和他住同一层楼，几乎天天见面。我总是主动打招呼，可他总不认识我。陈老师叹口气说："他做学问是天才，生活上一塌糊涂。"接着给我讲起赫哲庆老师的恋爱故事。

基础部主任约好长春无线电厂一位女工和赫老师见面，他问见面时说什么。主任说："你们年轻人嘛，可以先谈政治，再谈生活！"赫老师和女工见面时想起主任的嘱咐，就对女工说："我们年轻人应当先谈政治再谈生活。"女工站起身来，气愤地走了。在中科院工作的姐姐把身边的女同事介绍给弟弟，买好火车票让女同事来长春见面。姐姐寄来女同事的照片，提醒他提前到车站接人。他一头钻进数学还是错过了时间，女同事下车没有见到人一气之下返回北京。正讲到这里，几位老同学下课来了。大家落座开始用餐，我心里还想着赫哲庆老师，人活着事业与家庭哪个重要？没有爱情人生是孤独的，没有家庭事业没有支撑，事业的成功意义何在？家庭幸福才是事业的归属。这样的领悟给了我极大的慰藉，为了爱情放弃仕途，这种选择值得。

暑假到了，我归心似箭，却囊中羞涩。每年只有一次探亲假，往返路费是两月工资。父亲在信中说"一家养女百家求"，侯建安来信说"夜长梦多"，我买好火车票，登上千里回家路。几个夏天没回湖北，回家就病倒了，浑身发热，恶心呕吐。每天去医院打点滴，女友始终陪在身边，虽然受着疾病的折磨，心里却很舒坦。病愈后跟女友探访亲戚，到哪家都受到热情款待。那帮老同学建议我们把婚事办了，她母亲说："党都没有人结什么婚？再说人还没调回来！"我们带着困惑再次拜访九奶奶,老人笑着说:"不入党就不结婚,哪有这个道理!调动的事可要抓紧,这倒是关键!"听说沙市科学技术委员会需要外语人员,我们专程去了一趟。科委领导当即表示欢迎,但必须长春地质学院主动放人。有人建议开病假条,这一建议启发了我。我患过血吸虫病,按照医嘱需要定期复查。检查结果没有复发的迹象,医生对我们的反应感到奇怪,没有问题是好事,怎么反而发愁呢?我坦诚相告,医生大姐恍然大悟。我提到开病假条的事,医生大姐说除非住院。我脑子里生出一个念头:何不住一次医院呢?在她的帮助下,当天办理了住院手续,再次进行检查。

国庆节期间,女友家来了一帮武汉客人,有位表姐毕业于武汉大学,主动提出给我联系。女友父亲是大连人,解放战争时期随军南下。我提议陪他荣归故里,临行前女友的母亲突然变卦,三人行计划告吹,我只身出发前往长春。途径武汉打听联系武汉大学的消息,武汉表姐说她同学到美国考察去了,要我耐心等待。我在表姐家用过午餐,赶往武汉地质学院看望老师和同学。母校已今非昔比,栋栋教学大楼拔地而起,当年的老师刘达明已担任了外语教研室主任,建议我调回母校。傍晚,我告别老师和同学,登上了北上的列车。

长春的气温开始下降,漫长寒冷的冬季又来了。后勤处要调整教工宿舍,按先来后到的原则把部分人员调到阳面。长春的冬季长达半年,阳面比阴面高出几度。我们的寝室位于阴面,又是顶头的房间,比哪间屋子都冷。调房工作会议上,部门领导之间唇枪舌战为自己的部下谋利益。"不管房源有多紧张,一定要把小管同志挪到阳面去!"基础部主任提出这一要求。"小管啊!你的面子真大呀!"有人告诉我说。搬到阳面果然温暖了许多,领导如此关照我,我没有勇气提出调动。这一学期觉得如此漫长，好不容易才熬到放假。一路上我和习忠平谈得最多的就是调动问题，他也说调动绝非坦途。

春节期间，姐夫带给我一条消息：北京石油勘探专科学校迁到荆州，很快要升格为本科院校。姐夫毕业于北京石油学院，又在青海石油管理局大柴旦勘探处工作，属于系统内部调动。我的专业是外语，他们需要吗？我随姐夫前往考察，走进校园觉得眼熟，原来是当年荆州高等农业专科学校的旧址，小时我常来这里摘桑叶。当年的桃林边有排平房做了教工宿舍，姐夫的大学同学茅奇带领我们找到人事科，涂科长对姐夫表示热烈欢迎。茅老师把我的情况做了介绍，科长说："我们正缺外语老师呢！欢迎你们都调来！"我赶到五一路把消息告诉老傅，老傅要我调入后再帮助把他调入。他老婆说："小管是外语老师，又年轻，当然受欢迎。你一个搞后勤的，又一把年纪，谁要你？就在长春熬到退休吧！"大嫂不经意的话提醒了我，必须趁年轻调回，不能重蹈老傅的覆辙。

我一回长春就向领导提交了请调报告，三弟也应征入伍了，为我的调动增添了新的理由。我在报告中对领导的器重和同志们的关照表示感谢，强调自己身体不佳，血吸虫病没有根治，需要回到南方继续检查。我隔三差五找领导，领导苦口婆心挽留。身体不好可以休息，有病可以治疗，有困难可以提出，只要学院能解决，一定尽量想办法。可以把你的女友调过来，只要她拿得起的工作，进哪个部门都可以。《光明日报》有篇报道吸引了我，全国高校排名中，武汉地区高校数量名列第三，仅次于北京和上海；全国工业产值中武汉名列第四，仅次于北京、上海和沈阳。我为湖北人感到骄傲，调往家乡的心情更加迫切。有位老师提醒我："报上登有一则招聘广告，好好看看！"原北京石油地质勘探专科学校迁往湖北江陵，经国家教育委员会批准，升格为本科院校，定名江汉石油学院，面向全国招聘教师。家乡的土地上果然出现了一所高等学府，唐代诗人李白在抒发"千里江陵一日还"的感叹时，沙市只是江陵辖下的沙头镇，近代以来崛起成为省辖市。江陵毗邻沙市，外地人根本难分彼此。我按报上的要求备好材料，向江汉石油学院人事科投递出去，同时写信告诉女友。

两个星期后，女友来信告诉我，江汉石油学院已经向长春地质学院发出了商调函，石油学院正在筹建附属中学，答应把她也调过去。那里百废待兴，求贤若渴，字里行间带给我无限希望。我兴奋了，冲动了，义无反顾了，恨不得即刻投身到那片热土上去。这种冲动给了我勇气，我理直气壮地向领导们发起了进攻。面对领导的挽留说服，我内心生出一种奇怪的意识：调动工作不是见不得人的事，到江汉石油学院也是干革命！两年的农村工作没有白干，艰苦的付出和出色的表现给了我提出调动的资本和勇气。教研室主任无奈地说："不是我不同意，基础部领导不松口啊！"

一个晴朗的星期天，我在学校食堂吃过早饭，前往长春的重庆路，拜访基础部主任王宣同志。四月中旬的长春仍然春寒料峭，主任热情地把我迎进屋。屋子里生着火炉一下温暖了许多，主任拿把椅子叫我坐下。一对同龄人正亲热地依偎在火炕上说着悄悄话，我判定不是兄妹是情侣，想到自己的女友远在天边，内心很有感触。这种感触转换成一股勇气，让我坦然面对决定我命运的上司长春地质学院基础部主任。该说的话都说过了，只是进一步表示调走的决心，强调对方发出商调函不少日子了，机会难得，时不再来。主任继续挽留，我请求主任说："看在我几年来认真工作的份上，您就高抬贵手吧！"主任几番相劝，我毫不让步，不时把眼光投向火

炕上那对年轻的情侣。眼看到了正午，主任留我吃饭，我表示谢绝，再一次坚决要求调动，口气中带着几分求情。主任的心理防线动摇了，叹口气说：小管啊！不是我卡你，我真舍不得你呀！小管啊！你是个好同志！我们对你寄予很大的希望啊！听说你女朋友很漂亮，是中学教师，可以调过来嘛！到基础部办公室也行，到学院附中也行，只要她愿意又拿得起，进哪个部门都可以！我告诉主任这些方案都考虑过，女友的母亲坚决不同意。女友的父亲是解放前参加革命的老同志，现在身体不好，膝下只有一对儿女。我实在没有办法，只有调回一条路。主任沉默片刻，慢慢抬起头来，从牙缝里挤出我盼望已久的话："好吧！放你走吧！"老傅不是把这里比作牢狱吗？我就要走出牢狱了！我有种即将获释的感觉，心已经飞到了故乡，飞到了女友的身边。

我立即返回寝室，把这一喜讯写信告诉女友。从邮局返回时，碰到了老乡程新民，他看见我高兴的样子，提醒我说："孟书记对你印象特别好，他要是知道了，不会放你走的，他正出差在外，你得抓紧办离校手续，免得夜长梦多！"又是夜长梦多，我的朋友们在关键时刻总是说出这句话来。我要调走的消息迅速传开，有位老同志建议我调到广东的深圳去。我问去那里干什么，老同志说那里要办"经济特区"。另一位老同志说，还是回湖北好，什么"经济特区"？有人告诉我，凡调离长春到关里去的同志，可以申请两方木材，正好做一房家具。我到后勤处一打听真有此事，可申办过程需要几个星期。我不宜久留，只好忍痛割爱，放弃了申请木料的指标。

我赶到长春市公安局户籍处，办事民警不解地说："小伙子，别人都是小城市往大城市跑，你怎么大城市往小地方跑啊?"我说自己是南方人,不适应东北的气候和生活。办事民警说:"现在哪里不缺你这样的人才啊!北京,上海,你们湖北武汉,都可去呀!你想去哪?我就填哪!"我只想赶快离开长春,办事民警见我不吭声,拿起图章狠狠地盖下去。一切手续办妥后还是心有余悸,担心领导变卦,没有给同事们一一告别,没有等待外语教研室开欢送会,急匆匆如漏网之鱼。直到火车开动,我的心才平静下来。火车一声长鸣,一股离别的悲情涌上心头。我觉得自己有点无情,对不起这片曾经热恋的土地。我在这块黑土地上散下了辛勤的汗水,留下了踏实的脚印,差点把年轻的生命定格在长白山中。火车驶离长春火车站时,我的眼睛模糊了。

  四月中旬,东北大地上还残留着斑斑雪迹。一路南行气温不断上升,我不断脱去身上的衣服。到了北京我没有停留,华北平原上已披上了绿装。许多衣服都用不上了,我把脱下的衣服卷成一团使劲朝窗外扔去。先扔掉大瘎子棉鞋,接着扔掉肥厚的大棉裤,再扔掉几件厚厚的内衣。下乡两年惹了一身虱子,扔掉这些东西以绝后患。到了武汉表姐家,表姐惊喜地说:"这么快啊!昨天发出商调函,今天就到了!"原来武汉大学也发了商调函,如果在长春多等几天,我会选择武汉大学,这就是天意吧!江汉平原已嗅到了夏日的气息,公路两侧一片金黄,油菜花盛开在原野上。东北大地又变得遥远起来,一股莫名的惆怅袭上心头,回首东北生活的上千日日夜夜,我曾那样疯狂地拥抱那块土地,那样执着地拼搏奋斗。我的付出没有白费,吉林省委组织部副部长看好我,长春地质学院领导器重我,外语教研室同事们抬举我,地质宫里的学生依恋我。这一切都没能把我留住,我还是义无返顾地背离黑土地而去。难道那块土地真是牢狱吗?命运的前头等待着我的又将

是什么呢?我翻开日记,里面记载着一行文字,是我在地质宫里看过的最后一部小说的一行文字,这行文字好像为我而作:人一生中要做出无数的抉择,每一次抉择是否正确,只能多年以后才能得到验证。有些当时觉得正确的抉择,多年后可能证明是错误的;有些当时觉得错误的抉择,多年后可能证明是正确的。此番抉择是否正确,只能由历史来回答。我隐隐约约地感到:别离的路上充满阳光,前方的路上布满荆棘。

31 石油学院

日出江花红胜火，春来江水绿如蓝。
——唐·白居易

江汉石油学院位于古城荆州与新兴城市沙市的接合部，占地500多亩，一条水渠横穿校园。水渠的东面是荆州农校旧址，号称"老校区"；西面还是一片繁忙的工地，号称"新校区"。教职员工大都穿着石油工装，浓郁的石油气息扑面而来。石油工人一声吼，地球也要抖三抖！这句豪言壮语正激荡着神州大地。为了拿下大油田，宁可少活二十年！铁人王进喜的名言正鼓舞着亿万中华儿女。工业学大庆！这是伟大领袖毛主席发出的号召。我为成为石油战线的一员感到自豪。

报到的当天，我到后勤处领取了两套工作服和一个马扎，住进了老校区喷水池边的职工宿舍。寝室里住着位中年教师姚慧，带着还没上学的女儿。姚老师为解决夫妻分居，从华中师范学院调来。基础部坐拥一座红砖结构的三层楼，工会主席见面一句话："你的名字早就如雷贯耳！"他热情地把我带到外语教研室。主任一脸皱纹，五十来岁，叼着香烟，紧紧地握住我的手，夸我是重点大学来的，以后要多挑重担。我到财务处领取工资，石油津贴相当于我的两级工资，我用当月工资买了辆永久牌自行车。以前的家远隔千山万水，而今近在咫尺。我骑着自行车，口里哼着欢快的乐曲，看天天蓝，看水水清，看树树绿，看人人顺。

教职员工由三种人构成，原北京石油地质勘探学校的老班底，从各大油田或委派或调来的人员，以及像我这样来自全国高校的教师。大家一律操着普通话，在荆沙地区极为少见，平添了当地最高学府的文化气息。学院有个像样的职工医院，住房水电一律免费，成家的职工还有免费液化气，而当时很多地方还在使用蜂窝煤炉。有人感慨地说："江汉石油学院是社会主义的最后一块堡垒啊！"学院不实行坐班制，我还是天天去办公室，先打扫卫生再看书，很快赢得了同事的好感和主任的赏识。

石油学院向沙市教育局发出商调函，先是单位不放人，后被教育局卡住。我生气地说："我在长春这么困难都把领导说服了，你怎么就说不服领导呢！"母亲嘱咐我说："吵什么呢！调动事小，感情事大！"我把事情的症结说出来，母亲问教育局人事科长叫什么，女友把名字一说，母亲笑了。事情有了转机，加上教育局人事科有老同学帮忙，问题很快解决了。半年来为调动就像打仗一样，攻下一个山头再冲向另一个山头。经过这场战斗般的洗礼和考验，两颗心完全连在一起了。同事建议我们领取结婚证，加上外婆病重，父母也希望我们完婚。女友的母亲说婚姻大事连个媒人都没有不踏实，高中班主任曹国贵老师知道了，主动登门做红娘。

我们前往民政局登记，证书内页盖着红红的印章：湖北省江陵县革命委员会。办事员把夫妻名字填写反了，好在我们发现得及时。办事员说："你们也真怪，男的名字像女的，女的名字像男的！"我们在新校区半截楼里分得一间临时住房。地方规划一条公路将经过这里，原本计划的学生宿舍便停建了，用来做临时学生宿舍。这里远离老校区，紧挨荆州护城河，人称"西伯利亚"。楼里除了我们没有第二家，我决定等新生入住时再搬进去。我们开始打家具，女友家有个天井做了打家具的场地。盛夏炎热，师傅们光着膀子干，我们每天烧一锅绿豆汤给师傅们解暑。这班师傅是好友侯建安介绍的，他常来检查一下，说活做得不错就是太慢。领班师傅说："管老师和曹老师的家具我们不能马虎啊！"侯建安看见桌上一大盆绿豆汤，笑着说："他们对你们太好了，舍不得走吧！"周末晚上，我买了《屈原》电影票，带着师傅们一起看，还买了些水果瓜子。

物理教师赵振春带着个女学生来找我，介绍说："这位就是长春来的英语专家管新平！这位是管先生的未婚妻！"第一次听人把女友说成未婚妻，第一次听人叫专家，心里美滋滋的。学院要办英语师资班，这位学生想报考。我拿出《灵格风教程》叫她朗读，用英语提问，她对答如流。我说："你的英语不错！发音也很好！如果我做考官，一定录取你！"赵老师高兴地说："英语权威发话了，这下放心了吧！"这位学生后来果真被录取，还以优异的成绩留校任教。学校正在安装语言实验室，主任叫我去看看。只有一人在焊接，我拿起电烙铁也跟着干起来。

新教师陆续调入，基础部办了个青年教师英语培训班，安排我任课。受训的教师来自全国各大高校，对我来说是种巨大的挑战。两个星期后，基础部主任告诉我学员非常满意，说我的水平不亚于他们以前的老师。我的第一炮打响了，人们称赞我时都要冠以"长春地质学院调来的"。我突然意识到地质宫的经历已经成为我的精神财富，它就像一道光环顶在我头上。女友在附中的教学也旗开得胜，学生在家长面前赞扬新来的教师"人又漂亮，书又教得好"。基础部主任征询我的意见："把小曹调过来吧！"调来做什么？教外语呀！我把主任的想法告诉女友，她觉得自己学历低，还是教中学得心应手。

新生进校后,我们开始布置新房。墙壁上裸露着砖头,中年教师刘家忠从办公室拿来一堆报纸,带着英语师资班学生把房间裱糊一新。他风趣地说:"我们小曹是用报纸糊来的!"江浙话中"糊"与"哄"很难分清,惹得大家一阵哄笑。刘老师刚从上海一家科研单位调来,也是为了解决夫妻团聚问题。搬运家具那天,他找后勤要了辆大卡车,又找来英语师资班的学生。有几件家具又大又沉,上车下车累坏了这帮学生。为了不影响教学,我们把婚礼定在星期六晚上。

天空蔚蓝,清风吹拂。我像往常一样去上课,迎面碰见中年教师肖调海。他夺过我手里的课本,皱着眉头说:"嗨!哪有结婚这天还上课的!我替你上课去!"望着肖老师疾步行走的背影,我心里一阵热乎。肖老师刚从华中农学院调来,也是为解决夫妻分居问题。教研室的老师多好啊!大家刚刚认识,互相关照就像多年的老朋友,正如伟大领袖毛主席所说:"我们都是来自五湖四海,为了一个共同的革命目标走到一起来了。我们的同志要互相关心,互相爱护,互相帮助。"我骑上自行车赶往家里,后院已经搭起了帆布篷,父亲的老友孙伯伯系着围裙在整理菜肴。孙伯伯是荆州机床厂的主厨,有他主刀的婚宴定会令客人满意。管家大妈和表姐正忙着安排娶亲,母亲告诉我:"今天晚上我要亲自去接小曹!"婆婆上门迎亲是种时尚,有的人家甚至提出"婆婆不上门就不出亲"。我把母亲的想法告诉女友,她对我说:"我可不背这个恶名!"

晚上八点,迎亲的队伍乘坐父亲单位的大客车出发了,可不见母亲和管家大妈,原来她们提前赶公交车去了。我心里一阵后悔,不该在婆媳之间传话。大客车很快到了女友家,屋子里张灯结彩，有人高喊："他们来啦！"我一进客厅，就改口喊："奶奶！爸爸！妈妈！"三位长者满面笑容。许多迎亲的客人和送亲的客人互相认识，热情地大呼小叫。人群中有许多老同学，不知他们属于迎亲的队伍还是送亲的队伍。"快去看你的新娘子！"一位女同学冲着我喊。我机械地朝里屋望去，几位女同学正在打扮新娘子。她上穿大红外套，下配大绿长裤，应了沙市人说的"红配绿，美中足"。我问："准备好了吗？"新娘子带着几分羞涩说："滚出去！谁叫你进来的？"女同学呵呵笑着说："怎么能这样说话呢？"

新娘子在几位女同学的簇拥下走出来，客厅里爆发出一阵哄笑，有人说着恭喜的话，有人赞美新娘子漂亮。我被几位女同学强拉到新娘子身边，双双站定向三位长者鞠躬。客厅里人声鼎沸，不管迎亲的还是送亲的都把目光聚焦在我们身上。我们一起说："奶奶！爸爸！妈妈！我们走了！"岳母回应说："你们走吧！到石油学院一路上天又黑，还有一段路程！"来宾簇拥着我们上了大客车，亲戚中有人低声议论，到底是革命干部的家庭，没有世俗的讲究。管家表姐从后排拍了下我的肩膀，嘀咕了一句："这户人家真好！"

大客车向西驶进南湖转入荆沙路，荆州城楼出现在夜幕中。大客车朝南拐入"土门头"，这里是荆州和沙市的交界处，没有路灯，漆黑一片。想到母亲和管家大妈可能正在这条路上，心里又一阵后悔。大客车向前行驶一段路程，向西拐了个弯，石油学院新校区浮现在茫茫夜色中。半截楼前一片灯光，仿佛黑暗中出现了灯塔，沙漠中出现了绿洲。谁想得这么周到？在新房外高高地挂起了一盏大灯，把本来漆黑的夜空照耀得如同白昼。大客车停在半截楼前，母亲带着管家大妈迎了上来。两位长者已经提前到达，我悬着的心放下了。

院长章怡俊站在灯下向我们祝贺,两边站着学院和基础部的领导,外语教研室的老师几乎都来了,英语师资班的学生负责迎送来宾。是谁安排得这么周到?我不得而知。我们缓步走进新房,只听一阵祝福声。章院长说外语教研室喜事多,象征学院兴旺发达。不久前刚刚举办过外语老师傅德福的婚礼,我们是学院升本后的第二对新人,领导和同事们格外看重。新房张灯结彩,喜气洋洋,来宾一拨接一拨。大家像商量好了似地轮番上阵,我们像傻瓜一样任人摆布。我无意中看见保卫科的同志,连忙奉上一根香烟。保卫科同志悄悄告诉我,学院领导嘱咐他们晚上加强保卫,要我放一百个心。新房远离老校区,四周没有围墙,白天人烟稀少,晚上一片死寂,才有"西伯利亚"之称。我感谢保卫科同志,感谢学院领导,一个调入不久的年轻教师,得到这么多人的关爱,许多人的帮助还是自发的,什么人做了什么我浑然不知,切身感受到了石油大家庭的温暖。

严家明把苹果吊在房梁上,要我和新娘子吃。苹果悬挂在空中没有支点,一碰就四处摆动,我们努力了几次,总是啃到对方的嘴唇,新房里就爆发出一阵喧哗。许世才捧起两只高脚玻璃酒杯,各倒一点红酒,要我们碰杯祝贺。他问:"哪只杯子在响?"新娘子回答:"都在响!"他哈哈大笑说:"大家听见没有,都在想!"又是一阵哄然大笑。高中班主任曹国贵送来荆江牌鸭嘴暖水瓶,初中班主任陈菊先送来鸳鸯牌床单,高中团支书曹光炎送来不锈钢水壶。新同事老朋友纷至沓来,新房里堆满了彩礼。

远道的客人走了,石油学院的客人接着离去,新房里安静下来。正准备休息,附中客人姗姗来迟。来者自称"娘家人",我不敢怠慢,强打精神迎嘉宾。附中老师人才济济,许多人来自著名高校，为解决夫妻分居才屈就附中。一番客套后花招显现了，语文老师登上主场，一人说出一道排比句要我接。不是未解其意就是不敢应对，惹来阵阵哄笑。我从早忙到晚一直处于兴奋状态中，已经累得疲惫不堪，巴不得他们快走。我越急这帮老兄越不急，你一言我一语，搞得我烦躁起来。老兄们见我无心恋战，笑呵呵地告别而去。

　　风和日丽，我夹着课本去上课，一进教室就赢得学生的一片掌声。学生刚刚步入大学，停课或找人代课都不妥。我甘愿放弃婚假，用行动表达对各方的感激。几个月前即使节假日也只能独守空房，眼下哪怕天天上班，晚上总能相守相依。下课的路上，不断遇见向我祝贺的同事和学生，都说我们的婚礼非同一般，学院领导几乎都去了，住校的老师几乎都去了。附中的同事目睹了长春地质学院的"才子"，基础部的同事目睹了"沙市美女"。两方同事碰到一起，说一对新人"郎才女貌"，我们的婚礼成了学院的头条新闻。

32 奇峰突起

十年磨一剑,霜刃未曾试。

——唐·贾岛

外语教研室来了位郑先生,一口流利的美式英语令我折服。先生年过半百依然单身,身穿一套旧军装,衣冠不整帽子歪戴,手里总拎着收音机,有空就听《美国之音》。我是办公室"常驻代表",两人很快混熟了。先生年轻时在国民党军队服役,给美国军事顾问做翻译,解放战争中做了俘虏,在监狱里蹲了三十年。出狱后无家可归,学院接收他来任教。他有位大学同学早年投身革命,在武汉一所科研机构做领导,赶到学院把人要走了。先生走了,一口流利的美式英语仍在耳中回响,我开始坚持收听《美国之音》。

外婆的病情越来越重,家人上班的上班、上学的上学,她对前来看望的邻居杨大妈说:"我就像坐牢一样啊!"此时的邻居非彼时的邻居,已经应了"远亲不如近邻"的古训,时不时来家安慰外婆。我有空就赶到家里,做她爱吃的糯米红糖粥,她说:"我哪辈子修得这个福啊!"她听说外孙媳妇很漂亮,要我带给她看。可她面对外孙媳妇时,总说:"怎么看不清你的脸啊!"她的白内障已经很严重。

"我这辈子不值得啊!"她讲起辛酸的往事痛苦地说。

"您有十个孙子啊!"我有意提起她最引以为豪的事。

"我死后,你还会记得我吗?"她问。

"当然记得!"我回答。

"要是你们记得我，我活得就还值得！你将来要是写书，就把我写进去！"

"只要我有那个本事，一定把您写进去。"我向她表示说。这段对话竟然成了我和外婆的诀别。

外婆去世不久，父亲单位给他分了一套职工宿舍。两边的邻居都来挽留，右边人家放弃了保留窗子的要求，左边人家放弃了保留胡同的要求。左边人家老来得子，听信菩萨说皆因我家人丁兴旺，更是苦苦挽留，愿意借钱给我家把房子盖大。父母谢绝了邻居的好意，把房子出让给了居民委员会。作为条件，给我转业回家的两个弟弟安排了公租房。二弟安排到南湖机械厂保卫科，三弟安排到向阳纺织厂，妹妹顶职进了父亲的单位。

教务处长把我叫去，拿出一封信给我看，抬头有"长春地质学院"套红大字，我一眼认出老同学龙飞凤舞的笔迹。处长打听老同学的业务水平，我尽往好处说。处长打断我说："小管！什么都别说啦！就听你一句话，他比你强还是比你差？"这可是决定老同学命运的时刻啊！我连忙回答："他比我强！"老同学很快从长春调来，安排给英语师资班上课。我深知这份担子的分量，把刚买的引进版《当代英语语法》借给他。没想到学生不太满意，有人据此说我用心不良，设陷阱害老同学。

教研室主任拿着一份红头文件找我，石油部采取国际合作的方式开发海上油田，从江汉油田抽调一批技术骨干培训外语，要江汉石油学院派教师前往任教。江汉油田地质情况复杂，由此成为中国石油工程技术人员的培养基地，只要发现了新油田，就从这里抽调技术干部。我深知江汉油田藏龙卧虎，不敢贸然接受这一任务。

"让林老师或傅老师去吧！"我提议。从上海海运学院调入的林金婉和华中师范学院调入的傅德福，都是"文革"前毕业的老大学生，共同承担着英语师资班的主干课程，很受学生欢迎，也是公认的外语学科带头人。

"不行！英语师资班离不开他们。"

"教研室有那么多中年教师，随便派哪个都比我强！"

"不行！他们还不如你！"

"听说沈阳有位教师要调来，可以派他去呀！"

"不行！远水解不了近渴！江汉油田那边要得紧啊！"

"既然都不行，那就我去吧！"

"都不行"这句话很快在同事中传开，傅德福老师据此说我"狂妄自大！目中无人"！院长嘱咐我说："这是学院升本以来第一次向油田派教师，你要给我打响这一炮啊！"院长问我有什么困难，我说妻子一人住"西伯利亚"不方便。院长拿起电话打出去，基建处为我们挪出间办公室。基建处位于老校区核心地带，四周有围墙，加上老校区本身还有围墙，简直就是学院的"紫禁城"。学院用吉普车把我送到江汉油田教育处，我拎着行李走进大楼，找到教育处主任室，出示学院开具的介绍信。

"你就是江汉石油学院派来的英语教师？"主任毫无表情地问，眼镜下透出一对怀疑的目光。此人个子瘦小，口气很大。

"对！我就是！"我毫无表情地回答，强压心头火。

"你是'工农兵学员'吧？"主任把身子往座椅上一靠，用鄙视的眼光打量着我。一种屈辱感从我心底生出，真想拍桌子走人。他拿着红头文件说："这是石油部下达的任务，学员都是油田的技术骨干，本身都有很好的英语基础，教员一定要有很高的水平！"

办公室安静下来，听得见两人的呼吸声。他换了口气说："这样吧！你人也来了，学员也到了，先上课吧！"他叫来一辆吉普车，帮我把行李放到车上，朝江汉油田"五七"干校驶去。沿途井架林立，采油树一上一下不停地摆动，公路两侧生长着高高的白杨树。"五七"干校隐藏在一片绿林中，四面有围墙，两排教室左右排列。吉普车停在右侧教室的尽头，一位中年女服务员迎上来，热情地接过我手里的行李，把我带进寝室。我心里一阵热乎，这才是我应该得到的待遇。寝室隔壁就是备课室，桌上放着教材和资料。我翻开学员名册一看，不是工程师就是高级工程师，不是处长就是科长，心想教育处主任说的没错，我承担这项任务确实不妥。教室里学员坐得满满的，哪一个都比我年龄大。我申明临时代课，出差的老师一回来就接替我。我先打好预防针，免得再起风波。

转眼到了星期六，教室后排出现了几张陌生面孔，我懒得过问。一连几节课，后排坐的几个人一直没动。最后一节课的下课铃响了，我用英语说了几句告别的话，教室里爆发出一阵掌声。难道还要用掌声为我送行吗？我加快脚步走出教室，两位班长急匆匆跟上来挽留我。我心里一阵发酸，泪花在眼框滚动，没有理会两位班长，径直进了寝室，开始收拾行李。有人叩门，此时的主任已非彼时的主任，满面笑容地叫我把行李放下。我一进办公室，看见后排听课的陌生人都在。主任给我一一介绍，原来是一帮江汉油田的外语达人，不是高级翻译就是高级教师，应教育处之邀前来听课，为我的去留进行仲裁。

"小管老师，你的课上得很好，学员要求把你留下！回去跟你们领导说，不用换人啦！"教育处主任一席话驱散了我心中的疑云，消解了我一周的郁闷。我带着胜利的喜悦回到学院度周末，教研室主任向我转达了江汉油田教育处的评价，高兴地说："小伙子，干得不错！给外语教研室争了光！这一炮算是打响了！"我没有被暂时的胜利冲昏头脑，登门向林金婉老师请教。林老师问我说没说过"别人都不行"的话，我把事情的原委说了一遍。林老师提醒我说："小管啊！你的话被人曲解了，以后在人前说话可要多加小心啊！"

我整天和学员泡在一起，关系越来越融洽，他们一律叫我"小管老师"。教育处主任一改初次见面的态度，总是笑呵呵地问长问短，春节期间油田发放慰问品，他对我一视同仁。妻子的肚子越来越大，我改为星期一清晨去油田。有次误车迟到了，才向学员说明原因。学员立即向教育处反映，把培训班搬到江汉石油学院。这批学员非等闲之辈，许多人和石油学院的人有过上下级关系。通过这批学员口口相传，我声名大噪。附小有位老师登门求教，要我给她录制英语教材，师资班学生登门要我帮他们纠正发音。

这批学员的到来还给学院带了可观的经济效益，以前空空的招待所热闹起来。正在修建的教工宿舍资金短缺停工待料，学院向江汉油田求援，油田领导大笔一挥解决了。宿舍建成后我破例分到一套，有人找到后勤处理论。后勤处长说："要不是小管，这房子还不知何时盖起来！"学员来家恭喜才道出个中缘由，江汉油田给学院拨款时，受培训班学员委托，提出的附加条件是：必须给小管老师分一套。期末学院评选先进，我榜上有名。全国油田增产，石油部给部分职工增加一级工资。经过层层评比，给了外语教研室一个指标。本是一件好事，却引起了一场风波，有人为此闹起了情绪，开始对我说三道四。

海上开发遇到一些技术问题，工程技术人员英语培训班延期。我和这批学员前后相处一年有半，结下了很深的友谊。这批学员结业后全部派往中国南方，成为中国海上油田开发的拓荒者。几年后，"勘探一号"和"勘探二号"在南海遭遇强台风倾覆，全体船员遇难，石油部长为此引咎辞职。当年的孔班长到湖北出差，向我描述打捞失事勘探船的惨状。那批学员中不少人在海难中殉职，两条船上的中方领导都是我的学生。孔班长沉痛地说："小管老师啊！那个惨啊！你不知道啊！救生船把遇难同志打捞上来时，遇难者互相拥抱着，一串串分不清谁是谁呀？"家人怎么辨别亲人呢？哪里还辨得清啊！家属站在海边嚎啕大哭！火化后一家分给一把骨灰，算是了却心愿！当年的高级工程师学员，后来的勘探船中方领导老林和老赖的面容浮现在我的眼前，我为他们的遇难难过，为他们的作为骄傲。孔班长已经是西部石油公司的组织部长，希望我们夫妇调过去。他说："你们到了那里，到处都是你的学生，而且都是各个部门的领导。再凭你的外语水平，想进哪个部门就进哪个部门。不管去了哪里，都会给你一个职务！"我已担任了江汉石油学院外语教研室党支部书记兼语音室主任，儿子已经出生，岳父重病在床，我谢绝了孔先生的好意。

　　学院购进一套日本原装语言实验室设备，指定我担任语音室主任。有人不服气，话中有话地说："这个语音室主任相当于外语教研室副主任啊！"岳父大人也很看重这一任命，嘱咐我："当了主任就是当权派啦！以后要把工作做得更好啊！"学院迅速发展，人员相继到位，建立基层党组织的工作摆上日程。基础部所属的六个教研室成立了党支部，我当选为外语教研室党支部书记。总支书记冯天寿同志宣布结果时，感慨地说："大家都是初来乍到，彼此不是很了解，党总支对大家还是了解的。我看过大家的档案，也做了一些外调，有些同志有很好的思想基础，很高的思想境界，希望大家支持他们的工作。"冯书记是江汉石油学院的元老，跟随学院从北京来到湖北。冯书记一身正气、两袖清风，很受大家的尊敬。

暑假到了，我跟随人事科长去广西招生，顺道探访四位即将调入学院的教师。广西大学有对教授夫妇调入，要我们前去迎接。湖南邵阳有对特级教师夫妇也将调入，领导说毕竟没见过真人，要我策略性地面试一下，既要测出对方的水平又不让对方难堪。同行的还有机械系的陈老师，他从华中理工学院调来不久，也是为夫妻团圆。三人行必有我师，我最年轻、资历最浅，表示一路向两位学习。两位哈哈大笑，涂科长说我"后生可畏"，陈老师说我"大名鼎鼎"。长江正处汛期，浑浊的江水奔腾咆哮，栖息在渡轮上的客车显得格外渺小。过长江进入公安地界，大客车沿着国道前行。骄阳似火，大客车在当年曹操走过的华容道上停留避暑。路边有个小摊贩，我们买了几个茶叶蛋和烧饼，找到一个阴凉处，拿出随身携带的茶水，边吃边等待。大客车继续南行，经过赤壁古战场，到达长江与洞庭湖的交汇处。大客车再次登上渡船，沿着洞庭湖口向岳阳方向驶去。站在渡轮上遥望洞庭湖深处，天水一色，白浪滔天，仿佛大海望不到边。行驶一段时间，前方隐隐现出岳阳楼的轮廓。陈老师提议前去看看，涂科长说来不及了，误了下班车就会影响后面的行程。

次日中午到达邵阳，茂密的竹林随处可见，竹楼竹屋显出湘南景色。我们一路打探，找到邵阳市第一中学，在门卫的指引下找到雷馨先生的家。一间旧式平房，屋前有个小院。雷先生的新作《英语分类句型》即将由商务印书馆出版。对于雷先生，学院求贤若渴，我仰慕已久。再看眼前这座旧式庭院，刘备三顾茅庐的情景浮现在我的眼前。我们上前叩门，里面传来一阵脚步声。我们屏气等待，一位女士客气地问："你们找谁呀？"我很想说"你爸爸在家吗"，话到嘴边咽了下去，改口说："我们是江汉石油学院的，来看望雷馨老师！"女士露出笑容，连忙说："欢迎！欢迎！"女士兴奋地高喊："老头子！江汉石油学院来人啦！"这一喊让我吃了一惊，庆幸自己没有冒失。雷先生迎了出来，果然一派学者风度。我有使命在身，利用初次见面的机会用英语向先生问候。先生十分机敏，猜到我的用意，爽快地用英语回应。我用英语介绍学院，代表学院表示欢迎。先生用英语表示感谢，还夸我英语流畅。我们一问一答，成了此番出差途中的"隆中对"。雷夫人带着几分诧异，看着我们一问一答，手里拿着茶壶，准备给我们沏茶。一段对答后我心中有数了，改用汉语说话。雷先生对我们"亲临寒舍"表示感激，拿出好茶叶招待。

  三人乘坐大客车继续南行，道路越来越狭窄，山路越来险峻。进入广西地界，山不高却秀丽。见到象鼻山时，夜幕已经降临，我们住进车站附近的一家旅店。服务员说店里响应国家"节约用电"的号召夜里一律关灯，嘱咐我们夜里上厕所不要走错房间。前几天发生过一起这样的事：深更半夜一位男士急着办理离店手续，一位先生接踵而来找老婆。先生带着新婚妻子来桂林度蜜月，半夜醒来不见了妻子。服务员心里猜到了几分，带着先生打开刚才那位男士退掉店的房间，果然里面躺着一位年轻的女士。女士睁开眼睛不耐烦地问："你到哪去啦？"服务员假装什么都不知道，先生带着女士回到了自己的房间。

  次日清晨，我们买好火车票，寄存好行李，轻装前往景区。果然"桂林山水甲天下"，一眼望去，风景如画，每座山头都呈现着像雕琢过的千姿百态。七星岩里五光十色,一忽儿像升入天宫,一忽儿像潜入龙宫。狭窄处仅够一人通过,宽阔处容得下一支队伍。望不尽的钟乳石在彩色灯光的照耀下演变成各路神仙。身临其境,有种梦幻般的感觉,这就是想象中的神仙境界吧!

到达南宁,我们按要求统一入住邕江饭店。房间位于顶层,隔着窗子眺望,市区尽收眼底,一条江流穿过市区,沿江路上绿树成荫。房间里住着位老干部,对当下的社会变革看不惯,不时发发牢骚。他对我说:"现在办事难啊!讲什么公关!拿着单位介绍信不管用,派个年轻漂亮的女同志,问题就解决啦!这是什么事啊!"我赞同他的观点:"改革开放不等于把过去的一切否定掉!"老同志说很赏识我这位小同志。一位广西高考探花来到房间征求他的意见,清华可以录取可专业不好,北航同意录取,专业由她挑,这位考生举棋不定。我们建议她报考北航,她又放不下清华。

广西大学林木葱茏,我们见到了陈荣仁教授夫妇和雷延亮老师。教授夫妇正当中年,春风得意,怎么舍得离开呢?得知教授夫人是沙市人,才解除了心中的谜团。雷老师也为夫妻团圆,我更是感同身受。由于这番经历,我无形中结交了几位朋友。回宾馆的路上,看见路人围观一张布告,有个"梦奸犯"判刑两年,人们对这一判决议论纷纷。一个青年工人梦见自己和厂花做好事,沾沾自喜,告诉了自己的好友。好友告诉好友,全厂都知道了,就瞒着一人。厂花见大家窃窃私语,上去打听,谁也不告诉她,只是诡秘地发笑。厂花得知事情的原委后,羞愧难当,上吊自杀了。回到宾馆,我向老同志说起这件奇案,他说还有比这更奇怪的案子。一位山民的独生儿子在城里读书,春节来临,儿子要回家过年。家里没什么吃的,山民重操旧业，提把斧子守住山口。一连两天，只有结伴而行的人群，山民无法下手。第三天傍晚，来了位独行者，山民手起斧落，将砍死之人装进麻袋。回家打开一看，不是别人，正是自己盼望回家的独生儿子。

  我们的录取工作很顺利，广西招生办同志很配合。我们接到一批档案，就按分数从高到低录取，如期完成了任务。我们赶往集市采购，广西是个多民族地区，人们穿着各式民族服装，土特产品琳琅满目，各式水果应有尽有。我购买了三把龙州菜刀，三块龙州菜板，三斤龙眼，三个菠萝。我现在有了三个家：自己的小家，父母家，岳父母家。

33 江出山峡

书中自有黄金屋，书中自有颜如玉。
——宋·宋真宗

我带着毕业留校的青年教师马学杰，乘船朔江而上，前往西南石油学院，联合国教科文组织派遣的美籍教师在那里任教师资班英语。轮船开始减速，人流涌向甲板。轮船驶进大坝，船尾的水下浮出一道闸门，人流涌向船尾。船闸缓缓上升，截断江流，把轮船围在核心。人流四处散去，观看大坝的各个方位。水位开始上涨，轮船跟着上浮，升至持平闸外的水面。船闸缓缓落下，轮船慢慢驶过。迎面而来的大小船只仿佛从天而降，转瞬即逝。两岸山峰高耸入云，烘托出江流的磅礴气势。乘客指指点点，说出各处的名胜。经过神女峰，人群一阵躁动，蓝天白云的天际高耸着一块石头，酷似一位少妇亭亭玉立。

轮船在万县停靠，我们跑到码头上呼吸凌晨的新鲜空气。县城依山而建，大雾迷蒙，急速的脚步声和着商贩的叫喊声在空中回荡。轮船一声长鸣，我们返回船上。又一路风光无限，又一程波浪滔天，轮船在重庆朝天门码头靠岸。我们背着行李沿着陡峭的石阶走出码头，街道蜿蜒曲折，上坡下坡。我们徒步前行，在解放碑附近找到一家旅店，办好入住手续，挤上公交车，前往渣滓洞集中营旧址。那里正在举办"中美合作所集中营展览"，门票三分钱。小说《红岩》风靡全国，主人公许云峰和江姐成为一代青年的楷模。我们走过一片残垣断壁，那是国民党撤离前炸毁留下的痕迹，耳边仿佛听到了雄浑的《国际歌》声。夜幕下的重庆，霓虹灯交相辉映，火锅边坐满了顾客，不敢近前。一问才知火锅分成若干小格，我们才坐下来，锅里漂浮着厚厚的辣椒油，没吃几口就浑身冒汗。

天上还挂着星辰，长途客运站挤满了人，我们背着行李排队买票。有人兜售皮鞋，十元一双，我买下一双。脚还没伸到底，鞋尖就开裂了，全是纸皮。客车驶进崇山峻岭，一边是连绵的大山，一边是奔腾的嘉陵江。长白山堪称大家闺秀，川东北的山峰可算小家碧玉，前者苍莽，后者秀丽。午后到达南充，转乘市内客车到达西南石油学院。外语教研室胡主任带着我们住进学生宿舍。宿舍坐落在小山之巅，从窗子可以遥望嘉陵江。英语师资班已经开学，班里有批湖北学生对我们特别友好，带领我们熟悉校园。

国庆节，英语师资班联欢，我和小马应邀参加。主持人很有组织能力，把联欢会一次次推向高潮。有人提议合唱一首，考虑到有外籍教师在场，想找一首不含政治口号的歌，多数歌曲不是有"毛主席"就是有"共产党"，最后唱了一首少数民族的情歌。玛丽老师兴之所至，弹起吉他，唱起美国歌曲《乡村之路》，大家跟着吟唱，把晚会再一次推向高潮。玛丽老师别出心裁地出了一个"派对"游戏：男女分开，脱掉一只鞋，单腿跳跃到对方鞋堆里挑选一只，挑到谁的鞋，谁就是自己的舞伴。玛丽老师说得兴致勃勃，学生无动于衷，老师以为学生没有听懂。有位女同学跑到老师面前，在耳边嘀咕了一阵，老师瞪大眼睛，露出惊讶的神情。有位男同学做着鬼脸说："这个游戏应该叫找破鞋！"引来一阵哄然大笑。

玛丽老师住在学院专家楼，有专门厨师做饭。她经常邀请学生做客，我和小马也受到了邀请。我们去学院外事处报告，学习外交礼节，接受外事纪律，学打领带。我们身着西服，带了一瓶红酒。专家楼小餐厅的桌面铺着干净的桌布，摆放着三套餐具，有刀叉也有筷子。玛丽老师招呼厨师上菜，一盘炒鸡蛋，一盘凉拌西红柿，一盘炒土豆，一盘火腿肠，一盘罐头鱼，一碗罗宋汤。每盘的分量都不大，我和小马都不敢放开吃。

"再来一碗吧？"我们喝完罗宋汤，玛丽老师问。"不要了！"我们客气地说。她听说不要，叫厨师把汤碗撤走了。我们不会使用刀叉，她细心地进行示范。我们学着老师的样子，左手拿叉右手拿刀。"再来一碗吧？"我们吃完一小碗米饭，玛丽老师客气地询问。"不要了！"我和小马几乎同时说出。老师听说不要，叫厨师把桌面清理干净，换上咖啡器具。临走时，老师拿出几本英文小说送给我们。老师说："你们两人都很优秀，但不是所有的学生都优秀。如果都像你们这样优秀，可以教给你们更多的东西。"老师一席话令我们倍受鼓舞，看来我们没有拖大家的后腿。走出专家楼，我问小马吃饱了没有，他说："就像没吃饭一样！"原来我们都没有吃饱，连忙赶往学校小卖店买了几块面包。

玛丽老师使用原版教材《今日英语》，内容选自英美报刊和文学作品。语言规范、地道自不用说，故事情节让我接触到一个全新的西方世界。我仿佛越过大洋走进北美大陆，看见了那里的山川河流，感受到了美利坚国土上的人文气息。一反我国课堂紧张严肃的气氛，她的课堂轻松活跃。她常常把吉他带进课堂，一曲《美丽的佛吉利亚》唱响，我的胸中仿佛激荡着密西西比河的波涛。我开始向往那个曾经痛恨的帝国主义国度，盼望早日置身其中看个究竟。我开始接触海明威及其他文学巨匠，如痴如醉地阅读他们的作品，用英语做读书笔记写书评。读书笔记为书评积累了素材，书评促使我更加细心地阅读。课堂讨论时，大家各抒己见，相得益彰。我善于把文学作品与个人经历结合起来，受到老师的赏识，在课堂上常常被提问。整天听的是英语，看的是英语，说的是英语，不知不觉开始用英语直接交流。

同学三三两两来寝室聊天，或者海阔天空或者抨击时弊。不乏有识之士，尤其那些父辈受到"文革"冲击又有上山下乡经历的同学，谈吐不凡，思想深邃，我受益匪浅。室友严巨源感慨地说："当今社会，青年学生愿意到你这里来寻找精神寄托，难得呀！"老严比我年长几岁，也是"工农兵学员"，在四川省资中县钻采工艺研究所情报室工作，也在西南石油学院进修。恢复高考后，"工农兵学员"普遍受到歧视，不少人脱离技术岗位。为了让这批人适应工作，高校相继开办各种补习班，有的干脆取名"助教班"，为当年的"工农兵学员"补课，人们把这种补课称作"充电"。"工农兵学员"的群体意识中存在着一种难以名状的自卑感，恢复高考后的学生正好相反，充满着无比的自豪感。我插班在他们中间受到歧视是很自然的，然而这种情况没有发生。西南石油学院英语师资班的学生个个经历不凡，特殊的经历铸就了他们宽容的品格，对于曾经被时代抛弃的滋味可能记忆犹新，能够善待我这位正受到时代抛弃的群体中的一员。只要有同学到寝室来聊天我都从内心感激，感谢他们没有歧视我，感谢他们对我一视同仁。他们的善意化解了我曾经的忧虑，给了我新的自信，也改变了我对这个群体的看法，由嫉妒转变为钦佩。"老管，玛丽对你不错，找她推荐去美国留学呀！"有同学建议。这种自然的表达流露出同学对我的友善和认可，我不求高出他人，只求平等待我。同学中有人已在报刊上发表文章，令我肃然起敬。我暗下决心,要向这些同学看齐,不再以"工农兵学员"中的佼佼者自慰,要为自己竖起更新更高的坐标。

寒假来临,妻子来信要我回家。我乘船顺流而下,体验了"千里江陵一日还"的感受。在家过了个安静祥和的春节,返回南充好长一段日子还沉浸在对妻儿的思念中。早晨从梦中醒来,走到阳台上眺望远方,果真是"一水护田将绿绕,两山排闼送青来"。嘉陵江边炊烟缭绕,散落的屋脊掩映在绿树丛中,房前屋后大人小孩,一派祥和景象。我忽觉孤独,远离妻儿图什么?迷茫中的人们忙忙碌碌,日复一日,年复一年,这就是生活吗?为了乐趣?为了金钱?为了生儿育女?我为什么来到这里?一年与妻儿分离!难道我比眼下的人高尚?我是大学教师,是崇高的职业,就值得远离妻儿吗?什么是生活?其实就是柴米油盐,就是家人团聚,家才是最温馨的地方,一切不就是为了家吗?!

这学期说慢也慢说快也快,很快进入毕业论文准备阶段。我和小马不是班上的正式学生,不要求我们写毕业论文。我们还是认真地查看毕业论文的题目,列好写作提纲,提交给负责毕业答辩的教研室主任。班上为玛丽老师庆祝39岁生日,房间布置一新。老师把从美国带来的小说摆了一屋子,任由我们挑选。我选了《老人与海》《愤怒的葡萄》和《了不起的盖茨比》。三部作品主题不同,风格各异,展示了不同的写作风格。我借助作品看到了不同的美国人生,看到了和国人一样的大喜大悲。我借助自己的经历,凭着自己的想象去捕捉作品的真谛。阅读《老人与海》时,我觉得大海就是人生,每个人都在大海般的生活中挣扎搏击。阅读《愤怒的葡萄》时,仿佛走在前往西部淘金的荒原上,历经拓荒者的艰辛。阅读《了不起的盖茨比》时,我看到了美国富豪的奢华。同处一个国度，经历千差万别，同处一个地球，生活千差万别，为文学创作提供了无尽的源泉。读者只能借助自己的经历去感悟，经历制约读者的感悟维度与深度。任何人的生活都有局限，文学作品可以丰富人生，这就是文学作品的价值和意义。

我和马学杰步行在嘉陵江边，水中倒映着两岸的青山，橘子橙子挂满枝头，路人行色匆匆。我的脑子里忽而冒出《愤怒的葡萄》中人们西行的意象，忽而冒出《了不起的盖茨比》中富豪的庄园，使我产生了写作的冲动。难怪川中出才子，这绿水青山太诗情画意，怎能不触发文豪作家们的创作灵感！玛丽老师的成绩单下发了，我的三篇书评都得了高分，马学杰的成绩也很优秀，我们萌发了参加答辩获得毕业证书的奇想。我们把申请书提交给外语教研室胡主任，主任赏识我们的上进心，肯定我们成绩优秀，说我们没有辜负江汉石油学院领导的希望，夸奖我们和同学关系融洽。但是，我们没有参加高考，即使答辩通过也无济于事。我们以为主任权力有限，找到西南石油学院的院长，得到了同样的答复。我继续写书评，权当写作训练。书评完成后感到一身轻松，我告诉玛丽老师只等成绩批改出来就离开四川回湖北，老师这才知道我和小马是插班生。老师再次宴请我们，临别还是那句话："如果班上的学生都像你们这样优秀，我会教给你们更多的东西。"我们到市区购买礼品，顾客挤在柜台前观看电视节目，胡耀邦总书记正在作就职演说。电视里，总书记身着西服打着领带，显示出国家要进一步开放的态势。看着总书记的演讲画面，我脑子里浮现出《列宁在1918》，两人何其相似！想起当年在中央组织部食堂看见的同一个人，印证了朱副部长的断言：此人有水平啊！一旦出来，就不得了啊！我心中感慨万千。

我和小马结束了为期一年的进修，告别英语师资班的同学，告别西南石油学院。大客车穿过市区，驶离已经熟悉的大街小巷。客车到达成都车站，转乘公交车前往成都地质学院。路上看见一道奇特的风景：自行车后站人。老同学孔繁津说，成都公安局允许自行车后托小孩，又没有规定小孩的年龄，就出现了这种景象。成都的小食名目繁多，价廉物美，我们在老同学的陪同下一家家品尝，还参观了武侯祠和丰都鬼城。在成都火车站，我们告别老同学，经重庆转水路再次过长江三峡，正应了唐代大诗人李白的名句："朝辞白帝彩云间，千里江陵一日还。两岸猿声啼不住，轻舟已过万重山。"

教育部决定举行全国大学英语等级考试，堪比美国的托福和英国的雅思。湖北高校盛传考试通过率将公开排序，江汉石油学院对此高度重视，要求教务处与基础部制订出应对方案。教务处长亲自带队前往武汉高校考察，我和林金婉作为教师代表参加。武汉高校备考气氛浓烈，仿佛大战在即，不少院校组成了英语快班，利用周末或晚上补课。我们所到之处受到热情接待，尤其是武汉测绘学院，无保留地传授成立快班的经验，让我们观摩快班教学。考察组回到学院，就组织全院新生进行英语摸底考试，从中选出百名学生组成英语快班。领导决定由我执教，带领快板冲刺全国大学英语考试。三十而立，该担重任吧！人生难得几回搏，中国女排的名言鼓励着我迎接挑战。

四川大学分配来了位青年教师，见我这位"工农兵学员"受器重便心有不服，当众考问我"精神污染"怎么翻译。国内正在讨论"资产阶级自由化"，我随口说了出来。他对人说"他这个'工农兵学员'跟别人不一样"！学院领导拜访美籍专家指定我陪同前往，美籍教师到校座谈指定我主持会议。有人说我借机逞能，有人抓住我的一点错误大做文章。复旦大学分配来的青年教师陈燕友善地说："管老师，您的英语真流畅，随机应变，看来我还得夹着尾巴做人啊！"我问何出此言。"刚来时觉得学院又小又远离省城，能有什么水平？没把大家放在眼里。"她说，"座谈会让我改变了看法，山不在高水不在深，看来学院有高人。凭您的英语水平和应变能力，都可以当外交部长！"

我意识到生活不是诗情画意，是能力与才华的较量，决定改变工作方式，开始找同事聊天。果然带来了收获，有人建议我多给快班做模拟题，有人主张还是要打好基础。我从图书馆借来《托福模拟题集》进行自测，连续做题成绩徘徊不前，隔几天做题能提高几分，做到八套题后成绩又开始徘徊不前。实验说明模拟训练有助于熟悉题型发挥潜能，但潜能的发挥受到基础水平的限制。我于是注重基础，适当模拟。同事们也使出了浑身解数，普遍加大模拟训练，搞所谓"题海战术"，有的利用晚上或周末补课。有几个老师联合起来，搜集分享模拟试卷，却瞒着我。傅德福老师发现了，提醒我也要多做模拟题。

校园一片寂静，人们进入了梦乡，我还在灯下备课。虽然在教学岗位上站住了脚，也受到领导的器重，可"工农兵学员"的帽子令人窒息，领导把冲击大学英语考试通过率的重任压在我的肩上，决不能辜负领导的希望，绝不能让同事们笑话。周末照样看望长辈，照样陪妻儿上街。在长春一年难见父母一面，眼下周末就能团聚，平时再忙再累也心甘。上街时儿子走一阵非要我们背，不背就耍赖，我体验着人生的另一种乐趣。儿子爱上了涂鸦，床单和墙壁成了他的画纸，这是猫，那是狗。初看都不是，细看有点像，就买了一堆白纸由他画。他的画技渐渐提高，凭记忆把电视节目《动物世界》中各种形态的恐龙画出来。他的作品越积越多，同事说我们家可以搞画展。他的一位舅舅把这些作品整理成《管隆画动物》，经由湖北美术出版社出版了。同事说："老子还没出书，儿子就出书了。"

全国大学英语考试那天，考生从四面八方如潮水般涌来，考场内外壁垒森严。有人说大学英语考的不仅是学生，更是考老师，甚至考学校。结果一出，江汉石油学院通过率全省第六，师生一片欢腾。快班占了全院通过率的半壁江山，六名优秀考生中快班占五名，学院对教研室进行表彰，我得头彩。我把两个班的通过率进行比较，发现搞"题海战术"的班级没有优势，高分获得者大都出自重视基础教学的班级。学院启动跨世纪人才培养计划，外语教师候选人中我名列第二。

暑假，妻子带着儿子去了娘家。有人敲门，来者是教研室主任，要我帮他代课。怎么还有课？给留校的学生补课。用什么教材？没有固定教材。讲什么？可以讲讲语法。听课的是什么人？暑假留校的学生。既然如此，我就按照差生补课的难度开始准备。宣传橱窗的海报上赫然写着我的名字，搞讲座的都是资深学者，我居然搞起讲座来，一股热流在胸中涌动。新落成的化学大楼阶梯教室座无虚席，不少学生靠墙站着。我用英语问好，自我介绍，开始讲课。课间休息，铃声再起，教室出现大片空座。我询问前排学生，学生说我讲得太简单。你们不是补课吗？谁说我们补课！我们准备考研的！我血往上涌，两眼冒金星，只得改变教法，学生说第一节课就该这么讲。

我闷闷不乐地回到家，听见有人敲门，是年过半百的杨道刚老师。他从桌上拿起橡皮泥捏成的动物，我说是儿子的作品,他说这孩子手巧,是搞艺术的料子。他儿子听了我的讲座,把发生的事告诉了父亲。我把事情的前前后后细说一遍,杨老师关切地说:"小管啊!你在学生中口碑很好,有人妒忌你,落井下石啊!"

"听说要提拔你当主任,有没有这回事?"

"不知道啊!"

"可不要当主任啊!你不但外语好,汉语也好,将来在学术上会大有作为的,当了主任忙于乱七八糟的事,就把你给毁了!"

人之初性本善,入社会就变坏,杨老师走后我胡思乱想起来。我只是努力工作就得罪了一些人,对我明枪暗箭。生活就像游走在茫茫大海中,鲨鱼会随时出现,大浪会随时扑来。

34　雨疏风骤

不要人夸好颜色，只留正气满乾坤。
　　　　——元·王冕

第二届英语师资班成立，林金婉老师受命担任教研室副主任，委托我制订第二届英语师资班教学计划，指定我担任师资班的班主任，安排我执教师资班的英语精读课，还向学院领导举荐说："我去美国进修期间，英语师资班可以委托小管老师全权负责！"这种举荐完全出于公心，却惹来有些人的嫉妒与嘲讽："小管简直就是副主任啦！是不经任命的副主任！"

林老师备考出国人员英语测试，白天太忙只能晚上在家看书，每到这时主任就上门商量工作。林老师的丈夫说："主任大人您就高抬贵手，让金婉准备考试吧，什么事白天在办公室说！"主任晚上照来不误，夫妇忍无可忍状告院长，还列举了一些"主任不宜"的事情，涉及我的有两宗。院长责成组织部调查，我带着忐忑的心情进了新任总支书记家。当事人说没这回事，书记问我敢不敢对质。我说："不但敢对，而且非对不可！"书记拿起电话打过去，主任很快到了。我把两件事一说，主任眨巴眨巴眼睛说："去油田那件事好几年了真忘啦！话不是那么说的，可能被人误传啦！后面那件事可能我没讲清楚，以后说话注意！我哪想害你呢！我从来都很信任你呀！"得饶人处且饶人，我以为事情过去了，其实祸根从此埋下。

我踩着积雪前往沙市职工大学，心里想着这些咄咄怪事。我受学院派遣支援新建的沙市职工大学有一个学期了。接受任务时心里很不情愿，事情够多还支援别人。一接触学生心情就变了，学生一口沙市话，我从教以来没有过的事。本是沙市人，为家乡教育做点贡献也算一种回报。记得被推荐上大学时，我发誓有朝一日好好报答这片土地。时过境迁自己忘了，我为接受任务时的情绪愧疚。

教研室会议，两位中年教师又吵了起来，会场一片混乱。我拿出支部书记的威风，一拍桌子止住了吵架。一位青年教师笑着说："老虎一发威，把两只老猫吓住啦！"这种比喻是赞美还是挖苦，我不得而知，身处这种生存环境该出手时就得出手。这个教研室太复杂，不知随时会发生什么，有时突然身边熟悉的人会突然变得不认识了。荆州西门外有家石油机械厂和美国人会谈，向学院求援一位翻译，学院指定我去，哪怕离开是非之地几天心情也好多了。

联合国教科文组织派来外籍专家，领导指定我担任合作教师。学院成立了外事处，处长就是广西大学调来的陈荣仁教授的夫人朱老师。朱处长想把我调去做副手，想到那些扇阴风点鬼火的人真想调往外事处，可心里还是不甘。吉林省委组织部都没去，就是舍不得高等学府的神圣课堂，只答应随时"听凭调遣"。朱处长安排我去武汉迎接外籍专家，我兴奋不已，途中无话找话表示友好。处长提醒我"陪同外宾不要主动说话"，才意识到自己热情过了头。领导看到我担子太重，决定把英语快班解散。我给英语快班上最后一次课时，教室里弥漫着伤感的气氛，我的嗓子有点哽咽，学生没有了往常的笑容。解散快班因我而起，我觉得对不起学生，就把快班和师资班学生集中起来举办英语联欢会。快班学生毫不示弱也毫不逊色，我的感情似乎还向着快班。我用英语演讲时快班同学带头鼓掌，快班同学用英语表演时我带头助威。我打心里喜欢快班学生，感谢他们在大学英语考试中为我争了气。

　　林副主任亲自执教英语师资班的泛读和写作，在华中师范学院就有"活字典"美誉的傅德福老师担任语法和听力，我和两位学术权威共同承当英语师资班的主干课程，既是一种荣誉也是巨大的挑战，不敢有半点马虎。搞语音语调训练时，我把使用《灵格风教程》的方法移植到教学中，要求学生寻找适合自己发音条件的原版教材反复模仿。学生的英语发音果然进步显著，不少学生还真带上了洋腔洋调。学习委员韩文华一口流利的美式英语，令来校讲学的学术泰斗秦秀白感叹："从学生口语的流畅性和语调的自然度而言，绝不亚于优秀的本科生。"英语词汇浩如烟海，不掌握大量的词汇，水平就难提高。既要掌握大量的词汇又要能运用自如，我为此不断探索教学方法。只要出现固定词组就标注在黑板上，附上例句进行操练。每个词条至少附三个例句，例句一律出自权威词典或原版读物，绝不信口开河，同事说我家书架上的英语词典比学院图书馆还要齐全。我坚持每课听写，学生自然认真做课堂笔记。试卷的词汇考点全部取自所学教材，按比例分配到每篇课文，想获得高分必须对教材全面掌握。我要求学生把教材啃透嚼烂，为英语水平跳跃式发展奠定基础。翻译能力是衡量外语水平的尺子，也是学习外语的终极目标，我狠抓课文倒译训练，促使学生透彻理解，灵活应用，培养口译能力。多年后这班学生人才辈出，不少人成为著名高校的领导或博士生导师。

　　林副主任出国前夕，学院急需引进一位骨干教师，荆州师专有位老兄找到教务处长，教务处长就是我出差广西登门拜访的陈荣仁教授。陈教授推荐的人哪有不答应之理，我积极予以配合，这位老兄很快调入。我到荆州中学遇到多年未见的初中老师，听说这位老兄要调入，他的一句话令我灰心："此人水平是有的，就是爱闹事，不出半年就会把你们教研室搅得天翻地覆！"宁可空屋一间，不愿住进恶人一个；想起了这句名言，我心里有些犯愁。教研室本来就不平静，再进这样的人就更热闹了，转念一想在调动问题上我帮过他，不至于为难我吧。

老兄调入后，我们之间有过一段黄金岁月。荆州师专历史悠久，本地负有盛名。老兄作为荆州师专的骨干教师，在地方外语界人脉很广，介绍我和几位青年教师加入了荆州暨沙市地区外语协会。江汉石油学院虽是当地最高学府，却很少与地方同行往来，经老兄穿针引线我才和地方外语界有了交往。在老兄的策划下还以荆州暨沙市外语协会的名义搞了几次研讨会，举办了一次英语大奖赛。他口口声声感谢我为他调入鼎力相助，我感觉找到了一位知音。老兄的夫人也是沙市人，无形中拉近了我们之间的关系。我一直想报考武汉大学研究生，老兄带我去武汉大学拜访故友，了解招收英语研究生的情况，在武汉大学图书馆借书。有本《修辞学原理》使我受益匪浅。很多病句从语法的角度很难识别，掌握了修辞学的基本原理就一目了然了。老兄还帮我从武汉请来两位资深学者，给英语师资班做学术讲座。两位学者不负众望，演讲博得阵阵掌声。讲座给教研室增加了学术气氛，丰富了师资班的教学内容，扩大了学生的视野。可是，有学生反映老兄上课废话连篇，而且用汉语讲废话。为了培养学生讲英语的习惯，我们规定课堂一律讲英语，老兄破了这一规矩。我私下提醒他，他说学生小题大做，回到课堂就教训他认为告了状的学生。有学生反映他备课不认真，课堂上信口开河。我对学生说他水平高，不需要像我那样认真备课。

教研室改选领导班子，主任找我谈心，我表示一定投他的票。他征求副主任人选时，我考虑到林老师要出国进修，就推荐了傅德福老师。他问："为什么不推荐你自己？"我说："还不够格！"林老师很快就知道我没有推荐她，不高兴地找我求证，问我是不是推荐了自己。我坦率地说出自己的想法，表明没有推荐自己。林老师是位胸怀坦荡的人，每当我取得成绩引起一些人妒忌或非议时，她总是站出来替我说话。要不是她将赴美进修，我一定会推荐她做主任而不是副主任。林老师听了我的解释表示理解，为我没能当选副主任表示遗憾，要我不要在意那些流言蜚语。改选那天我有课真没有参加，怎么可能推荐自己呢？我没有推荐林老师是事实，只有一人知道啊！我再次看清了此人的面目。为了解脱一下自己，我带着妻儿进了少年宫，里面传来了欢快的舞曲，年轻的伴侣们相拥在一起翩翩起舞。想起自己的青春岁月，交谊舞被禁止。图书室里陈列着各种书籍，一眼看见安装半导体收音机的书，那时得到这样一本书不知道有多难。同是青春，区别如此之大，我们这一代生不逢时啊！

我乘坐院长专车"华沙牌"轿车陪同美籍教师莫菲特先生游览东湖，出席省外事办举办的国庆晚会。爵士音乐中男士们西装革履女士们风姿绰约，莫菲特不怎么会交谊舞，却不断受到女士的邀请。我拿着一杯红葡萄酒，不断和认识及不认识的嘉宾碰杯。莫菲特先生人高马大金发碧眼，总吸引着人们的注意。封闭多年的国门刚刚打开，人们对洋人十分好奇。我们走到哪都有人热情招呼，上公共汽车有人让座，去旅馆登记服务员热情接待。我们出现在哪里，哪里就热闹起来。外教说他受宠若惊，在中国享受到上帝般的荣耀。

岳阳楼上，游人纷纷找莫菲特合影，排起长队等候。我们乘船前往君山，渡船驶过洞庭湖口，天水一色，恰似一片汪洋。我讲起《三国》故事，东吴大将曾在这里训练水师。君山上树木葱茏人烟稀少，我心中顿生恐惧，紧紧跟在外教身后，随时保护他的安全。来到一处高地坐下，抬眼远望湖水连天，水面腾起团团迷雾。我的思绪越过时空，虚幻出鸦片战争的硝烟，仿佛看见英国人的舰船在水面上横冲直闯，向虎门炮台发出隆隆的炮声。我感到有愧先人，与刽子手的后代同流合污，想拿块石头向身边的洋人砸去。这一想法刚刚冒头，又一种意识涌出：这位洋人不远万里来到中国，帮助我们培养外语人才，何罪之有？

天色渐晚，我们赶往码头，街道两旁挤满急切回家的人。公共汽车刚一到站，人流就蜂拥而上，过了几趟车都这样。我担心外教的安全又担心钱包，不敢贸然挤车。天色越来越暗，我越发焦急起来，带着外教跑到车头找司机，几个路人也帮我说情。司机把老外看了看便向我挥手，我们从驾驶座爬进公交车。车上挤满了人，一位乘客看见老外立即让出座位，我们准时上了轮船。回到学院碰见刚来的一对美国夫妇，校园里出现了三个洋面孔。以前难得见到外国人，此刻能和外国人近距离接触，会几句英语的人总要和外教寒暄上几句。

夜深人静，我在灯下思考写什么，而外教正在讲美国文学，可否在外教的帮助下写篇小说评论？西南石油学院进修期间，我的书评总得到老师的好评。我把想法告诉陈荣仁教授，教授建议我先写点小文章，小文章容易发表。我问写什么好，教授说一要新颖，没有发表过，二要有素材，是自己的材料，把自己最擅长的东西整理出来。什么是我最擅长的东西呢？想来想去觉得我擅长口语，学生和同事最欣赏的就是我流畅的英语口语，几位外教都以为我去过国外。我的口语好得益于模仿《灵格风教程》，何不把这个训练方法写成论文呢？我动笔写作起来，一篇短文《我的朗读训练方法》很快写成。妻子问我睡了没有，我把文章给她看。她哈哈笑着说："这也叫论文？"只有一张信纸长，确实不像论文，我一气之下把稿子撕碎，狠狠地扔进了字纸篓。妻子走后，我从废纸篓里捡回手稿碎片，仔细看了一遍觉得有价值，拿出信纸重新抄写寄了出去。数月后这篇文章刊登在《大学英语》上，幸亏当时没扔掉。陈荣仁教授从美国带回最新版托福模拟试卷，试卷中增加了短文写作，教授建议我针对这一变化写篇文章。我根据教授的建议，以《托福的新变化》为题写了出来，这篇稿件比《我的朗读方法》长些，更像一篇学术论文。文章很快刊登在《江汉石油学院学报》上，这是我平生发表的第一篇学术论文。

  在校道上碰见匆匆而行的教务处长陈荣仁，他问我想不想去趟美国，我哪有不愿之理。教授笑呵呵地说江汉油田正和一家美国公司谈合资，急需一名懂石油机械的译员，会谈进展顺利很快就要赴美国考察。学院正在酝酿职称评定，我怕受到影响。教授说："凭你的影响提个讲师没问题，如果把翻译工作搞好了还能锦上添花。"他这么一说，我就同意了。学院雷厉风行，很快做出决定，免去我的行政职务，派我前往北京，借调石油工业部担任翻译工作。

  一辆吉普车停在楼下，我拎上行李上了车，向江汉油田驶去。我拿出《石油机械原理》看起来，不时查阅词典，我随身带着《英汉油矿词典》《英汉地质学词典》《英汉技术词典》《英汉数学词典》《英汉牛津大辞典》和《汉英大辞典》。吉普车驶进江汉石油管理局石油机械总厂，俗称"总机厂"。一条宽阔的马路延伸出去,两侧分布着整齐的红砖楼房,下班的人流在马路上涌动。吉普车停在招待所前,一位中年妇女把我带进最里面的房间。房间里有张床,床边放张办公桌,桌前有把靠背椅。进来一位高大的中年男子,操着东北口音,自称总工程师刘达仁。他伸出手来表示欢迎,给了我一包资料。我跟着他走进职工食堂的雅厅,餐桌旁已坐满了人。我和大家握手,有厂长、书记、技术科长和副科长、财务科长和技术员。厂长举杯说:"翻译一到,我们这个班子就配齐了,从今天起,大家要拧成一股绳,搞好和美国人的谈判,把合资生产井口装置的项目拿下来。"厂长给我一份江汉石油管理局的红头文件,文件附有中国石油天然气总公司和美国格雷工具公司签订的合作意向书。我不清楚"石油工业部"和"石油天然气总公司"之间的关系,听大家解释才明白,中国和美国建立外交关系以前,只能以民间方式进行交往,这便是石油天然气总公司的由来。

前往北京之前,领导放我一天假,用吉普车把我送回石油学院。迎面碰见刘家忠老师,他挥手向我祝贺:"非常好!你的学生表现很好,取得了最好的成绩!"湖北省举行大学生英语竞赛,快班学生在大赛中取得了好成绩。我把行李往家里一放,赶往刘洪泉的住处,他手里有全省高校英语竞赛的成绩排名。刘洪泉正拎着壶去打水,他在黑暗中迟疑一下才认出,连忙说:"哦!老书记来了,快进去,都在里面!"他的屋子里坐满了人,有主任、副主任、代理书记和四位任课老师。刘家忠站起大声说:"小管,你这次为学院立了大功,你的学生得了个一等奖。主任说要给你个特别奖!"我迫不及待地问竞赛情况,主任高兴地说:"你这次干得真漂亮,把武汉地区某些重点院校都打败了!"林老师告诉我,全省外语竞赛百分以上的只有八人，我的学生王家传进入前八名，另外几个学生也获得了较高的分数，我院的平均分数比武汉地区许多高校的成绩都好，在全省高校英语比赛中名列前茅。

  我回到家里还沉浸在兴奋中，妻子说我高兴的样子超过见到老婆孩子。孩子和老婆是属于我的谁都抢不走，荣誉多少人在争，是靠竞争得来的，怎能不高兴呢！经过拼搏获得的荣誉是人生最大的幸福，我要用事实证明自己的能力和水平。聪明人得到幸福是最幸福的人，糊涂人得到幸福是有福气的人，糊涂人得不到幸福是可怜的，聪明人得不到幸福是痛苦的。聪明人装糊涂最聪明，把聪明表露出来是不明智的，糊涂人装聪明叫自作聪明，糊涂就糊涂也算明白。情之所至，我随笔写了一首《生活的路》：路，生活的路，每个人都要走上一条路。我曾经，随着生活的冲击，来到一个路口，只要往前一步，我的地位、荣誉，将令人垂涎、羡慕。犹豫片刻，我抽回迈出的步。我太留恋，我太钟情，早已选定的路。这条路，尽管艰辛，不忍遗弃。一条艰辛的路，一条漫长的路。走这条路，更有难言之处：学历、时代，文凭，潮流，都不利于走上这条路。有时我痛悔，本应走上那条路。我心中踏实，这是一条坚实的路。一步一个脚印，可以回首。我似乎感觉，快要到达一个山头。成功正向我，微笑，挥手。

35　驰骋译场

问渠那得清如许，为有源头活水来。
——宋·朱熹

石油工业部试图从美国引进井口装置的制造技术，计划把这个项目落户江汉油田。美国格雷工具公司代表团将于十月中旬到达北京，我方会谈人员已经组成。团长是石油工业部机械制造司总工程师赵宗仁，成员是总机厂的四位技术干部和我这位翻译。我们五人吃住在石油部招待所，刘总提议改善一下伙食，进了一家川菜馆。我本不胜酒力，也一杯一杯跟着喝。徐厂长举起酒杯说："管老师，我看你和我们很合得来，就调到总机厂来吧！"

一份红头文件充斥着大量繁杂的句子，还有些官样文章，把"先国家，后集体，再个人"都写了进去。翻译讲究忠实原文，只好逐句翻译，可怎么看都觉得不对劲，又不敢贸然更改，只好原文归原文译文归译文，我必须对译文负责，也只能对译文负责。江汉油田那边来电话，说我漏掉了很多原文，要求我"忠实地按照原文翻译"。我对刘总讲了"漏掉"的原因："要我翻译就用我的译文，要恢复被删除的部分就另请高明！"刘总建议把译文交上去再说。几天后，石油部外事司送来批文：请按译文修改原文。石油部副部长李天相也对原文不满意，在红头文件上画了很多红线，这正是我想做而不敢做的事情。

刚刚顶撞了江汉油田的局长，又触犯了制造司总工程师。他对我的译文做了一处修改,我不同意改。他一下火了:"我的英文在部里还没人说过不字!"一个是不怕虎的初生牛犊,一个是享有盛名的技术权威,为译文互不相让,周围的人面面相觑。

"小管啊!我承认你年轻有为,外语水平高。可你要知道,你还在吃奶的时候我就在美国留学了!"赵总教训我。

"赵总,我早就听说过您的大名,能同您一块工作是我的荣幸。严格说来做您的学生我都不够格,然而在这个问题上我认为我是对的!"我毫不让步。

"这样吧,我们把两种译文交给美国人评判!"赵总无奈地说。

美方代表团一进会议厅,赵总就拿出有分歧的译文。美方翻译把两种译文看了看,用钢笔在纸上画了个圈。赵总一看,眉头紧锁,诚恳地说:"小管啊!以后技术问题我把关,语言问题你把关!"赵总如此豁达,我为之感动。

双方代表按序落座,我已把双方人员的名字和职务熟记在心;双方团长致辞,讲话中有大量外交辞令,我早就倒背如流。一阵开场白痛快淋漓,我的情绪稳定下来。转入具体条款时就不轻松了,代表都是各自领域的专家,各有一套专业术语。接下来的几天里,天天会谈,一直处在紧张状态中,感到身心疲惫。然而,这种高强度的现场翻译使我悟出了一些门道:对发言要善于去伪存真,抓住发言者的意图,理清陈述的实事,记住使用的数据;不要死扣发言者的言辞,更不要被空洞无物的废话左右。悟出这些门道后,遇到长篇大论就进行逻辑整理:"刚才,他讲了三层意思,第一……,第二……,第三……"发言其实很凌乱,逻辑序列是我整理的。我逐渐能驾驭野马般的会谈场面了,发言激扬我激扬,发言冷静我冷静,不但传达了发言者的意图,还再现了发言者的情绪。代表们赞扬我"这个翻译不一般",我自己则有一种登台表演的感觉。

　　双方代表飞往武汉,转乘江汉油田派来的外事专用车,沿318国道前行。沿途的农民把麦秆堆放在公路上,让过往的车辆帮着碾压,车辆只得减速前行。好不容易走出铺有麦秆的地段,又出现了坑坑洼洼,车辆还是开不起速度。刚把速度开起来,前面有牛车当道,国道的单向只有一个车道,速度又慢了下来,美方代表不断抱怨。外事处同志拿出可口可乐冲淡一下抱怨的情绪,我第一次喝到这种洋饮料,觉得有股中药味。考察期间,美方代表对江汉油田的设施和技术没有异议,对沿途的交通路况表示担忧,说本来合格的产品经过一路颠簸质量可能就有问题了。我方代表说一条高速公路将横穿湖北途径江汉油田,美方代表苦笑着说:"这只是一个梦!"美方代表认为中国人是痴人说梦,这就是我内心的感受。

　　返回北京,会谈转入技术转让和收益分配,只要出现数据就不断有人要求重译,有人以为翻译出了问题。美方翻译张先生解释说:"英汉语言的数量单位不对应,翻译起来很麻烦,我搞了这么多年翻译,最怕数字!"晚上睡觉时我还在琢磨,把白天的情景在脑子里过了一遍又一遍,发现了一个规律:只要出现数据总有人要做笔录,笔录后不放心又要求重译,何不按这种步骤翻译呢?第二天会谈只要出现数据我就连续翻译三遍,第一遍让听者建立概念,第二遍采用读数法让听者笔录,第三遍让听者校对,果然无人要求重译了。美方译员说:"这个办法好!我以后也这么翻译!"我把这一方法整理成《怎样口译好数据》,上海交通大学主编的《科技英语学习》很快刊登了出来。

会谈结束要消化当天的内容，再研究下次的对策。消化当天的内容就要把对方提供的资料译成中文，研究好下次的对策后，又要把准备提供给对方的材料译成英文，我成了最忙的人。为了争取早点入睡，确保充沛的精力迎接第二天的会谈，只得以最快的速度完成。正是这种高强度连轴转的快节奏，练就了我不同凡响的翻译速度，后来被同行称为"翻译快手"。此时此刻，我笔下的译文不再是备课教案，不再是翻译作业，字里行间是真金白银，代表着国家利益。这种强烈的责任感驱使我认真对待，大量的文献在我的笔下翻来覆去，我无意中发现了一个普遍规律：我方文献往往带有多重修饰语，抽象词汇随处可见；美方文献大都用词简洁，大量使用语义具体的词汇。我开始摆脱语言形式的束缚，大胆地进行变通，汉语归汉语，英语归英语。我把这一认识整理成《一种冗繁主语的英译》和《英语长句的一种拆译法》，分别发表在《科技英语学习》和《上海科技翻译》上。

四川石油管理局谈判代表来到北京，安排我做翻译。石油部外事司有一帮俊男美女职业译员，还都毕业于著名大学，为什么安排我呢？外事司的同志说那班译员水平都不错，可不懂石油专业，原来如此。参与四川代表团会谈时，巧遇西南石油学院进修的室友严巨源，彼此在北京见面都很兴奋。我们都是"工农兵学员"，能够参与对外技术会谈，意义之不凡只有我们最清楚。我的翻译水平得到四川同志的好评："部里的翻译水平就是高！"石油部副部长李天相和美方代表团团长居中而坐，我坐在李副部长身后。李副部长说话风趣，不时把美国人搞得哈哈大笑，几次把住话头夸我反应快。部长的夸奖使我忘乎所以，美方提出问题时我无意中做了回答。

"小管！你怎么能替部长回答呢！"有人提醒。

"呵呵！呵呵！有意思！很有意思！这个翻译怎么钻到我肚子里去了，我就是准备这么回答的！"李副部长哈哈大笑。

我陪同美方代表团参观长城，想起上次登长城的情景。那还是大学期间，长城一带非常僻静，司机师傅要我们抓紧时间上长城，说以后修了长城公园就要收门票了。时隔数年果然应验，眼下的长城今非昔比，到处挤满了游人。我更喜欢当年的长城，人烟稀少，满目苍凉，天高云淡。对方代表团返回美国，我们回到江汉油田。我根据会谈需要编写了《江汉石油总机厂会谈英汉词汇手册》，把会谈中出现的技术术语、商务词汇、菜谱名称都收进手册。在技术科打字员的协助下，一个星期就把手册编辑出来了。

天空变得阴沉起来，纷纷扬扬飘起了雪花。每人领取500元置装费，相当于半年的工资啊！路边商贩出售带有夹层的皮带，每人买了一条，把人民币折叠起来藏在夹层里系在腰上。乘车赶往王府井大街，在雷蒙服装店定制西服，再到百货大楼购买旅行箱。雪越下越大，气温陡降，我浑身发冷。路边有人叫卖减价茄克衫，许多人拥挤着围观。我抓起一件穿在身上，一下暖和了许多，付25元买下了。前门照相馆橱窗里果然展示有国家领导人的照片，我们拿出石油部外事司的证明，师傅热情地接待我们，帮我们整理衣领和头发。出国人员代表国家形象，外交部要求一律在这家相馆拍照。

到雷蒙服装店领取定制的西服，店员建议我们把西服穿在身上以防打折。走在王府井大街上，引来路人好奇的目光，前几年西服还被视为资产阶级的生活方式，五位俊男清一色西服领带格外抢眼。"人家厂里的领导不是歪头就是瘪脑，我们厂的领导有模有样，现在又配上个俊翻译官，看着都舒服"总机厂一位女技术员如是说。我和刘总陪着彭科长去中国银行换汇，再到中国民航订购往返美国的机票。一张机票几千元，相当于几年的工资。我们把人民币兑换成旅行支票，留少量美钞放在身边。有了护照和外汇，我们斗胆前往北京友谊商店。门卫挡住我们，看了护照才让进去。商店里果然琳琅满目，可我们囊中羞涩，只能一饱眼福，倒是碰见了一位贵人——西藏活佛班禅。班禅身材高大，女儿跟在身边，簇拥着不少随从。

　　北京人都在忙着办年货，我们沉浸在即将出访的兴奋中。外面的世界究竟怎样？都在心里猜测，总在一起议论。石油部的工作人员问我们怎么还在北京，我们说要出国了很多事还没准备好。赵总关切地说："是啊！你们怎么还在北京呢？中国人怎么能不在家里过年呢？都回去吧！不管什么事先放下，过了年再说！"我们赶往北京火车站，上了前往湖北的列车。火车一到武汉，总机厂的吉普车已等在站外。沿途道路畅通，路边农舍里不断传出鞭炮声。厂长要司机送我回家，司机没半句怨言把我送到石油学院。妻子正带着儿子下楼，见到我大喜过望。我骑上自行车，儿子在前妻子在后，去岳母家吃年夜饭。

　　大年初一早晨，一家三口吃过岳母煮的肉馅饺子，前往父母家拜年，又吃了母亲做的油炸汤圆。我们沿着大街给亲戚朋友同事拜年，一连两天就这样过去了。大年初三的早晨，总机厂的吉普车来到我家楼下，我乘车前往总机厂与大家汇合赶往武汉，再转乘火车赶往北京。赵总把石油部的批文给我们看，考察团的名称是"中华人民共和国石油工业部井口装置考察团"。除制造司总工程师赵宗仁担任团长外，还有外事司的胡总担任副团长。

正月初五早晨，我们乘坐外事司的中巴到达首都机场。安检人员要我开箱检查，发现是一把弯把雨伞，才让我过关。机上人员彬彬有礼，排排座位就像进了剧院。发动机一声轰鸣，飞机直冲云霄。我百感交集，生平第一次坐飞机，一坐就是国际航班，一下飞往太平洋彼岸。我，一个城市平民的孩子，得到这种待遇，应该感谢这个国家，感谢我们的党。隔着舷窗往外看，机翼下的公路宛如一条条河流，车辆像蚂蚁一样在公路上蠕动。大地消失，一片蔚蓝，一层一层的白云在飞舞。想起《西游记》中大闹天宫的故事，我们不就在天宫吗！？途中看了几场英文电影，空姐不断送来可口的食物，我和刘总喝了一瓶啤酒。

飞机降落在旧金山国际机场，我主动和海关人员打招呼，海关人员微笑着夸我英语好。走出机场，格雷公司的翻译张先生叫来两辆出租车。经过一座立交桥，没有见到河流，好生奇怪，不知道立交桥为何物。一条高速公路笔直地伸向远方，两侧一片绿荫，没有城市的景象，农村的道路怎么这么宽阔？出租车停在金门大桥附近的假日酒店前，门童上来打开车门。办理好入住手续，天色昏暗下来，我没有一点睡意，索性在楼上楼下看个遍。

清晨离开旅店时，我们在床头柜上留下一点小费。一来表示我们懂得西方礼节，二来也是对美国劳动人民的同情，我们毕竟来自伟大的社会主义中国。我们站在世界上第一座悬索桥边，海鸟贴着水面翻飞翱翔，两位华人模样的老人在桥边的草坪上晨练。老人来自台湾，听说我们来自中国大陆，既感惊奇又感亲切，说他们移居美国多年，很少见到大陆人来美国，近几年突然多了起来，不知何故。唐人街一片中国红，出租车停在街头的牌坊边。我们沿着街道往前走,中国餐馆一家挨着一家,屋顶盖着琉璃瓦,室内陈设古色古香。再过金门大桥,我们下车停留拍照。一桥飞架两岸,中间没有立柱支撑,仿佛空中楼阁。天空蔚蓝,大海碧绿,朵朵白云在蔚蓝的天空和碧绿的大海之间飘荡,头号帝国主义的美国江山也如此多娇。

航班晚点,到达休斯敦已经半夜。我感到昏昏沉沉,建议取消原定的会谈,大家都表示赞同。这件事提醒我:不要把自己当外人,不要以为自己身份最低,身在国外大家命运与共,我英语最好,遇事要敢于担当。入住旅店遇到麻烦,按照国内的行政级别,除两位团长外都只能住双人间。旅店说当地法律禁止同性恋,我们哭笑不得,美方公司出面才把问题解决了。一位黑人妇女来打扫房间,神兮兮地问我们是不是来自中国大陆。我们回答后,黑人妇女兴奋起来:"听说中国人人平等!"

一辆豪华中巴来到旅店门口,下来一位身着警服的彪形大汉,是格雷公司雇佣的保镖。警察先生挥手"哈啰",拍着腰间的手枪说:"有我在,保你们平安!"休斯敦高楼林立,中巴在大街小巷中穿行,驶进一座大楼。电梯一下上了几十层,走出电梯只见店铺林立,感觉进入空中城市。对方翻译走近一个柜员机,放入一张卡片点击几下,呼啦啦一阵声响出来一叠美元,我感到纳闷。格雷公司总部坐落在一片绿荫中,公司门前飘扬着三面旗帜:美国国旗,德克萨斯州旗,公司的旗帜。高高的旗杆插入蓝天,随风飘扬的旗帜发出呼啦啦的声响。

谈判桌上放着中美两国国旗,我们沿着中国国旗一边坐下。一番友好致辞,会谈开始。涉及分配方案时双方出现了分歧，气氛变得凝重起来。双方互不相让，会谈陷入僵局。美方代表史密特抬起双腿放在桌上，脚尖冲着中国国旗和国旗后面的我方团长。我心中涌出一股怒气，想以其人之道还治其人之身。耳边响起了外事司同志的嘱咐："到了国外，一言一行都代表着国家形象，大家一定要举止文明，不要做有损人格国格的事情！"我把脚放在桌上算不算有损人格国格呢？正在犹豫，史密特挪动了一下身子，两腿交叉一翻，所有人无动于衷。我再也抑制不住心中的愤怒，扬起两腿放在谈判桌上，心里说："老子回国后哪怕坐监狱，今天也要出这口恶气！"会场一片哗然，我方代表的眼神里流露出几分诧异，美方代表的眼神里透着几分怒气。我扬起右手，用食指点了点美方代表史密特，一位年长的美方代表朝史密特做了个手势，史密特收回脚，我随即把脚收回。古希腊哲学家亚里士多德认为，任何人都会发怒——那是容易的；但是对适当的人，以适当的程度，在适当的时候，为适当的目的，并以适当的方式发怒——那不是人人都能做到的，而且不是易事。

　　第一次吃自助餐不知如何操作，对方翻译张先生给我示范，我跟着张先生上菜，跟着张先生找座位。一位华人女士拿着餐盘来找我，问："您是管先生吧？"我感到诧异。女士在我对面坐下，说她来自台湾，听公司人说来了一批大陆华人，这帮华人很不一般，尤其我这位翻译，很长华人的志气。没想到我的牛脾气得到这样的好评，难怪罗什福科说：某些缺点，如放在适当的场合，甚至比美德还光辉。饭后，我散步到公司大楼外的草坪上，张先生问我来美国有"什么个人打算"。有人来到美国就不走了，当年这种现象很普遍，接受外事教育时通报过某油田考察团集体"叛逃"事件。张先生问需不需要美元，给太太带点礼品回国。"黄金所造的脚镣，没有人愿意戴上它。"想起这句格言,我谢绝了张先生的好意。我们都想带点美国货回去,只能靠精打细算。吃得最多的是切片面包和香蕉,喝得最多的是可口可乐。发现赵总带着个热水壶,我们改为喝开水,可口可乐也不买了。

美方安排我们参观新奥尔良市区,街心公园有人在奏乐,有人在歌唱,有人在舞蹈,有人在打拳,一派歌舞升平。美国人民原来这么幸福,生活这么多姿多彩。南北战争阵亡将士纪念碑前树木参天,我抬头仰望纪念碑。一行文字在阳光照耀下令人目眩,我矫正了几次近视眼镜还是看不清,就问身边的刘总。他说好像写着:所有这场战争中阵亡的将士永垂不朽!所有的将士!多大的气度呀!战争中死去的人们都是民族的精英,中国的抗日战争是这样,中国的解放战争也是这样。那些为民族独立而牺牲的人们,那些为主义而献出生命的人们,不管共产党人还是国民党员,都是人中豪杰,活着的人不应忘记他们。

美方邀请我们进了一家西班牙餐厅,里面燃着昏黄的烛光,播放着悠扬的乐曲,客人窃窃私语互不干扰。从餐厅出来,经过灯红酒绿的法国街区。一家商店的橱窗里展示着躶体女人,我朝门内一瞥,大厅里有张大床,床上躺着的赤裸女人在昏暗的灯光下亦真亦幻。回到旅店议论起来,有人说是假人,有人说是真人。旅店的通道都关闭着,到接待处一问才知道可用房间的钥匙打开。我拿着钥匙打开一道道紧闭的门,飘来一阵低沉的爵士音乐,一位优雅的女士在演奏钢琴,周围的沙发上坐着闭目养神的男男女女,我不知所措,索性找到一个空位坐下来。这么高雅的厅堂难道免费?我轻手轻脚地离去,把见到的情景告诉刘总,他也不清楚会不会收费。我和刘总都想去听音乐,又怕惹出事端,最后还是乖乖地呆在房间看电视。

  天下起大雨，我担心去杰克逊城的航班取消。美方翻译告诉我，飞机只怕雷电不怕雨。航班沿着密西西比河北上，到达杰克逊城。格雷公司在那里有一家制造厂，车间里排列着各种机床，工人一色鲜艳的工装，人人头戴安全帽。走过车间时，有人旁若无人专心操作，有人抬起头来向我们挥手致意。杰克逊城很小，街上行人稀少，到处绿树成荫，就像走进了公园。行人自觉遵守交通规则，没有车辆也停下来等待红绿灯。路人见我们东张西望，看出是城市的客人，热情地给我们打招呼。在辛辛那提参观石油井架，井架的扶梯涂着厚厚的油漆，没有一块裸露的铁锈，工人穿戴整齐，杂物堆放整齐。经过一座大学，碰到几个中国留学生，到他们的公寓看了看，生活设施一应俱全。美国的消费很贵，留学生尽量自己做饭。望着美丽宁静的校园，来美国留学的愿望更加迫切。我一定要来这里学习，深入了解这个曾经被我痛恨的头号帝国主义，腐朽没落垂死的帝国怎么如此欣欣向荣？

  回到休斯敦，我和副团长胡总另有任务，北京吉普车厂正在和美国"天地公司"会谈技术引进，有个条款委托我们进行修改。胡总做过中国驻罗马尼亚参赞，精通罗马尼亚语，英语一般。总裁布什先生把我们迎进会议室，两位老总相向而坐。一阵寒暄之后，言归正传。胡总拿出合同原件，翻到需要修改的一页：甲方负责在中国境内进行销售，乙方负责在美国境内进行销售，甲方不得把产品销往朝鲜。胡总说最后这句话要修改，布什先生微微一笑，要胡总修改。胡总拿起笔在纸上写下：甲方不得把产品卖给第三方。我照此翻译成英语，布什先生加了一句，拟成如下条文：未经乙方同意，甲方不得把产品卖给第三方。这行文字回避了政治问题，却赋予对方更大的经济权益。胡总问我怎么修改，我拿起笔把最后一句修改成：未经对方同意，一方不得把产品销往第三方。智慧是指用最好的方法去追求最佳目标，我用行动践行了这一格言。

"好！就这样修改！你直接跟他谈！"胡总说。我把条文出示给布什先生。

"你刚才跟胡总说些什么？我不跟你谈，我跟胡总谈！"布什先生不客气地说。

我把这句话翻译给胡总听，胡总把脸一沉，严肃地说："告诉他，你是我的助理！"

布什先生拿出我的名片说："你的名片上写着翻译，怎么一下变成了助理？我怀疑你的身份！"

"布什先生，我们谈的是合同，不是我的身份！我是翻译还是助理与合同无关！"我提高嗓门说。

"按你的修改，美国商务部不会同意！"布什先生换了口气说。

"这个条款是平等的，怎么会不同意呢？合作得好谁也不限制谁，合作得不好可以互相制约，这就叫平等互利！"我分析说。

"你们坐一会，我去给律师打个电话。"布什先生看着胡总说。

"小伙子！到底年轻，反应快，今天立了个大功！"胡总笑着说。

过了半小时，布什先生回来，说他的律师不在。我利用翻译的机会告诉胡总："如果律师不在，怎么去这么长的时间？给他一个台阶吧！"胡总采纳我的建议，假装表示遗憾。布什先生说休斯敦有家湖南楼很有名气，想让我们品尝一下，看看是否正宗。一辆豪华轿车开了过来，布什先生客气地叫我们先上。在国内总把副驾驶让给重要人物，出国考察才知道副驾驶是留给保镖的，我毫不犹豫地坐了上去，两位老总并肩坐在后排。

休斯敦宇航中心，一张巨幅图片引起我的注意。几位古装中国武士把火箭射向天空，解说词说这是人类走向太空的开始。我为先贤的智慧感到骄傲，一想到眼下贫穷落后的国家，内心感到难受。代表团放假一天，大家上街购买礼品，无非一次性打火机、一次性圆珠笔之类的。我们飞往旧金山，转乘中国国际航空公司的航班向东方飞去。此番经历使我意识到：资本主义的美国不像我想象的那么没落，社会主义的中国不像我认为的那么伟大。

飞机在夜幕下降临首都机场，办理完入关手续天完全黑了下来。我们乘坐外事司派来的中巴，到达石油部招待所已经凌晨两点多。大家顾不得洗漱倒床就睡，醒来已是午饭时间，窗前空旷的绿地上有班票友在唱京剧。离开北京不到十天，招待所食堂的饭菜都涨价了。石油部外事司的同志告诉我们，胡总带着我修改的合同条款美方接受了。我们在制造司办公室消化从美国带回的技术资料，开始翻译国际《会计手册》。技术员顾菊青也调来北京，我一边翻译她一边打字复印。

"老管！不要这么认真，译出大意就行了！"刘总看着手稿说。没有修改呀！文字这么流畅，语法这么通顺，我以为修改过了。我为自己的翻译能力感到惊奇，真是"山穷水复疑无路，柳暗花明又一村"啊！我居然有了下笔成文的翻译能力。我反思自己的做法：通读全文了解大意，动笔翻译一气呵成。以自然段为单位，不拘泥逐词逐句。在接下来的会谈中，我把这种方法移植到即席翻译中，果然从容了许多。发言

长篇大论我长篇大论，发言简洁我简洁。我的翻译能力引起了石油部外事前辈的注意，一位头发斑白的老领导问起我的家事，动员我调入北京。妻子和儿子可以同时调来吗？家属可以先调往廊坊。你看外事司的司长老傅，也是从翻译做起的。老领导不但考虑到家属的调动，还考虑到我将来的发展。

赴美考察经费报销完毕，总机厂领导一视同仁，把结余的经费平均分配，每人购买一台日本原装彩电和冰箱，统一型号同一价格。六一儿童节那天，总机厂安排卡车前往武昌南站取货。彩电和冰箱刚刚兴起，儿子以为是他的节日礼物，高兴地蹦了起来。我自费兑换200美元买了块欧米伽女表、一部全频道无线电收音机、一个冰淇淋机、一次性圆珠笔和打火机。我拿着微薄的小礼品去林老师家，她近来身体不太好，想辞掉教研室副主任。她说我在高校的教龄比一些中年老师还长，而且教学效果好，总得到学生的好评，这次借调石油部做翻译，到美国考察，都干得很出色，是最佳的副主任人选。我担心老同志不服，她说："我会支持你工作的！明年还要推荐人读研究生，到时我再推荐你！"我相继拜访了不少同事，把从美国带回的小礼品分给大家。一次性圆珠笔和打火机不够了，就把留下的美元钱币当礼物。同事不计较礼品大小贵贱，更看重这份情谊，毕竟是从美国带回的洋东西。

彭科长随吉普车来接我，说这次上北京可能是我们最后一次并肩战斗了。总机厂和美国人的谈判还没结束，我突然离开对会谈不利。学院嗅到了我调往北京的传闻？怕夜长梦多吧！一到北京又忙碌起来，经常以外事司翻译身份参加各种会谈，我的名字已列入石油部高级技术翻译名录。会谈在北京的各大饭店举行，对手是美国海湾石油公司之类的石油大亨。经过一年的磨练，我具备了职业翻译的水平，不少领导希望我留在北京。

有天休会，大家去逛街。学校已经放假，约好妻儿来北京。我担心妻儿到达，留在招待所。跑了几趟没有消息，再不出发即使收到电报也来不及了。我索性跑一趟碰碰运气，中途转了几次车，花两个多小时赶到北京站。一拨人流从北京站涌出，一眼看见妻子牵着儿子走出来。儿子高兴地大喊"爸爸"，妻子笑着说"电报收到啦"。回到石油部招待所，果然有份电报等着我。我们到接待处开房间，服务员要看结婚证。我指着儿子说："难道这还不能证明吗？"服务员说不行，我说找领导开证明行不行，服务员说也不行，一家三口只好分开居住。以后的日子里，我利用会谈空余带妻儿游览天安门广场、人民大会堂、毛主席纪念堂、天坛、北京动物园、十三陵和长城。儿子一口气上到最高的烽火台，刚过五岁就登上了万里长城。

总机厂设宴邀请外事司和制造司人员，以此方式为我送行。我最年轻，级别最低，不宜专门为我举行告别酒会，做出这一安排可谓用心良苦。徐厂长郑重宣布我要返回学院了，对我做出的贡献表示感谢。外事司和制造司同志纷纷给我敬酒，希望我常来北京。有位同志悄悄告诉我：部里和学院有个约定，工作需要时随时通知我来北京，否则强行把我调往部里。一位老领导走到妻子面前坐下，动员我调入北京。妻子坚持一家人同时进京，老领导说一步到位有困难，许多人都是先把家属安顿在廊坊，即使进不了北京两地也不远。老领导说部里很需要懂专业的翻译人员，要我们好好考虑。屈指一算，我借调石油部参与中外会谈有一年时间，这期间见识了众多的领导和能人，光顾了北京的各大饭店，有幸以中华人民共和国石油工业部代表团的名义赴美考察。这番经历让我大开眼界，所

见所闻所感超越过去多少年。我的翻译能力突飞猛进,个人才华在更大的舞台上得到了展示。石油部领导和同仁看好我,总机厂领导和同仁看好我,学院领导视我为难得的人才。一切的一切令我振奋令我炫目,我预感到自己的职业生涯将更加辉煌。

36　忍辱负重

> 长恨人心不如水，等闲平地起波澜。
> ——唐·刘禹锡

重返校园的我，已经习惯于随口讲英语，成了爱讲英语的青年教师的领头羊；上课时宁可把汉字写在黑板上，也不轻易说出，形成了独特的课堂风格。尼采说：所有高尚教育的课堂里都不能没有各种形式的跳舞；用脚跳舞，用思想跳舞，用言语跳舞，不用说，还能用笔跳舞。学生对你不只是佩服，已经是崇拜啦！家长如此说。我说师资班的教师都很优秀，学生说师资班老师确实都很不错，可总有人能挑出毛病，唯独说到您时挑不出毛病，说您特别会上课。无论您的教学方法还是英语口语都令人佩服，说您的翻译更是一绝。我从美国出版物《读者文摘》上找出关于中国的文章，把政治学习融入英语学习之中。林副主任对我的这些做法大加赞扬，向学院领导汇报说："这样下去，第二届英语师资班大有希望。"

岳父近来状况不好，住在附近的结核病院。学生家长让孩子送来一袋水果慰问，妻子严肃地批评了学生，坚决不收"礼物"。学生无奈地拎着水果往外走，一脸痛苦的表情。我跑下楼从学生的手里接过水果，学生才转忧为喜。忽见徐步芳急冲冲走来，这位原湖北恩施重点中学的高级教师调入学院不久，从武汉开会回来提着一袋资料找我。我要他多帮助我，他说以后他要多向我学习，在我的领导下开展工作。我说不要这么说，我只是个普通教师。他说那还不是早晚的事！我一定支

持你的工作!

傅德福走过来叫住我:"小管,正好要找你,下星期五基础部领导要听你的公开课!"为什么要听我的课?是基础部领导定的!他告诉我荆州地区英语教师选拔赛结果已出,考虑到兄弟学校的关系只给了我第三名。自以为夺冠非我莫属,这个结果出人意料。我问起青年教师进修的事,他说即使有也不会让我去,我想进修的希望几乎等于零!教研室要派两位青年教师到华中理工学院助教班进修,原本派我去的,考虑到英语师资班离不开我,只好另派他人。傅老师虽无一官半职,可他是学术权威。看来我进修的机会遥遥无期,只得另想办法。我跑到图书馆寻找研究生招生简章,制订了一份备考计划。有门"现代汉语"安排在晚上,我打算去旁听。在校园里遇到美籍教师,他问我参加英语教师选拔赛的结果。我说只得了第三名,他不假思索地说:"我以为应该派你去武汉!"外教担任过选拔赛的评委。

我接通知进了基础部办公室,在座的都是领导。总支书记给我捧上一杯开水,我心里热乎乎的。讨论英语师资班的教师配置问题,我没有多少发言权。教研室主任姗姗来迟,把屋子扫视了一下,找个空位坐下。大家正在讨论,他突然站起来,愤愤地说:"这么重要的会议,怎么没有提前通知我?"他两手一甩,扬长而去。林老师站起来,委屈地说:"当这个副主任就像童养媳,大事小事不能做主!"总支书记约我谈话,了解两位领导不和的根源。我分析了两位领导的优缺点,谈了自己对问题的看法,顺便问到职称评定的事。他说:"只要解冻,你评上讲师应当没有问题!"

学院召开教职工大会,会前我拿出英语单词卡片看起来。年过半百的杨道刚老师也拿着一沓英语单词卡片,考倒了好几个青年教师。我收起自己的卡片看热闹,杨老师转身考起我来,一连几张都没有考倒我。"小管不简单啊!你有多大的词汇量呀?""不知道,没统计过。大概五千多吧!""何止五千!我的卡片有几万个词条都难不倒你,我估计你的词汇量不下两万!"杨老师分析起教研室的青年老师,某某勤奋不聪明,某某聪明不勤奋,这两种人都难成大器。然后,他一字一顿地说:"你是聪明又勤奋,不但英文好,中文也好,将来必成大器。"

公开课如期举行,听课的不是领导就是骨干教师。我的讲课一结束,总支书记抢先发言:"要是我们学院讲师的教学水平都能达到小管这种水平就好了!我一看他的名片只是个助教,这次评职称一定要考虑!"总支书记利用这个机会对我赞扬自有用意,林副主任更是不会放过机会,直言不讳地说:"小管任教第二届英语师资班主干课程,学生的同期水平已经超过了第一届英语师资班水平,甚至超过了华中师范学院同期生的水平,我觉得比北京外语学院的学生也差不到哪!"林副主任是公认的学术权威,说话掷地有声。职称评定前夕,我的公开课获得圆满成功,使我踌躇满志。一年的对外技术合作谈判与翻译我势如破竹,历练了外语工作者最具标志性的翻译能力;面对狡诈的谈判对手我不畏权势,敢于斗智斗勇,造就了我面对突发事件应对自如的能力。这番经历重塑了我的性格,给我的肌体注入了新的元素,身在书生丛中而不迂腐。我不再迷信权威和书本,相信正在走向权威之路。国家奇缺高水平翻译人才,我无疑属于这种人才。这种意识解放了我,教学中大胆突破书本的条条框框,把翻译实践中积累的经验体会融入其中,一切为了有利于学生走向职业生涯。

临近职称评定前夕,各种矛盾汇集起来,有时不知问题出在哪。教研室会上又吵了起来，先是互相指责，后来拍起桌子。大家望着年轻的支部书记，我把对自己的嘱咐忘得一干二净，一拍桌子一声大吼，恢复了会场秩序。闹什么呢？就凭岁数大点职称高点不把我放在眼里。我比你们年轻，工资比你们低，职称不如你们，工作总挑重担，受委屈的应当是我！想不通的应当是我！这就是积压在我心底的怨气，这股无名火无意中发泄了出来，发泄得恰到好处，发泄得滴水不漏。

我旁听的"现代汉语"举行考试，我取得了好成绩。任课教师问我怎么把分数转到基础部，我说不要分数，只想检验一下。美籍教师克拉克夫妇说我讲英语带着美国腔，这是我坚持收听《美国之音》的结果。排球精英海曼的逝世，航天飞机"挑战者号"失事，我都是从《美国之音》的节目中得到的消息。美国真是祸不单行啊！我在心里为遇难者祈祷，内心滋生出美国情结，对那片国土充满向往。

放寒假了，我迎来了阅读的大好时光。华盛顿·欧文出身富商，游历英国、法国和西班牙，广泛收集民间故事，写成《见闻札记》。纳撒尼尔·霍桑出身在美国新英格兰地区一个破落的贵族家庭，《红字》使他一举成名。阅读丰富了我的美国文学知识，我把书中的警句抄写下来。儿子在一旁画画，一画就是一整天。我把他的作品挂起来，增添了新年的气氛。一位从事美术工作的表弟来拜年，说儿子有艺术天分。我们拜访了附中的美术教师，儿子和几个小朋友跟着他临摹石膏雕塑。

春回大地，万象更新，我带着师资班学生去荆州北门外郊游。学生借了不少自行车，车后的座驾都搭着人，大家争先恐后展示才能。有的车技高人一筹，有的腿力过人，有人展示厨艺。大家席地而坐，问我最近看了什么书。我把《文体要素》讲给他们听,告诉学生不要以为看懂文章就能翻译,怎样表达和如何表达还要从文体的角度加以考虑。说到读书心得我就忘乎所以,忘了是在野外春游用餐。

人事处发出第二外语考试的通知和备考说明。我大学期间没开设第二外语,全靠自学的积累,就把心中的隐忧告诉了林副主任。她带着我去请教荆州农业专科学校的日语教师郑先生,两届英语师资班的日语课都请他任教。我拿出《现代日语》朗读了几篇课文,郑先生说我发音准确,语调也不错。他说这套教材选得很好,只要把这套教材攻下来,通过中级职称日语考试没有问题。谁知一张状纸告到院长那里,说我在职称外语考试中舞弊。情况属实,我申报讲师的资格就会被取消。院长责成人事处核实,处长听了林副主任的解释,如释重负地说:"这样看来没有什么问题,考试范围是公开的秘密,郑老师说的话没有超出文件的范围。"诬陷者不是别人,正是我的顶头上司外语教研室主任。歌德说过,愚人和智士是同样无害的,只有半愚蠢的人们和半明智的人们才是危险的。我面对的正是这样的人。

我到学生宿舍检查课外学习情况,顺便征求学生对教学的意见。学生说:"给我们上课的每个老师都很认真,不过,我认为都还需要提高。"我要学生给我提意见,学生改换口气说:"啊!这位教师又年轻又帅气!"我不解地望着学生,他说是转述别人的话。学生继续说:"大家都很尊敬您,您在学院的知名度很高,一些刚从外校毕业分配来的青年老师都知道您的名字。"基础部主任和总支书记找到我,向我宣布一项决定:"你被指定为基础部中级职称教育组成员。"暂时还没公布,让我心里有数,配合开展工作。我还没有晋升为讲师,就赋予具有讲师资格的责任。基础部党政一把手同时登门已经难得，何况两位领导的意见常常相左更加难得。林副主任就要出国了，我预感到更重的担子正等着我。来到石油学院几年里，在纠纷不断的外语教研室，她是我真正的领导，真正的依靠。时钟不断敲响，思绪不停翻腾，直至敲过五点才迷迷糊糊入睡。

基础部召开职称提名会，林副主任举荐我。主任立即提出一人，力陈理由说："我的提议有三点依据，第一，他的教学不错；第二，他读过助教班，而且取得了很好的成绩；第三，他在读助教班期间还发表了论文。他正在进行一项课题研究，他和大家的关系也不错。"这位青年教师的确不错，而且和我的关系很好。然而，主任明显针对我而发。我的一大软肋就是没有读助教班，我的第二软肋就是没有研究课题，以他人之长处击我的短处，用心何其毒也？我担子最重、成绩最显著，他只字不提。外语教研室可谓水浅王八多，有人嫉恶如仇打抱不平，有人心如明镜但求无事，有人孤芳自赏言行不一，有人心胸邪恶妒能害人。

总支书记带着姚慧老师来到我家，宣布一项重大决定：根据外语教研室广大教师的推荐，经过基础部领导班子讨论，报学院党委批准，由姚慧同志代理外语教研室主任，由我担任外语教研室副主任。失道寡助得道多助，领导和群众的眼睛是雪亮的。姚老师为人厚道，一下被推到风口浪尖上，忧心忡忡地说："小管啊！我们这叫临危受命！工作难搞啊！"人事处长向我透露："这次你们外语教研室改选，本来想把你推上去的，考虑到你还年轻，职称问题、进修问题都没解决，先做副主任吧！你们教研室太复杂，有那么几个闹事的，一下子让你上去还真招架不住；姚老师在华师做过系办公室主任，有工作经验，年纪又比较大，大家对他也没什么意见，让他干几年带带你，适当时候再把你扶上去。"处长交代说："这是学院领导的意思，小伙子好好干，虚心向老同志学习。"

第二届英语师资班面临毕业分配，我提交了分配方案。院长早就说过要择优留校一批学生，我和学生相处的时间最多，学生的表现都不错，很难区分优劣，唯有考试成绩泾渭分明。几天后传出消息，留校名单有了变化。我感到愤怒和沮丧，基础部领导当然可以做出决定，可也该征求一下我的意见啊！学生指名道姓说谁从中作梗，我不能等闲视之，立即赶往基础部。办公室坐满了人，我在办公室外徘徊，心里五味杂陈。我作为英语师资班的班主任，总要求学生如何做人，关键时刻我们却做出见不得人的事；教育学生光明正大，我们却暗箱操作。我平日理直气壮，关键时刻保护不了学生，面对或明或暗的势力束手无策。遇到难题我出面，分配大权你们做出，这个工作怎么做？真不如不当这个副主任！我一夜难眠，不知如何面对明天。林副主任出国了，我就是英语师资班学生的靠山。

清晨，我带着情绪向户外走去，碰见了晨练的院长。他热情地招呼我，我把师资班的事作了汇报。我强调提交的留校名单是根据历年考试成绩的综合排序产生的，同时考虑了学生的政治表现，按照这个方案谁都没有意见，不按这个方案学生意见很大，闹起事来我没法说服。只要按原方案分配，学生绝不会闹事，即使有人闹事由我出面解决。

下课时，有人等在教室门口，通知我去院长办公室开会。教研室代主任和基础部领导都在，还有人事处长和学生处长。院长点名叫我说说，我把对院长说的话重复了一遍，把留校候选人的情况做了介绍。有人表示同意，有人表示反对，院长发话说："还是按小管的意见办！"没料到我能力挽狂澜，感到自己就像人父救了孩子，革命战士把同志从监狱里拯救出来。然而我也为此付出了代价，一下得罪了三人，一个师资班的学生，一个工作上的朋友，一个顶头上司。毕业典礼宴会上，这位学生借着酒劲戏说我"你好伟大呀"。从中作梗的是位新任处长，我和他的个人关系很好，此后这种关系不复存在。基础部主任从此耿耿于怀，学院破格晋升一批青年教师时，我的名字被他毫不留情地拿下。

世界银行考察团带着一批石油地质专家来学院考察，我担任生活翻译，一位古生物学教授担任专业翻译。会谈过程中出现了戏剧性的一幕，古生物教授翻译后，代表团的团长还不放心，眼睛望着我，我只好再翻译一遍。教授发现专业问题难不住我，干脆撤了下去。世界银行代表团的团长对我的专业翻译极力赞扬，副院长郑基英教授感慨地说："小管啊！只知道你英语好，没想到你还懂专业。"我意识到这类任务将接踵而来，促使我进一步钻研石油科技，外语教师缺乏科技知识，科技人员欠缺文学素养，我要集两者于一身。

地质系一位教授翻译了一篇学术论文，编辑部建议由我复审文稿，这位教授不以为然。这位教授的英语水平的确不错，文稿没有任何问题，不过还是有提高的空间。这位教授看了我修改的文稿，感慨地说："小管到底是搞文字工作的！"来校实习的研究生来到外语教研室联系工作，见面就说："我们班的同学都在打听，外语教研室那位年轻的新任副主任是谁？都说这位年轻的副主任聪明能干！"我可能有些飘飘然了，人事处长找我谈话："虽然你是副主任，院长还是把外语教研室的希望寄托在你身上。但你一定要尊重姚老师，听说你经常一个人到院长那里去汇报，以后要注意，去院长那里汇报一定叫上姚老师。"可见我的行踪又被人盯上了，不然处长怎么会知道呢？

考生已经进入考场，有的老师在教室里监考，有的老师在大楼里巡视。副院长凌克宽拿着英语试卷招呼我："听说有道考题有问题，你快看看，怎么解决！"新班子第一次大考就遇到考卷问题，后果不堪设想啊！凌副院长带着责备的口气说："你们事先没有仔细审查？期末考试可不能马虎啊！"姚主任愣愣地站在我的身边，他的专业是俄语，英语试卷出了问题当然是我的责任。我一看试卷根本没有问题，我出的一道难题还没开考先把老师给考倒了，此人还自以为得意。"凌院长，这个句子没问题！"我故意让所有人听见，更要让唯恐天下不乱的人听见。凌副院长有点难堪，要教务处长把投诉的人叫来。那人很快走了过来，我问他试卷错在哪里，有人看着我，有人看着他。我们就像斗兽场上的对手，互相虎视眈眈，都想置对方于死地，又担心被对方置于死地。他指着试卷说："这个句子残缺不全！"我把句子作了一番分析，哪是主句，哪是从句，哪是主语、谓语、宾语、定语、状语，哪个分词和不定式短语发挥什么作用。那人一脸难堪，不得不说："对不起！我眼睛不好，没看清楚！"都说教育可以改变人，我们都是受过高等教育的人，甚至担任过领导的人，怎么如此卑鄙？教育可以增长知识，却改变不了本性。难怪强调德才兼备又红又专，受过高等教育的人缺德，只会对社会造成更大的危害。伯克说过"权力越大，滥用权力的危险也越大"，千真万确。

郑基英副院长主持会议，传达招收研究生的文件和课程安排。要求外语教研室承担几门高级英语课程，点名由我承担。我自己不是研究生，却要承担研究生的课程。郑副院长说我的水平没问题，顺便告诉我学院已经形成决议，每年派两位外语教师到国外进修,送我出去只是时间问题。这一消息令我兴奋不已,就把研究生教学任务接受了下来。郑副院长留住我和陈胜问:"听说外语教研室最近又闹了一场,什么事啊?"我做了简短的汇报。郑副院长问:"外语教研室究竟什么问题?"陈胜比喻说:"如果有甲乙两套方案,我们要是选甲方案,他就说乙方案是对的,我们要是选乙方案,他就说甲方案是对的,反正我们怎么做都不对!"

噩耗传来,岳父在医院去世。我感到很悲伤,不仅为失去了自己的岳父,更为党失去了一位好干部。要知道他走得这么仓促,一定常去医院看望他。岳父曹家元,日伪时期在大连纱厂从事地下工作。身份暴露后转入部队,随四野大军南下,曾经在宜昌和武汉等地任职,最后在沙市定居下来。先后担任过驻沙市纱厂的军代表,沙市"大办钢铁"总指挥,湖北第三监狱领导等职务。自从来到沙市就没有回过故乡,我为当年策划他回大连的计划没有实现而惋惜。

职称评定尘埃落定,我榜上有名。讲师——我梦寐以求的技术职称,为此付出了十二年的青春年华。英语师资班留校的青年教师开始谈婚论嫁,学习委员和美籍教师相爱,父母坚决不同意。她说这个美国人跟别的美国人不一样,父母说美国总统也不行。这位学生有主见,不顾父母反对,结婚后就移居美国去了。原班长结识了沙市二中一位女教师,父母远在浙江,他把女友带到我家,我和妻子替他把关。留校风波的当事人利用暑假完婚,未婚夫远在新疆。我带着她到街道办事处办结婚证,办事员要我们去找领导。领导目瞪口呆地看着我,我连忙解释,领导哈哈大笑。我对身边的青年教师说:"这位领导是我的老同学!"多年后,这位青年教师成为中国地质大学(北京)副校长、博士生导师。暑假又是我的阅读季节,美国诗人罗伯特·佛洛斯特的名作《未行之路》仿佛为我而作，我把这首诗抄录在日记里：两条道路在秋林中分岔，可惜我不能两条都走。作为旅人，我久久地站在岔口上。极目眺望其中一条道路的尽头，直到望见它消失在林木深处。

诗人的先辈留给他一座农场，本可过着舒适的生活，他却选择了文学之路。我本可以去吉林省委组织部，也可以调往石油工业部，却执着地固守五尺讲台。《未行之路》文字简洁，音韵和美，充满情感，富有哲理，促使我反思自己的人生。工作顺利时觉得自己的选择是对的，受到挫折时又常怀悔恨，如果选择了从政之路，就不会受小人气，也不会为改变学历苦苦挣扎。年复一年好像有所作为，又好像一事无成。有时感到生活充满阳光，有时觉得空虚无聊。《生命的意义》中有段话富有哲理：生命犹如一条长链，从无知到有所知，从有所知到理想，从理想到热情，从热情到奉献，组成了生活的第一链条。此后，人会遭遇打击，打击使人失望，失望使人愤怒，愤怒促使人追求理想，理想无望就变得冷漠，冷漠导致消沉，再到导致彷徨，由此构成了人生的第二链条。如果能走出彷徨的阴霾，人就变得头脑冷静，甘于奉献无所求，形成了完美的人格。我好像走在第二链条上，必须勇敢面对。

37 多事之秋

袈裟未着愁多事，着了袈裟事更多。
——宋·杨万里

青年教师培养工程启动了，仅外语教研室一下就派出五人，有的去了英国和美国，有的去了国内著名高校。有人说我只会为他人做嫁衣，等进修的青年教师回来就会被取而代之。我带着怨气找到人事处长，问何时派我出去。处长说："学院领导非常器重你，早就把你列为重点培养对象。眼下林老师去了美国，外语室总得有人顶住啊。"我只是教研室副主任，怎么就能把教研室顶起来？处长认真地说："章院长非常信任你，本想让你做主任的，考虑到外语教研室复杂，就把姚老师抬出来，也好缓解你的压力。姚老师人缘不错，让他带你几年，外语教研室主任这把交椅早晚还是你的。"

湖北省举行大学生英语竞赛，石油学院搞了一次选拔赛，我任教不到一年的班级获得团体第一。数年前我执教快班取得佳绩固然可喜，同事还是不太服气，这次比赛不分年级，我的学生还在读一年级就一举夺魁，同事们不得不服。老主任的班级也不错，庆功大会上基础部主任对他大加表扬，对我却只字不提。教学秘书递给我一封信，撕开一看是《科技英语学习》编辑部来函，我的一篇文章即将发表。物理教师王域辉热情地招呼我："小伙子！不错啊！经常在《科技英语学习》上发表文章！"我说："您怎么知道的？"他说："我是《科技英语学习》的忠实读者，每期都看，发现最近一期又有你的文章。"

　　生活有了新目标，揪心事就搁到了一边。在外文书店看见《奈达论翻译》，我就蹲在一个角落看起来，书中阐述的"等效翻译"和"读者效应"吸引了我。我就是这么做的，没想到有人做了深入的研究，谭载喜和奈达的名字深深印入我的脑海。《读者文摘》登出一篇中英对照短篇《奇遇在科克河畔》，情节离奇，寓意深刻，语言优美。我一口气读完后对狼性有了新的认识，原来恶狼也有人性，而有些人却有狼性。当我阅读译文时感觉大打折扣，便把小说做了重译，译稿一经寄出，《少儿》很快刊登出来。我沉浸在发表文章的喜悦中，有空就写。我的手稿没有涂改的痕迹，修改一个字也把全文重抄一遍。《上海科技翻译》对我的文稿几乎没做任何修改，这篇文章非同往常的经验总结，从理论的角度探讨了翻译的本质：一种语言的表层形式是为该语言自身的深层结构服务的，两者在一定的语境中实现了契合。但是，当原文的某种语言形式移植到译文中，其契合程度不如原文时，只好根据原文的深层语义关系，去创作在相同的语境条件下适于展现原作的那种契合关系的语言表现形式，使译文在思想内容、行文的美感、逻辑层次等方面尽可能神似原作。

　　杨道刚老师到北京出席学术会议，有所高校要编写翻译教材未找到合适人选。杨老师推荐说："我们那里有位青年教师在翻译上很有一套，可担此任。"这是一本引进教材，已有两种翻译本发行。我从等效理论与读者效应的视角进行处理，得到了用书单位的高度评价。有所著名的电子学院聘我做学报编辑部英文责编，地方政府或企业经常找我承担翻译任务。一天夜晚我正在家备课，院办主任拿着政府的红头文件，要我连夜翻译出来，第二天市政府要提交给世界银行考察团。偌大一座城市舍我其谁！一种自豪感在胸中涌动。我伏案翻译一气呵成，凌晨两点拿着手稿赶到院办，打字员果然一直等着我。第二天院长打电话到基础部，说我为学院又争了一次光，当地政府对我连夜高质量完成任务表示感谢。

我把翻译中的疑难做成卡片，积累起来写成文章，许多模糊的意识在写作过程中变得清晰，许多翻译时的直观感受衍生出文章的精髓。我把写好的文章放下，过段时间再看再改，直到无可挑剔才寄出去。一位爱挑毛病的学生评论说："管老师的文章简直没有一句废话，甚至连一个废字都没有！"教学，翻译；翻译，教学：我乐此不疲。成功的快感不断激起我的写作热情，许多绝妙的表述常常在无意中冒出，这就是所谓灵感吧？灵感是一种超然的思维体验，是苦思冥想摩擦出的智慧之光。激情喷发时，一篇文章还没结束，另一篇的思路已经衍生。秘书送来一封信，是《大学英语》编辑部的来函：现将尊稿校样寄上，请校对，并于四月二十日前将校样寄回本刊编辑部李安林同志收。我的心弦又一次拨动，我的激情又一次燃烧。《我的朗读训练方法》是自己的独创，我为自己的独创被学界接受而得意。几天后又收到了《科技英语学习》编辑部的来函，我的《一种冗繁主语的英译》即将刊出。两篇文章在不同的刊物上几乎同时发表，无涯的学海为我开辟了畅通的航道。我的一篇英文稿也被《中国日报》（英文版）采纳，好事成三啊！刚从美国回来的林金婉老师对我连续发表论文大发感慨："小管又为青年教师树立了一个好榜样！"

姚惠主任开始筹划外语教研室的创收，把眼光投向华中师范学院，我随他走进这所著名学府时心情很不平静。这里曾是我神往的圣殿，此番我将和圣殿的神仙们平起平坐。姚主任曾在这里就读和工作，我们受到热情接待。两天协商下来，达成合作开设外贸英语的协议。"华师"作为甲方制订教学计划，监控教学质量，颁发毕业文凭，收取管理费；石油学院负责招生及日常教学管理，实施教学过程。我作为乙方外语教研室的副主任，是协议的实际执行者。消息一经传开，外语教研室火了，几天工夫就招满了学生。一位家长担心孩子不被录取，托熟人来家打探消息。我查看了一下考试记录，这位考生成绩不错。家长拿出一个红包往我手里塞，我有点不知所措又有点得意忘形。这种意识很快消失了，我坚决不收，和家长推搡起来，妻子加入进来才把红包退了回去。如果收了红包，就在家长面前失去了教师的尊严，怎么面对学生？我的处境并非外人眼里那么风光，多少只眼睛在窥视着，战战兢兢还唯恐出错，哪敢授人以柄。

开学典礼在物理楼的阶梯教室举行，师生聚集一堂，不少家长也来了。基础部主任主持会议，华师外语系主任致辞，学生处长代表院领导祝贺，姚主任介绍合作办学的来龙去脉。轮到我发言时，我望着台下的学生平静地说："同学们，我为你们能考入华中师范学院和江汉石油学院联合招生的外贸英语班表示祝贺！"学生热烈鼓掌。我介绍了外语教研室的师资，简述了举办两届英语师资班的历史，列举了江汉石油学院在历次全国大学英语考试和湖北省大学生外语比赛中的名次。我越说越激动，最后提高嗓门说："如果说江汉石油学院是湖北高校一颗正在升起的新星，华中师范学院则是雄踞湖北高校前列的著名学府，这样两所大学的结合，一定会结出丰硕的果实！"场内爆发出一片喝彩声，"铁嘴"学生处处长握住我的手说："小管啊！发言很有煽动性哟！以前就听说你口才不错，今天总算见识了。"

外贸英语招收80位学生,分成两个自然班。我担任一班的班主任,承担该班的精读课,把二班交给复旦大学毕业生陈燕。陈燕老师不负众望,很快就赢得了学生的好评。有人说我是实力派副主任,把外贸英语班的全部工作包了下来。一个学期很快过去了,华师外语系对我们的工作非常满意。春季开学时,我完全和外贸英语专业的学生打成一片了。白天给他们上课,晚上带他们学政治,周末带他们搞活动。学生遇到难处找我谈心,学生进城办事借我的自行车。清明节,我带着学生郊游玩了整整一天。

一路风尘,满目春光,沿途的田野怒放着金黄色的油菜花,我一边欣赏景致,一边回想领导的嘱托。河南油田为准备参与对外合作的工程技术人员培训英语,石油天然气总公司指定由江汉石油学院承担此任,点名由我执教。中国有十多所石油院校,单点江汉石油学院,单点我的名字,我不由心旷神怡沾沾自喜。途经襄樊,古城依旧,勾起我怀古的思绪。天色将晚,我住进了一家旅店。在朦胧的夜色中沿着大街散步,观赏古老的街道楼阁。到了古城的尽头,在一家小食店吃了面,沿路返回旅店。半夜,房间突然亮了,来客连忙道歉。来人是个体户,做生意发了财,拎着一箱现金。没有空房间了,挑中了我入住的房间。我问为什么?他说:"现在这年月出门在外,谁都不相信,我一看您是老师,我就相信你们老师。"

经过隆中古道,诸葛亮火烧新野的典故浮现在眼前,客车发动机的轰鸣仿佛变成千军万马在古道上厮杀。我把这种感受写进给外贸英语班的信中:经过古隆中本是一件平常事,我的胸中却激起了无穷的波澜;不熟读《三国演义》,不熟悉三国人物,就不会涌起这种情怀。我希望通过这种方式引导学生看书读书。路过油田的公共浴池,布告栏上写着油田职工免费。看门人说我不是油田的职工，正说着来了位长者。长者看了看我的工作证，对年轻的看门人说："收什么费！石油工人是一家！"晚上，周副局长带领学员为我接风。班长很年轻，是采油工艺所主任，都说他羽毛球打得好。副班长秀气漂亮，脸上总挂着笑容。生活委员是周副局长的夫人，待人谦和，大家都叫她"大姐"。周局长说这批人就是油田对外合作的班子，要我把他们的英语听说能力搞上去。

培训班设在招待所二楼的小会议室，油田教育处提供了一本《石油英语900句》。教材太简单，我决定自编一本《石油工程师英语》，把编写大纲发给学员，要求大家提供素材。我交代学员说："你们将来在合作中要谈什么，就给我提供什么；你们在会谈中要讲什么，我就编写什么。"学员提供的素材有外国公司的英文资料，有石油工程方面的英语文献，有的干脆把会谈可能出现的内容写出来，我翻译成英文编入教材。油田技校教务处指定一名打字员负责打印手稿装订成册，一本《石油工程师英语》自编教材很快出现在学员的手上。教材以我参加对外合作的过程为线索，从"迎接代表团"到"签署协议书"，将《石油英语900句》融入到教材之中。数年后，河南油田教育处以此为基础出版了《石油工程师英语》。有人建议我打官司，我采取了不屑一顾的做法。我把课堂设计成现场，围绕真实的问题展开讨论，在讨论中学习英语。我在课堂上只讲英语，学员感到压力很大，但他们都有使命在身，又有一定的基础，很快就跟上了我的节奏。学员说早这么学就好了。

下午课后，学员到一墙之隔的技工学校搞体育锻炼，我继续留在教室备课。周副局长从他夫人那里得知后，担心我把身体搞垮，把叫我去打球锻炼的任务交给了班长。班长到时就拽着我去打羽毛球,跟他打了一段时间,我的羽毛球技还真有些长进。运动场上巧遇了在西南石油学院进修时的两位"同学",久别重逢分外亲切。两位同学毫无歧视"工农兵学员"的意识,热情安排了一次丰盛的家宴。我本不胜酒力,情之所至,干掉了两瓶啤酒。

恰在这时石油学院来急电,通知我立即返回,准备去北京办理出国手续。我日夜兼程返回石油学院。基础部领导给我写了一份证明材料:管新平,男,现年36岁,中共正式党员,现任外语教研室党支部书记,拟赴美进修,请办理有关手续。该同志对社会工作和教学工作都积极肯干,认真负责,效果好。他政治思想素质和表现都很好,曾先后被评为"双文明"先进和优秀共产党员。他业务上肯钻研,先后在各种刊物发表文章多篇。他是基础部重点培养的骨干教师之一。该同志在这次学潮到动乱到在北京发生反革命暴乱期间,他不信谣不传谣,他没有参加游行也没有参与张贴大小字报,他没有过激言行。不但如此,他还坚守教学岗位,并深入到学生和教师中去做思想工作。实际情况表明,他在思想上和行动上与党中央保持了高度一致。

人事处长语重心长地说:"小管啊!这次能派你出去可不容易啊!院长和书记都替你担保了,去了国外好好学习,一定要按期返回啊!有人说千万不能放你出去,出去了就不会回来,你可不能辜负我们对你的希望啊!"我在图书馆查阅资料,到新华书店买书籍,对英语国家的专业设置、注册学生数、留学生比例、对外语的要求以及学费和生活标准进行了全面了解,从中选出十所高校。国外高校要求至少两位资深学者的推荐信,我请林金婉教授写了一封,请著名学者秦秀白教授写了一封。

同期批准到国外进修的还有首届英语师资班毕业留校的青年教师肖陆锦，我们相约到医院接受体格检查，在五官科遇到了姐夫的嫂子，一位曾经的女军医，嫁给了曾经的空军飞行员。我对军嫂夫妇一直怀着敬意，她听说我要出国进修，表示祝贺的话语中带着羡慕。我和小肖的各项健康指标都很好，两人都是O型血。医生开玩笑说："你们到了国外，万一遇到紧急情况，可以互相输血。"英国的埃克塞斯大学同意我去做助理研究员，提供研究经费。美国的肯塔基大学同意我去做研究翻译，刚从那里回国的同事帮了忙。美国新英格兰地区的圣迈克尔学院同意我去读硕士课程，我便选择了这所学校。江汉石油学院隶属石油工业部，虽已改名为中国石油天然气总公司，业内人士还是习惯叫"石油部"或"部里"。

八月的北京骄阳似火，我心里也燃烧着一团火。赴美进修是多少人梦寐以求，访问学者像一道耀眼的光环，我的心里充满阳光。出国手续有一套程序要走，有许多公章要盖。我们在北京城四处奔波，资助证明在财务司，兑换美元在中国银行总部，预订往返美国的机票在中国民航。有位中年教师因手续繁琐搞得身心疲惫，一气之下放弃出国进修，在校园被传为美谈。有人说非脱三层皮，不到精疲力竭不会办完。

狭窄的秀水街店铺林立，我们无暇顾及这些，进了门前飘扬着星条旗的美国大使馆。签证大厅里安静得令人窒息，申请签证的人排着长长的队伍，偶尔有人轻声低语。据说签证官也有指标，每天必须拒签几个，就看谁的点子低。听到这种说法，谁的心里都不踏实，担心厄运降临自己。签证官是位金发女士，她一边检查我的证件一边提问，笑着夸我英语不错。我说去过美国，她问什么时候去做什么，我滔滔不绝以掩盖心中的紧张。

"你怎么有两份资助？"签证官问。

"还有学校的资助！"我不解地回应。

"你自己看吧！"签证官把IPA-66表格给我看。

我后悔自己太粗心，没有事先注意，只得说钱多好啊！签证官说必须退掉一方，我本想退掉国内的资助，又担心节外生枝，还是退掉了国外的资助。"你怎么少一张照片？"签证官问。我翻了翻随身携带的军色挎包，一无所获。签证官微微一笑："你的资料都齐了，就差一张照片，赶快去照吧。我给你写个字条，补交照片时不用排队，直接来找我！"我心里踏实了，连忙赶往附近的照相馆。再次来到签证处时，凭着这张字条直奔窗口。

等待护照的日子，我们在石油部接受培训，学习西方礼仪，了解西方的风土人情，加强外事教育。取回护照后返回湖北做出国准备，我和小肖成了校园的舆论中心，走到哪里都有人主动搭讪。从国外回来的人主动传授经验，没出去的人流露出无比的羡慕，有人嘱咐我学成归来，有人鼓励我留在国外。

38 羁旅北美

花径不曾缘客扫，蓬门今始为君开。

——唐·杜甫

出发的时刻到了，妻子带着儿子把我送到校门。陆续来了送行的人，有领导有同事有学生，常闹别扭的同事也来了，不管平时有什么积怨都化解在心中。亚里士多德说过：品格高尚的人不怀恨，一个伟大的灵魂的标志并不是牢记自己所受的屈辱，而是忘记它们。学院安排的吉普车来了，送行的人们帮我和小肖把行李放上车。人事处长紧紧握住我的手，使劲摇晃着说："一定要学成归来啊！"吉普车慢慢驶离校门，送行的人们还在挥手。我心里发誓般地说："我一定会回来的！"

次日下午到达北京火车站，乘上石油天然气总公司的外事专车，直奔首都机场。傍晚时分，航班凌空而起，向太平洋彼岸飞去。我提醒小肖不要贪吃西餐冷饮，她满不在乎地说在家训练过，身边坐着的美国老太太冲着我笑。小肖有意找美国人同坐，利用飞行时间训练口语。我回到座位思考如何以访问学者的身份攻读学位？怎么说服领导同意我延长期限？决不能错过这千载难逢的机会！一定要把硕士学位拿到手！人事处长强调如期回国。我该怎么办？领导无非怕我留居美国！我拿着学位回国有什么不好！打开面前的电视屏，心乱如麻，什么都看不进，迷迷糊糊地睡着了。

有人打开窗子发现天已大亮，机舱里发出诧异的唏嘘声。航班徐徐降落，广播说：早上好！这里是美国西海岸旧金山，1989年12月23日上午9点30分。我按照广播提示，调整手表的时间。小肖一脸疲惫，无精打采，同座的美国老太太说小肖的肚子吃坏了。我伸手到拎包里找黄连素，小肖说已服过不管用。人在江湖，无可奈何，我扶着她走出机舱。入境大厅人头涌动，我们拉着沉重的行李箱亦步亦趋。箱子里装着四季衣服、床上用品、碗筷餐具、菜刀菜板。海关人员示意小肖开箱检查，不断问这问那。前后折腾有15分钟。

"祝你圣诞快乐！"后天就是圣诞节，我向检察官打招呼。

"祝你圣诞快乐！"检察官微笑着回应。

"你是第一次来美国？"检察官问。

"第二次，一九八五年来过一次。"我借题发挥，"美国是个美丽的国家！我喜欢美国！"

"圣买克尔？八个月？"检察官问。

"对，八个月。"我回答。

"签到九月底，怎么样？"检察官笑着问。

"谢谢！"我回答。多签一个月对我太重要了，真希望签上一年，又怕画蛇添足，没敢贸然提出。

我们拉着沉重的行李箱艰难前行，拐了几道弯，来到一个岔道，一边通往纽约方向，一边通往芝加哥方向。出国前想的是怎么利于学业，此时此刻才想到彼此有个照应多好啊！我顺着路标找到前往纽约的登记处，两件行李托运掉一身轻松，悠游在如潮的人流中。举目望去人海茫茫，无人理会自己，无人在意自己，一种孤独感涌上心头。想起在国内的人事纠纷，才意识到没有朋友是痛苦的，没有敌人也很无聊。轻松的感觉里居然暗藏着孤独与无助，这是不曾想到的，难怪王尔德说:"社会非常有趣,置身其中实在令人厌烦,置身其外简直是场悲剧。"一个熟悉的身影映入眼帘,仔细一看正是小肖。她拉着沉重的行李艰难前行,一脸迷茫,眼里噙着泪水。我心里咯噔一下,立即迎上去,她一把抓住我,放声哭出声来。

"小肖,不要这样,控制住情绪。"我找不到合适的言辞,"我们去同一所学校吧?"她抹了一把眼泪说:"管老师,你快走吧,不要为我着急。"此地不可久留,只得再次告别。走出几步,回头一看,她还站在原处,又一声大哭。我回身走向她,伸开臂膀相拥在一起。路人各行其道,无人在意我们。

"一到学校,我就给你打电话!"我松开她说。

"我们保持联系!"她回答。我们再次告别。

我们既有师生情谊,又有上下级关系,此时同处异国,我感到自己负有某种责任。想到这里,我止住脚步,低头看了看表,离登机还有一段时间,索性回身赶上小肖,帮她拉起一件行李往前走,一直把她送到前往芝加哥航班的登机口。我告诉验票员,小肖是第一次出国,飞机上把肚子搞坏了。验票员要我放心,会安排人员一路照顾。我转身回到自己的登机口,准时登上了飞往东海岸的航班。

晚上九点多,肯尼迪国际机场大厅人头涌动。我取出行李,找到一个还算安静的角落,拿出克劳斯夫妇给我的字条,一个义工组织来机场接我,提供一宿的免费住宿。麦克风里好像在呼叫我的名字,大厅里太嘈杂,声音时隐时现。我一手拉着一只旅行箱,肩上扛着大背包,胸前挂着随身挎包,朝喊话的方向找去,虽是寒冬季节已浑身大汗。迎面来了位中年男子,接过我的两件行李,回身大步流星。我只要慢一点,来人就会脱离我的视线，只得快步跟上。来人转弯抹角，进到一个停车场，找到他的车，把我的行李放进尾箱，拉开车门让我上车。他是当地出租车司机，专门迎候来自大陆的客人。我说有人来接我，在大厅里等着，叫他把车停下。他说大厅里到处都是人，上哪去找，再说夜已深了，还是早点休息，免得误了明天的航班。我已疲惫不堪，就不再坚持。纽约还是灯火辉煌，人行道上的积雪清晰可见。出租车穿过几座立交桥，转入一个狭窄的街道，停在一家华人小旅店前。司机收取50美元车费，帮我把行李拉进旅店。店主收了50美元房费，叫我放心睡觉，到时叫醒我赶航班。我顾不得洗漱，倒头便睡。一觉醒来，已是清晨，离登机时间不多了。我急忙穿好衣服，拉上行李走出房间，抱怨店主没叫醒我。店主连连道歉，叫来一辆出租车，帮我支付了车费。

　　出租车再次穿行在纽约的大街上，又过了几道立交桥，到达肯尼迪机场时天色已经大亮。我跑向航班登记处，柜台边已空无一人。我办理了登机手续，拉着行李去找登机口，麦克风不断呼喊着我的名字。候机大厅太大，好像没有尽头，我一阵疾跑一身大汗。迎面来了一位金发小伙，帮我拉起一件行李，我跟在后面急追。到达登机口时舱门正徐徐关闭，我眼睁睁看着US612航班慢慢移动，脑子嗡嗡作响。美国青年要我别着急，朝机场服务处走去。几分钟后，美国青年回来了，微笑着说问题解决了。他帮我拿起行李走到服务处，机场人员看了我的护照和机票，递给我一张前往伯灵顿的机票。我问票价多少，机场人员说免费。小伙子一直把我送上出租车，我再次穿越纽约市区，在拉瓜地机场登上了804航班。

　　航班降落在佛蒙特州首府伯灵顿，美国东北角的一座边城，机场不大，秩序井然。我取到行李，走到一个僻静处，拿出克劳斯夫妇的第二张字条。联合国教科文组织派出的援华教师克劳斯夫妇家住这一带，字条上写着罗伯特·杰克逊的名字、家庭住址、电话号码和约定的见面地点。我误了原订的航班，拿着字条直发愁。一位金发女郎走过来，问我需不需要帮助。我把字条给她看，道出心中的疑虑，她说那位朋友没见到我是不会轻易离开的。一辆私家车缓缓停在我们面前，女士对他丈夫说了几句，热情地招呼我上车。伯灵顿的早期移民来自法国，市内建筑古朴典雅，点缀在白雪中格外耀眼。车在街上转了几个弯，停在一个路边公交站，车站有个顶棚，三面有隔板。我告别了两位热心人，把行李放在一条长凳上等待。

一个小时过去了，不见来人。两个小时过去了，还是不见来人。车站的人越来越少，最后只剩下一位七十多岁的妇人。我越发焦急，难道杰克逊先生走了？还是我找错了地方？大雪纷飞，寒风凛冽，不时有雪花飘进来。我上穿羽绒服，里面套着毛衣，下穿皮裤，里面套着毛裤，还是凉飕飕的。远离祖国，举目无亲，心里更加冰凉。我把行李紧紧搂在胸前，行李上溢出家人的体味，夹杂着祖国泥土的芳香。我伏在行李上，不知不觉睡着了。

睁开眼时天已黑下来，一看表才知已经睡了两个多小时。雪拼命地飘落，风猛烈地吹刮，寒气袭人。老妇人说："他醒啦！"一对中年男女走近我，问我从哪里来到哪里去。老妇人说天黑了，不能让我一人在野外过平安夜，要我去她侄儿侄媳家，再帮我联系杰克逊先生。雪花从空中猛烈地飘落，仿佛把天地连成一片，雨刮器疯狂地摆动，前方的路若隐若现。车里坐着三位素不相识的美国人，在我一筹莫展的时候伸出援手，一股暖流透过全身。美国啊！处处有雷锋。汽车拐进一条狭窄的街道，进入一片住宅区，在一栋独体房子前停下。三人热情地把我迎进屋，客厅的壁炉生着炭火，暖烘烘的。老奶奶要我快去洗个澡换换衣服，嘱咐她侄儿打电话帮我联系。

我从浴室出来时，茶几上放着一杯热咖啡，摆着几样水果和糕点。老奶奶说我一定饿坏了，不要客气。我端起咖啡喝起来，吃了几块饼干，靠在沙发上睡着了。睡梦中听见有人说话，睁眼一看，客厅里来了一位绅士派头的中年大胡子，身边有个不满十岁的秀气男孩。大胡子紧紧握住我的手，说他就是罗伯特·杰克逊。我心里一阵激动，就像见到了亲人。大胡子说小男孩是他儿子卡勒布，我伸出手来握住一只稚嫩的小手。父子两人早早到了约定的车站，等了很久不见我来才离开，刚到家就接到电话，不顾风雪交加赶来接我。两家互不相识的美国人像老朋友一样亲密地交谈，商量好对我的下一步安排。离别时两家人互相留下电话号码，老奶奶说圣迈克尔学院就在附近，开学后一定要常去她家，有什么需要就告诉她侄儿夫妇。

新英格兰地区山峦起伏，厚厚的积雪连接着天穹，黑夜中的原野披着一层神秘的雾霭。我坐在副驾驶座上，想着一路的行程感慨万千。远离祖国，举目无亲，两家热心人仿佛从天而降，我受宠若惊，美国人多好啊！杰克逊先生家住南诺亚敦，一座远离尘嚣的小镇。女主人凯西·杰克逊开门迎接，一个五岁模样的女孩站在身后。女孩活泼可爱，叫瑞萩，门牙掉了一颗，说话不关风。餐桌上摆满了可口的食物，每套餐具前燃着一根蜡烛。这情景酷似中国的除夕夜，我有一种回家的感觉。主人拿出圣诞礼物，打开一个，女孩发出一阵惊呼。我把带来的礼物发给大家，女孩见到景泰蓝手镯又一声惊呼。女主人说手镯太漂亮了，留下送给导师，我说另有准备。女主人说不要把手镯送给女同学,怕引起误会。杰克逊先生指着三个包装漂亮的纸包要我猜,我一个个打开,一件也没有猜对。第一个纸包里装着一盒巧克力花生豆,第二个纸包里装着一副纯棉手套,第三个纸包里装着一件纯棉T恤,都是给我的。

主人看我疲惫的样子,叫我先去休息。楼上有三间卧室和洗漱间,夫妻一间,儿子一间,女儿也占一间。上面还有层阁楼,堆放着各式玩具,大沙盘里有一条蜿蜒的模型铁路,轨道上停放着一列火车。沙盘边有一张床,是为我搭起的。主人下楼去了,我一头躺倒,感觉晕乎乎的,是旅途疲乏还是路上受了风寒,自己也不清楚。想起上次来美国预防感冒的经验,到二楼的洗漱间洗澡,把水温调得高高的,出了一身大汗,回到房间感觉好了一些。多年走南闯北养成了见床就是窝的心理,加之疲惫不堪,我一倒床就睡着了。

一觉醒来已是次日中午,家里来了一位中年妇女,带着个小女孩,是主人的邻居,应邀来吃圣诞午餐。主人家开放式的厨房连着客厅,我坐在餐桌前能看见女主人做饭。厨房干干净净,没有油烟味。女主人从橱柜里拿出一个精致的纸盒,里面装着大米,纸袋上有详细说明,下多少米放多少水,用多大的火,煮多长时间。我感到不可思议,说我们中国人做饭从来不需要说明。女主人感到好奇,说一定找时间见识一下我的厨艺。饭后,女主人带着我和两个孩子在镇上遛弯。一溜的木板屋,形成一条狭窄的街道,沿着山脚延伸。山上覆盖着皑皑白雪,一条铁路沿山脚穿过。街头有座小教堂,附近有个小邮局和小商店。沿街的屋子都是独体结构,屋后都有院子。几户人家的门前摆放着案板,出售农产品和旧家电,却不见卖主。女主人说商品上有标价,谁要付钱拿走就行。我突然感到头晕,回到主人家中上楼休息。

清晨起来，感觉好了许多，我随一家人驱车前往他们常去的教堂。飞雪中的山丘苍茫荒凉，路上不见行人，偶尔开过一辆车，才感到这世界还有人烟。杰克逊先生说来到美国不能只学英语，去教堂可以结识道德高尚的教友，读读《圣经》可以学到许多做人的道理。先生的话听起来似曾相识，就像国内的政治教育。我们一进教堂，教友们热情地迎上来。杰克逊先生介绍说："这是我的朋友管新平先生，他在中国是英语教师，从事教学十四年了，这次来美国读硕士学位，现在住在我家。"大家和我一一握手，杰克逊先生一脸得意。大家围坐在一起喝饮料吃饼干，然后学习起《圣经》来。宣讲人读一段停下来大家讨论，和国内的政治学习异曲同工。教友都比我年长，学得都很认真。回家的路上，我感到阵阵恶心，真想马上回国，何必在这里受洋罪。想起远在美国西北的同事，她现在怎样呢？回到主人家里休息了一会还是不舒服，从药箱拿出一片头疼片服下硬撑着进餐。恶心的感觉还是没有消除，菜肴非常丰盛，我却没有口味。主人发现我身体不适，让我在家休息了几天。

第六天清晨，感觉好了许多，自告奋勇做了个土豆烧牛肉，吃得有滋有味，主人说我已战胜了时差。晚饭时女主人做了意大利皮萨，我口味大开。体力恢复了，意识清晰了，乡情随之而来，夜深人静时妻儿就浮现在眼前。我本应陪在他们身边享天伦之乐，却不远万里来进修，好像不进修就活不下去，果真如此吗？我突然思忖起这个问题，提笔写了一封家书，挨到天亮到镇上邮局投递。杰克逊先生带给我一封信，接在手里一看是来自美国乔治亚的，在江汉石油学院任教的克拉克博士夫妇已回到美国，邀请我去他们家做客。我借着主人的电话对克拉克夫妇表示感谢，说学习一定很紧张可能没有时间。克拉克先生鼓励我拿下学位，经费上遇到困难就告诉他，如果确实没有时间，他们就开车到学校，一定要在美国见我一面。

杰克逊夫妇准备去中国教书，请我给两个孩子教汉语。一家人对我如此热情，正愁无以回报。两个孩子很聪明，几天后就学会了不少汉字。小镇没有学校，两个孩子在家接受启蒙教育，父母轮流上课，现在又多了个中国教师。儿子学得比较认真，女孩有点调皮，几次遭到父亲呵斥。女孩闹起情绪，父亲就罚她去自己房间反省，我几次想安慰女孩，都被主人婉言谢绝了。家庭启蒙教育得到社会认可，小孩上学根据测试结果录取到相应年级，不是都从一年级学起。杰克逊先生制订的教学计划开设有小学低年级的所有科目，就是没有政治课，可是有《旧约》。一家人吃饭时要祈祷，入乡随俗的我也照此办理。家里没有电视，说电视不适合孩子，对视力对身心都不好。

周末又到了，我随一家人去教堂。内外温差很大，进门处有排衣架，我们把外衣脱掉挂在上面，穿过一条走廊进到温暖的客厅，一张长桌上摆放着饮料和饼干。还有一个空碗，有人悄悄往里放钱。我从口袋里摸出一美元，被杰克逊先生止住了，他说已代表全家放了钱。过了一会人员到齐了，全体起立唱圣歌。大家坐下后，主持人宣讲起《新约》来，不时停下讨论。站在一起的人形成一个小组，大家轮流发言。发言者回顾一年发生的家事，有喜有忧。说到喜事大家祝贺，说到伤心事大家祈祷，说到麻烦事大家帮着出主意。返回的路上，杰克逊先生一边开车一边说，不是所有美国人都信教，不是所有信教的人都相信上帝的存在，但都能从《圣经》中获得精神陶冶和心灵的慰藉，生活中发生变故甚至灾难后可从《圣经》中得到解脱。听先生这么一讲，联想到在教堂里的所见所闻，我觉得教堂很像国内的工会。

经过一座繁华的小镇，杰克逊先生把车停在一家理发店前，说我后天就要去圣迈克尔学院报到了，要我理个发以新的面貌迎接新的生活。我谢绝他的好意，他说父子两人也要理发，我才同意了。店主热情地招呼我们，显得像熟人一样。听说我来自中国，店主把我视为嘉宾。理发过程中，店主和杰克逊先生拉起了家常。以前听说外国人不问家事，情况并非如此，也许小镇人和大都市人不一样吧。中国如此，美国也如此。从理发店出来，继续开车前行，在一个村舍里见到了大卫·蒙塔古一家人。蒙塔古先生个子不高，长得很结实。夫人南希高出他一头，家有五个儿子。杰克逊先生说是五只老虎，大儿子去了部队，是现役军人。

雪过天晴，空气清新，山色如画，令人心旷神怡。我完全度过了时差困难期，又结识三家美国朋友，孤独感消失了，无助的惶恐驱散了，对即将到来的学习充满了信心。杰克逊先生带我参加社区晚会，一人弹起吉他，大家跟着合唱，接着读起《圣经》来。转入讨论时，有人说亲人得了重病，大家就为这家人祈祷。杰克逊先生说我马上就要开学了，当务之急就是找到一间合适的住房。大家闭上眼睛手划十字，祈求上帝赐给我合适的住房，祈求上帝保我一家平安，祈求上帝保我顺利完成学业。

教区组织滑雪活动，参加者身穿厚厚的冬衣，背着废旧汽车轮胎，手挽着手慢慢往上爬，在一个平坦的山腰停下，用绳索把废旧轮胎系在身上。杰克逊先生帮我系轮胎，问我怕不怕。从山上往下看，心里还真有些忐忑，看了看身边的两个孩子，大声回答说不怕。放眼看去，整装待发的男男女女老老少少，站了一大片，气势如虹，我一个三十出头的男子还能怕什么！所有人准备好了，有人发出命令，我也跟着躺倒在雪坡上，头冲着山上，脚朝着山下。我双臂抱住杰克逊先生的两条腿，有人双臂抱着我的两条腿，一个挨着一个形成一串人链，犹如一字长蛇阵从山上往下延伸。我心中有些紧张，但有杰克逊先生在身边感到很踏实。又一声号令，头顶的白云开始移动，身子跟着轮胎往山下滑去。有人高声呼啸，不一会就滑到山脚下。人们收拾好滑雪行头，钻进大大小小的帐篷。帐篷里备好了水果和糕点。我问谁出钱，杰克逊先生说每人5美元，小孩减半。我说有点贵，他说在外吃饭至少15美元。

大雪过后，天空蔚蓝，白云飘动。群山剥去了大雪纷飞中迷蒙的面纱，显得分外葱茏。我告别杰克逊先生一家，上了皮卡车踏上了上学的路，蒙塔古先生不停地介绍两边的山脉。车内的温度调得很高，我感到暖洋洋的，我心中的严冬已经过去。来到美国才半月，还没到校就结交了这么多热心的美国朋友。我一定要拿到硕士学位，拿不到学位不但对不起祖国，还对不起这些热心帮助我的美国朋友。

39　中国学者

不是一番寒彻骨,哪得梅花扑鼻香。
　　　　　　　　——唐·黄檗禅师

圣迈克尔学院位于伯灵顿郊外,校园没有围墙,卧着一块醒目的落地校牌。蒙塔古先生开车送我到学院,皮卡车驶过校牌,经过一栋白色单体楼,沿着绿荫小路缓缓前行。校园里清一色朱红建筑,天主教堂高高的钟楼映衬着苍莽的群山。皮卡车在停车场找到空位,我身背军色挂包下车,拿着录取通知书找到新生报名处。一位慈祥的长者看着我走进,脱口说出"果然是你"。桌上放着他的铭牌,正是国际部主任罗曼·杰·拉撒瑞特博士。我提出读硕士学位,他摇头说那是不可能的。我加快语速力陈理由,他说我还没有托福成绩。我说可以在这里考啊!他把两手一握,漫不经心地说:"等你考了再说吧!"

"什么时候考?"

"最近一次在五月。"

"我在美国的时间只有八个月!"

"那就没办法啦!"

"托福不就是考察英语水平吗?有人考分很高实际水平不怎样,我做过翻译,陪中国石油部考察团来过美国!"

"啊哈!你的英语真不错,能和我吵架!在哪学的英语?怎么还带着美国调?"

"在中国学的!我的老师中有美国人!我坚持收听《美

国之音》很多年了。"

"好吧！你的英语真不错，我破例免去你的托福！"八个月可修21学分，能获得"把英语作为二语教学"的高级证书，凭这张证书就可走遍世界。

我到财务处缴纳本学期的学费，拿着收据到公寓处登记。管理人员说有了空房立即通知我，要我注意查看信箱。学校邮局有一位来自上海的同龄女士，正在读教育学硕士。她接过我的信箱编码卡，从文件柜里找出钥匙，帮我把编码牌挂在钥匙串上。钥匙串的金属卡片上写着：不要动用他人信件！我诧异地看着这行文字。她说一个信箱供两人使用，拆看他人信件属违法行为，轻则罚款，重则打官司。

我回到停车场，上了皮卡车，车行驶了十来分钟，拐入一个幽静的去处，在一栋漂亮的别墅前停住，一对六旬老人把我们迎进屋。我脱下羽绒服放在衣帽架上，换上一双棉拖鞋。吉姆·霍瑞克斯先生身材魁梧，也是一脸大胡子，他是IBM公司的退休工程师。简妮·霍瑞克斯身材娇小，退休教师。老头指着窗外说夏天一到园子里的菜蔬吃不完，到时一定送些给我。他风趣地说我们是同学，我摸不着头脑。原来他在圣迈克尔学院报了名，开学后去学日语。日本人把洛克菲勒大厦买下了，民间流传着日本人做老板、美国人打工的说法，老人想去日本旅行。饭后，蒙塔古先生开车走了。一种不舍的心情涌上我的心头，离去的好像是我的亲人和靠山。我想出去找出租屋，老头记下我的姓名和圣迈克尔学院国际部的电话号码。

元旦刚过，街上冷冷清清，偶尔有辆车疾驶而过。走过几条狭窄的街道，出现一条宽阔的马路，对面走着一位东方女子，身穿浅灰色羽绒服，头上裹着围脖。我心里一阵兴奋，大声招呼。女子抱着双臂在寒风中急行，没有注意到我。转念一想东方女子不一定就是中国人，打消了迎上去的念头。天渐渐黑了下来，来了辆出租车。我情急之下一招手，车停在我面前。司机问去哪，我想了想说："彼奇街！"

平安夜分手再没和这家人联系，夫妻俩先有些诧异，转而热情地把我迎进屋，问我吃饭没。我顾不得客气，直话直说。丹纳德·史蒂文斯先生是木工技术员，听得多说得少，葛勒·史蒂文斯女士是自由撰稿人，说得多听得少。我们边吃饭边讲述半月经历，两位听得哈哈大笑。史蒂文斯女士拿起电话打出去，告诉我一位邻居大妈让我暂住她家，直至找到出租屋为止。

第二天清早，邻居大妈在厨房忙碌，见我下楼来招呼我用餐。我的口味已完全恢复，一盘烤面包，一盘炒鸡蛋，一盘土豆条，一盘蔬菜沙拉，外加一杯牛奶，被我吃得精光。史蒂文斯女士开着车来了，带我去圣迈克尔学院熟悉环境。大雪过后地上还积着冰凌，路上少见行人和车辆。我们在圣迈克尔学院兜了一圈，有栋圆形建筑引人注目，有人抱着书进进出出，是学校图书馆，近旁有栋白色小楼，矗立在朱红色建筑群中格外醒目。史蒂文斯女士带我去香槟湖边用餐，然后带我去银行开户。银行要求当地人担保，她拿起笔在申请表上签名。我把随身旅行支票存入银行，办了银行卡和个人支票薄。

晚上，史蒂文斯女士带我去市政厅。当地市民陆续进场，兴高采烈就像赶庙会。时间一到，听证会开始，围绕一家大型超市前的行车路线展开讨论。有人举手，主持人点到一位男士。男士自报姓名和职业，说明在本市居住的年限。他指出车辆进出存在的问题，提出改进的方案。主席台上站起一人,走到白板前拿起笔画了个简图,用教棍指着简图说:"如果按照您的路线行车,这里就会出现拥堵。"提问的男士坐了下来。史蒂文斯女士告诉我,回答问题的是本市负责交通的工程师。又有人举起手来,主持人指向后排说:"那位穿红色上衣的女士,请讲!"女士站起来说出她的方案,工程师认为这个方案可以考虑。听证席上又有人举起手来,工程师继续回应。整个过程持续半个多小时,无人提问时主持人宣布休会。提问也好回答也好,大家举止文雅,偶尔来点幽默,全场哈哈大笑。我还在想着学位的事,史蒂文斯女士问我为什么如此看重学位?我谈到"文化大革命"有学不能上,谈到"工农兵学员"从天之骄子到受人歧视。

　　第二天一早,史蒂文斯女士开车带着我赶到学院,找到国际部主任。到底是自由撰稿人,经她一番交涉,主任答应我读硕士课程。我一下选了五门课,主任说即使美国本土学生通常只选四门,我便减掉了一门。主任说还是多了,我说:"没问题!我要让您看看我是谁!"教材清单上每门课列有三本书名,选来选去难分伯仲,可囊中羞涩,只好各选一本。在收银处排队,不时回望书架,清单上开列的都是近年出版的新作,可做备课指南,可做论文参考,可翻译出版,真是一举多得啊!我走回书架,把刚才选的书全部收入囊中,书费加起来相当于我在国内全年的工资。我背着沉重的书包走进图书馆,找到一个安静角落写了三封信,把近况告诉家人、单位和乔治亚的克拉克先生。去邮局的路上碰到主任秘书,她递给我一张字条。我接过一看,霍瑞克斯夫妇联系上了一间出租屋。

　　房主是位年过七旬的寡居妇人,她先问我在国内的工作和家庭情况,再问我饮不饮酒抽不抽烟玩不玩女人,才让我和史蒂文斯夫妇看房间。一间地下室，卧室套着厨房，家具厨具一应俱全，还有电冰箱、电烤箱和洗衣机，准备添置一台彩色电视机和电话机。考虑到我是学生，月租只收100美元，水电免费。我望着史蒂文斯夫妇，两人都不吭声，猜想他们有话不便明说，答应房主考虑考虑再作决定。

"你一个年轻人，怎么能和一位老妇住在一起呢！"返回学校的车上，史蒂文斯夫妇如是说。车在学校邮局前停下，我的信箱里果然有学校公寓处的函件，"白宫"空出一间房，月租287美元。"白宫"就是挨着学校图书馆的那栋小白楼，空出的房间位于一楼西侧，房门对着客厅。客厅有套沙发，沙发桌上有部电话机，彩色电视机正播放着节目。客厅连着厨房，各种炊具应有尽有。厨房后有间卧室，住着来自南非的黑人学生。二楼有三间卧室，住着一位日本人、一位美国白人和一位美国黑人。地下室里摆放着投币洗衣机和杂物。我对房间很满意，可房租是那间地下室的三倍呀！

"你来美国的目的是什么？"史蒂文斯女士问。

"读书，拿学位。"我回答。

"既然如此，还犹豫什么！"她说。一席话提醒梦中人，只有住在学校才能投入更多的精力学习，才能融入校园生活，才能深入美国社会。我不再犹豫，坚决地说："好！就这么决定，就住在这里！"我到公寓处办理了入住手续，打电话回复地下室的房主。房主感到惋惜，说很喜欢我这个青年人，把房租降到每月50美元。我说了选择学生公寓的想法，老人叮嘱我方便时去她家做客。史蒂文斯夫妇开着车送来一大堆日用品，一台打字机，一部半导体收音机，一部韦氏大词典。夫妻俩说需要什么尽管开口，不要随便花钱。为庆祝我做出正确决定，夫妻俩把我带到当地最好的中餐馆。我用中文给餐馆老板打招呼没反应,改用英语打招呼,老板原来是越南人。为什么不叫越南餐馆?只有叫中国餐馆才有生意,老板要我多多包涵。

我坐在美利坚合众国高等学府的教室里,成为名副其实的在读研究生。为了这一天,我曾经付出多少艰辛,想到命运将从此改变,过往的艰辛都抛到了脑后。我加足马力再次拼搏,一定要拿下硕士学位。四门课就有四班不同的面孔,同学有美国人、日本人、加拿大人、希腊人、法兰西人、英吉利人、玻利维亚人。美国本土同学最多,其次就数日本人,华人只有我和台湾小姐陈淑芬。课间休息,走廊里摆放着饮料和糕点。台湾同胞告诉我是免费的,我才动起手来。系主任端着咖啡走近我,告诉我克拉克先生从乔治亚来电说做我的经济担保人,问究竟有多少美国人在为我奔忙?我一算不下十人。主任问我去过哪些地方,我一一相告,他不住点头。听说我出席过听证会,他摇摇头说:"那可不是你该去的地方呀!"

国内正在过春节,美国照常上课,回宿舍看见沙发上坐着史蒂文斯夫妇。我问有什么事,夫妇俩神神秘秘地催我赶快上车。车停在那栋熟悉的别墅前,大家齐声高喊:"春节快乐!"屋子里张灯结彩,节日的气氛扑面而来。霍瑞克斯夫妇做东,杰克逊先生一家四口来了,随车带来一袋大米。蒙塔古夫妇来了,带来一挂鞭炮。我穿上一套厨师服,戴上一顶高帽,美国朋友说帽子越高,厨师的级别越高。我做了几道中国菜,包了一盘饺子。全体坐定,把一张长条桌围得满满的,桌上有罗宋汤和饺子,再上牛肉青椒蘑菇、猪肉卷心菜、鸡肉炒洋葱、土豆烧牛肉,还有一盘集体创作的凉拌菜。大家举起酒杯为中国的春节干杯,鞭炮声在后院响起。隔着落地玻璃窗朝外看,烟花把漆黑的夜空照亮了。饭后,杰克逊先生开车把我送回学校，拿出一封信。信是妻子从国内寄来的，杰克逊先生可谓有心人。我把信看了一遍又一遍，直至进入梦乡。

我应聘到图书馆流通部，跟一位波兰裔管理员学操作微缩复印机。她对我流畅的英语表示惊讶，说流通部第一次聘用非英语国家的学生，赞赏我在国内是当官的。我说只是教研室副主任，她说那还不是一回事。在流通部工作让我接触了来自世界各国的学子，让我熟悉了各种各样的英语方言。我很快熟悉了书库的编目方式，能迅速从书架上找到所需图书。图书馆工作人员有个独立的工作间，就不受借书数量和还书时间的限制了。试用期结束，馆长把我的工作时间增加到每周5小时。我居住的"白宫"挨着图书馆，有人请假就找我顶班，一个月下来挣得120美元，接近我在国内一年的工资。领取工资的当日，收到美国移民局的社会安全号码008-74-3736。这个号码非同一般，来自世界各地的人把它视为成为美国永久居民的第一步。心理辅导师这么一说，我才明白这个号码的意义。他推荐我做协管员，每晚十点到十二点在学生公寓执勤。两份工作的月薪加起来超过了房租，我把这个情况告诉系主任，他随手给了我一份允许工作的信函，我每周可工作20小时，假期可延长到40小时，有效期从1990年1月15日到1990年12月18日。

新英格兰地区春寒料峭，教学大楼还在供暖。我上完第一门课，肩背书包手拿羽绒服冲向另一间教室。沿途不断推开重重防火门，还要爬几段楼梯，跑得满头大汗。老师叫我赶快坐下，有同学抬眼瞪着我。迟到是件不光彩的事，我感到难为情。主任得知这一情况，责成秘书解决，把我连上的两门课挪到同一间教室。有人颇有微词，说主任对我特别好，就像我是他干儿子。课外作业是份阅读清单，阅读量少则几十页，多时数百页，总是熬更守夜才能完成。夜里睡眠不足，白天昏昏沉沉，搞得疲惫不堪。

周末晚上，室友像往常一样集体出行，我像往常一样谢绝，室友不由分说硬把我拉上车。开车的美国同学轻车熟路，很快到了一家地下歌厅。音乐声和着吼叫声震耳欲聋，我们找到一个角落坐下。室友买来啤酒，一人一瓶喝起来。室友相继步入舞池，我坐在沙发上看热闹。有人疯狂舞蹈，有人嘶哑高歌，我看着看着，迷迷糊糊地睡着了。"管先生居然能在歌厅睡着！"这件事很快成为笑谈在校园传开。

导师约我到办公室谈话，我以为导师要批评我，其实我想多了。她看了我的作息时间，一脸严肃地说："这样不行！会把身体搞垮的！我要求你每天至少留出一个小时锻炼身体，哪怕放松一下也好！"她对我的阅读方法进行了指导，先看概论和结论，再看小标题和主题句，然后浏览全文。只要认真完成了前两个步骤就能抓住文章的主旨了，其他部分根据情况决定。不用熬更守夜精力就充沛多了，阅读有了思考的时间。我把阅读时的想法标注在边角处，上课讨论时再加以发挥；老师布置写作时，对边角处的标注加以整理，文章就出来了，我的写作速度之快让美国同学都感到汗颜。留学生活很奇特，个人行为往往被放大，有人说我为中国人争了气，甚至是东方人的代表。一位日本同学向我请教后尝了甜头，邀请我到香槟湖边吃了一顿。我在课堂上活跃起来，同学对我刮目相看，老师对我进行赞赏："管，你在课堂上的发言总是很有见地，我相信你的同学能从你的发言中受益。"

俄亥俄州立大学来了位学者做学术报告，提出三大思维模式：欧美人属线性思维模式，东亚人属循环思维模式，中东人属迂回思维模式。线性思维模式表达直率，开门见山，德国人和美国人最为典型。报告人在白板上画了几道圈，说中国人说话爱绕圈子，属于典型的循环思维模式。说到迂回思维模式，报告人在白板上画了个Z，说阿拉伯人最具典型。同阿拉伯人谈判开始觉得很顺利，一旦接触实质对方就缩了回去。轮到讨论时我举起手来，得到主持人的同意后我站起来说："感谢教授的精彩演讲，我欣赏您对思维模式的分类，不过我不认为中国人都属于循环思维模式。"报告人"喔"了一声。并非所有中国人都属循环思维模式，也并非所有美国人都属直接思维模式，有人就说我像美国人。具有何种思维模式主要在于人的个性，以及所处的社会环境。在中国说话直率通常被视为头脑简单，中国的政治运动多，为了保护自己就要学会含蓄。每个国家或民族都存在多种思维模式，只是由于历史与社会背景不同，处在不同国度的人更推崇某种思维模式而已。我一口气说完，带着忐忑的心情坐下。报告人说我的分析很有见地。坐在身边的同学问我来自哪个州，我的回答令她惊讶，导师哈哈大笑。美国红十字会佛蒙特州总部要招募义务翻译，导师问我想不想去。我问做些什么，她说就是为不会英语或英语不好的中国同胞提供翻译服务，语言不通遇到疾病之类的紧急事件就很麻烦。导师这么一说，我就答应了。

　　我和六个不同国籍的同学相约到美国红十字会佛蒙特总部。工作人员给我们的脖子上挂上了金属胸章，把印有"美国红十字会"的纸片贴在我们的胸前，纸片上写着我们的名字。我已经是美国红十字会的成员了，一种荣耀感在胸中涌动。工作人员把我们引进一间会议室，有人送来饮料、糕点和水果。我正端起杯子，听见导师在招呼，立即从沙发上站起。导师走到我的面前，高声对周围的人说："这就是我的研究生管先生，一位很有才华的中国学者！"在如此庄重的场合得到导师如此的评价着实令我鼓舞，我的同学大都是本土美国人，能在他们中成为佼佼者绝非易事。美国同学主导了课堂，老师按正常语速讲课，不少亚裔同学带着录音机上课。日本同学对我适应之快表示钦佩，台湾同胞陈淑芬另有说辞："这所学校的人很势利，看你学习成绩好，总找你回答问题，以前对中国学生不是这样的！"

陈小姐的家境看来不错，她把宿舍房间布置得富丽堂皇，到超市购物总是打车来回，学习上遇到困难就找人有偿辅导。我给她辅导过几次，没有要她的酬金。我说大陆同学之间讲互相帮助，她说美国人可不是。她专门请我到香槟湖边聚餐，还拿出50美元。我不肯收，她说这点钱不是酬金，仅仅表示感谢而已。陈小姐得到一条消息：凡1989年6月30日到1990年3月31日之间来自中国大陆的知识界人士可续签至1994年。果真如此，我在美国还可居留四年，足够拿下博士学位。我赶到学校邮局问上海同胞，她催我快去移民局。

我说："四年后怎么办？"

她说："那时我们都站住脚了，还回去做什么！"

来自中国大陆的学子们奔走相告，相约到移民局办理延签。我也感到欢欣鼓舞，急步向佛蒙特移民局走去。走着走着，一种负罪感涌上心头，我犹豫起来，去还是不去？我是公派访问学者啊！肩负着人民的期望和国家的重托。我国还是一个穷国，派我来美国学习浸透着多少劳动人民的血汗，我的身后有多少只眼睛在期盼着。我是国家的栋梁之才，国家的富强就寄托在我们这样的人身上！如果我们这样的人出来以后就不回去，国家怎么发展？如果我留居美国，是不是对国家的背叛？是不是对人民的背叛？是不是对祖宗的背叛？我不成了忘恩负义的人吗？我止住脚步，转身向学校方向走去。沿途是条林荫道，偶尔有车辆飞驰而过，松鼠在马路上横冲直撞，路边的树上不断传来鸟儿的叫声。我一边前行，思想还在斗争，去还是不去？脑子里一会浮现出精忠报国的岳飞，一会浮现出英勇就义的方志敏，一会浮现出战斗到最后一息的杨靖宇将军。曾经崇拜过的英雄们仿佛催我返程，一股昂扬的激情在胸中升腾，取代了刚才的负罪感。

收音机里传来消息，苏联最高苏维埃召开重要会议，围绕是否实行多党制展开辩论。纵观美国媒体，大有社会主义阵营即将崩溃之势，有人断言中国也将天翻地覆。我走出房间，找到一块安静的草坪躺下，遥望东方，不知苏联的变化对中国会产生多大的影响，有种山雨欲来的惆怅。如果国家发生变故，我的家人，我的亲朋好友，我的父老乡亲，我国内的同胞们，将何以为计？想到这里，我的眼睛模糊了，一股热泪滚落下来。我朝四周一看，空无一人，干脆放声出来。声音在草坪上空回荡，似哭，非哭，似嚎，非嚎。

40 放马诸州

鬼门关外莫言远,五十三驿是皇州。
——宋·黄庭坚

门外传来发动机的声音,霍瑞克斯先生拎着一袋土豆推门而入。他放下土豆,催我赶快上车,在一家比萨店门外停下。前厅已经坐满了人,进到里间才找到空桌。我说比麦当劳和肯德基气派多了,他说不能相提并论,麦当劳和肯德基都是快餐店。两位老人利用周末给我加强营养,问我一周内哪天有空,我说天天都有课。霍瑞克斯太太说:"你总要洗次衣服吧!"我说宿舍有洗衣机,她接过话说:"那就把要洗的衣服留着,我们开车去接你,把饭吃完衣服也洗好了,再送你回学校,不是两全其美吗?!"

周三下午,霍瑞克斯先生准点来到学校,我带上一周的脏衣服,到了他家先把脏衣服放进洗衣机再进餐厅。餐桌上一盘牛肉、一盘蔬菜沙拉、一碗大米饭、一盅罗宋汤、一盘糕点,还有时令蔬菜和水果。饭后接着喝咖啡,我说:"学校做作业一律使用电脑,从中国带来的磁盘不能用,在学校商店买了几张。"两位老人都说我不该买,走进里屋拿出几个磁盘和日记本。邻居敲门进来,大家上到二楼书房,围成一圈学习《圣经》。读完一段,讨论一会。规定的时间一到,各回各的家。我把洗净的衣服带上车,沿途一片漆黑,靠着车灯把道路照亮。我一路无话,让老人集中精力开车,心中却似万马奔腾。

早晨起来室友还在酣睡,我轻轻走进厨房,把池子里的脏碗筷洗净，做好一天的饭菜。吉布斯带着女友来到厨房，揉着眼睛说："管！好香啊！做的是什么啊？"他女友说："鸡肉炖胡萝卜呀！"我说："来一块吧！"吉布斯有辆私家车，经常带大家出游，从来不提油费，我借机给予回报。"谢谢管！"吉布斯拿起饭碗盛起来，他女友吃了几口，带着感激的口气说："管，你做的饭真好吃！"

　　天黑下来，我从图书馆回到宿舍，室友严肃地坐在客厅里。我放好书包回到客厅，来自南非的同学宣布寝室会议开始。他说我经常替大家洗碗，经常打扫客厅和厨房，这样不公平，提出一个轮流执勤的方案。日本室友亚舒举手同意，大家也举手同意。吉布斯建议把做饭算上，免得都挤在厨房里。讨论的结果形成了轮流执勤的决议，寝室正好五人，星期一到星期五每人一天，周末去超市购物，费用平摊。转眼到了星期五，室友的女友们都来了，要吃我做的正宗中国菜。屋子里来了几位漂亮女孩热闹起来，欢声笑语不断。吃饭时成双成对，惟我独自一人。有人调侃说给我找个女友，我说有老婆还要什么女友。室友说不能在一棵树上吊死啊，我只得付之一笑。

　　一批同学要毕业了，校园里平添了许多喜庆。一位日本同学在图书馆前拍照，要我给他来个全家福。我透过镜头细看一家人，年轻的妻子一脸贤惠，抱着几岁的女儿居中站着，先生和他母亲左右相拥。这情景令我感叹！一家人从日本飞来美国参加毕业典礼，要花多少钱啊！不知国人何时会有这一天？告别日本同学一家，我应约进了任课教师史泰普斯教授的办公室，向老师请教如何做课题。教授给我推荐了一批书籍和刊物，说看了这些东西就清楚了。阅读了这些书籍，我感到豁然开朗，过去的教学仿佛在黑暗中摸索，好在自己的许多教学方法还靠谱。阅读与思考唤起了写作冲动，我草拟了几份论文提纲。后来发现这样做有失偏颇，影响了学业才叫得不偿失，连忙改变方法，把阅读中的所思所想记录下来，待回国后再整理成论文。夜里执勤时，我借着走廊灯光看书，美国同学感慨地说："啊！这是个不可思议的人！"问我怎么这么用功？我说："学习对于我犹如奢侈的盛宴！"这位同学说："真是个不知疲倦的学习机器！"

第一学期结束，我选修的四门课两门A、两门B+。导师非常满意，认为我不拿学位太可惜，找系主任谈我的延期问题。系主任写了两封公函，分别寄给石油天然气总公司教育处和江汉石油学院人事处。圣迈克尔学院实行三学期制，在春秋两学期之间开设夏季课程，称小学期，从五月中到七月末。我注册了夏季课程，一下选了五门课。系主任说选课太多，听了我的解释才表示同意。华裔教授王克文夸奖我"特别刻苦，特别优秀"，邀请我到香槟湖边的湖南楼，台湾同胞陈淑芬作陪。教授年过四旬，文质彬彬，曾经就读台湾国立中学，给我们讲起台湾往事："我读台中时，每年开学典礼蒋总统都来校训话。要我们发奋读书，光复大陆，解救大陆同胞。蒋先生慷慨激昂，听得我热血沸腾。上高二时，蒋先生又来校训话，我一听怎么跟上次讲的一模一样，就没那么激动了。高三时蒋先生又来校训话，还是那一套，我再也激动不起来了。"教授哈哈大笑，我们跟着笑起来。在此之前，我对台湾来的学者多少有点心理障碍，一晚的谈笑，这种心理障碍消失了。

离暑期课程开学还有半月，校园静悄悄的，我像往常一样钻进图书馆，管理员叫我赶快去系主任办公室。乔治亚有位先生要跟你说话！系主任把电话递给我。接过话机一听，克拉克先生邀请我去他家做客。我想利用这段时间看书，他说书是看不完的，来美国机会难得，一定去他家看看美国南部的风光。盛情难却，我就答应了。克拉克先生把制订的旅行计划娓娓道来：从伯灵顿飞往亚特兰大，在乔治亚玩上几天，然后开着私家车沿东南海岸旅游，经南卡罗莱纳、北卡罗莱纳、弗吉尼亚、马里兰、华盛顿特区、特拉华、宾夕法尼亚和新泽西，送我回到佛蒙特。

我骑上变速自行车，向香槟桥匆匆而行。几天前我搬出了学校，和三位同胞合租一套民居。老李来自上海高校，自费在圣迈克尔学院读教育学。小徐是复旦大学选派的交换学生，在佛蒙特大学研究动物。还有位年长的访问学者，忙忙碌碌，早去晚归。搬家那天，杰克逊先生专程赶到伯灵顿，走时留下这辆变速自行车。沿途有段慢坡，这辆变速自行车很能解决问题。经过香槟桥时，身后传来"滴嘟滴嘟"的鸣叫声，行驶的车辆一律停下，一辆救护车疾驰而过。我意识到路人停车的原因，正思忖着又传来几声喇叭声，一辆私家车从面前驶过，有人从车窗伸手向我挥舞，原来是同学在给我打招呼。

老李高高兴兴地回来，口里自言自语地说："我赚啦！"我问他高兴什么。他的车被人追尾，对方赔偿两百多，修车花了几十元，因祸得福落了一笔钱。老李和我同龄，自从搬来后无话不说。他一家三口相继来到美国，妻子在纽约做佣人，女儿跟着他在伯灵顿上小学，日子过得很辛苦。"老管啊！这笔钱可是用命换来的啊！"他脸色一变，严肃地说，"当时只听'咔'的一声，我以为这下完了。"他把撞车的过程描述了一遍，然后苦着脸说："我要真出了事，老婆孩子怎么办啦！老管啊，我托你件事，哪天我真出了事，可得帮我照顾一下老婆孩子啊！"我劝他学成回国，他说和原单位闹僵了，好马不吃回头草，日子再苦也要熬下去。

小徐从实验室回来，也是笑呵呵的。这位来自宁夏农村的复旦高材生，父母为他来美国花光了一生积蓄。他也没打算回国，发誓在美国混出人样来，再把父母接来美国。我问他高兴什么，他把手一扬递给我两份通知书，一份是佛蒙特大学的博士录取通知，一份是麻省理工学院的硕士录取通知。他举棋不定，要我帮他出主意。如果是我就去麻省理工，就凭这张硕士文凭也可走遍天下，再说在麻省理工拿到硕士学位后还可继续申请读博。他觉得有道理，打算考虑我的意见。他问起我的打算，我说拿到硕士学位就回国，他感到不可思议，说像你这么优秀的人才，完全可以在美国留下来！我说自己是公派访问学者，他说伯灵顿一带公派访问学者有的是，说着朝在锅台边做饭的老大哥嘟了一下嘴。我明白他的意思，微微点了点头。该不该留在美国？我的心绪又被搅乱了。只要留下肯定比他们过得好，我对小徐的说法深信不疑。小徐说我已是当地华人圈的名人，都知道圣迈克尔有个管新平，美国朋友特多，学习特用功，成绩特优秀。您就留下来吧！我们还指望您呢！小徐劝我留下，好互相有个关照，大家留在美国打拼也不容易。我们虽然认识不久，却亲密得像老朋友一样，聚在一起无话不说。我们的话题总是从国外说到国内，从社会说到家庭，总拿美国比较中国，总觉得美国什么都好。一到学校又是一番景象，不管打不打算回国，都把自己的学业和国家的荣誉连在一起，学习一个比一个拼命。人家学习就是为自己为家庭，甚至连家庭都不考虑，中国留学生好像都背负着伟大的使命和沉重的包袱。学得好人家说你为国争光，学得不好就说你给中国人丢脸。包袱也罢使命也罢，都是一种无形的压力和巨大的动力。

我把预订的票价告诉克拉克先生，他在电话里说："你订的票价比我询问的双程票价要高好多呀，是不是搞错啦？"我打电话询问机场，对方说单程票就是比双程票贵。我问为什么？对方笑着说："这就是美国！"我只好改为双程机票，果然便宜了许多。布朗特·克劳斯先生从波士顿赶来为我送行，他结束了在中国的执教，刚刚回到美国。他的岳父在伯灵顿机场工作，亲自给我办理登机手续。机上乘客不多，空着许多座位。没多大工夫飞机降落在达拉斯机场，我办理好转机手续，登上飞机继续南飞。窗外，白云在湛蓝的天际飘荡，一层一层浮在空中，像盛开的棉花，像大雾弥漫着群山。

  航班飞行一个多小时，降落在亚特兰大机场。我背着行李走出机场，一眼看见了克拉克夫妇。他国遇故人，我们拥抱在一起。先生熟练地操着越野车的方向盘，我顿生感佩，温文尔雅的神学博士始终保持着学者风度，此刻开着车在公路上奔驰，我的视觉神经受到了冲击。以前见到的司机大都年轻力壮几分散漫，此刻司机的形象被颠覆了。傍晚到达老人的女儿家，女儿女婿酷似电影明星，四个外孙活泼可爱。

  次日早餐后，老人的女婿带我们参观他的公司，员工热情地给我们打招呼。我们在会客室喝了咖啡，登上越野车继续前行。沿途路边尽是绿野，绿野后生长着高大的树木，不断有松鼠和梅花鹿横穿马路。怎么没有农田和庄稼？老人说树林后才有农田，不种庄稼吃什么！越野车停在密林深处的一栋木屋前，见到了先生的妹妹。我们在四周走了一遭，无处不闻鸟鸣，无处不见鲜花，仿佛进了神仙地界。近看一栋栋房屋分散在林间，远看形成两条平行线，中间现出一条街道。我没见过桃花源，心想此地堪比桃花源。

  饭后，继续前行，整个下午穿行在森林般的原野中。沿途不断有加油站出现，路边不断出现供人烧烤的器具和水龙头，偶尔见到快餐店。下午四点到达都柏林，乔治亚的一座小镇。越野车进了一间独体木屋的前院，这就是老人的家。入门处有个邮政信箱，想到我的信件就是在这里进进出出，不由驻足片刻。老人拿出几本影集给我看，石油学院的同事跃然纸上，还有几张我的照片。远离祖国和亲人，这些照片格外亲切。夫妇俩激动地说起照片上的人和事，语气中充满着对中国的友善，流露出对那段日子的怀念。

次日中午，在一座小镇吃中餐，先生的一位窗友应邀相聚。窗友年过花甲依然精神抖擞，他的妻子却是另一番景象，坐在轮椅车上，耷拉着脑袋仿佛昏睡一般。窗友把轮椅车推到餐桌前，轻轻抱起瘫痪的妻子，小心地放进餐桌边的特制椅上，给没什么反应的妻子系上安全带。此情此景，颠覆了言传中美国人的家庭婚姻观。窗友坦然地介绍他的妻子，年轻时是弹钢琴的。细看瘫痪的妇人，年轻时的俊俏依稀可见。

克拉克先生带我进了他哥哥的商店，给我选了一套西服。我说已有三套西服，先生说那就买双皮鞋吧！老板夫妇和老板儿子夫妇帮着打圆场。我把小夫妻称小老板和小老板娘，大家一阵大笑，说我懂美国人的幽默。老板年近七旬还很硬朗，老板娘风韵犹存。先生悄悄告诉我，弟妹年轻时是个大美人。看她待人应酬的风度，依然如故。小老板正当年华自然帅气，小老板娘年轻漂亮，待人接物从容自得。店里人来人往，两位女人的轻柔细语在空中飘荡，生意红红火火。先生从货架上看好一双皮鞋，拿下来递给我。咖啡色，意大利名牌，牛皮，轻飘飘，手感柔软。这双鞋一定很贵吧？先生说就要这一双。小老板搬起一把小凳让我坐下，拿来一副鞋套放在我的脚上，开始调节起来。鞋套可松可紧，可小可大，调节几次后，问我感觉怎样。我站起来走了走，感觉不错。小老板把鞋套取下，看准了鞋套上的尺寸，从货柜里翻出一双叫我试。我穿在脚上走了几步,正好合适。先生随手从货架上拿起一件竖格衬衫,说可以配这双鞋,又从货架上取了条湛蓝色的西服短裤。

先生带着我参观一所小学,一群活泼可爱的学生问我中国在哪。我指着地下说:"从这里挖个洞,一直挖下去,挖穿地球,就到了中国,不用坐飞机!"学生们哄然大笑。一位记者来采访,问到我在美国生活的感受,对美国的印象,在圣迈克尔学院的学习,问我在国内的工作。我一一回答。几小时后,当地电台就播放了对我的采访,先生说我成了当地的名人。

我应邀前往都柏林扶轮社会馆,这是当地商人组建的一个民间社团。我是嘉宾吃饭免费,先生是会员吃饭也免费,先生的太太不是会员,按规定缴纳餐费。几位头面人物开始讲话,个个简短幽默,不断逗得满场大笑。接着开始提问,答对无奖,答错受罚。先生告诉我这是大家定的规矩,也是会馆筹集资金的一种渠道。热闹了一阵进入主题,由我做专题演讲,全体鼓掌。我讲了自己的工作经历,从东北讲到湖北;我讲了中国的锦绣河山,从西子湖讲到长白山;我讲了祖国的名胜古迹,从岳阳楼讲到紫禁城。演讲一结束,全场再次热烈鼓掌,听众纷纷前来和我握手。有人欣赏我演讲的内容,有人欣赏我流畅的英语,说我的英语比他们还标准。乔治亚英语带有浓重的南方口音,我就读的学校位于美国新英格兰地区,发音趋于英伦口音,我受了一点影响吧!

清晨,我们踏上北上的旅程,一对老邻居一同北上,两辆越野车在高速公路上驰骋。中午抵达一座小城,先生的小舅子是当地的镇长,为我们接风洗尘。饭后带我们进了一座教堂,看新人仪式。三对年轻夫妇带着襁褓中的孩子走上台阶,接受牧师的洗礼,回答牧师的提问。男士回答如何做人夫人父,女士回答如何做人妻人母，如何面对对方的健康智慧与贫富变化。以前听说美国人家庭观念淡薄离婚率高，就把这一想法说了出来。身边的美国朋友说信教的夫妇很少离婚，即使有人要离婚教友也要出面做工作。这不是国内工会做的事吗？

  过了洛基山，到达一座古镇，住进一家汽车旅馆。赶往博物馆，看了一部反映早期移民生活的电视片。博物馆前矗立着约翰·史密斯船长的雕塑，当年带领欧洲人横渡大西洋的船长。我兴奋地讲起史密斯船长和印第安女孩的爱情故事，四位老人说我比他们还懂美国历史。经过巴尔的摩和费城，沿途没有停留，我后天就要开学了。两座城市的天际高楼林立，仿佛插入云天。经过纽约时，开车穿插而过。过了联合国总部大楼，转入一条脏兮兮的街道，简直不相信这里是美国。华盛顿特区街道整洁，环境优美。市中心有个广场，矗立着华盛顿纪念碑、杰佛逊纪念堂、林肯纪念堂、白宫和国会大厦。建筑风格各异，传奇色彩浓郁。经过国会山，一群年轻人正在游行，每人的胳膊上带着红袖章，有人高举毛主席画像，用英文写着"毛主席万岁"。游行队伍很有秩序，更像观光旅游的队伍。

  回到伯灵顿，随行的美国朋友休息片刻就要走。第二天就要开学也不便挽留，我们依依惜别。克拉克先生嘱咐我一定完成学业，学费遇到问题就告诉他。我把呢子大衣送给先生，他不肯接受。这件衣服原本为美国的冬天准备的，眼下正是夏天，冬天再来我已回国，留下做个纪念吧！先生这才收下。同行的邻居夫妇给了我一个信封，回头就上了车。我打开一看，里面放着50美元。望着两辆越野车缓缓离去，我的眼睛模糊了。

41 梦想成真

> 黄沙百战穿金甲,不破楼兰终不还。
> ——唐·王昌龄

新学期开始了,教室里出现了新面孔,老师要学生讲假期见闻。我讲起都柏林的演讲,大家鼓掌;我说到接受记者采访,有人叫好;讲到纽约有条街满地垃圾,美国居然还有这么脏的地方,甚至是世界上最脏的地方,在中国没见过这么脏的地方!有人大声呵斥:"闭嘴!"扭头一看,是位漂亮的美国女士。老师冲着女士说:"管先生说的是事实,是事实就无可指责!"课后,女士向我道歉。我说自己把话说过了,一个外国人在中国这么说,我也会不高兴的。我问她为什么辞去商场经理,她说干腻了想改变一下。问她每月领多少失业救济金,她又激动起来:"我要什么救济金,我又不是没能力,我只是想改变生活,我有积蓄,能养活自己和孩子!"她抱怨女儿周末不回家,有人问去哪,她不假思索:"和她男朋友在一起!"美国同学不打紧,我和日本同学皱起眉头。"你不当心吗?有人问。当心什么?都高中生了!"她说。

我向学校邮局走去,心想美国人多自由啊!父母不轻易干预孩子,员工可以随时辞去工作,我想延长几个月完成学业都那么困难。信箱里果然有封信等着我,展开一看:您给章院长的信已收到了,给教师科的正式申请也收到了。现在我个人给你说几句。对您要求念硕士学位的愿望和心情,我是理解的,几年来,外语学科建设中,你倾注了自己艰苦的劳动和精力；也正由于这样，不论发生了这样的和那样的问题和情况，我们都把你当重点培养对象和学科三个梯队的后备力量来考虑。我记得我多次找你彻底交心，临行时我代表学院组织和你谈话中（李代科长都在场），我比对其他同志和你交换过有关可能情况的意见，我们也彻底交代你此次去美进修的要求和目的。时隔四个月，一切历历在目，你我都不会忘记。作为一个受学院多年重视培养的老同志，正如你在信上所说的"我听从祖国的召唤和安排"，我相信你会顾全大局，想通这些问题的，我们人事处已正式通知你，按时返校，不同意延长，不同意转学位。

我拿着信进了系主任办公室，把内容翻译给他听。系主任微微一笑，劝我不要激动，开始翻看我的学籍档案。"四门A，两门B+。啊哈！你的成绩真不错！"他脱口说出，"这样吧，我为你申请免去六个学分，你只需完成接下来的四门课就行了！"

"能否获得硕士学位？"

"只要通过答辩，你这么优秀，应当没有问题！"

学术委员会通过了他的提议，我欣喜若狂，开始最后的拼搏，不但要把最后四门课学好，还要把老师们的教学方法学会。第一门课是英语语法学，老师对各种语法流派进行了概述，要求每个学生选择一个流派。第二次上课起学生上台宣讲，老师只做点评与梳理。我把所能找到的相关文献统统看遍了，在此基础上写出《乔姆斯基与转换生成》。老师对我的教案一字未改，称我的宣讲"好极啦"。同学评论说："管先生到底是有教学经验的人！"

第二门课是听说教学的理论与方法，老师采用专题讲座的方式，要求每人制订一份听说教学大纲。小组讨论比较个人大纲,全班讨论对个人大纲进行修改,直至每人制订出一份可供使用的听说教学大纲。我把国内的大学英语教学结合进去,老师给我的教学大纲写了大半页纸的评语,给了很高的评价,作为样板向全班同学推荐。

第三门课是语言与测试,从语料库的生成讲起,阐述语言能力与语言测试之间的关系,探讨测试的反馈作用,以《托福》为案例剖析标准化测试的信度与效度。每人自编一套标准化测试试卷,先分类,后综合,对自编试卷不断进行信度与效度校正。最后,从历次作业中挑出信度与效度最佳的题项,编成一套堪比《托福》的标准化试卷。我的一篇短文和四个词汇入选,入选以信度与效度为标准,不讲人人平等。

第四门课是二语教学的理论与实践,讲授为主,类似满堂灌。老师还带领我们出席全美英语教师协会年会,推荐我们加入美国英语教师协会。开幕式在一片草坪上进行,与会人员随地而站。演讲者没有长篇大论,只把问题提出来讨论。休会时,学者们变成了商人,在咖啡厅前的走廊里兜售自己的新作。来自玻利维亚的同学提议合影,大家纷纷响应。在圣迈克尔学院,我们代表着各自的国家,心理上还有些隔阂,此时此刻都代表着圣迈克尔学院,集体意识突然萌生,同学之间感到格外亲切。

全部课程结束,我又获得两A两B的好成绩,万事俱备只欠答辩。同学开始写硕士论文,我本来已经豁免,但还是写了篇《公共英语在中国》。也许不够质量,也许多此一举,论文提交后没有任何消息。一个偶然的事件化解了我心中的疑团,玻利维亚来了个教育考察团,校方安排我给考察团做《公共英语在中国》的专题报告。

"为什么要我宣读这篇论文?我们班不是有来自玻利维

亚的学生吗?"我问。

"他们哪写得出这样的文章,你这篇文章对他们很有用。"老师回答。

报告一结束,有人向我索要手稿。考察团把我的论文复印人手一份,邀请我去玻利维亚做专题报告,介绍中国的英语教学和大学英语等级考试。考察团回国后来过几次电话,不是打到系办公室就是打到原来居住的"白宫"。我压根不相信国内会同意我去玻利维亚,加之忙于准备答辩,使南美之行失之交臂。

晚上回到住处,屋子里格外热闹,老李的妻子和小舅子夫妇从纽约来探亲。老李的妻子是美国人,性格爽直,几分钟就和大家混熟了。美国人不讲嫁鸡随鸡,小两口当众争吵。她见我在看《美国文化》,说她丈夫应当向我学习,把她丈夫奚落了一顿。小徐说老李太窝囊,老李苦笑着说:"这是美国老婆啊!你想要他听你的比登天还难!"

很快就要回国了,对即将离开的这片土地有种难言的眷念。这里不需要虚伪的谦虚,一旦回国又要夹着尾巴做人。美国朋友说我的性格像美国人,这里似乎更适合我生存与发展,为什么偏要回去呢?去与留又在我心中折腾。留下去的理由已经不存在,眷恋归眷念还是做起回国的准备。我不再把时间都花在书本上,有机会就参加社交活动。美国同学说我变了,变得美国化了,变得懂生活了,变得不再死读书了。

美国同学搞生日聚会,邀请我参加。我带上尚存的景泰蓝手镯,在场的女士"哇"地惊呼:"这么好的礼物呀!"以前接触的都是美国知识界,以为美国人知识渊博。其实不然,生日聚会有几位知识贫乏,说话颠三倒四的,问我中国大陆、台湾、香港哪个大?我反问她,她说香港最大台湾次之中国大陆最小。我给她上了一节中国地理课。美国同学买了艘游艇，邀请我一起游湖，教我驾驶。我连汽车都开不了，他说开游艇比驾驶汽车容易。我坐到驾驶座上操作起来，方向盘不听使唤，游艇在原地打转。经过十多分钟的训练，游艇开始走出直线来。天水一色，浪花飞溅，对面是纽约，北面连着加拿大。折腾了一个上午，就能熟练地操作了。

我应邀去美国同学的家庭牧场，木屋里冲出一条健硕的牧羊犬。同学向牧羊犬做了个手势，狗乖乖地挨着我站着。同学冲着木屋比划了几下，牧羊犬冲着我叫了几声，扭头朝木屋跑去。我快步跟上，牧羊犬已窜上楼梯，回头看着我叫。我跟着上了阁楼，上面一片狼藉，真正的狗窝。牧羊犬在阁楼里转了一圈，我跟着走了一圈。我转身下楼，牧羊犬也跟下来。同学还在做饭，要我去看看牧场，对牧羊犬比划了几下。这条狗朝牧场的远处跑去，我紧紧跟在后头。前方出现一个池塘，牧羊犬跳进水里朝对岸游去。池塘周围静悄悄的，一群水牛在目力可及的远处悠闲地吃着草，牧羊犬已经游到池塘中央。一阵"嗒嗒"的蹄声传来，刚才悠闲吃草的水牛群朝我狂奔而来。我转身朝木屋方向奔跑，水牛蹄子的"嗒嗒"声越来越近，我越发加快了脚步。跑着跑着，发现牛蹄声消失了，回头一看，牧羊犬正在驱赶水牛们。

我开始做回国准备，霍瑞克斯先生建议改道波士顿，在纽约可直接转乘中国民航，从伯灵顿出发要转机两次。我采纳他的建议，史蒂文斯女士负责联系机场，让我安心准备答辩。我进了系主任办公室，他拿出一份答辩阅读书目，要我从语言学、文化学和心理学三大领域各选一本，半月后针对三本书答辩。我问需不需要写出论文，系主任说写了也没用，届时评委拿着三本书随机提问，我必须把三本书好好地看一遍。霍瑞克斯夫妇举办家庭酒会，预祝我答辩顺利。蒙塔古夫妇从小镇赶来，克劳斯夫妇从波士顿赶来，史蒂文斯夫妇从伯灵顿赶来。杰克逊一家去了云南，我们约好在中国见面。一帮美国朋友齐聚一堂，霍瑞克斯太太代表大家致辞说："许多中国学者来到美国，一旦获得学位就不回去了，你坚持回到自己的祖国，我们为你感到骄傲！干杯！"

答辩如期举行，等待的时刻令人揪心。后排的日本同学问我紧不紧张，我说有些紧张。她伸出右手掐了掐左手的虎口，再换左手掐了掐右手的虎口，说这样可缓解紧张。我试了试，不知管用不管用，但至少心理上得到了安慰。随着秘书的喊声，我诚惶诚恐地进了答辩室。三位评委并排坐着，主考官示意我坐下，我把三本书往桌上一放，一个评委拿起一本。平时和蔼的老师一改往日的容颜，像三位尊神用审视的眼光看着我，空气仿佛就要炸裂。三位评委轮番把盏，我左右逢源，反而不紧张了。越往后表达越流畅，神情越自如，我有种兵来将挡的感觉。一阵疾风暴雨般的提问后，评委们停顿下来，在答辩纸上做记录。我的心情又变得忐忑不安，紧张分子又在空中飘荡。

"最近几天，美国语言学界发生了什么？"一位评委向我提问。这算啥问题呀？问题显然超出了三本书的内容，也超越了任何教材，答案只能在书本以外。

"几天前，著名的语言学家斯金纳先生去世。"我带着侥幸的心理回答。评委笑了。我补充说："这样一来，乔姆斯基就失去了一位对手，同时也失去了一位朋友。"

几天前电视里报道，国际语言学界一位泰斗去世。评委为什么提出这个简单的问题？我的刻苦人人皆知，评委想知道我还有没有余力，看似简单的提问其实暗藏玄机。从到达美国之日起，我一直坚持看电视，参加有益的社会活动。我不但要拿下语言学硕士学位，还要深入了解这个社会，这既是我的兴致所在，也是职业生涯所需。答辩的结果，我获得High Pass，据说是非英语国家学生获得的最高等级。台湾同胞陈淑芬抱打不平，说："像您这么优秀的答辩本应得Excellent，就因您不是美国人，才给了这个分数。"她旁听了答辩的全过程，把我和几位美国同学做了比较，对我流畅的表达和精彩的答辩印象深刻。

圣迈克尔学院的天主教堂布置一新，毕业典礼在这里举行。我本该年底毕业，考虑到情况特殊，破例安排我提前参加典礼。我手捧花名册感觉像在梦中，系主任指着花名册说："这不是梦，白纸黑字，谁都抹不去你的名字！"校长向毕业生祝贺，扬起花名册要大家看封面，一幅世界地图中间有条裂痕。我们生活的世界被人为地一分为二，这是一种心理上的裂痕，刺痛着生活在这个星球上的人们的心。圣迈克尔的学生来自世界各地，又将回到世界各地，你们不但要把英语教好，还要为缝合人们心理上的裂痕传播福音，让饱受分裂磨难的人心得到慰藉。联想到曾经受过的教育"为解放全人类而斗争"，不是如出一辙吗！校长在讲话中提到我的名字，我屏住呼吸倾听。来自中华人民共和国的管新平先生，用八个月时间完成了通常需要两年才能完成的学业，而且各科成绩优秀，堪称圣迈克尔学院办学八十年历史上的奇迹。校长的话证实了这不是梦，我的确被列入硕士名单。我感到热血沸腾，终于摘下了"工农兵学员"的帽子！大厅里唱响起圣歌，毕业生队伍在权杖引导下徐徐向前，一个接一个登上前台，接受校长的祝福和牧师的洗礼。水滴撒在我的头顶，一片饼干式的食品放在我手上。

教堂外有片草坪，穿着学士硕士服装的学子们兴高采烈地随处拍照。史蒂文斯夫妇作为我的"家人"出席，史蒂文斯女士主动做起照相师。一位先生帮我整理硕士服，我们彼此很熟悉，只是没有互通姓名。校园里聚集着世界各国的学子，打招呼不互通姓名很普遍。

"华人在一起讲什么英语！"台湾姑娘陈淑芬冲着我们说。

"您是华人？"我们同时指着对方说。

"你们不认识？"陈淑芬惊讶地问。

"我以为您是日本人！"我们同时改用汉语说。

"哎呀！真有意思！我以为你们认识呢！"陈淑芬说，"这位就是来自大陆的管新平先生，这位就是来自台湾的卢俊信先生！"

美国朋友站在一旁像丈二和尚般摸不着头脑，我把刚才的对话翻译成英语，他们听了哈哈大笑，说中国人和日本人本来就没区别。我们继续拍照，陈淑芬要我笑一笑，我就是笑不起来，史蒂文斯女士笑着说："管就是这样的！"

我准备启程回国，伯灵顿地区的许多中国同胞不理解，来了十几位劝我留下。有的把国内和美国做比较，有的把伯灵顿和湖北做比较，有的把美国的工资和中国做比较。一位同胞直言："管先生，您在这一带很有影响，您就留下来吧！您的活动能力又很强，我们以后还想依靠您呢！"执教《语义学》的老先生听说我要回国感到惋惜，说不读博士等于半途而废，推荐我去俄亥俄大学做博士。我问要几年，他说："别人需要三年，你两年就够了！"沙特国家教育部来校招聘英语教师，要求获得"把英语作为第二语言"的硕士学位，有五年以上教学经验，最好来自非英语国家，考虑到中东地区的文化传统和风俗最好是男士。招聘信息在校园传开，都说我是最佳人选。系主任把我叫到办公室征求意见，如果我想去他就推荐。"第一年年薪六万美金，免费住宿，配置小汽车。"系主任说。我说不会开车，系主任说可以配备司机。年薪六万美元啊！太有吸引力啦！我在国内的年薪只有几百美元，一辈子都挣不了这么多钱啊！我有些动心了，却没有回答。系主任见我犹豫，说机不可失，失不再来，要我好好考虑。我又陷入了何去何从的思想斗争中。去，很快就会发财，家庭就会富起来！一旦去了就要和单位决裂，就要和祖国决裂，就要成为四海漂泊的游子。良知催我回国，理智催我前去。总觉得这一步不能轻易迈出，一旦迈出就无法回头，于是谢绝了系主任的好意。感慨最多的是我的导师，她既替我惋惜又为我骄傲，说我是个知恩图报的人，知道报效自己的国家，为有我这样的学生感到骄傲。我从老师们的赞美中感受到了福楼拜的名言：人生在世的首要大事，是保持灵魂的高尚。我和老师们一一告别，伊万斯先生嘱咐我回国后给学校写信，希望我早日重返圣迈克尔学院。给我任过课的教师的脸上露出得意的神情，没有给我任过课的教师的脸上露出羡慕的表情，都为圣迈克尔有我这位学生感到骄傲。系主任握着我的手久久不放："你学习优秀，为你的同学做出了贡献，我为有你这位学生感到骄傲！"

离开佛蒙特那天，正逢霍瑞克斯夫妇结婚38周年纪念日，两位老人再次邀请我做客，我在他们家度过了离开佛蒙特的最后夜晚。这一夜真难入眠，回想八个月的生活百感交集。通过在江汉石油学院任教的美籍教师克劳斯夫妇的介绍，认识了杰克逊先生一家，认识了蒙塔古先生一家，认识了霍瑞克斯夫妇。到达伯灵顿那天，在车站巧遇史蒂文斯一家。加上同样在江汉石油学院任教的美籍教师乔治亚的克拉克夫妇,一大群友善的美国人围着我转,分享我的喜怒哀乐,最困难的时候给予我真诚的帮助。这块土地可亲可爱!这块土地令人留恋!我为什么非要离开?就不能像其他人那样留下来吗?

清晨,大卫·蒙塔古夫妇带着三个儿子赶到伯灵顿为我送行。我依依惜别了霍瑞克斯夫妇上了皮卡车,佛蒙特慢慢退出视野,眼前尽是葱茏的群山。我贪婪地呼吸着新英格兰地区的空气,不知何年何月能重回这块让我梦想成真的土地。皮卡车经过一段高大浓密的树林,普利斯顿大学出现在眼前,这座著名学府仿佛坐落在森林之中。不大一会功夫,皮卡车驶进摩天大楼林立的波士顿,在克劳斯夫妇家门外停下。大卫·蒙塔古先生说他的任务完成了,一家人和我合影后匆匆离去,赶在天黑前回到家中。望着皮卡车渐渐远去,难舍之情涌上心头。

吃水不忘挖井人,我在美国之所以有这么多真诚的朋友,首先要感谢两位波士顿人。我向两位说出八个月里帮助过我的美国朋友的名字,以及他们为我做过的事情,许多情节充满着戏剧色彩。夫妻两人听了哈哈大笑,布朗特·克劳斯先生带着内疚的口气说:"管先生,您在美国期间我的朋友们为您做了这么多事情,我们反而什么都没做!实在对不起!今天一定陪你在波士顿好好玩上一天!"果如其言,夫妇陪着我在波士顿游览了一天。波士顿堪称国际大都市,也是世界上最早有地铁的城市之一。这座城市具有独特的魅力,每一条街每一座建筑仿佛都有故事,穿行其间不断唤起我的无穷遐想。在茶党总部大楼前我们停车驻足,沧海桑田啊!这座创造过辉煌历史的建筑在高楼林立中显得低矮陈旧。这座建筑的意义酷似中国共产党第一次代表大会的旧址,令我肃然起敬。我们开着车穿越麻省理工学院和耶鲁大学,两所大学近在咫尺。我们在校园里散步,迎面一对年轻夫妇推着一辆婴儿车。我主动上前打招呼,小夫妻来自中国一所大学,正在麻省理工攻读博士学位。

地铁陈旧凋敝,不像北京地铁那样光鲜,也不像北京地铁那样繁忙。通道里有些不三不四的人在游荡,有位披头散发的年轻人在出口处弹奏乐器乞讨。波士顿地区非法移民多,社会治安不是很好。克劳斯递给演奏者一枚硬币,我也把手伸进口袋,被克劳斯先生制止了。波士顿港口倒是另一番景象,一片蔚蓝的大海,各种水鸟展翅飞翔,港口里停泊着各式各样的轮船。我们走到海边,一辆加长林肯牌轿车吸引了我。隔着车窗朝里看,车内装饰得富丽堂皇,克劳斯先生说只有极少数富人才买得起、用得起这种豪车。

晚上,克劳斯先生为其母亲举办生日晚会。夫妇俩说起在中国任教的日子神采飞扬,话语中充满着对中国的友好情谊,表现出对江汉石油学院留下的良好印象。克劳斯夫妇一个俊男一个美女,家人的容貌自然不凡,生日晚会简直就是俊男美女的聚会。电话铃突然响起来,克劳斯先生听了听,把话机递给我。一个熟悉的声音传来,汤莫斯·杰克·克拉克先生从乔治亚打来电话为我送行。本来激动的心情越发激动,已经沸腾的热血更加沸腾,这是我的又一位挚友啊!没有先生的慷慨就没有我在美国十个州的游历,我的留学生活就不会如此丰富多彩。先生以他的名望向圣迈克尔学院举荐我,自愿做我的经济担保人,我的学业才得以一环紧扣一环,否则很难在八个月内获得硕士学位。

又一个百感交集的夜晚,一个个美国朋友的面孔在我脑子浮现。我躺在床上辗转难眠,来时手里拿着克劳斯夫妇的字条面对着迷茫的未知，离开美国的最后夜晚卧榻在克劳斯夫妇家，抚慰我依依不舍的离别情。是一种巧合？是上帝的安排？我本不信教却毕业于教会学校，不得不相信全能的上帝。我身下的这片土地啊！你给了我硕士的光环，你给了我太多的温暖，我依恋这里的绿水青山。中美两国相距遥远，制度区别如此巨大，一旦回去就难再来。然而，太平洋再浩瀚也割断不了我对这片土地的情丝，我心中的美国不再是腐朽的垂死的没落的，这片国土欣欣向荣，这里的人民情趣高雅。

天一亮我就联系上了北京，接电话的是石油天然气总公司教育司综合处的谷成君处长。我向他汇报，谷处长非常高兴，没有半句抱怨。我说将乘CA982回国，请转告江汉石油学院和我的家人，谷处长——答应。我说还欠圣迈克尔学院300美元学费，谷处长要我回国后打个报告，以后的事就不用操心了。傍晚，布朗特·克劳斯先生带着儿子开着车把我送到波士顿机场。在美国的日子里，除了到达的那天和离开的最后时刻，始终有美国朋友在我身边。我办理好登机手续，托运掉两件大行李，带着随身小包轻松地在候机大厅悠哉游荡。

航班起飞的时间到了，还不见呼叫。我正想去问讯处，广播响了起来，我本该乘坐的航班出了机械故障，要乘客继续等待。我原地坐下，广播又响了起来，有一架去纽约的航班还有空位，我箭步冲向柜台办理了转机手续，在机场人员的带领下走向停机坪，登上了即将飞往纽约的航班。一阵忙碌我浑身发热，找到座位系好安全带，感到一阵轻松。机舱发出巨大的轰鸣声，航班就要起飞，突然想起托运的行李还在原来的航班上，连忙举起手来。空姐要我稍等，赶往驾驶舱立即回来，要我跟她走。停机坪上一片漆黑，我们借着候机楼的灯光疾步前行。我不自觉地不断回头，空姐要我不用担心，我们不回来飞机不会起飞的!进了行李库房,空姐把行李一件一件翻开,找到了我的两件行李。空姐拿出标签贴上,交给了地勤人员,要我跟她返回。飞机的轰鸣声越来越大,我不断回望候机室大楼,空姐笑着说:"不用担心,你一到纽约就会看到你的行李的!"刚系好安全带,飞机就启动了。我无暇顾及窗外的景色,沉浸在离别的留恋中,不知不觉到了纽约。空姐说的不错,我的行李已经到了。我拉着行李,找到中国民航,办理了登机手续,美国的留学生活真的结束了。中国民航将在凌晨起飞,还有几个小时,我在候机大厅找到个安静的角落,把随身书包当枕头横躺在一条长凳上。

听见有人在身边说话,睁眼一看坐着一位年过五旬的长者,自称东南大学的副教授,也是赴美访问学者,也在等待回国的航班。同是天涯访学人,我们攀谈起来。他听了我的叙说,劝我留在美国。"您怎么不留在美国啊?"我问。"一来我年龄大了,二来专业不对口,如果我是你这个年龄,英语又好,就留下来了!"长者回答说。见我不说话了,长者说:"小伙子,慢慢想吧,还有几个小时,想通了还来得及,上了飞机想留下也来不及了!"何去何从?我的心里翻腾起来。一想到回国心里就充满了留恋,一想到留下耳边就响起了亲人的呼唤:妻儿在呼唤!家人在呼唤!学生在呼唤!领导在呼唤!祖国在呼唤!我真的热恋美利坚这块伟大的土地,可这里毕竟没有埋葬我的先人,终究不是我的家园。

42 争奇斗妍

天生我才必有用，千金散尽还复来。
——唐·李白

航班到达首都机场，一种久违的亲切感涌上心头。祖国啊！我已经获得美国的硕士学位啦！我在心底欢呼一个崭新的我回来了！我拉着沉重的行李走向海关，工作人员要我开箱，一脸严肃，好像我是不法分子。经过近20小时的飞行有点昏昏沉沉，反应慢了点，工作人员一脸不快，催促我赶快。我说里面都是书，工作人员训斥我别啰嗦。我把箱子一打开，书籍散了一地。工作人员一改刚才的怒容，和蔼地说："对不起！老师！"我蹲下去整理行李，工作人员帮我收拾，口里嘟哝说："您这人也真是，去趟美国什么不好带，带回来一堆书！"

我打的士直奔六铺炕石油部招待所，倒床就睡。第二天清晨草草用过早餐，赶到总公司教育司综合处。谷处长对我拿着学位回国大加赞赏。改革开放以来，国家先后派出十八万访问学者，截至我回国时只有六万学者回来。我在美国获得语言学硕士学位，属于最容易留在国外的人群，令许多人费解与猜想。你为什么要回来？留在美国不好？你们怎么都跑回来啦？谁呀？同期赴美的女同事已经回国。你们就像外星人！一起在外过日子不是很好吗？我没去玻利维亚和沙特阿拉伯，谷处长说这样做是对的，回国工作一段时间后可以再申请。

我成了石油学院的新闻人物，人事处长理直气壮地说：

"我说小管会回来就会回来，你们现在没话说了吧！"八个月捧回硕士学位，连看自行车库的工友都说我给中国人争了气。也有人冷嘲热讽，说我英语口语好，凭三寸不烂之舌糊弄美国人，搞了一张硕士文凭。替我抱打不平的人说："那你也凭三寸不烂舌搞个文凭来呀！能凭三寸不烂之舌糊弄美国人，也是本事啊！"全国石油系统评选先进，我被评为优秀党员，出席在江汉油田举行的表彰大会。当地知名记者对我进行专访，写成《学子天涯报国情》刊登在《沙市日报》上。老同学纷纷打电话表示祝贺，我成了地方名人，经读者投票当选为一九九零年度十大新闻人物。沙市职业大学邀请我做留学报告，来不及准备只在纸上写了几个要点，一位青年教师陪同前往。我一边讲她一边做笔记，我把她的记录一看，自己都感到吃惊。成功的演讲给了我极大的启示：一纸提纲，纲举目张。没有手稿只好面对听众，更便于临场发挥，我从此养成了上台发言不用稿的习惯，形成了言简意赅的讲话风格。出差去武汉乘坐公共汽车，同座的女士听说我是江汉石油学院的，问我认不认识管新平。哪个管新平？就是八个月从美国捧回硕士学位的那个人。那个人远在天边，近在眼前！女士欣喜若狂，拿出一本书要我签名。

　　我前往北京参加石油天然气总公司培训工作会议，学院派吉普车把我送到武昌火车站，只有教授才有这种待遇。正值"五一"节前客流高峰，没有买到当天的卧铺票，晚到了一天。大庆石油学院的同仁握着我的手说："管先生，您的面子真大呀！您没来，会议推迟了一天！"另一位说："那是，管先生才是真正的专家，他不来会怎么开呀？"培训部主任传达上级文件，根据石油工业面向世界的需要，决定对大批工程技术人员进行英语培训，要求能读能听能说，使用的教材是从美国引进的《双向英语》。主任问我教材是否可行，我说可以用做口语教材，还要补充专业文献。几天讨论下来，形成了一套培训方案：受训学员按区域分配在十所石油高校，实行封闭式教学管理，统一使用《双向英语》为口语教材，补充相应的石油科技文献。培训期限一年，统一到北京参加结业考试。

我一身轻松地走在京城的大街上，观赏夜幕下的灯火阑珊，发现首都有些不认识了，到处是灯红酒绿。一家豪华的歌厅前，停下一辆豪车，下来一位美艳的少妇，扶着一位大腹便便的阔人。我潜意识里也想进去潇洒一番，可囊中羞涩，一阵凉风袭来，本能地紧缩了一下身子。传来一曲凄凉的《二泉映月》，一位盲人大哥在街边卖唱。我脑子里冒出"朱门酒肉臭，路有冻死骨"的绝唱，心里一阵发酸，从钱包里掏出一把硬币，朝盲人面前地上的铁碗狠狠地扔进去，只听"哗啦"一阵声响。盲人愣了一下，停止了演唱，突然意识到了什么，发出颤抖嘶哑的喉音："恩人啊！恩人啊！"

院长听了汇报，立即召开会议，要求有关部门做好准备，确保培训达到封闭式教学管理的要求。院长指出此次培训非同往常，最后的"进京赶考"不可等闲视之，决定把我从外贸英语班抽调出来，全面负责培训工作。院长指定我担任主讲教师，配备一名年轻助教，我不但要把课上好，还要带好青年教师。我很快制订出培训大纲，基础阶段以《双向英语》为主干教材，培养日常会话能力；过渡阶段补充《中国日报（英文版）》，培养速读获取信息的能力；提高阶段补充石油科技文献，培养在石油科技领域进行交际的能力；实现阅读石油文献，并根据阅读的文献进行表述与讨论的最终目标。

我把在国外所学的注入到教学中，上课只讲英语，讨论式展开，聚焦疑难，注重交际。教材出现对话就要求学员综述，教材出现文章就要求学员对话。不计较口语错误，引导学员使用英语。有学员跟我说："管老师，您的教学方法真管用，我发现自己的口语有了明显的提高。不过，开始上您的课我们很不适应，您一上课就提问，不讲语法不讲单词，都说这个老师很怪，心里不理解，口里不敢说。您是英语权威，我们说走着瞧吧！现在我们明白了，您这样教我们才能开口，早这么学就好了！"

湖北高校进行职称评定，我通过了第二外语考试，提交了申报材料。评委一看我有17年高校教龄，说我是"年轻的老教师"；一看我承担过各种难啃的教学任务，说我"无愧骨干教师"；一看我发表过30多篇论文，说我"硕果累累"。一番答辩，口若悬河，评委如是说。"管老师，听了你的答辩，可见你对外语教学法很有研究，很有理论功底，你强调外语教学的应用性，你把它叫交际性。我的问题是，你组织的大学英语四级考试，我觉得很注重应试，这个问题怎么解释？"金振武教授提出这个尖锐的问题。"学术问题是学术问题，行政问题是行政问题，作为教研室负责人，有时需要在两者之间平衡。"事后，金教授对不在场的林教授说："我给他出了个难题，没想到这小子口才真好。"我对这个问题其实有过思考，在湖北省高校外语研究会上，我以《把交际法原则引入阅读教学》为题，对应试教育提出过质疑。在沈阳召开的全国大学英语教学研讨会上，我提出没必要为所有学生开设外语，很多人学了外语就是为应付职称考试；利用有限的资源实施小班教学，让优秀学生真正学好外语。我常常在各种研讨会议上语出惊人，加之我负责的江汉石油学院英语考试通过率一直处于省内高校前列，我被吸收为湖北省高校大学外语研究会理事，经常出席各种学术会议。

"全国第二届科技英语研讨会"在江汉石油学院召开，会议由教育部综合处主持，来自清华大学、上海交通大学、华中理工大学、浙江大学、重庆大学、石油大学等著名高校的专家学者对《江汉石油学院石油科技语料库》进行鉴定，来自石油院校的专家学者探讨石油科技英语教学的理论与方法。除上台宣读论文外，我的精力全花在会务上，连语料库建设的鉴定会都没能全程参加，致使课题组的教师对我产生误会。代表前往张家界期间，我留下为后期会议准备。姚主任要我一同前往，我说："有您带队就行了，我留在家里处理会议遗留的事情吧！"

我利用这段时间起草了一份报告，对教研室的师资状况、教学水平、教学成就进行了陈述，提出成立外语系和招收英语专业。代表从张家界返回后，我请著名学者石油大学教授、石油工业部首席翻译陆庆邦为报告鉴定。陆教授认为江汉石油学院完全具备了成立外语系招收英语专业的条件。上海交通大学正在申报语言学博士点，我向杨惠中教授表达了报考的愿望。张彦斌教授笑着说："你这个洋硕士抵得上土博士，不用学了，持有洋硕士学位的人寥寥无几，你在哪里都很吃香。我就是在英国拿的硕士学位。"杨教授说："那还是不一样，欢迎你报考，我们一起研究，到时就留在交大。"

华中理工大学外语学科带头人程恩洪教授亲临寒舍，看了我在美国选修的课程，翻阅了我从美国带回的书籍，说在华工的书库都未见到这些东西。他正在申报硕士点，把我从美国带回的教材和课程表统统借了去。数月后，我到华中理工大学取回材料时，程教授说这批资料帮了他的大忙。既然这批材料这么有价值，我直奔湖北教育出版社，通过熟人引荐找到社长。社长对我的爱国热情表示赞赏，可他说事情也怪，越有学术价值的书越没有市场，现在实行市场经济，出版社要讲经济效益，建议我把书中的精华写成论文。这一趟也没有白跑，我应邀参加该出版社组织的《英汉传播学词典》的校对工作，词典出版时把我列为第二作者。

湖北省教育厅联合省高校大学外语研究会举办"大学英语青年教师讲课比赛"，比赛分选拔赛与决赛两个阶段。武汉外围选拔赛设在江汉石油学院，指定我为召集人。为迎接大赛，领导把我从培训班抽调出来。培训班学员对接替我上课的教师不满意，找到我家说："我们代表全体学员要求您回去上课，如果您权力有限，我们就去找院长！"接替我的教师其实非常优秀，我连忙表态："这个问题我来解决，你们不要找任何人啦！"我巧妙地平息了事态，无非自己累点吧！

青年教师讲课选拔赛那天，武汉外围高校集中到江汉石油学院，葛洲坝工程技术学院的领队居然是老同学危鸣辉。我才知道老同学夫妇也调离了长春，还是家乡好啊！此番见面感慨万千。比赛期间，我们共同担任评委。比赛结果，花落江汉石油学院。我以武汉外围院校领队的身份，带领选手参加决赛。看着一个个选手上台下台我信心倍增，桂冠果然落到江汉石油学院。"管老师，江汉石油学院的选手是你指导的吧？"武汉大学外语学院的院长操着武汉普通话说，"整个教学过程体现了先进的教学思想，我们正在搞一个青年教师培训，带着你的选手给我们搞一堂观摩课，怎么样？"

我校青年教师在全省大赛中夺冠，著名大学邀请我校教师做观摩教学，这一振奋人心的消息在《江汉石油学院报》刊登出来。宣传部采访时，这位青年教师表达了对我的感谢，说这次成功得益于参与工程技术人员英语培训班的教学，强调没有我的指导就不会取得这一成就。有人拿着学报愤愤地说：

"这篇报道究竟在表扬谁？我看不是表扬选手？是在表扬管新平！"这就是我赖以生存的环境，一个无风三尺浪有风浪、更高的地方。更令我痛苦的是这种人还有市场，有人附和说："成绩怎么能属于一个人呢！首先是党的培养，其次是组织的支持，还有教研室广大教师的帮助，加之选手的个人努力，怎么能对某人大加表扬呢！"言辞凿凿，无可挑剔，我成了被指责的对象，应了莎士比亚的名言：即使是美德也逃不掉诽谤中伤。

基础部领导对前往武汉大学做观摩教学给予高度重视，在某些人的建议下组成"集体备课小组"，帮助这位青年教师修改教案，要在武汉大学的观摩教学中"充分展示江汉石油学院的外语教学水平"。基础部总支书记担任"集体备课小组"组长，召集外语教研室近十位教师参加，我和林金婉老师也在其中。大家七嘴八舌人人献计，靠集体的智慧精心制订出一份教案。看着自己制订的教案被推翻、被割裂，我一言不发，心中郁闷。

武汉大学把我们一行三人安排在由蒋介石当年的行宫改成的招待所。招待所坐落在瑜伽山腰，给人一种神秘感，天上正下着小雨，更增添了心中的阴霾。我们被热烈的掌声迎进一间大教室，只见座无虚席。武汉大学外语学院的院长主持会议，要求她的同事认真看、认真听、认真记，会后要讨论。

"罗老师，你怎么不按上次的教案讲呢？"观摩课结束时，院长沮丧地说。此次观摩课非彼此讲课比赛，我们一行三人灰溜溜地回到招待所。领队林教授无可奈何，她反对集体备课却孤掌难鸣，我是批判的靶子有苦难言。最痛苦的还是选手本人，回到招待所就嚎啕大哭，后悔没用我的教案。

工程技术人员培训结束，可能吸取上次去武汉大学的教训吧,无人染指"进京赶考"的备考安排。我全权负责"一手遮天",带着助教搞了一次摸底面试。先进行日常对话,然后抽签阅读一篇自选《中国日报(英文版)》的短文,五分钟准备回答问题。最后,学员拿出自选的石油科技文献进行陈述,允许看稿,不允许读稿;评委针对文献提问,回答时允许看稿读稿。我和助教带着学员"进京赶考",十个培训点的几百位学员集聚北京。考试方式没有超过江汉石油学院举行考试的难度,三天角逐下来,江汉石油学院大获全胜。大庆石油学院的领队问我:"管老师,你是怎么教的?你的学生像你一样,一个比一个会说!"

春节刚过,接到石油天然气总公司电话,赶赴北京参加同声传译培训,迎接十月中旬在北京举办的《国际第四次石油机械装备大会》,同时进京的都是来自全国石油院校和各大油田的青年才俊。集训在原北京石油学院内进行,受训学员分成四个组,我分配在石油教育组。每组领取一堆学术论文复印件,我领取的材料涉及石油教育、海上平台和数学模拟三个领域。我对第三个领域不太熟悉,到书店买了一本数学词典。紧张的训练开始了,两位专家介绍同声传译的原理和方法,然后开始模拟训练。三人一组,一人发言,一人同步翻译,一人点评。反复训练,不断变换角色,直练得头昏脑胀。谁都没有做过同声传译,谁都不敢掉以轻心。从外交部请同传译员,收费高不说,不一定拿得下,专业性太强,我们深知重任在肩。

星期天休息,我在新街口书店买了本《同声传译翻译技巧》,如获至宝,一气读完,受益匪浅。作者担任过联合国翻译处主任,他在书中说同声传译要求思想高度集中,译员最好每25分钟休息一会;同声传译关键在"断句",还要求"迅速记忆迅速遗忘"。即席翻译异步进行,先发言后翻译,可以听懂后再翻译。同声传译同步进行，不"断句"就不能同步，迅速"遗忘"才能捕捉后面的信息，不能停留在某个点上仔细思考。我抓住这两点加强训练，果然提高很快。断句有个问题，话没说完就要翻译，听到后面发现前面有错。经过一番训练，我采用后补修正法解决了这个问题。我的方法在学员中传播，有人直言是我的崇拜者，留下我的通信地址，不管考试结果如何都要保持联系。

考场设在原北京石油学院的会议室，评委并排而坐，台下坐着考生和各路专家。准备在国际会议上发言的专家学者们已经陆续到达北京，和翻译人员配合训练，酷似同声传译彩排。发言不会完全念稿，译员要熟悉发言者的表达方式和专业术语，来自各地的人口音不同也需要熟悉。我的发言者是广东人，直到开考还未到达，配合训练没有进行。主持人开始宣读考试规则，学员抽签，按号接受考试。遇到表现不错的选手，评委们就进行点评，指出存在的问题，提出改进的建议。遇到表现不怎么样的选手，评委们一言不发，主考官说几句客气话，什么辛苦啦，以后有机会再来呀。毕竟都是各路英雄，评委们表现出了君子风度，尊重失败者。这是一场真正的较量，短兵相接，真刀真枪，残酷无情。100多个选手只留下24人，多数要被淘汰。

直到我上场前五分钟，这位陈先生才姗姗来迟。已经没有时间配合训练，他把原稿上没有的内容说了一下，总算让我熟悉了一下他的口音。好在老兄属于普通话较好的广东人，否则我真的完蛋了。主持人叫到我的名字，陈先生随我走上前台。主考官做了个手势，陈先生开始发言，我开始翻译。一个是广东普通话，一个是美式英语；广东普通话虽不标准却思路清晰，美式英语抑扬顿挫恰似美籍华人；同行们如是说。陈先生未按要求提前进京,我是最后一位考生。台上一分钟,台下十年功,这话正派上了用场。一个多月的训练怎么短也是几十个日日夜夜,一上考场时间飞逝。陈先生宣读完了他的手稿,我的同声传译跟着终止。我抬起头来,等待着专家们的点评。评委们沉默了,考生也无人出声,全场静静的,令人窒息。难道我失败了?我在心里发问。

"请问你是哪个学校毕业的?"主考官开口了。

"中国的武汉地质学院!美国的圣迈克尔学院!"

"难怪不一样!你怎么不早说呢!你应当坐到评委席上来!"

场内爆发出一阵掌声,我受宠若惊,不知所措。主考官迎上来拉着我的手,一直把我拉到评委席上,问长问短。我简述了自己的工作和学习履历,说到多次参加过对外谈判,说到曾经赴美考察翻译,说到在美国八个月拿了硕士学位。没想到江汉石油学院还有这样的人才!评委们如是说。我不但被留了下来,还被指定为"石油教育组"的组长。被留下的24位选手分成四个小组,我是四个组长之一。

我以胜利者的姿态返回江汉石油学院,喜讯早已传遍校园。正值中层干部调整,经院长授意我当选为基础部副主任兼外语教研室主任。职称申报工作也有了结果,在上级下达的批文中,我的名字出现在副教授栏下。基础部几位青年教师结婚,我以领导身份出席一场场婚礼。出席新人婚礼本是工作需要,却给了人们向我恭喜的机会。有人夸我年轻有为,有人说我前途无量。婚礼婚宴的气氛本来就很热烈,加之人们的恭维,我晕晕乎乎,仿佛身处云雾中。教研室一位青年教师结婚,我更是理所当然的嘉宾。很少喝酒的我只得应酬,在场的领导我必须敬,部下的敬酒我不能拒绝。一个接着一个给我敬酒，谁也不能怠慢。我歪歪扭扭地总算到了家，妻子把门一开，我就倒在地下。妻子费了好大的劲才把我拉上床，我仿佛从山顶跌入山谷。一觉睡了三天，结婚没请假的我为此请了三天假，我发誓今生不再在酒桌上称雄。

国庆节那天，我作为石油天然气总公司的翻译，陪同前来参加第四次国际石油机械装备会议的外籍专家出席外交部举办的国庆招待会。一个熟悉的身影突然出现，果然是加拿大人"大山"先生。可惜手头没有照相机，只是和他侃了一会大山。十月中旬，第四次国际石油机械装备会议如期举行，会场设在亮马河饭店。开幕式后举办学术论坛，石油工业部首席翻译陆庆邦教授宣布由我担任主翻译。陆教授征求过我的意见，我没有同意，没想到他"一意孤行"，执意把我推上主翻译的位置。

"陆教授，还是您来吧！"

"小伙子，上！没问题！"

全场都在看着我们一老一少，下面坐着来自世界各国的石油大亨和专家学者，我整了整西装领带走上演讲台。发言一个接着一个，我左右逢源，兵来将挡。台上滔滔陈词，台下阵阵喝彩。一位奥地利学者发音古怪，好在我见识过不同国家的英语方言。有位教授对人说："我的英语够好的，对那位奥地利先生的英语一句都没听懂，这位翻译不简单！"奥地利学者说了一段笑话我没有听懂，但我发现笑话前后的发言可以连接起来，断定这段笑话与主题无关，就讲了个《和尚挑水》的故事，同样引得满场大笑。陆教授笑着说："小伙子，有句话没听懂吧！"我回答是。陆教授说："不过，你处理得很巧妙！"教授诚恳地说："小伙子，不错，我准备推荐你做部长首席翻译。"我说："那怎么行呢？"他说："行！没问

题，我老了，跑不动了，脑子反应慢了，该让你们年轻人上了！"当年改革开放的总设计师邓小平会见英国首相撒切尔夫人谈及石油问题时，就是由陆庆邦教授担任的译员。此次在北京举办国际石油机械装备会议，他是整个翻译班子的总指挥。

43　商海弄潮

本待将心托明月，谁知明月照沟渠。
　　　　　　　　——明·凌濛初

　　学院召开干部大会，传达邓小平南方讲话的精神，提出教育面向社会，鼓励"开门办学"搞创收。基础部派出分管数学、物理和外语的副主任前往广东考察。我随数学教授谭鼐和物理副教授漆新民乘坐火车直达广州，住进石油天然气总公司广州培训中心招待所。中心领导邀请我们吃早茶，谭教授抱怨对方太小气，第二天见识了早茶连说怪错人了。中心领导介绍了开门办学的经验，尤其英语培训和翻译服务市场很大。我们前往华南理工大学，有位青年教师在那里攻读博士。博士对三位领导的到来感激不尽，中午带着我们进了教工食堂。食堂采用市场化经营方式，谭教授感慨地说："考察刚刚开始已经学到不少东西，广东就是不一样啊！"听说外语泰斗秦秀白调入了这所大学，我立即前往拜访。秦教授夸我消息真灵通，告诉我惠州大学正在招聘，给我写了封推荐信。

　　途经樟木头下了不少乘客，大客车改成中巴，司机和乘务员蛮横地要求乘客补交十元换车费。乘客敢怒不敢言一个个掏出钱来，我气愤地站起来要理论，被同事拉了一把。乘务员走到我面前伸出手来，我掏出三张车票冲着他晃了晃，他迟疑片刻朝后排走去。东莞设有石油学院的对外窗口，我们受到政治部叶副主任和青年教师小李的热情接待。两位同事希望我们在深圳打开局面和他们形成"犄角之势"，小李津津乐道地讲起东莞故事。地价飙升让原住民一夜暴富，一家一栋楼甚至几栋楼，靠租金过日子富可敌国。从东莞到惠州途中，一片片金黄色琉璃瓦屋顶在阳光下闪闪发光，楼群随处可见，辨不出是乡村还是集镇。偶尔看见地里有人干活，据说都是外来的雇工，曾经穷得叮当响的农民摇身变成了腰缠万贯的财主。惠州到处都是喧嚣的工地，满街奔跑着"摩的"。我们在金叶大厦见到了凌霞，这位石油学院副院长的"千金"随丈夫南下，从客房清洁工做到培训部主管。她曾经是我的学生和同事，我为她的精神感动。经过两天的协商，我们和惠州大学达成意向：借对方的宝地搞英语培训，收益按比例分成。我手里捏着秦教授的推荐信，跃跃欲试了几次没有出手，双方为合作谈得火热，拿出来既不合时宜又有失身份。

　　服务员把洁白的餐桌布展开，有节奏地摆放餐具，彬彬有礼地出示菜单。谭教授笑呵呵地说："这里的服务态度真好！"一路南行，服务态度越来越好，价格却越来越贵。谭教授看到标价太贵，站起身来要走，服务员生气地掀起桌布，我大声说："慢！我们还要吃啊！"服务员重新整理好餐桌布。这顿早餐与其说为了填饱肚子，不如说为了面子和尊严。

　　列车呼啸前行，到达中国改革开放的窗口深圳经济特区。走出罗湖火车站，一股似曾相识的气息扑面而来，脑中浮现出美国大都市的轮廓。祖国的土地上还有这么漂亮的一座城市啊！我们坐上漆老师妹夫开来的私家车，只见市容整洁、高楼林立、路人匆匆。私家车从滨河大道拐入深南大道，停在核电大厦前，漆家大姐带我们走进大厦的自助餐厅。

　　饭后，三人沿着深南大道前行，在上步路口停下看地图时，脚下的行李不翼而飞。行李中装有从美国带回的相机，我们连忙赶到附近派出所报案。民警笔录了我的口述，留下漆家大姐的电话号码。在深圳大学巧遇了老友何志平，这位武汉测绘科技大学的骨干教师、湖北省大学外语研究会秘书长，正在深圳大学试用。我们随即赶往深圳教育学院，大门边竖着一块醒目的标牌：深圳高等职业技术学院筹备处。谭教授拍了拍我的肩膀，压低嗓门说："小伙子，可以考虑哟！"漆老师问："你们在嘀咕什么？"我指着校牌说："您看，深圳高等职业技术学院！"他说："是啊！没听说过这么命名的学校！"在深圳教育学院数学室，谭教授的学生告诉我们，深圳市委要建一所不同于普通院校的新型大学，很快就要面向全国招聘教师，我悄悄把筹备处的通信地址记下来。

在深圳新闻中心，我把老同学唐医生捎来的包裹给了她丈夫邱小宁，一位湖北沙市第一中学的物理教师，他辞去工作下海经商。邱老师听了我的来深意图说："凭你的资历和能力，一定会干出一番事业来！"他带我去福田工会大厦拜访深圳意达电子公司的总经理李施光，湖北沙市一家国企的总工程师。李总听说石油学院派我来"开窗口"，说他公司还空着一张办公桌。两位同仁听了我的叙述，认为考察取得了实质性的进展。谭教授有几个熟人在深圳混得不错，他想去看望，我和漆老师陪同前往。住在园岭新村的熟人一眼认出我来，说我教过他英语。这位学生毕业来到深圳，应聘到政府部门。谭教授问他的住房价值多少，学生一出口教授连说"天文数字"。第二位熟人是谭教授在荆州师专的学生，在南天大厦购置了一套商品房，仅装修一项花了几万，谭教授感慨道："我的天啦！我一辈子也挣不了这么多钱啊！"第三位熟人是谭教授早年的同事，已经是南山区大冲小学的校长，拥有一栋独体结构的两层楼房。谭教授指着屋子说："就凭这栋楼，你来深圳就来对啦！"

我们带着考察成果返回湖北过端午节，妻子像往年一样蒸了几笼肉包子给两边的长辈送去。母亲见到儿子媳妇非常高兴，她说最近口味不好。我问："您怎么不去住院呢？"母亲前段时间一直住院治疗。她咳嗽了一阵说："沙市这几年很不景气，许多工厂都倒闭了，哪个居委会都有下岗职工。每次住院报销都不容易，报一次销就给领导出一次难题。"

"不能因此不看病啊！"我说。

"这是老毛病，哪里治得好，慢慢养吧。"母亲说着又咳嗽了一阵。我说某某得了什么病，照样活得好好的，意在安慰母亲。

谁曾想这番对话竟成我和母亲的诀别。两周后的一个下午，基础部正在举行教研室之间的排球赛，秘书找到我说："管老师，您父亲单位来电话，您母亲去世了，要您赶快回去！"我骑上自行车赶到家中，母亲已穿好了寿衣。我问父亲："妈妈真的走了吗？会不会是昏过去了？"父亲说医院来人验过。父亲退休后被"沙松冰箱厂"返聘常驻武汉，母亲一人在家总盼着我们。我每次去她就唠叨些陈年旧事，我说："您别跟我说这些，我哪里听得进去呀！"母亲不快地说："你是我的大儿子啊！"我回想起来后悔莫及，觉得自己没有尽到儿子的责任。她同事的孙子报考石油学院，请我出面找找人，我说："领导大会小会强调任何人尤其是领导干部不能干预招生工作，我现在是基础部副主任，哪能做这种事情！"母亲告诉同事说："我这个儿子只会读书，不会这些事！"想起这些事情来，我感到无地自容。前来吊唁的亲朋好友络绎不绝，送来的祭帐挂满了屋里屋外。出殡那天，送行的人黑压压一大片，把街区挤得水泄不通。母亲几十年从事街道工作，退休后在辖区做"义务主任"。哪家有困难她都知道,邻居不睦夫妻吵架都来找她,只要她出面问题就能解决。街坊信任她,口口声声"余主任"。在嘈杂的送殡人群中,有人叹息:"余主任好人啊!人品好啊!"

送别了母亲,我就踏上了前往南国的行程,前往深圳创办翻译公司。我怀揣单位批给的500元启动费,拉着一箱词典书籍,身背沉重的行李走出罗湖火车站。等候在外的邱小宁老师接过行李,叫了辆出租车,沿着滨河大道西行,疾驶一程后拐入巴登街。我放下笨重的行李,赶往福田区工会大厦。意达电子公司位于大厦五楼东南角,李总微笑着走出经理室,指着会计室的空桌:"你就在这里办公吧!"我按会计的指点找到一家图文商店,定制了一枚"深圳易达电子公司翻译部"的塑料图章和几块指示牌。我把指示牌张贴在大楼下的醒目处,很快来了一位五十开外的长者,身边跟着一位二十出头的姑娘。姑娘自称某大学英语专业毕业生,长者说看好这家公司,希望女儿跟我学点真本领。我没有招聘打算还是把简历留下了,给人一种心理安慰,也给自己储备人才。

几天下来接了几笔小单,不是简介就是名片。我开始焦急起来,李总劝我不着急,邀请我参加公司的洽谈。客户见我名片上冠有副教授头衔,恭维说公司很有实力,李总和他的员工说:"管教授的加盟,提高了公司的档次!"我搬到岗边村出租屋和公司的员工同吃同住,大家轮流做饭打扫卫生。街坊程为祥从家乡来深圳打拼,想在岗边村暂住一时。李总一口答应,程为祥很感激,主动承担起做饭的任务。他做得一手好菜,大家赞不绝口。我的业务一直没有进展,陪程为祥去了几次人才市场。华强集团的招聘人员看中了我,约我去见总经理。经过一番交谈,总经理说:"你的确是个人才,可我们公司庙太小，怕委屈你了！"去东湖公园附近的人才市场看结果，发现招聘人员不知去向。我们据此判断有人花钱租摊位，印制所谓公司简介和应聘表格。"原来他们就是这样赚钱的！骗子！骗子！我们上当啦！"程为祥疾呼，"我们也可以摆个摊，凭您教授的头衔谁会怀疑？可我们做不出来，缺德呀！"

意达电子公司一位员工不知去向，用BP机也联系不上。大家胡乱猜测，夜里醒来就议论一番。第二天中午还不见人影，大家越发着急起来，担心人身安全替代了胡乱猜测。正准备去报警，这位员工出现了，一身风尘，一脸疲惫。他的深圳经济特区通行证过期，路遇检查被拉上警车，送到樟木头遣送站关了起来。他补办续签，交了罚款，才被释放。程为祥做了两条大鱼为他压惊，大家举杯庆贺，就像迎接难友出狱。

我的业务始终没有进展，想起漆家大姐是核电站的高级工程师，便赶往长城大厦登门拜访。夫妻俩对我独闯深圳表示钦佩，我讲了眼下的困境，夫妻俩帮我出主意，带着我拜访核电站一位领导。几天后，我应约在新闻中心与核电站的谢工见面。他说核电站有大批资料急需翻译，只要我能保证质量按时交货，可以考虑长期合作。他拿出一份资料要我译成中文，一周后原地见面。这是一份设备安装说明书，我不用打草稿，也没有查词典。李总见我把译文直接写在方格纸上，感慨道："难怪石油学院敢派你一人独闯深圳，真有一手啊！不愧是荆沙地区最高学府的副教授！"一个星期后，谢工程师看了我的译稿，当即表态可以长期合作。我把这一进展向领导汇报，领导问是否需要增加人手，我说暂时不需要。我留在出租屋翻译资料，大家走后屋子里静下来，我享受着喧嚣中的宁静，陶醉在商海搏击首战告捷的喜悦中。

周末晚上,邱小宁老师设宴请来一帮在深圳打拼的家乡人。人到齐菜上齐后,邱老师举杯大声说:"今天请大家来,专门为管教授庆贺。管教授的局面一打开,就有一发不可收拾之势!干杯!"酒楼里一片喧嚣,正闹着我的BP响了,低头一看是何志平打来的。我走出酒楼,找到一个公共电话亭。他的试用期到了,要赶往武汉迁移户口,任教的班级很快要参加全国大学英语等级考试,他左右为难,突然想起我在深圳。我一口答应,他激动地说:"太感谢啦!有你来代课,我就放心了!"

我带上翻译所需的资料前往深圳大学,住进了"青松斋"单身宿舍。何志平把课已经备好,模拟试卷也准备齐全,加之课堂秩序井然,学生刻苦用功,我感觉挺好。做模拟试卷时,发现两位学生的客观题几乎无错,作文稍有瑕疵,留下两位学生单独辅导。我本是全国大学英语考试(武汉)中心的作文阅卷员,谙熟其中的门道,告诉学生说:"只要你们按照我说的做,作文有望取得高分,甚至获得满分。"

全国大学英语考试成绩一公布,深圳大学外语系沸腾了,两班学生大部分通过,那两位学生果然获得满分。有人评论说:"数理化考试得满分还听说过,作文考试得满分,而且是全国大学英语考试,闻所未闻!"系主任到学生中了解情况,学生毫不掩饰地说:"湖北的老师一个比一个厉害,何老师就很厉害,管老师更厉害!"何志平激动地讲述着,我们已经来到系主任办公室。谭载喜先生热情地伸出手来,既表示欢迎又表示感谢。谭先生乃翻译理论之大家,力作《奈达论翻译》早就被我视为经典,此时见到真人,大有三生有幸之感。从主任办公室出来,何志平要送我一程。沿途,建筑风格别致,鲜花飘香。校园中心耸立着一座小山,山不算高却林木葱茏。听说山上常闹鬼，更增添了几分神秘。一湾湖水碧波荡漾，学生似游人漫步湖边。校园如此美丽，系主任如此热情，我萌生了调来的想法。何志平把我的想法告诉了系主任，系主任当即通知教学秘书为我排好了下学期的课程。

核电站的合作还在继续，又与渣打银行深圳分行达成合作协议。渣打银行向我提供剪刀加胶水拼成的《股市简讯》，我译成英文传真给伦敦总部。每天一个版面，双周日除外，每周酬金1000元人民币。仅靠这笔收益，我就能在深圳支撑下去。我上午把核电资料翻译成中文，下午把股市行情翻译成英文。我曾想把那位大学生招聘过来，也考虑过从单位增派人员，为了节省开支这些想法都放弃了，待业务进一步扩大后再作考虑。"管先生，伦敦那边对您的翻译很满意。您不必那么仔细，把大意翻译出来就行了。"接收译稿的秘书在电话里关照说。我真没有反复修改，都是一次性翻译成文，水平使然。福田总工会申报培训项目，聘请我做客座教授。我没时间上课，秘书小李说课可以不上，表格一定要填。我一看表格就明白了，他们需要的是我的资历。培训项目获批那天，小李奉命请我吃饭。我们沿着大街找餐馆，像样的餐馆里都挤满了人，走到东门老街我不想耽误时间了，主动进了一家麦当劳。小李说："这顿饭不算，找机会再请您！"

大亚湾核电站招聘高级翻译人员，我按要求提交了应聘材料，很快接受了面试。考官用英语和我进行了一番对话，然后拿出一份资料要我翻译，提示我可以查阅词典，可以先打草稿。我一看资料喜上眉梢，把词典和草稿纸放在一边，直接把译文写在方格纸上。

"我做了一辈子翻译，没见过你这样的，不打草稿不查词典就往稿纸上写。"一个星期后，考官直言，"我寻思，行吗？等你交了稿，我把译文一看，嘿！文字流畅，术语规范，我真服了！"他说核电站已经把我列为第一人选，领导要亲自见我一面。

我坐上大亚湾核电站的通勤车，从长城大厦出发穿越市区抵达大鹏半岛。核电站大门外森严壁垒，执勤的军人荷枪实弹。有人前来迎接，在接待处登记，给我上衣胸前贴了块蓝色标签。我跟着来人穿过一间间大小办公室，走到尽头才见到主任室。主任一头白发，学者风度，微笑着示意我坐下，叫人送上一杯茶水。面对年长的知识女性，仿佛学生见到老师，我变得拘谨起来。主任说看过我的履历，审过我的译稿，对我很满意。她详细询问起我的家庭情况，我一一回答。她指着门外说，翻译部人员不少，你都看到了，但高手不多，你来后的任务就是把关，重要首长来访时，你陪同做翻译；国家领导人每年都来几次，你每年都有出访任务，至少去一趟欧洲；根据需要也可能多去几次，到时由你决定。"由我决定"这几个字令我不解。一想到调动不会顺利，流露出心中的忧虑。主任说："像你这样的人才谁都舍不得，回去好好跟单位商量，说大亚湾核电站是国家的重点工程，希望你们单位给予支持。"

主任指示秘书带着我参观，一连走过四个作业区。秘书说核电站的员工通常只在自己的作业区活动，不得随意走动，说明公司对我的器重。员工宿舍远离作业区，林木葱笼，环境优美。服务员用钥匙打开一间房，说是为我准备的，有卧室、卫生间、厨房，一部电话机、一台彩电电视机、一台冰箱、一台洗衣机。回到主任办公室，又是一番亲切的交谈，气氛比刚才轻松了许多。主任握着我的手，一字一顿地说："我很快就要退休了，你来后就接替我的工作。"难怪初次见面就这样推心置腹，我又一次遇到了贵人，激动之情在胸中涌动。

突然接到领导的长途电话，要我结束深圳的工作立即返回。渣打银行深圳分行对突然终止合同很不满意，不肯兑现尚未支付的翻译费，经过一番口舌总算开了张欠条。意达电子公司有两笔费用需要结清，协商也不顺利。涉及办公室使用费时，李总提出按两个单位结算，我提出按人头结算。涉及食宿费时，把程为祥居住期间的费用算在我的头上。我把手头的现金全部拿出来还不够，只得留下一张欠条。

我怀着郁闷的心情返回单位，才知道有人在领导面前说三道四。我在教研室会议上通报了在深圳开展业务的情况，不少人认为放弃实在可惜。我口无遮挡地说："基础部对外语管得太多太死，如果能独立出来就好了，想怎么干就怎么干！"我从有利于学院发展的角度提议成立外语系，基础部主要领导指责我"闹独立"，教研室有人说我"想当官"。我在教研室会议上的一番话很快传到基础部主任耳朵里，他召集基础部班子紧急会议，此时我这个基础部副主任正在上课。会议做出决定：在基础部试行教研室班子民主选举，以外语教研室为试点。我下课后回到教研室，秘书说主任有急事找我。主任向我宣布了基础部班子紧急会议的决定，小心翼翼地强调："考虑到外语教师思想活跃，容易接受新生事物；阁下年轻有为，思想开放，肯定会支持这项改革。"

选举改革试点工作如期举行，全体人员聚集在物理楼阶梯教室。教室前头的黑板上书写着几个大字标明会议的主题，讲台边一个很大的投票箱用红纸装裱一新。领导前排就坐，外语人员紧排其后，其它教研室的人员随处而坐。阶梯教室坐得满满当当，比哪次会议的出勤率都高。我习惯性地清点人数，发现外语人员还没到齐，几位教师下午有课。缺席的都是英语师资班留校的青年教师，按常理属于"我的人"，一道阴影掠过心头。

基础部工会主席看了一下手表，走向主席台宣布会议开始。主任接过麦克风开始演讲，他把此次民主选举的意义提到无与伦比的高度，庄严宣布："此次选举改革试点工作就是要发扬民主、尊重民意，通过无记名投票的方式产生教研室领导班子，结果任何人不得干预，也不准干预！"工作人员宣读选举规则：第一轮产生候选人，第二轮决定人选，选出主任一人、副主任两人。受过西方教育的我，心底生出一种冲动，欣赏基础部领导的勇气，敢来一次美国式的大民主。工作人员开始发放选票，选票按姓氏笔画列有全体外语人员。我把名单扫视了一遍，在三位同事的名字后划了勾，带头走向投票箱，身后立即有人跟了上来。回到座位时一条长队已经形成，缓缓走向票箱，空气中弥漫着凝重的气息。工作人员开始用"正"字在黑板上计票。第一轮下来我列在首位，一股暖流在胸中涌动，心想几年的辛苦没有白费。第二轮开始时我依然领先，半数过后被人急追直上。一番角逐我退居第二，再一番角逐我退居第三位，再一番角逐我退居第四。我期盼上课的同事赶快到来，不断朝大门张望。

会议主席宣布选举结果，主任春风得意地走上前台带头鼓掌，祝贺新一届外语教研室班子诞生。掌声还在空气中回荡，阶梯教室的大门被人推开，几位上课的同事出现了。我在心里抱怨："怎么现在才来？"我被淘汰出局，一股无名火涌上心头，也不管会议是否结束，愤然地从座位上站起，大踏步走出会场，屈辱的泪水在眼帘滚动，心里冒出岳飞的《满江红》。走廊里有点阴暗，我感觉人心更加阴险，高一脚低一脚地前行，脑子嗡嗡作响。人声不断从身后传来，有幸灾乐祸的大笑，有事不关己的喧嚣，有抱打不平的呐喊。民选主任追上来，说压根没想到这个结果，宁可不当这个主任愿把位置让给我。

此地不留人，自有留人处，我借着这股怨气提交了请调报告。我在报告中说：核电工业是国家的命脉之一，我愿去那里贡献国家。核电站那边不断来电话催问，一再强调公司领导对我的器重，提醒我不可坐失良机。一晃就是一个月，核电站同志在电话中说："管先生，我们不能再等了，我们准备通知二号候选人接替您。"对方挂机时嘱咐说："如有转机，请在两天内给我电话！"我问："如果学院不同意，我自己前往核电站，可以吗？"对方说："不行！我们是国家一级保密单位，一定要你们单位正式同意，我们可以立即发商调函，但一定要先把档案发过来！"

暑假到了，我带上妻儿前往深圳讨债，渣打银行深圳分行说年底才能结算。我们赶到福田工会大厦看望意达电子公司的员工，毕竟是打拼过的地方。大家正谈得火热，窗外传来隆隆的爆炸声。所有人奔向爆炸声传来的方向朝窗外望出去，只见清水河方向浓烟滚滚，爆炸声持续不断。有人说那里有个仓库，后来的报道证实了这一猜测。邱小宁老师的事业有了发展，公司新添了几个员工，出租屋里摆放着十几台电脑。他的爱人（我们夫妻的同学）唐医生带着儿子也在深圳探亲，大家聚在一起其乐融融。邱老师组织员工去大梅沙海边，我们也应邀前往。一个大浪把我的眼镜打入水中，大家帮我找眼镜，这才叫大海捞针，哪里找得到。没想到第二天早晨再次到海边戏水时，我的脚趾触到了什么，我顺着脚底摸过去抓在手里，拿出水面一看正是我的眼镜。我把眼镜高高举起，大家兴奋地欢呼雀跃。

秋季开学时，石油学院更换了最高领导，中层干部大调整。基础部新任党政一把手对我表现出应有的尊重，安排我入住基础部副主任专用办公室，民主选举只免去了外语教研室的主任。每天有人给办公室打扫卫生，有人或谈工作或发牢骚或投诉，还真有点"做官"的感觉。我突然觉得这样挺好，还调动什么呢？有一位实验员被扣了当月奖金，三番五次找我投诉。我到实验室一了解，这位实验员确实违反了劳动纪律。我再给这位实验员做说服工作，她却不依不饶，三天两头来纠缠。我不想在这点事上消耗精力，拿出被扣的数额给了她。总支书记知道了找我核实，我把经过一说，书记哈哈大笑："哪有这么处理问题的！"书记出面做工作后，那位实验员把钱又还给了我。

又一年过去了，学校快放寒假了，我奉命前往深圳讨债。邱小宁老师已搬到黄贝岭，我还是投奔他。看电视节目时，一则消息吸引了我：深圳高等职业技术学院筹备处面向全国招聘教师。我备好应聘材料赶往位于泥岗路的深圳教育学院，在教学主楼顶层的一间办公室见到了陈柏松教授。他看了我的简历和材料非常高兴，对我表示欢迎。高级职称的调入要经一号领导同意，一号领导正在德国考察，他让我留下深圳的电话号码，以便保持联系。

渣打银行的欠款还未到手，一帮老乡分析说："这么大的银行不该缺这几个钱啊？会不会想赖账？"吴先生说我"太书生"，愿陪我走一遭。吴先生浓眉大眼，一身腱子肉，加上一脸怒气，渣打银行深圳分行的总裁感到来者不善，立马给我写了张字条，叫我前往渣打银行广州分行。我们马不停蹄赶往广州，果然如数领取了欠款。走出银行大厅时我的心突突直跳，没有携带过这么多的现金啊！为安全起见，我们连夜乘火车直奔湖北。渣打银行这笔收入正好抵消李总方案的欠款，如果这样支付，我在深圳几个月的辛苦就会颗粒无收。以人头为单位的方案尚有盈余，对上对下都好交代。基础部班子认为李总的方案不合理，加之这个方案也未成文，决定按我的方案付款。

我在同事陪同下前往李总家。李总虽为国企的总工程师，依旧居住在职工宿舍里，家具陈设都很简陋。我自报姓名，李夫人说早就听说过我的名字，热情地把我们迎进屋。我把事情的来龙去脉说了一遍，没有隐瞒我和李总的分歧，没有隐瞒基础部领导的决定和决定的缘由。"我一个大活人，在深圳辛辛苦苦干了半年多，一分钱收入都没带回来，无颜面对领导和同事啊！"我对李夫人说，"如果李总一定坚持他的方案，我只好自己赔钱，但眼下还拿不出来。"李夫人笑着说："我来跟老李说！你就不用放在心上了！"李夫人的大度令我感动，我还是觉得对不起李总，怀着愧疚的心情告别而去。

春季开学时，中国石油天然气总公司人教司来了一份文件：随着中国石油走向世界，大量的石油工程技术人员需要提高英语口语，决定在十所石油高校举办对外合作人员培训班，并组建常设机构。学院立即成立了以院长为组长的"对外合作人员培训领导小组"，我被指定为领导小组的成员，并担任对外合作人员培训班，项目组的执行组长。我立即制订出对外合作人员培训班教学计划，教研室召开全体会议对这份计划进行讨论。民选主任主持会议，副主任宣读计划书。忽然响起一阵刺耳的沙沙声，一位年过五旬的老兄仰头靠在椅子上，用脚猛力蹬着前面的座椅。我已经提交了请调报告，不想管这些闲事，强压心头火。副主任把计划书宣读完毕要大家讨论，又一位五旬开外的老兄站起来，把方案说得一无是处，口里不干不净骂骂咧咧。有句格言说：空罐发出的声音最大，智力最低者最善于唠叨不休。另有一句格言说：克制有个极限，超过了极限就不再是美德。我霍地站起来，严厉质问："你骂谁？"这位老兄指着宣读计划书的副主任的后背说："我没说你，我说他！"

总支书记觉得这帮老家伙太不像话，感到新班子压不住阵脚，想来想去想把我抬出来。正好进行教研室党支部改选，他找人谈心后发现我的呼声依然很高，趁热打铁主持召开了外语支部会议，我再次当选为外语教研室党支部书记。总支书记留下我个别交谈，我提出一个令他大感不解的建议："把支部书记让给一位五旬开外的老同志。"总支书记说："好不容易把你安排到这个位置上，为什么让给他人？"外语教研室人心复杂，有些人总是矛头向上，谁当头就给谁出难题，班子全是年轻人难以招架呀！如果班子里有一位老同志，能增强班子抵御"那帮人"的力量，还有可能转移那帮人的视线。总支书记听了这番分析，笑着说："原以为你只会做学问，想不到政治上也不含糊呀！"

石油天然气总公司教育司一位领导到江汉石油学院检查工作，专门登门探访我。他在言谈中流出对我这位"培训专家"的器重，询问我"今后有什么打算"，我被问得一头雾水。根据国家高等院校体制改革的精神，除位于北京的石油大学外，其他石油院校都将交给地方。领导嘱咐我说："趁年轻赶快找出路，想来部里就告诉我，把你调到北京来；还想继续教书，也可以调到石油大学。"

"五一"过后，收到全国《核心英语》教材研讨会的通知。我带上教研室民选主任和一位青年骨干教师前往郑州，会议围绕上海交通大学主编的《核心英语》展开讨论，探讨教学与测试之间的关系以及后续科技英语教学问题。上海交通大学教授张彦斌做主旨发言，拿出一本《科技英语论文集》，推荐文集中一篇《论石油科技英语的课程设计》。这不是我在"全国第二届科技英语研讨会"上宣读的文章吗？我找到张教授，抱怨不知道自己的文章被收录，也没有收到赠送的文集。张教授表示道歉，把手头的文集送给我。

　　会议代表前往黄河渡口。抗日战争时期，中国军队为了阻挡日军的进攻掘开黄河大堤，暂时挡住了日军的进攻，却牺牲了成千上万的老百姓。读着渡口纪念碑上的这段记载，眼望滚滚的黄河水，遥想那场战争的惨烈，我的心情久久不能平静。参观少林寺时，从来不信佛的我居然上了香又抽了签。签语中的"进也难退也难，前后为难失一轮"令我唏嘘，然道是冥冥之中的暗示？

44　鹏城呼唤

千江有水千江月，万里无云万里天。
　　　　　　　——宋·雷庵正受

深圳高等职业技术学院筹备处"一号首长"约见我，陈柏松教授在电话中说："这是一锤定音的事，你无论如何来趟深圳！"石油学院外语教研室民选主任很通融，还写了封私人信要我捎给他深圳外办的同学。这位同学看了信爽快地说："像你这么优秀的人才哪个单位都要，只要有单位接收就来找我，给你开一张留学回国人员证明，可以享受不少优惠政策，家属可以随迁，福利房可以加分。"

我打出租车赶往泥岗路，一口气上到深圳教育学院主楼第八楼，筹备处的几间办公室靠西边一溜展开。微机房里放着十多台电脑，隔壁是教务处兼招生办兼教员备课室，接着是院领导办公室，最西头是图书室。我走进教务处，一位女士说："陈教授刚出去，您稍等一下。"我自我介绍，女士睁大眼睛："您就是管教授啊！我耳朵整天灌满了您的名字，陈教授说到您就高兴得合不拢嘴，说您是不可多得的人才！"女士叫谢文静，是负责招生工作的。

陈教授身后跟着一位和我同龄的女教师，安排我在教学主楼一楼的一间教室试讲。学生是服装专业的，教材是《大学英语》。我有点莫名奇妙的紧张，开讲后紧张情绪就消失了。学生很配合，我感觉很好。试讲结束，我问怎么样？李老师不假思索："哪有什么话说！"返回教务处见陈教授，这位原武汉大学的教务长听着李老师的汇报，笑得合不拢嘴。我们走进"一号首长"办公室，一位身板壮实的中年男子从座椅上站起，用力握住我的手，操着上海普通话说："新平同志，欢迎你来我们学院工作！"陈教授操着广东普通话说："院长，这可是一位难得的人才啊！"俞院长和蔼地对我说："学校跟你签的试用合同是三个月，这是市里的规定，你的档案什么时候来，什么时候给你转正。"李老师告诉我去年借深圳大学的指标试招了服装和环艺两个班，今年获批自主招生四个专业，外语系的专业叫国际文秘。我问为什么叫这个名称，她说深圳大学这个专业办得很红火，要我起草一份教学计划，学院印制招生简章等着急用。我问在哪写，她要我去找吴帆老师。我把这个名字念了一遍，她意识到我不认识吴帆，笑着说："就是我们学院最漂亮的那位女教师。"

教务处兼招生办的兼备课室里果然有一张空桌，可桌上放着"陈振刚"的名牌。我站在桌边犹豫，漂亮女士抬起头轻柔细语地问："您就是管教授吧？"我点了点头。她指着空桌说："陈老师上课去了，您就在这里写吧！李老师跟我说过！"我拿出《江汉石油学院英语专业（外贸）教学计划》做参考，以李老师提供的一堆资料和教材为蓝本，很快起草了《深圳高等职业技术学院国际文秘专业教学计划》。我拿着手稿到隔壁的机房做文字处理，再打印出来。李老师夸我动作真快，带我见到了副院长宋尚忠。宋副院长看了教学计划，笑着说："管教授，你的学问做得这么深，来我们这里有点委屈呀！"我说："做教师的讲的是深入浅出！"

一位同龄的男士热情地伸出手来，操一口"沙市话"欢迎我，自报名字叫朱炬龙。面对一位求职者，没有招聘人员惯常的霸气，我心里热乎乎的。他拿出一份《深圳高等职业技术学院试用合同》，我浏览了一遍，试用期三个月，截至1994年9月27日。这不是我的生日吗？试用期结束后要是不同意，可是没有退路啊！朱先生笑着说："那是不可能的，学院领导非常看好您，说不定还要您主持工作呢！"我在合同上签了字，他拿出一本工作证，用胶水把我的照片贴上去，用力盖上了红红的公章。我接过工作证一看，编号"临31"，才知道这所筹建中的高等学府原来只有这么几个人。

财务室设在教育学院财务处的一间办公室，两位女士热情地接待我，给了我一本工商银行的个人存折。我不知道去银行的路，两位凑合画了一张草图。我拿着草图顺利地找到四川大厦下的工商银行，在柜员机上打印存册，显示出当月试用工资。此时此刻，江汉石油学院还有一份工资。坐在返回湖北的列车上，回想这趟行程感慨万千。一个求职者受到了众星捧月般的礼遇，未来的领导也好未来的同事也好，没有人对我指手画脚，没有人鸡蛋里挑骨头，所到之处洋溢着热情与友善。

回到湖北收到美国朋友罗伯特·杰克逊先生从云南大学的来信，我立即打电话告诉他举家前往。两家人一定要在中国见面，这是我和罗伯特在美国许下的诺言。然而，一件好事使我左右为难。石油学院附属中学在全市中考中大获全胜，一批学生成绩优秀，儿子在附中的考生中一举夺魁，被录取到省重点中学。附中决定组织年级组前往山东旅游以资奖励，几个拔尖的学生也应邀前往。我权衡再三，电告美国朋友，表示从山东返回后再去云南。

青岛的正午酷热难熬，我提议喝冰镇生啤解暑，附中老师都说喝不来。我是在长春爱上啤酒的，啤酒里隐藏着我的东北情结。冰镇生啤上桌时，我鼓动大家喝一口，大家一尝都说"太好喝了"，一人来了一杯。在青岛海事博物馆泡了半天，观看各种军械器材，胶卷换了一卷又一卷。前往崂山的山路蜿蜒曲折，一边是大海，风景如画。"崂山那个崂山！"景区门外的商贩大声吆喝，每人买了一瓶崂山矿泉水。傍晚回到旅店，窗子面临大海，翻腾的海水像层层瀑布，在荧光灯的衬托下美不胜收。

到达泰安火车站，坐"麻布的士"去找旅店。妻子祖籍山东，和"踩车人"攀起老乡，老乡把我们拉到一家铁路旅馆，一顿晚餐价廉物美。清早赶到泰山脚下，景区还没上班，只好徒步上山。中午爬到山顶，找到一块平坦的地方席地而坐吃起干粮来。几个孩子高兴地四处疯跑，我坐在圈外注视着疯跑的孩子们。只见山峰叠嶂，不远处就是悬崖峭壁，下面是万丈深渊。听得身后传来奔跑的脚步声，只见儿子被一个孩子追赶着朝悬崖边疾驰而来，我只觉血往上涌，张开双臂大声疾呼。奔跑的孩子意识到了什么，放慢脚步，来到悬崖边上往下一瞅，连伸舌头。我把孩子们赶到附中老师的休息地，心脏一直跳个不停。假如没有即时制止会发生什么？接下来的日子，我们参观了曲阜的孔庙和济南的趵突泉，可总是心不在焉，不是想着云南的美国朋友，就是想着调动的事。

返回湖北，我起草了《江汉石油学院外语教研室三年发展规划》，用数据和业绩说明成立外语系的条件已经具备，指出成立外语系有利于全面提升江汉石油学院的外语办学水平，有利于"开门办学"创收。我已经准备调离，少了许多顾虑。我还提议将三年制英语专科升格为四年制本科，拟订了《江汉石油学院专门用途英语（外贸）教学计划》。我把两份文件附在请调报告中，一式复印四份，分别提交给学院领导、基础部和外语教研室，自己留份作纪念。此举如同一枚重磅炸弹在校园爆炸，我再次成为舆论中心。有人说此地不用人自有用人处，有人说学院这么器重还是要走忘恩负义，有人说我前途无量何苦出去闯荡，基础部总支书记感慨地说："管老师要走了，还在想着外语教研室的发展，可惜我们留不住人啊！"

新任人事处长和组织部长登门挽留，左等右等不见我回，转而做妻子的工作：小曹啊！我是看着你们来的，又看着你们结婚生孩子，看着小管提干。这些年小管从一个普通教师做到基础部副主任，也不容易啊！去深圳一切从头开始，值不值得？你们掂量一下。小管回来告诉他，我和组织部长来过，我们是受院长委托来的，希望他留下来，江汉石油学院为小管的发展还是留有足够的空间的。听了妻子的叙述我沉默了，两位德高望重的领导亲自登门又没碰上，我感到过意不去。尤其是新任人事处长，原是基础部第一任总支书记，我来到江汉石油学院就得到他的赏识和器重。我对妻子说："算了吧！不走了！"她说："你的耳朵就是软！要走是你说的，不走也是你说的，你自己决定吧！"

清早起来，我拿起电话打往深圳："实在对不起！这边不放我，看来我去不了深圳！"陈柏松教授急切地说："新平啊！你可不能不来啊！我们已经按照你的计划招生了！你要是不来，可跟我们开了个大玩笑啊！"我说："这边不同意，不发档案，怎么办？"前有大亚湾核电站的先例，档案决定去留。电话铃又响了，传来一号首长俞仲文的声音："新平啊！只要你人来，以什么方式都行！没有档案也没关系！"深圳无条件接受我，态度如此诚恳，哪有不去之理？我买好飞往广州的机票，去见学院的最高领导。领导叫秘书给我倒上一杯水，我把《江汉石油学院外语教研室三年发展规划》呈交给他，拿出机票给他看。

"你在系主任中是最年轻的,我们为你的发展还是留了空间的。"这句话要是早几天亲自对我说,也许我就留下了,此时我不能对深圳那边言而无信啊!

"我把外语教研室的发展规划都写好了,江汉石油学院的工作是革命工作,深圳那边的工作也是革命工作。相比之下,那边的革命工作更需要我。"

"我管不了那些,我只管江汉石油学院!"

"院长!您说我这些年干得怎么样?"

"小伙子,干得不错!"

"我就犯一个错误,调走!"

"小伙子,我为你的发展还是留有空间的。你想成立外语系,也是可以考虑的!"

"院长,我感谢您把我当作人才,苦口婆心挽留我,我真得很感动。可那边的领导说已经按我的计划招生了,急等着我过去开展工作。"

"小伙子,何苦呢?到了那里一切从头呀!"

"在这里工作的确也不错,如果调过去,我觉得就过了两辈子,不调过去等于只活了一辈子。"我冒出这么一句,"院长,我提两个方案您看哪个好。我飞机票都买好了,明天肯定要走,我走后您给我来个通报批评,开除党籍,撤销职务。可这样一来,大家会说石油学院不是人待的地方,管某人干得这么好最后落得这么个下场!"

"是啊!我不能这样做啊!"

"还有一个办法,您高抬贵手,睁一只眼闭一只眼。可也有个问题,我走以后,大家会说石油学院是个菜园子,管某人想来就来想走就走!"

"小伙子,我看你是死心了。这样吧,你去一下人事处。"

人事处副处长李忠良拿出一份为期半年的停薪留职协议书，我问怎么是停薪留职，李副处长说让我签了这份协议去深圳那边看看，半年后再回来，到时工资补发，官复原职。总算放行了，我在协议书上签了字。李副处长一直把我送出大楼，叮嘱我说："小管啊！到了深圳，再不要做得罪人的事啦。你把人家得罪了，工作做得再多再好也没用，你再有能力也没用。"李副处长的话说到根上了，这就是我调离江汉石油学院的深层原因。即使成立外语系，我恐怕也难当上系主任，即使做了系主任也会有人捣乱，无事生非制造麻烦。我回到办公室收拾，语音室主任刘长发找我反映问题。我跟着他前往语音室把问题解决了，想到自己明天就要离开，语音室一直是我负责的，仔细地做了一番交代，提醒他需要特别注意的事项。刘长发主任有点摸不着头脑，睁大眼睛望着我，他哪里知道我是在做"遗嘱"呀。

45 西丽有湖

云心自向山山去,何处灵山不是归。
——唐·熊孺登

清晨,我从荆楚大地飞往南粤。中午,从白云机场进入广州市区,转乘和谐号动车。傍晚,到达罗湖火车站,打的士到达黄贝岭。邱小宁老师说:"你来得正好,每天找你面试的电话都打爆啦!"上次来深圳我在人才市场留了份求职材料。为给自己留条后路,我去了一趟蛇口,见到了海洋石油公司的负责人,然后才去深圳高等职业技术学院筹备处报到,入住由深圳教育学院教学主楼的八楼教室改成的寝室。

临时负责人李老师主持外语教研室会议,见到了徐小贞、樊大跃和康杰。徐小贞曾作为河南省优秀教师被派往美国做访问学者,樊大跃曾在联合国教科文组织北京办事处工作,康杰是陈柏松教授到武汉大学挑来的应届优秀硕士毕业生。陈教授说:"外语系的五虎上将聚齐了!"这位前武汉大学的教务长是筹备组的骨干成员,我们五人的聚齐倾注着他的心血。我年龄最大、教龄最长、职称最高,也是学院为数不多的高级职称之一。李老师介绍起国际文秘的招生情况,她拿着招生简章到处跑,人家根本不知道有这么个学校,她一个一个说服,好不容易才招到31人。南国的三伏天,太阳火辣辣的,大地热烘烘的,那种辛苦可想而知。围绕国际文秘的教学计划展开讨论,大家踊跃发言,我根据大家的意见对教学计划进行了修改。教材要到笋岗仓库去取,图书教材负责人徐冬杰听说我来自江汉石油学院，问我认不认识她的一位同学，又是一位故乡人。

我们用仓库提供的手推车把教材一捆捆搬上大卡车，拉到泥岗路学院筹备处的图书室。除了外语专业的教材外还有全院公共英语教材，来来回回连续搬运了两天。教材都很沉重，南中国的太阳晒得头皮发麻，大家累得大汗淋漓，谁都没有半句怨言。午间，两位女同胞买来盒饭，大家蹲在书库一个安静的角落边吃边聊，一种新的归属感在心中萌发。离开熟悉的环境总有几分迷茫，这种感觉令人欣慰。教材刚搬完，就随两位院领导前往深圳市外国语学校调研，为筹备日语专业做准备。经过协商达成协议，外语学校的学生只要报考原则上予以录取，为开设日语专业找到了稳定的生源。

1994年9月3日，一个值得纪念的日子。深圳高等职业技术学院筹备处全体人员聚集在深圳教育学院礼堂，主席台上没有任何装饰，市委组织部和市教育局领导沿一张条桌并排而坐，台下坐着全体教职员工83人，显得空荡荡的。突然停电，礼堂里的光线不太好，感觉就像当年中国共产党成立时的秘密会议。大家翘首以待，心里如翻江倒海，见证了一个历史性的时刻：中国第一所以"职业技术学院"命名的高等学府由此诞生。教育局领导宣读广东省人民政府《关于建立深圳高等职业技术学院的批复》：为适应你市社会、经济发展的需要，发展职业技术教育，培养技艺型、操作型人才，同意建立深圳高等职业技术学院。现就有关问题，批复如下：一、深圳高等职业技术学院属普通高等专科学校，实行省、市共同领导，以市为主的管理体制。二、学校按有关规定为副厅级建制；教学管理归口省高教厅。三、学院办学规模为5000人；年度招生计划纳入省的计划，1994年开始招生。四、学校办学所需一切经费由你市筹措解决。请按国家教委有关规定，切实把学校办好，办出特色。市委组织部领导宣读任命文件，党委书记暨院长俞仲文代表班子发言。学院于前年初开始筹建，当年四月成立筹备处，经过三年的风风雨雨正式获得批准。这是一所由深圳市委、市政府根据未来经济发展需要对人才的需求而创办的一所新型的全日制高等学校，主要任务是培养具有大专层次的技艺型操作性技术人才及管理人才。筹备期间，院长带着一帮人先后赴德国、日本、美国、加拿大、韩国和中国的台湾、香港等地考察过职业教育。

教学楼前停着一辆崭新的校车，车身印有"深圳高等职业技术学院"。大家的情绪高涨起来，再不用搭乘教育学院的校车了，寄人篱下的状况总不是滋味。西丽湖那边传来消息，两栋宿舍楼和食堂大楼已经竣工，学院组织分批前往"考察"。天上下着毛毛雨，我随樊大跃和康杰一起出发。卡车七弯八拐，翻山越岭颠簸前行。香蜜湖一带尽是泥巴路，车公庙一带到处都是荔枝林。南头城这个名字很诱人，还没看清已经见到了直升机机场。道路更加泥泞，大卡车颠簸前行。西丽镇只有一条狭窄的街道，小商铺林立，最醒目的建筑是邮局和农业银行。一群学生从西丽小学蜂拥而出，都是村姑牧童打扮。卡车翻过九祥岭，沿着西丽湖向左拐进荔枝林，绿林丛中矗立着三栋楼房，雾蒙蒙的天穹下泥水横流。卡车开到A栋宿舍楼，我们小心翼翼地下车，绕着三栋楼房观看，个个溅得一身泥。基建处同志说A栋用作教工宿舍，B栋用作学生宿舍，食堂二楼和三楼用作教室，办公室分散在A栋和B栋三楼以下。我们步行到新围村基建处吃饭，又是一路泥泞。基建处租了几间农民房兼做办公室厨房和卧室，炊烟缭绕，一派农家院景象。

返回教育学院，陈柏松教授问我们感觉怎样？三人都不吭声。西丽镇哪像城市，学校一片工地，没有围墙，没有操场，没有道路；一片农田，一个水塘，一片荔枝林，哪里像个大学，正是"路漫漫其修远兮！"陈教授看出我们的心思，笑呵呵地说："你们可不能打退堂鼓啊！面包会有的！这是一所新型的学校，国家教育部非常重视，深圳市政府非常重视，几年后就会大变样的，你们来这里是大有作为的呀！"陈教授的担心不无道理，不少人待了一段时间，看到条件艰苦就悄悄离去。深圳大学还等着我去上课，我的档案又没来，要走是分分钟的事。领导的热情感化了我，同事的精神影响了我。临时负责人李老师大事小事找我商量，处处照顾我帮助我。学院给老师打预防针是她提醒我，去市里办事赶不上午餐，也是她把我带到家吃。原单位不放档案我不能上户口，也是她提出把我临时上在她家的户口本上。院长笑着说："那怎么行呢？"

中秋节那天，全体人员在罗湖一家酒楼聚餐。四位领导轮流给每张餐桌上的人员敬酒，没有上下级那种惯常的隔阂，吴书记和宋院长就像两位长者，俞院长和沈院长就像两位大哥，我感受到一种家庭团聚的温暖。国庆节后学校开始搬家，每个人的脸上隐藏不住内心的喜悦，不分上级下级，不分先来后到，不分男女齐上阵，服装专业的几十号学生是主力军。教育学院的大楼没有电梯，我们把所有的物资从八楼往下搬，然后搬运到车上，到了西丽湖校区再卸下车安放到各个办公室。经过几天的忙碌，靠着每个人的臂膀，完成了从泥岗路到西丽湖的搬迁，结束了寄宿教育学院的历史，走进了自己永久的家园。

外语系办公室安排在A栋三楼，我的寝室安排在五楼，室友是樊大跃、康杰和体育教师陈雁扬。院长把李老师和我叫到办公室，语重心长地说："外语系的事情就交给两位啦，今后的工作你们两人共同负责。招聘人员之类的重大决策，必须两人签字再报给我。"院长交代说："你们两人就是外语系的领导，一个是留学英国的硕士，一个是留学美国的硕士，我相信你们的能力，你们一定要搞好团结，把外语系搞得红红火火的。"我们表示要院长放心。院长把我留下，交代我多做些工作，特别强调李老师多次在学院领导面前举荐我。

人事处转来一批求职信，有几个不错的人选，就问怎么没要这些人，人事处同志笑着说："因为院长看中你了嘛！这些人要不要，你和李老师看着办！"我们第一个看中了北京师范大学毕业的硕士生，立即和他通电话，对方一口流利的英语赢得了我们的好感。我提了几个教学法方面的问题他对答如流，我们当即拍板。这位老弟带着老婆孩子前来报到，他老婆告诉我："孩子他爸接到您电话那天不知多高兴，他说深圳的一位外籍老师跟他通了电话。"我在电话中没讲一句汉语，他把我当成了外籍教师。我们看中的第二位求职者毕业于西安外国语大学，已在深圳混了几年，还是觉得做教师好。老弟一口英语非常流利，还有几年教学经验，我们立即把他留了下来。在第三个求职者的去留问题上我们发生了分歧，这位老弟说话声音很轻，试讲时缺少面部表情。李老师认为眼下就要开学坚持接收，我觉得这位老弟很难成为学生欢迎的教师，为此僵持了好长时间。她不高兴地对人说："人怎么能这样呢！"我才违心地签了字。这位老弟调入后果然不受学生欢迎，后来转到学院图书馆去了。

新生即将进校，副院长沈耀泉到教学部门检查，对外语系非常满意。他在干部会议上直言："外语系的准备工作做得不错，一看像那么回事。有些部门还没搞明白，那怎么行呢？"外语系的工作还是存在问题的，沈副院长批评我们设备管理不到位，我们根据他的意见制订了外语系设备使用管理办法。学院没有围墙，没有保安，丢电脑的事情时有发生。食堂开伙了，午餐不再吃盒饭了。唐晓鸣老师开着一辆二手蓝鸟车停在食堂边，我们看得好羡慕。干部开会时，俞院长风趣地说："高职院的干部要做到讲话不用秘书，写稿不用笔墨，行走不用司机，接待不用翻译，专业上不是科盲，管理上不是外行。有人开玩笑说，什么时候能像深圳大学那样校园里摆满老师的私家车啊！院长说："面包会有的！我们不但要把学校办好，还要把福利搞上去，让大家打的士时，不要看着表跳心里就跳。"

傍晚，我正在办公室备课，楼下传来喧嚣声。一伙果农手里拿着木棍铁锹，聚集在宿舍楼前哄闹。学生头领严薇正和这帮人理论，身后站着许多学生。住在楼上的老师立即赶到楼下，加入到严薇的队伍中以壮声威。学院用地原是荔枝林，果农对征地赔款有些异议又来讨说法。教职员工坐下班的校车进城去了，校园里除了学生就是暂时没有把家搬来的"单身汉"，最大的领导就算我和严薇，而我还不是正式职工。为了维护学校尤其是学生的安全，学院决定每天安排一位中层干部全天候值班，遇到情况及时处理。学校给中层干部配备了BB机，后来又配备了手机。各项工作步入正轨，中层干部的任命文件却迟迟不发，大家私下议论不知何故。我突然意识到了什么，走进院长的办公室。

"新平！什么事啊？坐下谈！"院长笑着说。

"院长，我是来谈中层干部任命的问题的。"我直奔主题，"大家都在议论中层干部的文件怎么还不下发。不会是因为我的档案吧？如果是这个原因，就不用等了！不能因我一人让大家都等着。"

"新平啊！你太理解我啦！"院长激动地说，"这样吧，我们先发文件，你的档案一到，不管什么时候到，单独给你发文。"

公布的教学单位有电子与计算机系、应用外语系、会计与管理系、工艺美术学部。有人发现我的名字没有出现在文件中，却照常出席中层干部会议，照样参加学院组织的中层干部外地考察。李老师不断给人解释，天天问我"档案来了没有"。比我后来的人相继入户深圳，她说解决了户口就可以参加福利房排队，好多待遇都是按入户年头积分的。李老师带着外语教师前往深圳大学考察，外语系副主任高立天开口一句话："你怎么跑到高职院去啦？我们还等着你来上课呢！"我说："对不起！"他接着说："去那里也好，那是一所新建院校，更能发挥你的作用。"

星期天，我正在办公室备课，来了一位求职者，还有她的两位姐姐陪同。我看了一下材料，是附近镇上的中学教师。我面试了一下觉得不行，就把材料退还给她。三姐妹走了一会又折回来，请我去镇上吃饭。三姐妹说和求职没有关系，觉得我这人很"儒雅"，都是同行交个朋友。我谢绝了她们的好意，自己煮面条吃了中饭。太阳开始偏西，康杰扛着钓鱼竿往楼下走，一下吸引了我这个曾经的钓鱼爱好者。我招呼一声樊大跃，一块跟下楼去。横穿山间小路，出现了一汪浩荡宽阔的湖面，抬头望去就是巍峨的羊台山。学院眼下的环境不怎么样，这里倒是洞开天地，令人心旷神怡。

档案没有盼来，却盼来了江汉石油学院人事处的李副处长。他看到了学院的环境，似乎充满了信心："小管啊！我这次来深圳出差，出发前院长专门找我谈你的事情。他希望你回去。"我说:"这是不可能的,这里的工作已经开展起来。"李副处长动情地说:小管啊!我看了一下外语系的人,别人都很年轻,就你年纪大,丢家弃口不值得啊。院长说只要你回去,职务都保留着,工资补发。听说你儿子学习不错,是他们那届的高材生,附中老师都说是上清华的料子。你这么折腾不要把儿子给毁了啊!李处长可谓苦口婆心,最后一句更是击中了我的要害,我听得心里隐隐作痛。送走李副处长,我心情沉重地走进俞院长的办公室,把刚才的事叙述了一遍,无奈地说:"院长,那边的确不想放我,这学期结束我回去就不来了,这边的局面已经打开,李老师完全有能力把外语系搞起来。"俞院长皱着眉头说:"新平,好马不吃回头草啊!这样吧,你再跟那边联系一下,如果不发档案就算了,我们给你另起档案。"

我一连几天给江汉石油学院人事处打电话,把深圳可以不要档案的事情告诉对方。几天后,接电话的人又变成了李副处长,我诚恳地说:"直到今天,我都很感谢江汉石油学院,你们的确把我当作人才。然而,要我回去是不可能的。这边院长说了可以不要档案,我还是希望你们把档案发过来。如果你们发了我永远把你们当朋友,永远感谢江汉石油学院。如果不发,我们的友谊从此中断。"第二天,我再次打电话过去,接电话的还是李副处长。他又一番苦口婆心,我又一番极力解释,李副处长叹口气说:"小管啊!你既然已经死心了,我们也没办法,马上给你发档案。你可要感谢华院长啊!他可是真舍不得你啊!"

此话不假,我是江汉石油学院跨世纪人才重点培养对象,石油天然气总公司外事司的高级技术翻译,中国石油天然气总公司教育司人才库储备人员。江汉石油学同事告诉我,档案发出不久一个国际石油工程会议在北京召开,石油天然气总公司像过去一样通知我前往北京,才知道我已调离。总公司领导生气地说:"江汉石油学院还想不想办啊?连管新平这样的人也放走!你们留不住人,可以交给总公司,让我们来留嘛!"第二年,我回乡拜访时任湖北省沙市副市长的郑基英教授,他坦率地说:"小管啊!要是我还在石油学院,是绝对不会放你走的!可惜呀!"

新年临近,李老师说"绝不能把户口落到明年去",她带着我转了几趟车从西丽赶到位于罗湖区的笋岗派出所。李老师办理过户口关系,既熟悉路线又熟悉程序,终于赶在新年前落户深圳。院长俞仲文兑现承诺,立即发文《关于管新平等同志聘职的通知》:经研究决定,聘管新平同志为深圳高等职业技术学院应用外语系副主任(主持全面工作),聘期贰年。聘严薇同志为深圳高等职业技术学院会计系副主任,聘期贰年。

李副处长的提醒不得不引起我重视,儿子刚刚进入高中,为了确保儿子的学业,我们决定暂时两地分居。寒假期间,我回到石油学院与家人团聚做出了这一决定。基础部总支书记带着一帮同事在学院小餐厅为我饯行,赞誉我为江汉石油学院做出的贡献,对我提出调动后依然为外语教研室的发展谋划给予赞扬。我借着酒劲直言:"其实我很留恋江汉石油学院,这里的领导同事都很器重我,本可以和大家一起干一番事业,把外语系成立起来,可有人说我想做官,说我闹独立、闹进修、闹奖金。我是为自己闹吗?三十六计走为上!"总支书记举杯为我敬酒,我只得把话收住。

46 负重奋蹄

> 两脚踏翻尘世路，一肩担尽古今愁。
> ——清·通州诗丐

春节过后，风云突变，石油学院停发妻子的工资，限期要我们让出住房，正应了"扫地出门"的说法。一家人只得仓促南下，暂住学院的学生宿舍。两户人家居住一个套间，两位中层干部共用一个电话号码，称为"孖机"。儿子到深圳中学插班考试，有幸以第二名入围。然而，一班之长成了普通一兵，教材与湖北不同版本，寄宿深圳中学，周末回家要换几趟车。我总等在"九祥岭"山口，经常天黑人才到达。星期天我们把儿子送到深圳中学，延展一家人团聚的时刻，返回西丽家中夜幕已经降临。有人建议我们在深圳中学附近租房，有个学生家住东门老街，他的父母愿以最低价出租。我们去看了看，房子还不错，房东夫妇也很友善。然而，那里是深圳的黄金地段，租金再怎么优惠对于我们也是笔很大的费用。在湖北时我们属于当地的富裕人群，来到深圳一下成了穷人，权衡再三放弃了租房的打算。学生知道了我的难处，关照我说："管老师，我看您又有水平又有能力，怎么要教书呢？"这句话引起了我的深思。无论在吉林还是在湖北，高等学府都是令人向往的单位，教师都是受人尊敬的职业；在深圳教书似乎成了没有本事的人的职业，谁会捞钱那才叫本事，谁钱多谁受尊敬。这种认知刺痛着我的自尊，我仿佛跌入了精神的深渊，忽然感到自己的人生价值大打折扣。

妻子参加工作以来在哪都是骨干，一下没有了工作，感觉被社会遗弃了，夜里醒来常常哭泣。我拿着宋副院长的推荐信，带上妻子的个人简历和一堆获奖证书去西丽小学。手捧妻子的获奖证书，我心内五味杂陈，这就是她奋斗半世的全部财富呀！曾经使我们引以为傲的东西，如今价值几何？校长曾伏虎看完材料说："宋院长推荐的人那有什么话说，你的爱人又这么优秀，管教授，你放心，只要西丽小学有了指标，就解决你爱人的问题。"曾校长如此迅速如此明确的表态着实令我感动，再看他办公室里挂满了字画，是位有品位的文化人。我带着妻子去深圳大学拜访友人何志平，妻子表达不该来深圳的悔恨。何志平说："曹老师，这是你现在的想法，等你们搞定了就不会这样想了，到那时要你回去你都不会回去。"俞院长指示图书馆负责人安排妻子做临时工，给了她心理上的安慰。妻子在图书馆上班的第二天接到曾校长的电话，叫她去西丽小学代课。

屋子的墙上挂满了水珠，地砖上湿漉漉的像泼了水一样。天上雾蒙蒙的，空气中弥漫着水蒸气，校园里一片泥泞。大家穿上雨鞋，一步一步艰难前行。食堂一楼用作就餐，二楼用作教室，三楼用作办公。大家小心翼翼，泥巴还是带了进来，清洁工不断冲刷拖洗。回南天过去，太阳火辣辣的，头皮晒得发疼。我的心情就像这南国的天气，潮起潮落，焦灼难熬。有人提议在校园植树，领导同意这一提议，后勤部门弄来一批人头高的树种，全校师生兴高采烈地投入到植树劳动中。外语系女学生多，负责沿着人工湖一带植树。连续忙了几天，校园面貌大变。

工会组织教职员工赴惠州旅游，四辆大巴加一辆中巴浩浩荡荡开出校园，我为学院的教师队伍迅速壮大感到欣喜。工会和后勤负责人忙前忙后,负责沿途的食宿安排,这种和谐的氛围温暖着我"着凉"的心。我们住宿在惠州西湖边,大家三五成行沿着湖边漫步,几个青年教师在湖中荡舟。游船侧翻,不会游泳的女教师落入水中大呼"救命",岸上的我们紧张地一起呼喊"赶快救人"。同时落入水中的体育教师奋力击水,将女教师托出水面,两人同时站立起来,原来湖水很浅。刚才还在惊呼的岸上人爆发出一阵大笑,观看了一出精彩的"英雄救美"。登上罗浮山,我觉得和桂林的七星岩异曲同工。景区摊贩兜售珠宝玉器,珠宝专业的博士老师拿起一块,告诉我们来自何方成色几分。商贩夺回玉石,不高兴地说:"先生,请!"做出让我们离开的手势。

旅游回来后,我和妻子在校园的人工湖边碰见工会主席,她生气地说:"你有没有搞错,怎么没让你爱人去惠州旅游?把她一人扔在家里!"我连忙解释,心里热乎乎的。学院规定不安排家属工作,却尽力提供帮助。俞院长亲口对我说:"为了避免内地高校复杂的人际关系,学院一律不安排家属,但不是不管大家,你们找工作时遇到任何困难,我们可以学院的名义出面,只要对方答应安排你的夫人,我们可以接收他们一位家属来校工作。"党委副书记吴明新代表学院前往南山区教育局,把五位骨干教师家属的名单提交给对方。南山区教育局通知五人到南山文体中心人才交流市场领取准考证,安排参加南山区教育局组织的考核与测试。

学院的工作如火如荼,每逢周二就有"午餐会",传达上级文件,部署各项工作。中层干部虽是来自各地的教育精英,可对高等职业教育知之甚少。院长俞仲文高瞻远瞩地指出:在世纪之交的今日,中国的高等教育正在发生着结构性的变化,最重要的变化就是确立了高等职业技术教育的应有地位和作用。战后国际社会现代化发展的经验证明，大力发展德国人过去称为"秘密武器"现在成为"公开武器"的职业技术教育，既是一个国家或地区由经济不发达到发达、由贫穷落后到繁荣富强的必由之路，也是现代化本身的重大标志。基于这一历史事实，深圳市委、市政府决定建立一所高等职业技术学院。这一重大决策对于把深圳建成现代化国际性大都市具有巨大的战略意义。同时，对于我国的高等教育如何面向21世纪并使之适应社会主义市场经济，也都具有十分重要的意义。

俞院长针对我国高等教育存在的问题分析说：在一个相当长的时期里，绝大部分高等专科教育遵循与本科院校大同小异的教育模式，以至于成为本科的"压缩饼干"，我们一定要改变这一状况，找出一条不同于普通院校的教育方式，以便能更紧密地与社会主义市场经济结合，为生产和管理第一线输送能"真刀真枪"地直接参加生产实践及管理实践的新型人才。本科院校主要培养研究型和探索型的人才，这类人才对于国家的未来发展和现代化建设无疑十分重要，综合性大学和理工科院校承担了这一任务。但是，还需要成千上万将工程图纸转化为实物的一线技术与管理人员，这就是高等职业技术学院的历史使命。

我过去的工作单位不是重点大学就是普通本科院校，对这些理念闻所未闻。俞院长号召我们努力学习，刻苦钻研，探索适合中国国情的高等职业技术教育之路。他还提议搞个校训，涵盖忠诚社会主义教育事业，热爱教师职业的奉献精神；严于律己、为人师表的高尚风格；热爱学生、教书育人的职业道德；勤奋进取、大胆求索的创新精神；求实严谨、精益求精的良好学风；团结协作、共攀高峰的崇高品格。有人说内容很好就是太长了，俞院长说让大家集思广益，进一步凝练，最后形成校训。

副院长宋尚忠对专业建设提出要求：教师要理论能讲，实际能干，教学计划要结合教材建设与实验室建设，毕业设计要找真题，各专业都要加强与外界专业人士的联系。学校的培养目标就是"具有大专层次的所谓技能型操作型的高级技术人才和管理人才"，既懂理论又有技术"双重优势"的"复合型"人才。专业设置不以学科为导向，而是以岗位或职业为导向。课堂教学不单纯强调知识和专业理论的系统性和完整性，而是强调知识的针对性和实用性，加强职业技能的训练，技能训练的课时数要占整个教学时数的三分之一以上，教学方式包括理论学习、能力操作、实地实习三者的有机结合。

副院长沈耀泉强调：教材编写要求要有针对性、实用性、先进性，面向岗位需要，体现岗位特点。要跳出普通模式，使之具有成人教育特点，做到理论与实践相结合，应知和应会相结合，侧重岗位实际工作能力的提高。中层干部一定要把这些理念传达下去，尤其是新开课或开新课的老师，要迅速摆脱传统的教育模式。机电系副主任付小平问："怎么定义新开课的教师？"沈副院长解释说："就是指教师本人新开的课程，包括首次讲授学校原设置的课程和首次讲授新开设的课程，这些情况下都要进行试讲。"

教务处长陈柏松强调：修订教学计划要统一格式、反映特色、简明扼要。先用几句话概括培养目标，可以参考招生简章。专业描述要写得具体，列出十门左右主干课程，公共课和基础课不在其列。各专业都要拿出教学改革措施，突出职教特点。考虑到学院图书馆还没有建立，周边环境不太好，新生入校的第一学期可以安排晚上上课。他要求按必修课、限选课、任选课分门别类设立，必修课不超过80%，限选课可以搞成拼盘式，任选课控制在12—14学分，任选课的开课人数不能低于十人。

职业研究所所长杨敖指出：国家教委《关于加强普通高等专科教育工作的意见》提出的专科办学思想是"培养能适应基础部门和企业单位第一线需要的德智体诸方面得到发展的高等应用性专门人才"。教学要突出理论知识的应用和"动手能力"的培养，基础理论的教学要以应用为目的，以"必须够用"为度，以掌握概念强化应用为教学重点。专业课的教学内容要加强针对性和实用性，实践教学尤其是专业实践教学要占较大比重。教学大纲一定要包括课程的目的、任务和基本要求，课程之间的衔接与分工，基本内容、习题、实验的学分要合理分配。

学生处处长陈国良提出：对学生问题坚持预防为主的方针，对苗头性问题早打招呼，教育在前。他举例说："老师发现学生有舞弊行为，不要等着学生舞弊，然后去抓，而应及时加以制止，防止舞弊行为发生。"对普遍性、倾向性的问题要研究出措施，还是要防范在前，把问题解决在成风之前、泛滥之初。学生应当仪表端庄、稳重大方、衣着朴素、整齐得体。我很赞成陈处长的主张，我刚刚处理过一起学生"事件"。有位同学经常旷课，按规定可以取消学籍。我把学生叫到办公室，他说老师讲得太简单没意思。他父亲是新中国第一代空军飞行员，从武汉来到深圳，家庭的"折腾"影响了他的高中学业，他把录取到深圳高等职业技术学院视为人生的失败。我分析说："因为简单就不上课，就算你现在比班上的同学都强，只要你继续不上课，班上的同学很快就会超过你。"我讲了自己上大学时也遇到过这种情况，我的办法是上好课的同时再自学一套教材。他表示接受我的意见，我说："你自学遇到困难就来找我。"即使这样，我也不能轻易放过他，不作处理这个系怎么管理？我提出一个方案：记大过一次，在外语系通报批评。只要他改正，毕业前毁掉通报。这位同学立即改正，后来成为班上最优秀的学生之一。他毕业离校前夕，我当着他的面销毁了处理文件。

党委副书记吴明新宣讲国家教委文件《关于推动职业大学改革与建设的几点意见》：首先是性质，职业大学是我国高等教育的一种形式和重要组成部分。二是任务，职业大学直接面向地方经济建设、面向中小企业和乡镇企业，为地方经济建设和社会发展培养高中级实用技术管理人才。三是特色，密切围绕培养应用型人才这一特点深化教学领域的改革，努力办出高等职业教育的特色。四是教学计划，要从职业分析入手，根据一定的"职业岗位群"所需的知识能力结构并兼顾长远需要，确定培养目标，制订切合实际的教学计划。五是教学方式，教学上要以能力培养为中心，课程设置和课时安排要保证培养目标的实现。理论教学要以"必须、够用"为原则，切实加强实践性教学环节，制订行之有效的职业能力训练计划，并列入考核内容，保证教育教学质量。六是实行双证书，采取积极措施，逐步实行毕业文凭和等级证书或岗位资格证书并重的制度。最后一点是，国家教委将推荐一批高等职业教育特色明显的专业教学计划和教学模式，制订高等职业教育的教材建设计划。

会议内容丰富，新概念一大堆，使我对职业教育有了新的认识，促使我对国际文秘专业重新思考。我对国内高校开设的外贸英语、金融英语、财会英语、科技英语进行了剖析，认为这些专业名称都不能沿用。我参考了大量国内外外语专业的

文献,从英国剑桥大学出版的《商务英语》系列教程中得到了启发。这套教材表面看属于语言类,其实通篇内容都涉及商务领域,我大胆地将国际文秘更名为商务英语,将培养目标定义为"具有较强的英语语言交际能力、通晓国际商务知识、熟练使用现代化办公设备、掌握社交技能",学生毕业后能在外经、外贸、外事及其涉外部门从事商务、管理和翻译工作。当时国家教委的专业目录中没有商务英语这个名称,开创这一专业先河的当属深圳高等职业技术学院。当然,国家教委赋予深圳高等职业技术学院自创新专业的特权,这是先决条件。

暑期到了,一家人在西丽团聚。出席深圳中学家长会时,才知道儿子已经适应了新的学习环境,还当上了化学课代表。工作调动,一家南迁,必然影响儿子的学业,儿子能恢复往日的学习状态使我感到莫大的慰籍。闪电划破长空,雷声在头顶炸响,狂风携带大雨倾泻下来。从宿舍楼上望出去只见天地混沌,真像世界末日来临。以前总用"倾盆大雨"形容,眼下这个词已经不够使用。大地仿佛不能承受自然的淫威,房屋仿佛承受不了大雨的冲击,一会儿工夫地面就形成了滚滚洪流。台风过后,大地如新。

新学期到来时,教务处出台《学分制管理办法》,经院长审定批准正式印发,对专业教学计划的修订稿进行论证和"会诊"。外语系更加忙碌起来,各项工作都要紧紧跟上。应聘的教师没有完全到位,我前往广州外国语大学现场招聘,补充尚缺的三位教师,一下来了二十几个应届毕业生。我从当天的《羊城晚报》上截取一篇文章,用剪刀剪裁下来交给系主任,复印后发给学生译成英文。我把笔试较好的学生留下面试,挑出三位中意的学生。有位学生后来被国家安全局看中,如期报到的两位学生后来都成了骨干教师。

为了赶在开学前把"办公自动化实训室"建立起来,暑假期间我带着龚兵老师顶着烈日货比三家,跑遍深圳的家具城。这个"实训室"是按照对外谈判需要设计的,内设总经理室、员工室、会议室,配备复印机、速印机、电话机、传真机、微机,还有办公桌和沙发。我力图使外语系的毕业生能身兼翻译、秘书和司机,实现所谓"复合型人才"的培养目标,为此砍掉了一些无关紧要的课程,加大听说读写译课程的比重。我把"小汽车驾驶"列入教学计划,取得驾驶执照的学生给予相应学分。我提出购买五辆吉普车,筹备成立"驾驶培训中心"。向广东省高教厅申报大学英语考试考场的资格获得批准,如期组织了"广东省大学英语考试"。以外语教师为主体完成了招生中的外语考务工作,全面负责与组织了深圳市外国语学校考场的考试。受深圳市劳动局委托,为"深圳市国际商务文秘人员上岗证书考试"制订考纲,并负责命题。商务英语专业需要对考生进行面试,外语系教师不够,何志平从深圳大学带着一帮老师前来支援。

学院获批去广州参与高考录取工作,我正准备下楼时电话突然响了。原来是美国朋友罗伯特先生从深圳机场打来的,他带着一家人回美国度假,专程绕道深圳看望我。我喜出望外,说明正要去广州出差,去跟领导请假,叫他立即来西丽见面。谁知领导没有批准,说学院第一次赴广州参加招生,不得有半点差错。我只好留下一张字条,错失和罗伯特先生一家在中国见面的机会。等到罗伯特先生一家高高兴兴赶到西丽时,只见到我留下的字条,反而请我的妻子和儿子在一家麦当劳聚餐。此后,我再也没有得到罗伯特的消息,我托人带上礼品到云南大学打听也没有结果,内心的痛苦就像培根所说的"失去一个朋友,就等于经历了一次死亡"。

党委副书记吴明新高兴地告诉我，南山区招聘教师的考核成绩出来了，妻子等五人都获通过。可是，下发调令时唯独没有妻子。吴副书记说："奇怪呀！我们和南山区教育局协商时，提出的家属名单中你爱人排在第一位，这里面一定有问题！"我们去西丽小学打听，曾校长也感到蹊跷。我们赶到南山区教育局，人事科长说："你的材料上是个缓字"。这个"缓"字是什么意思？他也说不清，或者不愿说。我们去人事局，调配科长也不清楚，一位工作人员看我们跑得太辛苦，悄悄告诉我们"是领导定的"。

翘首以待的教学主楼内部装修，实际费用超出预算。主管副市长带着几位局长来学院现场办公，院领导阐述了需要追加预算的理由，市领导以其他几所大中学为例，哪里都说资金短缺，市里也有难处啊！我斗胆发言说：请各位领导不要把眼光放在所谓重点大学、重点中学，大家可以统计一下，十年前的重点大学、重点中学的那些尖子学生现在都在哪里？我们再想一想今天在重点大学、重点中学读书的尖子学生，十年二十年后又有多少人留在国内？国家在他们身上做了这么大的投入，结果都给美国人送去了，还不如把钱投在我们这样的学校。我们的学生想把他们赶出去都难，他们才是将来给我们养老送终的人！一个国家有了钱，一座城市有了钱，花在教育上怎么多也不会错！不知这番话是否起了作用，市里的确给学院追加了资金。那时，我经常参加类似重要会议，大凡上级领导来视察或座谈我都参加，有人误以为我是学院领导班子的成员。有一次我忍不住问："怎么有这种会议就让我参加呀？"院办主任唐晓鸣回答："院长说你很会说话，总把话说到点子上。"学院尚处草创阶段，院办是行政、外事、人事、保卫"四合一"的处室。学院刚刚组建一支保安队伍，干部值班,保安员昼夜巡逻,制作教工卡、学生卡、家属卡和临时工卡,都是院办主任在考虑操办,他可不会随便说话。

妻子的工作还没有落实,我原来的学生到深圳出差,她正在石油大学做博士论文,提议我们调到石油大学。我们被深圳的人事制度已经搞得心力憔悴,同意了学生的提议。石油大学领导非常高兴,说我"很有才华很有能力"。他正要去美国考察,承诺从美国考察回来"第一件事就是办理管先生的调动问题"。消息传到武汉,原来的辅导员时任中国地质大学党委书记,对其部下(我的老同学)说:"你告诉管新平,要回就回到中国地质大学,这里才是他的母校。"广州也有老同事来电话,推荐我们去新建的广州外贸学院,也同意解决夫妇双方的工作。有了这些接收单位,我怀着坦荡的心情带着妻子敲开了南山区人事局局长办公室。局长热情地叫我们坐下,招呼秘书给我们奉上咖啡。热情归热情,他一点也不让步。

"你们高职院这么大的单位,我们怎么可能给你们解决所有家属问题,你应去找你的领导,像你这样的人才,高职院就应当解决。"局长说。

"如果我不是高职院的,就可以解决?"我反问。

"对呀!是这个问题。"他回答。

"深圳有什么了不起,美国都没有把我留下,我们去北京,回湖北去!"我一气说出。

"你们是湖北人呀!既然来了就不用回去了。你到我这边来,马上给你们解决。"局长缓了口气和蔼地说。

"我到你们这里来干什么?"我反问。

"我们新近成立了一所外国语学校,很需要像你这样的人,你可以到那所学校去嘛。"他拨通电话,"我向你们推荐一位留美硕士副教授,这样的人你们是很需要的,像你们这样的学校还是很需要这种人给你们增加名气的。"

办公室进来一位意想不到的人，既是局长的部下又是我们的故乡人。我们拉起老乡来，局长也兴奋起来，大家高谈阔论就像老朋友。几天后我们再次找局长，他正和科技局长谈事，见我们来了马上起身，把科技局长介绍给我们。科技局长走后，他问我和单位谈得怎样，我说怕影响两家的关系没有谈。局长说："没关系，你们尽管提，不要怕什么。"其实我找过院长，他听说我要调走，动情地说："新平啊！你这样说我的心都凉啦！我是很看重你的！你在这里是很有前途的！有困难我们一起想办法来解决。"他转而对其妻子说："别看新平比我小，水平不比我低呀！"

我对局长说："您先解决我爱人的工作，高职院同意放的时候我再过来。"

局长说："可以，那年底解决吧。"

我们想去看看外语学校，局长说："我也没去过，也想去看看！"他拿起电话："喂，是南山外国语学校吗？给我转南金仁！"那边传来接电话的声音，局长对着电话说："我这里有位管教授，是留学美国的硕士，你们那里正需要这样的人才，他到你们那里也是一块牌子呀！他们夫妻都是外语教师，我马上带他们来看看，你们准备一下！"

局长一边开车一边给我们介绍：筹备中的南山外国语学校，基础设施已经完成，下学期开始招生；正在物色校长，如果你愿意去，可以安排做校长，你老婆的安排一并解决，还分配一套住房。我还没回过神来，车已到了南山外国语学校。学校果然已成规模，一位身材魁梧、学者风度的中年人带着几位领导模样的人迎候在校门口。大家众星捧月般把局长和我们夫妇迎进接待室。一阵寒暄后，南金仁先生邀请我们就餐。我们还是坐在局长的车里，潜意识中成了局长的人。席间局长说，这位管教授是难得的人才，高职院已经接受了他，却不解决夫人的问题，我动员他来你们这里工作。南山外国语学校还在草创时期，需要管教授这样的人才。他来后做校长，你们要配合他开展工作。

以后两周没有碰到局长，我们就找南山区组织部长。部长说："局委讨论过，不可能解决高职院所有家属的工作，不过，你们这个事应该解决的，不解决是没有理由的，留学生配偶，本人又是中级职称，我在适当的时候来找他。"周末，我们去拜访局长，只有保姆在家。我打局长的CALL机，局长回话说："很对不起，我在蛇口回不来。"他在电话中求教怎样提高他儿子的外语水平，我购买了一套《新概念英语》送到他家。他儿子和我儿子同岁，以后星期天局长开车把儿子送到西丽跟我学习，两家的关系开始走近了。局长要付家教费，我们坚决不收，他每次都带上土特产。我们回访过几次，他夫人非常热情，总是抱怨丈夫"不务正业"，说我"做教授多好"。夫人的态度是真诚的，不是虚与委蛇。她敦促丈夫帮我们解决问题，就像是我们的朋友。局长说他也有难处，说我妻子的文凭太低，要我们想办法把文凭提高，他对上面好交代，我们不理解这文凭怎么能提高。俞院长建议把妻子的户口和档案先调进学院，这样房子就有份了，对找工作也有利。

朱博士夫妇宴请一帮故乡人，博士夫妇都是深圳市人民医院的顶级医师，朱博士曾在意大利做博士后研究，是深圳市政府引进的高端人才，夫妻两人凭高超的医术在深圳有广泛的人脉。席间，朱博士问起妻子的调动，我们说卡在南山区人事局，提到局长的名字。朱博士说这个名字怎么这么熟悉，他拿起手机打出去，然后告诉我们，他一位病人是南山区公安局副

局长,认识这位人事局长。正说着,朱博士的手机响了,接听时不住的"嗯嗯"。关掉手机后,他高兴地说:"问题解决啦!明天你们直接去南山区人事局找局长。"

47 厚积薄发

无欲自然心似水，有营何止事如毛。
——宋·赵师秀

元月的深圳，晴空万里，位于八卦岭的国际展览中心热闹非凡，英国文化协会首届高等教育展在这里举行。建校不到三年的深圳职业技术学院奉命承担部分演讲厅的口译和二十所英国高校展位的接待。我和李老师代表学院率队来到展厅，安排八位青年教师负责演讲厅的口译，二十位学生负责展位的接待。我和李老师负责现场的人员调配和技术指导，细到穿西服、打领带和化妆。

八方学子争相索取英国高校的招生简章，演讲厅里不断爆出掌声喝彩声。面对英国高校高昂的学费，踌躇满志的学子们望洋兴叹。用外语系三年的课程抵消英国高校的前期课程，不就可以减轻经济负担吗？我找到青年教师杨涌泉和廖丽洁，要他们顺着展位询问，看哪所院校有合作意向。演讲厅里，一位青年教师或许有些疲劳或许有些紧张，翻译得被动吃力。我举手示意会议主席："这位老师有些累了，我来替她一下。"主席同意后，我对青年教师说："我替你一下，歇一会再上来！"我一上台，气氛高涨起来，台下有人喝彩。

"到底姜还是老的辣！"我下场时，一位中年观众对我说。

"这位老师太累了，让她歇了一会。"我回应中年观众说。

"难得呀！我感觉你像位大哥，带着一帮兄弟姐妹闯荡江湖，他们很幸运啊！"中年人递给我一张名片。

我走向展位观察学生，学生的英语能力究竟怎样？它能真实地反映商务英语专业的成败，这是"真刀真枪"啊！十年后英国胡佛汉顿大学代表卡罗尔·贝琳女士撰文《我的真实感受》做了回答：一位年轻的教师和他年长的同事出现在展台前，他们是来检查该校派出的英语专业学生在各展台工作情况的。这些学生为我们提供了"专业化高标准的口译服务"。参加展位服务的学生还只是大学二年级，由此可见商务英语专业教学的成功。

闭幕式结束，李老师带着参展师生走了，我带着杨涌泉和廖丽洁留下。喧嚣的大厅突然安静下来，疲倦随之而来，真想躺在沙发上好好睡一觉。使命在身由不得自己，只能闭上眼睛休息一下，心里却在谋划即将进行的谈判，来不及请示学院领导只好"先斩后奏"，这是我和李老师的大胆决定。我拿出笔记本翻到空页，写了三行英文：student degree learning, staff exchange, research cooperation, 在外画上弧圈，写上"three proposals"。电梯上走下三人，两位青年教师悄悄告诉我他们就是胡佛汉顿大学的代表，走在前头的是艺术学院玻璃系主任安德鲁·布鲁尔顿，跟着的是语言与欧洲学院高级讲师卡罗尔·贝琳，后面一位是该校香港办事处主任王国丽。双方就着沙发落座，我介绍学院的地理位置、办学理念和发展方向，强调国家与深圳市政府对学院的重视，介绍外语系的师资水平和商务英语的课程结构，提出刚拟出的"三项合作提案"。布鲁尔顿先生看了看表，说："我们找个地方吃饭吧！"贝琳女士提议去国贸大厦的旋转餐厅。考虑到会谈后时间太晚，我让随行的女教师廖丽洁先回西丽。

从国贸大厦的旋转餐厅俯视深圳罗湖乃至香港的新界，天穹下一片灯火辉煌。我们一边欣赏窗外的景色，一边品尝一道道菜肴，一边进行会谈。对方同意先从学生项目开始，再启动教师互访项目，最后启动科研合作项目。

"这样比较容易。"布鲁尔顿先生说，"学费怎么解决？是政府资助还是学校资助？"

"属于自费留学，不是国家公派，也不是交换学生。"我告诉对方。

"我们学校一年的学费是5千多英镑，三年就是1.5万英镑，还有生活费、交通费，学生家长能支付吗？"他担心地问。

"除少数家庭外，一般很难支付。用我们三年的课程顶你们两年的课程，到你们那里只学最后一年，部分家庭就能承担了。"这就是后来被国内高校和留学中介机构普遍效仿的"3+1"合作模式的由来。对方担心我方的教学质量，我介绍起外语系的师资，信心十足地强调："我们采用全英语授课，注重培养学习者的语言交际能力，到第二学期学生就能用英语交际。欢迎你们到学院考察，请你们看教学计划，让你们随堂听课。"

谈到学费问题，我分析说："从我国家庭的经济情况看，很少家庭能够支付英国三年的学费。如果只学一年又能拿到学位，部分家庭还是可以也愿意支付的。"对方觉得只学一年有些吃亏，我说没有投入谈何吃亏？如果采用这种方式，每年都会有一批学生到你们学校。数年之后，你们学校可望成为接收中国学生最多的英国高校之一。对方第二天要离开深圳赶往武汉，会谈到此结束。我和杨涌泉几经辗转，回到西丽已是凌晨两点半。

第二天一早，我和李老师就向俞院长作了汇报，他指示我们尽快以外语系的名义提交一份报告。我当天就把报告起草好了，很快得到了学院的批准。学院发文要求外语系按照国际化标准加强专业建设，要求有关部门予以配合。外语系根据文件精神把所有教学文件翻译成英文，规定商务英语专业使用全英语授课。胡佛汉顿大学很快发来传真，同意我提出的"三项合作提案"，派出卡罗尔·贝琳和王国丽专程来访。来访的目的诚如贝琳女士十年后的回忆所言：我们希望通过专程访问对这所新建的学院有更多了解，深入评估合作的可行性。深圳职业技术学院建校才三年，我们觉得来到一个建筑工地——泥土的海洋中稀疏看见几栋在建的楼房。很难从物质方面看出这所学院具有发展潜力，当我们走进课堂时，对这所学院有了全新的认识。我们观察到所有课程的教学质量都很高，特别是康杰老师的口语课，学生很活跃，很自信，踊跃参与到课堂学习的各项活动之中。我们立即觉得，从教学质量方面看，深圳职业技术学院将会是胡佛汉顿大学一个良好的合作伙伴。

洪湖中学需要能担任班主任的英语教师，妻子正好符合条件，经人推荐洪湖中学同意接收。妻子本来就是教中学的，离深圳中学又近，一家人到市内居住有利于儿子的学业。可她觉得西丽小学在最困难的时候伸出援手，过河拆桥不道义，放弃了去洪湖中学的机会。康德说过"良知是一种依靠道德准则来批判自己的本能"，我支持妻子的决定。体育老师陈雁杨带着保安人员搞体能训练，我找陈老师一商量让儿子周末跟着训练。儿子训练一段时候后，学会了前后鱼跃翻身。越往后训练科目难度加大，天气又越来越热，陈老师主动找我说明情况，儿子才没参加训练了。

学院在松坪山租下两栋楼，我分到一套两室一厅。有趟公交车直通福田区，再转一趟车就可到达深圳中学，缩短了儿子上学的行程。妻子上下班骑自行车，裙子的下摆缠到轮子上，从车上摔下造成骨折。周末，我送儿子回深圳中学，返回时在公交站遇到三个歹徒。一只手伸进了我的裤袋，我挥起右拳打过去；又一只手掏进我的上衣口袋，我迅即用左拳迎过去；还有一只手从身后伸过来，我回身一脚踢过去。我一连击退三个小偷上了公交车，司机冲我笑："你还行啊！"我怒斥司机："刚才干什么去啦！"司机笑着说："这些人我们惹不起啊！"

原长春大学赵教授拿着份深圳市政府的红头文件找我翻译，说第二天观澜湖高尔夫球会开幕式需要，这是深圳市翻译协会交给我们的任务。我们从傍晚翻译到子夜，连夜赶到罗湖区台湾花园交稿。张信威会长激动地说："总算没有误事。"赵教授说："全靠管教授呀，他翻译速度之快我没见过，不查词典不打草稿，直接在电脑上敲出译文，我搞了一辈子外语，没见过汉译英这么快的人。"

儿子想报考南京大学的天文学和中国地质大学的古生物学，班主任说："你的绘画这么好，为什么不考虑建筑学呢？天文和古生物专业在深圳难找工作呀。"儿子举旗不定，我和妻子赶往深圳中学。三人一番讨论，儿子想报考中国地质大学的"基地班"一直读到博士。我电话打到中国地质大学，留校的同学说："你是地大的校友，你儿子又很优秀，录取没有多大问题；不过，学了这个专业，将来要么留校，要么去地质队，回深圳找工作几乎不可能，你们好不容易去了深圳，舍得让他离开深圳吗？"权衡利弊，我们采纳了老师的建议，把报考专业确定为建筑学与生物学。儿子是班上的化学课代表，老师认为上武汉大学之类的重点大学问题不大，我们据此在第一志愿栏内填报了华南理工大学,在第二志愿栏目里填报了上海铁道学院,专科一栏空出。

我赶往广州参加高考录取工作,俞院长问起儿子高考的志愿,我如实相告。院长说上海铁道学院还不如深圳大学,我把这一情况电话告诉了妻子和儿子。他们赶到深圳教育局找到招生办主任,主任给予了热情接待,修改了报考志愿。高考成绩公布那天,我们一家三口遭遇了前所未有的心理打击。身为化学课代表的儿子化学课的考分远远低于平时模拟考试的分数,以几分之差与重点大学无缘。这个成绩出乎老师的预料,深圳中学以学校名义要求核查试卷。核查结果保持原判,儿子只能被录取到深圳大学。我无奈地对儿子说:"你这些年的努力和辉煌白费了呀!"儿子一声大哭,在屋子里闷了几天。学校来电话催促我们去拿录取通知书,我们决定来年再考。老师在电话中说:"明年又是什么结果呢?深圳大学也不错,外地考生非重点线还上不了。"我们听从老师的建议。深圳大学的建筑学院和生物学院争抢儿子的高考档案,最后决定由考生自己决定。建筑学是深圳大学的王牌专业,儿子前往深圳大学参加绘画考试取得第二名。

日新楼投放使用,校园面貌一新。外墙上一行大字:今日我以高职院为荣,明日高职院以我为荣。午餐会改在日新楼三楼中会议室举行,俞院长向全体干部传达暑假前往国家教委汇报的情况。国家教委副主任王明达说全国要抓十个试点学校,像深圳高等职业技术学院就可作为其中一个来抓。沈副院长提倡编写模块式教材,着手建设教材库和教材档案。教务处长强调专业培养的依据是人才定位、社会需求、岗位分析、专业能力。职教所所长强调文化课必须为专业课服务,专业课必须为技能课服务,必须先有教学大纲,然后才能编写教材。

人事处谈师资编制、考核、招聘、职称，以及调干社会保险问题，推出工资提留方案。把个人工资提留一部分参加年终考核，基本称职返回提留，优秀获奖，不称职扣除。试用人员必须先经人事处审查，试用期半年。吴副书记强调完成三项改革，在定岗基础上实行工资包干，工资提留除去房补物补。沈副院长强调专业定编要考虑专业教师和学生人数的比例，技能型人员以高级和技师为主，科研开发人员也要入编，成人教育也要考虑一些编制。

学院出台了《深圳高等职业技术学院专业管理委员会章程》，规定委员会主要由社会各界专业人士组成，必须有深圳市有关行业协会的代表、劳动局技能培训处代表、大中型企业代表，最好是高级工、技师或高级技师。外语系聘请到深圳市外事办主任、日本东京三菱银行的行长以及有关企业的领导或专业人士。在应用外语系专业委员会成立大会上，我向全体委员宣讲外语系的办学思想，把课程与学时分配表发到委员手中。委员们建议多开设"培养能力"的课程，少开设"空谈理论"的课程。"管理是学得来的吗？那是工作中干出来的呀！"有位委员风趣地说，"学了点管理理论，自以为是，你说他还不听，是你来管我，还是我来管你？先要学会做事，以后才能管人。"

随着学院人员的增加，人均月奖保不住了，学院把可供发放的奖金一次性拨给各部门，由各部门自主创收。李老师率先联系上了华为公司，接手了一批资料翻译。科技园一家电子公司主动上门，我带着两位青年教师前往搞员工培训。继续教育部在市内设有办学点，我带着几位教师承担了英语课程。我们把这些零散的活计统一安排，收入交给系里统一分配，对超出基本工作量的老师给予额外奖励。从西丽到市里不要说上课,来回赶路就很辛苦。华为公司翻译部主任是大名鼎鼎的原华中理工大学的周子健,周教授给员工上翻译课,把我的一段译文拿出来点评:"仅从对这个句子的处理,就知此人功底深厚。"朝鲜战争期间,中国和美国在板门店谈判,周教授是中方翻译人员。不久以后,周先生因身体原因离开华为,李老师调往华为翻译部。

李老师是比我来得更早的外语系的创始人,在我调入前后又如此关照我。即使工作上有些分歧,我们还是合作得很好。她一走我的担子更重了,一桩为难事正等着处理。一个日语教师试用期到了,留还是不留?这位先生有水平但教学不得法,学生意见多,更为甚者有些自由散漫。为迎接"五一"节,系里排练大合唱,全体人员站好了队伍就等着他,我连叫几次他都不动,只好强行把他从办公室拉出来。可他是教育局一位副局长引荐的,这位副局长又非常支持学院的工作。出于各种考虑还是准备留下他,可是,学生集体罢课起哄。班主任急得找我,院长听到消息也赶到教室。我们不得已让这位先生走了,他却把账算到我的头上,打电话把我痛骂了一顿,我也不客气地给予了回击。

"高等职业技术教育教学模式研讨会"在学院召开,广东省高教厅副厅长、全国高等职业教育研究会副会长、全国高等职业教育研究会顾问、全国14所高职院校38名代表齐聚我院。我在会上宣读了《试论商务英语专业的培养目标与教学模块》,提出商务英语属于"专门用途英语",商务是修饰语确定专业方向,英语是主体确定专业性质。该专业由三大模块组成,第一模块为外语语言类课程,第二模块为商务知识类课程,第三模块为技能类课程;旨在培养学生具有"较强的英语语言能力,熟悉国际商务知识,能够使用多种现代化办公设备"；要求获得英国剑桥商务英语证书、计算机等级证书、以及机动车驾驶证书；学生走向社会时既能胜任翻译工作，又能从事文秘工作，还可兼做司机。日本东京三菱银行行长表示："如果贵系的教学计划能够如此实现，欢迎你们的学生到我行求职。"

暑期，全体中层干部在院领导的带领下分赴华北、华东、西北、东北等地院校考察。同济大学校长吴启迪告诉我们，浙江大学、天津大学和同济大学已经被国家教委批准内设职业技术学院。著名大学也办职业技术学院，我们很受鼓舞。同济大学的法国研究所认为"高新技术要求职业教育有所发展"，他们正在与法国合作搞职业教师培训，教学内容包括职业教育的大纲开发，目前涉及的专业有机械、电子和土建，正在酝酿设置职业教育师资专业。

上海第二工业大学强调"双师型"教师，最初招收具有高职性质的技师班，后来开设面向新技术和第三产业的经贸务实日语、商场管理、计算机设备与维修三个专业。校长透露消息说："国家教委职教司提出三个高职试点，南边的深圳高职院，中部的上海第二工业大学，北边的北京联合大学。俞院长建议成立'三校联席会议'，定期研讨高等职业教育问题。这一建议得到了响应，后来发展成两岸三地职业与技术教育研讨会。

在江南大学的座谈会上，俞院长提问："在经济比较发达的城市地区，怎么举办高等职业教育？适应社会需要的实用人才怎么培养？"对方回答说："职业教育具有较强的地方性，职业教育直接为区域经济发展服务，应当注重培养应用型人才。"该校不久前通过了国家教委评审升格为本科院校，依然保持着职业教育的特点，高职专业和学生仍然占有很大比

例。该校引进教师强调硕士学历加"双素质",采取的措施就是从企业挖人再进修。在无锡轻工业大学,我们参观了工业设计教学成果展。该校已经建立了400多个校外实习基地,他们的经验是"厂校挂钩"搞实习一定要互惠互利。

常州工业技术学院的前身是常州7.21大学,从返城知青中招收学生,后经国家教委批准成立常州工业技术学院,采用3+1、2+1和1.5+1.5多种学制。所谓3+1模式,三年在校学习,一年分四次下工厂实践,有的专业搞"顶岗实习"。所谓2+1模式,头两年打基础,第三年分专业,如企业管理、市场营销和对外贸易专业。所谓1.5+1.5模式,根据社会需要和经济发展进行分流,如电器自动化和微机控制,要求从单一证书向多证书发展。这些做法闻所未闻,我们大开眼界。

秋季开学,外语系召开迎新大会。"该不该祝贺你们呢?"我向新生发问。我国有这么多本科院校,你们怎么没有去?包括近在咫尺的深圳大学。你们毕竟考上了深圳高等职业技术学院,你们将成为受过高等教育的人,仍然是国家的希望,还是应当祝贺你们!但是,你们毕业时将面临严峻的市场竞争,同本科生竞争,同硕士生竞争,同博士生竞争,你们拿什么和他们去竞争?未来的三年里,同学们一定要刻苦努力,充分利用有限的三年,把自己训练成社会的有用之才。我话锋一转,讲到高等职业技术教育的特点,讲到市场经济对实用型人才的需求,讲到外语系有批优秀的教师。我强调说:"深圳高等职业技术学院绝不亚于普通本科院校,只要你们努力学习,照样前途无量!"

我拿着课本走进教室,对经济管理系外贸专业学生说:"从今天起我就是你们的英语老师了,我将和你们共同学习两年。你们是想认真学呢?还是马马虎虎地学呢?"全班回答:"我们想认认真真地学!"我说:"既然你们想认认真真地学,那我就认认真真地教。你们想让我用英语讲课呢?还是用汉语讲课呢?"什么回答都有。大家举手表决吧!结果难分高下。既然如此,开始上课时用双语,慢慢减少汉语,直至完全用英语,你们说好不好?全班齐声回答:"好!"半年后,教务处组织随堂听课时,全英语授课的目标已经实现了。教务处长姜国才说:"管老师把公共英语课上到这个水平,我服啦!"我为此获得"教学优秀奖"。这班学生参加全国大学英语四级考试一次通过率达到80%以上,系主任陈玫君在大会上得意地通报了这一成绩。我说:"喂!你那个成绩应当算到外语系,怎么算到你那里去啦!"她付之一笑说:"那有什么区别,还不都一样!"

院长想把英语四级作为非英语专业的标准确定下来,不达到这个标准不发毕业证,以此激励学生在英语上下功夫。各专业之间学生的基础和学能千差万别,我说这个目标难以实现。我给工程造价专业上课时,用全英语讲课的目标就没有实现。涉及定语从句时,我一连举出五个例句,做机械性套句训练,练到最后一句还有人依葫芦画不出瓢,气得我一掌拍到桌子上。学生说句子中的单词没几个认识。有的学生基础太差,充其量只有初中水平。院长听了我的汇报和分析,放弃了他的主张,把标准定为广东省英语二级。

有位老师病了,安排另一位老师代课,代课的老师又病了再找不出人来,只好我去上课。麻烦就来了,学生坚决要求换老师,理由是三个老师一个比一个好,自然他们的老师最差。请愿的学生对院长说:"要她(该班的任课教师)上课,本来想学的都不想学了;管老师给我们上课,本来不想学的都想学了!"这次事件迫使我认真对待"代课"问题。院长告诉我，日本东京三菱银行深圳分行将在外语系设立奖学金，深圳市人大副主任、市政府副秘书长、东京三菱银行董事长都将参加签字仪式。

　　学院的各种委员会相继成立，我的会议越来越多，担子越来越重。学术委员会第一次会议召开，沈副院长以"学术委员会"名义对新专业的教学计划进行审查，提出工科专业"进专门师傅"，既可带实验又可接工程，通过师傅指导尖子学生产生示范效应。教代会督查组第一次会议，下设教学科研组、行政管理组和基建财务组。党委书记要求督察组成员要有强烈的神圣感、使命感，不要带个人、小团体、各色眼镜；要求回避制，不能有失公允；工作时要大公无私、出于公心、要遵守纪律，没有结论、没有公开的事不能讲，不能轻易表态；督察组是在党的领导下的，不是极端民主；广泛地联系群众，倾听群众的呼声；组间没有义务互通情况。纪律检查委员会第一次会议，通报发展对象的进展情况，外语支部和经济管理支部受到了表扬。党委书记指出：支部的战斗堡垒作用首先体现在党员管党，要充分发挥支部在精神文明建设中的作用。党委副书记要求对照六中全会决议一条一条检查，党员的主流是好的是积极向上的，但要看到存在的问题。领导班子还不平衡，中层干部队伍整个素质还不理想。教师基本是好的，但存在敬业精神和工作责任感差。学生的基本面貌还可以，但怎么树立远大理想、今后干一番事业，没有考虑，表现在学习不认真；有人说话无根据，捕风捉影，同志之间互相说，甚至讲到领导那里，造成不好影响。中级职称评审委员会成立大会，院长宣读批文，公布组成人员名单，宣读评审工作程序，提出评审纪律和要求。

　　广东省外语教学研讨会在深圳大学召开，围绕外语专业是否应当适应市场需求展开讨论。有学者强调外语专业的本体性，坚持以语言文学为主体，否则就是"歪门邪道"。另有学者强调外语专业的实用性，认为就业高于一切，毕业生找不到工作，办学就失去了意义。我的文章《论商务英语的课程模式》引起了强烈反响，赞成者有之，反对者也有之。资深学者何道宽教授说："这小子有思想，可以试试。"这篇文章很快被收入《模式人才效益》论文集，由四川出版社出版。江西有个学术刊物，一篇关于高职英语专业的文章通篇都是我的东西，甚至标点符号都一样，好在作者把我的文章标题列在参考文献中。《光明日报》刊登北方某翻译学院开设实用外语专业的报道，康杰老师惊呼："这不是我们主任的一套东西吗？"我看了报道也有同感，英雄所见略同吧！

48 再展英姿

> 古来圣贤皆寂寞，唯有饮者留其名。
> ——唐·李白

1997年1月，以副院长沈耀泉为团长的深圳高等职业技术学院考察团一行五人，对英国胡佛汉顿大学进行首访。胡佛汉顿大学可以追溯到1912年建立的胡佛汉顿和斯坦福技术学院，1969年兼并本市的艺术学院成立胡佛汉顿职业技术学院，1992年升格为综合性大学，号称英国最好的应用型技术大学。代表团成员都是学院重量级人物，有事业如虹的院办主任唐晓鸣，有堪称职业教育家的电子与计算机系主任戴仕弘，有花鸟国画大师工艺美术学部主任黄昶，我作为应用外语系主任兼代表团副团长。此次访问我是主要的谈判手，这种安排旨在加重我发声的分量。

胡佛汉顿大学对我们的访问高度重视，专门雇用了一位职业翻译。这位来自台湾的女士个子娇小，举止文雅，用词考究。沈副院长夸她古汉语功底深厚，国内的译员很少出其项背。代表团对康普顿校区进行考察时兵分两路，对方国际合作部主任尼尔·麦尔康请我担任其中一组的译员。两组会合讨论协议条款时，我的精彩口译震惊四座，麦尔康教授感叹地说："你是我见过的最好的中国翻译。"台湾女士连说"要向管先生学习"。台湾女士不愧为翻译高手，只是"道高一尺，魔高一丈"而已。黄昶先生访问结束回国后，对人说管教授的现场翻译水平令人叹为观止，他才思敏捷，词汇丰富，用词准确，情感交融，生动活泼，挥洒自如。绝对是个不可多得的翻译人材，连现场胡佛汉顿大学专职翻译台湾籍女专家都表示十分钦佩管教授的才华，相形之下这位女翻译专家感到自愧不如。而我们这些随者看到都为深职院有如此才华出众的教授而感到自豪和骄傲。唐晓鸣先生担任汕头职业技术学院院长期间，特邀我前往做国际合作专题报告。会谈结果，双方签署了《中国深圳高等职业技术学院与英国胡佛汉顿大学教育合作理解备忘录》，备忘录包括以下重要条款：接受在深圳高等职业技术学院完成基础课程的各专业的优秀学生，在个人申请的基础上入读胡佛汉顿大学所开设的本科课程，具有合格英语水平的学生可以直读胡佛汉顿大学相关本科专业与之相适应的年级段的课程。录取的学生应将申请年留学生应缴学费的10%额度交付深圳职业技术学院，余额90%到达英国后支付给胡佛汉顿大学。协议学生赴胡佛汉顿大学的总数达到一定数量时，学生还可享受当年留学生标准学费10%～20%的折扣。

  以上条款就是后来被中外高校普遍效仿的专升本合作模式的核心内容，这一模式能够广泛传播至少有四大因素：一是国外高校对我国职业院校学历的认可；二是国外高校能够源源不断地获得海外生源；三是我国学生能享受学费折扣；四是国内高校也能获得经济效益。国外高校一般不承认我国职业院校的学历，此举打破了这个惯例。也正是这一核心条框，催生了雨后春笋般的留学中介机构。

  学院迎来了正式挂牌后招收的第一届毕业生，组织毕业生参加深圳市人才大市场就业洽谈会。我带着外语系的学生前往，现场检查学生的中英文简历，检查男学生的西服领带，检查女学生化妆是否"轻描淡写"。也许是巧合也许是天助，人才大市场设在深圳国际贸易会展中心，这里正是外语系首届学

生崭露头角亮相社会的舞台。几天下来我院一半学生拿到了面试通知书，外语系学生表现更佳。我的办公室被人推开了，进来一位漂亮的女学生。她自报家门，原来是兄弟院校同类专业的应届毕业生。她带着几分怨气发问："管老师，您是怎么教您的学生的？人家听说是高职院商务英语专业的就抢着要！"

噩耗传来，校园震惊。全校师生默哀三分钟，沉痛悼念敬爱的邓小平同志。我们臂戴黑纱、胸佩白花，观看邓小平同志追悼会的电视实况。俞院长含泪表示，要通过缅怀邓小平同志在学院掀起学习邓小平理论的热潮；要以邓小平同志为榜样，加强师德师风教育，增强学生的使命感，提高师生的思想政治觉悟。他号召奋战三年，把学院建成高职教育的示范校。他带着这个信念前往国家教委汇报，国家教委主任朱开轩、副主任张天保、原副主任王明达、职教司司长刘来泉分别听取了汇报。国家教委很快向广东省高教厅发出通知，将我院列为高等职业教育试点院校，要求省高教厅协同深圳市政府从当地经济建设和社会发展的需要出发，进一步搞好学院的发展规划，加强管理、加大投入、提高质量、办出特色。

我前往广州出席省大学外语教学工作会议，聆听国家教委高教司领导的电视讲话：以色列总理拉宾说以色列之所以发展快，外语起了作用，日本的本科生毕业要求用英文写论文，中药在国际市场的销售额只占5%，问题出在外语上；世界对中国的报道负面多正面少，没有中国的声音，这些问题都和我国整体外语水平不高有关。主管教育的国务院副总理对此高度重视，呼吁研究外语教学法。问题出在哪里？是不是应试教育？还是生源、师资、设备？大纲需不需要修订？全国大学英语等级考试也要改革，主观题要达到25%，可设立作文最低线。还要搞多媒体研制工作，计算机专家和语言学家合作建立语料库，搞第二课堂软件，争取两年内出光盘。关于高考英语复试，省招办副主任说：语言测试要坚持全面性原则，听说读写兼顾，题型要兼顾输出与输入，可以是文字可以是图画，注意有效性、可靠性、可行性。评分的可靠性只能尽量客观，用区分度代替绝对分数。这位省招办副主任的发言，把工作会议开得像学术报告，听得我肃然起敬。讲到高考的英语面试，他强调设置情景进行对话，对考官进行培训，持证上岗。都说广东商业气息浓厚，这里学术氛围很浓啊！来到广东还是第一次出席这类会议，给我留下了极好的印象。

我带着几位同事到广州参加培训，接受了一场严格的情景口语面试。这些东西我太熟悉了，加之我的同事们都很优秀，参加培训的老师一次性全部通过，都获得了持证上岗的考官资格。有了这个资格更忙了，深圳市举办各种英语面试经常找到我们。卡罗尔·贝琳女士为此欢欣鼓舞，接受这种培训，获得这种证书，担任这种考官，进一步证实了我们的实力。她通过一场场赴英留学专题报告，把学生留学英国的欲望点燃。外语系启动了赴英留学工程，涉及签证等一系列事务，贝琳女士带着我们拜访驻广州的英国总领馆教育处与签证处官员。此后，去广州的英国总领馆成了家常便饭。每逢广州的英国总领馆举办诸如国庆招待会，我都是被邀请的嘉宾。经济管理系的学生也想赴英留学，我们没有精力受理。系主任陈玫君找到我："老管，我们系的学生想留学，你怎么不管？"我开始考虑接受他系学生的留学问题。

外语系首届毕业生答辩委员会组成，我担任组长，徐小贞和李晓博担任副组长，成员由辅导员、班主任和任课教师若干人组成，康杰担任秘书。毕业答辩后将优秀论文汇编成

册，不合格者参加在暑期组织的一次答辩。东京三菱银行在接受优秀学生就业的情况下，还定期接受学生带薪实习，对学生进行岗位培训。佐藤真弘先生用"竞争中生存"的理念培训学生，把员工按"完成任务型""提高效率型"和"敬业爱岗型"，力图把实习生训练成"敬业爱岗型"。他说一位优秀的员工不能满足完成工作任务，那是最起码的基本标准，优秀员工一定要有进取精神，还要能贴切适度地待人。公司的墙上有"敬业、创新、务实、奉献"八个汉字，我从心里敬佩。我们成了互相仰慕的合作者，他曾经误认为我是学院的领导。我把东京三菱银行的员工管理理念引入商务日语专业的培养目标中，毕业于广州外国语大学的李晓博心领神会，把日语专业办得红红火火。两位专业主任功不可没，经我推荐先后被评为南粤优秀教师。推荐南粤优秀教师时，徐小贞力主推荐我，对开会的干部说："老管做了这么多事情，而且都做得很出色，一定要把他推荐上去！"我说："不要把指标浪费了，推荐谁都不要推荐我。"外语系的教师来自全国各地，跟着我干死心塌地，我不忍心和他们争夺荣誉呀！

学院的招生专业增至30个，新生数达到1150名，外语系有五位学生报名赴英留学。根据驻广州的英国总领馆签证处的意见，需要我给每人写推荐信，启程三个月前要把不少于学费数额的资金存入银行。我们开始编制留学申请程序，使这项工作规范化。年度考核，我把教学、科研和公益三方面纳入考核范围，力求科学公平。教学工作包括授课门类数，班级数和学生数；周学时和全年总学时，全年作业批改次数。科研工作包括发表论文的篇目和页数，以及阅读专业文献的名称和页数，对所用教材进行的评价，对任课班级学生的综合评价，对教学法的研究与改进。公益事务包括行政职务，临时社会工作。考核是件复杂的事情，这套方案尽可能量化。即使这样也难让所有人满意，有人对自己的奖金不满意找到我。我说："这个系谁的工作怎么样？谁的水平怎么样？我最清楚。你觉得不合理，就退还给我。"

香港回归那天，我们沉浸在雪耻百年屈辱的兴奋与伟人夙愿未成而惋惜的复杂情怀中。当国家领导人开赴香港的车队途径学院大门的那一刻，我们这种复杂的情怀达到了极端，我的心情是激动的，我的眼帘是湿润的。几天后，我正在商务实训室上课，突然进来一批尊贵的客人。国务院副总理带着随行人员来到课堂，还有教育部副部长周远清，时任深圳市委书记和深圳市长。学生们热烈地鼓起掌来。这是一堂模拟商务会谈课，我和两位澳大利亚教师同时授课。市委书记示意我介绍一下，我兴奋地握住副总理的手，介绍了实训室的功能。副总理用英语问候学生，学生回答后一阵掌声，副总理说："我们唱首英文歌曲怎么样？"学生齐声回答："好！"副总理领唱起美国歌曲《雪绒花》，学生跟着唱起来。

广东省教育厅厅长许学强来学院调研：据我所知，外语专科毕业生普遍不好找工作，我省的情况是这样，全国的情况也是这样。听说你们的商务英语专业很好就业，请你们介绍一下。俞院长叫我介绍，我说："这是技术秘密，我一说，大家到处传播，我们就没优势了。"许厅长哈哈大笑，风趣地说："我们还是老乡呢！"他听出了我的湖北口音。俞院长说："新平，介绍一下吧！"我一介绍情绪来了，补了一句："今年招生，商务英语的录取线全院最高，录取线甚至超过了兄弟院校的同类专业。"千真万确，这件事在两所学校引起轰动。许厅长说："听说你的学生到实习单位不但不交钱，还有补贴，这是怎么回事？"我把东京三菱银行接受学生

就业和实习的情况作了汇报，他一边听一边记录。

外语系订购的五辆吉普车开进了校园，俞院长对我说："新平啊，你这个系主任够忙的，驾驶中心的事你就别管了，交给车队去管。"我睁大眼睛望着院长，他说这是学院开会决定的。成立驾驶培训中心还有好多事情要办，还是由车队出面好，外语系的师生培训优先，学费优惠。这样也好，我只得服从，也不得不服从。我开始在系里动员，二十几个学生加上七八个老师报了名，组成了学院驾驶培训中心的第一批学员，也可以说是中国高校驾驶培训中心的第一批学员。我们一边接受训练，车队一边申报执照。一个月训练下来，都达到了参加路考的水平，营业执照却没办下来。办事人员说："学校搞驾驶培训，全国没有先例！"

经过学院多方面的努力，拖了三个月才获批准，中国高校第一个驾驶培训中心终于诞生啦！经过三个月培训的学员，路考一次性通过。我很快购买了一辆夏利牌小轿车，成为学院第五个购买私家车的教师。大学时的老师到深圳出差，专程来学院探访，说我是同学中第一个购买私家车的人，感慨地说："我发现你们班毕业后，你的变化最大。"我说："您的意思我变坏啦？"老师呵呵笑着说："我不是那个意思，读书那阵，你在班上是最老实的。"我说："看来我现在不老实啦！"老师说："我现在说不赢你啦！"

招生工作出现新气象，许多学校和家长纷纷托人打招呼，唯恐学生或孩子不被录取，我的手里捏着一把"必须录取"的名单。有位叫常霖的考生非常优秀，我把这个考生的名字牢牢地记在心里。招办人员按高分到低分投档，这位考生的档案一直没有出现。这位考生不但分数高，还是个帅气的小伙子，外语系女生多男生少，我宁可空着名额等待。录取工作接近尾声,这份档案还没出现,我强烈要求进档案室,翻了一遍又一遍真的没有,立即向招生办反映情况。原来这位考生的档案落在所在学校,该校立即把档案送往广州。这位考生的确很优秀,后来当上了当届商务英语班的班长。

省内职业院校果然不断派人来取经,都要开办商务英语专业。我刚走出办公室,又来了一批人,问我:"你们主任在吗?"我灵机一动,说:"主任不在。"客气地把来宾带进办公室,对杨燕云说:"你去接待一下,我开会去了。"她说:"不行啊!我没有您了解情况,怕说不好。"我说:"就因为你了解不多,才要你介绍,知道多少说多少!"

第一批五名学生手续办妥,踏上了赴英留学的行程,标志着学院的对外合作翻开了崭新的一页。五位同学分别是外语系的赵海鹏、张玉琴、于丹,经济系的苏佳丽,艺术与设计学部的俞菲。外语系成立了留学指导中心,安排专人组成咨询小组。商务实训室开设了"同声打字"课程,学生随时可去训练,需要加强日常管理,我和外语系新任副主任徐小贞商定,让龚兵负责。龚兵老师上任就制订了《商务实训室管理和使用规则》,将其张挂在实训室进门的墙上,更增添了"公司"的气息。他要求学生"上班"统一着装,遵守操作规则。

一位富可敌国的学生家长宴请我们一家,来到深圳还是第一次走进如此高档的酒楼,第一次应邀和"土豪"同桌共饮。我心里多少有些发虚,还是强打精神显出读书人的傲骨。酒过三巡,家长有话说:"管主任啊!我的希望就寄托在这个女儿身上啦!感谢您把她培养出来,又把她送到英国去留学!干杯!"以前就听说过不少土豪的孩子"不读书,不就业,不成家",简直成了废人。莫非这位家长也有这种刻骨铭心的伤痛?他听说我的儿子在深圳大学,眼睛里流露出羡慕的神情，借着几分醉意说："还是做教授好啊！我是人在江湖，身不由己呀！"

随着人员的增加，工作范围的扩大，我对干部分工进行了调整。我全面负责，侧重专业建设；副主任徐小贞协助全面负责，侧重大学英语教学建设。康杰担任办公室主任，任劲松负责工会工作，唐克胜负责宣传与外联，商务英语、商务日语、旅游英语、96级大学英语、97级大学英语、商务文秘实训室，以及留学指导中心都有专人负责。数家日资企业为日语专业提供工作实习与现场翻译的机会，世界之窗、五洲宾馆、西丽湖度假村成为旅游专业的定点实习基地。商务英语专业向华为公司学习，提出"要做国际事，先做国际人"。大学英语组提出建立试题库，开通了外语无线广播，以求全面提高英语水平和二级通过率。我去深圳市无线电管理委员会申报，受理的工作人员居然是我以前的学生。

国务院副总理对市委领导说：学院就是高校，学院更名为"深圳职业技术学院"。正值全国高等职业教育教学改革研讨会在我院召开，深圳市副市长主持挂牌仪式，国家教委副主任，国家教委职教司司长，广东省高教厅厅长，深圳市委副书记为新校牌揭幕。来自国家教委及部分司局、全国部分省市的教委领导、国内高职教育的兄弟院校、高职教育方面的专家学者100多人见证了这一历史时刻。副市长还为图书馆封顶仪式剪彩。高等职业教育教学改革研讨会上，我院学者提交论文17篇，俞院长作题为《办学指导思想和为地方经济和社会发展服务情况》的发言，我宣读了《试论商务英语教学的培养目标和教学模式》。

美国EDS公司授权我院计算中心成立UG软件"华南地区培训中心"，副市长与市办公厅、经发局、劳动局、教育局以及物业集团、特发集团、赛格集团等十家大型企业负责人来学院现场办公，参观新落成的工业中心的实训车间，观看学生实地电脑操作，对学生扎实的动手能力赞赏不已。学院体育场建成投放使用，首届田径运动会隆重召开，市教育局、市体育发展中心负责人出席开幕式，外语系获得女子100米接力赛冠军。经济管理系搞了个"上班签到"制度，不少单位相继效仿，外语系学不学？我看了本《管理学》，看完书就明白了，管理专业的人信奉那套东西，外语系的人满脑子平等自由民主，我不敢苟同。院长问："外语系怎么不搞签到制度？这是个很好的经验呀！"我说出了自己的想法，补充说："我保证把外语系管理好，保证把学生培养好，保证学生毕业能找到工作。"我一连三个保证。

俞院长提出用十年时间建成技术大学，培养本科层次的现场工程人才，争取校园面积扩大一倍。这一目标鼓舞人心，建筑系、经济系、管理系成立，原经济管理系撤销。国家劳动部技能中心批准电子与计算机系设立"全国计算机信息高新技术考试点"，内部学术刊物《技术与职业教育论丛》正式出版。市政协主席林祖基到学院视察，观看学院建校四周年成果展和新投入使用的工业中心，听取学院在教育教学改革、毕业生就业、基建等方面的情况汇报。院长多次对中层干部说过，林祖基同志是当年力主在深圳创办职业技术学院的第一人，对他的到来全院师生怀着感激和崇敬的心情。林祖基同志在座谈会上语重心长地说，我国的产品质量上不去，是因为缺少一支高素质的技术大军，希望我们创造具有中国特色的高等技术学院。他还说国务院副总理说过，深职院是唯一达到了高职教育要求的高等职业技术学院。林祖基同志鼓励我们多总结多探索，千万不要做本科院校的压缩饼干，要向德国的职业教

育那样与企业紧密合作，形成职业教育的特色，像清华那样以自身的特色闻名。广东省副省长考察学院，指出学院的办学方向是对的，希望我院为全省的高等职业技术教育提供更多的经验。

49 国家名校

> 江山代有才人出,各领风骚数百年。
> ——清·赵翼

大鹏半岛,"溪冲"核电专家度假村。面临大海,心旷神怡,曾经的北大荒兵团战士此刻是中国第一职业高校的掌门人,带着他的"战友"们在这里规划中国高职教育的未来。国务院副总理题词:办好高等职业教育,培养具有高尚职业道德和熟练职业技能的优秀人才;希望把这所学校办好,为我国高等职业学校提供经验。教育部部长要求三五年内建成全国同类大学的名校,为全国高职教育出理论、出经验、出成果。任重道远,怎能掉以轻心?有位先贤说过,政治制度确定之后,干部就是决定的因素。学院利用暑假在这里召开专业主任以上干部会议,号召全体干部要有"使命意识、主人翁意识、危机意识、品牌意识、奉献意识"。俞院长在《如何提高干部自身素质,适应创名校需要》的报告中指出:高等教育面临的新格局就是整个模式与市场经济严重不适应,管理模式僵化,包招生包分配包经费;内部机制有问题,学生不集中精力学习,教师不集中精力教书,干部不集中精力管理;培养模式与知识创新不适应,教育体系与高新技术发展不适应,内部人气与新形势发展不适应。我们一定要改变这种状况,打造高素质的干部队伍和教师群体,形成催人向上的集体文化,不辜负国家领导人和各级领导的重托,尽快建成示范性高等职业技术学院。

天才的职责不是给出新的答案,而是提出时代和凡人能

解决的新问题。如何办成名校？大家展开了热烈的讨论。院长助理姜国才博士提出以"专科"和"本科"为主体，以"五专"和"非学历"为两翼，抓本科试点，抓教学管理；抓专业建设，加速专业委员会和实训基地建设；抓教材建设，编写高职特色教材；抓师资队伍建设，构建"双师型"队伍；改革教学观念，毕业设计要源于企业。沈副院长提出：面临的形势和任务是什么？教育思想怎样适应经济社会？如何加强专业课程和学籍建设？改革改什么？培养目标？内容还是过程？他要求加深对会议精神的理解，各系部要制订行动纲领，形成工作思路。什么叫名校？名校应当具有示范效应，示范性教学模式，示范性重点专业，示范性通用教材，示范性教学名师，示范性科研成果。有人说还应包括人事制度改革、分配制度改革、管理制度改革、后勤社会化改革。院长说："大家分头准备去吧！各单位都要拿出行动方案，明天在大会上发言；晚上有卡拉OK、保龄球、游泳，方案搞出来就去放松一下。"我把外语系干部叫到一块，每人提了几条建议。我再把大家的意见集中起来，方案就出来了，徐小贞笑着夸我办事果断。我拿着发言提纲去征求院长的意见，一位系主任正在发牢骚："院长，明天这个言怎么发呀？"院长指着我说："你问新平吧，看来他已经准备好了。"这位系主任说："我哪能跟管老师比呀！"

　　大会发言时，有人拿着稿子念，有人总要超时。轮到我上场时，响起一片掌声，我从来不超时，也从来不念稿。我手拿一纸提纲，始终关注台下，说到兴致处，斗胆发问："听到这里，领导们不会感到有虚此行吧？"坐在第一排的教育局副局长兴奋地回应说："不虚此行！不虚此行！"我针对有人抱怨"学生又不聪明又不用功，难教"的说法分析：又聪明又用功的学生哪里去了？到本科院校去了！大家想想，又聪明又用功的学生，怎么会来我们这里呢？要么不聪明，要么不用功，这两种学生所占比例大，这就是职业院校面临的挑战。其实，许多学生还是很聪明的，他们搞活动不是很活跃吗？我们的学生差就差在不爱学习不善学习，怎样让他们爱学习善学习，就是职业院校教师的责任和本事。有很多优秀的教师，把课上得很好，学生也学得很好，关键看你把学生整明白没有。这些好老师可以举出一大堆，他们的共同特点就是用心教书，只要我们把学生当孩子当弟弟妹妹，总会找到有效的教学方法，也能从中得到乐趣。我提醒大家，我们的学生来自深圳，我们是深圳人的园丁，我们一定要把他们培养成社会的有用之才，这不但关乎这些孩子的家庭，也关乎我们自己，那些重点大学重点中学的尖子们，十年后二十年后还有多少留在国内？我们的学生才是给我们养老送终的人！我的发言结束，台下一片掌声。

院长做完总结报告，欢迎教育局副局长陈观光讲话。陈副局长首先祝贺会议圆满成功，然后对学院取得的成绩给予了高度评价，讲话中几次说"正如管教授刚才所言"。经济系副主任董宝琪会后笑着说："老管，我统计了一下，局长五次提到你的发言。"工业中心副主任邱川弘调侃说："我们学院要是组成讲师团，老管可以做副团长！"有人问："为什么不能做团长？"邱川弘说："还有院长啊！"我的副手徐小贞说："老管这张嘴不得了！"

开学典礼大会上，新生代表以"进入深职院为荣"发言，表示将把"今日我以深职院为荣，明日深职院以我为荣"当作座右铭。贺萍博士代表班主任发言，强调教师的责任感和使命感。教育局领导讲话，说深职院毕业生就业形势很好，赞扬新生"报考深职院是有眼力有远见的"。院长讲话时告诉同学们，市长最近约见了他，要求按十年内在校生达到万人进行规划，这一消息令学子们欢欣鼓舞。学院立即成立十年发展规划专家组，我是专家组成员，更是外语系十年发展规划小组的组长。我传达了"溪冲"会议的精神，告诉同事们学院的人事制度改革已经启动；在校生达到4000人，以后还要达到万人。经过讨论，外语系的十年规划确定为逐年增加专业数量，逐渐开设商务英语本科到研究生专业，创造条件增设德语和俄语专业。大学英语的教学目标，从二级逐渐提高到四级，部分专业达到六级。成立学生旅行社，创办中高级商务文秘培训基地和学生商务贸易公司，服务社会，训练学生。

院长助理姜国才同志英年早逝，全体中层干部沉浸在悲痛中。姜国才同志暑期一直住在医院，带病参加"溪冲"会议，协助院长规划未来。会议期间心情不错，还喝了些酒，加重了病情。事业未成身先卒，我们都为他的逝世惋惜。他病危期间，全体中层干部分期分批去看望。天才人物像是一些陨星，命运注定了其要为照亮自己的时代耗尽本身。追悼会上，我用西塞罗的名言默默地为君送行。

我深入课堂听课，发现了不少问题，就把自己的备课笔记拿出来展览，编写了一份样板教案，打印出来人手一份。教案涉及两小时课堂教学的各个环节，教材如何处理，教法如何运用，重难点如何解决，我把国外所学与多年教学经验融入其中。外语系老师基本功扎实悟性高，很快就掌握了这套东西，即使我离开外语系后，他们在编写教材时还大量保留了这套东西。我强调人各有长，不能千篇一律，可以探索适合自己的最佳教学方法。旅游英语缺少全面介绍深圳的英文教材，我邀请深圳大学的何志平合编英汉双语《阅读与翻译》，全面介绍深圳的历史沿革、自然环境、社会生活，高级讲师卡罗尔·贝琳女士做英文校审。教材由华南理工大学出版社出版，伊朗教师帕克先生看了连声叫好，说这是本用英汉双语介绍深圳的简易百科全书。

在深圳市第15届教师节表彰大会上，学院荣获深圳市"教育系统先进单位"称号，新任党委委员陈国良主持总支书记会议时传达这一消息。学院党委增补委员时我有幸入围，并以文件形式上报待批，有人开始叫我"管委员"。无记名投票复议时，我等三位同志被淘汰，又经历了一次大浪淘沙的洗礼。党委书记强调各系党总支要明确自己在本单位的地位，全面领导本单位师生的政治思想工作。

"总支书记和系主任谁领导谁？"机电系总支书记付小平发问。

"是政治核心与保证作用，督促本部门认真贯彻上级决议。"党委书记回答。

陈国良委员讲党费如何上缴，上缴和留存的比例。他说学院发展了队伍壮大了，以后主要以总支为单位开展党员活动。党委副书记强调组织生活要健全，党员要严格要求自己，有群众反映党员在大是大非面前旗帜不鲜明。我找党委副书记汇报工作，说都是受过高等教育的人，政治工作尤其思想工作不好做，我就坚持一条，对的就支持，错的就反对。他说："我完全同意你的观点。"

行政大楼落成投入使用，办公室结束了"颠沛流离"的日子，工作环境和条件大为改观。学院与全体教职工签订了期限不等的聘用合同，教职工开始打卡考勤。我请求党委给外语系配备一位总支书记，说自己一身兼两职忙不过来。党委书记说："我是很信任你的呀！全院党政双肩挑的中层干部没几个。"在我的坚持下,党委安排朱炬龙同志担任外语系党总支副书记。我召集外语系全体党员在商务实训室开了个欢迎会。学院正好启动全员聘用制,我让他做外语系聘用小组副组长,具体负责全系的聘任工作。

首届中国国际高新技术成果交易展,即将在新落成的深圳市会展中心举行。为了办好首届高交会,组委会从全市抽调一批年轻俊俏的翻译,为各国参展商提供现场接待与翻译服务。为了确保翻译质量,组委会安排我等三位专家培训翻译人员。我带着刚从英国获得硕士学位回国的姜维老师走进深圳科学馆的教室,看见学员一个个满不在乎的样子,猜想前面两位专家的课不会成功。我把组委会印制的高交会宣传手册拿出来,要学员把手头的手册翻开,找出其中的疑难句子。我把这些句子挑选出来要他们点评,有人说好,有人说不好。我指出译文好在哪差在哪,如何进一步提高。我把翻译理论贯穿于分析过程,提出译文应该追求的目标可以从三个层次进行:无语法和拼写错误为初级层次,我把它叫"符合语法型";能够注意谋篇布局,译文逻辑层次分明,为第二层次,我把它叫"符合逻辑型";还能消解文化障碍,易于译文读者理解,为最高层次,我把它叫"符合文化型"。我把手册中的疑难句逐句进行分析,每句配上三种译文,问学员能做到哪个层次。学员听得聚精会神,学员听得如痴如醉,学员听得服服帖帖,学员听得精神振奋。数年后,我把历年参加对外谈判的翻译资料进行整理,编辑出版了《汉英等效翻译》,由华南理工大学出版社出版。

我叫大家休息,教室里爆发出一阵掌声。学员把我团团围住,有人说:"管教授,您的课讲得太好啦,我感到豁然开朗。"有人说:"前面几个讲些理论,根本没用,您的翻译经验太丰富啦。"这批人大都有过留学经历，英语口语都很好，他们看重的是实战经验和具体的翻译策略。接着上课时，我让他们提问，什么问题都可以提。我回答了笔译与口译的区别，回答了即席翻译与同声传译的区别，回答了语言与文化的关系，还回答了情绪与能力的关系。我做出结论说："翻译的目的是传播信息，译者的思想要集中在信息上，千万不要太在意孤立的词汇。原文是给原文读者准备的，译文是给译文读者准备的，翻译要在两种语言中变通，变通要考虑文化的可接受性。"下课前，我提出最后一个问题："你们都是有翻译经验的，当你没听懂的时候怎么翻译？"学员几乎同时发问："听不懂还能译？"我讲出一番道理，学员如梦方醒。学员纷纷向我索要名片。有位学员说："听了您的课，我最大的体会就是思想解放了，以后搞翻译，我就按您说的办！"

海峡两岸高等职业教育学术研讨会在我院召开，来自台湾的16位专家及大陆部分高校的代表出席，会上提交论文345篇，就高等教育发展及海峡两岸的合作进行深入探讨。主会场设在政府指定场所——麒麟山庄国际会议厅，有联合国教科文组织的代表及其外籍人士出席，会议发言需要同声传译。我对几位青年教师进行了同声传译训练，挑选唐克胜和廖丽洁配合我承担此任。我们的翻译水平得到了外籍学者的赞誉，联合国教科文组织代表拉着我们合影。谁都没想到"深职院居然有能够从事同声传译的人，而且一下就是三个。"教育部领导说，"早知道你们有这种人才，就不用花钱请人啦！"

我们前往广东民族学院，再次协商联合招收英语本科的问题。民族学院的院长亲自迎接，参加会谈的领导还有教务处长、外语系主任和书记。院长说很支持此项合作，去年的争取没有获得批准今年再争取。经协商达成协议，挂靠民族学院，

专业名称可以是英语（商务方向）或英语（高职师范）。批准前者就招收两个班，批准后者则招收五个班，无论哪种情况，其中一个班注明"深圳生源"。共同制订教学计划，民族学院承担部分高年级课程，其他课程均由我方承担，办学点设在深圳职业技术学院。

全国政协科教文卫委员会副主任、原国家教委副主任王明达、原国家教委副主任张孝文一行五人视察我院，高度评价我院的办学成绩，希望我院瞄准世界一流，办成同类院校中的名校。

英国胡佛汉顿大学新任校长布鲁克斯教授一行访问学院，邀请俞院长在方便的时候访问，希望加速双边教师交流。俞院长希望对方派教师来学院，对预备留学的学生进行英语强化训练。我院成为全国大专院校研究会理事单位，而且是常务理事单位。院长把这一消息告诉对方，对方校长高兴地说他们选对了合作对象。

学院召开紧急会议，通报团委对学生晚自习进行检查的情况，新学生宿舍四、六、八楼亮着灯光，有人在寝室打电话、弹吉它、看杂志，甚至睡觉。工艺美术学部的学生最多，外语系96级旅游英语晚自习缺勤12人。俞院长强调自学习惯直接影响学风校风的形成，不可等闲视之。沈副院长提出把上课出勤率作为学风的基本工作来抓，把学风校风建设同重点专业建设结合起来。人事处长强调教学重大事故要通报，要纳入部门总体考核指标中。

外语系全体会议，强调教风学风问题，对存在的问题进行分析，对涉事人员提出批评。会议还研究了公共英语教学的问题，院长、教务处长、各系主任也在场。我告诉与会者日语专业主任李晓博即将回国，李晓博风波告一段落。她曾提出延长期限攻读博士，学院要她按期回国。我看院长着急的样子，开玩笑说："院长，您别急，她如果不回来，派我去日本找她，要是说不服她，我无颜面见江东父老，就不回来啦！"院长瞪着我说："那怎么行呢！"我回信告诉李晓博："这次一定要按期回国，以后再以个人名义去日本读博。"沈副院长强调有些基本的东西必须做到，教师要上好每节课，学生要学好每门课；可以举办一些学习成才的报告，提高学生的责任感与学习动力。他表扬外语系的教学文件达到了标准，常规管理到位，大胆管理，敢于碰硬，勇于批评。针对有些学生不能一次过广东省二级英语，他提出能否考前增加一次摸底考试。俞院长强调二级不过关的学生一律不得毕业，这个问题也要同学风建设结合起来。他说学院的十年规划是深圳市规划的子项目，以后要达到万人，加强公共外语教学是学院规划的一项重大举措。

俞院长把我和徐小贞叫到办公室，人事处新任处长在场。学院对外语的机构有所考虑，对内分成外语系和大学英语部，人员分流，分开管理。徐小贞汇报说选择"预备级"为差生补课教材，组织人员编写模拟试卷让学生最大限度地通过二级考试，尽量不让学生因此影响毕业。英籍教师卡罗尔女士来了，她想给学生搞"签证面试"模拟训练，组织一场"雅思"模拟测试，两件事都需要我和院长决定。她顺便说又有七个学生报名留学，有两位学生已经拿到胡佛汉顿大学的硕士学位，现在深圳一家外企工作。

学院要求迅速使教学秩序和公寓管理上台阶，从管理上加强学风建设。团委决定对学生宿舍实行准军事化管理，由有部队经验的保安员与各系联手。教务处从抓教风的角度出发，提出对教师的备课进行检查，要求重点专业和重点课程建设提速进行，从设备编制到办公经费给予支持。会议还通报了香港商人蒋震基金，这项基金用于支持人才、工具和科研建设。山东菏泽蒋震工业学校接受了当地政府一项任务，为328位行政官员进行培训，我院准备派教师前往支援。

毕业生工作会议，学生档案材料统一交由学生处管理，各系要召开专业委员会和家长会，主动联系深圳的公司企业，为学生就业广开门路。各系各专业各班级，都要对学生进行求职技巧训练，对每位毕业生做告诫性谈话，今年毕业生一次就业率不能低于去年。党委副书记说本学期要加强发展工作，在青年教师和高级知识分子中发展党员。教务处处长表扬外语系暑期补课准备充分，学生踊跃报名，学院要成立科技开发中心。

英国胡佛汉顿大学国际合作部主任尼尔·麦尔康教授在香港办事处主任的陪同下专程来访，在商务实训室和外语系学生座谈。这位牛津大学毕业的学者型主任三句不离本行，说赴英国留学不仅需要教育思想的转换，还需要东西方文化的转换，顺利的转换与适应主要受制于两大因素，英语水平和专业水平。他要学生出国前做好充分准备，表示派更多的教师来学院帮助学生提高英语，协助外语系开展留学工作。经过协商立即启动教师互访工程，首批派出外语教师史咫阳和外事办干事江滢。江滢的任务是熟悉对方的外事运作机制，疏通两校对话沟通渠道。史咫阳进修相关课程，回国后用英语开设这些课程。我方将不断派出短期访问教师，每人每期四星期，对方按每周40英镑标准提供食宿。对方每年派一位教师来我方任教一个月，配合外语系举办赴英留学报告会，为赴英留学生进行英语培训，组织"雅思"模拟考试，进行签证模拟面试。派来的教师由我方支付工资，提供免费住宿和办公场所。

午餐会上，转达国务院副总理最近讲话：大专就是高职，是一回事；艺术与外语专业可以搞五年制，从初中后开始，可以搞试点。副总理强调理顺关系，高专等于高职，淡化普教与成教的关系，成立高职专家咨询委员会和高职专业委员会。上级领导说我院早已成为事实上的示范校，我院教师有多人将参加两个委员会。新任院长助理邹渝，一位印刷业的专家，负责示范性实训基地的建设，她强调健全机构，人员赶快到位，设备抓紧购置，大纲赶快出台，迎接明年的示范校评估。

在外语系毕业生实习动员大会上，我说毕业实习是三年学习的一个重要环节，一定要认真对待，有问题随时同老师和我保持联系。我要求学生把毕业实习当作求职就业的演练，告诉他们这是离开学校走出的人生第一步；遇到问题和困难不要退缩，不要以为你一人在孤军奋战，外语系就是你的后盾，学院就是你的后盾，中国最好的职业技术学院的学生都不能立足社会，还有谁能立足社会！

50 合金铸剑

> 江山如画,一时多少豪杰。
> ——宋·苏轼

院长助理邹渝传达"全国第三次教育工作会议"的精神:国运兴衰寄予教育,教育振兴全民有责;要培养21世纪的新人,国家将要加大投入,公办学校要加大改革力度。国务院副总理讲到素质教育时指出,要为学生的全面发展创造宽松的学习环境。教育部副部长问我校普高与职高的比例,两种生源之间的差别;采取了哪些补救措施?学生毕业时的能力怎样?副部长说专业要随着市场不断变化,教学内容就要跟着变化,这就是职业教育的特点。邹助理据此对实训室建设提出三阶段设想,初级阶段具有基础性公共性特征,中级阶段达到本专业中级工的要求,高级阶段要高于高级工的标准。她要求尽快拿出实训车间的总体规划,实训室装修要有行业特色,训练采取师傅带徒弟式的导师制。我汇报说商务英语已成受欢迎的专业,三届毕业生就业顺利,高考录取分数逐年上升。

邹助理问:"什么是成功的关键?"

我回答说:"有利于充分就业,有利于出国留学,有利于继续学业。"

邹助理认为实训室还要加强软件建设,我问有什么规定,她说没有硬性规定。俞院长强调今年通过实训基地建设,明年通过国家示范校鉴定,再争取创办四年制本科。有人认为职业教育是高等教育的一个层次,他认为应当与普通高等教育双雄并立。他要求外语系把商务英语作为重点专业打造，摸索职业外语专业的特点，模拟谈判就是一大特色。他随口说出一串专业名称，这些专业都具备成为重点专业的基础。他还是以商务英语为例，说这个专业的特色就很鲜明，希望进一步脱胎换骨，为培养复合型外语人才探索新路，使之成为高职外语的示范性专业。我说："考虑到商务英语、商务日语和旅游英语的外语共性，实训室建成后可以共享。"沈副院长强调专业建设要确定方向，确定教育教学模式和课程结构，配以校外实训基地。俞院长说还要有规范严格的教学文件和稳定的教学方法，配套的硬件设备。

经过一番讨论，邹助理提议把电子工程、汽车检测、花卉园林、环境艺术、商务英语和航运管理等专业作为首批重点，理工类专业各投30万，文科艺术类专业各投20万，要求六个专业尽快拿出三年建设规划。俞院长指出实训室建设必须高标准，打比方说："我们到国外去，卫生间没有气味，我们的后勤能不能做到这个水平？"不久以后，学院的卫生间果然达到了这一标准。院长说重点专业将是学院的名牌产品和拳头产品，那是要经过专家组鉴定的。教务处很快发文，明确重点专业就是名牌产品，要求上报重点专业建设负责人。外语系决定陈乃新副教授负责商务实训室建设，原来的负责人周玉林协助。教务处审查重点专业建设规划时发现有人给一个班上三门课，发文规定一位教师不得在同一个班级担任两门以上课程。

外语系留学报名非常踊跃，已有56人报名。江滢从英国发来传真，胡佛汉顿大学将派出三位教师，询问住房安排和工资标准。我和外办协商出一套方案，每人一套单间，按月支付工资，小班上课，周学时12小时，短期访问教师只提供生活

补贴和住房,俞院长表示同意。问到外语系毕业生的就业情况,我说大部分已经签约,有些同学还在挑选单位,旅游英语就业形势最好。院长非常高兴,要我们做好胡佛汉顿大学三位教师的接待,要求房间安装空调,备齐厨房设施,这也涉及学校乃至国家形象。

严婉芬同学提交的论文是用英文写成的,张丽同学借走两本英文版教学法著作,班长常霖汇报了论文的写作思路。大学英语部在教学楼前竖起二级英语考试倒计时标牌,提出"奋战100天突破二级关"。不过二级不发放毕业证书,大英部感到了巨大的压力,想尽办法提高二级通过率。有四位同学用英语宣读论文,评委也用英语进行提问,开创了学院用英语进行毕业答辩的先河。

暑期,外语系师生20多人到湖南怀化老区桑植县支教,这是团中央发起的公益活动。在"深圳职业技术学院赴新晃社会实践活动欢迎"会上,县长致欢迎词,我代表学院赠送礼品。县委会议室墙上张贴着"新晃精神":团结拼搏,勤奋务实,建功立业,辉煌湘边。教育局副局长说二十世纪九十年代以来全县的教育得到了较大发展,办学条件有所改善,但信息闭塞,缺乏优秀教师,尤其缺少外语教师,有些教师就是本校留校的高中生。但这些教师都有奉献精神,在这么艰苦的条件下,每年还能送出几个大学生。

当地重点中学新晃民族第一中学,使用汉侗双语教学。该校高考升学率60%,怀化全市第一,中央电视台曾以《放飞白天鹅的娘子军》为题报道过该校女教师的团结拼搏精神。我应邀做了系列讲座,先后讲了外语教学法主要流派、现代外语教学思想精髓、测试理论与命题原则,以及阅读教学方法。随行的帕克先生对学生进行口语训练,孩子们第一次见到外籍教师既好奇又兴奋。外教和学生座谈时，帕克先生深情地说："我在深职院工作两年，一个有4000多年轻人的学校，居然没有一次斗殴，没有一次叫警察，真是难以置信。"康杰讲自己的生平，从农民的孩子到大学教师，让孩子们看到生活的希望。我为全校教师做"测试与教学"专题报告，孩子们也赶来听，显示了对外面世界的向往。当地无论是老师还是学生，说出的英语的确糟糕，语音语调带着浓重的方言方音。我感到一种隐隐的阵痛，一种隐隐的难受，想把问题指出来，又怕伤害了他们。

我们深入侗族村寨，领略篝火晚会。古老的习俗，原始的生态，纯朴的山民，仿佛回到远古社会。吃什么都可口，尤其是那里的山鸡，哪个餐馆都价廉物美。我们连续几天在餐馆用餐，高兴了老乡，乐坏了我们。我们还参观了几所贫困学校，在其中一所住下来搞夏令营。有朱炬龙和杨燕云一路打理，加之杨燕云荣归故里，一路顺畅，队伍中欢声笑语不断。我们每到一处都给孩子们上课，哪怕一天，哪怕一小时。一路走来，外语系的学生成了老师，还是山区孩子心中的好老师。每一次离别都那样揪心，孩子们总含着眼泪送行，久久地不愿离去，远远地向我们招手。在孩子们的心里，我们是天外来客。随行的外语系学生突然成熟了，他们被山里的孩子"感动"成熟了。古有伍子胥一夜白头，今有青葱学子一夜成熟。返回深圳的列车上，老师"失业"了，学生不再需要叮咛，不再需要管束了。

返回深圳，我赶往"溪冲"参加"99年深职院新学年度工作会议"，还是住在大鹏半岛的核电专家招待所，还是面向大海，还是心潮澎湃。院长俞仲文作"学习全教会精神辅导报告"，他说全国第三次教育工作会议是面向21世纪培养什么人

怎样培养人的问题？我们要深刻理解全教会的精神，深刻理解全面提高素质教育的紧迫感与重要性，要重塑教育观念，重塑教育资源，重塑教学模式，重塑管理体系。院长认为要理清三个关系，传播知识、培养能力、提高素质，三个关系存在着全面与个性发展问题，基础与全面的问题，专业教育与人格培养的问题，知识传播与创造力培养的问题。过去的教育培养"状元"，而"状元"又都跑到国外去了，我们对此要进行反思。大胆突破原有的教育思想，适应从精英教育到大众教育的转变，以适应深圳经济发展的需要。由知识再造型的刚性教学模式向弹性教学模式过渡，向知识产业型考虑，主动为市场服务，由灌输式转为导入式。如何全面推行素质教育？他提出确实把德育放在首位，改革考试制度，实行弹性学分制。改革教学内容与方法，坚决废除满堂灌的教学方式，把技能课扎扎实实地开设起来。加强人文素质教育和美体教育，提高办学效益，加强人事制度改革和机构改革，改革科研技术开发工作，加强工业中心与实训车间建设。

我们围绕院长的报告展开讨论，教学和行政部门混合编组。召集人主持会议，秘书做记录。沈副院长提出借助企业建立岗位级别评价体系，制订职业能力标准，请有关局、企业、学会审核。机电系主任说机动车专业准备制作试验台，让学生从资料搜集到准备材料自己动手。还准备办汽车修理厂，建立电脑故障诊断系统，邀请企业师傅带学生。日语专业主任认为素质教育要从实际出发，仍要重视基础教育，还是要遵循课堂与课程体系，关键在因材施教。她提议建一个外语语言资料室，进了这个资料室只能讲外语。生物系副主任说上次"溪冲"会议是个里程碑，本次会议借"全教会"东风充电加油。他说第二课堂遇到很多矛盾，文山会海的冲击，一下班教师就坐车走了，这些问题怎么解决？管理系总支书记说这次会议很重要，对素质教育的重要性更加清楚，回去后还要学习，让老师们都有责任感。外语系总支副书记建议向家长宣传素质教育，教师再怎么讲，家长却说素质不高照样赚钱。汽车专业主任认为应当甩掉家长，由学生自己负责自己，教育学生摆脱家长。教务处长提出重新审定教学计划和大纲，包括正在建设的重点专业的课程设计和评估体系，加强校外实习基地建设，实行弹性学分制，对课程进行重组。

教育局副局长指出教育部已经把深圳定为教育改革的试验区，要求我们把十年发展规划制订好，深圳年底就要向教育部汇报，内容包括素质教育、十年规划和试验方案。副局长认为学院过去六年很有成绩，得到了社会的认同，学院定位准确。希望我们在教育模式上继续探索，学院内部专业之间能否打通？可否通过多媒体课件解决差生问题？支持学院实施聘任责任制，优胜劣汰。希望以学院为龙头形成职业教育集团，可以通过办分院的方式逐步实行。俞院长号召全体干部要狠抓学习，实现全体教职工教育观念的更新。对前几年改革的模式怎么看？一种认为都不错，一种认为都不行，都有失偏颇。突出素质教育在高职教育中的运用，要在调研的基础上进行规划。如何适应规模发展进行专业调整，寻找进行全面素质教育的突破口，启动创新能力工程。塑造全面素质的教师队伍，形成素质教育的运行机制，课堂模式推行讨论式、案例式。抓改革建立合理机制和人事聘用制度，干部竞争上岗，自己申报，评委评定，实行准年薪制。

深圳市外国专家中心，第二届高交会翻译接待工作会议。会议要求我们学院派出尽可能多的学生做展台接待和翻译工作。我们已经兵强马壮，学生也今非昔比。商务英语已经成

为热门专业,生源素质有了明显提高。高交会的参展国家达到20个,代表40个公司或团体,国内31个省市自治区,全部代表合计5000多人。我决定外语系停课,全部到高交会做翻译,把课堂搬到高交会,会前我做了"现场翻译技巧与注意事项"的讲座。外国专家中心主任说这种高交会每年都要开,会前会后要做大量的工作,希望和我们保持联系。我忽生想法,今后就把高交会作为训练学生的基地。

胡佛汉顿大学香港办事处主任梁伟业来到学院,我们在商务实训室举行会谈,协商两校合作备忘录的续签文本,胡佛汉顿大学准备参加即将在五洲宾馆举办的英国教育展,邀请我们派两位老师参加。我院学生赴英国留学,途经香港时梁先生负责接待,直至把学生送进机场。学生到达英国后,对方安排人员到机场接待,用车把学生送到学校。我告诉对方还有五名学生于1月赴英国,届时也请安排接待。旅游英语和商务日语如何接轨,请对方给予考虑。梁先生留给我们一份关于对方外事工作细则的材料,一份对方起草的续签合作协议。不久以后,胡佛汉顿大学外事处新任助理乔·吉廷斯女士在梁先生的陪同下来到学院,就续签备忘录的细节举行会谈。这位华裔女士精明能干,我们每个人都有这种印象。会谈时是客气的,小心翼翼的,既怕己方吃亏,又怕伤害对方,都真诚地希望合作下去,不愿打碎到手的精美"瓷器"。三天的会谈时间里,我们把备忘录过了一遍,逐条讨论逐条修改,直至双方认为满意。这份合作备忘录从此成为学院对外合作的范本,多少年后,经济管理学院的法学博士评论说:"这份协议找不出半点疏漏。"

留学工作全面启动,在校园张贴海报,甚至应邀把海报张贴到兄弟院校。兄弟院校想搭顺风车,说通过我们留学,家长放心，还可以享受学费优惠。胡佛汉顿大学邀请院长夫妇及其相关人员前往考察，全面加强两校的教育合作。我方立即回复，同时向三位派遣教师发出邀请函。学院召开外事工作会议，落实前来执教英语强化班的三位教师的安排。关于强化班的学费标准，有人提议参照胡佛汉顿大学的收费标准，有人提议参照深圳外语培训机构的收费标准，院长助理原则上不同意收费。我说英语强化班为出国留学而开设，不属于学校应该完成的教学任务，不收费会对没有参加培训的学生形成不公平，又不能当作盈利的渠道，能持平开支就行，尽量压低收费，让更多的学生愿意参加。我更看重后续效应。

收费合理，报名踊跃，很快突破百人，只好优先考虑准备留学的同学。非外语专业的学生占绝大多数，后续的留学资料翻译几乎覆盖所有专业，我组织人员按招生简章把全院所有专业的教学计划译成英文。留学指导中心忙碌起来，我的主要精力好像转移到了留学事务上，院长提醒说："不要误了正业啊！"咨询报告会在教学大楼中204召开，容纳二百多人的教室挤满了学生。贝琳女士主讲，我做翻译。一旦外教发出错误信息，我就可以予以纠正。首次讲座影响深远，成功会吸引更多的人，失败会把人赶跑。我们告诉学生留学性质属于自费，留学指导中心不是中介机构，不收取中介费，只是帮助同学整理申请资料。针对某些留学中介修改学生成绩的弊端，我明确告诉大家成绩绝对不能造假，造假损坏学院的形象、损坏学生的信誉，后患无穷。

三位外教很快到位，英语强化班如期开学。第一期十月到次年元月，第二期元月到四月，第三期四月到七月，让所有报名者出国前都能接受一次培训。学生白天有课，只能晚上进行。每周三次，每次三小时。学生情绪高涨，听说能力提高很

快。我给三位年轻的外籍教师和中方合作教师讲了一堂课,重点讲授把英语作为外语教学的基本原则和方法。我这样做有双重目的,假如他们没有接受过这类教育就起补课作用,假如接受过这类教育则要让他们知道"我是内行",别想忽悠。三位外教还担任"签证官",对学生进行模拟面试。强化班的开设迅速扩大了留学生源,开始执行"学费的10%支付给我方"的条款,有人说外语系"肥了起来"。

外事办主任唐克胜带着我和姜维前往省高教厅外事处,我汇报了学院与英国高校的合作情况。黄处长赞同自费留学的方向,他说:"留学中介需要注册100万资金,不收中介费就是帮助学生,行则成,不行没有风险,学生没有损失。"当时出国留学需经省高教厅外事处审批,黄处长说最好让学生自己领表,也可派人集体领表,建议我们联系更多的国外高校。

我召集五位外教开会,检查他们的教学情况,包括课程表、教材、备课笔记和作业批改。课时不足的外教则安排指导毕业论文,外语系用英文写论文的人越来越多。我还把学生对外教的评价做了反馈,意见较多的是伊朗人帕克先生。他讲授国际贸易,语音语调不能被学生接受,尤其三位英国老师到任后,学生的反映更强烈了,我只得辞退他。这位先生离开时对我说:"管先生,感谢您聘我在这所学院工作了两年,这是我一生中最幸福的一段时光。我理解您辞退我的原因,您这是对学生负责。"

西丽小学想请外教上点课,外教听了非常高兴,自愿义务上课。我安排一对年轻的英国夫妇去西丽小学。夫妇俩第一次来到中国,对什么都充满好奇,乐意和孩子们在一起。年终院工会组织全体员工吃"团圆饭",外籍教师一起参加。校园里喜气洋洋,教工食堂摆满了餐桌,火锅热气腾腾,碰杯声此起彼伏。这对英国夫妇回国多年后还对这顿"团圆饭"念念不忘，津津乐道地向英国同事描述"团圆饭"的热闹场面，以及热闹场面中蕴含着的人与人之间的亲密关系，感慨地说："我们为什么就做不到呢？"

元旦过后，院长俞仲文率领深圳职业技术学院代表团对胡佛汉顿大学进行访问，随行的大员有机电工程系主任万金保，经济管理系主任陈玫君，生物应用工程系主任李世敏，工艺美术学部副主任刘伟平，我又是副团长兼翻译。我开玩笑说："院长，出国我就成了副团长，回国怎么不让我做副团长啊？"院长说："学院的外语外事都交给你了，这两副担子也不轻啊！"的确如此，大凡实质性的对外合作会谈，总是由我代表学院主谈，学院形成的对外合作协议不经我做技术鉴定，院长绝不会签字。对方安排我们下榻在胡佛汉顿最繁华地段最豪华的旅店，陈设典雅古朴。经济管理系主任陈玫君有晨练的习惯，清早起来要跑步，又怕迷失方向，我有早起读书的习惯，陪她沿着小镇的大街小巷跑。大家开玩笑说，不怕一个人迷路，就怕两个人都迷了路。我们对五个校区进行了访问，所到之处受到热烈欢迎。印象最深的是该校图书馆的学习中心，图书馆遍布多媒体网络授课设施，还有该校的科技园区的浮化作用。院长说这些做法都值得我们学习。

应用科学院和健康科学院安排我们参观两院的实验室、电脑室和教室，向我们介绍教学、科研与管理情况，在此基础上对双方的教学内容和教学水平进行了比较，寻找双方在教学内容上的衔接点。经过讨论达成协议，对方接受我院生物应用工程系学生插班学习，同时达成教师互换合作科研的意向。艺术设计学院设有八个专业，招收世界各国的学生，培养了大批英国、欧洲乃至世界享有名望的艺术家。自从两校建立合作关

系以来，又新设两个专业以便扩大与我院的教育合作。布华顿院长同意接收我院学生专升本，同时接收教师前往进修。工程与技术学院由工程与建筑环境两大部分组成，工程系下设17个本科专业和一个研究生专业，形成计算机辅助系列专业群。建筑环境设计系有12个本科、5个研究生专业，还设有两个高级国家资格教育专业。所有专业都注重市场需求，很值得我们借鉴。

胡佛汉顿市是英国工业化时期的一座重镇，该校是英国第一家通过ISO9001国际质量论证以及获得政府特许办学证的高校，规模在英国高校位居第六。该校前身为职业技术学院，办学宗旨与我院非常相似，重视经济社会与人才市场的需求，我们对该校的教学质量管理体系进行了考察。胡佛汉顿大学的科技园很有特色，起着将学校的科研成果产业化的孵化作用。科技园的功能包括创收、加速技术成果转化、建立学校与企业的联合、申请政府的财政资助。此次访问加深了双方的互信，在此基础签署了《深圳职业技术学院与胡佛汉顿大学谅解备忘录》以及《深圳职业技术学院与胡佛汉顿大学谅解备忘录附件》。协议条款中的学费标准更加优惠，专升本所涉及的专业原则上覆盖了我院所有专业。为了确保质量，双方拟定先从工商管理、计算机、电子商务、艺术设计和玻璃制作等专业开始，然后再全面铺开，对方将不断派员到我院交流与洽谈，包括从事教学与科研。

校长约翰·布鲁克斯先生在他的私人农庄设宴为我们饯行，对院长说："希望贵院派管教授或相当资质的高级人员到胡佛汉顿大学做学术访问，住上一年半载，把两校的合作导向深入推向全面。"院长表示可以考虑。代表团还走访了十几个学生宿舍，有四人间的有六人间的，房费不等。房间面积一般较小，仅供放置一个单人床和一套桌椅。公共卫生间与厨房有专人打扫，水电费包括在房租中。男学生一般租用校外私人住宅，面积大些，家具比较陈旧，安全情况差些，自己打扫卫生，房费便宜些。贝琳女士说学生到英国后开始有段时间不适应，经过一段时间就学会了管理自己、保护自己，还自己做饭。胡佛汉顿大学对我院学生的反映很好，说学生的英语水平比其他非英语国家学生的水平都高。国庆50周年那天，学生聚在一起高唱中华人民共和国国歌，在电脑里绘制中国地图。

代表团满载而归，两校的合作迅速发展，互相访问成家常便饭。商学院派罗杰·平克讲师给经济管理系学生讲授国际会计，给艺术专业学生举办讲座。欧洲与语言学院派戴维教授来校做研究，到深圳企业调研。香港办事处主任来校召集学生座谈。生命科学院院长来校探讨合作开发环保科研项目，还和水产、城市园林、制药、食品专业的学生进行座谈。计算机科学院院长莫顿教授来访，探讨合作举办四年制本科专业的可行性，涉及信息技术、数据库、人工智能。申请赴英留学的学生数量增长迅速，帮助学生通过"雅思"被提上日程。对方同意提供资料，帮助我方制订授课计划。

外语系度过了硕果累累的一年，年终总结采取自由发言的形式，有话则长无话则短。史咫阳老师首先发言，一年来主讲了剑桥商务英语，发表论文一篇，担任99级商务英语班主任，担任外籍教师的合作教师，帮助外籍教师整理资料。廖丽洁老师接着发言，除产假两个月外，承担了97级旅游综合英语，98级商务综合英语，同声打字，为重修生辅导英语四级全真题训练，负责留学指导工作，翻译98级商务和旅游专业教学计划，为"五专生"编写部分教学大纲。刘俊亮老师承担了98级商务日语翻译和听力，98级商务英语二外，翻译中使用了管老师介绍的方法，承担专业主任助理的角色，协助制订日语专业发展规划。杜福兴老师担任了99级商务英语两个班的综合英语，这是一门主干课程，周学时多。他反映部分学生上课不敢开口。陈乃新老师担任综合英语，补课，辅导指导毕业论文。他说："旅游英语口才很重要，我注重培养口语，在教学中组织讨论。"在特区报上发表文章一篇，负责实训室管理，负责同声传译实训室建设，制订《旅游英语发展规划》，旅游英语被确定为国家示范专业。

大家休息一会，接着发言。辅导员陈秀兰配合各种实习和毕业工作，负责日常管理，经常占用休息时间解决学生问题，搞了一次问卷调查，担任99级商务英语班主任；到工业中心商务实训室开门关门，图书管理，报销，出国留学报名、收费，给英语强化班排课。张祯老师上学期担任旅游经济、旅游文化，下学期承担旅游英语、旅游心理学，然后任教学秘书，98级旅游英语班主任，抓四级过关率，带五个毕业生写论文。康杰老师上学期四节精读，本学期十二节精读；帮助系里做发展规划与教学计划，同时做班主任。杨燕云担任办公室主任，工作范围广接触面大；去湖南怀化老区桑植县支教活动，写了篇报道在中央台播出；整理档案和各种表格，注意协调人际关系。她说："全系同志间关系很好，情同姐妹兄弟。"姜维老师承担教学、班主任、论文指导、外事；承担国际营销、商务阅读，搞了一次公开课，一篇文章在学报上登出；带学生到幼儿园上课，到公司参观；负责留学指导与外事工作，宣传、报名、表格、签证、涉及许多派出所、公安局、大使馆，去年暑假21天都没有休息。谢亦瑜老师带了八门日语课程。李延玉老师担任国际商务实务，同时担任该班的班主任，所任班级大部分通过了国家英语四级。

我通报了几件大事：学院的十年发展规划通过了由全国知名专家学者组成的专家评审组的评审，一致认为十年发展规划思路清晰，办学思想正确，富有先进的教育理念。深圳市政府正式下文，将深圳市职业技术学校并入我院，叫做扩大名校效应。我院电教信息大楼很快投入使用，学院准备成立先进制造技术与工程系。还有一件大喜事，院长助理邹渝同志被调到深圳市盐田区担任副区长，这是学院向社会输送的第一位干部。

正当我踌躇满志的时候，学院领导转给我一封家长投诉信：旅游英语一个学生没有通过国家英语四级，家长认为是外语系管理上的问题，质疑我这位系主任"算什么外语专家？"这位家长自恃是政府的什么官员，信中言辞蛮横无理。我后悔当年没有调入政府部门，而今受这种小人气。不就是个局级干部吗？当年我要是从政，比你的官做得还要大！好的舌头不出恶声，好的心灵不想恶事；想起这句格言觉得为这样的家长卖命不值得，一气之下向学校领导提交辞职报告，并要求到国外进修。我打算回访当年拿到硕士学位的美国圣迈克尔学院，故地重游，远离烦恼，岂不快哉！学院正为迎接教育部示范院校的评估紧张地准备着，不同意我辞职进修。我的牛脾气上来了，即使不出去进修也不再干系主任这份窝囊差事。院长苦口婆心无果，同意我带着使命前往英国胡佛汉顿大学，保留中层干部身份及其待遇，回国后再做安排。

51 衔命英伦

> 大将筹边尚未还,湖湘子弟满天山。
> ——清·杨昌浚

清晨,飞机在伦敦希思罗机场降落。两位马来西亚华人学生前来迎接,同行的学生很是兴奋。不同国家的学生到齐后,乘坐大客车出发,中途在加油站休息片刻,傍晚到达胡佛汉顿大学。公寓接待处挤满了人,学生说太贵想到外面去住。我叫学生先住校内公寓,熟悉环境后下学期再做考虑。

迎新大会在市体育馆会议厅举行,主持人把我作为嘉宾推出。我介绍了深圳职业技术学院,把同期到达的学生张小京叫到台上,让她代表深圳学生说几句。张小京是本届外语系的佼佼者,一口流利的英语令各国学子惊叹。坐在身边的英国同仁对我说:"除了英语国家的人,就数你们中国人的英语发音最好。"

国际合作处举办小型欢迎会,尼尔·麦尔康主任致欢迎词。我借答谢机会说学院已经提出"瞄准世界一流",他们听了很受鼓舞。我说自己的访问计划一是听课学习,二是搞点学术研究,三是拓展合作空间。主任安排我每周见面一次,交换意见,解决问题。在欧洲语言文化学院选课,各种课程琳琅满目,要做的事太多,只能从中选出几门。应对方邀请我答应开设《汉语与文化》。每周上课两次,每次两小时。我的照片和个人简介很快出现在学者橱窗里,报名十分踊跃,有教授有市民有学生。

学生联谊会搞了个迎新晚会，大家聚在一起边吃边聊。有来自马来西亚、法国和西班牙的各国学生，有来自沈阳、上海、香港和台湾的中国学生，深圳的学生最多。接下来的几天，到伯明翰警察局登记，办临时居住证。在镇上的汇丰银行开个人账户，贝琳女士为我担保。生活开始按部就班，清早起来打太极拳，白天坐校车上下班。晚上，先到大厅看电视播放奥运会实况。中国体育队表现极佳，金牌榜上始终排列第二，中国学生很受鼓舞。

正好开学，我抓紧时间听各门课程的第一次课。英国教师开新课都是先介绍课程，把提纲式的要点复印后发给学生。提纲列出了本门课的主体内容、教学进度、考核方式。平时成绩和考核成绩几乎各半，平时成绩包括出勤率和课堂表现，考核成绩包括大作业和书面报告。有的课程有期末考试，有的通过演讲考核。一律使用多媒体展示内容，包括投影仪和电视机，配上一块白板。讲授的内容课后立刻上网，学生可随时查阅。上课一律讨论式，大量的课外阅读作业，不是专著就是学术论文，每次都发放一些复印资料。

国际合作处的三位领导在镇上的法国餐馆设宴，我给每人送了一份精装工艺筷子。主任拿出一份传真给我，青年教师刘冬即将到达，学院要求胡佛汉顿大学派车去伦敦接机。"管先生，对不起！英国没有派车接机的习惯。"主任拿着传真纸说。"你们每次去深圳，我们可是派车接送的呀！"他说："那是你们的做法，再说那是市内接机，从这里去伦敦比深圳到广州还远啊！"我回答说："那好，以后你们再去深圳，我们就不用派车接送了！"经过一番协商，考虑到伦敦到胡佛汉顿的确不方便，如果英语口语又不好，的确困难很多，对方同意派车去伦敦接机，回国时不再派车。这种方式从此成为惯例延续下来。

访问学者专用办公室设施齐全，有张长条沙发。我有午睡习惯，沙发正好用上。先后来过美国、法国、西班牙、日本和俄罗斯的访问学者，都是来去匆匆。不明白的事都问我，我成了"办公室主任"。周末赶往学校，发现大门紧锁。英国不提倡周末加班，需要加班必须提前申请。我到图书馆捧着一本语言学著作，看得如痴如醉。柏拉图认为语言是人的一种行为方式，是用于表现意图的工具。德国学者认为话语是种双向工具，丹麦学者指出既然双方都使用这种工具，就必须遵守共同的使用规则，最根本的就是合作原则。人们往往话中有话，逻辑学家与哲学家称为"弦外之音"，只有遵守合作原则才能获得弦外之音。书中自有黄金屋，所谓黄金就是被启迪的心灵啊！人人都在从事一种职业，理论一旦注入职业，人就会因职业活着，不是因活着而职业。

学生公寓的接待大厅举办生日舞会，寿星是一对六旬老者。主持人宣布开始，舞曲响起，来宾步入舞池。大家欢迎寿星跳舞，寿星带着子女们翩翩起舞。八个小朋友跳起集体舞，歌手拉着两位寿星伴唱。舞毕唱毕，开始就餐。来宾排着长长的队伍，我从侍者手中接过一杯啤酒。寿星太太拉着我越过长长的队伍，对其他人说我是今晚的嘉宾，给我领取了一份晚餐。我和寿星家人聊天，来宾所带礼物一般不过十英镑。主人说绝不能让来宾多花钱，租用场地由寿星家人支付。大厅里响起圆舞曲，来宾多是六旬以上的老人，却个个身手不凡。在《蓝色多瑙河》乐曲声中，舞者们朝着一个方向旋转，难怪叫做圆舞曲。舞池是圆的，舞者围成圆圈，绕着舞池旋转。寿星的女儿们正当妙龄，礼貌地邀请我跳舞。面对舞林高手，我怕扫了人家的兴致，人家根本不依，我只得遵命。舞者穿着各式考究的服饰，燕尾服，蝴蝶结，大摆裙，低胸衫，眼花缭乱，舞步舞姿高雅怡然。想起国内的老人，内心几多苦涩。晚会持续到半夜，才在《友谊地久天长》的乐曲中结束。

胡佛汉顿大学在镇上的歌剧院举行毕业典礼，仪式庄严、典雅、热烈，我应邀坐在主席台上。嘉宾身着当年的学位服饰，都是从各自母校租借来的。事先无人告知，组织者表示道歉，让我临时穿上该校的文学硕士服装。欧洲语言人文学院院长杰佛·赫德教授握住我的手，为没有及早见面道歉，并表示要找机会宴请我。来自深圳的十几位学生上台接受祝词时，我的心情格外激动。本想和学生合影，歌剧院内外人头涌动。一位学生带着前来参加毕业典礼的父亲，这位父亲说："管主任，送儿子来英国太对了，拿到文凭不说，人变了，懂事了，总叫我说话轻点，不要随地吐痰。"学生告诉我商学院的约翰老师的课讲得好。我慕名旁听，的确风趣幽默。讲到中英鸦片战争时，他动情地说："我们的老祖宗一百多年前，在中国干了些见不得人的事。"

有部《语法学》的著者批评英语抄袭拉丁语法，造成许多语法规则不能自圆其说。反观现代汉语也有类似情况，牵强附会欧洲语言。欧洲语言经过亚里士多德学派的干预而语法化，具有技术语言的属性。古英语与现代英语犹如不同的语言，今人根本无法阅读，古汉语与现代汉语虽有较大区别，今人可以阅读。著者由此推论，汉语历经数千年还保持着人类早期语言的自然属性。他以"人见马行"为例，赞誉汉语简洁明快，没有词缀时态之类技术规则的干预，语言直接表述自然。著者还以唐诗宋词为例，说欧洲语言的诗词难以项背。多少年后，面对来自全国的专家学者以及著名大学的教授，我作了题为《自然语言与技术语言》的学术报告。国防大学一位博

士生导师说:"管教授,你应当到外国语言大学去做博士生导师,放在深圳职业技术学院可惜啦!"

胡佛汉顿大学的五个校区很分散,稍不注意就会误事。我把"重要事件"记录下来:周五上午国际合作处,会谈生物类桥梁课程;下周三上午,出席胡佛汉顿大学人事会议;下周三下午,出席图书馆小型研讨会。突然看见打了圈的"刘冬即将到来",连忙赶往超市采购,跟车前往伦敦希斯罗机场迎接刘冬,安排他居住在我对面的房间,拿出香槟酒为他接风。我做了一锅土豆烧牛肉,他以为还有人来吃饭,我说做饭耽误时间,做一次管几天。他说这样不行,剩菜剩饭没有营养。这位营养学专家给我上了一课:当天做的饭菜必须当天吃掉,留待第二天就成垃圾。我向他介绍应用科学院的师资情况,建议他多听主干课程,了解人家的教学方法,通过电脑网页了解课程结构和教材内容,发现好的资料就复印下来。

应用科学院座谈会上,刘冬提出生物系学生专升本的问题。对方建议我方开设"微生物"和"基因表达",刘冬建议派英国教师去深圳教学,既能解决专业问题也能解决语言问题。双方围绕教材、教法和参考资料展开讨论,我建议增加一门衔接课程。正好接到生物系主任李世敏的电话,她询问刘冬到达的情况。越来越多的非英语专业学生到英国专升本,我提议英语未达标的学生可录取到英国补习,在英国参加"雅思"考试。对方强调规模效应,我说可以和他国学生一起培训。我提议在我院建立雅思中心,请对方提供技术支持。对方提议我起草一份文件,对细则加以说明。

天气晴朗,我和刘冬出发乘电车前往伯明翰,参观市博物馆、市政厅和商业区。中午在唐人街用餐,下午去迈克·汤森先生家赴宴。一栋典型的英国房子,房前有车库,房后有花园，种着梨树和苹果树。太太是美国人，两人大学时在德国相遇，生有两个孩子。室内陈设考究，客厅墙上挂满老照片。老照片可以勾起往事，又起装饰作用，牛津大学的高材生别有一番情趣。照片上的太太年轻漂亮，眼下的太太风韵不再，先生倒是风采依旧。女人似花，花开时节鲜艳夺目；男人似树，绿叶常青。春天，花开艳丽护着树，冬天花落花谢，需要绿树呵护。主人按照英国风俗一道道上菜，我望着墙上的照片，看着眼前的主人，心里冒出这些奇思怪想。饭后，主人驱车带我们沿乡间小路看田园风光。穿越一座密布黑白相间色调建筑的小镇，据说是维多利亚时代的风格。英国人善于保存祖宗遗产，老房子的修缮或重盖都要保留原样，材料可以是现代的，风格不能改变。

一批来自甘肃的教师在胡佛汉顿大学的"国际发展培训中心"接受个半月培训，请我做翻译。培训内容涉及贫困地区的教育问题，教育脱贫是培训的宗旨。教学采用讨论式，各抒己见，还参观了三所小学。考察团听说我来自深圳，问我认不认识一个人。这个人我还真认识，而且关系很好，我和代表团的关系更亲密了。这批人的英语都很好，根本不需要我翻译。结业的晚上，培训中心在伯明翰一家餐馆为考察团饯行。

生命科学院对我校学生专升本做出回复，学生的专业和外语都必须达标，专业不达标补专业，英语不达标补英语，可以在英国补习，也可以在深圳补习。刘冬倾向让英国教师去深圳开课，可以适当收取学费。国际合作处秘书送来一份传真，学院对我成立语言中心的提议表示支持，这个机构一旦成立将具有处级资格。我立即起草了一份报告，回顾两校的合作成果，分析影响发展的技术障碍，提出成立语言中心的必要性。我认为最好能成立雅思中心，无论语言中心还是雅思中心都需要对方的技术支持。

欧洲语言文化学院院长杰佛·赫德教授，全英高校评估委员会主席，在一家广东餐馆宴请我和刘冬，八位同仁陪同。赫德教授问我听课后有些什么想法，我说很欣赏他们的合作任课方式。大凡主干课程都由数名教师共同承担，可以充分利用教学资源，充分发挥每位教师的特长，让学生接触更多的老师。他问我在做哪方面的研究，我说最近对欧洲联盟产生了浓厚兴趣，正在搜集整理资料准备编写一本《欧盟概况》。有学者当即表示："研究过程中有什么问题，随时和我联系。"迈克开车送我们回宿舍，留下一部彩色电视机。

胡佛汉顿大学在本市大教堂搞年终庆典，出席采取自愿方式，深圳的学生都参加了。大教堂挨着学校，重要人员纷纷登场，会场气氛庄严肃穆。国际合作处秘书转给我一份圣诞贺卡，拿在手里一看是俞院长寄来的，还有一封热情洋溢的信。我和刘冬乘车去几十里外的沃索镇购买圣诞礼品，小镇不失繁华，节日气氛浓烈。我们走进一家酒吧，学着英国人的样子各点一杯啤酒慢慢品。刘冬要回国了，我陪他去各处告别，国际合作处主任对刘冬的工作非常满意。我提议多安排这样的短期访问，对方要我提出人选和来访顺序。

好大一场雪，大地一片白。四周无人，只能拍景，倒是领略了枯树寒鸦的景致。英伦的雪久驻不化，天地一色。夜里梦见了妻子、儿子，好像在观看新年演出。醒来时再难入眠，索性把一家三口的合影照片拿出来，用透明胶张贴在床前的桌子上，眼睁睁迎来千禧年。清晨起来，站在茫茫雪原上遥望天际，勇敢的小鸟们黑压压地成群成片地栖息在白雪之中，我百感交集。回想西丽湖边带着应用外语系师生拼搏的日日夜夜，感觉那时的我像个指挥千军万马的大将军，如今远离自己的战友士兵，孤军奋战，几多感慨，几分悲壮。

在图书馆看书，一行文字令我震撼：欧盟必须具有独立采取军事行动的力量，必须具有决定采取军事行动的经济后盾，必须具有采取这类行动的充分准备，必须具有在没有北大西洋组织参与的情况下也能独立应对各种国际危机的能力。我感到了这行文字的凝重，欧盟将成为一个颇似邦联式国家机器的跨国组织，必将成为影响国际事务的不可忽视的重要力量。欧盟的兴起与强大对世界是祸是福？欧盟与中国未来的合作关系如何？以后的日子里，我有空就钻进图书馆，查阅有关欧盟的资料。回国后，我邀请深圳大学的何志平合作编著了《欧盟概况》，经由华南理工大学出版社出版。

新学期到来时，又一批学生来到英国，校园里随时能碰见自己的学生，多少能消解几分惆怅。恰在这时，接到徐小贞的电话，她随一个教育考察团来到英国。他乡故人，又是一起拼搏的同事，我专程赶往曼切斯特看望她。我说雅思中心的谈判不顺利，英方说深圳已经有雅思中心，不宜再搞一个。她说搞个语言培训项目也行，只要能打英方的牌子。再次同对方会谈时，我强调雅思中心的重要性，无论如何要搞起来。国际合作处主任告诉我邀请函已经发出，深圳的一批教师将陆续来访。

接下来的几个月，先后有艺术系的孔森、袁公任和俞伟江，化学生物系的谢卉，经济系的王昭晖和郑欣，先进制造系的郭刚陆续到来。聂哲和王昭晖到达那天，信息不畅没有去机场迎接。好在两人英语不错，坐夜车来到胡佛汉顿。复活节那天，邱佳宜、聂哲、王昭晖和我，到山上看富人区。邱佳宜是我小学同学的孩子，在卡迪夫大学就读，专程来胡佛汉顿看望我。我们议论起听课的感受，杨文明说中国学生使用常用句型表达时比较顺利，对反意疑问句有些不适应。袁公任说学生表达时好像没有底气，有时还前后矛盾。我说那是因为学生还停留在学习阶段，没有进入用英语交际的社会角色，说起英语来把握不住自己。

  英国正在进行大选，布莱尔先生在演讲中说："选民们，你们手里捏着的不是一张简单的选票，那是你们的热血和你们的智慧。"我向英国学者请教，为什么还保留皇室？他认为保留的原因很多，我说愿闻其详。法国大革命席卷欧洲，各国君主纷纷人头落地，英国采用和平方式改朝换代是有历史原因的。皇家军队不准骚扰百姓，经过村庄有条铁律：风可以进，雨可以进，皇家的军队不可以进。或许由于这些历史原因，英国皇室没有被人民送上断头台。皇室保留了部分庄园自食其力，没有增加国民的负担。英国政府大选期间，由皇室代行国家权力，新政府上台后许多事情向皇室咨询。这样的皇室既不干预政府，还能替政府排忧解难，又不增加纳税人的负担，每周举行的仪仗队表演还能吸引来自世界各国的游客，促进了英国的旅游事业，为什么不能保留呢？

  来自华中农业大学的魏文学博士开车去汽车跳蚤市场，随去的还有王昭晖、聂哲、杨文明和袁公任。大家只想看热闹没有买东西，对往返的旅途更感兴趣。英国大道畅通，小道文明。遇到临时修路的情况，远远挂出提示牌，绝不会让司机走进死胡同。越是小路越是风景如画，大家一路欣赏，谈笑风生。第二天上午十点刚过，魏博士又开车来了，带我去伯明翰一家仓储超市。这家印巴人开的超市设有中国食品专区，他买了一车食品，我买了几棵大白菜，英国人叫"中国蔬菜"。魏博士在胡佛汉顿大学做课题，一家三口都在英国。他是研究生物的，后园里种了些蔬菜，自己会打豆腐。夫妻俩很热情，常常把大家聚在家里吃饭。

我向胡佛汉顿大学提出授予我院院长俞仲文荣誉博士学位的申请通过了评审，院长在电话中表示感谢，要我抓紧谈雅思语言中心。党委副书记在电话中嘱咐我就地等待，院长授予博士学位后一起回国。我代表院长前往商学院表示感谢，对方拿出"电子商务"专业教学计划交给王朝晖，王昭晖复印后交给杨文明和聂哲各一份。商学院有辆车去伯明翰，我们乘上顺风车去观光。走到市中心时，聂哲说："什么第二大城市，还没深圳大！"我说："人家一百多年前就有这个规模，那时深圳多大？"聂哲不吭声了。几天后，王朝晖和聂哲回国，我一直把他们送到伦敦。又过了几天，杨文明和袁公任回国。

胡佛汉顿大学有位英籍日本人开设日语课，我连续两个学期跟班学习。课程结束那天，老师拉着我和几个学生合影，专门邀请我去一家西餐厅。老师表达了对日本右翼势力的不满，说中日两国应当友好相处。她说来到英国后才知道"二战"时期日本在中国干的那些坏事，在日本时根本不知道。

计算机科学院院长莫顿教授邀请我度周末。他家住在一座村庄的尽头，后院有个很大的牧场。原来这位教授是地主啊！我在心里说。我们驱车在乡间路上兜风，在一座小镇用餐。莫顿教授是位素食主义者，难怪身材保持得这么苗条。他用"糟糕"形容英国食品，我问哪些属于糟糕的食品，他说"油炸薯条鸡腿汉堡包"。饭后，我们开车去看棒球赛。他看得津津有味，边看边给我讲解规则。我们开车到一座小镇参观博物馆和大教堂，沿着塞芬河散步。英国的河流都不大，流水却常年不断。傍晚，我们在古老的"阿尔姆王子厨房"用餐。

　　法国访问学者米歇尔去剑桥大学开会，邀请我搭他的车去看一看，路上帮他看地图。英国的路标真清楚，我们一点弯路没走便顺利到达剑桥。我们约好见面地点便分道扬镳，我在快餐店要了份盒饭加啤酒，坐在河边的靠椅上用餐。剑桥是座小镇，没有高楼，感觉回到百年前。一位青年导游动员我坐游船，票价十镑，还价后成交七镑。游船上依偎着一对情侣，天气很热，坐在船上倒觉凉快。小伙子一面撑船，用标准的剑桥英语介绍两岸风光。游船经过四十多座小桥，穿越剑桥大学二十几个校区，两岸尽是剑桥大学的建筑和各种设施，总能见到或读书或休息或散步的青年学子。下了游船，漫步街头。街上尽是年轻人，个个都像剑桥学子。

　　华中农业大学徐方森博士一家来了，和我做邻居。他带来个小女孩，按规定不能住学校公寓，只好到外面租房。房东听说只租九个月都不感兴趣，只得按一年交费才租到了房子。搬家那天我们都去帮忙，帮忙的人中有位秀气的江西老表。我问她叫什么，她说："不好意思。"原来她和前国家领导人同名。魏博士开着车去卡市的跳蚤市场，英国人把不需要的东西拿到那里出售，价格低廉，有些公司也在那里推销产品。徐博士花50镑买了台旧彩电，回到家发现电源不通后盖冒烟。幸亏我要了对方的电话，对方说可换可退。徐博士每天来我的住处打太极拳。过去两个月我们房间门对门，为节省时间我们轮流做饭一起用餐。

　　清晨，一辆中巴出租车准时到达。我随车送一位教师和三位学生回国，再迎接到英国度假的妻子和儿子。到达希思罗机场时，妻子和儿子已经等候多时。返回时车上只有我们一家，司机的母亲问起我的名字。我的姓和她的姓发音差不多，我开玩笑说："原来我们是一家子呀！"大家都乐了。司机说："我们是一家，车费打折！"

妻儿到达的第四天，国际合作处主任请客，贝琳女士陪同。我们参观了主任的私宅，也是前有车库后有花园。主任把车开到"铁桥镇"，那是英国历史上的第一座铁桥。一座古朴的旧式西餐厅里燃着蜡烛，用餐时一道道上菜。接下来的日子，一家人不断受到邀请。国际合作处助理吉廷斯女士设家宴，王国丽女士陪同。王国丽女士在柬埔寨餐馆设宴，贝琳女士在当地最好的咖啡厅款待我们。

胡佛汉顿位于英国中部，一家人首先南下伦敦，问路时总遇到热心的英国人。我们参观了大英博物馆、伦敦塔、大教堂、唐宁街和温莎城堡，在大英博物馆门外的草坪上吃干粮，在唐人街吃中餐，在伦敦地铁里穿梭。我们从旅馆步行去了海德公园，看了马克思当年演讲的地方。回到胡佛汉顿休息几天后，乘坐火车北上爱丁堡。经过高地时，我给儿子讲苏格兰英雄罗伯特·布鲁斯率领苏格兰人抗击入侵者的故事。爱丁堡的城堡耸立在死火山顶，俯视着爱丁堡市区。沿街到处可见雕塑，还赶上了苏格兰民族节日。去尼斯湖那天没有见到水怪，苏格兰海边的高尔夫球场一个连着一个看不到尽头。

回到胡佛汉顿休息数日，南下巴斯、布里斯托、卡迪夫。远望巴斯城仿佛悬在空中，我们居住在半山旅馆。罗马人最早在这里发现了温泉，兴建了庞大的浴场，我们参观了古浴池遗址。布里斯托是座港口城市，埃文河在这里注入大海，当年英国人曾经从这里出发横渡大西洋到达北美大陆。港口边建有露天航海博物馆，早期移民用的船舶应有尽有。卡迪夫是威尔士的首府，路标使用英语和威尔士两种语言。我们住在一家私人旅店，设施完备。卡迪夫城堡坐落在塔夫河畔，城楼上飘扬的旗帜很像清朝的黄龙旗。

美好的时光总是那样匆忙，妻子和儿子的假期结束了。我们从住处打的到镇上，乘坐火车去伦敦，儿子在一家体育品牌店找到了他心仪的棒球手套。我把妻儿送到希斯罗机场，赶上伦敦北山的末班车。半夜回到住地，人去楼空，妻儿的身影和气息似乎还在屋子里飘荡。我回国的归心似箭，好在回程已经临近。胡佛汉顿大学对院长的到来非常重视，何时到达，谁去迎接，什么人宴请，何时去哪个学院座谈，一一做出安排。

院长夫妇到达那天，商学院在镇上最好的西餐厅接风洗尘。院长说广东省教育厅已经同意我院招收外国留学生，教育部港澳台事务办公室同意我院招收港澳台学生，我院《高等教育人才培养模式探索与实践》课题荣获教育部主持的国家级成果一等奖，我院通过教育部全国建设示范性职业技术学院项目评审，我院已经成为全国30所示范性高职院校之一。我离开学院这段日子，学院就取得了如此辉煌的战果，感到又振奋又惭愧。本来是一位带兵打仗的大将军，却独处海外望洋兴叹，坐失一次浴血荣光的经历。那种呕心沥血的沉重感，那种成功时刻的欣喜若狂，只有经历了深圳职业技术学院早期创业的人才会有这种感受。

2001年9月7日，胡佛汉顿大学授予深圳职业技术学院院长俞仲文教授管理学荣誉博士学位，以表彰他在中国高等职业教育方面做出的杰出贡献，以及在两校合作方面做出的果敢决断。胡佛汉顿大学校长约翰·布鲁克斯教授庄严地告诉与会者："一次全英高校会议上，英国文化协会的高官对我们两校的合作高度赞誉，称胡佛汉顿大学和深圳职业技术学院之间的合作堪称中英两国高校合作的典范。"我给院长做现场翻译，见证了这个庄严的时刻，见证这个时刻的还有正在那里进行学术访问的郭刚博士,以及俞伟江、谢卉和郑欣老师,还有院长的妻子以及正在那里就读的院长女儿。

英国文化协会规定,荣誉博士只能授予那些在相关领域对他所在的国家以及世界做出了杰出贡献的知名人士。申报经过提名、初审、复审、终审、上报几个程序,提名是"背着当事人"进行的。提名人必须十分了解被提名人,同时具有一定的知名度和资历。学位委员会对被提名人的资格进行初审,提名人提供被提名人的详细资料用于复审,校董事会举行全体会议表决。最后,校董事会将全部材料及通过的决议上报英国政府有关部门审核备案。俞仲文院长能得到英国高校的荣誉博士学位意义深远,不仅是他个人的荣誉,也不仅是深圳职业技术学院的荣誉,更是中英两国人民友好往来的又一写照。

52 力能浮舟

万古纲常担上肩，脊梁铁硬对皇天。
——宋·谢枋得

深圳职业技术学院下文成立国际语言培训中心，聘任我担任首届主任，配备姜维和康杰两位骨干教师，新聘小钟做秘书，承担起全院的国际交流与合作及其语言培训任务，启动港澳台招生与对外汉语教学工程。在行政楼前碰到继续教育部副主任樊大跃，他问我回国后做什么。我直言相告，他笑着说："这不是原子弹打苍蝇！"穿过行政楼大厅，碰见生物系副主任钱学聪。他拉着我的手说："听说你离开了外语系，对你来说无所谓，对外语系的学生可是很大的损失啊！"他已办理二次退休手续，离开前送我一句话。我问："什么话呀？"这位前陕西汉中农业学校的校长兼蝴蝶学专家认真地说："你是我认识的一位在任何时候任何场合面对任何人都敢讲真话的人，难得呀！"

有远见的西方人士预言：21世纪将是中国世纪。经历了百年沧桑的中国，经过几代人的求索与奋斗，终于迎来了再展雄风的世纪。在经济发达的国家和地区，越来越多的实业家把投资眼光投向中国。有志趣在世界村搏击新世纪浪潮的青年学子，应当为中华的崛起走出国门，学习他国先进的科学文化，了解他国的人文社会，学成归来，报效祖国。正是出于培养跨世纪人才的卓识，深圳职业技术学院与国外高校进行了广泛地接触，以找到一条既能够为中国学生提供出国进修的机会,又能够降低所需经济负担的路子。自1996年元月以来,我院与英国胡佛汉顿大学进行了频繁的商谈、交流与互访,在双方达成共识的基础上,于1997年签署了《深圳职业技术学院与胡佛汉顿大学理解备忘录》。协议的意义在于,对方承认我院的学历,我院毕业生以及由我院鉴定具有同等资历的中国学生,只需花一年的时间、学费及其相应费用,就能获得英国胡佛汉顿大学相应的本科文凭和学士学位。

这是国际语言培训中心留学招生简章的开篇,无意中成了我的就职演说和语言培训中心的对外宣言。我把这段文字口译给胡佛汉顿大学特使卡罗尔·贝琳女士,她说鼓舞人心、充满诗意。招生简章由总则、申请资格、申请程序、学习期限、学费、住宿和通信方式组成,信息公开,格调高雅,使新成立的语言培训中心迎来了开门红。留学报名人数突破百人,雅思班开课,预科班开学。经主管教学的院领导提议,樊大跃从继续教育部调入;经院长同意,人事处招聘留学回国人员王彬和蔡敏加盟,校内调入姚萍和丁莉。小钟离开后,调入机电系辅导员何丽慧,临聘了几位中外籍任课教师。

人员相继到位,工作千头万绪,我把工作重心放在受理留学和雅思培训上。受理留学是语言培训中心创收的主渠道,雅思培训旨在帮助更多的学生实现留学梦。培训需要付出很大的精力,我告诉大家:"教学是我们的看家本领,绝不能丢掉!"大家认同我的观点,无论多么紧张都坚持上课。康杰调出外语系时征求他夫人的意见,他夫人说:"只要跟着管主任干,做什么都行!"樊大跃宁可辞去原部门副主任的职务。如果语言培训中心发展不起来,大家还有条后路,我必须为他们留下后路。我们相继编制出《留学指南》和《签证申请程序》,前往公安局和有关国家领事馆接洽,拓展国外高校合

作渠道，很快形成了英国与澳洲两条留学主线。同时，为预科班学员办临时学生证、借书证、用餐卡，联系校内住宿，采购订购各类培训教材。部门人员以一当十，既忙于繁杂的行政事务，又承担一定的教学任务。樊大跃的加盟带来了一笔大买卖，为深圳边防检查站人员搞英语培训。此前，继续教育部已经举办过两期边检人员英语培训，由樊大跃具体负责。

各项业务迅速发展，受理留学人数过百的同时，相继开办了出国预备班和对外汉语班。经领导同意招聘了一批兼职教师，先后应聘的有加拿大华人王彦彬，印度人考尔，国内高校的两位退休教授，两位美国小伙子，一位英国女士，一位澳大利亚人，一位俄罗斯人。为了加强对外籍教师的管理，我和王彦彬参照教务处教师管理办法用英文制订《外籍教师工作守则》，提出要求，定期检查。多年后考尔从加拿大来信说："深圳职业技术学院工作的两年使我受益匪浅，在您的指导下我的教学水平得到了很大提高，成为我现在找工作的资本。"王彦彬和我同龄，也是当年的公派访问学者，我们有许多共同的语言。他对我的英语水平和翻译速度表示惊讶，不相信我在美国只待了一年。

教职工大会上，院长说毕业生就业率达到98.32%，列全省专科院校之首；经教育部批准，试招三个四年制专业；学院已经步入万人大学的行列。

午餐时正好和院长同桌，他说："听说你还想走啊！"回国的第二天，有人高薪聘我做校长。他望着我说："就是这件事？"我轻轻敲着桌子说："我没有离开您，还是愿意跟您干。"

他说："任命你做国际语言培训中心首任主任是学院对你的信任。"我说："我会尽力做的，但心里没底。"

他说:"你肯定能做好,你有经济头脑。"学院规模越来越大,吃饭的人越来越多,他感到压力很大,有几个部门要为他分忧,包括语言中心。

外语没有达标的学生,到英国后需补习半年语言,不知这笔学费是否享受打折优惠。院长问当初确定的是只收一年学费还是连同语言阶段收费的10%?谈判时都没想到这个问题,条款也没有涉及。我说既然协议没有明确,我们也不主动提起,一律打折,即使对方问起也要坚持。院长笑着提醒我说:"收费直接到学院的结算中心。"我连忙表示:"我部门的人谁也不准见现金!"我们一直坚持这条原则,学生在培训中心办理手续后,由办事人员带到财务处缴费,后来改为凭培训中心的证明去财务处缴费。

雅思培训班的首期学员在赛格培训中心参加考试就有人通过,我焦灼的心绪平复了许多。座谈会上学员对教师和教学都很满意,写作和口语进步最明显。没有通过的学员准备参加第二期培训,希望学费优惠,我当即表示同意。我们把第二期分快慢班上课,快班期限两个月,慢班期限三个月;最后一周强化训练,模拟考试。我要求上课必须有教案,尽量使用教材,增加的内容必须有文字材料,这种规定主要针对外籍教师。有学员问能不能旁听另一班的课,我说只要教室有座位,只要时间不冲突。学员一律发放听课证。

年度工作会议在大梅沙宾馆召开,学习贯彻总书记5.31讲话,以"三个代表"思想总揽全局,深入贯彻广东省第九届党代会精神,进一步把学院做大、做强、做优、做新、做实,全面提升学院国际化水平,开创学院改革、建设和发展新局面。分组讨论时,我强调国际语言培训中心对推动学院国际化的功能和作用,为新成立的部门张目。回到学院后又及时把提升国际化水平的精神传达给部门同仁,激发部门人员的斗志。赴英留学报名人数达到140多人,贝琳女士说每位教师只能推荐两名学生,提议由所在系的老师写推荐信。

加拿大阿尔伯塔省理工大学来访会谈,同意在管理、金融、商务、工程与计算机几个专业接轨,到对方学习两年完成本科学业。我要求对方提供入学英语试卷,我方有能力组织考试,对方可以派教师指导与监督。对方邀请我方派出以院长为团长的代表团访问,请我方起草合作协议。我把会谈结果向院长汇报,院长说高中直接赴加拿大,对方要在我院注册,专升本要在各自国家注册,希望对方允许学生打工。

又一批加拿大教育考察团接踵而至,我把对方的名片一看,有加拿大国家科技发展中心、里贾纳大学语言学院、加拿大阿尔伯达技术学院。我毫不客气地说:"请问,你们是一家,还是两家三家?"对方迟疑了一下,有人回答是一家。我说:"我们有言在先,是一家就谈,否则免谈!"经过三天的会谈,达成专升本合作意向,对方接受了胡佛汉顿模式。学院在市内一家豪华酒店为对方饯行,安排了隆重的签字协议。红地毯铺就,签字桌前端坐着双方代表。我再次核查对方做了文字校对的协议书,发现"经济分配"中被我方否决的文字没有删掉:"阿尔伯达10%,里贾纳10%,科技中心12%(介绍、协调)。"仅从这行文字和分配份额,就能判断对方不是野鸡大学就是皮包公司。我把协议书递给院长,对他耳语了这番话。院长看着对方的签字代表,压住心头火说:"不谈了!怎么搞出个四方协议?"他站起身来,离开了签字桌。对方科技中心代表冲着我说:"管先生,你搞得什么鬼?"我一听火了,怒视对方,大声说:"我有言在先,只同一家谈判,这里怎么跑出三家来啦!"对方急着说:"那我这趟不是白跑啦！"马脚一下露出来了，我更加理直气壮，面对在场人员把会谈第一天的话重说了一遍。一位副院长把手一扬，慢慢地说："大家先吃饭吧！协议，协议，慢慢议，明天继续协商吧！"事后，院长对我说："新平，你坚持原则是对的，脾气太大，外交场合还是不要发火，搞得我都有点下不了台。"

姜维老师从广州带回消息：驻广州的英国总领馆文化教育处联合广东省教育厅即将举办一期雅思教官培训班，邀请中山大学、华南理工大学、广东外语外贸大学、第一军医大学、深圳赛格培训中心参加，这些办学机构将各派四位任课教师前往第一军医大学接受免费培训。我们正在开设商业性雅思英语培训，这种机会千载难逢，带着正在我校任教的胡佛汉顿大学高级讲师贝琳女士直奔驻广州的英国总领馆文化教育处。经过一番交涉，文化教育处官员同意我们参与培训。我带上姜维、樊大跃、康杰前往文化教育处接受面试，给对方留下了超出预想的好印象。六个办学机构24名骨干教师入住第一军医大学招待所，接受了为期一月的封闭式"雅思教官"培训，教员是英国总领馆从剑桥大学请来的两位语言学专家。全体学员在两位专家的引导下，探讨语言能力的培养与应试技巧训练之间的临界点及其方法。我感到受益匪浅，还结识了一批优秀的同行。

培训结业半年后，由广东省教育厅与驻广州的英国总领馆组成的专家组对六所办学机构进行检查与评估，重点检查教学管理、课堂教学和教学资料。我们按要求准备了"雅思培训自评报告"，对组织三期雅思班的教学情况和效果进行了阐述，分析了存在的问题和改进的措施。检查组对报告给予了很高的评价，认为我们的工作非常扎实。检查组用两个晚上全程旁听了我和加拿大籍华人王彦斌的课堂教学，然后召集学员座

谈。问学生为什么学这门课？对雅思知道多少？这门课好在哪儿？如何改进这门课？课外怎么自学的？开课前有过入学考试吗？老师对你的学习情况反馈过没有？检查组对我们的课堂教学给予了很高的评价，检查组组长彼德·黑尔先生对我说："听了您的课，不用问就知道您到国外学习过，您把国外的教学方法带到了中国。"不久以后，第一军医大学外语部专程前来"学习、取经"，讲了一段趣事：检查组回到驻广州的英国总领馆，要他们的同仁猜测哪家评估得分最高。有人说中山大学，有人说广东外语外贸大学，有人说赛格培训中心，谁都没有想到居然是深圳职业技术学院。检查组还有一句话："如果把中大的学生交给深圳这帮人，那就天衣无缝啦！"

广州中国大酒店，英国驻广州总领馆文化教育处在这里召开雅思培训新闻发布会。台上坐着总领馆的官员和六位专家，台下坐着来自广州高校的学子，我以专家身份坐在主席台上。面对媒体记者的聚光灯和莘莘学子，六位专家轮番回答提问。整个发布会过程中，我被提问的次数最多。发布会结束时，坐在台下的军医大教师孙蔚说："管老师，您今天可是一颗耀眼的明星啊！"

胡佛汉顿大学校长约翰·布鲁克斯博士及夫人一行五人来访，协商预科接轨事宜，希望我方派教师开设汉语与文化。布鲁克斯校长说："管教授开设的课程很受欢迎，希望延续下去。"院长说可以考虑，要求对方提供食宿，建议联手搞企业服务培训，对方组织英国学员来深圳学习业务和文化，参观考察中国的企业，我方组织中国学员去英国学习WTO及其国际惯例，参观企业，组织文化旅游。对方代表工程与环境营造学院高级讲师萨姆森·钟先生认为建筑管理的教学大纲很接近，双方围绕计算机辅助设计、物业管理、路桥专业、建筑电气与消防几个专业的接轨进行了讨论。对方准备派人来我院开设"桥梁课程"，并解决尚缺的两门课程。涉及生物类专业接轨的问题，对方去年派教师来校教授桥梁课程，过去的学生并不多，希望生物系能承担这门课程，对方可以提供教学资料，同时希望我方帮助他们开设园林专业。

深圳罗湖，中国大酒店丽晶店。胡佛汉顿大学校长约翰·布鲁克斯博士发表"合作与伙伴关系"演讲，提议两校合作十年之际举办一次大型庆典。院长当即表示共同努力搞好这次活动，聘请布鲁克斯博士为高级校事顾问与名誉教授，双方代表在友好的气氛中续签合作备忘录。宴会桌上我告诉对方校长，曾经带着同事周末到罗湖口岸和福田口岸散发宣传材料，为学生举办系列讲座，包括海外生存技能、海外学习技能、留学对人生的价值、海外求学常见问题。对方校长连声夸奖，举杯表示感谢。

英国领事馆签证处来校检查，第一天检查各种文件，旁听预科班和雅思班的教学，举行赴英留学座谈会。第二天与部门全体人员座谈，对评估结果进行反馈。认为我们的留学受理工作符合规范，提供的签证申请资料行文清晰翻译准确，授权我院代理团体签证，每批限额25人，授权我为责任人，姜维和康杰为受理人；经由我的签字并盖有"深圳职业技术学院国际教育部"公章的材料无须公证，直接送达驻广州的英国总领馆签证处。此后不久，我们收到正式公函，授权深圳职业技术学院国际教育部可以在广东、广西、福建和海南四省代理赴英国胡佛汉顿大学的留学签证申请。不久以前，学院下文将"国际语言培训中心"更名为"国际教育部"，有人开玩笑说我的权力比教育部部长还要大。

这一年，经由我签字赴英国留学的人数突破两百人，不少外省学生也前来申请,受理留学与各种语言培训年创收230多万元,履行了为院长分忧的承诺。澳洲留学事务也取得了长足进展,巴拉瑞特大学校长一行来访,围绕全方位合作展开会谈。该校中国区办事处带来了大量资料,协助我们修订赴澳洲留学签证申报流程。澳大利亚移民政策比较宽松,对申请材料的要求就更高,审批过程更加复杂,周期也更长。我们为此专门制订出一套受理程序,得到澳大利亚移民归化局的高度认可。澳洲大学相继来访,有澳大利亚墨尔本皇家理工大学、梅西大学、新西兰国立理工学院、澳大利亚新南威尔士教育集团、北悉尼学院;以及新加坡酒店学院、瑞士酒店学院、莫斯科大学和圣彼得堡国立大学。赴英留学的学生连续几年喜讯不断,旅游管理专业的范舒佳获得胡佛汉顿大学颁发的"国际优秀学生奖学金",建筑工程系的陈培杰获"荣誉学士"学位,毕业论文获"海外学生最佳毕业论文奖"。

部门年终总结,大家纷纷发言,情绪高昂,既是对一年业绩的回顾,也是对一年重负的释放。主任助理樊大跃负责留英事务,组织留学报告16次,在社交媒体上做宣传广告6次,受理报名202人;接待英方来访10批次28人,前往英国访问期间会见36位领导;负责部门安全工作,开拓边检英语培训班,维护部门网页,任课300多小时。主任助理王彬负责澳洲留学事务,从无到有建立澳洲留学管理系统,制订大量管理文件;承担雅思听力、厨师英语、领导英语;负责部门财务管理,制订办班计划,收集学生反馈意见;负责部门排课,两本书翻译出版,举办留学澳洲报告会11次,座谈会5次,拓展专升本专业;指导勤工俭学学生;同中国银行等三家银行建立业务关系,签署国际医护专业合作协议书;与新西兰国立理工学院和梅西大学签约,协助制订《实用英语考核标准》。康杰承担教师高级班、教师中级班、预科雅思听力，花大量时间协助留学工作，翻译学生成绩单及其申请材料，担任预科班班主任；参加教学法比较研究，负责部门的设备管理和网站翻译，多次担任会谈口译。俄罗斯教师张维娅要求加入中国共产党，英国教师贝琳女士问我："你和院长肯定是党员吧？"我问为什么，她说："我在这里工作几年了，我看你和院长都是很优秀的人。"我不在乎她对我和院长的肯定，更在乎我们的行为赢得了外籍人士对中国共产党的认识。

教育部"全国示范性高职高专院校"遴选现场评估在我校进行。教育部专家组认为我院达到了全国示范性高职高专院校的遴选标准，且具有全国一流水平，许多方面能对我国高等职业教育的发展起到引领和示范作用，一致同意遴选我院为全国示范性高职高专院校。早在两年前，国家教育部专家组就对我院人才培养工作进行过现场评估。通过参观、听课观摩、问卷调查、查阅资料、个别访谈、学生技能测试与计算机能力测试、组织学生专题研讨、观看师生文艺晚会，对学院的人才培养工作进行了整体评估，得出结论认为"深职院人才培养工作水平处于国内领先地位"，也提出了中肯的意见与建议。专家组组长感慨地说："我做了这么多年评委，所有的评委都给了优秀，而且每个项目都打优秀，这还是第一次！"我们满以为学院升本有望，市政府甚至准备将学院更名为"深圳科技大学"。然而，教育部领导说：深圳职业技术学院提什么要求都可以，就是不能提升本，你们可是高职的清华啊！从此"高职清华"的说法享誉全国职业院校。

教育部领导绝不是空穴来风，江西组建吉安职业技术学院、西藏自治区组建西藏职业技术学院，经由教育部推荐我院派出中层干部担任首任院长。经国家新闻出版总署、国务院新

闻办审核备案，《深圳职业技术学院学报》被定为中国期刊全文数据库全文收录期刊，入选为中国学术期刊综合评估数据库统计源期刊。随着学院名气越来越大，国外高校与教育机构蜂拥而来，有的确实为了寻求教育合作，有的完全为了淘金，有的甚至许愿给我本人利益回报。这些人在我的部门碰了壁，又窜到其他部门。有些缺乏经验的部门领导还认真接待，草签的协议漏洞百出。我把这一情况作了汇报，院长在干部会上宣布，对外合作协议一律由国际教育部审核，再报学院审批。

53 椎轮大辂

衣带渐宽终不悔,为伊消得人憔悴。
——宋·柳永

我奉命率团前往澳洲五所高校考察,随团成员有校党委委员暨经济管理学院党委书记陈玫君、体育教学部主任陈雁杨、应用化学与生物技术学院副院长张俊松、电子与信息工程学院党委副书记李小元、经济与社会发展中心副主任杜放。学院办学规模不断扩大,在校学生接近两万,开始设置二级学院,院长改称校长,系主任改称院长。到达墨尔本国际机场时,先期到达的国际教育部助理带着对方的代表前来迎接。驱车行驶一个半小时,到达淘金古镇巴拉瑞特。150多年前,淘金热使这座城市一度辉煌,采掘时代的遗迹演绎成旅游景点。市中心有个天然湖泊,湖边竖立着澳大利亚历届总理的雕像。

巴拉瑞特大学掩映在海伦山麓,校园仿佛置身原始森林。我校已有60多名学生来这里就读,10多位教师来访。我们拜访了正副校长,校长赞誉我校国际教育部"办事效率高,人员素质高,在合作伙伴中首屈一指";夸奖我校送来的学生学习用功,生活适应能力强。我们应邀出席了毕业典礼,对商学院、电子工程学院、医护学院、技术与继续教育学院进行了考察,看望了正在那里就读的学生。双方围绕扩大合作领域的具体措施展开讨论,我方希望简化澳洲留学申请程序,对方表示把这一建议向澳大利亚移民归化局转告。外事处长罗伯特家宴代表团，华裔高级雇员沈根生教授和中国区办事处主任赵铁博士陪同出席。主人的房子是栋独体木屋，一律燃着蜡烛，营造出一种返璞归真的氛围。

皇家墨尔本理工大学以专业的实用性扬名，开设的专业有职场训练、建筑规划、艺术设计、商务、社区服务与社会科学、计算机与信息、教育与培训、环境、健康与生命科学、制造与印刷、多媒体传播。该校教学设备先进、教学设计实用性强，每个实验室都是一个车间，校园就是一座工厂。对该校的考察属于礼节性回访，加之周末放假，没有展开实质性会谈。对方带领我们参观了墨尔本会展中心，徒步走过位于市区的森林公园。

悉尼整座城市就像天穹下的一幅风景画，我们在悉尼歌剧院前驻足。以蒙哥马利先生为团长的北悉尼学院对我校进行过访问，拟与经济管理学院合作开办国际商务专业。我方对有关条款提出异议，对合作方两个机构之间的关系不甚了解，才有了此番澳洲之行。北悉尼学院的主校区有山有水，还有植物园、高尔夫球场、网球场，属于新南威尔士技术与继续教育委员会批准的办学机构，经费主要来自集团根据上年度业绩的财政拨款，学费只占集团拨款的20%，下设7所分校，在校生8000多人。我们参观了正在上课的教室，和该校的领导层举行了座谈。澳大利亚的技术与继续教育有100多年历史，政府设有澳洲培训委员会，负责制订全国技术与继续教育培训标准；各省或州还设有技术与继续教育委员会，负责全国委员会标准在本地区的执行，根据各地特殊需要制订相应的课程标准。省或州另设技术与继续教育集团，对下属办学机构进行管理与指导，包括课程设置和教师资格的审批。教育机构必须达到相应的质量标准，才能在所在地区的委员会登记注册，北悉尼学院就是这样的注册机构，还达到了ISO900认证。搞清了这些关系，我们才去新南威尔士技术与继续教育集团总部。托尼·布兰德总裁致欢迎辞说："我们为悉尼感到骄傲，就像你们为深圳感到骄傲一样，两座城市都注重文化。作为新南威尔士技术与继续教育集团，我十分重视北悉尼学院与贵校的合作。"该集团在世界各地包括中国都有许多合作伙伴，但在深圳还没有。

"其实这份协议就是我们和上海一所学院的合作协议。"托尼·布兰德总裁重复蒙哥马利先生在深圳说过的话。

"上海人接受的协议不等于深圳人就要接受，适合上海的协议不等于适合深圳。"我给予回应。

经过一番激烈的唇枪舌战，才按我的意见对有分歧的条款做了修改。如果招生数低于60人，则调节效益分配比例；删除了原协议中由我方补偿的条款。学费可使用人民币支付，删除了原协议中用澳大利亚元支付的条款。人民币兑换为澳大利亚元的手续费由对方补偿，原协议中没有这一条款。出现纠纷通过双方的智慧协商解决，原协议中须由澳大利亚的仲裁机构裁决。对方本来安排有悉尼市区的旅游观光，几经磋商，反复修改，几次打印，花去了大量的时间。我和随团的校党委委员陈玫君一商量，宁可放弃旅游观光也不能在协议上妥协。

红地毯铺就，双方代表坐定，我和托尼·布兰德总裁居中。总裁先生对他的同僚风趣地说："蒙古马利哪是管先生的对手啊！"在一片祥和气氛中，我怀着苦尽甘来的喜悦提起笔，代表校长在《澳大利亚新南威尔士技术与继续教育集团与中国深圳职业技术学院合作备忘录》上签字。从此，深圳职业技术学院的招生简章中出现了国际商务（中澳合作）以及其后的国际金融（中澳合作）两个专业。对方根据协议定期提供教学文件与教材，定期派教师到深圳执教。两个专业后来都成为热门专业，一批又一批学子经由这一渠道远赴澳洲深造，一批又一批教师前往该教育集团进行交流与考察。

新西兰近在咫尺，我们应邀前往位于奥克兰的两所大学回访，从机场到市区的路上就感受到了这座城市乃至这座岛国的美丽。在新西兰国立理工学院，我们受到国际教育处主任朱迪·莉迪亚女士的热情接待。她全程陪同我们参观语言学院、汽车自动化学院和国际交流学院。该校是联合国教科文组织的成员，学历层次覆盖大专到博士，教学突出实用性，开设有建筑学、建筑工程、设计、汽车技术、医护、动物营养、应用技术、商务管理、沟通、社区技术、计算机信息技术、体育保健、花卉技术、早期教育等专业。该校的毕业生就业率高，吸引了大批海外学生。梅西大学有近80年历史，在新西兰境内有三个校区，拥有19000名在校生，以及18000名远程教育生，开设的设计、自然科学、教育、经济、人文社会科学具有国际领先水平。我们造访的奥克兰校区设有70多个专业，拥有新西兰规模最大的商学院，还设有雅思培训项目和雅思英语考点。

蓝天白云下，牧场连片，羊群散放。一座国家森林公园入口处立着一块木牌，写着几个歪歪扭扭的汉字：没有抽烟在这里！随团成员见了哈哈大笑，我告诉他们那叫"英式中文"，说明中国游客多。我的推断很快得到了证实，景点的露天舞台上主持人高喊："来自美国的客人，请举手！"美国人举起手来。接着轮到日本人，韩国人，德国人，法国人。不管轮到哪个国家，举起的手屈指可数，而轮到中国人时，举起的手几乎覆盖了全场，超过来自所有国家游客数的总和。主持人一阵口哨声，台下响起一片掌声，果真是欢声雷动。

代表团满载而归，俞校长对达成的协议非常满意。校长说上海思博职业技术学院和英国一所高校会谈合作，始终协商不下来，对方潘院长向俞校长求援。我立即飞往上海，受到院方的隆重接待，安排我入住豪华宾馆。对方是所新建院校，还处在困难时期，第二天见到潘院长时，我要求入住学校的招待所。潘院长说招待所条件太简陋，我说再简陋也比你们在北大荒时的条件好吧，总比红军长征时的条件好吧，潘院长才作了让步。经过两天的会谈，达成了令潘院长满意的合作协议，安排我游览刚开业的江南古镇朱家角。

我坐上潘院长的座驾直达朱家角，在司机的陪同下走进古镇。果然一派江南好风光，可惜有些景点暂不开放。意想不到的事发生了，工作人员热情地迎上来，本来挂着"谢绝参观"的牌子照样对我开放。一连几处都是这样，有的工作人员还热情地讲解。我感到纳闷，难道潘院长打了招呼？我想问问身边的司机。且看这位帅气的司机小伙，上穿皮夹克，下套紧身皮裤，身板笔挺，在旁人的眼里不是秘书就是保镖。再看工作人员的谦卑仪态，游人的羡慕目光，我感受着一种游览本身无法比肩的心理享受。

从上海返回，赶上学校和莫斯科大学签署合作协议，隆重的签字仪式定于下午举行。外事办遵照校长的指示，叫我把协议书再审查一下，看有没有疏漏。我发现几个核心条款有悖胡佛汉顿模式，接受这些条款不但我方吃亏，还可能影响我校和胡佛汉顿大学的合作。对外合作也要讲平等相待，也许我有胡佛汉顿情结吧！

"可是下午就要举行签字仪式，一切都安排妥了，怎么办？"校长皱着眉头说。

"仪式照样进行，签不签字是另一回事。"我说。

经过一番商量，办法想出来了，校长的眉头舒展了。时间一到，双方代表入座，签字仪式的横幅照样悬挂在会议室正面墙上。我主持会议，首先以深圳职业技术学院国际教育部主任的名义，向代表团的到来表示欢迎，对莫斯科大学看好两校的合作表示感谢。然后，话锋一转："可是，我发现协议中有几处需要进一步协商，我已经做了修改。"外事秘书把修改后的条款复印件发给在座的代表。我接着说："这几项条款不符合我校对外合作的惯例，会影响我校与已经建立了合作关系的学校之间的合作，到头来也会影响我们之间的合作。"

对方团长说这几款是双方在莫斯科会谈时达成的，已经该国政府主管部门批准，他们无权修改。我说即使今天签了字，我们的政府主管部门也不会批准，连我都能看出问题，政府部门怎么会批准呢？耽误的时间还是我们双方的损失。对方提出休会，经过一番讨论，对方团长发言："管先生说得不无道理，我们又无权修改，建议暂时不签这个协议，我们带回去上报政府主管部门再说。"这就是我和校长商量的办法，让对方主动提出不签协议。数月后对方来函，经我方修改的条款获得了该国政府的批准。

学校收到了教育部《关于深圳职业技术学院单独招收港澳台地区学生事的复函》，为了这一天我可是跑断了腿说尽了话，总算尘埃落地。学校为此成立了"港澳台单独招生考试领导小组"，下设办公室。领导小组由八人组成，一位副校长担任组长，我担任副组长，成员都是有关部门的负责人。办公室由五人组成，我担任主任，成员由教务处与国际教育部有关人员组成。我立即起草了港澳台学生学籍管理办法，对港澳台学生实行学分制。第一学期以集中授课为主，分散选课为辅；

集中开设普通话、语文、数学、通识，分散选修体育和计算机。第二学期起插入所选专业，完成相关课程与学分。港澳台学生的学籍由教务处、外事办、国际教育部、所在院系共同管理，预科阶段由国际教育部全权负责。

经过两校的通力合作与筹备，深圳职业技术学院与胡佛汉顿大学建立合作关系十周年庆典活动隆重举行。组委会采用中西合璧的方式在一家酒楼举办鸡尾酒会，桌上摆放着中国餐和各种饮料酒水，学成归来的学生50多人组成了庆典的主流人群。我主编的两校合作十周年纪念文集《携手托太阳》经由华南理工大学出版社出版，发挥了为庆典活动助兴的作用。大家争相翻阅，引出无尽的话题。本书由序、叙旧篇、感怀篇和附录四部分组成，收录了两校28位师生的回忆文章。以深圳职业技术学院校长俞仲文名义所作的《序》寓意深长，富有哲理；胡佛汉顿大学新任校长卡罗琳·吉普斯的致词高瞻远瞩，思想深邃。有的文章从国际交流的角度对两校的合作进行理性思考，有的文章从拓荒者的角度对十年合作进行历史回顾，有的文章回味英格兰的岁月，有的文章娓娓道出海外求学的心路历程。悉心阅读，篇篇都是用心之作，都闪烁着中西文化交流碰撞出的心灵的火花。

深圳职业技术学院校长、中国职业教育学会副会长俞仲文教授作序：有位哲人把青年学子喻为早晨的太阳，因为世界的未来寄托在他们身上。芸芸众生把教师比作人类灵魂的"工匠"，因为是他们托起了明天的太阳。我手头的这本回忆录记载的就是"工匠"托起太阳的故事，这些太阳照亮了东方也照亮了西方。浏览一下故事的目录就会发现，"工匠"中有亚细亚人，也有欧罗巴人，这些亚细亚人是南中国深圳职业技术学院的教师，这些欧罗巴人是英格兰中部胡佛汉顿大学的学者。作为深圳职业技术学院的校长，看着这一个个熟悉的"工匠"的名字，仿佛都是我身边的同事。这种感觉源于十年来两校之间的真诚合作，源于两校教师频繁地互访，源于我校毕业生一批又一批远涉重洋求学英伦，一批又一批学成归来建设祖国。十年是一个漫长的岁月，两校的合作能够跨越文化与时空障碍持续健康地发展，归功于合作双方深邃的智慧和高尚的情怀。正如英国文化协会一位高官所言：深圳职业技术学院和胡佛汉顿大学之间的合作堪称典范。愿这种典范作用发扬光大！愿明天的太阳更加灿烂！

胡佛汉顿大学校长卡罗琳·吉普斯教授在庆典上致词说：2005年秋天，我履任胡佛汉顿大学校长。赴任之时，惊喜地发现我校有如此多的国际学生，我校与深圳职业技术学院的合作关系如此成熟。20世纪80年代以前，到英国学习的中国人数量不多，大都只是一些由中国或英国政府资助的高层学者。贵国领导人邓小平先生于80年代发起的经济改革开启了中英合作的大门，使得两国间各个层次的学术交流——包括职业技术教育——成为可能。来自中国的学生对胡佛汉顿大学十分重要。他们积极与我校教师和来自其他国家的学生沟通对话，拓展了我校师生的视野，让我们认识了一个全新的中国；他们也是胡佛汉顿大学体育运动团体和志愿者活动的积极分子。他们的活动提升了我校在英国社会中的声誉。在21世纪的世界舞台上，中国已成为世界强大的国家，而这些年轻人在很多方面代表着中国的未来。我们希望，随着他们在专业学习上不断取得进步，中国学生不但能提高英语水平，获得一个国际承认的文凭，也希望他们具备与来自世界各地的人们进行跨文化交际和融洽相处的能力，并对他们曾经学习过的国度永怀友谊之情。十年来，胡佛汉顿大学共派出12名教师和3名毕业生来到深圳职业技术学院任教，更多的教师通过短期访问和电子邮件参与课程开发，建立和拓展双方合作关系。同期40多位来自深圳职业技术学院的教师访问过胡佛汉顿大学，参与教学科研和课程开发，为期两个月到一年不等。这些合作对于我们两校，尤其对于相关的教师是非常有益的。在过去的十年里，中国发生了巨大的变化，我们自己也应该与时俱进，这样，我们才能进一步拓展新的合作关系，寻求新的合作途径。值此喜庆之际，我们要自豪地宣布，两校共同资助的一项科研合作计划即将展开。两校教师将携手共进，为了中英两国的利益，在知识的领域进行不懈的追求。我衷心地赞赏我们两校的合作伙伴关系，并对未来的十年充满期望！

胡佛汉顿大学国际交流处新任主任乔·吉廷斯在《十年华诞》中作了这样的表述：谁曾想，1996年一次教育展会上胡佛汉顿大学与深圳职业技术学院教师的会面引来两校延续至今富有成效的双边合作，而且关系不断得到加强。如果缺乏深层次的互信和各阶层人士不懈的努力，如此的成果不可能成为现实。两校过去十年合作所取得的成就在于两校的互敬、和谐及亲密的工作关系。我非常自豪地说本人在早期就参与了这项合作。当时我担任胡佛汉顿大学商学院首席讲师，负责国际部工作，这种身份使我有机会接触到深圳职业技术学院。在此期间，我与现任深圳职业技术学院国际教育部主任管新平教授建立了密切的工作关系，并在合作事宜的磋商与争论中度过了许多有趣而令人回味的时光。十年飞逝，无论是前往深圳职业技术学院参观还是在胡佛汉顿大学接待来自对方的教师，都给我留下了回味无穷的回忆。细细想来，使我最难以忘怀的是俞仲文院长接受胡佛汉顿大学荣誉博士学位、管新平教授在胡佛汉顿一年的学术访问和我对深圳职业技术学院的第一次访问，这

些事件深深镌刻在我的记忆中。这些相互间的沟通和交流不仅深化了双方的友好关系，也使参与合作的人员建立了良好的个人关系。我们也从深圳的教师及学生身上学到了许多有关中国的历史和文化，这些都极大地丰富了胡佛汉顿大学教职员工的知识，这在当今急剧变化的世界中显得格外重要。今天，作为胡佛汉顿大学国际交流处主任，我期待着在十年合作的基础上能够不断强化双方的友谊，使之地久天长。深圳职业技术学院作为我校的第一个中国合作伙伴，在我们的心中占据着特殊的位置。最后，我要衷心祝贺我们十年无间的合作，衷心感谢所有策划组织十年庆典的工作人员。

英国胡佛汉顿大学学术委员会主席、应用科学院副院长特雷佛·赫肯教授在《科学合作者》中坦言：首次对深圳职业技术学院的参观访问给我留下了深刻的印象：这是一所工作节奏很快的学校，在独具特色的建筑中，教职员工恪尽职守，为他们所从事的专业教学、服务的学生、开拓国际合作的事务尽职尽责。在过去的15年里，深圳的经济和社会经历了日新月异的发展，这为高等职业技术教育的超常规发展提供了内在的动因，而深圳职业技术学院也很好地抓住了这个历史性的机遇，以职业技术教育为前身的胡佛汉顿大学也自然成为再恰当不过的合作伙伴，这才是我一直积极参与该合作的深层原因。我所在的学院也将中国视为优先并长期发展合作关系的国际合作伙伴，并将这种合作视为我们发展中的第二事业。

英国胡佛汉顿大学驻华办事处首席代表张碧芬女士撰文《与深圳职业技术学院的半个十年》：我加入胡佛汉顿大学快五年了，回想我第一次去胡佛汉顿大学，那是带着24位深圳职业技术学院的学生从香港乘机到伦敦，再乘坐由胡佛汉顿大学安排的专用大巴抵达胡佛汉顿。整个旅途中同学们表现得既兴奋又雀跃，没有给同机乘客带来滋扰，充分表现了守望相助的精神、成熟有礼的优良传统。我深信这有赖于深圳职业技术学院老师们三年悉心的栽培和我校驻深圳职业技术学院老师的关怀，是他们共同的努力培养出这群高素质的学生。在这五年里，我拜访深圳职业技术学院多次，大多是与来自胡佛汉顿大学不同部门的同僚同行。借此机会，我要感谢国际教育部的管新平主任、樊大跃、康杰、蔡敏老师和外事办的唐克胜主任、江滢、梁小燕以及姜维老师，他们的悉心安排和配合令两校的无间合作持续发展。深圳职业技术学院拥有专业的团队，毋庸置疑能成为全国的模范高等职业技术学院。在深圳职业技术学院的校园里，我看到了一句振奋精神的口号：今日我以深职院为荣，明日深职院以我为荣。在庆祝深圳职业技术学院与胡佛汉顿大学十周年合作庆典上，请允许我说"当年我与深职院结缘，来年愿与深职院共进。"

胡佛汉顿大学与深圳职业技术学院的协调人卡罗尔·贝琳高级讲师撰文《我的真实感受》：写这篇文章的时候，我就静坐在深圳职业技术学院的湖边，在一个小小的大理石桌旁，周围环绕着荔枝林和翠竹，微风习习，鸟儿清唱，一对对小恋人坐在湖边的小凳上窃窃私语。1997年我奉命来到这里工作时，校园里没有湖，没有大理石，没有竹子，鸟儿稀疏，学生之间的浪漫关系是被禁止的，只能偷偷地恋爱。坦率地说，过去的十年里与深圳职业技术学院的合作对我产生了巨大的影响。我十分荣幸能够成为首批与这个年轻且富有活力的学院合作的实践者。建立合作关系之后的十年中，我有22个月在深圳生活和工作，与许多深圳职业技术学院同事共事，在胡佛汉顿我与中国留学生相处，这些都使我有幸感受到中国人民的热情、聪颖，亲眼见证中华人民共和国的发展和壮大，让我有机会与中国同事交换对教育的认识,并在给这些中国学生的教学中得到享受,从中我也向他们学到了许多有益的东西。

胡佛汉顿大学工程与环境营造学院高级讲师、太平绅士、萨姆森·钟,在《胡佛汉顿与深圳,遥距万里似指间》中说:过去的五年里,我遇到了许多对方学校来访的教师和来这里深造的学生,并与他们结下了友谊。在他们身上,我学到了许多东西,尤其是中国的语言。还记得深圳职业技术学院第一位一对一教我汉语的管新平教授,他为人特别善良,对我十分耐心。他离开英国之后,教过我的老师还有杨涌泉、吴刚、张悦。2005年8月,在深圳职业技术学院为学生举办为期一周的建筑管理短期课程。此次培训非常成功,参加学习的学生有120名之多。课程结束时,深圳职业技术学院为我颁发了客座教授的聘书,以表彰我在两校合作中的贡献。

胡佛汉顿大学驻香港办事处主任王国丽以《我的快乐,我的骄傲》为题回忆:我们第一次与俞仲文校长和管新平教授见面是在十年前。当我们会谈后,一个具有远大前景的计划让我深受鼓舞,我仿佛看到了深圳职业技术学院从一所新兴的学院转变成一流的技术大学。十年过去了,这所一流的职业技术学院正再展宏图,朝更远的理想发展。校园里依然是果树满园,依然是充满活力,充满关爱,而这些会将我们更加紧密地联系在一起。

英国文化协会广州办公室主任郝霖发来贺信,最深刻地反映了两校合作的意义:值此深圳职业技术学院与胡佛汉顿大学建立合作关系十周年之际,我十分荣幸地以英国文化教育委员会的名义向你们表示衷心的祝贺!英国文化委员会的任务,就是促进英国与世界各国在教育文化领域建立起民间或官方的恒久互利关系。深圳职业技术学院与胡佛汉顿大学之间已经形成的这种互利关系堪称典范,实难超越。时值1996年,我们在广州尚未设置办事处,只能客籍香港、服务深圳。恰在那年,我们组织了教育展。我们十分欣慰地看到,那次展览为两校首次接洽、憧憬未来贡献了绵薄之力。事实上,组织机构的合作就是人与人之间相互了解、相互垂慕、相互信赖的过程。过去十年里,你们两校之间的合作铸就了数百人的友谊,这种人与人之间的相互理解必将使受益者怡享终身。发展中英两国文化交往,其意义莫过于此。我坚信,今次之庆典仅仅是两校友好关系的开端;我希望,更多的十年庆典来日方长。

庆典的热乎劲还没有消散,校园里又来了一群浩浩荡荡的访客,一眼望去几十人从豪华的大巴上走下来。这是马来西亚教育部率领的教师代表团,经我国教育部推荐专门来访。这批客人走后没几天,印度尼西亚雅加达的华人侨领率领着同样规模的考察团来访,也是经我国教育部的推荐。两批代表团走后不久,学校安排我带着陈秋明和杨从坤对两国进行回访。在马来西亚教育部,我们受到高规格的接待,该国的教育大臣亲自接见我们。欧美国家我去过多次,出访近邻东南亚国家还是第一次,其独特的风俗令我好奇。天气很热,女人们仍披戴着头巾,连接待我们的女性官员也不例外。坐下会谈时工作人员就端上满桌饭食,我以为是午餐就吃了个饱,原来正餐还在后头。以后几天也是这样,坐下开会就有丰盛的饭食摆在面前,我只礼节性地动下筷子。马来西亚是穆斯林聚集的国度,宾馆的床头柜上摆放着《可兰经》。我翻看了一下被吸引住了,跑了几家书店却没有找到。周末,我们应邀出席双子星塔附件的一家晚宴。客人一边用餐,台上一边表演。表演结束后,邀请客人上台合影。以后的几天,一位华商侨领邀请我们入住大山深处的庄园。远离尘嚣，空气清新，不由让我联想到世界名著《呼啸山庄》。先生非常热情，还带着我们看当地人斗鸡，品尝该国的"抓饭"。吃饭时真的不用筷子，用清水洗过手，就用双手抓饭吃。

在印度尼西亚的雅加达，我们出访的消息和会谈场面很快被刊登在当地报纸上。侨领说早些年华人很受排斥，只要这个国家出现动乱就拿华人开刀，遇到经济不景气就打砸抢华人商埠。近些年祖国强大了，那些人也不敢像以前那样欺负华人了。他们真心希望祖国永远强大，真诚地把我们当作"家人"。他们安排得十分周到，还唯恐哪里不妥。侨领带我们参观一座关帝庙，规模之大不亚于当地的清真寺，香火之旺我从未见过。每天的行程安排得很满，我们连续参观了几所学校。这些学校都是当地华侨捐资修建的，以解决华人子女的入学问题。长期脱离故国，他们的话语已经变种，讲出的话听起来是汉语，发音特别别扭。他们意识到这个问题，希望得到故国教育机构的帮助。有几所学校从中国聘请了短期访问学者，我们碰见了几位来自河南和山东的汉语教师。

我们一行回国后立即启动了对外汉语教学工程，为在东南亚国家开展汉语教学聚集能量。我决定按初级班、中级班与高级班进行设计，教学内容包括汉语语言与中国文化，教学过程突出语言训练，辅之专业知识。这种设计对留学生而言可以一举多得，事半功倍；对我校而言，可以充分利用全校的教育资源，让更多的教师参与到对外汉语教育中来。同时，我主持编制出中英双语"港澳台招生简章""对外汉语教学及留学生招生简章"和"深圳职业技术学院招生简章"。鉴于港澳台地区招生重点是香港的新界、东莞台商子弟学校、深圳台商子弟学校，我经常带着部下走访这些教育机构，对潜在的学生做招生宣传讲座。对外汉语教学则把重点放在韩国、日本、俄罗斯及其中亚各国，我们把宣传材料发往这些国家的相关机构。开始参加国内外关于港澳台招生与对外汉语教学的学术会议，了解港澳台招生与对外汉语教学的动态。

恰在这时，深圳市委市、政府提出率先基本实现现代化，建设国际化城市，进一步把教育摆在优先发展的战略地位，加快教育现代化步伐。主管教育的副市长、原中山大学博士生导师闫小培来学校考察与座谈，提出充分利用和积极引进国外优质教育资源，加快教育国际化进程。学校据此要求有关部门制订出国际化十年发展规划，我以《抓住机遇开创国际教育合新局面的提案》为题，对学校未来的港澳台招生与对外汉语教学进行了规划，提议建设港澳台与对外汉语教学专用"多功能综合大楼"。考虑到这是一项巨大的工程，同时提交了《关于整合涉外机构、加速我校国际化进程的建议》，建议把国际教育部与外事办合并成立外事处，整合资源提高效率。此时的对外教育合作除英国的胡佛汉顿大学和澳大利亚的巴拉瑞特大学外，又增加了英国的曼彻斯特城市大学和考文垂大学、俄罗斯的莫斯科大学和彼尔米大学，马来西亚与印度尼西亚两国的高等教育部十分看好我校特色鲜明的高职教育模式，双方正在探讨合作的方式。诸如此类的工作还要做很大的投入，外事机构的整合势在必行。

校长俞仲文要退休了，新任校长召集全体中层干部，在麒麟山庄盛筵欢送伊人。宴会的气氛是热烈的，大家的情绪是高亢的。碰杯声此起彼伏，祝福声千言万语。不知为什么，我打不起精神，一种大江东去的惆怅侵袭着我的内心。从来在热闹场合冷静的我，争着点了一首《送战友》。唱着唱着，我的眼睛湿润了，以后还会有这样在意我的领导吗？我做出成绩时

他立即夸奖我，我做错事情时他立即批评我，我说话过头时他立即提醒我。小时，只有母亲能够这样；长大，只有妻子能够这样。据说兄弟姐妹也能这样，可惜我很早就出走他乡。我感觉他不仅是我的领导，更是我的兄长，这种感觉源于在英国做访问学者的时候。会谈正在进行，他突然身体不适。为了不影响对方的情绪，他提出去我的办公室休息片刻。原来大家眼里健壮如牛的他，身患严重的腰椎病。身边没有医护人员，他卧在我午睡的沙发上，叫我按他的指点按摩腰部，然后又精神焕发地继续会谈。想到这里，我的眼睛再次湿润了，歌声好像也走调了。他似乎意识到了什么，走近我，紧紧地握住我的手，低声沉沉地说："新平，谢谢你！"

54 急流勇退

为君持酒劝斜阳，且向花间留晚照。
——宋·宋祁

深圳职业技术学院全日制在校生突破两万，首次面向全国和港澳台地区招生。新任校长提出以科学发展观为指导，做好传承创新，夯实内涵，强化特色，提升竞争力，为实现学校二次创业建设世界一流技术大学而奋斗。新一轮人事制度改革启动，核定干部岗位职数，三年内退休的人员不再竞聘。我离退休还有三年零两个月，属于可以竞聘的人员，申报还是不申报？我提交的关于整合涉外机构的建议已经被采纳，国际教育部将和外事办合并，难道要同跟着我打拼了多年的部下竞争吗？

电话铃响了，党办主任提醒说："管主任，您的申请表没看到啊！今天是最后期限啦！"我回答："谭主任，我没有提交申请表呀！"他问为什么呀？我说都这把年纪了，让年轻人干吧。谭主任在电话里"哦！哦！哦！"。

电话又响了，党委副书记说："听说您不想干啦！刘校长说您可以不参加答辩，交个申请表，表个态也行。"我说谢谢刘校长！我真的不想干啦！

电话又响了，校长秘书说："管主任，刘校长请您来一下。"我开着别克从西丽湖校区赶到留仙洞校区，已经下班的校园空荡荡的，行政楼101会议室里还在开会。校长秘书把我带进会议室对面的会客厅，倒了杯茶水递给我，叫我稍等一会。

半小时过去了，会议还在进行。又过了半小时，天色暗了下来。我视力不太好很少开夜车，不想等下去了。会议还在进行，一定涉及棘手的事，我在等什么呢？难道还想干？我犹豫着站起来，犹豫着走出行政楼，犹豫着找到自己的车，犹豫着把车发动，犹豫着把车开出校园。如果此时来电话，我会立即返回。车上了沙河西路，转入北环大道，车水马龙，我只得加大油门。一下到了梅林一村路口，看得见家了，交通灯变成红色，我把车停住。手机响起来，校长秘书打来的。

"管主任，会议已经结束，校长叫您过来。"

"对不起，我已经到家了，跟校长解释一下，我等了很长时间的。"

经过激烈的竞争，新一届中层干部队伍产生了。我从"领导"岗位上退下来，受聘做外事督导。在新成立的外事处首次会议上，原国际教育部和外事办人员齐聚一堂，我向两位新任处长也是我曾经的部下表示祝贺。

"管主任，您看我是一个星期向您汇报一次，还是一个月向您汇报一次？"处长问。

"谢谢你的好意！没有这个必要，需要我做什么可以随时找我；无事就不用找，你忙你的，我忙我的！"我回答。

澳大利亚巴拉瑞特大学代表团来访，我的名字依然出现在校长宴请人员的名单中。出席还是不出席？经过犹豫我出席了。宴会中我很不自在，以前这种场合我是主角，此刻只是礼节性地应酬，一旦转入正题便无话可说，也不宜再说，心里暗下决心"下不为例"。以后外事处还安排过几次，我一概没有出席。原国际教育部人员迁走了，我一人留在原来的办公室，突然感到孤独。我跑到图书馆借书，一借一大摞，一本一本接着看。读完《资本论》，继续读《剩余价值学说史》。文章一篇接一篇地写，一篇接一篇地在学术刊物上发表。从广州到杭州，从福冈到马六甲，都留下了我宣读论文的声音。在《职业与教育》上发表了《论高职外语专业的性质与课程设计思想》和《探讨以过程为中心的英语综合课教学模式》，在《科学时代》上发表了《文化间交流对加速高职院校国际化进程的促进作用》，在《职教通讯》上发表了《高职商务英语专业课程建设中"必需"与"够用"原则的运用》，在《深圳职业技术学院学报》上发表了《关联认知原则解析》。

我找到党委副书记，推荐一位优秀的青年党员接替我仅存的职务"机关党支部书记"，要求把我的行政关系转入学校督导室。副书记开始不同意，经过我说服才同意了。这位青年党员不肯接手，我对他说："这个职务对我没有意义，对你还是有意义的，你还年轻，来日方长。"我的督导分工包括来自英国、美国、日本、菲律宾、澳大利亚、韩国、德国、法国、加拿大、西班牙、俄罗斯等国的26位外籍教师，我制订了一套"外籍教师教学质量测评听课表"，包括责任意识、语言禀赋、教材处理、教学方法四个方面。听课时当场写出评语，课后立即反馈。对没有教学经验的老外进行指导，有的经过指导变化明显，有的怎么指导都不管用。年终我根据听课情况把外教分为优秀、合格与不合格，写出"外籍教师教学工作普查测评情况通报"。外事处据此对优秀外教给予奖励，辞退了五名不合格的老外。有过校长履历的美国人詹姆斯·巴奎特先生说："这是对学生负责的表现，你们早该这样做了！"

督导室全体人员赴河源职业技术学院考察。该院副院长是我校退休教师刘守义教授，他向院方举荐我接替副院长的位置。回深圳后，河源职业技术学院的院长几次来电话，询问我

考虑得怎样？权衡再三，我谢绝了对方的好意，深圳职业技术学院好像有种磁力把我紧紧地吸住，它毕竟是我永久的精神家园。督导室聚集着一批参与过学院早期创业的"老同志"，虽然从领导岗位上退下来，仍然保持着昂扬斗志，有人提议将发行多年的《督导简报》更名，搞个《发刊词》。督导室主任征求我的意见，我说："你是主任，你决定。"主任说："校领导说督导室有高人，我还是想听听大家的意见。"我提出建议保留原来的刊名和期号，以体现我们这届督导对历史的尊重。主任采纳了我的建议，只对栏目做了适当调整，增加了"导读"。

督导听课的方式不尽相同，有人认为不必全程听到底。督导测评是考核教师的重要指标，我不敢有半点怠惰，总是全程听课，观察如何启动教学，如何展开教学，如何处理教材，如何组织活动，如何结束课程。在观察的同时写出评语，给出评分。遇到认真负责、教学效果好的老师，我会情不自禁地说："谢谢你，你的课上得很好，我代表学校领导和学生家长向你表示感谢！"遇到不负责任、效果又不好的老师时，我就很纠结，不指出就是失职，也对不起学生，指出又有伤教师的自尊。

"小伙子，你觉得这堂课上得怎样？"我把球踢给了任课教师。

"管老师，对不起！因为事情多没有备好课。"任课教师解释。

"小伙子，你这是误人子弟呀！对不起，我只能给你这个分。"我把测评结果给他看。他的脸变得煞白，直愣愣地望着我。

"这样吧，这个结果你知我知，天知地知。一个月后我再来听课。"我平静地说。他抹去脸上因紧张沁出的汗水,我毫不客气地开始点评,他认真地听着。一个月后果然变化很大,第二年简直判若两人。我对他说:"如果说前几次打分还有点照顾性质的话,今天给你打的这个分名副其实,希望你坚持下去,一定要认真上好每一节课。"课上好了,学生高兴,自己高兴,领导满意,何乐而不为呢?既然选择了教书这一职业,就要认真履职,对得起这份工资,对得起学生,也能从教学的成功中得到乐趣。如果我是私立大学的校长,你像我第一次见到你时那么上课,我就会辞退你,那你一家人怎么过日子?我一番分析,他不住点头。

有位青年博士经常在学术刊物上发表论文,课堂上却是另一番景象。他倒是认认真真,学生却不买账,看小说的看小说,看手机的看手机,窃窃私语的比比皆是。课间休息时我对他说:"你的课怎么搞成这样!"他皱着眉头说:"管老师,没办法呀,都不肯学呀!"我说你得想办法呀!他说您不信试试看?我有点火了,没有表露,不客气地说:"好吧,我来试试!"第二节课的铃声响了,我接过博士的课本,微笑着走上讲台,针对课文提出几个问题,然后展开讨论与讲授。我全程使用英语,学生精神焕发,气氛活跃起来。博士看得目不转睛,连嘴巴都张开着。"同学们!"我把课停下说,"今后你们就应当这样配合老师上课。"我告诉学生这位博士教师很有水平,只是缺少教学经验,如果听不懂可以提出来,老师就知道如何改进。教学相长,师生受益。不好好上课,不给予配合,到头来吃亏的还是学生啊!

青年教师孙小芳把课上得生龙活虎,无论教学态度、教学方法、教材处理,都做得恰到好处。各个教学环节都把握得很好,学生也积极配合,我坐在后面有种陶醉的感觉。下课后

我把这一感受告诉她，鼓励她坚持下去，一定会成为优秀的教师，还把自己的一篇专论教学法的文章推荐给她。她通过电子邮件做了如下表达：对您的赞扬，首先我要表示最诚挚的感谢，日常平淡的教学过程能得到您这样的专家如此高的评价，感到我的工作意义更加不凡；其次，在这么多年的英语教学中，我也得到许多像您一样耐心、热情、教学经验丰富的师长对我不断帮助和指导，但是您是第一位如此用心介绍专业文章与我研读学习的恩师，所以我要表示感恩，认真学习并及时向您请教；最后，对您的认可我还要说我真的很感动，谢谢您不吝慧语，它定会成为我继续努力前行的巨大动力！

这位青年教师后来不断获得教学优秀奖，数年后我和这位教师还接受了中央电视台教育频道记者的专访。同样的故事绝非仅仅发生在青年教师身上，对中年甚至老年教师我一视同仁，该批评的批评该表扬的表扬。有位年近五旬的教师，开学第一次上课，用整整一节课发放辅助材料。刚开学就把一学期的辅助材料准备好了，可见这位教师是认真的，我对此进行了肯定，但把宝贵的课堂时间用来发放材料，我对这种不妥当的做法提出了质疑。一位教授用英语讲授国际金融，教学内容丰富，英语表达流畅。然而，大多数学生听不懂，老师讲得头头是道，学生配合寥寥。课后，我们进行了一番讨论。

"你这门课的性质是什么？是外语语言课还是专业理论课？"我提出疑问。

"应当是专业理论课，教材是澳大利亚方提供的，要求用英语讲授。"教授回答。

"可大多数学生听不懂，效果能达到吗？"我反问。

"我要求他们上课前把教材先看一遍，不懂的地方查查词典。"教授显然知道问题所在。

"如果学生不预习呢？预习就能保证听得懂课吗？"我继续质疑。

"管教授，您有什么好建议吗？"教授恳切地问。

我建议先提问，如果学生懂了，就继续讲下去；如果不懂，就要因势利导解决语言问题。尽管这是一门理论课，鉴于学生还没有具备相应的英语水平，首先应当解决语言问题。从这个意义上讲，这门课既要传授专业知识，也要解决影响知识传授的语言问题。针对该班学生的英语水平，拟采用双语教学，但要有意识地把汉语的使用控制在最低限度。考虑到这位教授的问题具有普遍性，我为《督导简报》专门撰文《专业课使用原版教材的利弊分析》，提出了解决问题的方案。这位教授通过电子邮件对这篇文章做了如下评论：您专门就TAFE的教学难题写了这篇文章，读下来，感觉您真正指出了我们在TAFE教学中的难点和不足。在文章中您指出"教学语言使用简化的英语，教学内容围绕专业知识展开"，我感觉很有启发。的确，我们的主要目的是要使学生掌握相关的专业知识，特别是要让他们掌握基本的概念和术语，为他们以后的工作或出国提供一个专业背景。还有，您中午谈到的，先用中文讲一下今天的主要概念和内容是什么，然后再用英文讲述，真的是个好提议，我准备运用一下，看效果如何，再向您讨教。

我发现成功的课堂也好，失败的课堂也好都有一些共性，为了验证，在新一轮的督导听课中有意识地进行了观察比对。通过对58位教师同一学期随堂听课的观察，从职业道德的角度把教师划分为"情感型""职业型"与"冷酷型"。"情感型"教师讲授富有感染力和亲和力，有的热情洋溢，整个课堂处在兴奋状态中；有的苦口婆心，学生不得不聚精会神。这样的课堂能感受到师生之间在进行着情感交流,教师如父、如母、如兄、如姐。教师以情感动了学生,学生以积极配合回报教师,这类教师占比41%。"职业型"教师专注于教学的内容,不能说不认真,却不注重学生的反应,给人一种天马行空的感觉,这种教师占比52%。有那么几个教师对差生冷嘲热讽,流露出一种超然乃至淡漠的神情,对不用心的学生听之任之,我把这种教师定义为"冷酷型"。

在教具的使用上,大凡成功的课堂教学内容充实,多媒体与黑板使用合理,占比66%。把现代技术与传统教具有机地结合起来,充分发挥教学资源的作用,这样做的教师无疑是经过了认真备课的,才能在课堂上运用自如。有的只使用多媒体课件,占比10%;有的只是把多媒体课件展示一遍,形成了新型的"照本宣科",我把这种现象叫做"现代技术害了现代人"。有的只使用黑板,占比24%;把现成的教学设备搁置一边,不断抄黑板擦黑板,更是莫名其妙。我把听课发现的问题加以整理,进行点评与分析,相继发表在《督导简报》上,先后发表了《外籍教师教学工作普查测评情况通报》《大学英语教学中几个值得商榷的问题》《学生评教中正高职称教师认可度低应引起重视》《公共外语大班上课问题多,应按自然班上课》《督导与督导简报的宗旨之管见》《专业课使用原版教材的利弊分析》与《行为主义与认知理论语言观及其教学法》。我的文章敢于挑战敏感问题,有理有据,很快引起了各方的关注。人文学院院长陈国梁坦言:"管教授,每次收到《督导简报》,我都要看有没有您的文章,您的文章总是很有见地。"

长期以来,高职教育中存在着一对矛盾现象,一方面强调高职教育的应用性,一方面要求写毕业论文。职业院校是否需要撰写毕业论文、怎样撰写毕业论文，学校教务处把这个问题作为重点课题进行招标，我邀请督导室几位同仁组成课题组拿到了这个课题。我们对本校2009届毕业生开展了千人问卷调查、百份选题类型甄别与文章质量分析，结果显示真正像样的论文没有几篇，许多所谓论文直接引用不加注的抄袭现象很严重。教学过程强调应用性，强调动手能力，没有进行真正意义上的论文写作训练，到头来又要求学生交毕业论文，难道不叫自相矛盾吗？我们以《调查实证探索论高职毕业设计（论文）的改革与创新》为总论，先后在《督导简报》上发表了《学生毕业设计（论文）的问卷调查及分析》《我校毕业设计(论文)存在的问题及其改进建议》以及《高职毕业设计（论文）的三种改革途径》。我们把三种改革途径称为"改良""突破"与"革新"，改良就是在现状的基础上适当改进，突破就是取消毕业论文（设计）用实践（实习）报告取代，革新就是由学生自己选择。部分学生有专升本意向，可以在老师的指导下选择毕业论文。

　　尽管所谓毕业论文中存在诸多问题，可是毕业生就业率高，用人单位反映毕业生动手能力强。这一看似矛盾的事实有力地说明，现行的毕业论文（设计）体系脱离实际，改革势在必行。有学者认为：大学的千年史就是一部大学理想与社会现实不断冲突与协调的历史。我们应当秉承实事求是的精神，当教育理想与社会现实冲突时，只能选择现实而放弃理想，从现实的成功中追求更高的理想。我们的课题获得了教学研究优秀奖，应运而生的几篇文章也在教师中产生了反响，教务处据此对毕业设计（论文）的指导思想、做法与要求做了重大修改。二级学院相继启动了毕业设计（论文）的改革工程，有的还撰文刊登在《督导简报》上，诸如《经济管理学院毕业论文进一步改革的设想》与《汽车与交通学院毕业设计（论文）的改革与探索》。

马来西亚教育部主办"职业教育国际论坛"学术会议，我的论文《高等职业教育国际化的策略与实践》被组委会看中，邀请我在论坛上做主旨发言。我拿着马来西亚教育部的邀请函，走进校长办公室。这位前深圳大学副校长，博士生导师，著名犹太学学者，接过我的邀请函，抬头望着我说："你是我来深职院后，第一个找我签字出国的人。"

"此次出访由对方出资，不要您花一分钱。"我说。

"这样的好事多多益善，我签啦！"他笑着说。我转身要走，校长叫我留步。

"学校要成立教授委员会，想请你做教授委员会的主任委员。"校长说。

"谢谢校长！这件事我可以做！就怕做不好。"我立即回答。

刘校长接管这所国内一流的职业院校时踌躇满志，提出一套治学理念和奋斗目标，成立教授委员会就是举措之一。学校颁发的《深圳职业技术学院教授委员会章程》强调"专家治校"，规定"在职干部不得受聘为教授委员会委员"。我不再担任任何行政职务，所以具备资格。我平生第一次坐上商务舱，从舷窗眺望出去，白云一层一层在无垠的天地间漂浮，思绪像云朵一样翻飞跳跃。马来西亚教育部的办事人员真有意思，我的飞行路线是从深圳到北京，再从北京到马六甲，给了我更多遐想的时间。

几年前，我和妻子应邀以家长身份前往英国参加儿子的毕业典礼。我们清早赶往广州，打的赶往英国总领馆签证处，申请签证的队伍已经排好，我们站在队伍的末尾。工作人员给排队的人发号,我们的号子最大。一时半会轮不到,不如出去逛逛商店。妻子表示同意,我们转身往外走。身后有人呼喊:"谁是管先生?"我回身一看,是发号子的小伙子,连忙举手示意。他看着我说:"请跟我来!"我指着妻子说:"她是我老婆。"他说:"一起来吧!"签证官和蔼地接过我们的护照,什么都没问,只听到两声"啪!啪!"的盖章声。

航班在天际飞翔,我的思绪回溯到十多年前的美国圣迈克尔学院。我获得硕士学位那天,日本同学一家前来美国参加毕业典礼,触景生情,不知中国的普通家庭何时能有这一天。没想到这一天来得这么快!我们这一代人啊,虽然有过些许沧桑,还是幸运的。我的思绪跳跃到遥远的过去,忽而停留在快乐的瞬间,忽而停留在忧伤的瞬间,恰如王国维所言:人生只似风前絮,欢也零星,悲也零星,都作连江点点萍。思绪把我带入遥远的长白深山,想起那位农村大队长的醉言醉语:"听说你不去省委组织部做官,愿意回长春地院教书,其志可嘉呀!教书好哇,越老越值钱啊!"我没有去吉林省委组织部从政,没有留在石油天然气总公司经商,执着于五尺讲台。我忽然感悟到,无论哪种瞬间都是我生活中最难忘的记忆,是我生命中最强和最弱的音符。正是这些最强、最弱的音符才演奏出属于我自己的独特的生命乐章,成就了我,挫败了我,使我成为我。如果要留给后人,如果想告诫后人,最有价值的正是这些快乐与忧伤,别的都显得苍白。听着机舱的轰鸣,耳中回响着大诗人泰戈尔的名言:

人生的意义不在于留下什么,
只要你经历过,就是最大的美好,

这不是无能,而是一种超然。
顺境也好,逆境也好,
人生就是一场对种种困难无尽无休的斗争,
一场以寡敌众的战斗。
我们热爱这个世界时,
才真正活在这个世界上。

2010.11— 2019.3

后记：读者感言

　　《初心》是对原作《路在脚下》（华南理工大学出版社2016年）的改写与续篇，由此构成一部完整的人生画卷。作品源自半个世纪积累的20多本个人日记，用当时的语言再现当年的生活，折射出20世纪50年代出生的一代人追随共和国脚步成长的心路历程，由此赋予作品厚重的历史感。正如华南理工大学出版社断言的那样，原作《路在脚下》一经出版便在同代人中唤起共鸣！评说如潮，摘录部分如下：

　　我夜读《路在脚下》的最深刻的感受：她就是最新版的《钢铁是怎样练成的》！平凡蕴藏伟大，伟大出自平凡！（原湖北沙市印染厂宣传科干部皮忠志，2016年10月10日）

　　岁月悠悠，洗尽几度铅华，日月如梭消失，惟有脉脉书香留住时光痕迹。多年之后的今天我能手捧你的赠书，分外感动。谢谢你，小管，我会珍藏这本书，它会不时地让我回忆我们大家曾经共同艰苦而快乐工作的情景以及由此结下的友情。我真的很感动，你真的很不简单，可谓全才！文学底蕴也很深厚。但在以往的工作中，在与人交往中，你总是很低调，默默苦干，认真工作，谦虚谨慎。这叫"静水深流"。当今社会青中年中，只见凤毛麟角。再次谢谢你的真诚，你的珍

贵礼物。(原长江大学教授林金婉,2016年10月30日)

  新平之于我很有几分别样,是那种积极正向的别样。他的思维他的敢为他的阅历他的成就,乃至他对人生的追求和对事情的执着,有很多都是我不能企及的。这种印象这种感觉这种认识,从我俩初为同学时候起一直到现在,渐行渐强,而他的这部"心作"又一次但我相信绝不是最后一次的明证。新平脚下的路程中有一段是我们班30位同学和一部分老师相伴走过的。走在这条路上,同学、老师跟他一起不断地创造着我们那段青春岁月的无限风光,成为我们永久的记忆和人生信息库中的珍藏。这段路,对我们走过来的每一个同学其实都很重要,没有它我们的人生会是另一串故事。万事皆有姻缘,我自己特别珍惜此缘分。路,于新平是在脚下,但我更愿意把它装进心里,这样可以使我们回望得更远,甚至可以折返,让行者回到过去。新平的过去不曾有些微的蹉跎和彷徨,更不曾有悔恨和自责。这样的过往虽然平凡却干净整洁,为同辈所敬重,为儿孙所仰止。(山东烟台大学教授陈忠华,2016年11月6日)

  读了你的大作《路在脚下》有两点体会。一是志学之年,能见天质、真情、拙昧、天趣流露。二是绩学大儒,书见神秀。书卷气浓,学问滋养,可谓我笔写我心。按美国当代人本主义心理学家马斯洛(自我实现论)的五层次,老兄进入了自我实现需求的理想价值最高层次。你是幸运的,你是勤奋的,你是传统的,你是值得我们学习和骄傲的!(中国圆周率书画艺术发明人、中国心理学会会员、记忆专家汤英,2016年11月8日)

  管新平教授历时5年之久,将他读中学以来20多本日记为蓝本,写成63万字的《路在脚下》励志长篇,从个人经历的真人、真事、真情出发，描绘了个人与共和国"同呼吸、共命运"的历史画卷，正如他自己所说，创作会给人带来两次生命。他的这种"修身、齐家、平天下"的精神，值得我们学习与发扬；他的这种"千教万教教人求真，千学万学学做真人"的教育情怀，值得我们学习和致敬！我这里有一首小诗要送给管新平教授，敬请笑纳！

星光闪耀译坛上，平凡世界著华章。

历经坎坷真情在，功在桃李德崇尚。

（深圳职业技术学院图书馆馆长刘兰平教授，2016年11月9日在《路在脚下》首发式上的讲话）

连日来，一有空就手捧管教授的大作《路在脚下》细读，仿佛自己身在其中，随着书中的情节，自己的心情也在变化，从那雅气的年代走到如今，真的有太多的感慨与回忆，随笔写了几句，是我真实的感受，以表我的赞美之情：

老友自小饱风霜，一生从未怕忧患，自愈沦落不消沉，明白得志不猖狂。走过泥泞坎坷路，尝遍酸辣苦涩甜，光明磊落当君子，心胸坦荡过一身。年逾花甲回家转，不甘寂寞忆当年，青年时代留手迹，启动思路写新篇。著作是为寻源头，电脑键舞写佳篇，心随书动难忘怀，太多回忆话当年。知识烟海凭君游，鹤发老人似童颜，人生天地论春秋，积累经验传后人。

（原湖北沙市第二中学工会主席刘启凤，2016年11月10日）

昨夜读你的大作到十二点。写得真的不错！是你的人生记录，是一部具有报告文学味道的自传体小说，是英语班的班志，是某些领域改革开放的缩影。有人物命运，有故事情节，有时代背景，我读得爱不释手！谢谢你让我有机会触摸那段历史！感慨良多，一两句话说不完，容我慢慢品味！（原湖

北省襄阳市委组织部干部高秀平,2016年11月)

怀着激动、兴奋、好奇的心情,将我的学长管新平教授的新作《路在脚下》拜读完毕,掩卷长思,心情久久难以平静。新平兄的大作就是一部历史与现实的励志大片,前几年,当红影星黄晓明、邓超、佟大为拍摄过一部以新东方创始人俞敏洪为原型的励志片《中国合伙人》,在社会上引起较大反响,激起很多年轻人学习和创业的热情。现在有哪位投资人慧眼识珠,将新平兄的新作改编,拍摄成电视连续剧的话,我敢肯定,投资者会赚得数钞票数得手软,获得丰富的经济回报;饰演剧中男女主角的演员马上会成为当红一线影星;电视连续剧播放期间,万人空巷,观众会早早地守候在电视机旁,锁定频道等候剧情的播出,收视热潮直追当年的热播电视剧《蹉跎岁月》《渴望》《北京人在纽约》;而那些没有购得首轮播映权的电视台领导、频道总监则捶胸顿足,呼天喊地,大骂手下办事不力,错过了一部优秀的作品;更重要的是,这部作品为我们带来的正能量不可估算,她会使很多年轻人得到这样的启示:

(1)"王侯将相宁有种乎",只要有坚定的奋斗目标,有正确的学习方法,有坚忍不拔的毅力,不靠拼爹、不靠关系也能成功。

(2)鲁迅先生这样说过:我之所以能够写出《怒吼》《呐喊》那样有影响的作品,是因为我把别人喝咖啡跳舞的时间都用在写作上。同理,如果现在的年轻人少一点上网打游戏,少一点购物,少一点歌舞厅的劲歌热舞,把主要精力放到工作中去,成功还会离你很远吗?

(3)无数事实和经验告诉我们:从来就没有什么救世主、靠拼爹、拉关系,走后门,得来的东西不会长久,终归像建立在沙滩上的房子，经不起任何风吹雨打和历史的考验。只有通过自身努力，勤奋学习，认真工作，达到敬业、精业、勤业的境界，没有做不好的事情，没有达不到的目标，没有攀越不了的高峰！机会永远是留给那些有准备的人，新平兄在书中以他自己的亲身经历，向读者完美而全面地诠释了上面的几点看似简单却回味无穷的道理。

　　感谢新平兄用非凡的记忆力帮助我们回忆起老沙市的那些年：迎喜街、赶马台、白骨塔；沙市青莲巷小学、沙市四中。这些儿时的记忆一下子在我的脑海里复活，犹如春风扑面而来。感谢新平兄提到的那些人：学富五车、满腹经纶的严文慈、曹国贵老师等，邓继新、李辉、朱传林、曹光炎、关吉孝、汤英等学长，王良珍、张仁珍、张卫、曹德胜等师姐。感谢新平兄回忆的当年那些事：共青湖畔，一中校园里的"恰同学少年，风华正茂"已经过去近半个世纪，却好像发生在昨天一样，历历在目，记忆犹新。新平兄在武汉地院求学时的孜孜不倦、勤奋刻苦的精神，在新的历史时期一点也没有过时，更值得现在的莘莘学子传承和发扬；新平兄向我们展示的在长春地院、江汉石油学院、赴美公派留学的情景：学无止境，学以致用，学用结合，路，就在每个人自己的脚下！我们每个人都在用自己的实际行动书写自己的历史，同时也在用自己的行动接受祖国的检验和组织的考察，感受亲人的期盼与期待。感谢新平兄以唯美的画面给我们描述了新平兄与德胜姐的那些事，这已不仅仅是爱情，她更饱含了亲情、友情、真情。她也使我们深深体会到新平兄与德胜姐这对伉俪爱情永在，亲情永存，真情永留！

　　特别感谢新平兄在大作中三次提到我，使我有受宠若惊、诚惶诚恐之感！四十多年过去了，有些事已经渐行渐

远、模糊不清。但是与新平兄在"一帮一,一对红"学习班里促膝长谈的情景却非常清晰,新平兄的文质彬彬、温文儒雅,博学多才给我留下了永生难忘的深刻印象。遗憾的是,离开一中校园后,与新平兄基本"失联",失去了很多向兄长学习、沟通、交流的机会。直到2005年在深圳市梅林一村"面点王"餐厅与兄偶遇,才知兄长先我几年调到深圳工作,这也成为吾弟生活中的一件幸事。

如果说非要给兄长的大作"挑刺"的话,那就是兄长叙述1994年调到深圳职业技术学院工作以后的经历太简单,从1994年兄长调深到2013年兄长年龄到点退休20年,应该是新平兄工作、事业、生活的巅峰,但兄长却太过低调,仅用几页就一带而过,没有让读者进一步分享新平兄到深圳后工作、生活中的辉煌,不得不说留下了一点遗憾!

瑕不掩瑜,正如有一点缺失的东西才是最真实、最完美的东西。新平兄的新作是成功的,我为有这么一个学长、一个兄长而感到骄傲,自豪!(原深圳市物业管理公司常务副总经理、高级经济师、党委副书记彭毅,2016年11月17日)

《路在脚下》作者的小学时代是在我工作的学校度过的,因为这个缘故,当我拿到这本书时,就有一种和老朋友约会聊天的亲切感。当开读时,一下子觉得回到了童年时代,格外亲切。确实如此,老沙市人的感受是相通的,同时出生在长江宝塔边,父辈有着相同的经历。

从作者的笔下可以看出,虽然出生在平民家庭,但家境尚可。其父亲是一个具有文艺细胞的男子,母亲也是社会活动积极分子,作者从小在父亲怀里听了很多故事,家里还有线装书。由此可见,作者家中有点书卷味,从小受到熏陶,所以,对书视为珍宝,借书,买书,读书。这一切都奠定了而后怀揣梦想，不断进取的秉性。作者在书中以记实写真的手法，记叙了大量的从儿时、少年、青年以至中年的丰富经历，如数家珍，令人读了感慨万千。我感受最深的有几点：他是我们这代人中的幸运儿，而命运仍然是由自己掌握的，因为他坚持了梦想。他是一个有担当、有责任的人，无论是作为儿子、兄弟、丈夫、教师；他学习英语和英语教学都有独到的方法，这说明他做事极其用心，独树一帜，不负众望；他的应变能力超强，战斗力超强，无论是在学校学习和教学，作为工作队员在长白山农村的历练，回家乡学校的任教，去北京当翻译，在北美的求学，处处都表现了这种能力。所以，在我们那种年代，一个普通人家的孩子，能走出一条如此与众不同的道路，虽然有幸运和机会，但脚踏实地、目标远大、不断追求、奋斗不止，这些才是他得以成功的根本。昨晚才读完这本自传，掩卷而思，觉得我们一生之所以如此平庸，是我们的理想不够坚定，机会人人都有，我们往往因为庸人之念，才总是让机会好端端地离你而去，使理想终归成了空想。呜呼，若有来生，当梦想引路，一路前行。作为自传体著作，作者文笔细腻，足见文学功底厚实。书中有些地方描写记载个人情感、儿女柔情的章节也很有特色，足见作者对爱情的渴求、寻觅和忠实守护！（原湖北沙市青莲巷小学教师孙忠慧，2017年1月7日。）

　　深圳职业技术学院原继续教育学院院长、制冷专家付小平先生另有言说："老管，我把你的《路在脚下》看完了，正看到精彩处，没了！你怎么不把我们写进去呢？我们参与深圳职业技术学院创业的这段历史，不是更精彩吗？"是啊！这段经历不仅属于我个人，也属于深圳职业技术学院早期打拼的创业者呀！我说对不起，当时一气之下把来深圳的工作

笔记撕毁了。几天后，付先生来到我的办公室，手里拎着个布袋，里面装着一堆工作笔记本。付先生是有心人，大凡重要会议都做了详细记载，时间、地点、人物，谁说了什么都记录在册，许多地方还记录有我的发言。我一边翻阅一边回忆，不由心潮难平，深圳职业技术学院早期创业的那段经历可歌可泣，写作的激情再次燃烧。我突然觉得后续的这部分内容将具有非凡的价值，它不仅仅是我个人的经历，而是中国高职教育在南中国崛起的创业史。这段经历对于我个人而言是生命的重生，是我人生旅途中的重新拼搏；对于当代中国高等职业教育的旗帜——深圳职业技术学院来说，的的确确是从筹备到发展的全过程。这所被业内人士称为"高职清华"的职业技术学院浸透着我的心血，我为之付出了后半生，深圳职业技术学院应用外语系主任兼总支书记、国际教育部主任、教授委员会（财务）主任委员、关心下一代工作委员会常务副主任兼秘书长，这些不大不小的头衔可以为证。我的精神为之振奋！我的热血为之澎湃！我要写下去！我必须写下去！

在家乡工作的一位高中同学身患癌症命悬一线，我携夫人前往医院看望。他含着眼泪吃力地说："你那本书写得好啊！我都看完了。"我为之震撼。他翘起大拇指，吃力地说："你是我们班的这个！"我翘起大拇指说："你才是这个，你是我们班的骄傲。"这位同学高中时就是校团委副书记，后来在母校湖北沙市第一中学担任校长20多年。半年后，噩耗从湖北沙市传到深圳，我扼腕叹息中尚有些许安慰：幸亏《路在脚下》在他生前出版，让他在弥留之际看到了自己当年的风姿，阅读时他一定是欣慰的。一股巨大的能量在我身上聚集，鞭策我一定要把这部作品写完：为我的同学同事，活着的，逝去的；为我们这一代人，活着的，逝去的。我试图在增加内容的同时缩小篇幅，以节省读者的阅读时间。

中国作家协会会员、深圳报业集团高级编辑、深圳经典文化研究院院长祁念曾教授再次鼓励我。这位中国文坛的"时代歌者"认为：作者的人生回忆记录了共和国70年的沧桑变化，颇有价值，值得一读。八年前，当我动笔写作时，我的同事同学纷纷表示，期盼早日读到我的"大作"。八年后的今天，不少同事同学已经离开了这个世界，这也是我把诸多人名表现出来的缘故。有位哲人说过：没有活人思念的死人，才是真的死了。我愿以此作献给那个曾经属于我们已经远去的年代，以及所有伴我走过那些年的人们！活着的，逝去的。

管新平

2019年10月18日

广东深圳留仙洞